锦江年鉴

JINJIANG YEARBOOK

2024

成都市锦江区地方志编纂委员会办公室 编

方志出版社
Publishing House of Local Records

图书在版编目（CIP）数据

锦江年鉴. 2024 / 成都市锦江区地方志编纂委员会办公室编. -- 北京 : 方志出版社, 2024. 12. -- ISBN 978-7-5144-6562-4

Ⅰ. Z527.11

中国国家版本馆 CIP 数据核字第 2024MR3689 号

责任编辑：王海荣
责任校对：张玉霞
责任印制：梅中英
出 版 者：方志出版社
地　　址：北京市朝阳区潘家园东里 9 号（国家方志馆 4 层）
邮　　编：100021
网　　址：http://www.zgfzcb.cn
发　　行：方志出版社图书营销中心（010-67110500）
印　　刷：成都市兴雅致印务有限责任公司
开　　本：889 毫米×1194 毫米　1/16
印　　张：24.5
字　　数：786 千字
版　　次：2024 年 12 月第 1 版
印　　次：2024 年 12 月第 1 次印刷
定　　价：238.00 元

锦江年鉴

JINJIANG YEARBOOK

2024

成都市锦江区地方志编纂委员会办公室 编

方志出版社
Publishing House of Local Records

图书在版编目（CIP）数据

锦江年鉴. 2024 / 成都市锦江区地方志编纂委员会办公室编. -- 北京 : 方志出版社, 2024. 12. -- ISBN 978-7-5144-6562-4

Ⅰ. Z527.11

中国国家版本馆 CIP 数据核字第 2024MR3689 号

责任编辑：王海荣
责任校对：张玉霞
责任印制：梅中英
出 版 者：方志出版社
地　　址：北京市朝阳区潘家园东里 9 号（国家方志馆 4 层）
邮　　编：100021
网　　址：http://www.zgfzcb.cn
发　　行：方志出版社图书营销中心（010-67110500）
印　　刷：成都市兴雅致印务有限责任公司
开　　本：889 毫米×1194 毫米　1/16
印　　张：24.5
字　　数：786 千字
版　　次：2024 年 12 月第 1 版
印　　次：2024 年 12 月第 1 次印刷
定　　价：238.00 元

《锦江年鉴（2024）》顾问及主编、副主编

顾　　问　池　勇　　缪晓波　　王　昕　　张俊国

主　　编　周　晓

执行主编　蹇一萍

副 主 编　赵正飞

锦江年鉴编辑部

总　　纂　韩　旭

责任编辑　韩　旭　　龙倩妤

图片编辑　龙倩妤

校　　对　邓南平　　罗开渝　　苏栋琛　　徐　娟　　韩　旭　　龙倩妤

巫静波

设计制作　四川悟阅文化传播有限公司

《锦江年鉴（2024）》参编单位及人员

中共成都市锦江区委办公室
（区委办公室）
李腾飞　何　晨

成都市锦江区人大常委会办公室
（区人大常委会办公室）
邹　峰　侯　俊

成都市锦江区人民政府办公室
（区政府办公室）
曲美丽　尹　雷

政协成都市锦江区委员会办公室
（区政协办公室）
丁　元　唐　伟

中共成都市锦江区纪律检查委员会
成都市锦江区监察委员会
（区纪委监委）
宋学谦　张海娇

中共成都市锦江区委巡查办公室
（区委巡查办公室）
彭良虎　杨小军

成都市锦江区人民法院
（区法院）
林　娟

成都市锦江区人民检察院
（区检察院）
赵美琦　徐小清

成都市锦江区人民武装部
（区人武部）
陈　柳　朱　毅

中共成都市锦江区委组织部
（区委组织部）
邓春燕　张　尧

中共成都市锦江区委宣传部
（区委宣传部）
丁信果　梅　寒

中共成都市锦江区委统战部
（区委统战部）
王　杰　赵文敬

中共成都市锦江区委政法委
（区委政法委）
浦娇娇　赵　美

中共成都市锦江区委政策研究室
（区委政研室）
石　波　高彦妮

中共成都市锦江区委社治委
（区委社治委）
杨德胜　崔雪晴

中共成都市锦江区委机构编制办公室
（区委机构编制办公室）
何熠鹏　周慧颖

中共成都市锦江区委老干部局
（区委老干部局）
刘　浣　范春海

中共成都市锦江区委党校
（区委党校）
谢　娟

成都市锦江区发展和改革局
（区发改局）
侯　翔　汤胜利

成都市锦江区经济和信息化局
（区经信局）
杨文静　谢桂莹

成都市锦江区教育局
（区教育局）
魏晓敏　罗小玉

成都市锦江区科技局
（区科技局）
魏荣昌　潘　爽

成都市锦江区民政局
（区民政局）
庄　义

成都市锦江区司法局
（区司法局）
熊　泠　方卓卿

成都市锦江区财政局
（区财政局）
蒋直夫　徐诗静

成都市锦江区人力资源和社会保障局
（区人社局）
吉　健　谭　静

成都市锦江区住房建设和交通运输局
（区住建交局）
王　帆

成都市锦江区公园城市建设和城市更新局
（区公园城市局）
黄　睿　彭　杰

成都市锦江区商务局
（区商务局）
杨　瑞　吴立凯

成都市锦江区投资促进局
（区投促局）
蔡梦璐

成都市锦江区文化体育和旅游局
（区文体旅局）
何　彦　何宇航

成都市锦江区卫生健康局
（区卫健局）
雷旸娴　黄彬彬

成都市锦江区退役军人事务局
（区退役军人事务局）
刘力嘉　魏　波

成都市锦江区应急管理局
（区应急局）
刘　畅　黄尚裕

成都市锦江区审计局
（区审计局）
张小龙

成都市锦江区市场监督管理局
（区市场监管局）
黄彬彬　杨婕妤

成都市锦江区统计局
（区统计局）
鄢　宇　蒲　玥

成都市锦江区机关事务管理局
（区机关事务局）
蒋　晋

成都市锦江区群众工作和信访局
（区信访局）
伏　兰

成都市锦江区金融工作局
（区金融局）
黄建东

成都市锦江区医疗保障局
（区医保局）
朱　珂　张媛玉

成都市锦江区行政审批局
（区行政审批局）
杜　迟　刘　恒

成都市锦江区综合行政执法局
（区综合行政执法局）
战　婕

成都市锦江区规划和自然资源局
（区规自局）
唐　嵋　黄晓熠

成都市公安局锦江区分局
（区公安分局）
金　成　李媛媛

成都市公安局交通管理局第三分局
（交警三分局）
王　桥　漆林林

成都市锦江区税务局
（区税务局）
邓　雪　王琬洁

成都市锦江生态环境局
（锦江生态环境局）
郭春艳　谢彩琴

成都市锦江区档案馆
（区档案馆）
周　莉

成都市锦江区地方志编纂委员会办公室
（区方志办）
韩　旭　龙倩妤

成都市锦江区融媒体中心
（区融媒体中心）
陈　敏　王　恒

成都市锦江区总工会
（区总工会）
周　蕾　钟　平

共青团成都市锦江区委员会
（团区委）
付丽洁　廖　齐

成都市锦江区妇女联合会
（区妇联）
黎晓颖

成都市锦江区科学技术协会
（区科协）
杜思真　孙静雅

成都市锦江区归国华侨联合会
（区侨联）
陈　迪

成都市锦江区残疾人联合会
（区残联）
许皓铭　向　荔

成都市锦江区红十字会
（区红十字会）
唐　行

成都市锦江区工商业联合会
（区工商联）
葛　亮　张　磊

成都市锦江区文学艺术界联合会
（区文联）
王　丽　黄晓娟

成都市锦江区春熙路时尚活力区管委会
（春熙路时尚活力区管委会）
刘　瑾　李晓欢

成都市锦江区白鹭湾经济总部功能区管委会
（白鹭湾新经济总部功能区管委会）
潘　爽

成都交子公园金融商务区锦江片区
（交子公园金融商务区锦江片区）
张继军　高　奕

成都市锦江区人民政府春熙路街道办事处
（春熙路街道）
郭圆圆　袁子钧

成都市锦江区人民政府书院街街道办事处
（书院街街道）
孙　涛　赵冬梅

成都市锦江区人民政府锦官驿街道办事处
（锦官驿街道）
贾治炜　石楚娟

成都市锦江区人民政府牛市口街道办事处
（牛市口街道）
曹钰佳　贾　静

成都市锦江区人民政府东湖街道办事处
（东湖街道）
柏小平　王益琴

成都市锦江区人民政府沙河街道办事处
（沙河街道）
刘　颖　李　胤

成都市锦江区人民政府狮子山街道办事处
（狮子山街道）
雷　鸣　宋正豪

成都市锦江区人民政府锦华路街道办事处
（锦华路街道）
王玲玲　李　竞

成都市锦江区人民政府柳江街道办事处
（柳江街道）
李文娟　熊浚邑

成都市锦江区人民政府成龙路街道办事处
（成龙路街道）
王　雪　张　春

成都市锦江区人民政府三圣街道办事处
（三圣街道）
钟　武　钟　勇

成都锦江发展集团有限公司
（锦发展集团公司）
张　天　王　罡

编辑说明

一、《锦江年鉴》以马克思列宁主义、毛泽东思想、邓小平理论、“三个代表”重要思想、科学发展观、习近平新时代中国特色社会主义思想为指导，坚持辩证唯物主义和历史唯物主义的立场、观点和方法，按照“一年一鉴”要求，连续编纂出版。

二、《锦江年鉴（2024）》是由成都市锦江区人民政府主办、成都市锦江区地方志编纂委员会办公室编纂的地方综合年鉴。

三、《锦江年鉴（2024）》按照体例严谨、编排系统、检索方便的要求编纂。依据国民经济分类标准，结合区情实际，采用分类编辑法，设置类目、分目、条目。条目是基本记述单元，以不同字体、字号区分层次，条目标题以【 】表示。

四、《锦江年鉴（2024）》内容分为综合情况、动态信息、附属资料、检索系统四大部类。综合情况的内容由区情概览和部分概述条目组成。动态信息的内容即各类年度大事要闻和其他重要信息。附属资料的内容包括统计资料、大事记、照片、文摘、表格等便览性、参考性资料。检索系统由目录、页眉、索引组成。

五、《锦江年鉴（2024）》是一部具有纪实性、指南性、知识性的资料性工具书，客观记述锦江区2023年社会经济发展情况。设特载、专记、大事记、区情概览、中共成都市锦江区委员会、成都市锦江区人民代表大会、成都市锦江区人民政府、中国人民政治协商会议成都市锦江区委员会、纪检监察、民主党派·工商联、群众团体、法治、军事、经济管理、开放合作、国际消费中心城市核心区建设、农业、工业·建筑业、商贸服务业、旅游业、金融业、产业功能区、交通运输、城市建设与管理、智慧锦江建设、区域协同发展、生态环境保护、科学、教育、文化、卫生健康、体育、社会生活、应急管理、街道、先进人物、附录共37个类目。

六、《锦江年鉴（2024）》以公报语体为主要记述语体，结合运用记叙文体和说明文体。语言文字严格使用符合国家规范的简化汉字，以现代书面语为表现方式。

七、《锦江年鉴（2024）》的统计资料由成都市锦江区统计局提供，内文数据由供稿单位提供。登载资料通过供稿单位和保密部门审核。文中所列数据均保持各供稿单位提供时的原貌，不作省略或改动。因统计方法或口径不同，不同部门提供的同项数据或有不一致，以统计部门公布的统计公报数据为准。

八、《锦江年鉴（2024）》涉及的省、市、区党政机构名称一律使用简称。例如省委、省政府、市委、市政府、区委、区政府以及省司法厅、市总工会等。区级部门统一在参编单位及人员中标注单位全称和简称。

九、《锦江年鉴（2024）》数字用法、标点符号用法分别采用国家标准《出版物上数字用法》（GB/T 15835—2011）、《标点符号用法》（GB/T 15834—2011），计量单位采用国家技术监督局1993年12月发布的《量和单位》系列国家标准。考虑到社会使用习惯，全书亩不统一换算。

锦江荣誉榜（2023年）

一、全国集体荣誉

1月9日，锦江区被中国科协列入2021—2025年度第二批全国科普示范县（市、区）。

2月25日，全国妇联授予区检察院未成年人检察部“全国巾帼文明岗”称号。

2月28日，区融媒体中心录制的《年味中的手艺人：捏面人》在新华社新闻信息中心举办的《千城年俗》春节文化短视频展映活动中获优秀奖。

5月23日，国家标准化管理委员会将锦江区列入婚姻登记政务服务标准化试点。

7月25日，住建部将锦江区列入完整社区建设试点。

9月19日，国家发展改革委、财政部将区检察院列入第三批节约型机关。

10月20日，教育部教育技术与资源发展中心将锦江区列入第二批“中央电化教育馆人工智能课程”规模化应用试点区。

10月24日，最高人民检察院将区检察院办理的保险公司与保险人代位求偿权纠纷检察和解案列入第二批民事检察和解典型案例。

11月16日，区委、区政府被人民网评为2023年度网上群众工作民心汇聚单位。

11月24日，国家卫健委批准锦江区为全国医养结合示范区。

12月1日，人民日报社《民生周刊》杂志社、中国社区发展协会将锦江区“创新‘四坚持四转变’治理路径 聚力破解老旧小区改造提升困局”案例列入全国城乡社区高质量发展典型案例。

12月4日，教育部批准锦江区为完善普惠性教育保障机制实验区。

12月6日，工信部、民政部、国家卫健委将锦江区列入第三批智慧健康养老应用试点示范（基地类）。

12月29日，共青团中央维护青少年权益部授予区检察院未成年人检察部“全国维护青少年权益岗”称号。

二、省级集体荣誉

1月，区政府被省政府办公厅表彰为2023年度政务信息工作先进单位。

1月11日，锦江区选送的视频《法韵锦江》在第三届川渝法治微视频微电影大赛中获二等奖。

1月19日，区委统战部被省台湾事务办公室表彰为2022年度四川对台经济工作先进单位。

1月22日，区法院被省法院表彰为2023年全省法院五项专项工作年行动成绩突出集体。

2月，区发改委被省发改委表彰为2021—2022年度全省价格监测工作表现突出单位、2021—2022年度全省价格认证工作表现突出单位。

4月7日，区投促局被省人社厅、省经合局表彰为四川省投资促进工作先进集体。

4月27日，锦江区被委办公厅、省政府办公厅表彰为全省去冬今春农民工服务保障工作先进单位。

5月4日，区司法局被省司法厅表彰为四川省司法行政机关2022年度国家统一法律职业资格考试工作表现突出集体。

7月18日，省委办公厅、省政府办公厅制发《关于对2022年度全省平安建设表现优秀的单位予以表扬的通报》，表彰锦江区为2022年度全省平安建设表现优秀的县（市、区）。

8月，锦江区入选2023年全国百强区，受到省委、省政府表彰。

9月7日，区信访局被省信访工作联席会议表彰为四川省治重化积专项工作优秀集体。

10月11日，区委党校《创新实施“党课共享”，打通落实主责主业最后一米——成都市锦江区委党校高质量发展研究》获全省党校行政学院第十三届科研优秀成果三等奖。

11月10日，区政协被省政协表彰为2023年度全省政协新闻宣传工作先进单位。

11月21日，省检察院将区检察院机关党支部撰写的《党建领航“锦绣芳华”全心全意守护妇女权益融入基层治理土壤生根开花》列入2023年全省检察机关党建与业务深度融合优秀案例。

12月26日，区委统战部被省民族宗教事务委员会、省委宣传部、省委统战部表彰为四川省民族团结进步示范单位。

三、市级集体荣誉

1月10日，区委宣传部在市委宣传部举办的“话说核心价值观　讲述最美天府事”2023百姓故事会活动中获优秀组织奖。

1月16日，区财政局被市财政局表彰为2022年度财政票据日常管理工作突出单位。

1月17日，市委办公厅、市政府办公厅制发《关于表扬党的二十大维稳安保信访工作先进集体和先进个人的通报》，表彰锦江区为党的二十大维稳安保信访工作先进集体。

1月26日，区精神文明建设办公室被市精神文明建设办公室表彰为2023年度全市精神文明建设工作先进单位。

1月28日，锦江区被市委、市政府表彰为2022年应对极端灾害天气能源电力保供工作突出贡献区（市）县。

1月30日，市平安成都建设领导小组制发《平安成都建设领导小组关于表扬平安成都建设先进集体和先进个人的通报》，表彰锦江区为平安成都建设先进集体。

2月，区委社治委被市委社治委表彰为“四提四做　争当标兵”行动先进集体。

2月17日，区委统战部被市委统战部表彰为2022年度全市对台工作先进单位、2022年度全市海外统战和侨务工作先进单位。

3月，市委社治委授予区委社治委社区美空间建设优秀组织奖。

3月6日，区国资局被市国资委表彰为成都市国资国企对外合作工作先进集体。

3月13日，市委政法委制发《关于2022年度全市政法宣传舆论工作先进单位和先进个人的通报》，表彰区委政法委为2022年度全市政法宣传舆论工作先进单位。

3月14日，锦江区有效调处成都校外教育培训机构群体性退费与劳资纠纷案入选成都市服务群众诉求十大典型案例。

3月14日，区投促局被市投促局表彰为2022年度全市招才引智先进单位、2022年度全市重大项目储备先进单位、2022年度全市对上争取先进单位。

3月20日，区委统战部被市乡村振兴局表彰为2022年度巩固拓展脱贫攻坚成果同乡村振兴有效衔接工作突出单位。

3月24日，区民宗局被市民族宗教局表彰为2022年度先进区（市）县民宗局、2022年度区（市）县民宗局先进信息工作先进单位。

4月3日，区委统战部被市政府台湾事务办公室表彰为2022年度全市对台经贸（投诉协调）工作先进单位、2022年度全市对台交流工作先进单位。

4月6日，锦江区被市委办公厅、市政府办公厅表彰为耕地保护党政同责工作先进单位、粮食安全党政同责工作先进单位。

4月11日，市政府办公厅授予区政府办公室“公文处理先进集体”“值班值守先进集体”“建议提案办理先进集体”称号。

4月19日，区信访局被市信访工作联席会议表彰为成都市信访基层工作先进单位称号。

5月19日，市对口支援甘孜州工作领导小组表彰锦江区为成都市第六批对口支援工作先进区（市）县，表彰区委统战部为成都市第六批对口支援工作先进集体。

6月6日，三圣司法所被评为成都市标杆司法所，春熙路司法所、牛市口司法所、锦华路司法所被评为成都市个性化司法所。

7月13日，市委政法委、市法学会表彰区检察院为2022年度法学研究先进单位。

10月，成都国际都市现代农业博览会组委会授予区公园城市局最佳组织奖。

11月7日，市公园城市局、市风景园林学会、市园林绿化工程质量监督站授予区公园城市局2023年“公园城市荟”最佳组织奖。

11月15日，区融媒体中心录制的《舌尖上的非遗：江湖川菜中的传统味道——黑豆花水煮鱼》在市文化广电旅游局举办的2023年度成都非遗短视频作品征集评选活动中获优胜奖。

11月23日，市自然资源领域突出问题清理整治工作领导小组办公室表彰区公园城市局为2023年度农村乱占耕地建房问题专项整治工作先进集体。

12月6日，区城运中心被市委、市政府表彰为全市智慧蓉城建设工作先进集体。

12月12日，区国资局被市国资委表彰为2022年度成都市国有企业财务决算及国有资产统计工作先进单位。

12月15日，锦江区“创新‘1+1+N’机制，深化养老服务供给侧改革”工作案例入选成都市2023年建设践行新发展理念的公园城市示范区养老托育服务十佳案例。

12月25日，市委组织部将区委党校编印的党建引领社会组织参与基层治理研究系列丛书列入“全市干部教育培训好教材”。

12月26日，区财政局被市财政局表彰为2023年度成都市国有企业经济效益月度快报工作突出单位。

12月26日，市农业综合行政执法总队表彰锦江区为2023年动物卫生和生猪屠宰监督工作优秀区县。

12月28日，区社科联在市社科联开展的2023年度全市社科系统工作先进单位评比中被评为规划评奖先进单位。

12月29日，市委机构编制委员会办公室表彰区委机构编制办公室为优化完善安全生产监管职能体系工作先进单位、创新基层管理体制机制工作先进单位、机构编制管理创新工作先进单位、深化行政执法体制改革工作先进单位、统筹事业机构编制使用管理创新工作先进单位、推进模范机关建设工作先进单位、信息宣传工作先进单位。

数字锦江（2023年）

政区面积：62 平方千米

实有人口：128.09 万人，较 2022 年减少 0.09 万人

地区生产总值：1446.2 亿元，较 2022 年增长 6%

一般公共预算收入：100.9 亿元，较 2022 年增长 7%

人口自然增长率：3.95‰

农业总产值：0.48 亿元，较 2022 年减少 0.13 亿元

商品房销售面积：94.1 万平方米，较 2022 年下降 23.8%

社会消费品零售总额：1444.9 亿元，较 2022 年增长 10%

世界 500 强企业：140 家，较 2022 年增加 3 家

城镇居民人均可支配收入：60510 元，较 2022 年增长 5%

幼儿园：106 所，较 2022 年减少 2 所

小学：38 所，较 2022 年增加 1 所

普通中学：23 所，较 2022 年增加 6 所

中等职业学校：2 所

特殊教育学校：1 所

在校学生：130390 人

医疗卫生机构：645 家

医护床位：11837 张

接待游客：2600 万人，较 2022 年增加 399.5 万人

宾馆酒店：364 家

年度要闻

重要会议

2023 年 1 月 6 日，中共成都市锦江区委八届四次全体会议暨区委经济工作会议召开　　（区融媒体中心提供）

2023 年 7 月 8 日，中共成都市锦江区委八届五次全体会议召开　　（区融媒体中心提供）

2023 年 2 月 8 日，成都市锦江区第八届人民代表大会第三次会议召开（区融媒体中心提供）

2023 年 9 月 5 日，区政府八届三次全体会议暨 2023 年 1—7 月经济社会运行调度会议召开（区融媒体中心提供）

2023 年 10 月 18 日，中国人民政治协商会议第八届成都市锦江区委员会第三次会议召开 （区融媒体中心提供）

2023 年 2 月 3 日，中国共产党成都市锦江区第八届纪律检查委员会第三次全体会议召开 （区融媒体中心提供）

成都大运会锦江赛区

①
②　③

①位于锦江区成龙路街道净居寺路 45 号的成都市射击射箭运动学校射击场馆

（摄于 2023 年　区融媒体中心提供）

② 2023 年 8 月 1 日，成都第 31 届世界大学生夏季运动会女子 50 米步枪三种姿势比赛在成都市射击射箭运动学校射击场馆举办　（区融媒体中心提供）

③第 31 届世界大学生夏季运动会游泳项目训练场馆

（摄于 2023 年　区融媒体中心提供）

高质量建设“品位锦江·幸福城区”

◎ 做优做强消费引领核心功能 ◎

2023年，锦江区在打造消费场景、做强“十二月市”“四潮专线”品牌以及发展首店经济、夜间经济、假日经济等消费领域持续发力，推动春熙路商圈向国际顶级商圈发展，带动攀成钢、东村、交子三大商圈发展，促使商圈布局、消费场景、消费供给联动协同发展，做优做强消费引领核心功能。

“一轴两圈” 提升商贸繁华能级

春熙路步行商业街北段 （摄于2023年 区融媒体中心提供）

CHIC
PARK
春台
INSITE

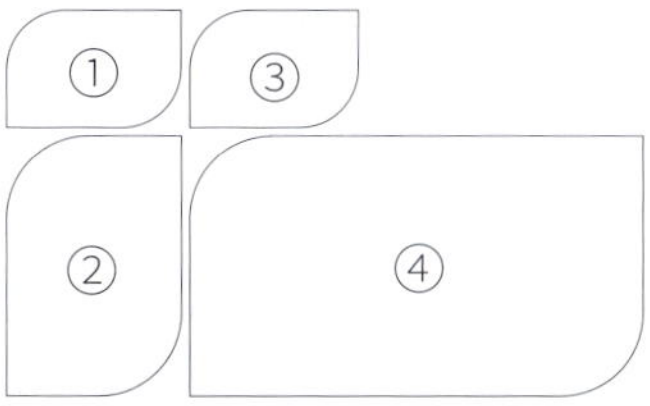

①位于春熙路商圈的联升巷、城守街交叉路口的 RE：X 春台　（摄于 2023 年　区融媒体中心提供）

②成都太古里　（摄于 2023 年　区融媒体中心提供）

③光环购物公园　（摄于 2023 年　沙河街道办事处提供）

④成都国际金融中心（成都 IFS）　（摄于 2023 年　锦官驿街道办事处提供）

沙河铺 SHAHEPU
日进斗金
路聚八方
开街大吉

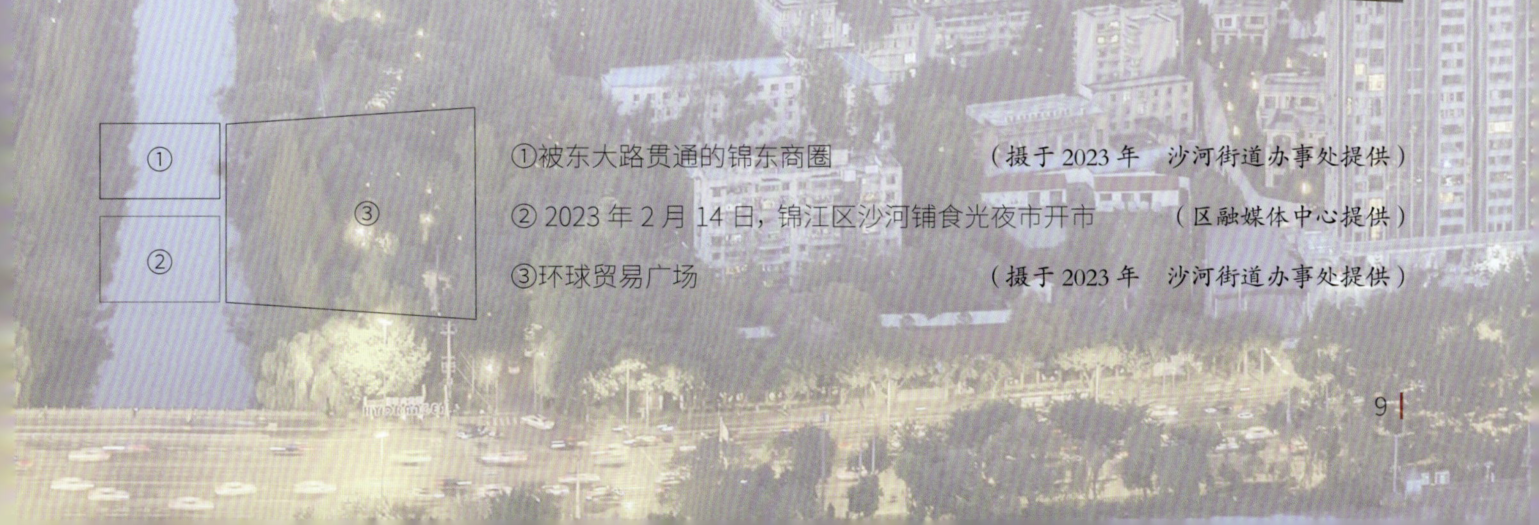

①被东大路贯通的锦东商圈（摄于2023年　沙河街道办事处提供）

②2023年2月14日，锦江区沙河铺食光夜市开市（区融媒体中心提供）

③环球贸易广场（摄于2023年　沙河街道办事处提供）

新十二月市　再现两宋盛景

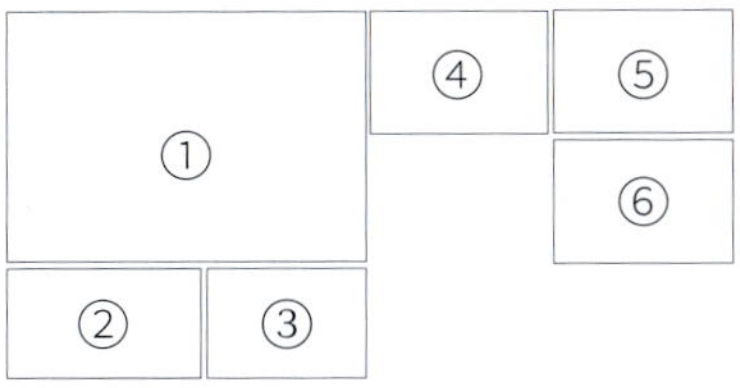

①成都十二月市博物馆 （摄于 2023 年 区融媒体中心提供）

②成都十二月市博物馆“交子铺户”主题展区 （摄于 2023 年 区融媒体中心提供）

③ 2023 年 5 月 1 日，“桃花水扇工坊”活动在成都十二月市博物馆举办 （区融媒体中心提供）

④ 2023 年 6 月，成都“十二月市 · 香市”活动在红星路步行商业街举办 （区融媒体中心提供）

⑤ 2023 年 8 月 22 日，锦江区第三届“锦江八月 YE”消费季暨成都十二月市之锦官驿 · 万千锦市开街活动启动 （春熙路时尚活力区管委会提供）

⑥ 2023 年 12 月 19 日，锦江区“蓉法 · 十二月市”之“酒市”活动举办 （区融媒体中心提供）

“夜游锦江”重塑锦城不夜天

①锦江合江亭河段 （摄于 2023 年 区融媒体中心提供）

②锦江东门码头 （摄于 2023 年 区融媒体中心提供）

③ 2023 年 8 月 25 日，东湖“怡”夏 high 啤锦江——2023 锦江啤酒音乐节在东湖公园举办 （区融媒体中心提供）

④锦江安顺廊桥河段 （摄于 2023 年 区融媒体中心提供）

◎ 做优做强现代服务发展核心功能 ◎

2023年，锦江区紧扣碳达峰碳中和的时代主题，推动新兴产业集群集聚，深化产业“建圈强链”，实施中国生物科创谷等绿色产业项目，构建绿色发展产业链，落实落地“双碳”目标，促进生态价值转化，激发城市绿色低碳发展内生动力，做优做强现代服务发展核心功能。

▼ 碳足迹监测　活水公园书写环保新篇

① 2023 年 11 月 21 日，入选“成都儿童友好示范公园”的活水公园 （区方志办提供）

②③活水公园人工湿地塘床生态系统 （摄于 2023 年 区方志办提供）

白鹭湾科技园推动低碳园区建设

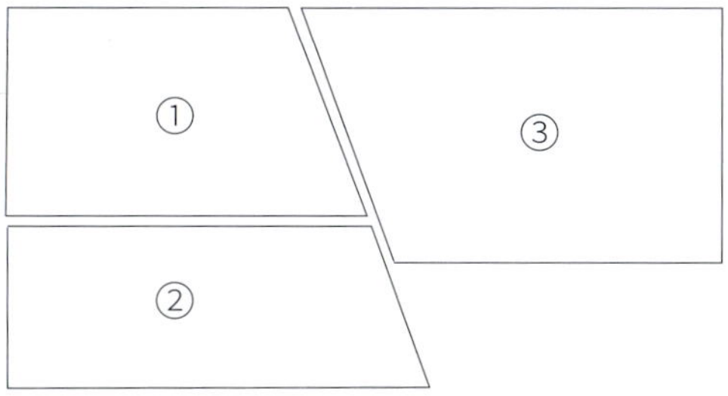

①2023 年 10 月 31 日，锦江软件园重大项目签约暨白鹭湾科技生态园首批企业入园仪式举行 （区融媒体中心提供）

②锦江区白鹭湾科技生态园 （摄于 2023 年 区融媒体中心提供）

③锦江区白鹭湾科技生态馆 （摄于 2023 年 区融媒体中心提供）

近零碳排放景区试点　三圣花乡转型升级

① ②

①锦江区繁星坡原野栖心地 （摄于 2023 年 区融媒体中心提供）

②锦江区花乡农居 （摄于 2023 年 区融媒体中心提供）

近零碳排放进社区　塔子山社区被列入创建单位

2023 年 9 月，锦江区沙河街道塔子山社区试点项目通过验收，入选全市首批近零碳社区

（区融媒体中心提供）

◎ 做优做强国际交流交往核心功能 ◎

2023年，锦江区坚持高质量“引进来”和“走出去”双向互动，聚焦招商引资、国际城市会客厅、国际营商环境，依托世界500强企业、领事馆等国际资源富集优势，定期发布投资机会清单，引进行业龙头企业、重大产业化项目、功能性平台、城市合伙人，举办国际交流活动，增强国际高端要素运筹能力，构筑多层次、宽领域开放合作格局，做优做强国际交流交往核心功能。

提升城市形象　打造多功能国际城市会客厅

2023年1月12日，中共成都市锦江区委、成都市锦江区人民政府主办的“天府新视界·城市观景台”首发活动

（区融媒体中心提供）

锦江区城市景观台之一的 ISEYA 浮云·高空酒店“坐看云起处”　（摄于2023年　区融媒体中心提供）

锦江区城市景观台之一的东原中心“大城揽胜窗” （摄于2023年 区融媒体中心提供）

锦江区城市景观台之一的湖畔咖啡厅“文艺多棱镜” （摄于2023年 区融媒体中心提供）

加强对外交流　提高“品位锦江”知名度

2023 年 4 月 13 日，成都市人民政府副市长、中共成都市锦江区委书记陈志勇在 2023 年投资成都—香港投资合作推介会（锦江区专场）上致辞

（区投促局提供）

① ②
③

① 2023 年 8 月 27—30 日，中共成都市锦江区委副书记、锦江区人民政府区长缪晓波（右二）率队赴英国开展招商引资活动，参观项目模型（区投促局提供）

② 2023 年 10 月 19 日，英国—中国成都市锦江区政府交流会在成都尼依格罗酒店举办（区公园城市局提供）

③ 2023 年 9 月 21 日，锦江区沙河街道宝墩书房接待土耳其共和人民党代表团成员（沙河街道办事处提供）

招大引强　推动产业建圈强链

2023 年 2 月 3 日，锦江区召开 2023 年“建圈强链 优化营商环境”亲商恳谈会

（区融媒体中心提供）

2023 年 2 月 20 日，锦江区白鹭湾科技生态园全球首发暨成都锦江国家人工智能创新应用先导区重大项目签约活动举办　（区融媒体中心提供）

2023 年 6 月 19 日，春华资本、锦欣福星康养、奥博资本投资合作协议签约仪式举行　（区卫健局提供）

携手同行　深化区域合作

2023 年 10 月 15 日，锦江区与都江堰市结对联动工作会召开，明确文旅互动、产业共兴、服务共享等重点合作领域

（区融媒体中心提供）

锦江区援建的炉霍县牦牛产业集群酪蛋白加工项目　（摄于 2023 年　区委统战部提供）

锦江区援建的炉霍县锦江路新青年艺术街区　　（摄于 2023 年　区委统战部提供）

锦江区援建的炉霍县鲜水首城秋日河旅游产业能力提升项目　　（摄于 2023 年　区委统战部提供）

◎ 做优做强文化传承创新核心功能 ◎

2023年，锦江区抢抓成都建设世界文化名城契机，立足人民日益增长的美好生活需要，塑造“春熙放歌”“书香锦江”等文化品牌，打造“15分钟公共文化服务圈”“社区10分钟健身圈”，推动文创地标和产业项目建设，推出华兴街等具有乡愁记忆的特色街区，促进文商旅体融合发展，做优做强文化传承创新核心功能。

▼ 梳理文化地标　增添历史底蕴

享有“震旦第一丛林”美誉的大慈寺　　（摄于2023年　区融媒体中心提供）

邮电局
中国邮政储蓄银行

李劼人先生

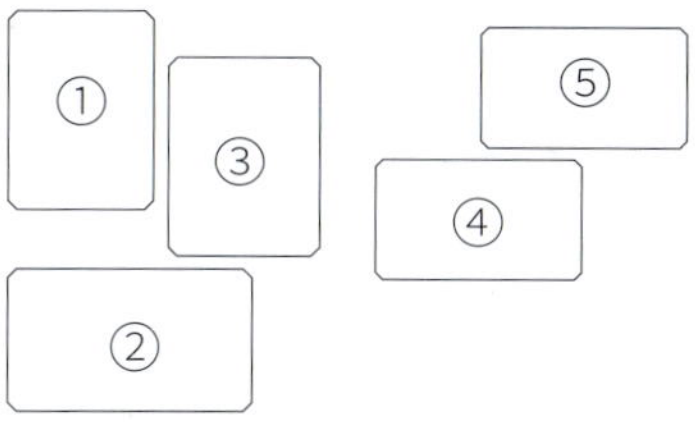

①崇德里川西民居（摄于 2023 年　区融媒体中心提供）

②成都市李劼人故居纪念馆（摄于 2023 年　区融媒体中心提供）

③暑袜街邮电局（摄于 2023 年　区融媒体中心提供）

④水井坊博物馆（摄于 2023 年　区融媒体中心提供）

⑤贲园书库（摄于 2023 年　区融媒体中心提供）

多元呈现　文创街区的另类文化解读

2023 年 2 月 25 日，牛市口街道“D10”街区穿越敦煌·牵手丝路户外露营风主题集市开街　（区融媒体中心提供）

锦江区打造的白墙公园特色街区

（摄于 2023 年 4 月　区融媒体中心提供）

2023 年 5 月，通过初验的成都川剧艺术中心

（区融媒体中心提供）

活动缤纷 文化惠民进基层

2023 年 4 月 19 日，“春熙放歌” 文艺会演活动在红星路广场举办 （区融媒体中心提供）

2023 年 9 月 29 日，东湖街道石牛堰社区开展“我们的节日 国庆普天同庆 · 中秋花好月圆” 活动 （东湖街道办事处提供）

2023 年 10 月 22 日，成龙路街道香樟社区开展“品诗词之美 绘重阳之情” 香樟社区各族青少年阅读活动 （成龙路街道办事处提供）

非遗传承　人文精神的血脉赓续

2023 年 5 月 31 日，成都市盐道街小学举办“迎大运动起来”文化和自然遗产日系列活动——2023 年锦江区“畅游成都 · 体验非遗”暨非遗进校园活动

（区融媒体中心提供）

2023 年 7 月 30 日，参加成都第 31 届世界大学生夏季运动会的国内外记者参观成都手作非遗传承（东门市井）体验街区

（区融媒体中心提供）

2023 年 10 月 12 日，锦江区第八届成都国际非遗节“畅游成都 · 体验非遗”活动举办

（区融媒体中心提供）

2023 年 8 月 6 日，参加成都第 31 届世界大学生夏季运动会的外国代表团成员在东门市井街区观看茶艺表演

（区融媒体中心提供）

◎ 做优做强幸福品质生活核心功能 ◎

2023年，锦江区探索符合超大城市中心城区特点和规律的社会治理新路径，推动智慧城市建设，深入开展“我为群众办实事”实践活动和幸福美好生活十大工程，打造“春熙嬢嬢”等特色服务品牌，探索群众共治模式，提升精细治理水平，构建共建、共治、共享格局，做优做强幸福品质生活核心功能。

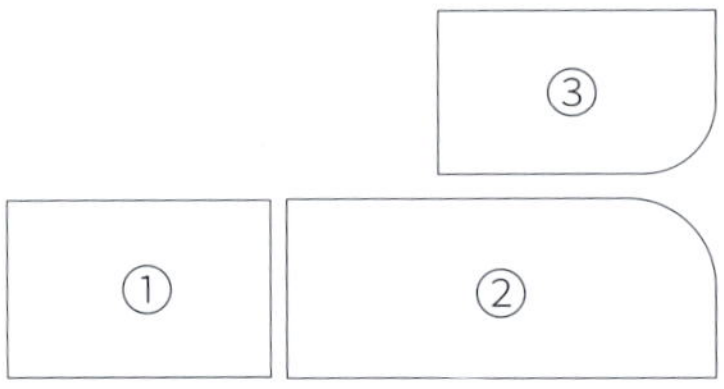

①锦江区马家沟小学（摄于2023年　区融媒体中心提供）

②成都七中育才学校东湖校区（摄于2023年　区教育局提供）

③2023年6月，锦江区参加第三届全国青少年科技教育成果展示大赛四川省区域赛暨四川省2023年科技教育成果展示赛（区融媒体中心提供）

科技强国 未来有我
第3届 [2022—2023学年]

位于锦江区双桂路街道通汇街26号的成都市锦江区东大国际卫生服务中心（成都市锦江区东大社区卫生服务中心）

（摄于2023年　区方志办提供）

位于锦江区成龙路街道水杉街620号的锦江区成龙路社区卫生服务中心

（摄于2023年　区方志办提供）

2023 年 4 月 28 日，锦江区“蓉漂 2023 星空招聘”活动举办 （区人才办提供）

2023 年 8 月，位于新华之星 AI 大厦 B 座 7 楼的锦江区人才综合服务中心启用

（区融媒体中心提供）

2023 年 5 月 16 日，位于锦江大道 R29 全业态开放式商业综合体内的 R29 社区智惠食堂开业 （区融媒体中心提供）

2023 年 9 月 16 日，三圣街道喜树路社区日间照料中心为老人举办生日会 （三圣街道办事处提供）

2023 年 7 月，锦江区枫树社区入选全国完整社区建设试点 （区融媒体中心提供）

“最美”系列　生活的画卷空间

2023 年 6 月，锦江区打造的王府井人行天桥空中花廊投入使用　（区融媒体中心提供）

2023 年 8 月，入选成都市 2023 年“最美社区花园”的“爱乐园”社区花园　（区融媒体中心提供）

2023 年 11 月，轩客会·熊猫书店入选“2023 成都最美书店”　　（区融媒体中心提供）

2023 年 12 月，锦江区“小牛哥·刹一脚”爱心智慧驿站入选全国“最美驿站”　　（区融媒体中心提供）

目　录

特　载

专　记

大事记

区情概览

中共成都市锦江区委员会

成都市锦江区人民代表大会

成都市锦江区人民政府

中国人民政治协商会议
成都市锦江区委员会

纪检监察

民主党派·工商联

群众团体

法　治

军　事

经济管理

开放合作

国际消费中心城市核心区建设

农 业

工业·建筑业

商贸服务业

旅游业

金融业

产业功能区

交通运输

城市建设与管理

智慧锦江建设

区域协同发展

生态环境保护

科　学

教 育

文 化

卫生健康

应急管理

街　道

先进人物

附 录

Table of Contents

Features

Monographic Description

Chronicle of Events

Overview of District

Jinjiang District Committee of Chengdu

People's Congress of Jinjiang District, Chengdu

People's Government of Jinjiang District, Chengdu

Chengdu Jinjiang District Committee of the Chinese People's Political Consultative Conference

Discipline Inspection and Supervision

Democratic Parties and Federation of Industry and Commerce

Mass organization

Rule of law

Military Affairs

Economic Administration

Science

Education

Culture

Health and hygiene

Sports

Social life

Emergency Management

Subdistricts

illustrious figure

Appendix

Index

特载

区委常委会工作报告

——2023年1月6日在区委八届四次全会第一次全体会议上

中共成都市锦江区委书记　陈志勇

2022年，在以习近平同志为核心的党中央和省委市委坚强领导下，区委坚持以习近平新时代中国特色社会主义思想为指导，深入学习宣传贯彻党的二十大精神，落实习近平总书记对四川及成都工作系列重要指示精神，落实党中央“疫情要防住、经济要稳住、发展要安全”的重要要求，贯彻省第十二次党代会和市第十四次党代会精神，以建设践行新发展理念的公园城市示范区为统领，统筹疫情防控和经济社会发展，统筹发展和安全，推动“品位锦江·幸福城区”建设。

一、深入学习宣传贯彻党的二十大精神和习近平总书记来川视察重要指示精神，坚定推动党中央和省委市委重大决策部署在锦江落地落实

坚持把迎接和学习宣传贯彻党的二十大精神作为首要政治任务和鲜明工作主线，组织区委理论学习中心组集中专题学习15次，开展全覆盖、分众化、互动化宣讲，组建锦江宣讲团，下设16个分团，成立基层宣讲小分队45个，由区领导率队前往一线，深入新时代文明实践中心、社区、企业、学校、楼宇商圈等开展主题宣讲100次，区融媒体中心开设专版专栏，全方位多角度宣传党的二十大精神，引导广大干部群众深刻领悟“两个确立”的决定性意义，坚定贯彻落实习近平总书记来川视察重要指示精神，坚定用马克思主义中国化时代化最新成果武装头脑、指导实践、推动工作，确保锦江现代化各项事业始终沿着习近平总书记指引的方向坚定前行。围绕学习宣传贯彻党的二十大精神和省委市委全会精神，广泛开展“促发展惠民生防风险”调研实践活动，形成高质量调研成果23篇，主动在服务“国之大者”“省之大计”“市之大事”中找定位、强担当，切实推动上级各项决策部署在锦江落地生根、见行见效。

二、以超常举措应对多重困难挑战，凝心聚力打赢疫情防控攻坚战

改革发展稳定面临的挑战多、考验大、任务重，高温、限电、疫情等多重考验，在市委坚强领导下，在全区上下共同努力下，保持经济平稳发展和社会大局稳定。面对多轮本土疫情冲击，坚决贯彻落实习近平总书记关于“人民至上、生命至上”重要指示精神，以战促治，持续提升区域应急管理能力、智慧治理能力和基层动员能力。

三、全面推动锦江高质量发展取得新成效

召开区委常委会（扩大）会议，举办全区领导干部读书班，深入研读和领会《成都建设践行新发展理念的公园城市示范区总体方案》，系统谋划具有支撑性引领性的重大举措。聚焦“三个做优做强”，以建设国际消费中心城市核心区、国际交流交往引领区为抓手，全面启动春熙路时尚商圈整体策划，“春熙路时尚商圈”入围全市24个“三个做优做强”示范片区；锚定重点片区和项目集群引领带动作用，策划实施锦江城市会客厅、白鹭湾科技生态园等重点项目133个，持续提升城市核心功能、特色功能、基本功能。聚焦产业“建圈强链”，以建设国家人工智能创新应用先导区为契机，召开产业“建圈强链”、高质量发展都市工业等推进会，协同错位打造三大产业功能区，加强链主企业专项培育、重点领域补链强链、重大项目攻坚会战，“1+3+3”现代产业体系加快构建。聚焦“智慧蓉城”建设，锦江城运中心初步建成，区、街道两级城运平台互联互通，全面推行“三融合、四统一、一平台”网格化智慧治理体系，接入智慧应用场景18个，加快推进城市运行“一网统管”、政务服务“一网通办”、经济运行“一屏统调”、公共服务“一网通享”、社会诉求“一键回应”，城市治理体系和治理能力现代化水平不断提升。

区委常委会坚持稳中求进工作总基调，紧密结合锦江实际，统筹推进政治、经济、社会、文化、生态文明和党的建设。全年预计地区生产总值1310亿元，增长3%。社会消费品零售总额1344亿元，增长1.5%。服务业增加值1170亿元，增长3.5%。固定资产投资356亿元，增长7.5%。一般公共预算收入94.29亿元，增长5.4%。区级税收79.97亿元，增长6.8%。在2022年赛迪百强区排行榜中名列全国第66位，较2021年上升3位。

（一）千方百计聚人气促消费

面对多轮疫情冲击，始终坚定信心决心，聚焦做优做强时尚消费引领核心功能，加快建设国际消费中心城市核心区，持续激发消费活力、释放消费潜力。深入实施品牌聚集战略，新引进各类首店97家，举办首秀首发首展和时尚活动17次，消费引领力持续提升。大力发展夜间经济、周末经济、户外经济，建成春熙路灯市、华兴街桂市等“十二月市”特色街巷4条，升级推出“四潮专线”沉浸式消费场景，精心打造春台市锦、纯阳市集等夜间集市，春熙路商圈成功创建首批全国示范智慧商圈，入选“四川十大产业园区”。围绕春节、五一、国庆等重要时间节点，以“逛春熙、游锦江、品美食”为主题，策划推出“金秋消费季、国庆欢乐购”系列促消费活动。推动线上线下消费融合发展，发挥“消费券+交子券”拉动作用，实现政府会同头部平台投入600万元，撬动商家投入补贴8000万元，锦江“交子券”作为全国唯一区县案例，被商务部纳入2022年全国诚信兴商典型案例。创建“天府旅游名县”，成为全省7家国家全域旅游示范区和天府旅游名县“双品牌”之一。

（二）全力以赴抓项目促投资

主动服务城市发展战略，聚焦战略政策红利释放，强化项目策划储备、招引促建，有力推动博瑞科创园等101个项目新增入库、兴锦·新同缘等25个在建项目提速增效、环贸ICD广场等37个产业项目竣工投用，天府茂业城、白鹭湾科技生态园等百亿级项目加快成势。强化片区综合开发，盘活中鼎国际二期、华侨凤凰等低效工业用地210亩，推动诺迪康药业等608亩科研用地调整为一类工业用地，全力支持诺迪康、生研所等企业实施工业技改项目，预计工业投资20.2亿元。全力以赴助企纾困，全面落实“区领导+工作专班+街道”分类走访模式，制定“助企惠企32条”“稳增长45条”“纾困13条”。兑付政策资金2.2亿元，惠及企业5.2万家。登记市场主体4.5万家。

（三）持之以恒抓开放增活力

主动服务融入新发展格局，加快推进国际城市会客厅等国际

交往平台建设，积极参与国际交流合作，深化与重庆市渝中区、南充市高坪区等友好城区协同联动，携手渝中区首创首发“成渝双城核心商圈指数”。大力实施招才引智行动，完善“龙头企业+产业基金+领军人才+招商大使”工作模式，开展“云招商”活动26次、“云洽谈”39次，引进高能级项目131个，其中50亿级制造业项目3个、30亿级服务业项目2个。预计外商投资实际到位32亿元、外商直接投资1.75亿美元，外贸进出口额110亿元，新增外资企业248家。深入实施“锦遇良才·筑梦之江”行动计划，引育国家和省市区级专家人才152人，高级职称人才306人，产业人才1.2万人。持续优化营商环境，编制《锦江区“十四五”国际化营商环境建设规划》，开展国家级政务服务标准化项目试点，深入推进“放管服”改革，政务服务事项网上可办率100%，全程网办率96.2%，“最多跑一次”覆盖率100%。

（四）凝聚宣传思想文化工作聚合力

坚持举旗帜、聚民心、育新人、兴文化、展形象，持续增强宣传思想文化工作的针对性、生动性和实效性，为建设“品位锦江·幸福城区”提供坚强思想保证和强大精神力量。牢牢掌握意识形态工作领导权，全面落实意识形态工作责任制，对71家区级部门和街道全覆盖开展意识形态工作督查，加强校园、媒体、互联网等阵地管理，开展“清朗”“净网2022”等专项行动30次，全区意识形态领域保持向上向好态势。深化“锦江融媒”矩阵建设，多维度展示锦江高质量发展新成就。做好争创全国文明典范城市工作，建立健全区领导牵头督导、“四个一”常态推进机制，开展“七大攻坚行动”，整治提升22个农贸市场，提升市民文明素质和城市文明程度。紧扣世界文创名城建设主线，推动数字传媒产业发展，培育新华文轩成为全省首个百亿级文创企业，文创产业规模在五城区保持领先地位。推进文化传承创新，开展“锦江艺术季”“走基层”文化惠民等活动70次，实施“品锦江”文化品牌建设项目，成功创建全省体育产业创新实验区。

（五）精益求精优功能提品质

坚持生态优先、绿色发展，统筹推进“四大结构”优化调整，持续做美城市形态、做优生态环境、提质城市功能。厚植公园城市生态本底，加快推进华熙528等3个公园城市示范片区建设，锦江体育公园、动感熊猫体育公园建成投运，活水公园、东湖公园提档升级，锦江合江亭至东风大桥段入选全市首批“幸福河湖”。新建小游园6个，打造“回家的路、上班的路、上学的路”50条，建成“金角银边”示范点位25个，绿化覆盖率达47.2%，路网密度达8.42千米/平方千米。加快推进城市有机更新，推动三圣花乡站、锦江宾馆站、四川师大站等TOD项目综合开发，实施锦江大道改造提升工程，大力推进四圣祠、耿家巷、东光片区更新项目，打造“两拆一增”点位80个，完成老旧小区“四位一体”改造30个、危旧房棚户区改造项目4个，五福苑小区治理模式获成都市最佳老旧小区改造奖。扎实抓好中央、省环保督察和长江经济带生态环境问题整改，深入打好污染防治攻坚战，完成环城生态公园交地和保留区域耕地复垦复耕工作，持续推进幸福梅林提档升级，实施再生水综合利用工程，有序推进东湖、梅香湖生态修复等水生态治理项目，市级考核断面水质达标率100%，空气质量优良天数达276天。

（六）用心用情惠民生增福祉

践行以人民为中心的发展思想，深入推进“幸福美好生活十大工程”，大力实施教育、医疗、养老等“十大提升计划”，高质量完成36个省市民生项目，获评2022年赛迪全国“幸福百强区”，位居全国第12、全省第1。创新构建“锦江就业超市”智慧服务体系，汇泉路社区获评“第五批国家级充分就业社区”，城镇登记失业率控制在2.02%，预计城镇居民人均可支配收入同比增长4.5%。扎实推进“五项管理”“双减”落地见效，新建、改扩建学校（幼儿园）12所，新增学位9500个，建成全国首家学前教育博物馆，“双减”工作在全省交流经验，获评全国首批“义务教育优质均衡先行创建区”。大力推进健康锦江建设，“五医联动”医疗卫生健康服务体系加快构建，顺利通过“全国基层中医药工作先进单位”复审，“133”智慧养老服务体系和儿童关爱保护体系不断完善，新建社区养老服务综合体4个，未成年人关爱保护示范点位29个，升级打造老年人助餐服务点21个，新打造智慧养老院4个，实现特殊困难老人家庭适老化改造应改尽改。全力攻坚超期过渡安置问题，建成“锦城逸景”二期安置房，完成超期过渡安置1442户5072人，在五城区率先实现环城生态公园超期过渡人员100%安置。倾情倾力做好对口支援甘孜州炉霍县工作，实施炉霍县1314爱情专线、高原特色蔬菜现代农业产业园等援建项目16个，定点支持简阳市镇金镇13个村集体发展现代农业产业3500亩。

（七）慎终如始保安全守底线

树立总体国家安全观，探索超大城市中心城区治理新路径，以高效能治理保障城市安全、社会安定、市民安宁。加强基层治理能力建设，优化“街道呼·部门应”基层运行机制，有效处置各类呼叫事项12万余件，办结率达100%。做细做实“微网实格”，完成“三四一”网格化智慧治理体系改革试点，“小牛哥”融入基层治理案例获评“2022年度全国社会治理创新案例”，国企兜底管理94个“三无”院落实践获评“中国幸福社区范例奖”。强化法治宣传教育，创新打造“律司行”，锦官驿、五福桥社区通过“全国民主法治示范社区”复核。健全“四一零”平安锦江工作体系，认真履行安全生产党政同责，全面开展燃气安全摸排整改“敲门行动”，区领导分片包干，全区各机关党组织和党员8000余人次下沉小区院落开展敲门摸排，确保排查不留盲点、不留死角；全区未发生较大及以上生产安全事故，顺利通过国务院安委会安全生产和消防工作考核巡查，国槐社区获“全国综合减灾示范社区”。深化群体性矛盾风险攻坚化解，推进信访“治重化积”、包案接访，区领导一线接访120余次，接待来访群众16批159人次，带案下访43件次。

（八）深入推进全面从严治党

贯彻新时代党的建设总要求，层层压实管党治党责任，严格执行新形势下党内政治生活的若干准则，不断推进政治谈话全覆盖，引导广大党员干部坚定拥护“两个确立”、坚决做到“两个维护”。出台激励“二十条”，鲜明政治过硬、业绩突出、群众公认、清正廉洁用人导向，从招商引资、产业发展、基层治理等一线提拔干部66人、进一步使用15人。深入实施“学在锦江”干部能力提升专项行动，举办“锦江论坛”专题培训、异地专题培训、业务实操辅导34期，调训干部6000余人次。实施基层党建整体提升工程，推动春熙路、沙河—东湖2条基层党建示范带加速成形，春熙路商圈入选“全省‘两新’组织党建示范商圈”。制定巡察工作五年规划，完成八届区委第一轮巡察，对3个区级部门、3个街道及下辖23个社区开展“政治体检”。常态化开展政治监督，问责履职不力党员领导干部11人，查处曝光违反中央八项规定精神案件12件15人，查处疫情防控责任落实不到位、泄露敏感信息等问题8件19人。深入推进党风廉政建设和反腐败斗争，给予党纪政务处分132人、移送司法机关9人，聚焦“十大领域”查处群众身边腐败问题29件37人、移送司法机关4人，正气充盈良好政治生态持续巩固。

区委总揽全局、协调各方，不断加强和改进党委领导方式和执政方式，进一步提高科学决策、民主决策、依法决策水平。支持区人大及其常委会、区政协依法依章程履行职责、区政府依法行政、区纪委监委和法检两院依法履职，支持各民主党派基层组织、区工商联和无党派人士履职尽责，支持群团组织有效发挥桥梁纽带作用，加强新的社会阶层人士、港澳台侨及海外等领域统战工作，深入开展民族团结进步创建，依法规范管理宗教事务，用心用情做好离退休干部服务管理，党管武装工作和国防后备力量建设得到切实加强，“双拥”共建工作不断深化。

区委常委会高度重视自身建设，始终以“五个走在前列”的昂扬姿态，充分发挥把方向、绘蓝图、做决策、保落实作用，确保锦江现代化建设行稳致远、追赶跨越、形成示范。

一是强化政治建设，在学思践悟、知行合一上走在前列。坚持把学习宣传贯彻党的二十大精神和习近平总书记重要讲话精神作为常委会会议“第一议题”，完整、准确、全面贯彻新发展理念，在对表落实中切实提高政治判断力、政治领悟力、政治执行力。

二是提升能力素养，在改革创新、攻坚克难上走在前列。坚持扑下身子察实情、现场办公解难题、“四不两直”强督导，在经济、科技、生态、金融等领域改革创新，在促发展、重民本、防疫情、护稳定等方面攻坚克难，带动形成唯实唯先、善作善成的工作作风，营造务实进取、创先争优的浓厚氛围。

三是强化宗旨意识，在永葆初心、为民惠民上走在前列。坚持以人民为中心的发展思想，走好新时代线上线下群众路线，深入实施“幸福美好生活十大工程”，用心用情用力解决人民群众急难愁盼问题，切实把发展红利、建设成果转化为人人可感可及的美好体验。

四是强化大局观念，在高效协同、整体联动上走在前列。坚决遵守区委工作规则和常委会议事决策规则，严格落实“三重一大”事项集体决策制度、分工分级负责制度和党政联席会等制度，凝心聚力服务大局，推动各项工作既为一域争光、又为全市添彩。

五是涵养清风正气，在遵规守纪、严于律己上走在前列。坚持把纪律和规矩挺在前面，认真落实中央八项规定及其实施细则精神，驰而不息整治“四风”，带头精文减会、优化调研督查，切实为基层减负松绑，严格遵守廉洁从政各项规定，以实际行动推进党风政风持续好转。

区委常委会工作报告

——2023年7月8日在区委八届五次全会第一次全体会议上

中共成都市锦江区委书记 陈志勇

区委八届四次全会以来，在党中央和省委市委的坚强领导下，区委常委班子坚持以习近平新时代中国特色社会主义思想为指导，深入学习宣传贯彻党的二十大精神和习近平总书记对四川及成都工作系列重要指示精神，全面落实党中央决策部署和省委“四化同步、城乡融合、五区共兴”发展战略，聚焦聚力市委“九个有力有效”“三个特别注重”等重要部署，以“成渝地区双城经济圈”建设为牵引，以全面建设践行新发展理念的公园城市示范区为统领，推动“品位锦江·幸福城区”建设。各项事业取得新的进展和成效。

一、深入学习贯彻党的二十大精神和习近平新时代中国特色社会主义思想

坚持区委常委会“第一议题”制度，聚焦中国式现代化等主题，召开区委理论学习中心组集中专题学习5次，举办局级领导干部读书班、学习贯彻党的二十大精神等专题培训班7期，完成县处级以上领导干部全员轮训，持续开展全覆盖、分众化、互动化宣讲，引导广大党员干部群众深刻领悟“两个确立”的决定性意义，确保锦江工作始终沿着习近平总书记指引的方向前进。大兴调查研究之风，聚焦现代商贸、人工智能创新应用、智慧治理等领域深入开展调研实践活动，推进32个调研课题，切实把调研成果转化为解决问题、改进工作的务实举措。

二、主动服务国家战略全局和全省全市发展大局

聚焦唱好“双城记”、建强“都市圈”，深化与重庆渝中区、四川省南充市高坪区和成都平原经济区的德阳市、眉山市、资阳市等友好城区协同联动，健全信息共享、招商共谈、落地共商等机制，巴蜀文化旅游走廊等重大任务加速推进，“成渝”国家网络安全产业园等重大项目稳步实施，与德阳旌阳区签订战略合作协议，“川渝通办”“省内通办”等跨区域通办综合窗口高效运行。聚焦建好“示范区”，谋划实施公园城市示范区建设36项年度任务，加快春熙路时尚商圈、交子金融商圈市级重点片区建设，举办“三个做优做强”重大项目现场推进暨公园城市示范区建设机会清单发布活动。聚焦全面推进乡村振兴重大部署，倾力做好对口支援工作，投入2400万元支持炉霍县援建项目17个、简阳市镇金镇援建项目5个，选派30名干部人才开展第七批对口支援，锦江区获评全市对口支援工作先进集体。聚焦实施“十四五”规划，推动六大任务和20项重点专项规划落地落实，扎实开展“十四五”规划中期评估，确保各项重点任务相互衔接、有力推进。

三、全力以赴拼经济促发展

贯彻中央和省委市委经济工作部署，突出稳经济和高质量发展，先后召开“开门红”竞进拉练、重大项目攻坚、产业建圈强链等工作推进会，区领导深入企业街道调研督导、现场办公、解决问题，优化落实“红白榜”等激励约束机制，千方百计拼经济、搞建设、抓发展，春熙路、白鹭湾、交子公园三大片区加快建设，总投资1195亿元的231个重点项目有力推进。1—6月，预计地区生产总值增长6%，社会消费品零售总额增长8.5%，服务业增加值增长7%，固定资产投资增长2%，一般公共预算收入增长8.7%，区级税收收入增长15.2%，经济运行总体实现稳中有进。

四、精心做好成都大运会服务保障工作

坚持“办赛、营城、兴业、惠民”理念，有序推进赛事侧、城市侧、外事侧、文化侧融合联动。按照“一馆一策”“一赛一案”细化测试演练方案，聚焦注册报名、住宿餐饮、比赛训练等环节做好服务，成都射击场馆赛事组织工作得到国际大体联和国家体育总局高度评价。全力实施王府井天桥氛围营造等项目41个，呈现“太古里商业旅游街区”“马家沟幸福邻里街区”2个大运美丽街区，赛事场馆周边及沿线风貌持续焕新。深入开展“共享大运盛会·悦动活力锦江”系列活动，策划推出文旅志愿服务、“最强健身达人”评选等主题活动，精心营造全民参与服务大运的浓厚氛围。纵深推进“迎大运、保平安”系列行动，精心编制21项赛事应急预案，全面开展安全风险评估和隐患排查，坚决维护政治安全、赛事安全、城市安全。

区委常委班子坚持稳中求进工作总基调，完整、准确、全面贯彻新发展理念，统筹推进经济、政治、文化、社会、生态文明建设和党的建设取得新的进步，奋力跻身全市目标考评先进单位第六名。

一是多措并举恢复和扩大消费。坚定把恢复和扩大消费摆在优先位置，加快推进春熙路时尚商圈建设，聚焦“一核五区”空间布局，高质量编制片区产城规划方案，全力建设国际消费中心城市核心区。新引进亚历山大麦昆等各类首店、旗舰店78家，举办首秀首发首展活动35场，央视《新闻联播》对春熙路商圈首店经济进行专题报道。丰富拓展“成都十二月市”“四潮专线”等特色消费场景，加快推进CX年轻力中心、春台市锦二期等标志性项目，创新推出“天府新视界·城市观景台”，打造“COSMO青年磁场”策展型商业综合体，“夜游锦江”入选国家文旅部沉浸式文旅新型示范案例。持续深化智慧商圈建设，创新打造“交子空间”平台，创新开展“放肆嗨购·潮派锦江”“啤酒音乐节”“乐购锦城·擎动未来”等系列促消费活动，劳动节和端午节期间，春熙路商圈客流量分别达481万人、249万人，增长34.3%、16.4%，消费潜力加速释放。

二是全面提升现代化产业竞争力。坚持以产业建圈强链理念变革产业发展方式，出台支持实体经济高质量发展“15条”，加快构建以科技创新为引领的“1+3+3”现代化产业体系。大力实施重大项目攻坚大会战，聚焦“六个一批”，全力攻坚春熙路时尚商圈、锦江软件园等重点

片区项目集群，白鹭湾科技生态园等百亿项目加快成势，新开工项目114个，总投资329.9亿元。策划储备重点项目73个，总投资190.2亿元。坚持以人工智能创新应用先导区建设为引领推动数字化转型，成功举办白鹭湾科技生态园全球首发暨成都国家人工智能创新应用先导区重大项目签约活动，持续优化锦江软件园“一道九园”规划建设，新增新经济企业4633家，入库人工智能企业57家，高新技术产业营收110亿元。

三是持续提升对外开放水平。加快建设国际城市会客厅、国际化社区集群等五大国际交往平台，实施“双招双引”行动，创新探索平台招商、合伙人招商等模式，举办2023年投资成都—香港投资合作推介会等活动52次，区领导率队招商49次，拜访企业285家，引进财达证券、华润数科等高能级项目9个，实际到位国内资金87.12亿元，外商直接投资0.62亿美元。深入实施人才引领发展战略，制定人才引领高质量发展的若干政策措施，建成一站式服务平台锦江人才综合服务中心，探索“四链”融合发展机制，引进“蓉漂”青年人才1899人、产业人才7486人、省市重大人才计划专家40人。持续优化营商环境，召开“建圈强链·优化营商环境”亲商恳谈会和“12345”亲清座谈会，推动营商环境5.0政策落地落实，在2022年全市营商环境测评考核中居中心城区第一。深入推进“放管服”改革，企业开办全流程缩短至0.5个工作日。1—6月，新增市场主体1.84万家。

四是厚植公园城市生态本底。深入践行绿水青山就是金山银山理念，积极融入“四大结构”优化调整，推动经济社会发展全面绿色低碳转型。深入打好污染防治攻坚战，统筹推进蓝天、碧水、净土三大保卫战，完成生态环境数智系统等重点项目建设，严格落实河湖长制。截至6月，央督、省督和长江经济带生态环境问题整改完成率95.9%，空气质量优良天数137天，市级考核断面水质达标率100%。压紧压实耕地保护责任，保质保量完成环城生态区复垦复耕目标任务，连续两年被评为耕地保护党政同责先进区。大力实施“五绿润城”“百花美城”“千园融城”行动，加快推进锦江公园和2个公园城市示范片区建设，完成“两拆一增”点位20个、新增开敞空间3万平方米，新建小游园微绿地3个、天府绿道20千米，公园城市绿色本底持续夯实。

五是全面加强宣传思想文化工作。坚持举旗帜、聚民心、育新人、兴文化、展形象，不断提升城市向心力凝聚力影响力。巩固壮大主流思想舆论，持续压实意识形态工作责任制，强化联席会议制度落实，全覆盖加强阵地管理，处置“环城生态区复垦复耕”等舆情。持续开展“扫黄打非”工作，承办中宣部挂牌“730案件”。组织党员用好“学习强国”学习平台，组织架构比持续提升，达到93.2%。深入推进区融媒体中心改革工作，全媒体传播体系不断完善，主流舆论新格局加快构建，选送视频在中央电视台《新闻联播》《新闻30分》《总台跨年晚会》等栏目播出。创新推动文明创建，建立区领导巡屏督导、局级干部下沉、挂图施工作战、专班督查整改等制度在全市推广，创建省级文明单位4家。实施公共服务倍增工程，打造“品锦江”“锦江艺术季”等文化品牌。原创歌曲《种子》获省精神文明“五个一工程”奖。实施三色路数字传媒产业社区、红砂村网络文学产业园等项目，第一季度的文创产业增加值52.4亿元。

六是用心用情增进民生福祉。坚持“人民城市人民建，人民城市为人民”，深入推进“幸福美好生活十大工程”，实施“十大提升计划”，让幸福美好生活更加可感可及。高标准推进18个省市民生项目、完成投资34.4亿元。全力以赴稳就业保就业，新增就业7518人，吸纳高校毕业生创业就业2374人，城镇登记失业率2.15%。发放低保金、特困人员供养金等1375万元。推进四圣祠、东光等片区有机更新，启动老旧小区改造项目80个。加大优质公共服务供给，推进中小学、幼儿园项目9个，新增学位1.1万个。加快华西医院锦江院区、锦江国际医疗健康中心等项目建设，新建和升级老年人助餐点位21个。建成医养结合养老机构8家，床位2313个。发展普惠托育服务，新增托位650个。多渠道筹集保障性租赁住房2400套。

七是全面提升城区智慧治理能力。探索超大城市中心城区治理新路径，持续强化安全风险管控，确保城市安全、社会安定、市民安宁。加快区智慧蓉城运行中心建设，迭代升级“智慧锦江”城运平台，加快植入智慧商圈、智慧医疗、智慧社区等应用场景，提升政务服务一网通办能力。网上受理率88.82%，好评率100%。统筹推进党建引领“微网实格”治理机制建设，优化一般网格980个、专属网格657个、微网格4165个，有1.1万名“双报到”党员“进网入格”，推进翡翠城等22个社区35个小区示范建设，“网格呼叫、街道处置、部门报到”机制入选全国县域社会治理经典案例。健全“四一零”平安锦江工作体系，深入推进信访“治重化积”，紧盯全国和省市两会等重要节点强化安保，未发生较大及以上生产安全事故，发展环境安全稳定总体向好。

八是深入推进全面从严管党治党。深入落实新时代党的建设总要求，层层压实管党治党责任，坚持以党的政治建设为统领，统筹推进党的各项建设。执行加强党的政治建设系列规定，开展政治谈话500次，完成八届区委第二轮巡察、有序推进第三轮巡察，开展践行“两个维护”教育、政治忠诚教育，实施党员教育凝心铸魂工程，获“全省党员教育工作十佳县”称号。聚焦建设高素质专业化干部队伍，举办人工智能等专题培训班11期、“锦江论坛”10期，调训干部1600人，选派280名干部参加大运会筹备等重点工作。深化“干部能上能下”“激励干部担当作为20条”等激励约束机制，从招商引资、产业发展、基层治理等一线选用优秀干部54人，为15名区管干部晋升职级，干部队伍干事创业活力有效激发。聚焦“党建引领基层治理提升”主题，健全“3+1”网格党组织体系，3个项目入选全市基层党建创新案例，“小牛哥”案例入选全国基层党建创新最佳案例，有8个党组织获“蓉城先锋示范基层党组织”称号，春熙路街道获“蓉城先锋四好街道领导班子”称号。强化正风肃纪反腐，常态化开展政治监督，持续加固落实中央八项规定精神的堤坝，深化“十大领域”专项治理，处置问题98个，涉案106人，处分53人，风清气正的政治生态持续巩固。

区委坚持总揽全局、协调各方，支持区人大及其常委会、区政协依法依章程履行职责，区政府依法行政，区纪委监委和法检两院依法履职，支持各民主党派基层组织、区工商联和无党派人士履职尽责，支持群团组织有效发挥桥梁纽带作用，加强新的社会阶层人士、港澳台侨及海外等领域统战工作，深入开展民族团结进步创建，依法规范管理宗教事务，用心用情做好离退休干部服务管理，党管武装工作和“双拥”创建工作持续深化。

区委常委会高度重视自身建设，始终牢记打铁必须自身硬，着力锻造政治坚定、实干担当、能力过硬、团结奋进、清正廉洁的领导集体，较好发挥了把方向、管大局、作决策、保落实的作用。带头坚定信念、坚守忠诚。始终坚持以习近平新时代中国特色社会主义思想凝心铸魂，严守政治纪律和政治规矩，严格执行请示报告制度，坚决落实加强和维护党中央集中统一领导的若干规定，坚定做“两个确立”的忠诚拥护者、“两个维护”的示范引领者。带头担当作为、担责尽责。始终坚持把高质量发展作为推进锦江现代化建设的首要任务，严格落实分工分级负责制，以抓铁有痕、踏石留印的干劲韧劲，确保“九个有力有效”“三个特别注重”等重要部署在锦江落到实处、见到实效。带头为民服务、为民造福。始终坚持把人民对美好生活的向往作为奋斗目标，把人民满意作为检验工作的第一标准，深入一线摸实情、出实招、办实事，积极解决了一批群众急难愁盼的问题。带头加强团结、发扬民主。始终坚持讲团结、顾大局，认真贯彻落实民主集中制、区委常委会会议事规则等，严格落实“三重一大”事项集体决策制度、党政联席会等制度，相互信任、相互支持、相互配合，切实做到科学决策、民主决策、依法决策。带头严明纪律、廉洁自律。始终牢记“两个永远在路上”，认真履行管党治党主体责任，依规依纪依法做好日常监督和经常性管理，严格遵守廉洁从政各项规定，自觉加强家风家教建设，主动接受各方面监督，以身作则带动党风政风持续向好。

政府工作报告（摘要）

——2024年1月17日在锦江区第八届人民代表大会第四次会议上

成都市锦江区人民政府区长　缪晓波

2023年工作回顾

2023年，区政府始终坚持以习近平新时代中国特色社会主义思想为指导，深入贯彻党的二十大精神和习近平总书记对四川工作系列重要指示精神，落实党中央、国务院、省委、省政府、市委、市政府和区委决策部署，在市委、市政府和区委领导下，在区人大、区政协监督支持下，团结依靠全区干部群众，完成区八届人大三次会议确定的主要目标任务和“十四五”规划锚定的阶段目标任务。

一是经济指标进位赶超。主要经济指标大幅进位。预计地区生产总值1390亿元，同比增长6%。增速排名从“十四五”初的全市倒数第1名进位至2023年前三季度的全市第9名。固定资产投资281.74亿元，同比增长−3.3%。指标排名从“十四五”初的全市倒数第1名进位至全市第2名。社会消费品零售总额1444.9亿元，同比增长10%，连续20年居全市第一。增速排名从“十四五”初的全市第19名进位至全市第9名。一般公共预算收入100.9亿元，同口径增长4.5%。增速排名从“十四五”初的全市倒数第2名进位至全市第16名。区级税收收入88.47亿元，同口径增长7.6%。增速排名从“十四五”初的全市第15名进位至全市第9名。在2023年赛迪“百强区”中处于全国第63名，“十四五”以来前进9位。

二是发展质效进步争先。在系列国家级荣誉和试点上拔旗夺魁。春熙路时尚商圈入选全国首批示范智慧商圈，枫树社区入选全国首批完整社区建设试点，全国医养结合示范区、全国智慧健康养老应用试点示范基地、全国义务教育优质均衡发展区、全国学前教育普及普惠区、全国政务服务标准化试点等“国字号”品牌通过验收。

三是难点堵点进取突破。在破解制约城市发展的难点堵点上成效显著。通过城市设计和规划调整带动片区价值提升和市场信心提振，四圣祠、净居寺城市更新和琉璃场城中村改造项目取得突破；探索老旧院落建设、管理、服务“三个资金平衡”机制，福字街片区老旧院落改造项目获市委、市政府主要领导肯定。通过“府院联动”，探索破产重整方式，推动滞建六年的星汇广场复工，省图书馆地块、蓝润地块等多年停工项目重启建设，天府茂业城项目北区规划设计取得实质性突破。走司法途径的“保交楼”经验获市委、市政府主要领导肯定，在全市推广。“中水回用”项目全线通水，实现黑臭水体长效治理、河湖生态补水目标。下一步，能源结构绿色转型、农业灌溉、城乡消防应急水源储备等多项综合效益将会逐步实现。

一、区域经济发展持续向好

（一）产业体系加快转型

人工智能主引领聚链成势。新华之星AI大厦已形成品牌效应，引进恒信东方公司等人工智能总部企业8家，聚集竹云科技公司等人工智能重点企业10家及链属企业231家。

现代商贸业转型升级。引进北京悦活公司等现代商贸重点企业27家，互联网消费同比增长36.4%。现代商贸业营收1788亿元，同比增长10%。

新兴金融业龙头汇聚。引

进国民养老保险公司等新兴金融龙头企业8家。金融业增加值390.34亿元，增速7.6%。

数字传媒业稳步增长。域上和美公司、新华文轩公司2家企业入选成都市文创业链主企业。数字传媒业预计营收290亿元，同比增长11.5%。

都市工业换挡提速。促成易上集团公司等4家企业形成工业上楼策划方案，成都生物制品研究所冻干人用狂犬病疫苗、HPV一期、诺迪康新活素三期项目竣工，成都卷烟厂技改项目完成供地手续。都市工业营收1100亿元，同比增长15%。

都市医养业融合发展。引进四川瑞孚项目等重大项目和高能级项目5个。签订锦欣福星康养项目的国际融资协议，首轮融资计划8000万美元。都市医养业营收133.2亿元，同比增长11.1%。

都市文旅业欣欣向荣。引进文轩国际文化传播项目等重大项目4个，推出15个城市观景台，“天府旅游名县”年度考评列全省第4位、成都市5个中心城区第1位。旅游综合收入352亿元，同比增长32.8%。

（二）经济结构不断优化

经济总量基础牢固。新增“四上”企业122家，同比增加15家。完成第五次全国经济普查的基本单位清查任务，清查法人单位5.5万家、个体经营户7.5万家，较第四次全国经济普查增长135%和116%。

项目投资拉动有力。推出政府投资项目209个，总投资403亿元，带动民间投资同比增长13.6%。编制区县级能源体系规划，形成项目机会48个。全年新增入库项目288个，总投资408亿元。

财税收入量质提升。新增税收贡献企业5745家，同比增长14.3%。500万元级税源企业数量增加50家。修订街道经费保障与激励奖补实施办法，街道引进企业的新增区级税收同比增长86.8%。

（三）经济地理逐步均衡

春熙路商圈“一轴两圈”提质加速。“东大街国际消费活力轴”有序建设。光明巷地块、牛王庙站TOD等节点项目完成规划设计，潮力方5G扩展现实体验中心即将投运。春熙路时尚商圈有机焕新。REX春熙、春台市锦二期启动运营，“云上春熙”上线，注册用户数超16.4万人，吸引王府井百货、舞东风等380家商户入驻。锦东商圈有效成势。白墙公园、沙河铺夜市等优质新消费场景全新呈现，环贸ICD、文华广场等商业项目人流量、营收同比增长40%和71%。

锦江软件园加快建设。锦江大道平台功能全面提升。全线双向八车道改造、U形空间一体化提升全面完成，建成“灯等车”等6个“车路协同”应用场景，引进沃尔沃汽车等18家智慧交通产业链上下游企业，引进联通智网睿行公司参与项目后续运营。“九园”片区发展亮点纷呈。交子公园金融商务区（锦江片区）建成交子风投露营基地、金融梦工场四期，引进长扬科技公司等8家重点企业，园区固定资产投资23亿元。锦江数媒港聚集数字传媒上下游企业71家，营收1000亿元，税收20亿元。中国生物科创谷产值12亿元，税收5200万元。58数字生活城进驻五八好车公司，二手车业务投运，园区销售收入7.6亿元，税收2237万元。白鹭湾科技生态园开园，智能网联大厦、开源鸿蒙大厦建成投运，深圳特发集团公司等23家企业入园，园区固定资产投资32.16亿元。锦江汽贸城引进比亚迪方程豹等7个新能源汽车品牌，园区销售收入150亿元，税收1.7亿元。华西智慧医养园引进仁济瀚博公司等都市医养企业15家，园区营收77亿元，税收3.8亿元。红砂都市文旅带范围的红砂网络文学产业园、锦江文化创意产业中心建成，园区营收12亿元，税收1.2亿元。468数字文创谷引进视说物语直播电商供应链企业，园区产值3.5亿元，税收2100万元。锦江软件园片区新增产业载体35万平方米，土地溢价率、住宅供销比、商品房去化周期等房地产指标逆市上扬。

二、城市功能品质显著提升

（一）城市规划引领作用显现

空间功能布局持续优化。细化春熙路时尚商圈总体规划、锦东商圈产业规划，举办规划设计成果及城市机会清单发布会，发布场景合作项目148个，释放投资机会2332亿元。

重点片区规划突破困局。锦江工业园内12.3万平方米科研用地调整为工业用地，成都生物制品研究所南侧20万平方米土地调规工作取得实质进展，都市工业发展空间有效扩大。完成环城生态区土地综合整治与生态修复分区规划调整，调减农田整治区面积95万平方米，农田更加集中连片。最美学区规划亮丽呈现。策划首批七大"最美学区"，完成"东南里最美学区"城市设计，"锦华路最美学区"范围内地块出让价刷新全市纪录，彰显优秀规划和城市设计对片区价值和市场信心的提振作用。

（二）城市建设均衡格局不断优化

三环内老城改造"焕新颜"。启动牛沙路片区等2个城市有机更新项目，实施80个老旧小区改造项目，四圣祠片区城市有机更新项目经验、既有住宅自主增设电梯经验获住房城乡建设部全国推广。三环外片区开发"展新貌"。出让土地10宗35.7万平方米，建成洪柳东片区等3个社区综合体，林家坝中学、小学及幼儿园等公服项目按照国际一流标准完成设计。

全域公园城市建设"吐新绿"。围绕"城中有园"，新建改造小游园6个、社区绿道20千米，通过"两拆一增"新增开敞空间7.3万平方米。围绕"园中有城"，编制十里绿廊规划，细化"一廊五线九景一地"文旅产业总体规划。

（三）城市治理创新探索成效明显

"大物业体系"专业治理试点。在94个"三无"院落基本物业服务全覆盖的基础上，在牛市口、东湖2个街道试点，为15个院落5312户居民提供专业物业服务。

实施"市容环境"综合治理。开展"洁净春熙"专项行动，打造柳荫路、三色路、经天东路3条"最美街道"，太古里商业旅游街区马家沟幸福邻里街区获"全市首批最美街区"称号，锦江区通过国家卫生城市复审。

赋能"微网实格"智慧治理。建成人口、企业、房屋三大基础数据库，东湖街道"三四一"网格化智慧治理体系试点工作成效显著，开发"智慧督办"、安全隐患"随手报"等应用场景，事件枢纽系统流转城市运行事件信息240万条。

三、改革开放创新纵深推进

机构改革落地见效。完成区国防动员办公室职责划转、机构组建、挂牌办公、人员转隶工作，区疾病预防控制局挂牌。完善区级城运中心运行管理体系，街道城运中心实体化运行，出台智慧锦江建设项目管理办法，完成11个新基建项目需求预审、方案审查、造价评审等工作，节约资金7000万元。

国企改革有力有效。锦江发展集团公司资产规模增至1412亿元，新增融资265亿元，融资综合成本下降0.32个百分点。专业能力持续增强，投资参股的云天励飞于科创板上市，成立锦江软件园投资运营公司。混合所有制改革推进，成立万花春熙公司等合资企业5家。

营商环境持续优化。与上海市宝山区等3个地区建立"跨省通办"工作机制，打造"政务服务+邮政"服务网点。兑付各类产业扶持资金3.01亿元。"蓉易贷""锦易贷"等平台帮助企业融资82.6亿元。举办"区长咖啡"活动16次，带动全区各单位走访企业5049次，解决企业问题339个，办理企业诉求2097件，企业满意度98.9%。

科技创新持续提升效益。升级"锦遇良才"人才政策3.0版，启动建设锦江科才馆，建设人才大数据平台，编制《"1+3+3"产业体系重点企业人才需求指引》，吸引5670名产业人才，引育26名人工智能领域专家学者，评选120名"濯锦工匠"。引进集省机械研究院等9家专业研发单位为一体的四川振兴产业技术研究院，电信五所入选国家级专精特新"小巨人"企业，成都生物制品研究所获"四川省科技创新领军企业"称号，核西南院获四川省科技进步奖。新增省级专精特新企业9家。高新技术产业营收210亿元，同比增长7.6%。新增维智科技全国研发总部等院、校、企、地合作项目10个。与电子科技大学共建脑健康与人工智能产业研究院，建成脑科学应用场景5个。规模以上企业研发投入32.84亿元，同比增长17.5%。

开放合作取得丰硕成果。土耳其驻成都总领事馆开馆，举办锦江—英国城市更新国际合作圆桌会谈活动。新增外商投资企业

129家，外商直接投资1.7亿美元。实现四川和重庆两地营业执照异地一体化办理目标，连续2年发布“成渝双城”核心商圈指数，与重庆解放碑商圈、南京新街口商圈、广州北京路商圈发起建立商圈联盟。锦江就业超市拓展宜宾、德阳等10个市（州）分店，提供岗位1.65万个。支援甘孜州炉霍县高原农产品精深加工产业园，新建年产量3000吨酪蛋白生产线。与成都市都江堰市达成结对关系，明确青城山演艺中心等25个合作项目。

四、民生保障水平不断提升

（一）基本民生兜牢兜实

就业服务成效显著。拓展锦江就业超市智慧匹配、智慧荐岗、定期回访机制，为农民工提供就业帮扶、岗前培训等全链条服务。城镇新增就业1.6万人，城镇登记失业率控制在3%以内。获“四川省农民工服务保障工作先进区”称号。

住房保障扎实推进。全年商品房销售90万平方米，新开工人才公寓300套。筹集保障性租赁住房3837套，发放住房补贴1665万元，惠及居民1987户。锦江花园安置房提前竣工交房，提供安置房3469套，安置2454人。

社会保障更有温度。长期护理保险扩面，拨付4739万元，惠及3778人。为7517名低保、特困及临时困难人员、残疾人等特殊群体发放救助金3516万元。新增改造环卫工人作息室15个。书院街街道“书食饭堂”为1.6万名职工提供优惠就餐服务，牛市口街道“小牛哥”爱心驿站为2万名外卖员和快递员提供24小时不打烊服务，成龙路街道R29社区生活空间为10万名居民提供30种“一刻钟”生活服务，三圣街道喜树路社区以特色公益课程等方式服务居民1.8万人。践行“军人退役一件事”联办机制，退役报到、预备役登记等11个事项一站式办结。发放抚恤补助金、义务兵家庭优待金等经费4000万元。锦江区连续第12次获“四川省双拥模范区”称号。

公服供给有力有效。新建、改扩建中小学5所，新增学位8400个。每1万人口拥有学位个数居成都市5个中心城区第1位。举办全国中小学人工智能教育成果展示会等国家级教育活动3次，入选全国完善普惠性学前教育保障机制实验区。提档升级社区卫生服务中心2个，优化网格化城市医联体双向转诊绿色通道、远程诊疗机制。医联体专家下沉538次，远程诊疗4万人，为群众节省费用40万元。建成社区养老服务综合体3个，为1700个空巢独居老年人家庭实施适老化改造，向6万名老年人发放价值3343万元的“春熙券”养老积分。新增普惠托育机构14家，打造一老一小发展创新中心。获“全国生育友好先进工作单位”称号。

（二）精神文明共建共享

文明城市建设有效。开展文明实践宣传活动9100次，服务群众10万人。春熙路街道办事处等4家单位创建为省级文明单位，和善孃孃志愿服务项目入选四川省社区社会组织典型案例。

文化事业发展兴盛。为第十四届中国音乐金钟奖等重大文化活动提供保障，开展文化惠民活动5000次。编制《琉璃厂窑址保护规划》，编纂《锦江文物志》，成都川剧艺术中心对外开放，十二月市博物馆被央视“大国外交”节目专题推介。

全民健身氛围浓厚。举办第六届“一带一路”世界象棋双人赛等国际国内体育赛事4次，举办“爱成都·迎大运”绿道健身等体育活动300次，新增全民健身场地3万平方米。

五、安全稳定大局保障有力

安全工作深入基层末梢。拓展“四一零三”平安锦江工作体系，以群众监督、专家监督、科技监督推动安全工作提质提效。坚持每周区政府常务会议调度安全工作，连续第三年获“全市应急管理、安全生产和消防安全工作担当作为先进集体”称号，连续第二年获“全市食品安全党政同责先进单位”称号。排查自建房，整改隐患房屋126幢，分类施治D级危房27处40幢，自查自纠1600幢高层建筑的消防安全问题，定期研判、提前消除电梯困人隐患问题483个。执行重点部位和人流密集区域“1分钟、3分钟、5分钟”快速响应机制，违法犯罪警情数同比下降17.5%，护航“上学路”校园交通安全经验在全省推广。

重大风险防范坚实稳定。中央级重复信访事项、市级突出信访问题清单案件化解率达100%，积压十年的大安桥社区锦水花乡产权问题得到妥善解决，获“四川省治重化积专项工作优秀集体”称号。办理群众信访案件6525件，初次信访一次性化解率99.2%。办理“12345”热线反映问题20万个，网络理政及时回复率100%，群众满意率94.8%。有序推进白鹭湾壹号府邸、中港上和御府等区级重点监管项目建设，防范和化解房地产领域潜在风险。非法集资案件销案（结案）数量全市第一。持续推进“清朗”系列行动，处理网络谣言信息6000条。

生态环境质量有效改善。86个中央环保督察、四川省环保督察反映的环境问题和长江经济带生态环境问题按时销号，环卫清扫保洁车辆的新能源替代率100%。空气质量优良283天，同比增加4天。3个地表水市级考核断面保持Ⅱ类水质，获四川省和成都市的“河长制工作先进区”称号。完成65个建设项目地块土壤污染防治前置审查。升级改造标准化垃圾投放站点1802个，铺设智能回收设施300套，建设社区再生资源回收站点110个。实施重点时段重点领域噪声污染专项整治行动，集中开展重点区域油烟扰民治理。建成油烟在线监测、生态环境数智、黑烟车电子抓拍、污染源高空巡查等数字化平台，污染源智慧感知体系覆盖范围扩大。“中水回用”项目建成投用，三环路以外河渠畅通，梅香湖、白鹭湾湿地水质提升。

耕地保护责任坚决扛牢。实施耕地保护“田长制”，编印《巡田工作指导手册》，常态化巡田4600次，处置耕地保护重点问题4个。锦江环城生态区拆迁交地153.06万平方米，超目标31.4万平方米。自主复垦复耕110.33万平方米，打造锦江大道“大美农田”景观农业样板。2022年自然资源督察的2个重点反馈问题整改完毕，通过省市验收。连续第二年获“成都市耕地保护党政同责考核先进区”称号。

政府债务控在合理区间。完成地方政府隐性债务化解目标任务，获得隐性债务化解市级激励资金数额居全市第2位。制定向上级争取资金激励办法，争取资金2.4亿元，同比增长226%。

六、政府自身建设全面深化

（一）政治建设

落实新时代党的建设总要求，把坚持和加强党的全面领导贯穿到政府工作全过程、各领域。开展学习贯彻习近平新时代中国特色社会主义思想主题教育，围绕“锦江软件园”建设中存在的五方面问题制定九大整改措施。围绕创建“天府旅游名县”、春熙路商圈市容环境问题正反面典型案例开展解剖式调研，到陕西省西安市等地学习商圈市容环境工作经验4次，制定4条专项措施，将主题教育成效转化为推动高质量发展的动力。

（二）从严治党

落实全面从严治党主体责任，开展“躺平式”干部纠治工作，支持立案查处区政府系统各类作风和腐败案件57件，处置57人。落实中央八项规定及其实施细则精神，“三公”经费连续11年压减，以区政府、区政府办公室名义发文数量同比减少11.1%、38.1%。

（三）依法行政

行政规范性文件备案审查报备率、及时率、规范率达100%，实现司法所参与街道合法性审查试点全覆盖目标，行政机关负责人出庭应诉率100%，涉区政府行政诉讼案件“零败诉”。开展重大政策措施落实情况和重点项目跟踪审计，针对资金使用浪费、项目管理粗放、资产管理风险等问题加强监督，节约和挽回财政资金8961万元。

（四）建议提案办理

办理336件人大代表建议和政协委员提案，按时办结率、满意率为100%。听取人大代表关于老年助餐网络建设的意见，建成50个老年人助餐点，构建“邻里食堂+共享餐厅+老年餐桌+院落助餐点”四级综合助餐体系。听取政协委员关于推动中小企业北交所上市的建议，与四川证监局、北交所西南基地建立常态交流机制，60家企业入选上市后备资源库。

（五）其他重要工作

国防动员和后备力量建设、民族团结进步、劳动者权益保障、青年发展服务、妇女儿童关爱、科普基础建设、侨务工作、残疾人救助智慧赋能、红十字事业发展、商会工作等重要工作推进。完成2023年兵员征集和民兵整组任务，成都市第三中学获评全国民族团结进步示范学校，成立服务新就业形态劳动者专项基金，塔子山公园建成青年发展型主题公园，打造2个妇女儿童维权强基示范社区，汇泉路社区居委会等3家单位获“成都市儿童友好示范单位”称号，全国科普日活动连续7年得到中国科协表扬，成都市李劼人故居纪念馆被中国侨联认定为第十一批中国华侨国际文化交流基地，建设儿童孤独症人工智能研究院，为2100名残疾儿童提供治疗，爱心捐建的博爱书屋在炉霍县雅德乡格鲁村建成投用，发展工商联会员企业3324家。

2024年工作安排

2024年是新中国成立75周年，是实现“十四五”规划目标任务的关键一年。2024年区政府工作总体思路是：坚定以习近平新时代中国特色社会主义思想为指导，深入贯彻党的二十大精神和习近平总书记对四川工作系列重要指示精神，坚持把高质量发展作为新时代的硬道理，把推进中国式现代化作为最大的政治，积极主动贯彻新发展理念、构建新发展格局、促进共同富裕，统筹扩大内需和深化供给侧结构性改革，统筹新型城镇化和乡村全面振兴，统筹高质量发展和高水平安全，深入落实市委、市政府“三个做优做强”、“四大结构”优化调整、产业建圈强链、城乡融合发展、智慧蓉城建设等战略部署，全面落实“七个更加突出、更高水平”总体要求，紧紧围绕“品位锦江·幸福城区”总体目标，坚定不移推动高质量发展、创造高品质生活、实施高效能治理，为奋力谱写中国式现代化万千气象的成都篇章贡献更多锦江力量。

2024年全区经济社会发展主要目标是：地区生产总值增长6%以上，服务业增加值增长6.5%以上，规上工业增加值增长6%以上，固定资产投资增长6%以上，社会消费品零售总额增长6.5%以上，一般公共预算收入增长6%以上，高新技术产业实现营业收入增长7%以上，城镇登记失业率控制在3%以内，城镇居民人均可支配收入增长与经济增长基本同步，优质高效做好“五经普”工作，在四川省县域经济高质量发展运行监测、成都市经济高质量发展综合评价中提质进位。

一、聚焦“高质量发展”，践行“创新创造”的锦江路径

（一）全力推动经济振新

深入落实中央经济工作会议精神，坚持“稳中求进、以进促稳、先立后破”，培育经济发展新动能，让城市发展更有厚度。一是稳中求进，以“三驾马车”之“稳”求经济总量之“进”。二是以进促稳，以“三次产业”之“进”促发展质量之“稳”。三是先立后破，以“三项改革”之“立”求发展瓶颈之“破”。

（二）全力推动城市拓新

深入落实中央城市工作会议精神，按照“地上一座城、地下一座城、云上一座城”理念，拓展城市发展新空间，让城市发展更有宽度。一是提质建设“地上一座城”。二是超前谋划“地下一座城”。加快开发地下空间产业承载、多维连通、基础配套功能，大力激活城市开发储备空间。三是创新建设“云上一座城”。

（三）全力推动人文焕新

深入落实全国宣传思想文化工作会议精神，坚持文明筑基、文化铸魂、文艺逐梦，丰富高质量发展的人文内涵，让城市发展更有深度。一是提升文明素质。二是突出文化传承。三是促进文艺繁荣。

二、聚焦高品质生活，打造“品位幸福”的锦江样板

（一）促进居民宜居

加快建设“全龄友好城区”，不断提升居民安全感、获得感、幸福感。一是夯实安全环境提升安全感。二是增强兜底保障提升获得感。三是优化服务供给提升幸福感。

（二）促进人才宜业

加快建设“蓉漂人才优选地”，让基础人才、专业人才、高水平人才都能成就梦想。一是基础人才能就业。二是专业人才能创业。三是高水平人才能建业。

（三）促进游客宜游

持续擦亮“天府旅游名县”“国家全域旅游示范区”品牌，让市民游客游逛放心、游玩舒心、游购开心。一是加强平安建设，让游逛放心。二是提升城市品质，让游玩舒心。三是丰富文旅业态，让游购开心。

三、聚焦"高效能治理"，探索"降本增效"的锦江模式

（一）解忧惠民

解决居民在生活中、邻里间、办事时遇到的烦心事、忧心事，让居民生活更轻松。一是缓释家庭生活压力。二是降低纠纷调处难度。三是减少办事时间耗费。

（二）降本惠企

降低企业市场准入、获得要素和维护权益的制度性交易成本，让企业经营更高效。一是降低市场准入门槛。二是破除要素获取障碍。三是减轻权益维护负担。四是降低办事解困难度。

（三）减负惠基层

减少权责不等、多头报送、机械重复等工作负担，让基层执行更有劲。一是适度放权提效能。二是科技减负提效率。三是合理松绑提效益。

推动高质量发展、创造高品质生活、实施高效能治理需要高水平干部队伍。一是持之以恒建设法治政府。二是持之以恒建设效能政府。三是持之以恒建设廉洁政府。

名词解释

1. 完整社区：2022年10月，住建部、民政部联合发文，在全国开展为期2年的完整社区建设试点。完整社区是指在居民适宜步行范围内有完善的基本公共服务设施、健全的便民商业服务设施、完备的市政配套基础设施、充足的公共活动空间、全覆盖的物业管理和健全的社区管理机制，且居民归属感、认同感较强的居住社区。

2. 十里绿廊：西起锦江东侧交子公园段，东至三圣花乡幸福梅林区域，沿途串联交子公园金融商务区（锦江片区）、中国生物科创谷、白鹭湾科技生态园、江家艺苑、幸福梅林5个区域的绿色生态走廊。

3. 一廊五线九景一地：锦江区旅游总体规划。"一廊"指一条锦秀绿廊。即锦秀绿道国际文旅轴。"五线"指五大文旅专线。即川剧文化"潮享"文旅专线、大慈繁市"潮购"文商专线、琉璃古窑"潮游"文商专线、艺尚锦江"潮玩"文数专线、三圣花乡"潮赏"文艺专线。"九景"指九大文旅景圈。即"大慈繁市""东门胜景""东湖艺苑""塔山春晓""劼人故居""三圣花乡""鹭湾湿地""三色夜市""交子公园"9个景圈。"一地"指以东大街国际消费活力轴有机串联春熙路时尚商圈、国际城市会客厅，打造国际文旅消费目的地。

4. "三四一"网格化智慧治理体系："三"为"三融合"。即人员融合、业务融合、经费融合。"四"为"四统一"。即一张网格统揽、一支队伍统管、一个平台统调、一套机制统筹。"一"为"一平台"。即智慧锦江城市管理运行平台。

5. "四一零三"平安锦江工作体系："四"即"铁心布置、铁面检查、铁腕执法、以铁的作风抓落实"的"四铁"工作法；"一"即安全工作"一票否决"责任机制；"零"即"日报告、周通报、月考核、季评比、年奖惩"的"零容忍"督导机制；"三"即"专家监督、企业监督、群众监督"。

6. 数字孪生技术：以数字化方式创建物理实体的虚拟实体，借助历史数据、实时数据以及算法模型等，模拟、验证、预测、控制物理实体全生命周期过程的技术手段。

7. 十二月市：唐代成都每月都会在大慈寺一带举行商品交易集会，到宋代固定为"十二月市"形式。即正月灯市、二月花市、三月蚕市、四月锦市、五月扇市、六月香市、七月宝市、八月桂市、九月药市、十月酒市、十一月梅市、十二月福市。

8. 两类企业、四类群体："两类企业"即新开办企业、未参保企业；"四类群体"即新就业形态就业人员、建筑领域从业人员、被征地农民、困难人员。

9. 首批七大最美学区：盐道街最美学区、东南里最美学区、东湖最美学区、狮子山最美学区、锦华路最美学区、白鹭湾最美学区、金融城最美学区。

10. 巡逻防控四项机制：重点要害部位定点武装执勤机制、人员密集场所高峰勤务机制、公安特警屯警街面动中备勤机制、公安武警联勤武装巡逻机制。

11. 五社联动：社区、社会组织、社会工作者、社区志愿者、社会慈善资源的联动机制。

12. 三大责任体系："定责要清"即按照"法定责任、三定责任、授权责任"明确各方责任；"压责要明"即落实"党政同责、一岗双责、层层压责"工作要求；"追责要严"即按照"谁主管谁负责、谁失职谁担责、谁主体谁全责"原则追责。

专 记

加快建设锦江软件园

锦江大道贯穿科创大道理念，全长8千米。在完成双向八车道改造、U形空间一体化提升后，建成“灯等车”等6个“车路协同”应用场景，平台功能得到强化。同时串联交子公园金融商务区锦江片区、锦江数媒港、中国生物科创谷、58数字生活城、白鹭湾科技生态园、锦江汽贸城、华西智慧医养园、红砂都市文旅带、468数字文创谷九大产业园区，形成产业园区聚集发展格局，成为锦江软件园建设基底。

2023年，锦江区强化以科技创新为引领的“1+3+3”现代化产业体系，加强产业“建圈强链”。锦江大道沿线，沃尔沃汽车等18家智慧交通产业链上下游企业进驻，引进联通智网睿行公司参与项目后续运营。

交子公园金融商务区锦江片区建成交子风投露营基地、交子金融梦工场四期项目，引进长扬科技公司等8家重点企业，固定资产投资23亿元。锦江数媒港聚集数字传媒上下游企业71家，营收1000亿元，税收20亿元。中国生物科创谷产值12亿元，税收5200万元。58数字生活城进驻五八好车公司，二手车业务投运，销售收入7.6亿元，税收2237万元。锦江汽贸城引进比亚迪方程豹等7个新能源汽车品牌，销售收入150亿元，税收1.7亿元。华西智慧医养园引进仁济瀚博公司等都市医养企业15家，营收77亿元，税收3.8亿元。红砂都市文旅带范围的红砂网络文学产业园、锦江文化创意产业中心建成，营收12亿元，

图1 2023年7月，加速建设交子金融梦工厂 （区融媒体中心提供）

税收1.2亿元。468数字文创谷引进视说物语直播电商供应链企业，产值3.5亿元，税收2100万元。

作为锦江软件园示范园区，白鹭湾科技生态园以人工智能创新应用为主方向，聚焦智慧医养、智慧交通、智慧物联等主导产业。以“上下楼即上下游”的竖向布局、服务为中心的平面布局为指引，沿公共廊道和开放空间形成“第三空间”，沿街界面创造“首层活跃度”。园区内的智能网联大厦、开源鸿蒙大厦建成投运，深圳特发集团公司等23家企业进驻，固定资产投资32.16亿元。

锦江软件园片区新增产业载体35万平方米，新增新经济企业4633家，进驻人工智能企业57家，高新技术产业营收110亿元。

（韩旭）

“一轴两圈” 推动春熙路商圈建设

2023年，锦江区统筹空间、规模、产业三大结构，细化“一轴两圈”规划，推动东大街国际消费动力轴、春熙路时尚商圈、锦东商圈建设。

立足东大街国际消费动力轴区间的商务产业资源聚集优势，持续提升高品质商务办公环境与物业服务水平，打造商业与商务融合发展的功能集聚区，构建延伸互补、全域联动的发展集群和功能轴线。沿线新包装项目64个，总投资29.4亿元。潮力方5G扩展现实体验中心建成。

明确“建设百年时尚春熙、国际一流商圈”目标，强化春熙路时尚商圈的国际时尚消费功能。REX春熙、春台市锦二期开始运营。开通“云上春熙”平台，注册用户16.4万人，吸引王府井百货、舞东风等380家商家进驻。春熙路潮品嗨购场景入选全省首批“蜀里安逸”品牌，春熙路商圈入选全国首批示范智慧商圈。出台重大项目促建“十二条”等措施，新增龙王庙正街改造等3个亿元级储备项目，停工七年的蓝润U立方项目复工，省图书馆地块项目开工，红星路157号和兴锦·新同缘2个项目竣工投用。新增商务办公面积17.7万平方米。

立足东大路商务核、牛市口创享区、东湖新能港、菱窠沙河文艺湾科教廊、琉璃文博坊“一核五片”，推动锦东生态商圈建设。打造主客共享、文商共兴、全国知名的城市级商圈。环球汇成都光环项目封顶，白墙公园、沙河铺夜市等新消费场景呈现，开心麻花剧场、伽地社区音乐厅等文艺项目升级，环贸ICD、文华广场的营收增长40%，人流量增长71%。

（冯岚 李骏倬）

图2 东大街　（摄于2023年 区融媒体中心提供）

大事记

1月

4日 锦江区对外开放工作领导小组2023年第1次会议召开。会议安排部署锦江区建圈强链招商引资“百日攻坚”行动相关工作，调度推进全区重大项目。

5日 区委书记陈志勇，区委副书记、区政府区长缪晓波会见中信银行成都分行党委书记、行长李庆来一行。双方围绕加强融资融券等方面合作深入交流。

6日 区委八届四次全体会议暨区委经济工作会议召开。会议听取并讨论陈志勇代表区委常委会作的工作报告，审议通过《区委关于深入学习贯彻党的二十大精神 高质量建设“品位锦江·幸福城区”奋力谱写成都打造中国西部具有全球影响力和美誉度的社会主义现代化国际大都市锦江篇章的决定》，讨论《2023年全区经济工作要点》《锦江区聚焦产业建圈强链支持实体经济高质量发展十五条政策措施》。

8日 沙河街道“传承传统文化感受皮影技艺”活动在双桂路社区民俗博物馆举办，展示皮影戏道具制作过程，介绍皮影戏传承发展情况。

9日 位于锦江区成龙路街道创意山商业中心广场的R29幸福街区开街。街区集吃、住、游、购、娱于一体，提供夜食、夜购、夜游等夜间休闲消费场景。

9日 首批“全国示范智慧商圈”“全国智慧商店”评选结果揭晓，锦江区春熙路商圈、成都国际金融中心分别入选智慧商圈和智慧商店。

10日 锦江区少儿工委四届三次全会在成都市红领巾金融教育学院召开。全会宣布区委常委、区总工会主席杨世映担任名誉主任，决定委员卸职替补、增补事项。

12日 由区委、区政府主办的“天府新视界·城市观景台”首发活动举行。活动从以多维视角发现锦江之美为出发点，围绕“蜀都万象、濯锦扬波、凭绿望远、锦城风华”四大城市观景游线，东原中心“大城揽胜窗”、成都瑯珀凯悦臻选酒店“云端会客厅”、成都IFS七楼平台“熊猫潮聚场”、ISEYA浮云高空酒店“坐看云起处”、交子咖啡“城市超广角”、东湖湖畔咖啡厅“文艺多棱镜”、江家艺苑“繁星坡原野栖心地”、夜游锦江“璀璨烟波里”4类8个“天府新视界·城市观景台”点位首发并授牌，开启“云影锦江·城市观景台”短视频大赛。

13日 区委常委会（扩大）会议暨锦江区2022年度各街道党工委书记和区级有关党（工）委（党组）书记抓基层党建工作述职评议会议召开，区委书记陈志勇主持会议并讲话。各街道党工委书记和区级有关党（工）委（党组）书记就抓基层党建工作进行述职，部分街道党工委书记和区级有关党（工）委（党组）书记进行党风廉政建设述责述廉，与会人员对述职和述责述廉对象进行评议，区委书记陈志勇对述职和述责述廉逐一点评，对进一步落实全区全面从严管党治党工作部署提出要求。

17日 成都“文化四季风·民俗闹春”系列活动暨锦江区“我们的节日·春节”文化惠民志愿服务活动在华熙LIVE·528广场启动。

19日 锦江区集群策划包装项目工作专题会召开，区委书记陈志勇出席会议并讲话。会议听取全区开展集群策划包装项目工作机制、工作方案及总体情况汇报，各街道结合集群发展和重点方向汇报2023年策划新开工和储备项目具体情况及各辖区续建项目推进情况。

28日 市政府印发《2023年成都市重点项目计划》，锦江区白鹭湾科技生态园二期、卓越商业综合体、成都市交子公园金融商务区河东片区总部产业园、生物智慧科技产业园及配套基础设施、锦江大道提升改造、都市工业国际创新港、冻干人用狂犬疫苗、四川大学华西医院锦江院区、梅林东片区养老院等34个项目在列，总投资759亿元，年度计划投资106.6亿元。

29日 四川省“春风行动·就业援助月”暨“成渝双城经济圈”劳务协作·东西部劳务协作专项服务活动启动仪式在锦江区人力资源市场举行，40家企业提供1900个岗位。

31日 区委书记陈志勇主持召开锦江区2023年度党管武装暨区委议军会议。会议听取锦江区武装工作汇报、部分街道党工委书记述职汇报，研究解决全区国防动员和后备力量建设发展问题。

2月

3日 锦江区纪委八届三次全会召开，区委书记陈志勇出席会议并讲话。

3日 锦江区召开2023年“建圈强链 优化营商环境”亲商恳谈会，区委书记陈志勇出席会议并讲话。会议邀请全区重点产业领域企业和个体工商户30余名企业代表参会，听取企业意见建议，对优化营商环境进行再部署、再动员。

5日 锦江区“锦江不夜天·沉浸式剧游”体验活动在锦江东门码头至安顺廊桥河段举办，开展国潮雅市、五福财神汇锦江、汉风探春记系列活动。

6日 锦江区2023年一季度“三个做优做强”重大项目现场推进活动在白鹭湾科技生态园二期项目现场举行。启动涵盖人工智能、特色医养、智慧交通、都市工业等36个重大项目，发布《锦江区投资项目机会清单》，推出建设类项目47个、土地推介项目15个。

8日 区八届人大三次会议召开，会期三天。会议通过无记名投票的方式，选举史红平等27人为锦江区出席成都市第十八届人民代表大会代表，选举陈蓉为成都市锦江区监察委员会主任。会议表决通过《关于成都市锦江区人民政府工作报告的决议》《关于成都市锦江区2022年国民经济和社会发展计划执行情况及2023年国民经济和社会发展计划的决议》等6个会议决议，宣布锦江区2023年民生实事项目票决结果。

14日 融入铺递文化元素的锦江区沙河铺食光夜市开市，驻场商户80家，融合时尚音乐、时尚美食，集特色小吃、围炉煮茶、文创、音乐演出于一体。

17日 区委副书记、区政府区长缪晓波率团赴京，会同中国联通总部召开智能网联生态研讨会，会同赛迪研究院召开智能网联汽车产业发展研讨会，重点围绕锦江软件园产业品牌和车路协同试点战略平台进行交流，推动央地合作和智能网联产业发展。

18日 锦江赛区全面推进成都大运会筹办决胜攻坚动员大会召开。会议通报锦江赛区大运会赛事侧筹备、城市侧环境品质提升重点任务推进情况以及锦江赛区大运会整体推进情况，安排部署下一步工作。

20日 白鹭湾科技生态园全球首发暨成都锦江国家人工智能创新应用先导区重大项目签约活动在锦江区举办，发布包括145个重点项目的锦江软件园首批机会清单，分享中国联通、蜀道智慧交通、中软国际、云天励飞4家企业的投资项目运行情况。总投资130亿元的20个项目现场签约，人工智能产业链企业、顾问机构、投融资机构的200名代表参加活动。

25日 呈现敦煌丝绸之路文化元素的“D10街区·穿越敦

煌 牵手丝路”户外露营风主题集市在锦江区牛市口街道开市，成为成都第一处对外开放的城市公路露营地。

3月

1日 成都“万千商家齐参与 运动消费新时尚”活动在锦江区春熙路步行商业街启动，推出线上和线下的100个文商旅特色活动以及“交子券”系列促消费活动，消费让利金额达1亿元。

3日 以“加强社区法治体系建设 夯实文明典范城市基石”为主题的锦江区2023年第1次“区长坝坝会”在牛市口戏场子召开，区委副书记、区政府区长缪晓波主持活动并讲话。活动邀请牛市口街道人大代表、政协委员、群众代表、辖区小微企业代表、社会组织代表，面对面畅谈感想、深入交流、共同探寻法治社区建设新路径。

3日 中商数据与成都零售商协会联合发布《2022年度成都首入品牌研究》，宣布交子公园商圈超越春熙路商圈，成为首店数量最多的商圈。

4日 区文化馆主办的“爱成都 迎大运”锦江区“锦城新少年”未成年人文旅志愿服务系列活动在活水公园启动。

6日 锦江区纪念国际劳动妇女节113周年活动举办，公布“巾帼文明岗”“巾帼建功先进个人”名单，向区融媒体中心、区检察院“锦绣芳华”妇女儿童权益保护办案团队、成都桉树林创客空间管理有限公司等获得“巾帼”系列荣誉的代表颁发证书，向入选“四川省家风家教创新实践基地”的成都师范附属小学、成都七中育才学校授牌，向锦江区巾帼志愿服务队授旗。

8日 八届区委第三轮巡察工作动员部署会召开。八届区委第三轮巡察针对区发改局、区经信局、区金融局3个区级部门和书院街、东湖、狮子山3个街道以及下辖17个社区开展。

10日 “爱成都·迎大运”2023年“锦工杯”职工综合运动会开幕式暨健身操比赛在锦江体育公园举办。共设篮球、健身操、气排球3个团体项目，乒乓球、羽毛球2个个人项目，共有来自全区各机关企事业单位1400余名运动员报名参赛。

14日 锦江区生态环境保护委员会2023年第一次全体会议召开。区委书记、区生态环境保护委员会主任陈志勇出席会议并讲话。会议通报了锦江区生态环境保护委员会2022年工作总结和2023年工作计划、锦江区生态环境保护督察问题整改情况。

15日 “爱成都·迎大运”系列活动之“锦江之夜·市民音乐厅”——锦江区纪念延安双拥运动80周年交响音乐会在金沙国际音乐厅举行。

23日 锦江区2023年宣传思想工作会议召开，回顾总结2022年全区宣传思想文化工作，安排部署全区2023年宣传思想文化工作。

27日 锦江区传达党的二十届二中全会和全国两会精神大会暨区级领导干部和局级主要负责人学习贯彻党的二十大精神读书班举行。读书班为期5天。其间，区委书记陈志勇作主题报告，邀请省委党校等有关专家作专题辅导，区委常委分别作主题发言，全体学员开展分组学习研讨。

28日 由区委、区政府主办的锦江区2023年城市价值&优质载体资源推介会暨城市运营合作伙伴授牌仪式在白鹭湾科技生态馆举行。锦江投资发展集团围绕“现代城市综合运营商”角色定位，聚焦城市有机更新、片区综合开发、国际商圈运营三大板块，推介白鹭湾科技生态园项目、红照壁项目、四圣祠片区城市有机更新项目等23个国资优质载体资源。活动为房地产、咨询机构、银行和投资机构共计19家企业授予“城市运营合作伙伴”牌匾。

4月

6日 成都十二月市博物馆获成都市2022年“十佳社区美空间”称号，方庭书店R29店和102音乐艺术中心入选成都市2022年“社区美空间”。

7日 法国欧坦市市长文森·肖维率队到锦江区参观考察，实地了解锦江区区域发展情况，与锦江区围绕文创产业园建设、文化交流平台搭建、国际教育合作等事项深入交流。

11日 锦江区关工委2023年工作会议召开。会议总结2022年工作，部署2023年工作，通报表扬2022年先进单位14家、优秀“五老”志愿者74人、优秀通讯员5人，向2个街道颁发困境儿童帮扶奖。

13日 锦江区社区发展治理工作领导小组2023年第一次全体会议召开，审议2023年党建引领社区发展治理“六微”工程自主实施项目清单、区级社区发展治理专项激励资金年度使用计划和《党建引领社区发展治理2023年工作要点》《关于进一步完善制度机制强化工作统筹的方案》。

13日 锦江区《“锦江就业超市”线上线下全覆盖》案例获“用心用情为民办实事2022年度成都12345十大创新案例”。

19日 “爱成都·迎大运”2023年锦江区“春熙放歌”文艺演出在红星路广场举办。活动围绕“文雅尚”“传承”等四大主题，通过舞蹈、音乐、曲艺、杂技、魔术等多种艺术表达形式展示锦江人民喜迎大运、朝气蓬勃的精神面貌。

20日 锦江区2023年第1期“区长咖啡”活动在新华之星云会客厅举行，区委副书记、区政府区长缪晓波主持活动并讲话。活动邀请10家餐饮企业代表，围绕“提质餐饮业发展 进一步释放消费潜力”主题，共同探讨促进锦江区餐饮行业创新发展的思路和举措。

20日 区政协和重庆市渝中区政协共同举办的“助推商圈联动发展共建国际消费中心城市核心区”联合协商会在春熙路商圈内召开。

27日 锦江区与中国生物技术股份有限公司签约仪式举行。双方签订中国生物科创谷共建合作协议。

5月

5日 “成都工匠”命名大会举办，锦江区14名技能人才分别荣膺2022年、2023年“成都工匠”称号。

9日 锦江区未来公园社区建设推进会暨工作推进专班全体会议召开，听取市规划设计研究院对《成都市未来公园社区指标体系》的解读和区委社治委对《锦江区未来公园社区建设推进小组工作方案》的说明，白鹭湾新经济总部功能区、区规划和自然资源局、区住建和交通局、区投促局分别汇报2022年未来公园社区相关工作推进情况和2023年工作计划。

16日 锦江区都市文旅业建圈强链招商推介会暨锦秀绿道国际文旅轴项目机会清单发布会召开，发布“一廊五线九景一地”文旅总体规划，推介13个功能性项目集群以及锦绣绿道国际文旅轴沿线的琉璃窑、四圣祠街区和锦东商圈环贸ICD、文华广场、环球汇光环公园、东大路高线公园等90个重点项目。区政府与百度智能云（成都）科技有限公司等7家企业签约，向6名文体产业发展顾问颁发聘书。

16日 锦江区在锦江大道R29开放式商业综合体建成首个美好生活社区服务空间——社区智惠食堂。

21日 锦江区“牵手福蓉·双百双千”助残行动暨第33次“全国助残日”活动在成都市和平街小学开展，向李蔷颁发“助残文艺大使”聘书，向成都星巴克咖啡有限公司等8家公益助残单位授牌，向区税务局志愿助残服务队授旗。

25日 区政府与四川产业基金举行“产业创新中心”重大投资项目签约仪式，合作建设科技成果转化新平台。此次签约的四川产业基金产业创新中心项目总投资约30亿元。

30日 锦江区“潮锦江、购锦江、秀锦江——夜话锦江 美好消费”特色消费场景沙龙暨特色消费场景评选活动在成都国际金融中心艺术廊举办，发布成都国际金融中心“I AM HERE”、成都远洋太古里漫广场、西部文化产业中心、COSMO成都“INNERCO”、RE:X春台等特色消费示范场景，展现“买全球、卖全球、服务全球”的国际风范，展示“首店国际范、老店成都味、小店烟火气”的消费活力。

31日 锦江区“畅游成都·体验非遗”暨“非遗进校园”活动在成都市盐道街小学举办，展示成都糖画、成都剪纸、成都面人、成都皮影戏等8个非遗项目。

6月

1日 四川省安全生产委员会主办，省委宣传部、省司法厅、省应急厅、省总工会、团省委、成都市人民政府承办，锦江区人民政府协办的四川省2023年“安全生产月”启动仪式在锦江区万达广场举办。

9日 锦江区参加成都市新时代文明实践志愿服务项目大赛，“小牛哥”志愿服务品牌项目获一等奖，“黑暗跑团”关怀残障特殊人群公益项目获二等奖。

15日 锦江区“共享大运盛会·悦动活力锦江”系列活动启动仪式暨媒体发布会在塔子山公园举行，推出锦江全民运动趣味挑战赛、“时尚打卡耍锦江·商圈潮GO享大运”快闪、锦江区街头艺术活动、锦江区大运主题摄影巡展四大主题活动。

19日 区政府与锦欣集团、春华资本、奥博资本举行“锦欣福星康养”项目签约仪式。春华资本、奥博资本与成都锦欣福星康养集团公司签订投资合作协议，区金融局与锦欣集团公司签订上市培育协议，锦江投资发展集团公司与成都锦欣福星康养集团公司签订战略合作协议。

20日 “点亮城市梦想·相约青春锦江”成都大运会锦江赛区青年志愿服务主题示范活动暨志愿者誓师大会在水井坊锦江体育公园举办，首发锦江“小青椒”快闪视频《Dare to Live——大运+v舞动锦江》。

21日 锦江区2023年“三个做优做强”重大项目现场推进暨公园城市示范区建设机会清单发布活动在中国生物科创谷项目现场举行。区委副书记、区政府区长缪晓波致辞并宣布锦江区2023年第二批“三个做优做强”重大项目建设启动。

21日 三圣夜集在锦江区三圣花乡的花乡农居景区开街，户外美食音乐啤酒节同步启动。现场分设美食摊区、小吃摊区、文创摊区。

26日 2023年锦江区对口支援工作暨干部人才座谈会召开。区委副书记、区政府区长、区对口支援工作领导小组副组长缪晓波出席会议并讲话。

26日 锦江区“争当直联先锋 共建红色锦江”机关党组织和社区党组织直联共建活动举行。活动发布《锦江区机关党组织和社区党组织直联共建项目资源清单》《锦江区机关党组织和社区党组织直联共建项目需求清单》，举行区委党校和沙河街道汇泉路社区、区检察院和锦华路街道晨辉社区、区发改局和三圣街道红砂社区、白鹭湾新经济总部功能区和柳江街道包江桥社区机关党组织和社区党组织直联共建项目签约仪式。

28日 沙河街道办事处、锦江投资发展集团有限责任公司分别与华润数科公司签订投资服务协议和战略合作协议，将与华润数科公司共同推动数字政府建设、数字城市运营等工作。区委副书记、区政府区长缪晓波，华润数科党委书记、董事长董坤磊出席签约仪式。

7月

4日 “夜游锦江”案例入选全国20个沉浸式文旅新业态示范案例。

8日 区委八届五次全体会议召开。会议听取并讨论区委书记陈志勇代表区委常委会作的工作报告，审议通过《区委关于坚持科技创新引领 加快建设“1+3+3”现代化产业体系的实施意见》。

19日 锦江区工会第五次代表大会召开。会议审议通过区总工会第四届委员会工作报告、财务工作报告、经费审查委员会工作报告，选举产生第五届区总工会委员会和经费审查委员会，杨世映当选区总工会第五届委员会主席，温萍当选区总工会第五届常务副主席。

24日 锦江区青年工作联席会议第四次全体会议暨青年发展型城区建设推进会召开，审议《锦江区建设青年发展型城区实施方案》。

30日 参加大运会媒体城市采风活动的国内外记者在东门市井体验具有成都特色的非遗项目，品味地道的老成都市井生活，被中央电视台体育频道报道。

8月

5日 锦江区枫树社区入选全国完整社区建设试点工作。

7日 区委工作会议召开，区委书记陈志勇主持会议并讲话。会议传达学习习近平总书记来川视察重要指示精神和省委工作会议、市委工作会议精神。有关街道、部门作交流发言。

8日 赛迪顾问城市经济研究中心发布《2023年中国城区经济高质量发展研究报告暨2023年赛迪百强区》，锦江区连续第六年上榜，列63位，较2022年上升3位。

11日 “天府旅游名县巡礼”集中采访活动在锦江区东门市井特色街区启动，媒体代表团参观成都市李劼人故居纪念馆、锦江剧场、春熙路大慈坊街区、成都十二月市博物馆等点位。

14日 成都市2023年“最美阳台”“最美社区花园”入选项目名单公布，其中锦江区“市井烟火牛市口 最美阳台水碾河”“白墙最美阳台 射击圆梦舞台”“爱乐园社区花园”“人民南路29号最美阳台”“蓉宝的童话世界”“东风路23号院共建美好家园”“牛市口‘商+社’共建最美阳台”7个点位入选。

21日 《中国社区报》刊发《“小牛哥”用心奔跑助力基层治理》专题报道。锦江区抓覆盖强引领、聚合力强关爱、建机制强治理的“小牛哥”党建工作路径，为超大城市中心城区以党建引领新就业群体融入城市参与基层治理提供实践样本。

22日 锦江区第三届“锦江八月YE”消费季活动启动，成都十二月市之“锦官驿·万千锦市”开街。

23日 太古地产将旗下位于成都的零售主导综合发展项目更名为“成都太古里”，取代原有名称“成都远洋太古里”。

24日 春熙路潮品嗨购消费新场景入选2023年度四川省“蜀里安逸”消费新场景名单。

25日 锦江区在东湖公园举办东湖“怡”夏high啤锦江——2023锦江啤酒音乐节，开启为期10天的“吃喝玩乐购”消费活动。

30日 锦江人才综合服务中心正式亮相，位于新华之星AI大厦B座7楼，“一站式”人才服务中心、大学生就业服务中心、企业人力资源服务中心、创新创业孵化中心和科技成果转化中心等资源，通过“公共服务+专业服务+市场服务”一体化人才服务新模式，创新构筑立体化人才服务新场景。

9月

5日 区政府八届三次全体会议暨2023年1—7月经济社会运行调度会召开，研究部署下半年工作。区委副书记、区政府区长缪晓波主持会议并讲话。

13日 第四届全国市辖区旅游研究成果《全国市辖区旅游研究报告2023》暨“2023年全国市辖区旅游综合实力百强区”名单公布，锦江区榜上有名。

15日 八届区委第四轮巡察工作动员部署会召开，对八届区委第四轮巡察工作进行安排部署。本轮巡察组建4个巡察组，对区委统战部、区委社治委、区委编办3个党委部门，区人社局、区审计局、区统计局、区行政审批局、区机关事务局、区综合执法局6个政府部门和区妇联、区侨联、区红十字会3个群团组织开展巡察。

17日 “元游锦江·熙游记”暨锦江区文旅促消费系列活动启动仪式在春熙路步行商业街举行，推出春熙路元宇宙街区，开展“元游锦江·熙游记”活动，吸引游客1万人，共同体验“元宇宙+新消费”商业模式。

18日 区级领导干部学习贯彻习近平新时代中国特色社会主义思想主题教育读书班举办，为期7天。

19日 全国首个全时段电竞娱乐综合体“潮力方”投入使用，该载体融合了电竞、酒店、演艺、赛事、运动、餐饮等多元化业态，以娱乐休闲为主，功能型公共空间为辅，具备休闲、购物、餐饮、拍照打卡等功能的潮玩空间。

20日 牛市口街道社区养老服务综合体投入使用，老年大学教学区、适老化产品样板区、理疗服务区、银龄休闲区、托育区，各种功能配置、分区及养老设施设备齐全。

26日 “新桂出圈新市进阶”

成都新十二月市“邀月潮游会”在锦江区邂逅广场启动，开展为期一个月的潮流消费节会活动。

27日 位于金石路366号中鼎国际3号楼的锦江区青年人才驿站投入使用，致力于为在成都的各地青年人才提供舒适居住和城市融入的综合服务载体。

28日 “锦江之夜·市民音乐厅”锦江区“我和我的祖国”迎国庆交响音乐会在开心麻花环球汇剧场举办。四川交响乐团表演《我爱你中国》《长江之歌》《父亲的草原母亲的河》等节目。

10月

9日 锦江区生态环境保护大会召开，区委书记陈志勇讲话。

9日 位于锦江区暑袜街的熊猫邮局成立十周年，熊猫邮局举办“拾光·邮你”纪念活动。

12日 2023年四川省高品质示范步行街名单公示，锦江区的春熙路步行商业街入选。

15日 锦江区与都江堰市结对联动工作会在锦江区召开，区委书记陈志勇、都江堰市委书记蒋蔚炜出席会议。双方围绕结对合作事宜深入交流，初步明确文旅互动、产业共兴、服务共享等重点合作领域。

18日 区政协八届三次会议召开，会议讨论《区政协关于加强委员联系群众工作的实施方案》，选举张俊国为区政协主席，选举刘静敏为区政协常委。

20日 锦江区·炉霍县对口支援工作对接会召开。双方围绕对口支援重点工作，共商下一步工作措施。

20日 以“硕果金秋 品位锦江”为主题的第20届成都国际美食节时尚锦江分会场开幕式在东门市井特色街区举办。设东门市井、东大街火锅城、群光美食广场、R29社区4个分会场，呈现“处处有场景、时时有美食”的消费场景。

26日 锦江区第七届“濯锦工匠”命名大会召开，通报“濯锦工匠”评选情况，宣布《关于命名锦江区第七届“濯锦工匠”的决定》，向120名“濯锦工匠”颁发证书。

31日 锦江软件园重大项目签约暨白鹭湾科技生态园首批企业入园仪式举行。活动公布2000亿元高含金产值、1000万平方米高品质产业空间、10万名高层次科创人才发展目标，签约重大项目16个。

31日 锦江区零售业高质量发展工作会议召开。会议表彰2023年全区37家现代商贸业突出贡献企业，通报锦江区1—9月商贸业经济运行情况，区政府与重点企业签订现代商贸业梯度培育计划备忘录。

11月

3日 全国首个以“风投”为主题的都市露营基地——交子VC露营基地试运营。营地占地面积1万平方米，内设天使营地、私募营地、创投营地、俱乐部，分别对应不同成长阶段的企业。

3日 锦江区推动养老金融高质量发展论坛暨国民养老保险项目落地签约仪式举行。区政府与国民养老保险股份有限公司签订合作框架协议，锦江投资发展集团有限责任公司与国民养老保险股份有限公司签订投资意向书。

4日 四川省体育局公布第四批四川省体育产业示范基地（单位、项目）名单，锦江区被评为四川省体育产业示范基地。

8日 锦江区党建引领小区治理攻坚三年行动现场推进会暨专题调度会召开。

17日 锦江区与都江堰市教育合作交流活动举办，双方签订结对联动合作框架协议、“千人百校互助共建”活动合作协议。

18日 锦江区的方庭书店R29店、轩客会·熊猫书店和阿来书房入选“2023成都最美书店”。

22日 以“金融赋能·科创未来”为主题的产业建圈强链“蓉易见”金融科技专场活动在锦江区交子VC露营基地举办。成都重产基金、元璟资本、博源资本、蜀杉资本、同创永益、榕慧科技、数库科技等80家基金机构、金融科技企业、金融机构、行业协会参加活动。

28日 锦江区志愿服务联合会成立大会暨第一届第一次会员

成立大会召开。

30日 “锦江艺术季”第二季系列活动之一的“双百对话：春熙路遇见解放碑——锦江·渝中百名书画家邀请展”在锦江区东湖公园红美术馆举办。成都和重庆的美协、书协、画院等机构和100名书法家、画家参加活动，展出书画作品100幅。

12月

6日 锦江区与都江堰市结对联动工作座谈会在都江堰市召开，区委副书记、区政府区长缪晓波，都江堰市委副书记、市政府市长张亚丹出席会议。区政府与都江堰市政府、锦江发展集团公司与都江堰投资集团公司分别签订结对联动合作协议，明确都江堰世界旅游目的地重点片区青城山子片区为结对联动主承载区，青城山旅游装备产业功能区南区、灌县古城为结对联动协同承载区，协同推动承载区的文化旅游、时尚消费、数字经济、医美康养、先进制造业发展，携手提升承载区的公共服务品质。

12日 锦江区建设国际一流商圈暨成渝双城核心商圈指数发布会召开。会议发布成渝双城核心商圈指数，公布商圈发展力、创新力、活力度、协同度4个一级指标和经济表现、商圈承载、资源聚焦、数字消费等11个二级指标。100家国内企业、商（协）会、顾问机构、投融资机构代表参加会议。

20日 锦江区第十届“锦廉杯”廉洁文化主题暨“沙家帮”廉育文化矩阵书画摄影作品展开幕式在市文化馆举行。各街道代表、区级部门代表、“沙家帮”廉育文化矩阵成员单位代表、获奖代表、职工代表参加活动。

22日 成都市锦江区驸马小学、成都师范附属小学白鹭溪分校、成都市锦江区马家沟小学、成都市锦江区大观小学被评为成都市第八批义务教育阶段新优质学校。

26日 锦江区宣传思想文化工作会议召开，区委书记陈志勇出席会议并讲话。会议对做好新时代新征程全区宣传思想文化工作进行安排部署。

27日 锦江区第二届新就业形态劳动者“犇犇干将·筑梦锦江”颁奖仪式在新华之星AI大厦举行，向第二届30名“犇犇干将”颁发证书。

28日 以春熙路商圈为中心的锦江区“嗨购春熙 跨年盛惠”新年促消费活动启动，推出“惠购锦江”“逛吃锦江”“乐驾锦江”“跨界锦江”四大主题板块，发放价值1000万元的“春熙券”。

（龙倩好）

锦江区古遗址之大慈寺清代建筑

大慈寺遗存清代建筑始建于清同治六年（1867），包括山门殿、弥勒殿、观音殿、大雄宝殿、说法堂、藏经楼。其中大雄宝殿面阔7间，宽35米；进深3间，纵深13.2米。建筑结构为单檐歇山顶，抬梁式梁架。藏经楼面阔7间，宽36米；进深5间，纵深18米。建筑结构为重檐歇山顶，抬梁式梁架。山门殿、弥勒殿、观音殿、说法堂为单层建筑。1981年，市政府公布为成都市文物保护单位。2007年6月1日，省政府公布为第七批省级文物保护单位。

区情概览

自然理地

【地理位置】 锦江区位于成都市区东南部，区域面积62平方千米。地处北纬30°40′～31°15′、东经104°04′～105°06′。东与成华区交界，东南与龙泉驿区相连，南与高新区毗邻，西与武侯区隔河相望，西北与青羊区接壤，北与青羊区、成华区相连，北界华星路边界与成华区隔河相望。

（庄义）

【地形地貌】 锦江区地处成都平原东部和龙泉山脉西部边缘的延伸地带，地形以平原和丘陵为主，东部高、西南部低，西北部地势平坦，平均坡度3‰～5‰，平均海拔500米。最低海拔是柳江街道祝国寺社区，海拔495米；最高海拔是三圣街道凉风顶，海拔543米。

（唐嵋　黄晓熠）

【气候水文】 锦江区属亚热带湿润季风气候，终年温暖湿润，四季分明。每年平均气温16.2℃，每年平均降雨量800毫米至1000毫米，每年无霜期大于300天。每年平均日照时数达到1239小时，每年日照率28%，相对湿度82%。有夏无酷暑、冬无严寒的气候特征。区域内分布河渠13条，水系为长江流域的岷江水系。地面径流有府河、南河、沙河、南支三渠、洗瓦堰渠、陡沟河（别称石湃渠），年平均供水量9400万立方米。地面径流中水年7650万立方米，偏枯年3825万立方米，枯水年765万立方米。另有洪家冲、驸马、潘家沟、红庙子4条排洪渠和秀水河、石牛堰、砖头堰。府河、南河、沙河为城市生态用水，渠堰用作蓄水和泄洪。

（郭春艳）

历史人文

【建置沿革】 锦江区政区范围设治于秦惠文王后元十一年（前314），为蜀郡附郭县。唐太宗贞观十七年（643），成都县析置蜀县。唐肃宗乾元元年（758）更名为华阳，隶剑南道成都府。前后蜀时期隶益州成都府，宋代隶成都府路成都府，元代隶四川等处行中书省，明洪武九年（1376）改隶四川布政使司，清康熙九年（1670）并归成都县，清雍正五年（1727）恢复县治，清嘉庆年间改隶成都府成绵龙茂道，清光绪年间为川西道治下。1914年，改隶西川道。1928年，城区部分并入市区。1929年，省辖华阳。1937—1938年，县署外迁牛市口、琉璃场。1950年，华阳县改设成都市第一区，辖城区东南部。1953年，成都市第一区更名东城区，治东桂街、汪家拐街、状元街、东辕门、西御街、江南馆街、东糠市街、东丁字街、贵州馆街、天涯石北街、书院西街、梓潼桥街、总府街、南暑袜街、王家坝街、镋钯街16个街道。1990年12月30日，裁撤东城区，属地大部分并金牛区三圣、琉璃场2个乡划设锦江区，治62平方千米，辖人民南路、东丁字街、盐市口、春熙路、王家坝街、梓潼桥正街、和平街、天涯石北街、东糠市街、镗钯街、莲花池街、芷泉街、均隆街、伴仙街、东风南路、牛市口、沙河堡、琉璃、高店子19个街道和琉璃场、三圣2个乡。1991年1月，成立中共锦江区委、锦江区人民政府，驻书院南街47号。1993年，琉璃场乡更名琉璃乡。2001年9—11月，撤销人民南路、青石桥、王家坝、梓潼桥正街、和平街、天涯石北街、东糠市街、镗钯街、芷泉街、均隆街、伴仙街、东风南路12个街道建置，改设督院街、盐市口、春熙路、书院街、合江亭、水井坊、牛市口、龙舟路、双桂路、莲新、沙河、东光、狮子山13个街道，保留琉璃、高店子2个街道。2004年12月，撤销琉璃、三圣2个乡和琉璃、高店子2个街道。琉璃乡和琉璃街道属地分设柳江街道、成龙路街道，三圣乡和高店子街道属地改设三圣街道。辖街道16个。2005年，撤村并组，设城市社区46个，重组自然村16个。区委、区政府迁南三环路二段1号。2017年，改设82个社区和7个筹备社区。2019年12月30日，改设11个街道76个社区。其中督院街、盐市口2个街道撤销，主体并入春熙路街道；原属春熙路街道的华兴街片区划入书院街街道。合江亭、水井坊2个街道撤销，大部分属地合并，设锦官驿街道；原合江亭街道的部分区域划入春熙路街道。东光街道撤销，设东湖街道。龙舟路、双桂路、莲新3个街道撤销，属地分别划入牛市口街道和东湖街道。柳江街道部分区域划出，设锦华路街道。保留春熙路、书院街、牛市口、沙河、狮子山、柳江、成龙路、三圣8个街道。2023年，辖春熙路、书院街、锦官驿、牛市口、东湖、沙河、狮子山、锦华路、柳江、成龙路、三圣11个街道。

（韩旭）

【行政区划】 2023年，锦江区春熙路街道设督院街、总府路、盐市口、盐道街4个社区。书院街街道设福字街、庆云、五昭路、华兴街4个社区。锦官驿街道设崇德里、合江亭、大慈寺、交子、点将台、水井坊6个社区。牛市口街道设水碾河路南、华成路、九眼桥、莲桂西路、得胜街、一心桥、莲花、锦东、紫东、龙舟10个社区。东湖街道设观音桥、东怡、永兴、石牛堰、河滨、翡翠城、锦华7个社区。沙河街道设沙河、静康、塔子山、牛沙路、五福桥、汇泉路、双桂路7个社区。狮子山街道设菱窠、佳宏路、万科城花、四川师大、花果、金象寺6个社区。锦华路街道设琉璃、柳江、金象花园、凯天、晨辉、皇经、经天7个社区。柳江街道设锦阳、锦逸、锦馨、棬子树、包江桥、祝国寺6个社区。成龙路街道设华新、水杉、卓锦城、国槐、香樟、皇经楼、蓝谷地、粮丰、枫树9个社区。三圣街道设幸福、红砂、驸马、万福、江家堰、大安桥、喜树路、栀子街、白桦林路、海棠路10个社区。

（庄义）

【政区勘界】 2023年，锦江区东部区域的书院街、锦官驿、牛市口、沙河、成龙路5个街道以新华桥、三槐树路、迎晖路、双桂路为界，分别与成华区的猛追湾街道、双桥子街道、万年场街道、保和街道毗邻。东南部区域的成龙路、三圣2个街道以驿都大道为界，与龙泉驿区洪河街道相连。南部区域的三圣、柳江2个街道以成都绕城高速公路、大安桥路外延为界，与天府新区成都直管区新兴街道、高新区中和街道接壤。西北区域的春熙路、书院街2个街道以南大街、红照壁街、人民南路一段、东御街、人民中路一段、大有巷、顺城大街、提督街、太升南路、玉沙路为界，与青羊区太升路街道、草市街街道、西御街街道、汪家拐街道交界。西部区域的春熙路、锦官驿、牛市口、东湖、锦华路、柳江6个街道以国华街、翠柳湾路、科创路、翠凤路、河滨路、顺江路为界，隔锦江与高新区桂溪街道、火车南站街道以及武侯区跳伞塔街道、致民路街道、小天竺街道相望。北部区域的书院街街道以红星路一段为界，与青羊区太升路街道交界。北部区域的书院街街道经红星路一段、红星桥，与成华区猛追湾街道相连。北部区域的书院街街道以华星路为界，与成华区猛追湾街道隔河相望。

（庄义）

表1 2023年锦江区社区勘界情况表

序号	社区	面积（平方千米）	勘界	所属街道
1	督院街社区	0.56	东至红星路四段，南至锦兴路，西至顺城大街、大业路，北至东大街上东大街段、东大街城守东大街段	春熙路街道
2	总府路社区	0.69	东至红星路三段，南至东大街上东大街段、东大街城守东大街段，西至顺城大街，北至提督街、蜀都大道总府路	春熙路街道
3	盐市口社区	0.55	东至顺城大街、大业路，南至新光华街，西至东华门街、天府广场东、人民南路一段，北至大有巷	春熙路街道
4	盐道街社区	0.65	东至红星路四段，南至锦江，西至上南大街、中南大街、下南大街，北至红照壁街、新光华街、锦兴路	春熙路街道
5	福字街社区	0.36	东至锦江，南至蜀都大道大慈寺路，西至红星路二段，北至武成大街	书院街街道
6	庆云社区	0.37	东至锦江，南至武成大街，西至红星路二段，北至三槐树路	书院街街道
7	五昭路社区	0.44	东至锦江，南至三槐树路，西至红星路一段，北至锦江	书院街街道
8	华兴街社区	0.63	东至红星路二段，南至蜀都大道总府路，西至冻青树街、暑袜北一街、暑袜北二街，北至玉沙路	书院街街道
9	崇德里社区	0.36	东至义学巷、耿家巷、下莲池街、东南里，南至锦江、红石柱横街，西至红星路四段，北至东大街下东大街段、拱背桥街	锦官驿街道
10	合江亭社区	0.29	东至锦江，南至锦江、拱背桥街，西至义学巷、耿家巷、下莲池街、东南里，北至东大街下东大街段、红石柱横街	锦官驿街道
11	大慈寺社区	0.49	东至锦江，南至东大街下东大街段，西至红星路三段，北至蜀都大道大慈寺路	锦官驿街道
12	交子社区	0.23	东至点将台街、较场坝中街，南至东大街芷泉段、东大街紫东楼段，西至锦江，北至蜀都大道东风路	锦官驿街道
13	点将台社区	0.30	东至一环路东四段，南至东大街紫东楼段、东大街牛王庙段，西至点将台街、较场坝中街，北至蜀都大道东风路	锦官驿街道
14	水井坊社区	0.53	东至一环路东五段，南至锦江；西至锦江，北至东大街芷泉段、东大街紫东楼段、东大街牛王庙段	锦官驿街道
15	水碾河路南社区	0.41	东至一心桥横街、水碾河南路、宏济中路、宏济上路，南至锦东路，西至一环路东四段、一环路东五段，北至蜀都大道水碾河路	牛市口街道
16	华成路社区	0.36	东至经华南路，南至锦东路，西至一心桥横街、水碾河南路，北至蜀都大道水碾河路	牛市口街道

续表1

序号	社区	面积（平方千米）	勘界	所属街道
17	九眼桥社区	0.45	东至一心桥南街、宏济新路、新桂村西五街，南至锦江，西至宏济上路、宏济中路，北至锦东路	牛市口街道
18	莲桂西路社区	0.52	东至莲桂南路、莲花西路，南至锦江、龙舟路，西至新桂村西五街、莲桂西路，北至新桂巷、莲桂西路	牛市口街道
19	得胜街社区	0.25	东至二环路东四段，南至锦东路，西至经华南路，北至蜀都大道水碾河路	牛市口街道
20	一心桥社区	0.18	东至海椒市街，南至莲花北路，西至一心桥南街，北至锦东路	牛市口街道
21	莲花社区	0.22	东至海椒市街，南至莲桂西路，西至莲花西路、宏济新路，北至莲花北路	牛市口街道
22	锦东社区	0.15	东至二环路东四段，南至海椒市东街，西至海椒市街，北至锦东路	牛市口街道
23	紫东社区	0.20	东至二环路东四段，南至莲桂东路，西至海椒市街，北至海椒市东街	牛市口街道
24	龙舟社区	0.40	东至二环路东四段，南至龙舟路，西至莲桂南路，北至莲桂东路	牛市口街道
25	观音桥社区	0.43	东至净居寺路，南至沙河，西至东光街、东光北二巷，北至净居寺西街	东湖街道
26	东怡社区	0.36	东至东光街、东光北二巷，南至沙河，西至锦华路一段，北至净居寺西街	东湖街道
27	永兴社区	0.31	东至净居寺路，南至净居寺西街，西至锦华路一段，北至二环路东五段	东湖街道
28	石牛堰社区	0.48	东至橡树林路，南至二环路东五段，西至锦江，北至锦江	东湖街道
29	河滨社区	0.32	东至二环路东五段，南至二环路东五段，西至锦江、橡树林路，北至龙舟路	东湖街道
30	翡翠城社区	0.83	东至石牛堰、锦华路一段，南至沙河，西至锦江，北至二环路东五段、华润路	东湖街道
31	锦华社区	0.67	东至锦华路一段，南至华润路，西至石牛堰，北至二环路东五段	东湖街道
32	沙河社区	0.63	东至静沙北路，南至静康路，西至沙河，北至下沙河铺街	沙河街道
33	静康社区	0.51	东至下沙河铺街和静康路交会处，南至静康路，西至静沙路，北至中沙河铺街、下沙河铺街	沙河街道

续表1

序号	社区	面积（平方千米）	勘界	所属街道
34	塔子山社区	1.14	东至锦江区与成华区保和街道斑竹社区交界线，南至上沙河铺街、中沙河铺街、下沙河铺街、静明路，西至沙河，北至迎晖路	沙河街道
35	牛沙路社区	0.53	东至沙河，南至净居寺路，西至二环路东四段，北至牛沙路	沙河街道
36	五福桥社区	0.65	东至沙河，南至牛沙路，西至二环路东四段，北至通宝街	沙河街道
37	汇泉路社区	0.61	东至汇泉北路、沙河，南至通宝街，西至二环路东四段，北至通汇街、通源街	沙河街道
38	双桂路社区	0.59	东至沙河，南至通汇街、通源街，西至汇泉北路、二环路东四段，北至双桂路	沙河街道
39	四川师大社区	1.00	东至菱窠路与菱安路以及菱安路与锦绣大道交会处，南至菱窠路与锦绣大道以及华润幸福里二期北面围墙与静安路交会处，西至华润幸福里二期北面围墙与静安路、菱安路交会处，北至菱窠路与菱安路以及菱安路与华润幸福里二期东面围墙交会处	狮子山街道
40	花果社区	0.43	东至菱窠路，南至静远路，西至成龙大道，北至驿都大道静康路	狮子山街道
41	菱窠社区	0.55	东至佳宏南横街、菱窠东路、菱窠东路与劼人路交会处，再至静明路与静康路交会处；南至菱窠路与锦绣大道交会处，再至锦绣大道与佳宏南横街交会处；西至菱窠路；北至静康路与菱窠路交会处，再至静康路与静明路交会处	狮子山街道
42	万科城花社区	0.38	东至菱安路，南至静远路、花果新居围墙，西至静安路，北至静渝路	狮子山街道
43	佳宏路社区	0.31	东至驿都大道静明路，南至锦绣大道，西至佳宏南横街，北至劼人路	狮子山街道
44	金像寺社区	1.10	静宁路与铁路内侧护栏交会处沿铁路内侧护栏至静平路与铁路内侧护栏交会处以北；静平路与铁路内侧护栏交会处沿静平路、静缘路，至静缘路与沙河东河岸线交会处以东；静缘路与沙河东河岸线交会处沿沙河至净居寺路与沙河东河岸线交会处以南；净居寺路与沙河东河岸线交会处沿净居寺路、静安路、静宁路至静宁路与铁路内侧护栏交会处以西	狮子山街道
45	琉璃社区	1.10	东至锦华路二段，南至南三环路三段，西至洗瓦堰，北至科创路、琉璃一街	锦华路街道
46	柳江社区	0.46	东至锦华路二段、琉璃路，南至科创路、琉璃一街，西至锦江，北至沙河、锦绣大道	锦华路街道

续表1

序号	社区	面积（平方千米）	勘界	所属街道
47	金象花园社区	0.41	东至锦华路二段、晨辉北路，南至锦绣大道，西至琉璃路，北至沙河、晨辉路	锦华路街道
48	凯天社区	1.00	东至洗瓦堰，南至南三环路三段，西至锦江，北至科创路	锦华路街道
49	晨辉社区	0.63	东至静平路，南至锦绣大道、晨辉路，西至锦华路二段、晨辉北路，北至沙河	锦华路街道
50	皇经社区	0.56	东至经天东路，南至经天二街、仁居路，西至锦华路二段，北至锦绣大道	锦华路街道
51	经天社区	0.64	东至经天东路，南至南三环路二段，西至锦华路二段，北至仁居路、经天二街	锦华路街道
52	锦阳社区	3.95	东至锦阳社区与三圣街道江家堰社区、幸福社区交界线，南至锦阳社区与三圣街道江家堰社区交界线以及锦江区与高新区中和街道朝阳社区交界线，西至锦阳社区与祝国寺社区、包江桥社区交界线，北至锦江大道、锦阳社区与棬子树社区交界线以及锦阳社区与成龙路街道华新社区交界线	柳江街道
53	锦逸社区	0.65	东至锦逸社区与成龙路街道华新社区、皇经楼社区交界线，南至锦江大道，西至皇经楼路，北至南三环路二段	柳江街道
54	锦馨社区	0.40	东至玉树路，南至锦江大道，西至锦馨社区与包江桥社区交界线，北至桐云路	柳江街道
55	棬子树社区	1.10	东至皇经楼路、棬子树社区与成龙路街道华新社区交界线，南至桐云路、棬子树社区与锦阳社区交界线，西至锦华路三段、棬子树社区与包江桥社区交界线，北至南三环路二段	柳江街道
56	包江桥社区	3.58	东至包江桥社区与棬子树社区、锦馨社区、锦阳社区交界线，南至包江桥社区与祝国寺社区交界线，西至锦江，北至南三环路三段	柳江街道
57	祝国寺社区	2.30	东至祝国寺社区与锦阳社区交界线，南至锦江区与高新区中和街道新民社区、朝阳社区交界线，西至锦江，北至祝国寺社区与包江桥社区交界线	柳江街道
58	华新社区	2.06	东至成龙大道，南至锦江大道以及华新社区与柳江街道锦阳社区交界线、华新社区与三圣街道幸福社区交界线，西至金像寺路、华新社区与皇经楼社区交界线、华新社区与柳江街道锦城逸景社区和棬子树社区交界线，北至静逸路	成龙路街道
59	水杉社区	0.91	东至锦江区与成华区保和街道斑竹社区交界线，南至南三环路一段、东三环路五段，西至水杉社区与国槐社区交界线，北至成绵乐高铁	成龙路街道

续表1

序号	社区	面积（平方千米）	勘界	所属街道
60	卓锦城社区	0.58	东至海棠路，南至锦江大道，西至成龙大道，北至南三环路二段	成龙路街道
61	国槐社区	0.66	东至国槐社区与水杉社区交界线，南至南三环路一段、南三环路二段，西至玉兰街，北至成绵乐高铁、合欢树街	成龙路街道
62	香樟社区	0.72	东至锦江区与龙泉驿区大面街道洪柳社区交界线，南至茶花街、喜树路、百日红中路，西至锦江大道，北至锦江区与龙泉驿区大面街道东洪社区交界线	成龙路街道
63	皇经楼社区	1.07	东至龙兴大道静宁路、金像寺路、皇经楼社区与华新社区交界线，南至南三环路二段、皇经楼社区与华新社区交界线，西至经天东路、皇经楼社区与柳江街道锦逸社区交界线，北至成绵乐高铁	成龙路街道
64	蓝谷地社区	0.48	东至玉兰街，南至南三环路一段、合欢树街，西至龙兴大道静宁路，北至成绵乐高铁	成龙路街道
65	粮丰社区	1.03	东至驿都大道、锦江区与龙泉驿区大面街道东洪社区交界线，南至锦江大道，西至百日红西路，北至南三环路一段、东三环路五段	成龙路街道
66	枫树社区	0.73	东至百日红西路，南至锦江大道，西至海棠路，北至南三环路一段	成龙路街道
67	幸福社区	1.84	东至黉柏路，南至驸江路，西至幸福社区与柳江街道锦阳社区交界线、幸福社区与成龙路街道华新社区交界线，北至锦江大道、滨湖路	三圣街道
68	红砂社区	1.78	东至红砂社区与龙泉驿区大面街道天鹅湖村交界线，南至红砂社区与万福社区、驸马社区、白桦林路社区交界线，西至银杏大道，北至红砂社区与龙泉驿区大面街道洪柳社区交界线	三圣街道
69	驸马社区	2.76	东至陡沟河，南至驸马社区与江家堰社区交界线，西至驸马社区与幸福社区交界线，北至黉柏路、成龙大道	三圣街道
70	万福社区	2.40	东至经开区西五路，南至蓝顶二期路，西至新机场高速路，北至花卉路	三圣街道
71	江家堰社区	2.25	东至江家堰社区与驸马社区交界线，南至陡沟河以及江家堰社区与大安桥社区交界线，西至江家堰社区与柳江街道锦阳社区交界线，北至江家堰社区与幸福社区交界线	三圣街道

续表1

序号	社区	面积（平方千米）	勘界	所属街道
72	大安桥社区	2.62	东至大安桥社区与天府新区新兴街道庙山社区交界线，南至大安桥社区与天府新区新兴街道庙山社区交界线，西至大安桥社区与高新区中和街道朝阳社区交界线，北至大安桥社区与江家堰社区交界线	三圣街道
73	喜树路社区	0.38	东至喜树街，南至成龙大道，西至锦江大道，北至茶花街	三圣街道
74	栀子街社区	0.60	东至银木街，南至滨湖东路，西至锦江大道，北至成龙大道、喜树路、百日红中路	三圣街道
75	白桦林路社区	0.40	东至花博路，南至黉柏路，西至桦树街，北至成龙大道	三圣街道
76	海棠路社区	0.62	东至银杏大道，南至成龙大道，西至银木街，北至百日红中路以北海棠路社区与龙泉驿区大面街道洪柳社区交界线	三圣街道

【人口成分】 2023年，锦江区迁入人口21659人，人口迁入率3.16%。迁出人口7164人，人口迁出率1.04%。实有人口128.09万人，较2022年减少0.09万人。户籍人口253117户697386人，人数较2022年增加22703人，平均每户2.76人。流动人口58.35万人，较2022年减少2.36万人。人口密度每平方千米2.06万人。户籍人口中0～17岁人口146741人，占户籍人口总数的21.04%；18～34岁人口117950人，占比16.91%；35～59岁人口277585人，占比39.8%；60岁以上人口155110人，占比22.24%。

户籍人口中的男性人口335593人，女性人口361793人，男女性别比为92.76。流动人口中18～59岁的男性人口22.21万人，女性人口23.35万人，男女性别比为95。

实有人口中的汉族人口125.37万人，占比97.88%。少数民族人口2.72万人，占比2.12%。有45个少数民族，柯尔克孜族、塔吉克族、乌孜别克族人口数量最少，各1人。

（金成　李媛媛）

表2　2023年锦江区少数民族人口数量前十情况表

序号	民族	人口数量（人）
1	回族	4184
2	彝族	4094
3	藏族	3838
4	土家族	3345
5	满族	2545
6	羌族	1895
7	苗族	1825

续表2

序号	民族	人口数量（人）
8	蒙古族	1121
9	壮族	879
10	布依族	438

【文物古迹】 2023年，锦江区分布古代建筑6处，分别是大慈寺清代建筑、邱家祠堂、四川总督衙门旧址、北糠市街字库、桂王桥西街56号民居、四川机器局兵工厂旧址。古代建筑的始建年代为清代。其中邱家祠堂、四川总督衙门旧址、北糠市街字库是市级文物保护单位，大慈寺是省级和市级文物保护单位，邱家祠堂列入第一批成都市历史建筑，北糠市街字库列入第一批市级文物建筑，桂王桥西街56号民居、四川机器局兵工厂旧址在第三次全国文物普查时登记为一般不可移动文物。区域内发现的古代墓葬主要分布在三圣、柳江、狮子山、成龙路、狮子山5个街道，墓葬年代集中在汉代、后蜀、宋代、明代。汉代墓葬16座，包括东光五组明代窑址范围的9座汉墓以及位于成龙路街道晨晖社区的7座汉墓。宋代墓葬包括花果宋墓、粮丰宋墓、生物制品研究所宋墓、沙河铺南宋墓。明代墓葬117座，其中5座是明代蜀王墓和王妃墓。明蜀怀王和正妃徐氏合葬墓是市级文物保护单位，祝国寺明代墓群是区级文物保护单位。墓葬内出土各年代的陶器、瓷器、铁器、铜器、金银器、玉器、墓志铭等遗物。分布琉璃厂窑址、水井街酒坊遗址、江南馆街唐宋街坊遗址、下东大街遗址等古代遗址15处，其中古代窑址2处、酒坊遗址1处、唐宋时期街坊遗址5处、古代城墙遗址4处、多年代遗址3处。琉璃厂窑址出土青釉、黄釉、褐釉、黑釉、白釉、绿釉等瓷器和陶器，东光五组的明代窑遗存烟道、窑室、火燎、操作坑，分别以陶瓷实物和工坊结构揭露古代成都陶瓷制作工艺变化情况。宾隆街古遗址、东丁字街古遗址、东御街汉代遗址分别出土汉代至民国时期的遗物，揭示成都在不同历史年代的城市生活状况。水井街酒坊遗址揭示中国白酒蒸馏酿造工艺的发展演变过程，享有“中国白酒第一坊”“中国白酒酿造的无字史书”的赞誉。江南馆街唐宋街坊遗址列入“全国十大考古新发现”，再现唐宋时期成都的城市格局。水井街酒坊遗址和江南馆街唐宋街坊遗址列入全国重点文物保护单位，琉璃厂窑址、正科甲巷唐宋遗址以及3处古城墙遗址列入市级文物保护单位。分布近现代重要史迹及代表性建筑25处。其中文教和卫生建筑5处。即严谷孙书库、成都川剧艺术中心、成都市大田坎小学旧址、成都生物制品研究所建筑群、福音医院建筑群。金融商贸建筑3处，包括西川邮政管理局旧址、锦江宾馆、四川盐务局办公楼旧址。宗教建筑3处，包括恩光堂、基督教青年会旧址、牛王庙。名人墓2处，包括宋育仁墓、谢持墓。名人故居4处，包括李劼人故居、尹昌衡公馆、康季鸿公馆。传统民居5处，包括龙王庙正街70号民居、新开街84号民居、西龙须巷7号民居、四圣祠西街36号附3号和附4号民居、四圣祠西街36号附5号民居。代表性建筑有3处，包括孙中山铜像、合江亭、西糠市街广东会馆。

（韩旭）

经济社会发展

【概况】 2023年，锦江区深入贯彻落实党的二十大精神和省委、市委、区委的全会精神，持续推进改革，扩大开放，提升城市形象，创造投资机会，促进交流合作，推动经济社会高质量发展。全年地区生产总值1446.2亿元，较2022年增长6%。社会消费品零售总额1444.9亿元，较

2022年增长10%。产业化项目实际到位国内资金210亿元，新增外商投资企业129家，外商直接投资1.7亿美元。

【深化机构改革】 2023年，锦江区成立疾病预防控制局，完成国防动员办公室职责划转、机构组建工作。完善智慧蓉城运行中心管理体系，出台智慧锦江建设项目管理办法，各街道智慧蓉城运行中心实体化运行。深化国企改革，提升锦江发展集团公司市场竞争力。锦江发展集团公司资产规模增至1412亿元。成立锦江软件园投资运营公司，投资参股的云天励飞公司在科创板上市。推进混合所有制改革，成立万花春熙公司等5家合资企业。

【深化开放合作】 2023年，锦江区引进集省机械研究院等9家专业研发单位共同组建的四川振兴产业技术研究院以及维智科技全国研发总部等10个院、校、企、地合作项目，与电子科技大学共建脑健康与人工智能产业研究院。土耳其驻成都总领事馆开馆，举办锦江—英国城市更新国际合作圆桌会谈活动。新增外商投资企业129家，外商直接投资1.7亿美元。

【协同发展】 2023年，锦江区持续推动“成渝双城经济圈”建设和区域协同发展，四川和重庆两地营业执照异地一体化办理目标实现，与重庆解放碑商圈、南京新街口商圈、广州北京路商圈发起建立商圈联盟。锦江就业超市拓展，建成宜宾、德阳等10个市（州）分店，提供岗位1.65万个。支援甘孜州炉霍县高原农产品精深加工产业园，新建年产量300万千克酪蛋白生产线。与成都市都江堰市达成结对关系，明确青城山演艺中心等25个合作项目。

（韩旭）

【经济发展】 2023年，锦江区持续优化“1+3+3”现代产业体系，推动人工智能产业、现代商贸业、新兴金融业、数字传媒业、都市工业、都市文旅业、都市医养产业发展。区级重点产业进入市级数字经济、绿色低碳、新消费3个生态圈，形成高端软件与操作系统、大数据与人工智能、金融科技、生态环保、体育产业、旅游业、美食产业7条产业链。四川锦欣西囡妇女儿童医院有限公司、新华文轩出版传媒股份有限公司等13家企业进入成都市链主企业名单，形成重点产业比较竞争优势。

人工智能产业方面，持续做强新华之星AI大厦，打造人工智能产业特色楼宇，收储6.47万平方米产业空间。销售收入2.88亿元，税收1122万元。现代商贸业方面，引导舞东风超市等商贸企业线上转型，打造春熙路离境退税特色街区，发展离境退税商店184家，退税商品销售额、退税额占全市总额的96%。引进北京悦活公司等现代商贸业企业27家，引进宇恒诺公司等国际贸易及跨境电商企业6家。互联网消费同比增长36.4%。现代商贸业营收1788亿元，同比增长10%。新兴金融业方面，持续推动数字人民币应用，支持交子数栖等机构打造金融科技应用场景。新建4.5万平方米产业空间，引进国民养老保险公司、汇丰人寿保险公司等新兴金融龙头企业8家。区内87家企业进入省市上市企业后备库。金融业增加值390.34亿元，增速7.6%。数字传媒业方面，瘾食文化公司、潮我看公司在“天府文创板”挂牌。数字传媒业营收290亿元，同比增长11.5%。都市工业方面，推动省级高新技术产业园区创建工作，启动中国生物科创谷片区综合开发项目，布局全链式疫苗研发产业集群，建成成都生物制品研究所冻干人用狂犬病疫苗、HPV一期、诺迪康新活素三期3个重大项目。都市工业营收1100亿元，同比增长15%。都市文旅业方面，加快构建“一廊五线九景一地”旅游产业布局，推出东原中心“大城揽胜窗”等15个城市观景台，“夜游锦江”项目入选文化和旅游部新型文旅业态示范案例。“天府旅游名县”年度考评列全省第4位、成都市中心城区第1位。旅游综合收入352亿元，同比增长32.8%。都市医养业方面，协助锦欣福星康养公司签订国际融资协议，首轮融资8000万美元。都市医养业营收133.2亿元，同比增长11.1%。

实施优质企业培育计划，创办“五级企业”培育库，编制重点培育企业名单，为不同发展规模的企业提供精准化、差异化、全生命周期服务。培育永辉超市、新华文轩集团公司、四川安逸酒店集团公司等市级认定的链主企业7家、市级新经济“双百”企业3家、新经济种子企业36家，新增省级专精特新企业9家，高新技术企业达379家。电信五所申报国家级专精特新“小巨人”企业。全年新增经营主体4.3万家，新增“四上”企业122家。

全年固定资产投资281.74亿元，较2022年下降3.3%，增速列全市第2位。

（冯岚　李骏倬）

【社会事业发展】 2023年，锦江区新建和改扩建中小学5所，新增学位8400个，每1万人口拥有学位1368.5个。东南里、东湖2个“最美学区”开工建设。启动做优做强高中教育“珠峰计划”，承办全国中小学人工智能教育成果展示会等国家级教育活动3次，创建为全国完善普惠性学前教育保障机制实验区。

实施2个社区卫生服务中心提档升级项目，新增医疗床位1100个，为公共场所配置自动体外除颤器166台。优化远程诊疗机制，开设网格化城市医联体双向转诊绿色通道。医联体专家下沉538次，双向转诊2727人，远程诊疗4万人。

打造一老一小发展创新中心，建成社区养老服务综合体3个，打造开放型复合型养老机构2家，为1700个空巢独居老年人家庭实施适老化改造项目，为6万名老年人发放价值3343万元的“春熙券”养老积分。全国智慧健康养老应用试点示范基地通过复核验收，春熙路、东湖街道被评为智慧健康养老应用试点示范街道，牛市口街道九眼桥社区被评为全国示范性老年友好型社区。新增普惠托育机构14家，每千人拥有3岁以下婴幼儿托位数4.4个。锦江区被评为全国生育友好先进工作单位。

（韩旭）

【城市功能提升】 2023年，锦江区采取一院一策与连片打造相结合的思路，持续推进老旧院落改造。启动牛沙路等2个片区城市有机更新项目和80个老旧小区改造项目，完成东府等34个老旧小区改造。实施菱窠路等72个点位的“两拆一增”项目，拆除违法建设27万平方米，新增开敞空间7.3万平方米，增绿面积59760平方米。住建部全国推广四圣祠片区城市有机更新项目实施经验和既有住宅自主增设电梯的工作经验。福顺里片区老旧院落更新改造项目入选人民网幸福美好生活十大工程“人民阅卷·十大市民点赞项目”。

实施白鹭湾科技生态城绿轴以南片区等10个片区的通信设施迁改地下综合整治工程，新建充电设施1224套，建成金像花园社区配套等公服项目27个，“锦江软件园”内金融城中小学、林家坝中小学及幼儿园等公服项目开工建设，白鹭湾、柳江、交子金融3个“未来公园社区”建设加快推进。枫树社区入选全国首批“完整社区”建设试点，太古里商业旅游街区、马家沟幸福邻里街区入选首批“成都市美丽街区”。

为金融城三区划定核心路段7条、重点路段9条，组织属地街道、城管、住建、公园城市建设、公安成立工作专班，开展环境综合治理专项行动。针对夜市集中区设置外摆区域，明确13条外摆规则，规范237条道路的交通标线，整治沙河时光夜市等5个夜间经济点位。实施东顺城南街立面整治、马家沟片区老旧院落改造建筑风貌整治等12个项目，完成398条背街小巷环境综合整治，通过国家卫生城市复审。

（黄睿　王伟）

【人民生活】 2023年，锦江区为锦江就业超市建立智慧匹配、智慧荐岗、定期回访机制，为农民工提供就业帮扶、岗前培训等全链条服务。城镇新增就业1.6万人，城镇登记失业率在3%以内。锦江区被评为四川省农民工服务保障工作先进区。锦江就业超市案例入选用心用情为民办实事成都市“12345”十大创新案例。筹集保障性租赁住房3837套，发放住房补贴1665万元，惠及家庭1987个。锦江花园安置房提前竣工交房，提供安置房3469套，安置2454人。基本医疗保险参保66.75万人，参保率98%；基本养老保险参保71.25万人，参保率

94.18%。城乡居民养老保险待遇享受覆盖率100%。启动孤独症人工智能研究院建设，新增改造环卫工人作息室15个。长期护理保险扩面，惠及3778人。拨付4739万元，为7517名低保、特困、临时困难人员、残疾人发放救助金3516万元。

（侯翔　汤胜利）

【生态建设】 2023年，锦江区按照成都市实施“百个公园”示范工程的部署，启动成都电力金具总厂旧址提升改造一期4幢历史建筑修缮及建筑周边景观提升改造工作，新建和改造白桦林游园、牛市口游园等8个小游园，推动锦江公园锦江段建设，完成锦江公园兰桂坊段景观提升项目。实施锦江大道U型空间带状绿化提升改造项目，建成点将台街、牛王庙巷等社区绿道50条20千米，水碾河路阳台参加成都市“最美阳台暨最美社区花园”评选，获一等奖。推进环城生态区锦江片区建设，锦江环城生态区拆迁交地153.06万平方米，自主复垦复耕110.33万平方米，打造锦江大道“大美农田”景观农业样板。三圣花市开业，规划包括江家艺苑、黄沙河公园在内的景观农业示范区69万平方米，花乡农居、江家艺苑等3个点位入选成都市2023市民春季最喜爱的20个踏青地。

（周婧　王艺瑾）

锦江区近现代重要史迹及代表性建筑之成都川剧艺术中心

成都川剧艺术中心位于锦江区华兴正街54号。1953年，成都市东城区政府择华兴正街悦来茶园原址修建具有川西风格的现代化剧场。1954年11月，剧场落成，命名锦江剧场。1984年，局部改建，重建悦来茶园。1992年，市委八届八次会议作出“升级锦江剧场，改建成都川剧艺术中心，列入成都市精神文明建设八大标志性工程”的决定。1997年，成都川剧艺术中心奠基。2001年12月28日，项目竣工，建筑面积1.27万平方米。中部为升级后的锦江剧场，面积4079平方米。东侧和西侧分别新建2幢三层建筑，以架空廊道横跨老剧场，连接所有功能区间。西侧建小剧场、川剧博物馆、排练厅，东侧建非物质文化遗产传承体验区、悦来茶园、川剧音像制作室、川剧艺术策划中心。川剧博物馆面积964平方米，内设参观区和贵宾会议室。悦来茶园保持庭院式风格，总面积2259平方米。2009年，第三次全国文物普查，登记成都川剧艺术中心为一般不可移动文物。2021年，启动成都川剧艺术中心提升工程。2022年6月，提升工程竣工。成都川剧艺术中心建筑面积增至22864平方米。2023年，对外开放。

中共成都市锦江区委员会

综述

【全面从严治党】 2023年，锦江区持续推动全面从严治党各项工作。发挥政治巡察的“利剑”作用，修订八届区委巡察工作规划，巡察监督15个街道、区级部门以及17个社区，发现问题873个，移送问题线索63条。同步推进前三轮巡察整改工作。践行新时代党的组织路线，实施红色“薪火工程”和公务员队伍建设“五项”工程，从经济、城市建设、安全维护等领域的一线岗位选拔使用干部67人，为31名干部晋升职级。持续完善党建引领基层治理体系，构建“微网实格”管理体系。“小牛哥”驿站建设案例入选全国基层党建创新最佳案例。锦江区党员教育工作被评为四川省和成都市的“十佳县”。

（石波）

【宣传思想文化建设】 2023年，锦江区恪守“举旗帜、聚民心、育新人、兴文化、展形象”的原则，持续推动宣传思想文化建设。落实意识形态工作责任制，与四川省互联网学院合作打造网信人才培养基地。统筹开展“推门就是美好生活”等重大主题宣传活动，在新华社、《人民日报》、中央电视台等媒体推出系列宣传报道。纵深推进融媒体中心改革，推出“锦界”客户端2.0版，加快构建全媒体传播矩阵。深入践行社会主义核心价值观，新创省级文明单位1家、省级文明单位标兵3家，选树“锦江好人”“新时代好少年”等先进典型人物140人。实施高品质公共服务倍增工程，打造“品锦江”“锦江艺术季”等文化传播品牌，出版《品锦江——又见成都》，举办读书会、锦江·渝中百名书画家邀请展等文化活动，持续增强文化服务供给力。

（石波）

【民主法治建设】 2023年，锦江区深入推动社会主义民主法治建设，发展全过程人民民主。区人大及其常委会依法履职，增设人大常委会法制工作委员会、预算工作委员会，全覆盖推进民生实事人大代表票决制工作。区政协及其常委会依章程履职，确定“前瞻性布局锦江软件园新基建，增强园区产业支撑服务功能”等议题，多层次协商建言，收集意见建议200条，建立小微协商平台88个。深化统一战线工作，各民主党派、工商联和无党派人士履职尽责，新时代民族宗教工作稳步推进，对口支援工作持续开展。汇泉路社区创建为四川省铸牢中华民族共同体意识教育基地，中国侨联批准成都市李劼人故居纪念馆为中国华侨国际文化交流基地。深入推进全面依法治区，一体推进法治政府、法治社会建设，完善“司法为民”体制机制，开展“八五”普法活动。龙舟社区创建为省级民主法治示范社区。

（石波）

【科技创新引领产业体系建设】2023年，锦江区坚持在科技创新和科技成果转化上同时发力，在建设现代化产业体系上精准发力，制定《关于坚持科技创新引领加快建设“1+3+3”现代化产业体系的实施意见》，推动科技创新，突出产业支撑优势。推动省级高新技术开发园区创建工作，强化科技成果转化，联合电子科技大学、北京邮电大学等高校开展“校企双进·找矿挖宝”科技成果对接活动19次，引进校企合作项目10个。技术合同交易额131.4亿元，较2022年增长16%。针对现代商贸、新兴金融、都市工业等重点领域引进和培育市场主体，新增规模以上工业企业、资质等级建筑业企业、限额以上批零住餐企业、规模以上服务业企业122家，引进中国联通智网等领军企业17家，国家级专精特新“小巨人”企业实现“零”的突破目标。根据国家人工智能创新应用先导区建设规划，推动产业数字化转型，引进四川振兴产业研究院等9家创新平台型企业，推动2300家企业“上云、用数、赋智”，新增新经济市级梯度培育企业39家。全区有效高新技术企业379家，高新技术产业营收210亿元。

（石波）

【城乡融合发展】2023年，锦江区建立建设项目占用耕地前置评价和耕地保护“田长制”，完成环城生态区拆迁交地和复耕复垦任务。环城生态区拆迁交地128万平方米，复耕复垦110.33万平方米。打造“大美农田”景观农业样板，连续两年被评为成都市耕地保护党政同责考核先进区。加快推进农业生产，开展农业灌溉示范项目建设，划定梅香湖片区、祝国寺片区等六大种植片区，规划69万平方米景观农业示范区。统筹推进农商文旅体融合发展，引进高能级文旅项目3个、专精特新项目3个，有8个点位入选“2023年最成都·生活美学新场景”，创建省级全域旅游示范区工作的考核成绩居全省第一。推动三圣花乡转型升级，实施十里绿廊、三圣花城、三圣花市等重点项目。三圣花乡在中秋节和国庆节期间接待游客41.2万人次，增长149%；旅游收入4251万元，增长171%。三圣花乡景区被评为四川省文明旅游示范单位。

（石波）

【对外开放水平提升】2023年，锦江区加快建设“国际城市会客厅”等五大国际交往平台，探索平台招商、合伙人招商等模式，开展投资推介活动90次，区领导率队招商92次，拜访企业452家，引进“恒信东方”等高能级项目149个。实际到位国内资金183.7亿元，居成都市5个中心城区第一。外商直接投资1.26亿美元，居成都市5个中心城区第二。明确“拓市场、稳外贸”的思路，实施稳外贸优结构十大行动，引进四川宇恒诺公司等6家跨境电商企业，推动博瑞跨境电商产业园项目谈判工作。打造西部地区首个离境退税街区，退税商品销售额9728.5万元，退税额653.8万元，外贸进出口额90亿元。持续优化营商环境，深入推进“放管服”改革，政务服务事项认领率和发布率100%，“一件事一次办”事项达到50个，“一窗受理”事项577个，入选第一批四川省“互联网+政务服务”示范县。深入实施人才引领发展战略，制定人才引领高质量发展政策措施，建成一站式服务的锦江人才综合服务中心，市级人力资源服务产业园挂牌，举办“蓉漂人才荟”等活动120次，引进人才团队4个，引进市级以上重大人才计划专家49人，吸引外地青年人才3480人。

（石波）

【人民生活质量提升】2023年，锦江区深入实施幸福美好生活十大工程，民生支出占一般公共预算支出比重稳定在70%。推进实施就业优先战略，运用锦江就业超市等新平台、新机制，促进就业。城镇新增就业1.6万人。新就业形态职工食堂获市委主要领导肯定性批示，服务新就业形态劳动者“家空间”获人民网颁发的创新社会治理典型案例奖特别奖。打造全龄友好社会，编制“一老一小”整体解决方案，37个服务项目纳入基本养老服务清单，3个点位入选全市儿童友好示范单位，喜树路全龄友好社区案例入选全国社区治理十佳案例。实施民生和社会保障“织网工程”，城镇职工和城乡居民基本养老保险、基本医疗保险、工伤保险参保目标完成率达100%。推动人才公寓建设，涉及300套人才保障性住房。另筹集保障性租赁住房3837套。持续加强优质公共服务均衡供给力度，成都七中育才学校东湖校区等5个项目建成投用，新增学位8400个。深化“五医一体化”改革，持续推进网格化城市医联体建设，人居29度街区入选商务部城市一刻钟便民生活圈典型案例、全国社会治理创新案例，枫树完整社区入选全国试点项目。

（石波）

【绿色低碳转型发展】 2023年，锦江区以空间、产业、交通、能源“四大结构”优化调整为抓手，推动经济社会发展向绿色低碳转型。提出“坚决打好污染防治攻坚战”的要求，75个涉及生态环境的问题按时销号，生态环境数智平台等重点项目加快建设，再生水综合利用工程建成投用。断面水质通过市级考核，优良率100%。被评为四川省和成都市的河长制工作先进区。空气质量优良283天，较2022年增加4天。优化能源结构，新建新能源汽车充电桩4223个，中生科创谷再生水资源低碳综合利用工程案例入选全市绿色低碳转型十佳案例。实施“五绿润城”“百花美城”“千园融城”等行动，推动锦江公园建设，新建小游园和微绿地6个，新建绿道20千米。启动成都生物制品研究所片区、牛沙路片区等8个片区的城市有机更新项目和80个老旧小区的改造项目，福顺里片区老旧院落更新改造项目入选幸福美好生活十大工程2023年“人民阅卷·十大市民点赞”项目，太古里商业街区、马家沟幸福邻里街区分别入选全市“最美街区”“美丽街区”，五福苑小区改造案例入选全国城乡社区高质量发展典型案例。

（石波）

重要会议

【区委八届四次全体会议】 2023年1月6日，区委召开八届四次全体会议暨经济工作会议。出席会议的区委委员36人、候补区委委员6人。区人大常委会副主任、区政府副区长、区政协副主席、其他区级领导、区纪委常委、区监委委员、区第八次党代会的部分基层代表、专家学者列席会议，非公有制经济组织和社会组织的党组织负责人应邀列席。

会议学习习近平新时代中国特色社会主义思想和习近平总书记对四川及成都工作系列重要指示精神，贯彻党的二十大精神和中央经济工作会议、省委十二届二次全会、省委经济工作会议、市委十四届二次全会暨市委经济工作会议精神。区委书记陈志勇代表区委常委会作工作报告。区委副书记、区政府区长缪晓波总结全区2022年经济工作，安排2023年经济工作。

会议审议通过《区委关于深入学习贯彻党的二十大精神高质量建设“品位锦江·幸福城区”奋力谱写成都打造中国西部具有全球影响力和美誉度的社会主义现代化国际大都市锦江篇章的决定》，讨论经济工作要点及《锦江区聚焦产业建圈强链支持实体经济高质量发展十五条政策措施》。

会议强调，要统一思想、凝聚共识，以党的二十大精神统揽锦江现代化建设全局；坚定信心、稳中求进，推动高质量发展迈上新台阶；凝心聚力、担当尽责，开创现代化建设新局面。

会议从“把握经济形势和新时代十年变革，把握中央对2023年经济工作的总体要求，把握省委、市委对2023年经济工作的重要部署”等方面作出安排；从主动适应新发展阶段、持续增强市场信心、具备合理增长条件三个方面提出要求；从扩大消费规模、产业“建圈强链”、重点片区建设、深化开放合作、增进民生福祉、提升治理效能六大领域作出“六个攻坚突破”的部署，明确全区2023年经济工作重点。

（李腾飞　何晨）

【区委八届五次全体会议】 7月8日，区委召开八届五次全体会议。出席会议的区委委员35人、候补区委委员7人。区纪委常委、区监委委员、区第八次党代会的部分基层代表、专家学者列席会议，非公有制经济组织和社会组织党组织主要负责人、科研机构的党员代表应邀列席会议。

会议学习贯彻党的二十大精神和习近平总书记对四川及成都

工作系列重要指示精神，落实省委十二届二次全会、省委十二届三次全会、市委十四届二次全会、市委十四届三次全会精神，审议通过《区委关于坚持科技创新引领加快建设“1+3+3”现代化产业体系的实施意见》。区委书记陈志勇代表区委常委会作工作报告。

会议从学习贯彻党的二十大精神和习近平新时代中国特色社会主义思想，服务国家战略全局和省市发展大局，拼经济、促发展，服务保障成都大运会，多措并举恢复和扩大消费，提升现代化产业竞争力，持续提升对外开放水平，厚植公园城市生态本底，加强宣传思想文化建设，增进民生福祉，提升城区智慧治理能力，推进全面从严管党治党等方面回顾全区2023年主要工作及取得的成绩，分析存在的问题，提出新的要求。

（李腾飞　何晨）

【区委常委会会议】 2023年，区委召开常委会会议30次。其中区委常委会八届四十八次会议听取区委八届四次全会暨区委经济工作会议文件讨论情况汇报。区委常委会八届四十九次会议学习习近平总书记2023年新年贺词精神和在全国政协新年茶话会上的重要讲话精神，听取区人大常委会、区政府党组、区政协党组、区法院党组、区检察院党组2022年工作汇报，审议《锦江区“十四五”养老服务发展规划（送审稿）》。各街道党工委书记和部分党委书记、党工委书记、党组书记在区委常委会八届五十次会议上述职。区委常委会八届五十一次会议传达二十届中央纪委二次全会精神和省纪委十二届二次全会精神、市纪委十四届二次全会精神。区委常委会八届五十四次会议学习习近平总书记参加中央政治局第二次集体学习的重要讲话精神，学习习近平总书记出席学习贯彻党的二十大精神研讨班开班式的重要讲话精神，传达省级领导干部和市厅级主要负责人学习贯彻党的二十大精神读书班精神。区委常委会八届五十七次会议传达党的二十届二中全会精神和全国两会精神、省委常委会（扩大）会议精神，传达成都市传达学习党的二十届二中全会和全国两会精神大会暨市级领导干部和局级主要负责人学习贯彻党的二十大精神读书班精神。区委常委会八届六十次会议听取中央和省委巡视反馈意见整改工作开展情况汇报，部署整改工作。区委常委会八届六十二次会议传达省委十二届三次全会精神和市委十四届三次全会精神。区委常委会八届六十六次会议学习习近平总书记来川视察重要指示精神，研究贯彻落实意见。区委常委会八届七十六次会议传达中央政治局常委、国务院总理李强到四川调研的指示精神。区委常委会八届七十七次会议传达省委经济工作会议精神、市委十四届四次全体会议暨市委经济工作会议精神，审议《区委八届六次全体会议暨区委经济工作会议建议方案》《关于召开成都市锦江区第八届人民代表大会第四次会议有关事宜的请示》《关于召开政协第八届成都市锦江区委员会第四次会议的请示》。

（李腾飞　何晨）

【区委工作会议】 8月7日，区委召开工作会议。区委、区人大常委会、区政府、区政协、区法院、区检察院的领导出席会议。会议学习习近平总书记来川视察重要指示精神，落实省委工作会议、市委工作会议、市委十四届二次全会、市委十四届三次全会、区委八届四次全会、区委八届五次全会等重要会议精神，分析锦江区上半年工作，研究部署下半年重点工作，要求区级部门和街道围绕全年经济社会发展目标，把习近平总书记的殷切嘱托转化为奋力谱写中国式现代化锦江篇章的实际行动，高质量建设“品位锦江・幸福城区”。柳江街道办事处、东湖街道办事处、区发改局、区商务局、区新科局的负责人分别发言。区委副书记、区政府区长缪晓波讲话。区委书记陈志勇从“牢记嘱托、感恩奋进，坚定以习近平总书记来川视察重要指示精神引领锦江现代化建设”“把握形势、抢抓机遇，确保高质量完成全年各项目标任务”“锚定目标、苦干实干，奋力推动各项重点工作取得新实效”“务实担当、履职尽责，扎实推动习近平总书记来川视察重要指示精神落地落实”4个方面提出要求。

会议指出，要在推进科技创新和科技成果转化上同时发力，在建设现代化产业体系上精准发力，在推进乡村振兴上全面发力，在筑牢长江黄河上游生态屏障上持续发力。要坚定文化自信，挖掘“濯锦之江”历史文脉，持续塑造“三城三都”锦江品牌，推动巴蜀文化创造性转化、创新性发展。要树牢底线思维，增强忧患意识，推进风险隐患排查治理，筑牢现代化建设的安全屏障。要把握“学思想、强党性、重实践、建新功”总要求，开展主题教育，解决形式主义、官僚主义问题。

（李腾飞　何晨）

全面深化改革

【概况】 2023年，锦江区立足厘清职责、赋能基层、管活编制、保障民生，实施机构编制管理。根据区委的产业“建圈强链”部署，探索聘任岗位相分离、聘任管理相分离的“双轨”运行管理模式。落实区委作出的“基层事情基层办、基层权力给基层”的部署，深化行政执法体制改革，分2批赋予街道50项行政权力。完善智慧蓉城治理组织架构，在4个街道试点建设实体化运营的智慧蓉城运行中心。调整政府职责体系和组织结构，推进国防动员、纪检监察、疾病防控、安全生产等重点领域体制改革。深化教师“编制+员额”管理，持续加强民生领域编制保障。探索事业编制周转模式。

（何熠鹏　韩旭）

【机构编制与职能改革】 2023年，锦江区强化机构编制刚性约束，开展选人用人专项巡察，检查16个区级部门和4个街道机构的编制执行情况，整改问题30个。探索事业编制周转模式，研究制定“事业编制银行”章程和周转办法，采取预先支取、按期归还、随减随收的方式，建立空编单位“存”，事业编制银行“管”，需求单位“用”的编制周转机制，达到编制资源高效使用、有序流转的目的。持续加强民生领域编制保障，根据“幸福美好生活十大工程”实施需要，优化“编制+员额”教师管理模式，为43所中小学和3所幼儿园核定党组织领导职数53个。撤销春熙路、锦官驿、牛市口3个街道的清扫队。

持续优化政府职责体系和组织结构，构建“三定规定+权责清单+重点领域职责任务清单”的职责管理体系。推进国防动员、纪检监察、疾病防控、安全生产等重点领域体制改革，组建区国防动员办公室、区疾控局，为区委巡察办公室增设1个巡察组，增加专项编制12个。印发《进一步加强全区安全生产监督管理体系建设的三十六条措施》，强化区政府安办职责定位，在全区16个重点部门独立或挂牌设置安全监管内设机构，实现全区重点部门、产业功能区安全监管科室全覆盖。

构建超大城市中心城区现代化治理职责体系，督促区政府办公室（区国防动员办公室）、区住建交局、区市场监管局、区人社局、区商务局等部门动态调整权责清单事项。针对既有住宅自主增设电梯、电子政务外网、政府门户网站、政务新媒体等职责分工事项，协调解决职责争议，理顺部门职责关系。

印发《关于明确民宿（网约房）管理职责任务分工的通知》《关于明确“剧本杀”“密室逃脱”等沉浸式娱乐消费业态管理职责任务分工的通知》，厘清政府职能部门在网约房（民宿）、剧本杀（密室逃脱）等新业态领域的管理职责。《中国机构编制》杂志登载锦江区《制度补位　机制创新　探索新业态安全监管新路径》。

（张琳）

【财政管理体制改革】 2023年，锦江区深化以绩效为导向的财政预算制度改革，规范财政资金分配管理，执行《规范项目资金分配调剂办法（试行）》，修订财政支出绩效考核办法。持续深化预算绩效改革，推进绩效全流程信息化管理，提升绩效目标编制质量，首次邀请人大常委会、审计局参与绩效目标集中会审，针对4项财政政策、41个重点项目、18家部门整体支出开展重点绩效评价，涉及资金35.54亿元。将绩效监控结果应用到中期预算评估中，提升资金执行效率。建立“两书一函”制度，推动绩效管理提质增效。

深化街道经费保障与激励奖补改革，完善区街税收分成机制，优化税收分成年限和范围，将“提供信息者、促成签约者、要素保障者、长期服务者”纳入分成范围，确定分成比例。健全街道经费与财源建设、奖补资金与争先创优挂钩的激励机制，提高街道服务经济社会发展的积极性和主动性。

优化政府专项债券管理机制，强化项目质量源头把控，出台《专项债券全生命周期管理办法》，规范管理专项债券项目储备申报、债券发行、项目建设、资金使用全过程。按照资金与项目无缝对接的要求，设立专项债券项目启动资金，适度超前推动项目开工建设。坚持“资金跟着项目走”原则，加强债券资金使用和绩效目标“双监控”，督促项目单位加快推进项目建设，提高资金使用绩效。

推进财政管理信息化建设，将预算、绩效、采购、会计核算、资产管理等业务整合纳入预算管理一体化平台，提升财政管理效率。纵深推进非税收入收缴电子化管理和财政电子票据改革，建立“以票管收”机制。全区185家单位全流程在线办理非税收入收缴业务，财政电子票据全覆盖目标实现。

（张睿　白金文）

【产业园区管理体制改革】 2023年，锦江区持续规范产业园区人员编制和岗位管理，落实市委《关于创新产业园区体制机制推动产业建圈强链的意见》精神，对标市委机构编制办公室《深化产业园区岗位管理的若干措施（试行）》，制发《关于创新产业园区体制机制推动产业建圈强链的实施方案》。区委机构编制办公室会同区委组织部、区人社局探索编内职务职级任免、岗位（职员）等级调整与产业园区聘任岗位相分离、公务员和事业人员人事档案管理与产业园区聘任管理相分离的“双轨”运行管理模式，激发产业园区内生动力和发展活力。

（周慧颖）

【行政审批制度改革】 2023年，锦江区立足解决政务服务专窗“忙闲不均”问题，推进政务服务综合窗口改革。坚持无差别“一窗受理、集成服务”政务服务模式，设立无差别综合窗口，将50%依申请类政务服务事项纳入无差别综合窗口办理，有577项事项“零差别”受理，实现“零差别”受理的预期目标。同时设置“一件事一次办”综合窗口和“川渝通办”“跨省通办”“省内通办”“西南地区通办”等跨区域通办综合窗口。办件量达16万件，发出证照近9万个。“群众多窗口跑路、多轮次排队”等问题得到解决。深化政务服务“一件事一次办”机制，减少所需材料、表单要素、办理时间。5个市级“一件事一次办”事项的所需材料最多减少到18个，表单要素最多减少到46个，承诺办结时限最长减少到36个工作日。鼓励企业和群众通过“一件事一次办”渠道办理业务，全年办理业务3000件。践行“锦即办政务直通车”、重大项目延时服务等工作机制，提升一网通办能力，提高运行效能，避免办件超期。政务服务事项认领率100%，发布率100%，按时办结率100%。

（杜迟　刘恒）

【行政执法体制改革】 2023年，锦江区整合行政执法队伍的编制资源，优化执法力量配置和行政执法队伍人员结构，提升行政执法效能。结合自身实际，落实市委机构编制委员会《关于加强行政执法队伍力量保障的十条措施》，制发《贯彻落实〈关于加强行政执法力量保障的十条措施〉的责任分工方案》，清理执法事项，厘清综合行政执法机构与行业主管部门、街道与行业主管部门、派驻队伍条块管理的职责关系。持续下放行政权力，结合街道扩权需求和部门放权意愿，分2批赋予街道50项行政权力。第一批下放农业农村、民政、生态环境等5个领域的17项行政权力，第二批下放自然资源、城市管理、应急管理3个领域的33项行政处罚权力。

（周慧颖）

组织工作

【概况】 2023年，锦江区实施“忠诚铸魂、骨干锻造、整体提升、产才融合、示范表率”五大行动，提升组织工作质量。实施公务员队伍建设“五项工程”以及职级公务员“濯锦骨干·雁阵行动”，选派优秀职级公务员参加区委、区政府的重点工作和重大项目建设。每季度召开公务员管理业务会，采取授课讲解、案例分析、测试摸底等方式培训公务员。遵循“新思想引航掌舵，系统强化理论武装”的工作思路，采取“线上+线下”的方式，开设读书班、进修班、专题研讨班70个，组织干部参加95期省市调训，培训干部7000人次。坚持在区委中心工作和重点工作中磨砺干部，选派220名年轻干部到信访、驻外招商、城市更新等领域的一线岗位锻炼，抽调130名干部为成都大运会服务，增强干部服务中心大局、服务重点项目、服务人民群众的能力。锦江区连续两年被评为四川省党员教育工作十佳县，机关党组织、社区党组织直联共建项目获成都市模范机关建设优秀案例一等奖，“小牛哥”驿站建设案例入选全国基层党建创新最佳案例。按照产才融合的理念，持续推动人才引领发展战略。建成人才大数据平台，录入32万名产业人才的层次、类别、流动情况等信息，打通部门数据共享路径，实现人才数据一屏通览的预期目标。一站式人才综合服务中心、锦江人才超市等案例分别入选成都市优秀案例。一把手挂帅领办人才项目案例获成都市2023年度“揭榜挂帅”人才创新项目一等奖。中组部《组工信息》转载锦江区“四维一体”市场化人才评价机制运行情况的经验交流文章。

（邓春燕）

图3 2023年10月18—19日，首届“川渝互鉴研学路初心共展新征途”党员教育阵地讲师交流活动在锦江区举办（区委组织部提供）

【党员队伍建设】 2023年，锦江区结合党的二十大精神宣讲、成都大运会筹备工作宣讲等工作，开展党员全覆盖兜底培训，完成党员教育培训工作五年规划中的各项工作，连续两年被省委组织部评为全省年度党员教育工作十佳县。2月15日，承办“蓉城先锋杯”党的二十大精神知识竞赛东部片区复赛。锦江区2个代表队，分获全市三等奖、“两新”领域第一名。6月14日，举办“幸福生活精彩讲解”讲解员风采大赛。10月18—19日，选送“晞光姐姐”代表队和成都烈士陵园代表队参加首届“川渝互鉴研学路初心共展新征途”党员教育阵地讲师交流活动，分获一等奖、二等奖。建成菱窠“爱国奉献”主题公园。锦江区录制党员教育电视片2部。其中，《十万秒》入选2023年全国党员干部现代远程教育平台资源库，《1700万》获第十七届全国党员教育片交流活动视频类三等奖。打造成都师范附属小学华润分校晞光馆、喜树路社区微党校等微党校中心校，形成“1个市级微党校中心校+15个区级微党校中心校+N个微党校”的党员教育阵地体系。截至年末，发展中共党员250人。全区中共党员人数达到38625人。

（杨丰　王镜深）

【学习贯彻习近平新时代中国特色社会主义思想主题教育】 9月14日，锦江区启动学习贯彻习近平新时代中国特色社会主义思想主题教育。成立由区委书记陈志勇任组长的区委主题教育领导小组。区委副书记、区政府区长缪晓波，区委副书记吴斌，区委常委彭洪泽、陈蓉、余家洪、黄婉任副组长，15名区级部门负责人为成员。领导小组办公室设在区委组织部，区委常委、组织部部长余家洪兼任办公室主任。制定《关于开展学习贯彻习近平新时代中国特色社会主义思想主题教育的实施意见》和《区委常委班子带头深入开展学习贯彻习近平新时代中国特色社会主义思想主题教育工作方案》《街道和区级部门（单位）领导班子开展学习贯彻习近平新时代中国特色社会主义思想主题教育工作方案》《基层党支部开展学习贯彻习近平新时代中国特色社会主义思想主题教育工作方案》以及街道区级部门（单位）领导班子、社区党委、“两新”组织党组织、离退休干部党组织、中小学校党组织、团员和青年、党组织书记、流动党员8个领域实施主题教育的工作举措。

向全区党员干部发放主题教育理论学习资料12.6万册，开设区级领导干部主题教育读书班和单位领导干部读书班，利用区委理论学习中心组学习平台开展专题学习7次，各单位理论学习中心组成员学习483次。各单位明确调研课题135个，确定重点研究问题348个，梳理正面案例和反面案例130个。组织基层党员开展建言献策活动，解决问题270个。梳理区委、区人大常委会、区政府、区政协的认领问题39个，指导各单位检视发现问题447个，制定整改措施1459条。各单位结合“7+2+1”专项整治方案，结合各自情况编制专项整治方案65个。至2024年1月，主题教育结束。区级领导班子和区级部门、街道、国企参加主题教育，涉及单位69家、基层党组织1635个、党员3.78万人。列入各级领导班子问题清单的486个问题全部销号。

（伍彩　马蕴瑶）

【党内政治生活】 1月30日，区委召开常委班子2022年度民主生活会。会议通报区委常委班子党史学习教育专题民主生活会整改措施落实情况和区委常委班子2022年度民主生活会会前征求意见情况，区委常委班子及成员逐一进行了对照检查。会议指出，要深化拓展党史学习教育成果，在旗帜鲜明讲政治，学思践悟、知行合一上走在前列；要履职尽责促发展，在改革创新、攻坚克难上走在前列；要牢记宗旨为人民，在永葆初心、为民惠民上走在前列；要服务大局强担当，在高效协同、整体联动上走在前列；要勇于斗争正风纪，在遵规守纪、严于律己上走在前列。会议要求，要从中国共产党的百年奋斗历程中汲取智慧和力量，为成都建设践行新发展理念的公园城市示范区贡献力量。

（伍彩　马蕴瑶）

图4 2023年9月14日，锦江区学习贯彻习近平新时代中国特色社会主义思想主题教育部署会议召开

（区委组织部提供）

【干部培训】 2023年，锦江区印发《干部教育培训办班管理办法》，由区委组织部、区委党校牵头，开展兼职教师师资库建设。研发课程16个，聘用兼职教师23人。全覆盖开展局级领导干部轮训，组织局级领导干部学习党的二十大精神和习近平新时代中国特色社会主义思想。立足锦江区建设国家人工智能创新应用先导区，开设“政法干部综合能力提升”“智慧赋能城市管理”等专项培训班10期，组织干部到浙江省杭州市、上海市等地参加异地专题培训7次。

采取区级层面统筹性指导、业务部门开放式引导、全区干部个体化主导相结合的方式实施“学在锦江”干部能力提升行动，持续推动书目清单发布、分享活动举办、学习阵地建设，营造重视学习、崇尚学习、坚持学习的氛围。常态化发布推荐学习书目清单，3000名干部依据清单编制个人学习计划。遵循“地域相近、行业相关”原则，划分六大片区，按季度确定轮值单位。轮值单位每季度组织片区交叉读书分享活动。开展圆桌读书会、读书沙龙等专题分享活动210次，开展片区交叉读书分享活动24次、区级新春读书分享会1次，培训

4000人次。评选“优秀组织单位”16家、“优秀读书标兵”16人。

举办中青年干部培训班、公务员任职培训班、新录用公务员初任培训班、新进事业人员初聘培训班，联合重庆市渝中区举办学习贯彻党的二十大精神暨推进“成渝地区双城经济圈”建设年轻干部专题研讨班，培训年轻干部260人。组织54名三年内获区委、区政府以上表彰的年轻干部到浙江省杭州市参加“新征程·濯锦骨干”专题培训。

持续发挥“互联网+”的平台作用，举办11期“濯锦讲堂·云课堂”活动，编发“锦学”专栏，推送学习卡片172期。同步推动中组部网上专题班学习，培训党员干部1.2万人次。依托“锦江论坛”学习平台，围绕金融风险防范、应急处置等领域，以“短平快”的方式开设讲座17期。举办办公软件应用实操比赛，覆盖参训干部700人次。

深化“以考促学、以测促训、以训提能”机制，在3天以上的培训班中开展政治理论闭卷测验等考核14次。

（吴虹　牟相）

表3　2023年锦江区干部专题培训班一览表

序号	培训主题	时间
1	学习贯彻党的二十大精神暨推进“成渝地区双城经济圈”建设年轻干部专题研讨班	2月28日至3月9日
2	“学习贯彻党的二十大精神，政法干部综合能力提升”专题培训班	3月20—24日
3	学习贯彻党的二十大精神专题研讨班	4月23—26日
4	基层党建引领社区发展治理专题培训班	5月8—12日
5	“品位锦江·幸福城区”智慧赋能城市管理专题培训班	5月15—19日
6	“同心共建现代化暨委员红色教育”专题读书班	5月16—19日
7	纪检监察业务能力提升培训班	5月21—27日
8	人工智能创新应用先导区智慧园区建设专题培训班	6月5—9日
9	群团干部综合素能提升培训班	6月26—30日
10	做优做强时尚消费引领核心功能专题培训班	7月10—14日
11	青年后备干部综合素养提升专题培训班	7月10—14日
12	学校管理干部政治理论提升专题培训班	7月17—22日
13	加快推进都市工业发展专题培训班	9月18—22日
14	基层党建实务培训班	10月23—27日
15	基层工会改革创新培训班（2期）	10月29日至11月4日 12月4—8日
16	离退休干部党务工作培训班	11月24—29日
17	“新征程·濯锦骨干”专题培训班	11月27日至12月1日

表4　2023年锦江区“锦江论坛”培训情况表

序号	期数	培训主题	时间
1	第 41 期	突发事件舆论引导和新闻发言人业务	3 月 9 日
2	第 42 期	解读《信访工作条例》	3 月 10 日
3	第 43 期	深化消费体系建设	4 月 26 日
4	第 44 期	信访接待技巧能力	5 月 6 日
5	第 45 期	多层次资本市场体系建设——企业上市培育	5 月 9 日
6	第 46 期	治理非法宗教活动，抵御境外利用宗教渗透	5 月 10 日
7	第 47 期	防范金融风险——非法集资防范处置及信访维稳工作	5 月 19 日
8	第 48 期	学习党史工运史 做好新时代工会工作	6 月 14 日
9	第 49 期	学习习近平总书记关于青年工作的重要思想，打造好青年发展型城市	6 月 28 日
10	第 50 期	从历次党代会看党的二十大	6 月 29 日
11	第 51 期	公文写作	7 月 18 日
12	第 52 期	学习习近平总书记来川视察重要指示精神系列培训第一期	9 月 12 日
13	第 53 期	学习习近平总书记来川视察重要指示精神系列培训第二期	9 月 14 日
14	第 54 期	学习习近平总书记来川视察重要指示精神系列培训第三期	10 月 18 日
15	第 55 期	学习习近平总书记来川视察重要指示精神系列培训第四期	10 月 19 日
16	第 56 期	学习习近平总书记来川视察重要指示精神系列培训第五期	11 月 2 日
17	第 57 期	学习习近平总书记来川视察重要指示精神系列培训第六期	11 月 10 日

表5　2023年锦江区“濯锦讲堂 · 云课堂”培训情况表

序号	期数	培训主题	时间
1	第 45 期	中国式现代化：大战略及实现路径	2 月 15—16 日
2	第 46 期	新时代十年伟大变革与里程碑意义	4 月 26 日
3	第 47 期	解读中央财经委员会第一次会议精神	5 月 11 日
4	第 48 期	国有企业公司治理体系与治理能力现代化	5 月 30 日
5	第 49 期	使命、战略、方向——建设教育强国与实现中华民族伟大复兴	6 月 13 日
6	第 50 期	全国村典型案例经验做法	6 月 16 日
7	第 51 期	解读《中共中央国务院关于促进民营经济发展壮大的意见》	7 月 25 日
8	第 52 期	习近平文化思想概要	10 月 24 日

续表5

序号	期数	培训主题	时间
9	第 53 期	解读“一带一路”建设成就、挑战与峰会	11 月 21 日
10	第 54 期	推进基层治理现代化的思考	11 月 22 日
11	第 55 期	基层治理创新的五个基本问题——谈谈成都调研的几点心得	12 月 18 日

【干部监督和激励】 2023年，锦江区修订《科级干部任免、职级升降备案管理办法》《关于承担政工、组织人事工作职能内设机构主要负责人任职的实施细则》，持续加强科级干部管理。编印《中华人民共和国公务员法》配套法规执行情况自查自纠重点内容清单，要求各单位自查自纠。开展领导干部个人事项报告、因私出国（境）审批等工作。践行干部选任监督机制，配合区委巡察，检查18家单位选人用人情况。在强化监督的同时，按照区委“激励二十条”和“减负减压六条”的要求，深化荣誉退休、考核评优“喜报”以及干部婚嫁生育、因病住院、因公受伤、家属生病住院、家庭重大变故“五必访”等制度，传递党组织的关怀。深入开展谈心谈话工作，完善干部诉求常态化掌握回应机制。明确实干实绩导向，持续释放职级职数激励效能，采取民主推荐及考察等方式了解公务员表现，有计划分类分批开展职级晋升。优先考虑在重点工作中表现突出的个人，激励“排头兵式”“实干家型”“老黄牛式”三类干部。分10批，为三类干部晋升职级。晋升职级的干部120人。

（马文凯　谢雪华）

【领导班子建设】 2023年，锦江区坚持“围绕中心大局选优配强局级领导班子”的原则，提出“以实干论英雄、凭实绩用干部”的要求，从经济、城建、安全等领域的一线岗位提拔干部。深入推进“红色薪火工程”，选拔任用“85后”和“90后”年轻干部、党外干部，注重选用有经验、有干劲、有实绩的“老黄牛”干部。全覆盖开展日常考察、干部任职意愿调查，深化街道班子届中分析和区级部门班子分析研判等工作，组建6个工作组，定期考察产业发展、城市更新、项目攻坚、大运会筹办等领域的领导干部，近距离了解干部表现。

（刘聪聪　孙静姝）

【新兴领域党组织建设】 2023年，锦江区新建社会组织综合党委等10个行业综合党委，成立新华之星AI大厦楼宇综合党委、创意山新就业群体党支部等45个“两新”组织党组织。采取“孵化+培育”的方式持续推动“两新”组织党组织规范化建设。评选四川衡纵律师事务所党支部等11个“两新”组织党组织为星级党组织。四川航天信息有限公司党总支部、成都市女企业家协会党支部、四川蓉桦律师事务所党支部入选锦江区第二批“两新”书记工作室。全区建成“两新”书记工作室11个、“两新”组织星级党组织70个。同时针对“两新”组织举办“濯锦论坛·对话书记”工作座谈会，开展“两新”组织“头雁领飞”活动。以“十个一”为抓手，实施楼宇党建品质整体提升行动。建成SAC东原中心等8个“蓉城驿站”楼宇党群服务中心，《中国组织人事报》等媒体报道“楼小助”红色速办机制运行情况。开展全市外卖送餐员群体党建试点工作，推动新就业群体党建工作。12月8日，承办全市外卖送餐员群体党建试点总结推进现场会，交流“小牛哥”驿站工作经验。“以小牛哥党建之钥开启快递物流业融入基层治理之门”案例入选全国第六届基层党建创新最佳案例，成都OST传媒公司党建工作法入选全国企业党建创新优秀案例。

（王薇　李宗霖）

表6　2023年锦江区新成立的行业（综合）党委一览表

序号	主管部门	行业（综合）党委
1	区民政局	社会组织综合党委
2	区市场监管局	外卖送餐员群体综合党委
3	区金融局	新兴金融产业链综合党委
4	区新经济和科技局	科技创新综合党委
5	区商务局	现代商贸综合党委
6	区文体旅局	文化体育和旅游行业（综合）党委
7	区卫健局	卫生健康行业（综合）党委
8	区住建交局	建筑行业综合党委
9	区委网信办公室	互联网行业（综合）党委
10	区人社局	人力资源和社会保障行业党委

【人才工作】 2023年，锦江区坚持党管人才原则，根据科技创新与现代化产业体系建设需要，按照区委实施人才引领发展战略的部署，出台《关于人才引领高质量发展的若干政策措施》，制定《经营管理领军人才、企业头部人才及新引进高端人才专项奖励实施细则》《社会力量协同招才引智奖励实施细则》等配套政策21个，编制《产业人才开发指引》，形成覆盖产业、教育、科技、文化、卫生等领域，覆盖博士、硕士、本科各层面，覆盖经营管理、专业技术、高技能、社工、新职业等各类别的“1+N”人才政策体系。

针对能力强、贡献大、学历不高的人才，以创新价值、能力、贡献为导向，按照“小切口、大突破”思路，探索“以薪定才、以绩推才、以才荐才、以赛评才”的“四维一体”市场化评价机制，破解“1+3+3”主导产业领域人才评价缺乏职称、奖项等标准的难题，释放各类人才的工作激情和创新活力。针对科创平台相对匮乏、专精特新中小企业培育不足等问题，遵循“切口小、有难度、示范强、能落实”原则，编制《“一把手”领办重点人才项目专项实施方案》。通过“一把手”揭榜挂帅方式，领办重点人才项目20个。锦江区国家级专精特新企业中的“小巨人”企业实现“零”的突破目标。通过实施高层次教育人才引进工程，引进15名中小学高级教师。

创建联动、联合、联袂“三联”工作机制，结合招商引资目标下达年度招才引智任务。设立招商引资和招才引智伯乐奖，依托同道精英（天津）信息技术有限公司等驻外招商点设立3个引才工作站，选拔42名懂产业政策和人才政策的复合型人才组建专员队伍。开展“蓉漂人才荟”“星空招聘会”“蓉漂杯”等活动120次，引进市级及以上“重大人才计划”的专家型人才49人，认定区级领军人才330人。全区产业人才总量达到32.35万人。

持续推动“锦江人才超市”线上建设，吸引企业注册。进驻“锦江人才超市”的企业2297家，常态化提供岗位2.2万个，成功匹配合作意向7000次。锦江人才超市案例入选“用心用情为民办实事”成都“12345”十大创新案例。

建立党建联建、人才发展联盟、人力资源服务联盟、重点企业HR联盟、职业培训联盟和联

图5 2023年10月12日，区委人才工作领导小组办公室主任办公会2023年第三次会议暨“一把手”领办重点人才项目拉练活动举办　（区委组织部提供）

席会议制度“五联一会”工作机制，定期召开联席会议，发挥联动各类组织的体系优势、职能优势、资源优势，推动党建、人才、人力资源、就业、产业互相促进。针对人才可视化平台自动收集的霸王茶姬等企业用工短缺等问题，邀请企业参加“走进成都理工大学”“走进重庆大学”以及成都大学校园招聘会活动，为企业引进人才760人。举办人力资源服务机构和重点企业用工对接活动4次，通过市场化手段帮助企业引进人才30人。依托锦江智慧人才大数据工作平台，在线收集锦欣医院等153家企业的1.2万个岗位，匹配人才1500人。锦江区“一根线连接一平台”解民忧、纾企困案例入选2023年度“‘12345’亲清在线”服务企业十大典型案例。

构建人才全生命周期服务网络，推动人才服务全方位发展。整合人才发展公司、人力资源中心、创新创业孵化基地、人才超市、人才发展促进会的资源打造人才综合服务中心，归集组织、人社、科技、招商、产业、人才等各部门15类84个服务项目，服务人才2.8万人。一站式人才综合服务中心案例入选成都市2023年优化营商环境典型案例，获市委常委、组织部部长邓涛肯定性批示。同时结合街道党群服务中心规范化建设，在各街道打造“人才服务零里中心”，在人才公寓、产业园区、商务楼宇、社区、企业布局人才工作站，打通人才服务“最后一公里”。开展项目路演、创新创业大赛、投融资对接等活动106次，联系服务专家型人才440人。春节期间，慰问54名高层次专家型人才和120名行业领军人才。升级锦江青年人才驿站，服务求职应届大学生800人。开展人才“双进双入”活动，引导人才“进圈入楼、进网入格”，每周开展一次主题活动。

（冯琳　张尧）

宣传工作

【概况】 2023年，锦江区提升创新理论引领力、主流舆论传播力、核心价值凝聚力、文化服务供给力、文化产业竞争力，树牢底线思维，意识形态领域保持安全稳定。坚持理论学习制度，区委理论学习中心组集中学习14次，学习党的二十大精神和习近平总书记重要指示精神、重要批示精神、重要论述精神，学习习近平法治思想，学习省委、市委、区委的全会精神。联合各级主流媒体，报道锦江区白鹭湾科技园首发、“元游锦江·熙游记”等产业发展、特色文旅活动等重要新闻，展示中国式现代化万千气象成都篇章的锦江实践，为高质量发展“品位锦江·幸福城区”凝聚舆论合力。区委宣传部获“全市宣传信息工作优秀单位”称号。

（丁信果　梅寒）

【理论学习教育】 2023年，锦江区印发《全区党委（党工委、党组）理论学习中心组专题学习重点内容安排》，确定“增强保密意识 切实做好新形势下的保密工作”“基层社会治理的核心要素与实践路径”“深化民族团结进步创建工作 有形有感有效铸牢中华民族共同体意识”等学习主题，采用专题学习会、专题研讨会、宣讲报告会等形式，组织区委理论学习中心组成员学习。深入学习领会习近平总书记针对总体国家安全观、维护意识形态安全、加强全民国防教育、安全生产等领域作出的重要论述精神，学习《习近平关于社会主义精神文明建设论述摘编》《总体国家安全观学习纲要》《中国共产党宣传工作简史》和习近平总书记来川视察重要指示精神，学习贯彻省委十二届三次全会精神、市委十四届三次全会精神、区委八届五次全会精神，开展“牢记嘱托、感恩奋进”等专题研讨。开展基层宣讲1000次。

（杨广玉　任婷婷）

图6 2023年11月22日，四川大学法学院院长左卫民（主席台左）以“学习二十大报告　深入贯彻习近平法治思想”为题，为区委理论学习中心组学员授课

（区委宣传部提供）

表7　2023年中共成都市锦江区委理论学习中心组学习情况表

序号	专题名称	学习时间	学习情况
1	区委理论学习中心组（扩大）专题学习会	3月14日	1. 学习党的二十大精神和习近平总书记在总体国家安全观、维护意识形态安全、加强全民国防教育、安全生产等领域的重要论述精神。 2. 学习《习近平关于社会主义精神文明建设论述摘编》《总体国家安全观学习纲要》《中国共产党宣传工作简史》
2	区级领导干部和局级主要负责人学习贯彻党的二十大精神读书班	3月27—31日	1. 学习党的二十大精神、党的二十届二中全会精神、全国两会精神。 2. 学习省委十二届二次全会精神、市委十四届二次全会精神、区委八届四次全会精神。 3. 学习习近平总书记在学习贯彻党的二十大精神研讨班上重要讲话精神、习近平总书记对四川及成都工作系列重要指示精神。 4. 学习省委、市委的读书班精神。 5. 研讨高质量建设“品位锦江·幸福城区”
3	“增强保密意识、切实做好新形势下的保密工作”专题报告	4月26日	市委保密机要局副局长严伟作报告
4	“基层社会治理的核心要素与实践路径”专题报告	5月31日	四川大学公共管理学院教授郭金云作报告

续表7

序号	专题名称	学习时间	学习情况
5	“深化民族团结进步创建工作有形、有感、有效铸牢中华民族共同体意识”专题报告	7月3日	四川省民族宗教事务委员会监督检查处处长洛绒卓玛作报告
6	区委理论学习中心组（扩大）专题学习会	9月1日	学习习近平总书记来川视察重要指示精神，与会人员交流心得体会
7	区委理论学习中心组（扩大）专题学习会	9月12日	1. 学习省委十二届三次全会精神、市委十四届三次全会精神、区委八届五次全会精神。 2. 与会人员交流心得体会
8	学习贯彻习近平总书记来川视察重要指示精神市委宣讲分队第四分队报告会	9月26日	市委宣讲分队第四分队成员、市社科院历史文化所研究员胡越英作报告
9	区级领导干部深入学习贯彻习近平新时代中国特色社会主义思想主题教育读书班	9月18—22日 9月24—25日	学习习近平新时代中国特色社会主义思想
10	区委理论学习中心组（扩大）专题学习会	10月25日	1. 学习习近平总书记来川视察重要指示精神和习近平总书记对四川及成都工作系列重要指示精神。 2. 与会人员交流心得体会
11	区委理论学习中心组（扩大）专题学习会	10月26日	1. 学习浙江省“浦江经验”和“千万工程”案例。 2. 与会人员交流心得体会
12	区委理论学习中心组（扩大）专题学习会	11月22日	四川大学法学院院长左卫民作“学习习近平法治思想，深入推进全面依法治国”专题报告
13	区委理论学习中心组（扩大）专题学习会	11月27日	1. 学习习近平总书记在坚决防止和克服形式主义、树立和践行正确政绩观、耕地保护、粮食安全等方面的重要论述精神、重要指示精神、重要批示精神。 2. 与会人员以“坚决防止形式主义，避免娱乐化倾向，保持主题教育严肃性”为主题研讨
14	区委理论学习中心组（扩大）专题学习会	12月20日	1. 学习习近平总书记出席文化传承发展座谈会的重要讲话精神。 2. 与会人员以“习近平文化思想”为主题，交流心得体会

【意识形态工作】 2023年，锦江区落实意识形态工作责任制，从7个方面梳理意识形态工作，编制党委（党工委、党组）意识形态工作责任制任务清单，召开意识形态工作联席会议4次。完成中央巡视、省委巡视反馈的意识形态问题整改任务，通过市委2023年度意识形态专项督查。开

展全区意识形态专项督查。

（杨广玉　彭胤）

【新闻报道】 2023年，锦江区坚持“围绕中心，服务大局”的工作理念，加大宣传策划营销，统筹用好主流媒体传播矩阵，以“讲好新时代锦江故事”为立足点，聚焦国际消费中心城市核心区建设、国家级人工智能创新应用先导区建设等主题，在中央、省、市各级媒体发布新闻5700条。其中《人民日报》、中央电视台等媒体发布锦江区新闻500条。报道重大项目、文旅特色、节庆和重要事件节点的重大活动，开展“花重锦官城·遇见最美成都”专题新闻发布、白鹭湾科技生态园全球首发、“元游锦江·熙游记”暨文旅品牌发布等8次新闻发布活动。协调各级各类媒体，以图文、短视频、海报、直播等方式，报道锦江区文化亮点、时尚氛围。

（杨广玉　彭胤）

【主题宣传】 1月12日，锦江区以“发现锦江之美”为出发点，以“天府新视界·城市观景台”首发活动为主题，开展宣传活动。重点宣传“蜀都万象、濯锦扬波、凭绿望远、锦城风华”四大主题城市观景游线以及锦江区首批8个城市观景台。同步开启“云影锦江·城市观景台”短视频大赛。2月6日，以一季度“三个做优做强”重大项目现场推进活动为主题，开展宣传活动。宣传锦江区重大项目建设情况，展示锦江区“起步冲刺、开局争先”的精神面貌。2月20日，以白鹭湾科技生态园全球首发暨成都锦江国家人工智能创新应用先导区重大项目签约为主题，开展宣传活动。宣传锦江区人工智能产业发展政策、发展环境和重大项目引进、建设等情况。6月21日，开展“三个做优做强”重大项目现场推进暨公园城市示范区建设机会清单发布主题宣传活动。宣传锦江区重大产业化项目建设以及面向全社会发布城市有机更新机会清单等情况，展示锦江区重点片区示范引领、平台级枢纽型生态性项目带动的情况。9月17日，以“元游锦江·熙游记”暨锦江区文旅促消费活动为主题，开展宣传活动。宣传“元游锦江·熙游记”活动情况和文旅品牌打造情况，展现锦江区贯彻落实省委“加快建设文化强省旅游强省”部署，加快打造国际消费中心城市核心区，深度推进文商旅体融合发展的情况。10月26日，以企业代表组团参观锦江软件园为主题，开展宣传活动。宣传锦江软件园建设以及锦江大道串联9个产业园区，形成“一道九园”发展格局的情况，展示锦江区人工智能创新应用产业发展态势。11月17日，以2023成都时装周活动为主题，开展宣传活动。宣传锦江区“融合·创新”理念下的时尚产业发展情况，展示春熙路“历史与时尚交相辉映”的发展格局。12月12日，以“成渝双城核心商圈”指数发布会为主题，开展宣传活动。宣传春熙路时尚商圈的历史积淀、产业优势和与重庆市解放碑商圈互动发展的情况，展示锦江区商业文化和文商旅融合发展的现状与前景。《人民日报》、新华社、中新社、人民网、新华网、中新网、国际在线、《四川日报》、四川电视台、《成都日报》、成都电视台、《华西都市报》、封面新闻、《成都商报》、今日头条、网易四川、新浪四川、腾讯大成网、红星新闻网等媒体报道锦江区主题宣传活动情况。

（杨广玉　彭胤）

【“强国复兴有我”宣传教育】 2023年，锦江区以宣传党的二十大精神为主线，开展“强国复兴有我”群众性宣传教育活动。重点宣传以习近平同志为核心的党中央统揽伟大斗争、伟大工程、伟大事业、伟大梦想，推动党和国家事业取得的历史性成就、发生的历史性变革，宣传形势、任务、发展前景。同步开展公民道德实践活动、先进模范学习宣传活动、青少年主题教育等活动，营造“强国建设、民族复兴”氛围。

（杜昌明　彭胤）

网络信息管理

【网络信息安全管理】 2023年，锦江区开展网络宣传等专题培训4次，加强微博、微信、移动客户端等新技术媒体管理。常态化开展网络安全调度指挥、应急处置、值班值守等工作。区网信办公室被评为成都大运会网络服务保障及网上重大主题宣传先进单位。

（李健　林霄）

【网络理政】 2023年，锦江区探索建立网络理政企业自主办理模式，企业自主办理工单事件2258件，办结率100%、满意率100%。召开"'12345'亲清在线"暨优化营商环境工作座谈会，开展网络理政工作培训2次，处置群众和企业诉求223123个。参加市广播电视台举办的"'12345'真情面对"节目2次，参加市网络理政办举办的"'12345'从一个电话认识一座城"主题活动。

（戴英杰　韩倩）

【网信人才培养基地建设】 2023年，锦江区与四川省互联网学院签订战略合作协议，共同打造区级网信人才培养基地，提高网信干部和从业人员管网治网能力。与地方政府共建网信人才培养基地是四川省互联网学院培养网信人才、服务地方经济社会发展的有益探索。

（韩旭）

统一战线工作

【概况】 2023年，锦江区贯彻落实习近平总书记关于做好新时代党的统一战线工作的重要思想和对四川工作系列重要指示精神，召开区委统一战线工作领导小组全体会议，践行统战工作协作机制，形成"领导小组议大事、各领域工作机制抓日常"的工作格局。编制区级党员领导干部与党外代表人士联谊交友对象名单和区级部门（街道）与党外代表人士联谊交友对象名单，区级党员领导干部和区级部门、街道办事处的党员领导干部与党外代表人士保持联系。加强民主党派基层组织建设，团结民主党派人士，服务中心大局。加大民族宗教工作力度，开展民族团结进步示范单位创建工作。持续开展新的社会阶层人士主题教育，促进区级党员领导干部与党外代表人士联谊交友，深化政党协商（会议协商）制度，开展民族团结进步示范单位创建工作，实施统一战线服务全区经济高质量发展十大行动，加强海外统战工作和党外知识分子统战工作，从思想政治引领、传统文化浸润、法治规范保障三个层面探索宗教中国化实践路径，推动统战工作高质量发展。获"全市第六批对口支援工作先进区（市）县""全省统战工作先进集体""全市统战工作先进集体"称号。

（王杰　赵文敬）

【党外知识分子培养】 4月25日，锦江区党外知识分子联谊会完成换届工作。张丹丹任第二届锦江区党外知识分子联谊会会长，刘海波、郭莉、罗扬任副会长，叶宇任秘书长。9月15日，2023年度"蓉知融智"——党外知识分子交流协作活动暨"凝心聚力强根基　携手同行促发展"主题活动在锦江区举办。市委统战部、区委统战部、成都市崇州市委统战部，锦江区、崇州市、成都轨道集团公司、四川师范大学、成都农业科技职业学院的党外知识分子参加联谊会活动。有3名党外知识分子认定为无党派人士。全区无党派人士35人。参加省委统战部举办的"凝心铸魂强根基、团结奋进新征程"纪念中共中央发布"五一口号"75周年演讲比赛，获三等奖。开展"成都成就梦想　同心共创未来"等主题活动6次。党外知识分子中的人大代表和政协委员向区委、区政府递交建议、提案16件，《对短视频赋能成都城市形象传播的建议》得到市委领导肯定性批示。被成都市党外知识分子联谊会评为信息工作先进基层知联会。市委统战部将成都市李劼人故居纪念馆纳入成都市首批"蓉城智荟"党外知识分子引领平台。

（叶宇）

【民主党派基层组织建设】 2023年，锦江区制订民主党派基层组织会议协商计划，编制区级党员领导干部与党外代表人士联谊交友对象名单、区级各部门和各街道与党外代表人士联谊交友对象名单，创新多党合作工作机制。与党外代表人士联系的区级党员领导干部23人、区级部门31个、街道办事处11个。

指导各民主党派基层组织开展教育活动60次，支持民主党派成员围绕聚焦"幸福美好生活十大工程”“智慧锦江”等重大课题开展调查研究300次，形成参政议政成果200件。

强化党外干部队伍建设，提拔使用党外干部6人，安排5名党外干部多岗位锻炼，推荐6名党外干部加入民主党派，推荐105名民主党派代表人士担任省、市、区的人大代表和政协委员。

设立党外人士服务中心，打造“博爱花园——民革党员之家”，入选“全国优秀民革党员之家”。民建四川省委会授予民建锦江总支部“‘五个好’魅力基层组织”称号。民盟锦江总支部获“2023年度四川民盟盟务工作先进集体”称号。

（伍程慧）

【民族宗教工作】 2023年，锦江区坚持以铸牢中华民族共同体意识为主线，采取“进学校、进社区、进企业”的方式，开展民族团结进步创建活动。成都市第三中学获“全国民族团结进步示范学校”称号，创建为全省铸牢中华民族共同体意识教育实践基地学校。成龙路街道香樟社区获“四川省民族团结进步示范社区”称号。

多措并举为宗教界代表人士搭建参政议政平台，指导宗教活动场所加强教风建设、精品文化寺院建设。

（李玉晶　李玉泉）

【民营经济领域统战工作】 2023年，锦江区完善民营经济统战工作协调机制，编制《统一战线服务全区经济高质量发展“十大行动”实施方案》，构建民营经济大统战工作格局。开展统战部部长与民营企业家沟通协调“面对面”活动12次，收集意见建议40条，协调解决问题40个。举办“民营企业进高校”等招聘活动14次，提供就业岗位2万个，与2000名求职者达成就业意向。调解商事纠纷6件，涉案312万元；调解劳动纠纷1209件，涉案金额1122.44万元。分10批开展民营经济人士综合评价，评价12名民营企业负责人。实施工商联会员发展计划，有3324家民营企业注册工商联会员，完成任务数占比110%。持续加强民营企业党建工作，四川锦欣医疗集团公司、成都星娱时代公司的党建工作入选2023年度全国企业党建创新优秀案例。

（叶宇）

【新的社会阶层人士统战工作】 2023年，锦江区开创“1+5+N”工作法，推动新的社会阶层人士统战工作。“1”即1个新的社会阶层人士统战工作实践创新基地，“5”即5个“新的社会阶层人士之家”，“N”即多个新的社会阶层人士工作站。构建以基地为牵引，以“新的社会阶层人士之家”为支脉，以工作站为支撑的工作格局。

打造新的社会阶层人士统战工作品牌，联动市法院、四川大学、四川省新的社会阶层人士联谊会等单位，重点针对青少年心理问题处置和青少年法治教育，实施“新育工程”，包括危险处置训练营、支教公益行、心理急救包、“蓉城豌豆荚”四项内容。5月11日，承办中央统战部六局指导的“人人参与自救互救、共建共享文明社会——少年急救官再出发”公益活动全国启动仪式。

MFG创客联邦以全国新的社会阶层人士统战工作实践创新基地名义，针对企业关注度高的行业发展趋势、品牌力打造、渠道增长等问题，举办12期“企业大咖说”活动，致力构建低成本、高质量、融合发展的信息共享平台，促进新的社会阶层人士统战工作与区域经济同向同行。

6月2日，锦江区在成都市爱国主义教育基地、成都市李劼人故居纪念馆同步启动“凝心铸魂强根基、团结奋进新征程”暨“温故知新——走进李劼人故居”主题活动。各民主党派基层组织、锦江区党外知识分子联谊会、锦江区新的社会阶层人士联谊会的27名成员参加活动。7月14日，锦江区新的社会阶层人士联谊会副会长周庆作在成龙路街道华新社区开展成都大运会筹备工作专题宣讲。社区党员干部、志愿者、群众代表和青少年代表40人参加活动。8月25日，锦江区党外知识分子联谊会、锦江区新的社会阶层人士联谊会联合四川师范大学党外知识分子联谊会，在成都大运会博物馆开展“成都成就梦想 同心共创未来”主题教育。锦江区新的社会阶层人士联谊会会员中的人大代表和政协委员向各级党委和政府递交建议、提案46

件，提交社情民意信息35条。其中《关于报送“加快青年发展型城市建设”专题协商有关情况的报告》《以人工智能大模型为牵引推动成都市企业营销数字化高质量发展的建议》得到市委主要领导肯定性批示。省委统战部授予锦江区新的社会阶层人士联谊会“全省优秀县级新阶层联谊组织”称号，成都市新的社会阶层人士联谊会授予锦江区新的社会阶层人士联谊会优秀组织奖。锦江区新的社会阶层人士统战工作经验在成都市新的社会阶层人士统战工作推进会上交流。

（叶宇）

【港澳台统战工作】 2023年，锦江区依法维护港澳台同胞的合法权益。邀请1家台资企业参加成都市“港澳侨台企业家绵阳行”活动，参加绵阳市投资推介会。沙河街道汇泉路社区、四川师范大学附属中学与香港九龙城居民联会、九龙乐善堂梁銶琚书院缔结友好社区和姊妹学校。接待香港九龙城居民联会代表团、九龙乐善堂梁銶琚书院代表团。

（赵波）

【侨胞权益维护】 2023年，锦江区依法维护侨胞的合法权益，发放早期归侨生活补助，开展“侨心永向党·侨法伴我行”暨“蓉侨安法律课堂”活动。

（赵波）

政策研究

【重点领域调研】 2023年，锦江区针对“成渝地区双城经济圈”建设、公园城市示范区建设等战略性工作和“1+3+3”现代化产业体系建设、产业“建圈强链”等重点工作，从推动高质量发展、创造高品质生活等6个重点领域开展政策研究。向区级部门、街道办事处、群团、功能区管委会、国有公司制发《关于在全区大兴调查研究的实施方案》等5个文件，要求各单位结合实际开展调研。形成《“锦江软件园”携手“天府软件园”共同打造四川软件产业“双子星座”》《聚焦超大城市中心城区治理，强化法治引领护航一流营商环境建设路径研究》等调研文章135篇。重点针对“三个做优做强”、产业“建圈强链”等重点工作开展专题调研，形成《锦江区加快建设国际消费中心城市核心区的思考》《锦江区创新打造“就业超市”营造更加精准、智能、高效就业服务环境》等调研文章20篇，为区委制定政策提供参考。

（高彦妮）

【改革研究】 2023年，锦江区落实中央和省委、市委全面深化改革部署，推动各领域深化改革工作。召开区委全面深化改革委员会2023年第一次会议、第二次会议，研究修订《区委全面深化改革委员会工作规则》《区委全面深化改革委员会专项小组工作规则》《区委全面深化改革委员会办公室工作细则》。加大改革经验推广力度，向成都市选送“创新探索全龄友好公园社区建设路

图7 2023年12月5日，锦江区举办“侨心永向党·侨法伴我行”蓉侨安法律课堂主题活动
（区委统战部提供）

径 聚力实现推门就是美好生活”案例，入选成都建设践行新发展理念的公园城市示范区改革创新优秀案例。《东湖街道物业纠纷3D化解工作法》入选中央政法委调研座谈书面汇报材料。四川省《改革信息》采用《锦江区创新打造“就业超市”营造更加精准、智能、高效就业服务环境》。

（高彦妮）

【调研成果利用】 2023年，锦江区发挥区委政研室的参谋作用，推动调研成果转化利用。调研文章《后疫情时代提振夜间经济“五大着力点”从另一角度解构锦江区“三色路夜市”爆红密码》从“增文化、推沉浸、引外景、强宣传、优监管”五个方面提出后疫情时代提振夜间经济的意见建议，被市委《决策调研》第1期转载。探索总结锦江区建设国际消费中心城市核心区的实践经验的调研文章《“四个聚力”做强时尚消费引领核心功能》在《成都日报》发表。

（高彦妮）

督查工作

【目标分解下达】 2023年，锦江区制发区级目标任务清单，分解下达“深入贯彻党的二十大和党中央、国务院以及省、市重要会议文件精神”等市级主要工作目标67个，下达省委党务目标44个。根据区政府2023年工作报告、区委常委会2023年工作要点，细化区委、区政府年度重点工作目标，结合区委、区政府确定的经济社会发展、坚持和加强党的全面领导、打造人民满意的服务型锦江、打造敢闯敢拼的奋进型锦江、打造勇立潮头的创新型锦江、打造敢为善成的务实型锦江、打造高效协同的统筹型锦江、打造全球视野的开放型锦江8个方面工作，向区级单位下达主要工作目标26个，涉及地区生产总值等具体事务183项。

（王雷 陈律衡）

【目标督查】 2023年，锦江区对照市级目标考评体系，制定《2023年目标绩效考评办法》《创先争优工作考核办法》《区级主要目标任务考评细则》，实行“红白榜”考评机制，采取实时监控和跟踪督查相结合的方式跟进市级主要工作目标、区级主要工作目标、重点经济指标和生态环境指标、创先争优目标完成情况，按月、季度、半年和全年的时间节点通报完成情况，采取向分管区领导提醒、向牵头部门预警提示等方式推动滞后目标加快完成。编发《督查通报》65期。

（王雷 陈律衡）

【重要工作督办】 2023年，锦江区督办领导批办和交办事项24件，印制《学习贯彻习近平总书记来川视察重要指示精神督查方案》《区领导赴街道督导学习宣传贯彻习近平总书记来川视察重要指示精神工作方案》，分阶段督查习近平总书记来川视察重要指示精神学习工作。聚焦重大项目建设、重点片区建设、国际消费中心城市核心区建设等工作，开展专项督查。督办全国文明城市创建、耕地保护、岁末年初安全隐患排查等工作。制发督办通知10份、督查专报13份。

（鲁杰 王爱菱）

机关党建

【模范机关创建】 2023年，锦江区对标省直机关工委和市直机关工委要求，制定《关于深化模范机关建设加强和改进全区机关党的建设的实施意见》，推动机关党建提质增效。4月，确定“引领青年思想、点燃青春梦想”主题，开设“锦江青年说”机关青年思政课。推送主题展播27期，选拔31人组建青春领航宣讲团，搭建机关青年干部互学共进、互动共享、互促共融的思想交流平台。6月，举办“争当直联先锋、共建红色锦江”机关党组织和社区党组织直联共建活动。发布资源需求清单，评选区政协机关党委的“人民政协为人民 直联共建见成效”等6个创新示范案例和十佳案例，评选区人社局、区税务局等6家单位为标兵单位。以“联资源、促服务下沉，联项目、促场景多元，联组织、促对口共建，联党员、促作用发挥”为内容的“四联四促”工作获成都市2023年度模范机关建设优秀案例一等奖。6月，开展“党务微沙龙”活动，开设机关书记讲堂，研发教育培训课程，组织党员学习习近平总书记来川视察重要指示精神，学习党务工作规范开展的指导性文件。10月，开设第二期“锦江青年说”机关青年思政课。省直机关工委、市直机关工委推广锦江区机关青年思政课模式。启动“一创两争”微视频大赛。“一创两争”即“机关党组织创建模范机关，争做高质量发展先锋，争做为民服务表率”。征集32家单位的微视频作品35个，多维度、多视角展现全区机关党组织和党员干部助推现代化建设的典型案例、实践成效。11月，开展第二期“党务微沙龙”和机关书记讲堂活动。实现机关党员学习教育全覆盖的预期目标。

（张锦玥　汪东旭）

【离退休干部党建】 2023年，锦江区制发《贯彻落实〈关于加强新时代离退休干部党的建设工作的意见〉实施方案》，推动离退休干部党组织建设。4月，完成离退休干部党总支部和退管会党总支部换届选举工作。将离退休党员干部主题教育纳入全区主题教育总体部署，制发《关于组织离退休党员干部参加第二批学习贯彻习近平新时代中国特色社会主义思想主题教育的通知》，编制离退休干部党组织主题教育工作清单，召开离退休干部主题教育专题会议4次，开展离退休干部党员主题教育专题学习16次。6月29日，举行“光荣在党50年”纪念章颁发仪式，向12名区级机关、事业单位、区属企业的离退休干部党员颁发纪念章。10月24日，组织50名离退休干部中的党务工作者到陕西省延安市委党校开展“探寻革命记忆，赓续奋进征程”暨离退休干部党务工作培训班，提高离退休党员干部的党性修养和党务知识。选送成都师范附属小学退休党支部、锦江区税务局退休干部第一党支部参加成都市和四川省的“六好”党支部示范评选。建成老党员工作室53个。其中，银桂老党员工作室、“交子有爱·光明为你”老党员工作室获“全市优秀老党员工作室”称号。组建离退休干部宣讲团，开展主题教育宣讲活动7次、“弘扬家风家教”主题宣讲3次。区委老干部局被中国老年报社评为离退休干部宣传工作优秀单位，被市委老干部局评为全市老干部信息宣传工作先进单位。

（范春海　王碧佳）

【党建工作述职评议】 1月13日，锦江区召开八届区委常委会第50次（扩大）会议暨2022年度各街道党工委书记和区级党（工）委（党组）书记抓基层党建工作述职评议会议。全区11个街道的党工委书记、区委“两新”工委和区直机关工委的负责人以及区教育局、区民政局的党组书记、锦江发展集团公司党委书记述职。区经信局、区司法局、区人社局、区住建和交通局、区公园城市局、区文体旅局、区卫健局、区市场监管局、区综合执法局的党组书记和区白鹭湾新经济总部功能区党工委书记、成都师范附属小学党总支书记书面述职。

（伍彩　张锦玥）

外事活动

【概况】 2023年，锦江区组建3个团队，赴英国、马来西亚、日本、韩国等国家开展招商引资工作。按照省市外事工作部门安排，根据土耳其、巴西等国家在成都设置领事馆的需求，安排属地街道办事处和区级部门配合开展选址、配套服务等工作，为土耳其总领事馆开馆仪式、泰国总领事馆“泰精选美食节”提供服务。同时加强与领事馆交流，参加韩国总领事馆、奥地利总领事馆举办的“国庆招待日”等活动，搭建区级部门与领事馆之间的资源对接平台。同步发挥区级外事机构的联络平台作用和领事馆所在地街道办事处的服务平台作用，主动联络领事馆和涉外贸易促进机构，推介重点产业项目以及人才招引、教育、科技、文化、医疗等领域的优惠政策和营商环境，搭建对话平台，促进涉外资源转化利用。

【持续推动“友城结好”工作】 2023年，锦江区接待四川省国际友城韩国忠清南道副知事全亨植，陪同参观考察成都水井遗址坊博物馆。接待法国欧坦市市长文森·肖维，陪同调研锦江文化创意产业中心二期项目。接待土耳其国会议员科伦奇，陪同调研沙河街道汇泉路社区的基层治理和社区儿童托育服务业。马来西亚槟城的日新国民型华文中学与成都市盐道街中学缔结友好学校。

【交流活动】 2023年，锦江区承办“欧洲文化季”、萨尔瓦多咖啡文化、第十二届中日韩青少年国际书画交流展等外事活动。探索“外事+”模式，安排投促局、公园城市局等部门开展产业合作对话活动，开展新加坡企业成都锦江行、英国驻华大使馆与锦江区城市更新交流会等活动，转化外事资源，服务经济发展。协助承办推进现金救助与社会服务相衔接试点项目工作启动会、第八届中国成都国际非物质文化遗产节、世界文化名城全球大会论坛等活动，以活动为契机，促进文化交流。主动融入“一带一路”建设，为第二届“一带一路·国际理解月”、第六届“一带一路”成都全球象棋双人赛等国际活动提供服务。

（王露　刘晓艳）

【涉外机构】 2023年，锦江区有韩国、新加坡、法国、澳大利亚、以色列、波兰、奥地利、智利、土耳其、瑞士的驻成都总领事馆。其中韩国驻成都总领事馆于2005年2月26日开馆，法国驻成都总领事馆于2006年11月11日开馆，新加坡驻成都领事馆于2011年2月28日升格成为总领事馆，澳大利亚驻成都总领事馆于2013年7月30日开馆，以色列驻成都总领事馆于2014年11月17日开馆，波兰驻成都总领事馆于2015年6月18日开馆，瑞士驻成都总领事馆于2016年11月30日开馆，奥地利驻成都总领事馆于2018年4月1日开馆，智利驻成都总领事馆于2021年7月8日开馆。2023年6月13日，土耳其驻成都总领事馆开馆。

（王露　刘晓艳）

图8 2023年10月24—29日，锦江区2023年离退休干部党务工作培训班在中共延安市委党校举办　（区委老干部局提供）

港澳台事务

【概况】 2023年，锦江区接待香港高级公务员课程培训团、“云林企业菁英”参访团等团队，协办首届海峡两岸暨川台融合发展电商节等活动，持续宣传营商环境，不断提高区域知名度。

【涉港澳活动】 2023年，锦江区组团赴香港特区参加香港国际创科展活动，举办2023年成都—香港投资合作推介会（锦江区专场）活动。借助香港国际交流交往平台优势，向国内外知名企业、机构推介产业发展优势、投资营商环境、重点项目建设等情况，提升区域知名度。接待第119期香港高级公务员课程培训团43名成员，陪同调研水井坊社区川港社区共建情况。

（王露　刘晓艳）

【涉台湾事务】 2023年，省人大常委会党组成员、副主任祝春秀到锦江区开展“一法一实施办法”贯彻实施工作调研，了解锦江区贯彻落实《中华人民共和国台湾同胞投资保护法》《四川省〈中华人民共和国台湾同胞投资保护法〉实施办法》的情况。锦江区接待到水井坊社区参观交流的第22届蜀文化之旅“云林企业菁英”参访团，完成成都大运会中国台北代表队服务保障工作，邀请50家台资企业参加成都市台资企业锦江区专场投资推荐会。

【川台融合发展电商节】 2023年，锦江区协助省委统战部举办“情融两岸·共享未来”首届海峡两岸暨川台融合发展电商节活动，向10家优秀电商企业和2个优秀直播团队授牌。活动在春熙路步行商业街广场举办，成交额3100万元。

（赵波）

老干部工作

【老干部登记管理】 2023年，锦江区依托“蓉城金秋”离退休干部服务管理平台，建成离退休干部数据库。登记管理区级退休干部57人、处级退休干部406人、副处级退休干部287人、离休干部30人。

（何李良　康超）

【政治待遇落实】 2023年，锦江区以听报告、阅读文件、通报情况、参观学习、参加重要会议等方式，落实离退休干部政治待遇。9月25日，召开老干部情况通报会。组织老干部学习习近平总书记来川视察的重要讲话精神和省委、市委、区委的工作会议精神，通报经济社会发展情况。结合主题教育，为离退休干部订购《习近平著作选读》《习近平新时代中国特色社会主义思想专题摘编》等书籍，针对行动不便的离退休干部开展“送书送学”服务40次。邀请离退休干部开展“话传统、谈复兴、聚力量”“我为城乡基层治理出份力”“我为成渝地区双城经济圈建设出份力”专题座谈3次。开展离退休干部党风廉政教育、党史学习教育等主题教育活动8次，利用“蓉城金秋”手机客户端、“濯锦之秋”公众号、离退休干部党支部微信工作群推送学习文章。12月7日，组织退休干部到成都水井坊遗址博物馆开展“学思想、强党性、重实践、建新功”活动。截至年末，组织离退休干部参加学习培训活动和重要会议80次，收听收看离退休干部网上报告会10次。组织离退休干部集中学习72次。

（范春海　王碧佳）

【生活待遇落实】 2023年，锦江区按照“一人一策”的要求，完善离休干部精准服务台账32份。向离退休干部宣传成都市长期照护保险、签约家庭医生服务等政策。为472名离退休干部订购《成都日报》《晚霞报》和《蓉城金秋》杂志。落实老干部康养制度，组织老干部异地疗养。

2月27日至3月3日，组织退休干部到四川省凉山州西昌市康养。5月16—26日，分2批组织退休干部到峨眉山康养。9月25—28日，组织退休干部到青城山疗养。开展离退休干部特殊困难帮扶行动，帮助7名生活困难的离退休干部，使用帮扶金3.4万元。向新中国成立初期参加革命工作的部分退休干部兑现门诊医疗补贴14.8万元。慰问离世老干部家属13人，慰问住院离退休干部15人。

（范春海　胡频）

【老干部文体活动】 6月26日，锦江区与青羊区开展乒乓球联谊赛，组织退休干部乒乓球队参赛。6月28日，组织老干部参加市委老干部局举办的“爱成都迎大运”暨第二届“保健杯”乒乓球比赛。7月5日，组织离退休干部参加“当好东道主·喜迎大运会”主题作品展示活动，选送书画作品10幅。10月20日，组织老同志到三圣街道喜树路社区开展“浓浓敬老情　甜蜜过重阳”活动。11月21日，组织退休干部到东安湖体育公园成都大运会主体场馆参观。11月22日，组织4名退休干部参加市委老干部局开展的“金福蓉”系列活动之“学思践悟守初心　银龄红心铸忠诚”书画作品展。

（胡频　田红莉）

关心下一代工作

【关心下一代工作机制建设】 2023年，锦江区按照“想青少年所想、尽关工委所能，拾遗补阙”的工作方针，坚持“普遍关爱+特殊关爱”协同推进的思路，为青少年办实事、解难事。“普遍关爱”即以家庭教育、普法教育、关爱活动为主，加强“五老”宣讲团建设。组织“五老”到学校和社区开展“弘扬家风家教”“宣传党的二十大精神”“讲革命故事”等主题宣讲活动28次，覆盖3000名青少年。同时召开“五老”关爱帮扶工作骨干培训班，加强“五老”工作室建设，开展“五老”

课堂赋能培训等主题活动30次。“特殊关爱”即以一对一和多对一对口帮扶为主，实施志愿服务项目，为困境青少年提供思想引导、心理开导、生活帮助等个性化帮扶，以点面结合的方式开展关爱活动200次。

（王媛　叶玉婷）

【青少年法治教育】 2023年，锦江区在“普遍关爱+特殊关爱”协同推进框架下采取线上线下相结合的方式，开展“云学锦江”青少年普法主题教育实践活动。研发手机应用小程序，内设探索解谜、普法小视频、趣味闯关等内容，以寓教于乐的方式引导青少年学法。推出“离异后家庭教育”“预防青少年性侵”“预防校园欺凌”“预防青少年参与电信诈骗”4期普法节目，参与的青少年达5.2万人，覆盖全区中小学，并推广到全省24个区、市、县的518所学校。线下开展28次法治实践活动，覆盖青少年2400人。区关心下一代工作委员会被市关心下一代工作委员会评为全市青少年普法教育先进集体。

（王媛　叶玉婷）

【青少年暑期关爱】 7—8月，锦江区利用暑假开展“关心下一代 暑期爱相伴”品牌活动21次，覆盖青少年2000人。传统节日期间，慰问困境青少年。开展“关爱情·暖冬行”主题活动，向80名困境青少年发放慰问品。组织40名“励志青少年”开展“走进大学、走进梦想”研学活动。梳理13个重点帮扶案例，编印《关爱困境青少年典型案例》。

（王媛　叶玉婷）

党校教育

【概况】 2023年，锦江区学习贯彻习近平总书记在党校办学治校方面作出的系列重要指示精神，落实全国和全省党校校长会议精神，践行“为党育才、为党献策”的初心使命，按照区委高质量推动党校建设的部署，创新培训管理模式，开展干部教育培训兼职师资库建设，实施“青蓝工程”，推出红色锦江、产业锦江、时尚锦江、善治锦江、宜居锦江5条干部教育培训研学线路，打造36个干部现场教学基地，持续推动党校和成都社会组织学院融合发展，承接国家社科基金项目2个、成都市哲学社会科学规划项目10个、省委党校和市委党校的调研课题22个。《创新实施“党课共享”，打通落实主责主业“最后一米”——成都市锦江区委党校高质量发展研究》《数字经济对成都市制造业转型升级驱动作用的调查研究》等调研成果分获四川省和成都市奖项。

（谢娟）

【干部教学】 2023年，锦江区采取“问卷调查+实地调研”方式，面向全区开展党校培训课程需求调研。在调研基础上明确“差异化设计、专业化课程、实操化教学”的工作思路，从培根、铸魂、拓展、转化、运用五个阶段增强培训精准性。培根即强化理论夯基础，铸魂即红色传承强党性，拓展即对标先进提素能，转化即聚焦区情强思考，运用即深入一线抓调研。根据不同阶段设置课程，帮助学员提升理论素养、党性修养、履职能力。

采取“动态式评分、互动式研讨、翻转式交流”的方式把控教学质量，督促教师丰富授课内容、提高授课水平，调动学员变“台下被动听”为“台上主动讲”，增强学习主动性。在开展公务员任职培训、入党积极分子和预备党员示范培训等培训活动中贯穿“以考促学、以测促训、以训提能”的工作思路，采取无领导小组讨论、学员论坛、结构化研讨、训中问计、撰写调研报告、对策建议、一线传学等方式，强化学员考核，提高学习成果运用转化效率。

开展干部教育培训兼职师资库建设，加强师资力量。筛选“党办姓党，以文辅政”“党务工作的诗与远方”等优秀课程15个，聘任区委办公室副主任李承才、区委组织部“两新”工委副书记李顺平等23名兼职教师，举办“培以致远·蓄师待发”兼职教师赛课活动。

启动骨干教师与青年教师结对培养“青蓝工程”，践行“五个一”机制，提升青年骨干教师水平。“五个一”即每名青年骨干教师每年确定一个研究方向、讲好一堂精品课程、完成一个科研成果、撰写一篇资政报告、共建一个现场教学基地。发挥“正新”沙龙的平台作用，开展课题申报辅导、集体备课及新课试讲、培训班班主任工作规范解读等活动，提高岗位练兵质量。同时推荐青年教师参加省委党校和市委党校开设的师资班，到市委党校跟岗实训，到区级部门、街道和社区开展宣讲活动，同步提高青年教师理论水平和实践能力。

图9 2023年11月22日，“培以致远·蓄师待发”兼职教师储备人选赛课活动举办
（区委党校提供）

打造红色锦江、产业锦江、时尚锦江、善治锦江、宜居锦江5条干部教育培训研学线路，建成春熙路商圈党群服务中心、“小牛哥·刹一脚”爱心智慧驿站、SAC东原中心“楼小助”等36个党校培训现场教学基地。

把新时代党的群众路线作为一校一特色发展方向，把党的理论教育、党性教育、能力培训作为干部培训的重要内容，制订年度教学计划，规范培训类别、名称、学制，设置“习近平新时代中国特色社会主义思想对党的群众路线的丰富和发展”“深化群众路线，开辟中国化、时代化、大众化马克思主义发展的新境界”等55个课程，开设培训班22期。其中主体班12期，培训1424人。主体班党性教育占比27.69%，领导干部授课率24.51%。

（谢娟）

表8 2023年锦江区干部游学现场教学基地一览表

序号	点位类别	点位名称	点位主题	所在地区	基本情况
1	红色锦江类	春熙路商圈党群服务中心	商圈党建	春熙路街道	成都市首个服务商圈发展的党群服务中心，被评为四川省“两新”组织党建示范商圈。商圈党建工作案例入选全国城市基层党建创新优秀案例、全国基层党建创新优秀案例、中国十佳社会治理创新案例
2		SAC东原中心“楼小助”点位	楼宇党建	春熙路街道	以党建引领推动服务资源下沉，推进商务楼宇政治功能、经济效益、社会效益提升，入选全国“两新”党建百个创新案例
3		“小牛哥·刹一脚”爱心智慧驿站	新就业群体党建、行业治理	牛市口街道	全国首个专门为快递外卖等新就业群体提供24小时不打烊驿站，突出“人情味+体验感+智能化”特色，科技和服务深度融合，兼具智能硬件、智慧应用场景的多功能服务之家

续表8

序号	点位类别	点位名称	点位主题	所在地区	基本情况
4	红色锦江类	成师附小华润分校	学校党建示范	东湖街道	成都市爱国主义教育基地，获“成都市蓉城先锋示范基层党组织”“成都市党建标准化建设示范学校”“成都市野生动植物保护暨自然宣教中心”等称号
5		“锦即办”政务服务党建品牌	政务服务党建	柳江街道	以“锦即办”政务服务党建品牌建设为抓手，将党的建设与政务服务深度契合，打造集零差别受理一窗综办、零见面审批一网通办、零距离办成一事帮办、零差评口碑一次办好的“零一”政务服务模式
6		成都市李劼人故居纪念馆	家风家训、城市更新、都市文旅	狮子山街道	四川省红色纪念馆、成都市爱国主义教育基地、成都市廉洁文化教育基地及示范点、成都市干部教育培训现场教学基地
7		天府家风博物馆	家风家训	沙河街道	中国民间家谱收藏数量最多的专题博物馆，内有百姓家训家规、传承馆、家谱馆、家风馆、体验馆、家风讲堂6个主题区，收藏华人族谱1.8万套4.86万册，收藏家训、牌匾、对联等宗祠物品10万件
8		成都市烈士陵园	党史党性教育	三圣街道	市、省两级烈士纪念建筑物保护单位，四川省国防教育基地
9	产业锦江类	白鹭湾科技生态园	未来公园社区	柳江街道	锦江软件园的示范园区，成都市首批未来公园社区示范点位，总投资200亿元，规划面积3650亩
10		新华之星AI大厦	人工智能产业集聚	柳江街道	新经济示范楼宇和科技服务业聚集专业楼宇，以引育人工智能产业集聚为主，打造高精尖人才聚集的新经济总部产能服务平台
11		德必川报易园	产业社区、都市工业	柳江街道	“产业社区＋科创空间”的文创园区，面积2万平方米，入选成都市市级文创产业园区
12		枫树产业园	新兴传媒产业集聚	成龙路街道	OST传媒孵化基地，引入关联企业，建成直播间55个，产值2.3亿元
13		梨花街七宝市街区	都市工业特色街区	春熙路街道	挖掘宋代农历七月的“十二月市”七宝市底蕴，聚焦珠宝文创、珠宝定制、国潮体验、旅游打卡等业态，形成特色街区
14		域上和美先锋剧场	都市文旅	东湖街道	一站式当代都市艺术群落，获“成都夜经济活力场景”称号，入选成都100个夜间经济示范点位，创建为锦江区社会科学普及基地

续表8

序号	点位类别	点位名称	点位主题	所在地区	基本情况
15	产业锦江类	西部文化产业中心	文创产业、楼宇经济	书院街街道	国家标准等级甲级商务楼宇，分布商务办公、商业、酒店、文化空间，引入文化、金融、新经济、TMT 等高能级行业头部企业，打造城市文化楼宇发展样本
16	时尚锦江类	成都太古里	春熙路时尚商圈	春熙路街道	开放式、低密度、高品质、国际化街区形态综合体，获 ULI 全球卓越奖、DFA 亚洲最具影响力设计奖
17		成都十二月市博物馆	商业文化	锦官驿街道	成都首个全沉浸交互式数字商业博物馆，内设序厅、场景空间、环幕影院、尾厅，设“市从业生”“商因市盛”“城商共荣”三大主题，展示成都商业历史文化
18		成都国际金融中心	楼宇经济	春熙路街道	集购物、文化娱乐、写字楼、酒店式公寓于一体的城市综合体，获 2016 年 VIVA 设计与开发大奖，入选全国示范智慧商店。
19	善治锦江类	春熙路步行商业街	商业街区	春熙路街道	包括街巷 100 条，分布大型商业综合体 18 个、产业楼宇 91 幢、消费品牌 4000 个，入选省级改造提升试点步行街、国家级首批旅游休闲街区、国家级夜间文化和旅游消费集聚区
20		华熙 528 · 商业街区	沉浸式商业	三圣街道	集文化体育、文化娱乐、文化艺术、文化教育、文化生活于一体的特色商业街区
21		喜树路社区综合体	社区治理	三圣街道	入选全国社区综合服务中心创新示范工程，打造喜邻生活服务驿站、儿童关爱基地、社区商业孵化基地、喜厨美食餐厅（长者食堂）、特殊群体就业创业服务平台，探索“公益 + 商业”运营模式
22		汇泉路社区综合体	智慧社区	沙河街道	集新时代文明实践博览馆、艺术教育学院、天府文化体验厅、青年创新创业中心、生活美学馆等于一体的“汇爱邻里”空间，获“四川省先进基层党组织”“成都市党建引领城乡社区发展治理示范社区”称号，创建为四川省三社联动实践基地、四川省铸牢中华民族共同体意识教育基地
23		大慈寺国际青年社区	国际社区	锦官驿街道	推广“共享 +”模式，发动楼宇企业、创业平台开展楼宇党建，打造党群服务共建、潮流生活方式与国际时尚文化共享的新场景

续表8

序号	点位类别	点位名称	点位主题	所在地区	基本情况
24	善治锦江类	晨辉社区爱乐园	社会组织参与基层治理	锦华路街道	整合嘉祥外国语学校、培训机构、商企单位等资源，打造全龄友好生活空间，获成都市2021年度社区微更新项目一等奖
25	善治锦江类	沙河街道五福苑小区	老旧小区改造	沙河街道	采取“硬改造+软改造”方式实施片区综合改造，补齐安全短板，消除安全隐患，完善片区配套，提升园林绿化品质和物业管理水平
26	善治锦江类	卓锦城社区	社区微更新	成龙路街道	成都市示范社区，社区知识共享站获2022年成都市社区微更新项目一等奖
27	善治锦江类	翡翠城社区	微网实格	东湖街道	党建引领社区“微网实格”治理机制的基层实践，推动党建和基层治理有机融合
28	善治锦江类	总府路社区	商圈治理	春熙路街道	成都市示范社区，志愿者达1400人，每年开展志愿服务活动130次，形成“春熙孃孃”“唐璐警务工作室”等商务社区治理案例
29	宜居锦江类	锦江绿道合江亭段和旅游街区（夜游锦江）	夜间经济、文商旅融合	锦官驿街道	以“锦江故事卷轴”为主线，串联都市休闲、东门市集等四大片区，打造“夜市、夜食、夜展、夜秀、夜节、夜宿”六大主题场景，绘制老成都、蜀都味、国际范的生活美学地图
30	宜居锦江类	水井坊博物馆	历史文化、都市文旅	锦官驿街道	水井坊酒国家原产地域保护的地标中心和主要生产场所，古代酿酒和酒肆的唯一实例，全国重点文物保护单位，进入中国世界文化遗产预备名单
31	宜居锦江类	花乡农居	乡村振兴	三圣街道	全国首批乡村旅游示范村，“花乡农居”成为全龄、全季、全时段的旅游首选地
32	宜居锦江类	成都市第三幼儿园	学前教育师范	书院街街道	省级示范园、成都市一级园，四川省文明单位、四川省文明服务窗口，教育部课程中心试验区基地园所园长跟岗研修基地、教育部幼儿园园长培训中心实践教学基地、四川省园本研修试点园、成都市幼儿园园长培训基地，游戏活动的系列实践改革与创新成果获首届国家级教学成果二等奖、省政府优秀教学成果一等奖

续表8

序号	点位类别	点位名称	点位主题	所在地区	基本情况
33	宜居锦江类	华兴街特色街区	城市更新特色街区	书院街街道	获2021年度成都“十二月市”示范场景和2022年度成都最美“回家的路”，成都洛繁间项目中的“华兴街都是好人生活剧场”获“2022年成都市最美金角银边”称号，“蜀韵华兴·古迹山水”入选亚太地区年度甄选设计酒店、成都市社区美空间
34		锦江区养老服务指导中心	养老服务	牛市口街道	锦江区养老服务体系运行指挥中枢、居家环境适老化改造展示平台，入选全国智慧健康养老示范基地、国家智能社会治理特色基地
35		西囡妇科医院	都市康养	柳江街道	生殖医学与遗传学研究所成为四川省生殖医学甲级重点专科、成都市重点专科，建成四川首家生殖样本库，创建为博士后创新实践基地，通过全球医院质量权威认证
36		成都市锦江区树基城花托育服务有限公司	托育示范	狮子山街道	四川0～3岁儿童早期发展与教育研究中心、四川省早期教育示范基地、四川省高等学校人文与社会科学重点研究基地、四川省早期教育行业协会理事单位、四川优生托育协会副会长单位、成都市首批市级示范性托育机构、成都市托育服务行业协会理事单位

【资政课题研究】 2023年，锦江区深化“导师+教师+学员”合作研究机制，整合党校和社科领域的专家资源，以专题辅导、座谈研讨、实地调研等方式全流程指导课题研究工作。组织党校教师到区委政研室、区发改局、区商务局、区委社治委等部门深度调研，根据区情有针对性确定“关于将梨花街打造为西南黄金珠宝第一街”“关于加快锦江软件园软件产业发展”“小区治理攻坚三年行动阶段性实施”“春熙路时尚商圈核心区消费市场”“危险房屋治理”5个资政课题。申报“毛泽东军民关系思想研究”“以高端要素运筹驱动城市能级提升的对策与路径研究”2个国家社会科学基金项目，申报“数字经济对成都市产业转型升级的驱动作用研究”等10个成都市哲学社会科学规划项目，承接“成都市建设顶级商圈的制约因素及突破路径研究”等32个省委党校和市委党校的调研课题。10月9日，区委党校承接的全市党校（行政学院）调研课题“数字经济对成都市制造业转型升级驱动作用的调查研究”“微网实格赋能基层治理创新实践研究”“做好新就业群体党建的地方实践及案例研究”“成都市做优做强中心城区都市工业路径研究”结项。根据调研课题撰写的调研文章《数字经济对成都市制造业转型升级驱动作用的调查研究》获优秀奖。12月4日，区

委党校承接的全省党校（行政院校）调研课题“党建引领新就业群体参与基层治理的地方实践及案例研究”“以场景示范引领新一代人工智能与实体经济深度融合的路径研究”“白鹭湾产业集群数字经济创新发展的实践研究”结项，并形成调研报告。

（谢娟）

表9　2023年锦江区申报省市党校和哲学社会科学课题一览表

序号	课题	申报类别
1	成都市建设顶级商圈的制约因素及突破路径研究	全省党校调研项目
2	党建引领新就业群体参与基层治理的地方实践及案例研究	
3	消费场景视角下的中心城区生态价值转化路径探索研究	
4	以场景示范引领新一代人工智能与实体经济深度融合的路径研究	
5	四川红色资源在廉洁文化建设中的应用与价值研究	
6	坚持和加强党的全面领导新业态新就业群体党建工作路径研究	
7	“五社联动”机制在基层治理中的实践研究	
8	超大城市中心城区提升总部经济发展质量的路径研究	
9	白鹭湾产业集群数字经济创新发展的实践研究	
10	新时代建设文化强省背景下老字号品牌的传承与创新发展	
11	“微网实格”机制创新地方实践研究	
12	以高端要素运筹驱动成都城市能级提升的对策与路径研究	全市党校（行政院校）重点课题
13	成都市中心城区生态价值转化路径探究	
14	打造城市 IP 新引擎提质春熙路商圈路径研究	全市党校（行政院校）一般调研课题
15	做好新就业群体党建的地方实践及案例研究	
16	打造城市观景台加快建设国际消费中心城市	
17	新时代廉洁文化建设的成都实践研究	
18	新形势下成都市新就业群体党建工作路径研究	
19	成都市做优做强中心城区都市工业路径研究	
20	数字经济对成都市制造业转型升级驱动作用的调查研究	
21	城市消费文化背景下老字号品牌的传承与创新发展	
22	“微网实格”赋能基层治理创新实践研究	

续表9

序号	课题	申报类别
23	在打造国际消费中心城市背景下成都市建设顶级商圈路径研究	成都市哲学社会科学规划项目
24	锦江区新就业群体党建工作研究	
25	消费场景视角下的中心城区生态价值转化研究	
26	成都以场景示范引领人工智能技术产业化的路径研究	
27	新时代中国共产党廉洁文化的成都实践研究	
28	新业态新就业群体党建工作路径研究	
29	基层治理现代化背景下“五社联动”机制研究	
30	成都市中心城区做强高端要素运筹功能的对策研究	
31	数字经济对成都市产业转型升级的驱动作用研究	
32	新时代成都基层治理实践述评	

【精品党课开发】 2023年，锦江区统筹党校特色办学专题课程体系建设、年度本地特色网络课程开发、成德眉资党校系统教师风采交流观摩活动、市级本土讲师选拔等工作，邀请省委党校、市委党校和省市哲学社会科学研究机构的专家授课，一对一指导重点课程研究。同时采取骨干教师与青年教师结对方式共研党校课程，提高课程开发效率和质量。研发“树牢群众观点 走好新时代党的群众路线”“走好新时代网上群众路线”“从陈毅精神看新时代廉洁文化建设”“党建引领新就业群体融入基层治理的地方实践”“新时代十年成都的基层治理与群众路线”5个特色课程，研发“从黄河边的民族强音到新时代最强音”“从入党誓词看百年大党的变与不变”“牢记三个务必赶考永远在路上”“以法治擦亮基层社会治理的幸福底色”“说党章”“新时代党章守护人”6个微党课课程。其中“从黄河边的民族强音到新时代最强音”等4个微党课课程入选蓉城先锋“蜀都约课”。

（谢娟）

【校院融合发展】 2023年，锦江区采取领导班子交叉任职、科室职能统筹设置等方式，持续推动党校和成都社会组织学院融合发展。明确“一地一品牌、一校一特色”发展思路，推动党校新校区建设。12月，新校区主体建筑落成。新校区建筑面积3.72万平方米，分布各类教室16个、宿舍房271个，学术报告厅2个。小学术报告厅可容纳300人，大科学报告厅可容纳600人。

坚持党的理论教育主业主课地位，坚持“把经验变成教材，把现场变成课堂，把实践者变成教师”的课程开发思路，研发“习近平新时代中国特色社会主义思想解析”“新形势下基层党组织提升党建能力的途径探索”等23个政治引领类课程和“党建引领社会组织参与社区发展治理”等60个特色课程。

在四川省社会组织孵化园、爱有戏社区文化发展中心等46个点位设置现场教学点，在成都市公益组织服务园、锦江区社会组织发展基金会、四川益路同行慈善服务中心等64个点位设置实训基地，在东创建国集团公司、“暖心之家”彭州市蔬菜驿站等12个点位设置党性教育基地，在白鹭湾科技生态园、新华之星AI大厦等24个点位设置改革创新示范点。锦官驿社区、天府家风博物馆等16个点位分别入选民政部、四川省、成都市的干部教育培训现场教学基地。

（谢娟）

成都市锦江区人民代表大会

综述

【立法工作推进】 2023年，区人大常委会配合市人大常委会开展立法意见征询和调研评估工作，听取社会各界对《成都市地方立法条例（修订草案）》等18个立法草案的意见，提出85条修改建议。在成龙路街道建设市人大基层立法点，健全《立法意见建议征询工作办法》等5项规章制度，构建工作队伍运转体系，推动立法联系点规范化、标准化、品牌化建设。

（邹峰　侯俊）

【经济社会建设依法监督】 2023年，区人大常委会加强国民经济发展监督，审查《区政府工作报告》《2022年锦江区国民经济和社会发展计划执行情况及2023年国民经济和社会发展计划草案的报告》，开展2023年上半年国民经济和社会发展计划执行情况的审议工作。审议《锦江区国民经济和社会发展第十四个五年规划及二〇三五年远景目标纲要中期评估报告》，提出审议意见。针对春熙路步行商业街建设调研，提出“强化机制保障，明晰发展定位，优化业态结构，活化利用遗存”等意见建议，助推锦江区文商旅融合发展。

（邹峰　侯俊）

【重大事项决议决定】 2023年，区人大常委会贯彻落实区委重大决策部署，依据《中华人民共和国宪法》和法律赋予的职权，行使重大事项决定权，对《关于补选成都市锦江区第八届人民代表大会代表的决定（草案）》《关于批准成都市锦江区人民政府2023年区级预算调整方案的决议（草案）》《关于成都市锦江区2022年财政预算执行情况和2023年财政预算草案报告的决议（草案）》《关于成都市锦江区2022年国民经济和社会发展计划执行情况及2023年国民经济和社会发展计划的决议（草案）》等事关改革发展的重大事项作出10项决议决定。

（邹峰　侯俊）

【干部依法任免】 2023年，区人大常委会坚持党管干部原则和人大依法任免有机统一原则，依法行使任免权，确保区委人事安排落实。坚持和完善对提请任命人员的任前法律知识考试、任职陈述、审议表决等制度。规范人事任免程序。全年任免“一府一委两院”和人大常委会机关人员70人。其中免职31人，任命39人。

（石丽娟　何明俊）

重要会议

【八届区人大第三次会议】 2023年2月8日，八届区人大第三次会议开幕，召开第一次全体会议。应到代表264人，实到代表226人。区人大常委会党组书记、主任王昕主持会议。区委副书记、区政府区长缪晓波作政府工作报告，回顾区政府2022年工作，报告2023年工作安排情况。会议审查《2022年锦江区国民经济和社会发展计划执行情况及2023年计划（草案）》《2022年锦江区财政预算执行情况和2023年财政预算（草案）》，表决通过《锦江区八届人代会第三次会议选举办法（草案）》《锦江区2023年民生实事项目票决办法（草案）》，书面审议《锦江区2023年民生实事候选项目方案编制情况的报告》。

2月9日，八届区人大召开第三次会议第二次全体会议。应到代表264人，实到代表234人。区人大常委会副主任邹燕主持会议。区人大常委会党组书记、主任王昕作区人大常委会工作报告。

2月10日，八届区人大召开第三次会议第三次全体会议。应到代表264人，实到代表239人。会议表决通过八届区人大第三次会议总监票人和监票人名单。以无记名投票方式选举史红平等27人为锦江区出席成都市第十八届人民代表大会代表，选举陈蓉为区监委主任，表决通过《关于区政府工作报告的决议》《关于锦江区2022年国民经济和社会发展计划执行情况及2023年国民经济和社会发展计划的决议》《关于锦江区2022年财政预算执行情况和2023年财政预算的决议》《关于区人大常委会工作报告的决议》《关于区法院工作报告的决议》《关于区检察院工作报告的决议》，宣布锦江区2023年民生实事项目票决结果。新当选的区监委主任陈蓉参加宪法宣誓。区委书记陈志勇在闭幕会上讲话。

会议指出，2023年是全面贯彻落实党的二十大精神的开局之年，是锦江推动社会主义现代化城区建设的关键之年。全区上下要学习贯彻党的二十大精神，领悟“两个确立”的意义，落实中共中央和省委、市委的决策部署，讲政治、抓发展，高质量建设“品位锦江·幸福城区”，为成都建设践行新发展理念的公园城市示范区作贡献。

会议强调，锦江区要恢复和扩大消费，围绕建设国际消费中心城市核心区目标，定义“潮味”，引领时尚，打造集创意设计、制作展示、交易推广于一体的时尚产业圈和生态圈。要提档升级春熙路商圈，发展首店经济、小店经济、假日经济、户外经济，塑造“十二月市”消费场景。要依托城市开敞空间、城市节点、历史古迹打造城市观景台。要沿锦江、沙河打造高品质滨水公园，推出“逛春熙、游锦江、品美食”系列主题促消费活动，激发消费活力，释放消费潜力。要把握城市演进的趋势和规律，抢抓政策先机，推动投资上规模，推动服务业、都市工业提能级。要围绕“三个做优做强”、产业“建圈强链”以及“四大结构”优化调整，推动春熙路时尚商圈、锦江软件园等重点片区建设，推动东大街国际消费活力轴和交子公园金融商务区建设，推动天府茂业城、白鹭湾科技生态园等重点项目建设。要营造一流营商环境，健全企业全生命周期服务体系，构建和谐政商关系。要践行“人民城市人民建、人民城市为人民”的理念，在解决群众普遍关心的急难愁盼问题中培育发展增长点，促进共同富裕。要持续抓好幸福美好生活十大工程，推进就业、教育、文化等十大提升计划，推动公共服务供给、生态环境提升、智慧锦江建设、老旧小区改造以及大运会办赛营城等重点领域工作，让“来成都到锦江，推门就是美好生活”可视有感。

会议指出，人大工作是全区工作的重要组成部分。区人大及区人大常委会要坚持正确政治方向，主动服务发展大局，聚焦区委决策部署，团结带领人大代表，为实现锦江区全年目标任务作贡献。陈志勇希望人大代表厚植为民情怀，忠诚履行职责，提高联系群众和服务发展的能力，发挥党委和政府联系群众的桥梁纽带作用，为锦江区现代化建设献智出力。

（邹峰　侯俊）

【八届区人大常委会会议】 3月15日，八届区人大常委会召开第九次会议。区人大常委会党组书记、主任王昕主持会议。区人大常委会组成人员31人出席会议。四川衡纵律师事务所主任蒋衡应邀开设讲座，讲解《中华人民共和国民法典》。会议学习十四届全国人大一次会议精神、市十八届人大一次会议精神，审议、表决通过《区人大常委会2023年工作要点（草案）》《区人大常委会关于补选区八届人大代表的实施意见（草案）》《区人大常委会关于接受部分代表辞去区八届人大相关职务的决定（草案）》《区人大常委会代表资格审查委员会关于部分人大代表资格的审查报告》，审议表决人事事项。会议强调，要结合“三个做优做强”、产业“建圈强链”和“四大结构”优化调整等重点工作开展人大监督、人事任免、代表工作，提高人大代表履职能力，解决群众急难愁盼问题。

4月25日，八届区人大常委会召开第十次会议。区人大常委会党组书记、主任王昕主持会议。区人大常委会组成人员28人出席会议。市城管委固体废弃物管理处处长钟兵应邀授课，讲解《成都市生活垃圾管理条例》。区人大法制和监察委主任委员赵媛作2022年规范性文件备案审查工作情况的报告。锦江生态环境局局长徐洋受区政府委托，作2022年环境状况和环境保护目标完成情况的工作报告。审议区人大城乡建设与环境保护委员会提交的《区政府关于锦江区2022年环境状况和环境保护目标完成情况的工作报告》。审议、表决通过人事事项。会议指出，要按照“有件必备、有备必审、有错必纠”的要求，高质量推进备案审查工作，提高报备质量，采取上下联动、内外结合的方式加强备案审查工作能力建设，注重结果反馈，形成工作闭环。会议强调，要贯彻习近平生态文明思想，树立“绿水青山就是金山银山”理念，落实生态环境保护法律责任，健全生态环境保护长效机制，依法推进生态环境保护工作，强化重点领域突出问题专项整治，打好生态环境污染防治攻坚战。

6月25日，八届区人大常委会召开第十一次会议。区人大常委会党组书记、主任王昕主持会议。会议听取区八届人大各专委会审议《区政府关于锦江区2021年度区级预算执行和其他财政收支审计查出问题整改工作情况的报告》《区政府关于锦江就业超市建设推进情况的报告》《区政府关于创建全国县域学前教育普及普惠区的报告》的意见，听取区人大常委会执法检查组检查《成都市生活垃圾管理条例》实施情况的报告。区人大常委会代表资格审查委员会报告部分人大代表资格的审查情况，三圣街道办事处、区民政局的参会人员报告2022年度审计整改情况。会议表决通过人事事项，颁发任命书，举行宪法宣誓仪式。会议要求区人大各专委会和区人大常委会各办事机构聚焦经济发展的痛点、民生改善的难点、法治建设的热点，加强视察调研，提出有针对性的意见建议。

9月7日，八届区人大常委会召开第十二次会议。区人大常委会党组书记、主任王昕主持会议。区人大常委会组成人员31人出席会议。与会人员学习《成都市养老服务促进条例》。会议听取区人大各专委会审议《区法院关于开展“为知产添翼 为创新助力”工作情况的报告》《区政府关于锦江区2023年上半年国民经济和社会发展计划执行情况的报告》《区政府关于聚焦能级提升促进旅游业高质量发展情况的报告》《区政府关于锦江区2022年财政决算草案的报告》《区政府关于锦江区2022年度区级预算执行和其他财政收支的审计工作报告》《区政府关于锦江区2023年预算调整变动和1—6月预算执行情况的报告》的意见，表决通过《关于批准锦江区2022年财政决算的决议（草案）》《关于批准锦江区2023年预算调整方案的决议（草案）》。会议强调，要重视知识产权司法保护“举证难、赔偿低、周期长、成本高”问题，完善保护机制，构建知识产权保护协同大格局。要拓展旅游消费新空间，激发旅游主体新活力，增添旅游产业新动能，为锦江区建设世界旅游名城核心功能区提供支撑。要加强财政收支管理，规范预算决算编报工作，加大审计监督力度。要根据区委八届五次全会作出的科技创新引领“1+3+3”现代化产业体系的部署，加强预算执行管理，防范和化解地方政府债务风险。

10月30日，八届区人大常委会召开第十三次会议。区人大常委会组成人员26人出席会议。区人大常委会党组书记、主任王昕主持会议。与会人员会前学习《国有资产管理的人大监督要点探析》。会议听取区人大常委会各专委会审议《区政府关于“夯实社区法治根基提升公民法治素养”工作情况的报告》《区政府关于2022年度国有资产管理情况的综合报告》《区政府关于2022年度企业国有资产管理情况的专项报告》的意见，审议《区人大常委会执法检查组关于〈科学技术普及法〉贯彻情况的检查报告》《区政府关于锦江区2023年人大代表票决民生实事项目推进情况的报告》，测评2023年民生实事项目完成情况，表决通过《区人大常委会关于接受伍文芳等3人辞去区八届人大相关职务的决定（草案）》及其他人事事项。会议强调，要持续监督推动中央和省生态环保督察反馈问题整改工作，引导人大代表围绕先进制造业、新能源产业、新经济形态等重点领域提出高质量发展意见建议。

（邹峰　侯俊）

【八届区人大常委会主任会议】2023年，八届区人大常委会召开主任会议7次，由区人大常委会党组书记、主任王昕主持召开，各副主任参会。会议学习十四届全国人大一次会议精神等重要会议精神，讨论区人大常委会2023年工作要点，研究部署人大代表调研视察、人大监督、人事任免等重点工作，审议《区政府关于聚焦能级提升促进旅游业高质量发展情况的报告》《区政府关于锦江区2021年度区级预算执行和其他财政收支审计查出问题整改工作情况的报告》等重要文件。

（邹峰　侯俊）

依法监督

【概况】2023年，区人大常委会根据中央和省委、市委、区委加强和改进人大工作的部署，关注区委中心工作，推动人大监督工作，助推经济社会发展。发挥各专委会监督职能，开展台湾同胞投资保护“一法一实施办法”、《中华人民共和国科学技术普及法》《成都市生活垃圾管理条例》等执法检查活动10余次，开展法治安全进校园专题调研。审议《区政府关于开展“夯实社区法治根基 提升全民法治素养”工作情况的报告》《区法院关于开展“为知产添翼为创新助力”工作的报告》《区检察院关于聚焦企业合规 护航企业发展行稳致远工作情况的报告》等工作报告，提出《区人大法监委关于对区政府开展“夯实社区法治根基提升全民法治素养”工作报告的审议意见》等3条审议意见。

（邹峰　侯俊）

【经济发展监督】2023年，区人大常委会加强国民经济发展监督，审查《区政府工作报告》《2022年锦江区国民经济和社会发展计划执行情况及2023年国民经济和社会发展计划草案的报告》，开展2023年上半年国民经济和社会发展计划执行情况的审议工作。审议《锦江区国民经济和社会发展第十四个五年规划及二〇三五年远景目标纲要中期评估报告》，提出审议意见。针对春熙路步行商业街建设调研，提出“强化机制保障，明晰发展定位，优化业态结构，活化利用遗存”等意见建议，助推文商旅融合发展。

（邹峰　侯俊）

【财政预算决算审查监督】2023年，区人大常委会落实《中共中央办公厅关于人大预算审查监督重点向支出预算和政策拓展的指导意见》精神，加强人大预算监督工作。审查《2022年区级财政预算执行情况和2023年财政预算（草案）报告》《2022年区级财政决算（草案）报告、2023年区级财政预算调整方案报告》，审议《2023年1—6月财政预算执行情况报告》，听取区政府化解隐性债务的工作报告。持续开展预决算公开检查工作，引导区政府各职能部门增强主动公开意识，提高公开质量。立足拓展人大预算监督的广度和深度，委托第三方机构分析锦江区2022年度财政预算执行情况，推动预算联网监督工作。同步强化财政支出绩效评价工作监督，采取集中会审方式监督审查100万元以上项目的绩效完成情况。涉及区级部门11个、新增项目12个。通过集中会审，突出绩效目标的科学性和规范性，探索人大、财政、审计三方联动和同向发力的新模式。召开2024年社区服务和治理经费预算编制征求意见座谈会，针对预算编制工作提出建议。组织区人大预算委委员和人大代表参加预算绩效管理培训会，提高预算审查监督的业务水平。

（邹峰　侯俊）

【国有资产管理监督】2023年，区人大常委会加强国有资产管理监督工作，审议区政府递交的《2022年度国有资产管理情况的综合报告》《2022年度企业国有资产管理情况的专项报告》，提出“健全现代企业制度，完善企业国有资产监管机制，持续提升企业核心竞争力”等建议。

（邹峰　侯俊）

【审计工作监督】2023年，区人大常委会依法履行审计工作监督职能，审议区政府递交的《2022年度区级预算执行和其他财政收支的审计工作报告》《审计整改报告》，提出工作建议。持续开展审计整改工作满意度测评，推动审计问题整改工作取得实效。区民政局、三圣街道办事处接受并通过测评。

（邹峰　侯俊）

【社会事业发展监督】2023年，区人大常委会重点针对普惠托育服务、社区公共文化、智慧养老、医养结合发展、“微网实格”治理等工作，持续开展社会事业发展监督工作。审议区政府提升旅游业高质量发展能级的工作报告，提出旅游品质提升、旅游业态提升的审议意见，为“天府旅游名县”质量提升助力。审议区政府创建“全国县域学前教育普及普惠区”的工作报告，提出学前教育普惠化供给的意见建议，为打造教育品牌和教育优质均衡发展助力。审议锦江区就业超市建设推进情况的报告，针对线上线下、全域全时、分层分类构建公共就业服务格局提出意见建议，为推动就业、企业、产业“三业”融合以及帮助高校毕业生、农民工、退役军人、城镇困难人员就业创业助力。监督区残联2023年度扶残助残行动的各项工作，推动项目实施。

（邹峰　侯俊）

【环保工作监督】2023年，区人大常委会发挥城乡建设与环境保护委员会环保工作监督职能，开展环保工作监督。组织城乡建设与环境保护委员会委员、专业人大代表小组成员开展2022年环境状况和环境保护目标完成情况监督检查，监督水生态治理和再生水综合利用情况。审议《区政府关于2022年度全区环境状况和环境保护目标完成情况的报告》。

（邹峰　侯俊）

【城乡建设工作监督】2023年，区人大常委会发挥城乡建设与环境保护委员会城乡建设工作监督职能，组成执法检查组，邀请人大代表开展《成都市生活垃圾管理条例》贯彻实施情况执法检查。审议《区人大常委会执法检查组关于检查〈成都市生活垃圾管理条例〉贯彻实施情况的报告》，组织人大代表视察民生实事项目推进情况，向区政府职能部门了解市政道路优化、城市环境提升、老旧小区改造等项目的实施情况，加强2023年民生实事票决项目监督工作。

采取归纳总结与外出学习相结合的方式，确定“以片区城市有机更新模式促进特色街区高质量建设”的调研课题，组织干部和人大代表到春熙路、北新街、书院街、福字街、牛市口、一心桥等片区调研，总结片区更新经验，了解存在困难。同时到青羊区祠堂街特色街区、武侯区玉林东路特色商业街区、金牛区抚琴西南街片区以及温江区“桉树林文庙印巷”调研老旧小区改造和特色街区建设情况，学习先进经验。在调研基础上结合区情，提出8条建议。

（邹峰　侯俊）

【法治监督】2023年，区人大常委会开展台湾同胞投资保护“一法一实施办法”及《成都市生活垃圾管理条例》落实情况检查等执法检查活动10次，推动法律法规贯彻落实。开展“八五”普法中期评估工作，推动“谁执法谁普法”责任制落实。听取区政府“夯实社区法治根基、提升公民法治素养”工作情况的报告，推动法治社区建设走深走实，使尊法学法守法用法成为全体人民的行动自觉。听取审议区法院开展“为知产添翼、为创新助力”工作情况的报告，促进创新驱动发展、优化法治化营商环境。听取审议区检察院“聚焦企业合规、护航企业发展”工作情况报告，推动落实宽严相济刑事司法政策，助推民营经济发展行稳致远。加强预防性侵未成年人犯罪工作监督，召开专题会议，压紧压实相关部门法定职责，推动全区未成年人保护工作的纵深开展。持续加强备案审查制度和能力建设，全年备案审查规范性文件4件，完成区委交办8个规范性文件的前置审核工作，牵头开展涉及犯罪附随后果等4项现行规范性文件集中清理，切实维护宪法权威和法治统一。全年完成区人大常委会拟任命的31名干部任前法律知识考试，推动领导干部做尊法学法守法用法的模范。

（邹峰　侯俊）

人大代表工作

【概况】 2023年，区人大常委会践行重点建议督办工作机制，督办人大代表建议案143件。由主任会议成员牵头，专委会负责，重点督办《关于高品质打造锦江软件园的建议》等14件建议案。制定人大代表年度培训工作计划，采取专家授课与交流、集中学习与考察、线上与线下相结合等方式，分批次、分领域、分层次、分专题组织人大代表培训，提升人大代表履职能力。依托成都市智慧人大平台，遵循"好用、管用、实用"原则，建成锦江区人大代表履职平台。利用"解民忧、码上应"人大代表履职公众平台打造具有街道特色的线上"人大代表之家"，形成"群众'码'上提、代表马上办、结果看得见"的工作格局。坚持"紧紧依靠代表，用心尊重代表，用情联系代表，用力服务代表"的理念，制定《关于规范建设人大代表基层联系点的指导意见》，推动"人大代表之家"和人大代表工作站、人大代表基层联系点规范化建设，开展人大代表"进家入站"交流活动。全国、省、市、区四级人大代表"进家入站"，依法履职。制定专项监督工作方案，组织人大代表集中视察，推动13个民生实事项目按计划实施。形成区人大常委会领导牵头，区人大各专委会分工负责，各街道人大工委配合，人大代表全程参与的工作格局。

（石丽娟　何明俊）

【人大代表工作机制建设】 2023年，区人大常委会出台《关于进一步做好人大代表工作的实施意见》《人大代表建议、批评和意见办理办法》《关于优秀代表建议和先进承办单位的评选办法》《人大代表履职积分管理办法》《关于规范建设"人大代表基层联系点"的指导意见》等政策性文件，试行人大代表培训工作制度，建立区人大常委会组成人员联系区人大代表制度、人大代表联系选民制度，明确工作标准，规范工作流程，推动人民代表大会制度优势转化为治理效能，为人大代表联系群众、反映民意、解决民生问题提供制度保障。

（石丽娟　何明俊）

【人大代表履职平台建设】 2023年，区人大常委会把"人大代表之家"和人大代表工作站、人大代表联络点建设作为开展人大代表工作的基础工作，坚持"因地制宜、实事求是，资源整合、功能融合，发挥作用、各具特色"的工作思路，出台《关于规范建设"人大代表基层联系点"的指导意见》，推动"人大代表之家"和人大代表工作站、人大代表联络点建设。

发挥"家、站、点"的平台功能，组织人大代表深入基层了解民情、反映民意。春熙路街道的"人大代表之家"以及沙河街道汇泉路社区和三圣街道喜树路社区的人大代表联络站探索"品牌+特色"的工作路径，分别推出"春熙楼小助""艺文会客厅""萍妹儿解忧站"等品牌，调动人大代表参与社区治理、招商引资、城市更新等工作的积极性。

4月20日，春熙路街道人大工委开展"代表连线搭平台，助餐服务解难题"主题活动。依托经济专业的人大代表小组基层联系点，与百扬大厦物业管理单位沟通，解决大厦企业员工就餐难问题，得到全国人大网站、《人民权力报》等媒体报道。5月7日，三圣街道人大工委开展助力漆陶艺术发展交流活动。6月9日，全国人大代表、四川中烟工业公司党组书记、四川中烟工业公司总经理彭传新，省人大代表、四川师范大学法学院院长陈山，市人大代表、四川中烟工业公司成都卷烟厂高级技师付亚彬等9名人大代表到成龙路街道的"人大代表之家"报到，了解"人大代表之家"和人大代表工作站运行情

图10 2023年4月20日，春熙路街道人大工委开展“代表连线搭平台，助餐服务解难题”主题活动

（区人大常委会办公室提供）

况，参观粮丰社区R29商业中心和社区生活空间，肯定成龙路街道打造“15分钟便民生活圈”以及为群众排忧解难的工作成效，作出“增强履职尽责主动性、创造性、实效性，在人力、物力、财力等方面给予支持”的表态。9月13日，狮子山街道人大工委开展“家庭医生进社区”义诊活动。

各街道的“人大代表之家”和人大代表联络站覆盖率100%。全国、省、市、区四级人大代表“进家入站”率100%。同时在“家、站”建设全覆盖基础上打造大代表基层联系点18个，涉及法律专业、经济专业、社会专业、城建专业，体现“让专业的人干专业的事”的初衷，为专业领域的人大代表履职提供专业平台，确保“家、站、点”高质量运行，实现“群众在家门口能够找得到人、说得上话、议得成事、解得了难”的目标。

同时以信息化推进人大代表高效履职，启动“解民忧、码上应”线上代表履职平台建设，打造“网上代表之家”。人大代表通过互联网联系群众、接待选民、收集意见建议，实现人大代表“云端履职”目标。

（石丽娟　何明俊）

【人大代表调研视察】 10月25日，区人大常委会组织省、市、区的人大代表开展人大代表票决民生实事项目集中视察活动。人大代表通过听取汇报、实地观摩等方式，到锦江就业超市、市政道路建设项目、城市体育便民空间项目视察，了解项目设计规划、施工进度和管理维护等情况，动态掌握区政府实施2023年人大代表票决民生实事项目情况，提出意见建议。11月30日，区人大常委会组织全国、省、市、区的29名人大代表到白鹭湾科技生态园、锦江就业超市、东湖公园等地集中视察锦江区经济社会建设。视察组采取实地视察、现场询问等方式，听取项目规划、施工进度、高校毕业生和农民工等重点群体就业创业、水生态修复等情况，重点了解区政府实施产业“建圈强链”、民生保障服务、生态环境保护等领域的重大项目推进情况。视察组针对白鹭湾科技生态园建设提出“加速集聚数字经济、智能经济、创意经济、流量经济等前沿赛道产业体系，打造人才聚集高地，让白鹭湾科技生态园成为锦江高质量发展核心支撑”等意见建议。视察组针对锦江就业超市建设提出“构建全域全时、线上线下、就近就便、分层分级的就业集成服务体系，解决群众就业难、企业用工难问题”等意见建议。视察组针对东湖水生态修复工程提出“发挥技术手段和智慧手段，加强生态环境治理，营造生态文化水景观，打造美丽幸福河湖样板”等意见建议。

（石丽娟　何明俊）

【人大代表建议案办理】 2023年，区人大常委会采取领导牵头督促部门、召开办理面商会、实地查看等方式，督促承办单位落实办前、办中、办后与人大代表沟通的“三见面”制度，与区委督查室、区政府办公室配合，协同推进人大代表意见建议督查督办工作，推动建议案办理由办文向办事转变。全年办理人大代表建议案143件。其中14件成为重点督办建议案。办结率100%，人大代表满意率100%。涉及群众普遍关切的社区养老服务、城区缓堵保畅、老旧小区改造、惠企便企服务等领域的问题得到解决。

（石丽娟　何明俊）

表10　2023年锦江区人大代表意见建议一览表

序号	建议案标题	领衔代表
1	关于进一步谱写“鲜水首城·锦绣炉霍”新合作典范的建议	胡　军
2	关于深化党建引领社区“微网实格”机制推动社区基层治理向纵深发展的建议	刘鸿博
3	关于牛市口街道莲花社区党群服务中心提档升级的建议	余　映
4	关于社区居民参与社区治理的建议	王　畅
5	关于后疫情时代锦江区社区精细化治理的建议	胡尚峰
6	关于优化社区社会企业各项优惠便利政策的建议	鲁　燕
7	关于打造“品位锦江·幸福城区”高质量科普名片的建议	缪　琴
8	关于加强公共场所控烟的建议	丁旭莉
9	关于残疾人婚恋交友的意见建议	王　琴
10	关于及时对参加疫情防控的社区工作人员开展心理疏导的建议	冯　惠
11	关于提高社区社工站、网格员待遇的建议	冯　惠
12	关于培育就业辅导员　为残疾人提供就业支持的建议	杨　娟
13	关于完善“锦江人大”App功能，提高代表履职能力和效率的建议	杨　一
14	关于锦江区人大代表基层联络站在社区院落设点的建议	吴　丹
15	关于组建一支服务于基层治理的老年人禁毒防控队伍的建议	刘建华
16	关于引导支持律师行业等服务产业发展的建议	蒋　衡
17	关于在锦江区进一步深化与强化知识产权保护的建议	唐稷尧
18	关于进一步推动锦江区律师行业合规发展的建议	徐　颖
19	关于深入推进“八五”普法工作的建议	张红旗
20	关于优化营商环境，保障互联网演艺行业稳定发展的建议	黄美佳
21	关于提升专业团队服务经济发展的建议	万晓萍
22	关于发展食用菌等高附加值农业生产的建议	朱文飞
23	关于发展牛市口街区经济的建议	彭　涛
24	关于更好发挥锦江商业资产的建议	黄志强
25	关于积极推动城市绿色生态楼宇发展的工作建议	张艺文
26	关于加强后疫情时期餐饮行业扶持的建议	郭　琦
27	关于借力服务业扩大开放试点　助力锦江区高质量发展的建议	汪　飞
28	关于全面激发锦江区楼宇经济活力营造良好营商环境的工作建议	王　文
29	关于提升攀成钢商圈写字楼竞争力的建议	尹　铭

续表10

序号	建议案标题	领衔代表
30	关于引导供应链链主企业，加快国际化布局的建议	陶盛春
31	关于“交子券”创新供给，促进多方消费的建议	曾美龄
32	关于促进金融市场健康发展的建议	倪　萍
33	关于高质量推动“品位锦江·幸福城区”民营经济健康发展的建议	缪　琴
34	关于以新市民金融服务为抓手释放“锦江”消费潜力的建议	王义华
35	关于“打造区域科技创新中心，增强经济增长新动能”的建议	于丰泽
36	关于积极推动城市绿色生态楼宇发展的工作建议	张艺文
37	关于“交子券”发行的建议	陈　曦
38	关于锦江区助推成都建设国际消费中心城市的建议	谢　凌
39	关于春熙路数字化打造共建双城经济圈的建议	刘明胜
40	关于加大对拟上市企业支持的建议	宋　程
41	关于高品质打造锦江软件园的建议	凌　刚
42	关于老旧小区系统规范建设新能源车私家充电桩的建议	汪　棋
43	关于在华润路、河滨路停车场建设公共充电桩的建议	张全胜
44	关于（快递、外卖等）新型就业群体人员在就业地子女教育的建议	王柯皓
45	关于加强疫情背景下学生心理关护工作的建议	刘冬玲
46	关于及早预防未成年人暴力犯罪行为的建议	付　晓
47	关于完善区域中小学劳动教育实践基地的建议	刘建周
48	关于锦江区梅林东板块引入优质教育资源的建议	朱继强
49	关于校园智慧接送系统和地下空间利用的建议	李迅涛
50	关于严厉打击校园贷的建议	王　丽
51	关于优化小学生交通安全出行的建议	王　强
52	关于家庭友好视域下的“一老一小”整体解决方案的建议	顾　静
53	关于加速锦江旅游业发展的建议	李　琰
54	关于在十二月市博物馆融入非遗产业的建议	龚媛媛
55	关于打造以锦江剧院为核心，成都传媒、西部文化产业中心、华兴旧改为重点的文创生态集群带的建议	曾　楠
56	关于提升基层医疗机构服务能力，落实分级诊疗的建议	刁小英
57	关于应对突发公共卫生事件的建议	杨亚男

续表10

序号	建议案标题	领衔代表
58	关于建立锦江区口腔健康预防基地的建议	蒋　梅
59	关于关注老师心理健康增加教师幸福感减少师源性伤害的建议	王　畅
60	关于配备社区家庭医疗指导师的建议	马丹炜
61	关于发放锦江区医务人员抗疫特别贡献奖励的建议	陈　擎
62	关于加强社区医院建设提升社区医院医治能力的建议	李媛娟
63	关于加强卫生应急队伍建设的建议	丁旭莉
64	关于医院提供陪诊服务的建议	黄玉清
65	关于将家庭医生团队及基本公共卫生服务项目融入“微网实格”管理的建议	周文雯
66	关于以示范区创建为契机，全力提升我区医养结合能力建设的建议	曾德勇
67	关于将甄选部分老年重点慢性疾病开展疾病筛查工作纳入政府民生实事项目的建议	刘齐荣
68	关于发展锦江区夜间文化消费的几点建议	李铁钢
69	聚焦成都大运会　打造健康新锦江	范　宇
70	关于特殊困难群体前期生病住院救治难的建议	马文慧
71	关于创响锦江红色物业品牌推动高效能治理的建议	杨永红
72	关于智慧安防小区建设的工作建议	王　宏
73	关于“改善牛市口片区各小区垃圾分类投放的现状”的建议	牟晓萍
74	关于持续推进三无老旧院落引入专业化物业企业模式管理的建议	张红宇
75	关于综合治理老旧院落的建议	蒋卫权
76	关于解决东顺城南街停车乱象的建议	张金鑫
77	关于解决佳宏北路比华利国际城三期商业街面雨水井沉降及地面下沉问题的建议	荀候才
78	关于抓细“新治理”治乱象共建共治共享单车打通百姓出行“最后一公里”的建议	卢夏琼
79	关于促进锦江区公交优质发展的建议	邹德林
80	关于合理规划利用城市道路和公共区域增加夜间限时段停车区域的建议	赵　冲
81	关于强化井盖安全监管的建议	李　丽
82	关于为老旧院落更换智能水表的建议	邓尚英
83	关于建立业委会法治评估体系的建议	胡海玲
84	关于提升攀成钢片区交通运行能力的建议	罗忠燕
85	关于对东四街莲花西路交叉口至莲花北路段进行提升打造的建议	魏巍爱
86	关于将宏济新路95号院落纳入2023年老旧院落改造的建议	苟旭红

续表10

序号	建议案标题	领衔代表
87	关于加快实施老旧院落改造的建议	唐　江
88	关于锦江区社区绿道建设中绿植及附属设施的设置建议	张文琳
89	关于持续推进人居环境整治的建议	王文娟
90	关于四川大学华西医院锦江院区周边环境提档升级的建议	黄　进
91	关于实施老旧小区片区综合改造的建议	朱文飞
92	关于实施农资市场片区有机更新的建议	朱文飞
93	关于沙河沿线城市品质提升建议	朱文飞
94	关于加大东湖公园提档升级的建议	邹　峰
95	关于加快推进“三圣花乡”片区基础设施提升改造的工作建议	陈　盼
96	关于加强垃圾分类工作的建议	李媛娟
97	关于加快在农贸市场推广果蔬垃圾资源化处理设施的建议	杨永红
98	关于游商管理的建议	叶世兴
99	关于背街小巷占道停车及占道经营问题的建议	胡　蕾
100	关于完善我区环卫作业及基础设施的建议	张　睿
101	关于老旧商业街加强管理的建议	余　琼
102	关于城管执法服务态度提升的建议	余　琼
103	关于进一步加强城市生活污水垃圾处理的建议	郭新亚
104	关于保护河流生态环境，传承河流历史文脉的建议	叶　蓓
105	如何加快有机更新的城区建设	毕　天
106	关于尽快修通 H5 线的建议	赵万华
107	关于对区青少年宫及三官堂街幼儿园龙舟园点　周边建筑顶楼居民自建房安全隐患排查的建议	任　硕
108	关于喜树小游园增建公共卫生间的建议	龚媛媛
109	关于建议开展对居商混住进行整治的意见建议	何志恒
110	关于尽快修通 H5 线的建议	任　硕
111	关于三圣花乡板块旧貌换新的建议	林圣斌
112	关于改善青和里南段交通拥堵问题的建议	张国华
113	应对“数字鸿沟”，App 如何更“适老”	曹钰佳
114	关于加强困难群众关爱援助服务的建议	唐海燕

续表10

序号	建议案标题	领衔代表
115	关于老年助餐网络建设的建议	张雪梅
116	关于加大优质养老公共服务供给的建议	皮红跃
117	关于推动“物业＋养老”新模式的建议	陈　燕
118	关于构建配套养老食堂和公共健身场馆的建议	罗　廷
119	关于完善老年人助餐服务体系的建议	唐海燕
120	关注并大力推广老年人护理业务的建议	张　睿
121	加强失智老人专业养老，打造全龄友好社区的建议	胡海玲
122	关于扩大社区养老服务圈的建议	周俊涛
123	关于推动养老领域“一个优化、三个机制”的建议	唐翊珊
124	关于人才留用的建议	王惊鸿
125	关于健全线上线下公共就业服务机制的建议	李凌云
126	关于开展安全生产强制性排查的建议	刘　勇
127	关于尽快恢复社区养老服务智能卡点位助餐服务的建议	周建文
128	关于进一步提升社区居家养老服务水平的建议	付尤宏
129	关于锦江区所辖社区试点老年爱心食堂建设的建议	杨　岚
130	关于加强预算绩效管理的建议	万晓萍
131	关于加强内部管理提升审计整改质量的建议	罗孝强
132	加快部分公共基础设施类行政事业性国有资产转固的建议	魏宇光
133	建议在马家沟小区正门画设斑马线	万晓萍
134	关于将退役军人事务工作融入锦江区“交子券”使用的建议	肖福明
135	关于省农科院加工所危旧房改造的建议	杨　芳
136	关于锦江外国语小学喜树校区利用香樟社区运动广场进行日常体育活动的建议	刘建周
137	建议加强菱安路静远路交会处交通管制的建议	胡成龙
138	关于安装佳宏路东面路灯的建议	苟候才
139	关于优化华兴街附近街区单行道设置的建议	钟　莉
140	关于提升大慈寺路同仁堂路口北侧街区品质的建议	钟　莉
141	关于庆云南街单向通行的建议	杨　一
142	关于以春熙路—太古里商圈为核心，强化打造红星路一段至红星桥一线延伸区的建议	李　丽
143	关于改善市二医院门口交通拥堵情况的建议	蔡永瑞

成都市锦江区人民政府

综述

【开放合作纵深推进】 2023年，锦江区持续扩大开放，深化对外合作，提升城市影响力。土耳其驻成都总领事馆开馆，举办中国锦江—英国城市更新国际合作圆桌会谈活动。新增外商投资企业129家，外商直接投资1.7亿美元。实现四川和重庆两地营业执照异地一体化办理目标，连续2年发布“成渝双城核心商圈指数”，与重庆解放碑商圈、南京新街口商圈、广州北京路商圈发起建立商圈联盟。锦江就业超市拓展宜宾、德阳等10个市（州）分店，提供岗位1.65万个。支援甘孜州炉霍县高原农产品精深加工产业园，新建年产量3000吨酪蛋白生产线。与成都市都江堰市达成结对关系，明确青城山演艺中心等25个合作项目。

（尹雷）

【城市功能品质提升】 2023年，锦江区坚持规划引领、科学建设，不断提升城市功能品质。持续优化空间功能布局，细化春熙路时尚商圈总体规划、锦东生态商圈产业规划，举办规划设计成果及城市机会清单发布会，发布场景合作项目148个，释放投资机会2332亿元。调整重点片区规划，锦江工业园12.3万平方米科研用地调整为工业用地，成都生物制品研究所南侧20万平方米土地调规工作取得实质进展，都市工业发展空间扩大。完成环城生态区土地综合整治与生态修复分区规划调整，调减农田整治区面积95万平方米。编制最美学区规划，完成“东南里最美学区”城市设计。持续优化城市建设布局，启动牛沙路片区等城市有机更新项目，实施80个老旧小区改造项目。四圣祠片区城市有机更新项目经验、既有住宅自主增设电梯经验被住建部推广。贯彻“城中有园、园中有城”理念，新建改建小游园6个、社区绿道20千米，新增开敞空间7.3万平方米，编制十里绿廊规划，细化“一廊五线九景一地”文旅产业总体规划，推动全域公园城市建设。启动“大物业体系”专业治理试点工作，实施“市容环境”综合治理，打造柳荫路、三色路等3条“最美街道”，太古里商业旅游街区马家沟幸福邻里街区入选全市首批最美街区。赋能“微网实格”智慧治理，建成人口、企业、房屋三大基础数据库，开发“智慧督办”、安全隐患“随手报”等应用场景，事件枢纽系统流转城市运行事件信息240万条。

（尹雷）

【民生保障改善】 2023年，锦江区夯实基本民生保障，推动就业、住房、社保、教育、医疗等社会事业发展。营造安居乐业氛围，践行锦江就业超市智慧匹配、智慧荐岗、定期回访机制，为农民工提供就业帮扶、岗前培训等全链条服务。城镇新增就业1.6万人，城镇登记失业率控制在

3%以内。锦江区被评为四川省农民工服务保障工作先进区。新开工人才公寓300套，筹集保障性租赁住房3837套。发放住房补贴1665万元，惠及居民1987户。提供安置房3469套，安置2454人。

深入贯彻“学有所教、病有所医”理念，新建和改扩建中小学5所，新增学位8400个。每1万人口拥有学位个数居成都市5个中心城区第1位。优化网格化城市医联体双向转诊绿色通道、远程诊疗机制，为群众节省费用40万元。建成社区养老服务综合体3个，为1700个空巢独居老年人家庭实施适老化改造，向6万名老年人发放价值3343万元的“春熙券”养老积分。新增普惠托育机构14所，打造一老一小发展创新中心。锦江区被评为全国生育友好先进工作单位。

持续推动长期护理保险扩面工作，拨付4739万元，惠及3778人。向7517名低保、特困及临时困难人员、残疾人等特殊群体发放救助金3516万元。连续12次被评为四川省双拥模范区。

（尹雷）

【社会安全稳定】 2023年，锦江区拓展“平安锦江”工作体系，构建群众监督、专家监督、科技监督三位一体工作格局，推动安全工作提质提效。区政府常务会议每周调度安全工作，连续三年被评为全市安全生产和消防安全工作担当作为先进集体，连续两年被评为全市食品安全党政同责先进单位。执行重点部位和人流密集区域“1分钟、3分钟、5分钟”快速响应机制，持续开展扫黑除恶行动，违法犯罪警情数较2022年下降17.5%，护航“上学路”校园交通安全经验在全省推广。坚持践行重大风险防范机制，形成矛盾纠纷“大调解”工作格局。网络理政及时回复率100%，群众满意率94.8%。非法集资案件销案数量居全市第一。

（尹雷）

【生态环境改善】 2023年，锦江区贯彻落实“绿水青山就是金山银山”的先进理念，持续实施蓝天保卫战、碧水保卫战、净土保卫战三大战役，不断优化生态环境。有86个中央环保督察和四川省环保督察反映问题以及长江经济带生态环境问题销号，环卫清扫保洁车辆的新能源替代率100%。空气质量优良283天，较2022年增加4天。地表水市级考核断面保持Ⅱ类水质标准，获省市“河长制工作先进区”称号。完成65个建设项目地块土壤污染防治前置审查。升级改造标准化垃圾投放站点1802个，建设社区再生资源回收站点110个。实施重点时段重点领域噪声污染专项整治行动，集中开展重点区域油烟扰民治理。建成油烟在线监测、生态环境数智、黑烟车电子抓拍、污染源高空巡查等数字化平台，“中水回用”项目建成投用，三环路以外河渠畅通，梅香湖、白鹭湾湿地水质提升。落实耕地保护政策，践行“田长制”，常态化巡田4600次，处置耕地保护重点问题4个。自主复垦复耕110.33万平方米，建成锦江大道“大美农田”景观农业样板。连续两年被评为成都市耕地保护党政同责考核先进区。

（尹雷）

【智慧韧性安全城市建设】 2023年，锦江区开展应急指挥中心场地建设，强化应急指挥调度会议智能化调控能力，推进应急指挥专网建设，推动智慧韧性安全城市建设。借助专网及应急视频会议平台指挥调度11个街道办事处和15家区应急委成员单位，每周固定卫星电话点名。依托智慧蓉城运行平台，搭建监测预警平台，覆盖危房、玻璃幕墙、特殊群体居家燃气等领域。以检查场所模板化、检查内容清单化、检查要求标准化为抓手，强化“微网实格”专题培训成果，探索建立网上培训课堂和线上知识库，打造基层人员学习阵地。通过专家线上线下指导，手机网上填报等方式，闭环管理风险隐患。依托“天府市民云”和智慧锦江事件枢纽平台，在11个街道76个社区运行安全隐患处置信息化平台，鼓励社区群众、企业员工上报安全隐患。报送安全隐患信息17541条，办理17114条，办结率97.6%。

（何世超　黄尚裕）

重要会议

【区政府八届三次全体会议】 9月5日，区政府召开八届三次全体会议暨1—7月经济社会运行调度会议。区委副书记、区政府区长缪晓波主持会议并讲话。参会人员64人。

会议学习贯彻习近平新时代中国特色社会主义思想、党的二十大精神和习近平总书记来川视察重要指示精神，传达国务院第二次全体会议和省委十二届三次全会、省委工作会议、省政府第二次全体会议、市委十四届三次全会、市委工作会议、市政府第一次全体会议暨2023年上半年经济形势分析会议、区委八届五次全会、区委工作会议等重要会议精神，分析2020—2022年地区生产总值、固定资产投资、社会消费品零售总额等各项经济指标，研究1—7月经济社会运行情况，针对空间结构转型尚未成型、产业结构优化收效欠佳、财税结构调整艰难等关键问题，部署楼宇经济促进、都市工业发展、科技创新三大领域工作。

会议指出，要统一建设推广楼宇智慧管理平台，发动社会力量参与楼宇进驻率等“四率”调查，分别针对存量楼宇、增量楼宇、新量楼宇制定促进方案，为在建和拟建工业楼宇、待出让的产业用地、“绿地468蜀峰”等社会关注度高的在建楼宇建立一楼一专班工作机制，协同楼宇业主招商，提高楼宇招商成效。要对标苏州工业园，学习借鉴苏州、深圳、东莞经验，建立一地一专班、联合招商等工作机制，针对自主改造、合作开发等模式出台政策，下目标、定期限、评进度，推动工业楼宇建设，促进工业“建圈强链”，发展“都市里工业”。

会议强调，要发挥春熙路商圈和锦江软件园的载体作用，根据科创企业的全生命周期需求定制服务、备齐要素，学习借鉴“深圳模式”的“园区+创投”理念，依托“交子空间”“车路协同”“中水回用”等平台级、枢纽型、生态性项目面向全国和全球招商，助力科创企业成长。同时打造利于科技人才落户的环境，坚持招商引资与招才引智同步理念，引进行业领军人物和核心团队。

（尹雷）

【区政府常务会议】 2023年，八届区政府召开常务会议26次，传达全国两会和省、市的两会精神，传达中央和省委、市委的经济工作会议精神以及全体会议精神，学习省委、省政府、市委、市政府主要领导的指示精神和批示精神，通报安全工作情况，听取党风廉政建设、大气污染防治、耕地保护、市场主体服务、信访化解等经济社会建设各领域工作汇报，审议通过《锦江区2024年民生实事人大票决建议项目（送审稿）》《锦江区行政合法性审查工作规定（试行）（送审稿）》《锦江区推进“三个做优做强”建设方案（送审稿）》《关于人才引领高质量发展的若干政策措施（送审稿）》《锦江区关于进一步深化楼宇经济高质量发展的工作方案（送审稿）》《成都市锦江区招商引资奖励办法（送审稿）》《进一步强化城乡环境综合治理专项攻坚行动的实施方案（送审稿）》《成都市锦江区建立健全分层分级精准防控压实食品安全责任实施方案（送审稿）》等重要文件。

（吴聪）

【区政府专题会议】 2023年，区政府召开专题会议200次，调度分析经济社会运行情况，研究“1+3+3”产业体系建设、城市空间规划，部署四圣祠、净居寺等片区的城市更新和琉璃场城中村改造工作。聚焦群众急难愁盼问题，研究民生保障领域各项工作。调度安全生产、生态环保、耕地保护、政府债务、统计安全等工作，部署“中水回用”项目建设、黑臭水体长效治理、河湖生态补水等工作，推动绿色发展。

（尹雷）

政务服务

【政务服务标准体系建设】 2023年，锦江区构建包含政务管理、服务等四大板块的政务服务标准体系，涉及655个政务服务事项。编制《政务服务一窗受理规范》，被纳入四川省地方标准制修订项目，为全省一窗受理改革提供参考。省发改委制发《关于印发〈四川省优化营商环境经验做法（第九批）〉的函》，市标准化委员会办公室制发《关于推介标准化试点典型案例的通知》，推广锦江区政务服务标准化工作。

（麦慧　陈胤玺）

【行政审批】 2023年，锦江区提升经营主体开办质效，新登记经营主体38571家。其中企业28922家、个体工商户9649家。为26931家企业提供印章服务，为企业减少开办成本77万元。加强跨部门沟通，推动涉企服务快速办理。为77家艺术类培训机构和57家人力资源服务机构核（换）发许可证，为344家医疗机构办理普通诊所医疗机构执业许可证，为再生水综合利用工程、白鹭湾新经济总部功能区、交子公园商务区河东片区产业园、潘家沟农民拆迁安置房、四川师大站静桉南TOD综合开发等重大项目办理城市建筑垃圾处置（排放）证城镇污水排入排水管网许可证取水许可证，审批水土保持方案报告。提升企业投资项目备案审批质效，设立重点项目服务洽谈室，成立帮办代办服务中心，制定重点项目首席服务方案，为成都交子公司金融商务区河东片区等重点项目和154个一般性投资项目备案。备案项目总投资额达426亿元。为95家剧本娱乐活动经营单位备案。

（丁小园　邓祥敏）

【基层便民服务】 2023年，锦江区各街道便民服务中心（站）按标准完善服务流程、管理制度，申报3个省级示范街道便民服务中心和5个市级示范便民服务站。规范社区代办服务事项，梳理街道便民中心事项212项、社区代办服务事项53项。按照政务服务事项就近办理原则，统一规范编制办事指南，在街道、社区公示事项清单。牛市口、东湖、成龙路3个街道的便民服务中心通过省级示范街道便民服务中心验收，国槐路、卓锦城、皇经楼、金像寺、包江桥5个社区的便民服务站通过市级示范便民服务站验收。

（刘恒　李林桃）

【政务公开】 2023年，锦江区申报第二批“深化政务公开促进基层政府治理能力提升先行县（市、区）”，印发《2023年政务公开工作要点》，优化政府网站总门户功能，完成政府信息目录升级改造工作，强化各单位政府信息主动公开监督管理工作。将政务公开、政府网站、政务新媒体管理纳入目标考核体系，制发《关于锦江区政府网站与政务新媒体检查指标、管理规范的通知》《关于锦江区政府系统政务新媒体账号的问题提示函》，细化责任分工，建立月度通报和季度通报机制，压实部门责任。优化整合政务新媒体，强化政务新媒体主账号运营，关停注销政务新媒体24个，保留政务新媒体账号45个。向省政府办公厅报送政务信息290条，12条被采纳。向市政府办公厅报送政务信息448条，172条被采纳。政务信息被省政府办公厅采纳得分在全省183个区（市）县直报点中名列第一。市政府办公厅《政务信息专报》登载《锦江区关于破解新形势下幼儿园招生“冰火两重天”现象的思考与建议》《关于推进离境退税工作打造国际化消费地标的思考与建议》2篇专报，得到施小琳、陈彦夫、吴皓、王乾等市领导肯定性批示。《将古树名木保护进行到底——当前我省古树名木保护存在困难及对策建议》被省政府办公厅采用，并上报国务院办公厅，得到省政府领导批示。区政府被省政府办公厅评为四川省政务信息报送工作先进单位。

（万梦琪　刘恒）

【政务代办服务】 2023年，锦江区以企业和群众急难愁盼问题为导向，按照主动服务、有问必答、线上线下相结合的原则，建立政务代办服务机制。依托“天府蓉易办”平台，建设常见问答智能客服知识库，提供在线咨询服务。同时在政务服务大厅开设全程帮办代办中心，发布帮办服务清单，提供咨询、导办、帮办、免费邮寄服务。服务办事人1.3万人，提供免费邮寄服务4200次。按时办结率100%、咨询和投诉及时处理率100%。代办事项涉及婚姻登记、公安、税务、医保、社保、工商等领域，办事人通过“智能客服”提问6.6万次，问题命中率91.68%，群众满意度99.86%。

（周可心　胡滨）

【政务服务数字地图】 2023年，锦江区围绕“最优办事方案、最全办事指南、最快导引路径、最简使用方式”4个维度，以区、街道、社区三级政务服务体系建设为导向，整合区级政务服务中心，11个街道便民服务中心、76个社区便民服务站的资源信息，通过“锦江服务”微信公众号发布政务服务数字地图，展示站点具体地址、实景照片、咨询电话、办公时间、办事指南等信息，回答企业和群众“哪里最方便、怎样最省心、如何更便捷”的问题，实现线上政务服务、线下便民站点、掌上办事指南等信息有机串联的目标。

（金铭　杨齐）

【“智政务 · 新邮政”场景营造】 2023年，锦江区与成都市暑袜街邮政支局合作，采取“政务服务+邮政”模式，在暑袜北一街25号附6号打造“智政务 · 新邮政”服务场景。建立“前台综合受理、后台分类审批、统一窗口出件”的无差别综合窗口工作模式，将企业开办、医疗卫生、文化娱乐、投资建设、城市管理等577项服务事项和社保医保、就业培训、养老助残、社会救助、退役优抚等129项个人服务事项纳入邮政网点服务范围，采取线上申报、预审、补正等措施，打通政务服务“最后一公里”。

（刘恒）

政务督查

【重要工作督查督办】 2月，锦江区开通“智慧督办”平台，规范划分主办、协办职责，办理进度实时线上传递反馈，责任领导自动关联，进展情况实时掌握，及时采取措施调度。“智慧督办”平台生成督办事件2400件、督办工单事件600件，督办效率提升80%，实现督办任务快速分发目标。针对民生实事、耕地保护、大运会、生态环保、燃气安全、信访维稳、安全生产等领域开展专项督查工作，以督查督办的方式推动重要工作。办理市政府主要领导批交办事项、国务院“互联网+”等市级督办件65件，接受市级以上的现场调研、督查6次，下发区政府主要领导批交办事项督办通知单、区政府重点工作督办通知单600份，形成督查专报24期。牵头负责的128个省、市、区民生实事目标任务完成。9月25日，列为四川省民生实事任务的锦江区老旧院落改造项目受到省督查组表扬。

（李海旭）

【人大代表建议督办】 2023年，区政府依法接受区人大及其常委会的法律监督和工作监督，承办市人大代表建议2件，办理《关于高质量推动“品位锦江 · 幸福城区”民营经济健康发展的建议》《关于高品质打造锦江软件园的建议》《关于家庭友好视域下的“一老一小”整体解决方案的建议》《关于加快实施老旧院落改造的建议》等区人大代表建议134件。

（曲美丽　辛雨静）

【政协委员提案督办】 2023年，区政府自觉接受区政协的民主监督，承办市政协委员提案3件，办理《关于排查整治商务楼宇风险隐患的建议》《关于在四圣祠片区城市有机更新背景下做好望福街街区城市更新的建议》《关于深化援企稳岗扩就业的建议》《关于以“时尚消费引领”功能为牵引，加快打造国际消费中心城市核心区的建议》等区政协委员提案202件。按时办结回复率和满意率100%。

（曲美丽　辛雨静）

政策研究

【重要文稿起草】 2023年，锦江区坚持“围绕中心、服务大局”工作理念，推动综合文稿服务工作。起草《政府工作报告》、区政府主要领导出席区委八届四次全会暨区委经济工作会议、区委八届五次全体会议、八届区政府第三次全体会议、八届区政府第四次全体会议的讲话稿和区政府主要领导出席区委工作会议、区委理论学习中心组（扩大）专题学习会的发言提纲、在锦江区传达学习党的二十届二中全会和全国两会精神大会暨领导干部读书班大会的讲话提纲。全年起草重要文稿158篇。

（邓力夫）

【重大事项调研】 2023年，锦江区落实“大兴调查研究”工作要求，撰写专题调研报告《抓好区县安全工作的三个基本单元》。围绕学习贯彻习近平新时代中国特色社会主义思想主题教育，将“锦江软件园携手天府软件园，共同打造四川软件产业双子星座”作为区政府主要领导牵头的重大调研课题。围绕调研课题梳理锦江软件园缺少链主型龙头企业、锦江软件园内存量工业用地盘活、高质量推进锦江软件园片区开发公共服务配套设施建设、高质量完成锦江软件园片区耕地保护工作以及破解“邻避效应”和加快建设锦江软件园生态环保配套设施5个问题，由5名区政府分管领导牵头调研，分别编制整改措施清单，督促解决问题。研究制约发展的困难问题，编撰《重点片区建设需要省级层面协调解决事项报告》。配合市政府研究室调研3次，撰写调研文章6篇。到三色路夜市、R29社区商业中心调研，形成调研报告。

（邓力夫）

【经济社会发展信息整理】 2023年，锦江区拓宽信息来源渠道，聚焦省、市、区党委和政府重大战略部署以及领导关注重点事项，梳理各街道、区级各部门报送的工作信息。并挖掘各领域工作亮点，形成可复制、可推广的经验总结信息。建立街道和部门轮训机制，安排人社局、锦华路街道办事处、牛市口街道办事处的信息工作人员到区政府办公室信息科轮训，提高基层信息工作水平。与全市信息工作评分靠前的区县建立联系机制，与成华区、双流区、温江区等区县开展座谈交流活动，学习借鉴信息组稿、编写、推送的经验，提升信息整理工作质量。

（邓力夫）

人事管理

【公务员和参公人员录用】 2023年，锦江区对标区委中心工作、重点任务，根据公务员队伍建设需要，分级分类招引人才。完成2023年选调生接收、参公人员招考、军转安置、聘任制公务员招聘等工作，补充公务员和参公人员106人、聘任制公务员2人。开展2024年参公人员招考计划申报工作，完成报名和资格审查。承办中央机关及中央机关直属机构2024年度考试录用公务员笔试锦江考区的各项工作。

（郑浩　张若愚）

【公务员队伍建设】 2023年，锦江区建立新录用公务员培养管理体系，开展公务员入职培训、实践锻炼、跟踪管理等工作，选派26名新录用人员参与成都大运会筹备、主题教育等重要工作。首次开设年轻公务员“源头培养”专题培训班。实施驻村选调生“风筝式”培养，选派27名选调生到成都市崇州市驻村历练。完成到村任职选调生考核，考核51名任职期满的选调生。4月3日，制定《关于贯彻落实高素质专业化治蓉兴蓉公务员队伍建设“五项工程”的实施方案》，明确59个重点任务和97条措施，开展“素能提升、结构优化、管理增效、暖心激励、夯基固本”五项工程。7月14日，召开贯彻落实公务员队伍建设“五项工程”推进会，针对推进过程中存在的问题研究措施，部署后续工作。

（郑浩　张艾琦）

【公务员考评】 2023年，锦江区印发《关于进一步加强公务员平时考核工作的通知》，把平时考核为好的等次作为职级晋升的必要条件。选取区法院、区委政法委、区经信局、区市场监管局、区残联作为首批区级观测点，书院街街道继续成为市级平时考核联系点，推动平时考核提质增效。印发《公务员专项考核实施方案》，以四圣祠片区城市有机更新搬迁腾退专项工作为载体开展专项考核试点工作。推广职级晋升积分制，印发《关于在科级及以下公务员中开展职级晋升积分制考评的指导意见》，构建“基础积分+共性积分+单位个性积分”结构化考评框架，形成多角度立体考评机制。践行“集中+统筹”评优指标分配机制，组织1926名公务员参加2022年公务员年度考核，其中433人优秀、2人不称职、1人基本称职、16人不确定等次。制定《2023年公务员年度考核奖发放方案》，设置重点项目奖、考核优秀奖的子项目，明确奖金倾斜政策。倾斜对象为承担年度重点工作任务成绩突出单位、评优评好的公务员。奖励2022年度考核优秀的公务员，嘉奖361人，为72人记三等功。印发《关于做好成都大运会专项工作公务员及时奖励工作的通知》，奖励成都大运会筹办期间锦江赛区贡献突出的35名公务员，其中嘉奖32人、记三等功3人。

（马文凯）

【事业单位人员管理】 2023年，锦江区根据事业单位用人需要，采取统一招考方式录用事业单位人员。针对新录用事业人员建立统筹培养、管理、使用机制，提升干部队伍“源头储备”的系统性、时效性、战略性。遵循“一人一档”原则，建立事业单位人员跟踪培养成长档案。为新录用事业人员制定个性化培训方案，组织新录用的事业单位人员培训1次。结合新录用人员的专业特长、工作经历、个人意愿派遣岗位，派遣新录用人员27人。开展新录用人员轮岗交流，轮岗交流新录用事业单位人员55人。

（张韵）

信访工作

【信访工作法治化建设】 5月10日，锦江区承办四川省《信访工作条例》集中宣传月活动暨落实年启动仪式，获媒体9次报道。持续推动《信访工作条例》普法宣传制度化、常态化，营造“办事依法、遇事找法、解决问题用法、化解矛盾靠法”的氛围。依据《信访工作条例》受理、办理、答复信访事项，引导信访人依法维权，解决合理诉求。

（伏兰）

【信访积案化解】 2023年，锦江区针对“治重化积”工作，建立区委常委会定期研究、区政府常务会常态化调度、区信访工作联席会议协调推进的工作机制，推进信访积案化解工作。包案区领导和化解责任单位共同推动突出信访问题化解工作，采取召开专题会等方式化解信访积案。针对城乡建设、劳动和社会保障、金融投资、市场监管、教育、自然资源、政法等领域的难点问题，多措并举解决问题。第三批38件“治重化积”中央级重复信访案件和27件市级信访突出问题清单案件全部化解。区委、区政府被人民网评为2023年度网上群众工作民心汇聚单位。区信访局被评为四川省治重化积专项工作优秀集体。

（伏兰）

【信访问题源头治理】 2023年，锦江区落实首办责任制，把及时化解和处置初信初访作为解决群众反映问题的首道关口，提高初次信访办理质量。受理信访案件8080件，初次信访事项一次性化解率99.29%。发挥网上信访快捷高效优势，聚焦共性问题和反复反映问题的排查、汇总、甄别、办理、跟踪等环节，印发《关于规范信访件办理流程提升信访件办理质效的通知》，促使群众诉求得到及时回应。全区信访事项及时受理率100%，按期办结率100%。以街道信访工作联席会议机制建设和各社区“群众工作之家”建设为抓手，推动信访工作与社会矛盾综合调处化解融合机制建设，提升基层化解信访矛盾能力。区信访局被评为成都市信访基层工作先进单位。

（伏兰）

机关事务

【公务用车管理】 2023年，锦江区开展2022年度党政机关公务用车数据统计报告工作，填报52个行政事业单位基本信息和458辆公务用车基本信息以及2022年车辆维修保养、燃油、保险等用车费用以及行驶里程、出车次数等信息。审核303辆公务用车的行驶证、资产卡、机动车登记证书等信息，清理95辆需过户车辆。举办公务用车使用普规普纪教育培训会。成立公务用车检查小组，从责任落实、安全教育、制度建设、人员管理、使用管理、监督管理等方面抽查公务用车安全管理情况。

（蒋晋）

【机关资产管理】 2023年，锦江区开展街道国有资产管理方面的课题研究，审批机关事业单位拟报废设备2581件，涉及金额2420万元。为13家机关事业单位调拨办公设备，涉及金额2437.22万元。审批13家机关事业单位房屋出租工作。开展党政机关办公用房专项整治，向市机关事务管理局上报整治情况。完成2023年度公用房信息更新和填报工作。完成党政机关办公用房危房排查整治工作，排查房屋104幢，鉴定9幢。区机关事务局被市机关事务管理局评为机关国资管理先进单位。

（蒋晋）

【节约节能型机关建设】 2023年，锦江区落实中央八项规定及其实施细则精神和《党政机关厉行节约反对浪费条例》，采取张贴宣传画、更新宣传桌牌、播放宣传广告等方式，开展“反对餐饮浪费”宣传。将食材边角料用来制作泡菜、熬汤辅料，杜绝食材浪费，餐余垃圾较2022年减少9%。公务用车运行费下降1.08%。分析公共机构能耗数据，通知用能数据超计划单位降耗。开展“节能宣传周”等活动，宣传节能降碳、绿色发展、反食品浪费等理念。邀请大众、小鹏、东风等品牌的经销商开展新能源汽车推广活动。实施冷凝水回收利用、分布式光伏发电等项目。

（蒋晋）

锦江区古遗址之邱家祠堂

邱家祠堂始建于清代，位于锦江区龙王庙正街28号，坐东北朝西南，三进四合院布局，占地3960平方米。西北方联建侧院，占地1564平方米。房屋结构以木抬梁与木穿斗结构为主，建筑木雕裙板和卷棚吊顶缺失。建筑主体高7.2米，中院、后院两侧各有天井2个。门厅地处邱家祠堂中轴线，面阔3间，宽9.36米，进深6.75米。门厅为木抬梁结构，小青瓦悬山屋面，两侧山墙为砖墙，木板门，前檐口卷棚吊顶装饰，撑弓、角花等构件采用木雕刻工艺。两侧厢房对称布置，房屋面阔2间，宽7米，进深3.6米。过厅为中轴线主要建筑，面阔1间，宽24.76米，进深7.5米。前檐有卷棚吊顶、风窗、角花等装饰，中梁贴金图案及文字。正厅由堂屋和正房组成，面阔5间，宽22.16米，进深13.5米。西侧院落正厅和过厅为主要家族活动场所，布局四合院3个。祠堂外侧围墙为青砖砌筑，空斗砖墙式样。墙厚40厘米，高5米，大部分保存完整。2013年，市政府公布为第一批成都市历史建筑。2018年5月2日，市政府公布为第六批市级文物保护单位。

中国人民政治协商会议成都市锦江区委员会

综述

【协商议政服务中心大局】2023年，锦江区政协发挥职能，服务发展所需。区政协聚焦“单核支撑”向“双核共兴”转变，围绕增强锦江软件园产业服务支撑、巩固提升锦江商贸领先优势等课题开展常委会专题议政和互动协商，提出意见建议55条，助力新旧动能加速转换；聚焦天府文化创新性发展创造性转化，围绕锦绣绿道国际文旅轴建设、琉璃古窑遗址保护利用等开展专题协商，提出意见建议42条，聚力打造“三城三都”锦江品牌；聚焦超大城市中心城区现代化治理和公共服务水平提升，围绕充分就业服务供给、学前教育普及普惠、基层卫生服务机构提档升级、创新型人才培养、儿童友好社区打造、“微网实格”赋能基层治理等开展对口协商，提出意见建议54条，助力增进民生福祉。

（丁元　唐伟）

【民主监督助推经济社会发展】2023年，锦江区把人民政协履行民主监督职能与政治协商、参政议政职能有机结合，围绕推进基层医疗卫生服务机构提档升级、落实落细惠企纾困政策等重点工作开展专项民主监督2次。围绕招引培育都市工业企业、打造稳定公平可及营商环境、丰富提升三圣花乡景区文化内涵、构建城市观光消费新游线、大运营城惠民等工作开展监督性调研5次。围绕2022年度提案《关于加快培育专精特新企业的建议》办理情况开展“回头看”工作，围绕2023年集体提案《关于打造更美公园城市会客厅座椅的建议》办理情况开展民主监督，通过协商式监督助推区委、区政府重大决策部署落实，推动重点工作、重大项目建设。

（丁元　唐伟）

【政协委员履职能力提升】2023年，锦江区开展政协委员提案业务培训和工作指导12次，为政协委员高质量撰写提案提供服务保障。区政协联合中南大学、长征干部学院、战旗乡村振兴培训学院开办政协委员履职能力培训班3期，组织政协委员赴安徽省合肥市考察现代化产业，到成都高新区学习科技创新领域的先进经验，帮助政协委员增强履职能力。

（丁元　唐伟）

【政协自身建设加强】2023年，锦江区持续加强政协建设，开展学习贯彻习近平新时代中国特色社会主义思想主题教育，一体推进理论学习、调查研究、助推发展、检视整改等工作，通过党内学习教育带动政协委员学习习近平新时代中国特色社会主义思想。持续推动党组织全覆盖党员政协委员和党的工作全覆盖政协委员工作，定期听取机关和专委会的党建工作汇报，落实党建工作责任制、党风廉政建设责任制、意识形态工作责任制，增强政协党组织政治功能和组织功能。与企业党组织“直联共建”，打造政协党建活动阵地，组织政协委员中的党员开展主题党日活动。同时开展党员讲坛活动，以党的建设引领政协履职实践。

3月22日、4月26日、5月12日、7月18日、11月15日，区政协开展5次委员讲堂活动。采取“实地调研+讲堂互动”的方式，扩大政协委员知识面，提升政协委员履职能力。邀请成都肖小儿国医馆馆长肖量、成都葫芦文化传媒有限公司总经理杨柠豪、成都百家堂姓氏文化博物馆馆长郑华等各领域的政协委员开设“后疫情时代的健康生活”“音乐文化与城市品位”“智能交通发展及对策研究”等专题讲座，组织政协委员与区级部门负责人、区政协街道工委负责人共话文化软实力提升、产业结构优化、智能交通发展、家风文化建设等课题，提高政协委员建言水平。同时落实省政协部署，以“书香政协”活动为抓手，开展“学习新思想、践行新使命、奋进新征程”读书与实践活动，开通政协委员读书微信群，以线上线下相结合的方式开展读书分享活动15次。

（丁元　唐伟）

重要会议

【区政协八届三次会议】 10月18日，区政协召开八届三次会议。应到255人，实到221人。区政府向会议递交《区政府关于2023年1—9月全区经济社会发展情况的通报》。会议讨论《区政协关于加强委员联系群众工作的实施方案》，选举张俊国为区政协主席、刘静敏为区政协常委，审议通过《区政协八届三次会议决议》。

区委书记陈志勇出席开幕会并讲话。陈志勇肯定区政协工作，提出新的工作要求。陈志勇指出，区政协及全体政协委员要深入学习贯彻党的二十大精神和习近平总书记来川视察的重要指示精神，落实省委“四化同步、城乡融合、五区共兴”发展战略和市委“三个做优做强”、产业“建圈强链”等决策部署，立足锦江区构建“1+3+3”现代化产业体系、打造国际消费中心城市核心区和国际交流交往引领区、推进幸福美好生活十大工程、社会发展治理等经济社会建设各领域的重点工作，围绕中心、服务大局，为锦江区高质量发展建言献策、献智出力。

会议要求政协干部和政协委员“懂政协、会协商、善议政，守纪律、讲规矩、重品行”，增强政协工作生命力、创造力、影响力。要求全区各单位党委、党工委、党组支持政协工作，参加政协协商活动，办理政协提案，营造全社会重视、关心、支持政协工作的氛围。

区政协党组书记、主席张俊国在闭幕会上讲话。张俊国指出，区政协要坚持思想政治引领，深入学习贯彻习近平新时代中国特色社会主义思想，团结全区各界人士，拥护“两个确立”、做到“两个维护”。要围绕中心、服务大局，贯彻区委决策部署，针对锦江区现代化建设的重点领域和关键环节开展协商活动，确保政协工作与区委中心工作步调一致。同时要强化政协委员的责任担当，带领和激励政协委员履职尽责。

（丁元　唐伟）

【区政协常委会会议】 3月16日，区政协常委会召开八届七次会议。会议传达全国、省、市的两会精神，审议《区政协2023年工作要点》，评议2022年区政协专委会和区政协街道工委的履职情况，通报2022年区政协委员履职情况，学习《成都市优化营商环境条例》。区发改局、区白鹭湾新经济总部功能区管委会的参会代表介绍锦江区支持实体经济发展和产业园区规划、惠企招商政策等情况。会议讨论通过各专委会人事任免事项。

7月13日，区政协常委会召开八届八次会议。会议深入学习习近平总书记重要文章，传达全国政协、省政协、市政协的常委会会议精神，传达省委、市委、区委全会精神，开展“盘活存量空间，打造智慧绿色高端商务楼宇”专题协商，学习新修订的《中国人民政治协商会议章程》。会议讨论通过人事任免事项。

10月17日，区政协常委会召开八届九次会议。会议学习习近平总书记到四川考察的重要指示精神，传达省委、市委、区委的重要会议精神。会议审议《区政协关于加强委员联系群众工作的实施方案（征求意见稿）》和区政协八届三次会议筹备事项。会议讨论通过人事任免事项。

10月18日，区政协常委会召开八届十次会议。第一次会议审议区政协八届三次会议选举事项和大会决议草案，同意张俊国为区政协主席建议候选人。同意将建议候选人名单提请委员小组会议审议。第二次会议听取区政协八届三次会议秘书处报告小组讨论和审议情况，审议区政协八届三次会议选举事项、大会决议草案，同意张俊国为区政协主席候选人。同意将候选人名单提请区政协八届三次会议选举。

11月1日，区政协常委会召开八届十一次会议。会议深入学习习近平总书记关于科技创新的重要论述，开展“前瞻性布局锦江软件园新基建，增强园区产业支撑服务功能”专题协商，学习《成都市科技创新中心建设条例》。会议同意刘琳、宋宗铭不再担任区政协副主席、委员职务。

（丁元　唐伟）

【区政协主席会议】 1月9日，区政协召开八届二十一次主席会议。会议学习习近平总书记重要讲话精神和重要文章，传达中共中央政治局民主生活会、中央农村工作会议、中央经济工作会议、省委经济工作会议、市委十四届二次全会暨市委经济工作会议、区委八届四次全会暨区委经济工作会议等重要会议精神，研究贯彻落实措施，部署区政协工作。

1月28日，区政协召开八届二十二次主席会议。会议学习习近平总书记重要讲话精神，传达中央和省、市的纪委全会精神，传达省十四届人大一次会议、省政协十三届一次会议精神和市委、市政府的重要文件精神，安排区政协工作。

2月17日，区政协召开八届二十三次主席会议。会议学习习近平总书记出席学习贯彻党的二十大精神研讨班开班式的重要讲话精神，传达区纪委八届三次全会精神，审议《2023年区政协工作要点》《2023年区政协协商计划》《区政协“有事来协商”工作小微协商活动计划》。

3月7日，区政协召开八届二十四次主席会议。会议学习习近平总书记重要讲话精神，传达全国和省、市、区的重要会议及文件精神。区政协各专委会、各街道工委的负责人总结2022年工作，汇报2023年工作思路。会议审议《区政协常委会八届七次会议方案》。

3月16日，区政协召开八届二十五次主席会议。会议传达全国两会精神，审议2022年区政协委员履职情况和人事事项。

4月18日，区政协召开八届二十六次主席会议。会议学习习近平总书记到广东省考察的重要讲话精神，传达习近平新时代中国特色社会主义思想主题教育工作会议精神和省、市的主题教育工作会议精神，审议《区政协关于落实“同心共建现代化四川”专项行动的实施方案》。

6月8日，区政协召开八届二十七次主席会议。会议学习习近平总书记重要讲话精神，审议《区政协关于大兴调查研究工作方案》。

7月11日，区政协召开八届二十八次主席会议。会议学习习近平总书记重要讲话精神，传达省委十二届三次全会、市委十四届三次全会、区委八届五次全会等重要会议精神。

9月1日，区政协召开八届二十九次主席会议。会议学习习近平总书记对四川凉山州金阳县山洪灾害的重要指示精神，学习中央和省委、市委、区委的重要会议及文件精神，研究部署区政协工作。

10月17日，区政协召开八届三十次主席会议。会议传达学习习近平总书记重要讲话精神和重要指示精神，传达中央和省、市、区的重要会议精神。会议审议《区政协关于加强委员联系群众工作的实施方案（征求意见稿）》以及区政协委员调整事项、人事事项，审议《区政协八届九次常委会会议方案》和区政协八届三次会议筹备事项。

10月18日，区政协召开八届三十一次主席会议。第一次会议审议区政协八届三次会议人事事项、选举事项和大会决议草案。第二次会议听取区政协八届三次会议秘书处报告小组讨论和审议情况，审议区政协八届三次会议人事事项、选举事项、大会决议草案。

11月1日，区政协召开八届三十二次主席会议。会议学习习近平总书记重要讲话精神和重要指示精神，审议《区政协专门委员会提案工作制度》《区政协八届十一次常委会会议方案》及人事事项。

12月25日，区政协召开八届三十三次主席会议。会议学习习近平总书记重要讲话精神和重要指示精神，审议《区政协八届四次会议工作方案》。

（丁元　唐伟）

政治协商

【概况】2023年，区政协发挥社会主义协商民主的渠道作用和专门协商机构作用，关注区委、区政府中心工作，针对中心城区功能支撑、现代化产业体系建设、“幸福锦江品质”提升等重要领域，履行政治协商职能。开展“智慧绿色高端商务楼宇建设”“锦江软件园产业服务体系建设”“锦绣绿道国际文旅轴建设”“锦江就业超市升级”“金具厂工业遗址公园规划建设”“全国县域学前教育普及普惠区创建”等专题协商6次，开展“锦江区商贸领先优势”互动协商1次，开展“微网实格赋能基层治理”“琉璃古窑遗址保护利用”对口协商2次，针对天涯石儿童友好社区建设的提案办理工作协商1次，利用“有事来协商·锦事尽商量”平台开展小微协商22次。

（丁元　唐伟）

【专题协商】5月25日，区政协开展“加快建设锦绣绿道国际文旅轴”专题协商。组织政协委员到开心麻花剧场、谢无量故居、西部文化产业中心视察，召开协商座谈会，为锦绣绿道文旅轴规划建设建言。政协委员提出意见建议。

6月16日，区政协开展“争创全国县域学前教育普及普惠区”专题协商。锦江区学前教育机构代表、学生家长代表、区教育局负责人应邀参会。区政协委员、区政协智库专家代表提出意见建议。

6月20日，区政协开展“推动锦江就业超市升级，提升促进充分就业服务水平”专题协商。政协委员和企业代表提出意见建议。

7月13日，区政协常委会八届八次会议开展“盘活存量空间，打造智慧绿色高端商务楼宇”专题协商。政协委员、行业专家针对“ESG背景下打造智慧绿色高端商务楼宇”“金融赋能提质智慧绿色高端商务楼宇”“中心城区楼宇自我更新提档升级”“利用全流程一体化资管服务化解存量楼宇市场化运营痛点”“打造楼宇经济空间+产业+运营3.0时代”“以绿色、智慧、共享的运营理念盘活商务楼宇存量空间”等领域提出意见建议。区政府副区长周晓从完善政策机制、打造大数据平台、整合共享楼宇资源等方面回应政协委员和专家的意见建议。

9月6日，区政协开展“金具厂工业遗址公园规划建设”专题协商。参加专题协商的政协委员到金具厂工业遗址公园项目现场调研，了解金具厂历史沿革、公园建设进度、片区未来规划等情况，出席协商座谈会。市绿道公司、锦华路街道办事处的参会代表介绍情况。政协委员从地下空间利用、交通规划、工业遗产保护等方面建言献策。

11月1日，区政协常委会八届十一次会议开展“前瞻性布局锦江软件园新基建，增强园区产业支撑服务功能”专题协商。区白鹭湾新经济总部功能区管委会、区新科局、区经信局、区住建交局的负责人分别通报园区建设情况。政协委员、企业代表提出“布局新基建、提升服务力”“企业配套、人才服务、商业聚集、招商稳商”“人才引领、成果强市，整合共享、数据兴市”“找准园区定位，挖掘后发优势”“提升园区商业人气、完善公共配套、突出招大引强和招商引智”等意见建议。区政府副区长游锦从规划优化、路网完善、能源配套、场景营造、高能级企业引育等方面回应政协委员和企业代表的意见建议。

（丁元　唐伟）

【互动协商】5月30日，区政协以“打造消费新场景，释放消费新活力，巩固提升锦江商贸领先优势”为主题，邀请22名不同界别、不同行业的政协委员和区政协智库专家、商贸企业代表与区委、区政府领导和区政府职能部门负责人互动协商，为锦江区激发消费动能、促进消费升级、打造国际消费中心城市核心区建言献策。政协委员和区政协智库专家提出意见建议。

（丁元　唐伟）

【对口协商】 9月8日，区政协以“建强微网实格，赋能基层治理”为主题，开展“微网实格”建设对口协商。参加对口协商的政协委员到东湖街道翡翠城社区“翡翠里·百草园”视察。区级职能部门和街道的参会代表介绍“微网实格”建设情况。政协委员提出“以数据融通赋能基层治理，调动新市民和年轻人群体参与网格发展治理”等意见建议。

9月12日，区政协以“琉璃古窑遗址保护利用”为主题，开展对口协商。参加对口协商的政协委员到琉璃古窑遗址调研，了解文物保护情况。锦华路街道、区文体旅局、区规自局的参会代表介绍情况。政协委员结合各自专长，针对遗址公园规划建设提出意见建议。

（丁元　唐伟）

【提案办理协商】 5月24日，区政协针对2023年度重点提案《关于建设“天涯石”儿童友好社区的建议》开展协商。参加协商的政协委员到沙河街道汇泉路社区、书院街街道福字街社区视察儿童友好社区，与提案承办单位负责人座谈。区妇联、书院街街道办事处的负责人介绍儿童友好社区建设情况。政协委员结合各自专长，提出“尊重儿童隐私，加强困境儿童救助帮扶，营造儿童友好氛围”等意见建议。

（丁元　唐伟）

【小微协商】 2023年，区政协鼓励政协委员参与产业园区和企事业单位涉及公共事务的小微协商，倡导各社区邀请政协委员列席居民议事会、院落（小区）民主议事活动，发挥街道协商议事室、社区（园区）委员联络站、企事业单位委员联系点的阵地作用，打造社区小微协商平台88个，实现“有事来协商·锦事尽商量”阵地全域覆盖目标。区委批准2023年度“有事来协商”工作小微协商计划实施，各街道政协工委筛选“快递员电瓶车规范停放”“院落环卫设施优化”“小区电梯更换”等议题，利用“有事来协商·锦事尽商量”平台开展“光华街临街院落提升打造”协商、“最美上学路建设”协商等小微协商22次。同时组织政协委员参加基层议事活动41次。区政协被省级政协评为全省有事来协商工作先进单位。区政协三圣街道工委被省政协评为全省先进协商平台。

（丁元　唐伟）

民主监督

【概况】 2023年，区政协针对经济社会建设年度重点和群众关切问题，依法履行民主监督职能，组织政协委员开展基层医疗卫生服务机构提档升级等专项民主监督2次，开展都市工业企业招引培育、三圣花乡景区文化内涵提升、城市观光消费新游线打造等监督性调研5次。监督办理2022年度重点提案《关于加快培育专精特新企业的建议》和2023年集体提案《关于打造更美公园城市会客厅座椅的建议》，为区委重大决策落地和区政府推动重点工作、重大项目建

图11 2023年5月30日，区政协春熙路街道工委开展“光华街临街院落提升打造”小微协商活动

（区政协办公室提供）

设助力。

（丁元　唐伟）

【专项监督】 9月8日，区政协组织政协委员开展“基层医疗卫生服务机构提档升级”专项监督，到双桂路五福社区卫生服务中心等点位视察，召开工作座谈会。区卫健局、区医保局的参会人员介绍基层医疗卫生服务机构提档升级情况。政协委员提出意见建议。

9月15日，区政协组织政协委员开展“落实落细惠企纾困政策，推动区域经济企稳回升”专项监督，到锦江区人才综合服务中心调研，了解可视化平台、人才超市、创新创业孵化区等功能性设施建设情况，协同市政协经济委开展“成都市持续优化提升营商环境十大举措”落实情况问卷调查，召开座谈会。政协委员提出意见建议。区发改局、区财政局、区商务局等9个部门的负责人分别到场听取政协委员意见建议。

（丁元　唐伟）

【视察监督】 3月28日，区政协组织政协委员开展“都市工业企业招引培育及重点项目建设”视察监督。政协委员到华侨凤凰都市工业创新港、中鼎国际二期等重点项目视察，召开座谈会，提出意见建议。区经信局、区投促局、区发改局、区住建交局、区规自局、锦江生态环境局、锦江发展集团公司的负责人分别介绍各领域工作情况，听取政协委员意见建议。

图12　2023年10月26日，区政协组织政协委员到三圣花乡开展景区文化内涵提升工作民主监督　（区政协办公室提供）

4月19日，区政协组织政协委员开展“健全司法保障机制，打造稳定公平可及营商环境”视察监督。政协委员到区法院、区检察院视察，了解区法院诉讼服务大厅、金融审判法庭和区检察院“12309”检察服务大厅运行情况。区检察院金融检察部展示企业合规案例。在区检察院召开座谈会。区法院、区检察院的负责人介绍情况。政协委员提出意见建议。

10月25日，区政协针对成都大运会营城惠民工作开展视察监督，组织政协委员到锦江体育公园、成都射击射箭运动中心、白墙公园特色街区以及马家沟路、静沙北路、东门市井特色街区等点位视察。区公园城市局、区住建交局、区商务局、区文体旅局的负责人介绍各领域工作情况。政协委员提出意见建议。

10月26日，区政协针对三圣花乡景区文化内涵提升工作开展视察监督，组织政协委员到成都许燎源现代设计艺术博物馆等点位视察，召开座谈会。区文化创意产业促进中心、区文体旅局、三圣街道办事处的负责人介绍工作情况。政协委员提出意见建议。

10月26日，区政协针对城市观景台建设和观光消费新旅线打造工作开展视察监督，组织政协委员到三色路“交子咖啡城市观景台”视察，召开座谈会。项目策划运营单位负责人介绍项目规划策划、空间打造、业态模式、运营思路等情况，区文体旅局负责人介绍锦江区城市观景台建设情况。政协委员提出意见建议。

（丁元　唐伟）

【提案办理监督】 5月10日，区政协组织政协委员开展2022年度提案办理“回头看”民主监督。监督《关于加快培育锦江区专精特新企业的建议》办理工作。政协委员到成都域上和美文化发展有限公司、四川国测检测技术有限公司等专精特新企业视察，了解企业在行业细分领域的业态布局、领先优势、经营情况。提案承办单位和区委人才办公室、区经信局、区金融局、区文体旅局的负责人分别结合各自工作介绍提案办理情况。政协委员从头部企业引领带动、企业财务规划、细分行业专业人才梯度建设、减税降费政策落实以及专精特新企业的上市辅导等方面提出意见建议。

6月27日，区政协针对2023年度集体提案办理工作，组织政协委员开展民主监督。监督《关于打造更美公园城市会客厅座椅的建议》办理工作。政协委员到城市会客厅合江亭点位、春熙路步行商业街片区视察，了解合江亭点位建设情况和春熙路步行商业街片区的公共座椅设置情况。区公园城市局、区文体旅局等区级部门的负责人分别介绍提案办理情况。政协委员提出“融入在地文化，提升座椅设计的文化内涵；整合周边商家资源，拓展座椅附属功能；引入社会力量，统筹座椅全流程运营”等意见建议。

（丁元　唐伟）

参政议政

【提案征集与办理】 区政协八届二次会议召开至2023年底，区政协征集提案305件。其中政协委员个人提案285件、联名提案1件，区政协专委会及政协委员小组撰写的集体提案19件。区政协审查立案的提案242件。提案承办单位在规定时限内全部办理完毕。其中反映问题得到解决和基本解决的A类提案163件，占67.4%；正在解决和列入计划的B类提案78件，占32.2%；受条件限制，暂时无法解决的C类提案1件，占0.4%。另有未立案提案63件，转送职能部门和街道办事处参考。遴选出《关于加强超大小区综合治理的建议》《关于率先推进锦江文化资源数据库建设的建议》《关于预防和遏制隐形变异“微腐败”现象与问题的建议》《关于后疫情时代政企如何协同招商推动平台型科技园区高质量发展的建议》《关于提升“小牛哥”志愿者服务品牌的建议》等18件年度重点提案。区委、区政府主要领导阅批重点提案12件。

（丁元　唐伟）

表11　2023年锦江区政协重点提案一览表

序号	提案标题	撰写人
1	关于加强超大小区综合治理的建议	蔡承尧
2	关于率先推进锦江文化资源数据库建设的建议	达　海
3	关于预防和遏制隐形变异“微腐败”现象与问题的建议	陈映良
4	关于后疫情时代政企如何协同招商推动平台型科技园区高质量发展的建议	区政协城市建设和人口资源环境委员会第一委员小组
5	关于提升“小牛哥”志愿者服务品牌的建议	邓姗姗
6	关于加快建设锦江数智产业港的建议	区政协经济委员会
7	关于在四圣祠片区城市有机更新背景下做好望福街街区城市更新的建议	赵　雷
8	关于构建校院企地融合发展平台，推动科技果落地转化的建议	王杜娟
9	关于排查整治商务楼宇风险隐患的建议	杨钰嶙
10	关于推动中小企业北交所上市的建议	蒲建国

续表11

序号	提案标题	撰写人
11	关于深化援企稳岗扩就业的建议	汪　旭
12	关于以“时尚消费引领”功能为牵引，加快打造国际消费中心城市核心区的建议	张　岚
13	关于大力发展锦江区夜间经济的建议	区政协科教医卫体委员会第二委员小组
14	关于建设“天涯石”儿童友好社区的建议	叶　筠
15	关于优化柳江辖区群众交通路线的建议	张治康
16	关于加强中小学生科技教育推动创新型人才培养的建议	周　利
17	关于以场景思维提升锦江社区文化魅力的建议	龚　怡
18	关于助推攀成钢商圈建设的建议	黄晓玲

【社情民意工作】 2023年，区政协发挥社情民意信息“直通车”作用，发动政协委员关注群众关切的就业、医疗、养老、教育、城市管理等领域事务，从群众关切领域反映社情民意，传递群众诉求。收集社情民意信息114条，向省政协、市政协和区委、区政府报送社情民意简报19期。市政协采用《关于规范城市“网红路牌”、避免“一拆了之”》《关于加强“迎大运盛会、创文明典范”道旗管理，营造城市氛围的建议》等12条社情民意信息，向省政协和全国政协转报《关于弥合数字鸿沟进一步提升适老化收视服务水平的建议》等6条社情民意信息，向市委、市政府转报《规范城市网红路牌的建议》等8条社情民意信息。

（丁元　唐伟）

【资政调研】 2023年，区政协完善调查研究工作制度，确定年度重点调研课题，由分管副主席牵头，各专委会负责，组织政协委员、智库成员、各行业专家学者组建课题组。坚持“调研于协商之前”的工作思路，组织干部和政协委员、智库成员到街道、社区、企业开展商前调研，向政府职能部门了解情况，在广泛听取意见的基础上撰写6篇调研报告。即《关于传承创新老字号，助推“百年春熙”焕新升级的思考与建议》《关于促进锦江养老服务高质量发展的思考建议》《关于加快充电桩（站）建设和电网改造扩容，满足市民群众新能源汽车消费需求的思考与建议》《关于加强我区职业教育产教融合的研究报告》《春熙路商圈建设国际一流商圈路径研究》《关于协同构筑新能源汽车“研产供销服”生态圈的研究》。将调研报告报送区委、区政府，为决策施政提供参考。

（丁元　唐伟）

【政协文史资料工作】 2023年，区政协秉持“以文会友、以文化人”的初衷，以“讲好推门就是美好生活的锦江故事”为目标，发挥政协文史资料存史、资政、团结、育人作用，开展区情文史图书“八送”活动。即区情文史图书送政协委员、送干部课堂、送政务窗口、送招商一线、送星级酒店、送国际商圈游客中心、送街道党群服务中心、送文化图书展览场馆。向各单位赠送《锦江这10年》《凝固的岁月烟云——成都市锦江区文化地标的前世今生》《一蓑烟雨任平生——成都市锦江区知名人物群像谱》《漫卷烟火品锦江——成都市锦江区市井文化撷萃》等文史资料1000册，为“乡愁文化”建设助力。

（丁元　唐伟）

纪检监察

重要会议

【区纪委八届三次全会】 2023年2月3日，区纪委召开八届三次全体会议。会议分为第一次大会、第二次大会、第三次大会。会议书面传达学习贯彻二十届中央纪委二次全会精神、省纪委十二届二次全会精神、市纪委十四届二次全会精神，总结2022年党风廉政建设和反腐败工作，安排2023年工作。与会人员观看警示教育片《歧途》《典型案例点评》。区委书记陈志勇讲话。区委常委、区纪委书记、区监委主任陈蓉以“强化政治担当 始终冲锋在前 为奋力谱写成都打造中国西部具有全球影响力和美誉度的社会主义现代化国际大都市锦江篇章提供坚强保障”为题，代表区纪委常委会作工作报告。会议审议通过区纪委八届第三次全会工作报告和公报。

（宋学谦　张海娇）

【区纪委常委会会议】 2023年，区纪委召开常委会会议31次（八届区纪委监委常委会第三十九次会议至第六十九次会议）。会议学习《中国共产党章程》《中国共产党问责条例》《纪检监察机关涉案财物管理规定》等法律法规，学习习近平总书记重要讲话和重要指示精神，传达中央和省委、市委、区委的重要会议精神，传达省市纪委重要会议精神，审议案件40件，审议《锦江区纪委监委领导分工建议方案》《中共成都市锦江区第八届纪律检查委员会第三次全体会议建议方案（送审稿）》《锦江区纪委监委办案人才梯队及管理工作机制（送审稿）》等重要文件和《“锦谏清风”特约监察员“双实”行动实施方案（送审稿）》《“四边”培优行动实施方案（送审稿）》《“锦善锦美·监督有我”清朗社区建设总体方案（送审稿）》等工作方案，审议干部议题10次。

（宋学谦　张海娇）

【区纪委专题会议】 2月23日，区纪委召开廉洁文化“五进”工作推进会。会议由区纪委常委胡颖主持。会议传达学习《成都市贯彻落实〈关于加强新时代廉洁文化建设的意见〉工作措施》，安排廉洁文化“五进”工作。7月13日，召开区属国有企业“清廉生产力”建设工作推进会。区纪委副书记、区监委副主任卢炳忠主持会议。会议传达学习习近平总书记重要指示批示精神和中央、省、市、区的重要会议精神，再动员、再部署。区委常委、区纪委书记、区监委主任、区委巡察办公室主任陈蓉针对“清廉生产力”建设提出要求。9月7日，召开锦江区纪检监察干部队伍教育整顿检视整治工作推进会。区纪委副书记、区监委副主任淳茂主持会议。会议学习贯彻全国、全省、全市推进会精神，总结阶段性工作，查摆问题，部署检视整治和教育整顿工作。区委常委、区纪委书记、区监委主任陈蓉讲话。12月28日，召开“十大领域”专项治理工作推进会。区纪委常委马伊主持会议。与会人员观看全市“十大领域”专项治理暗访短片，通报全区专项治理工作情况。区教育局、区应急局、区行政审批局的负责人汇报行业领域专项治理情况。区纪委派驻区市场监管局、区住建交局、区公园城市局的纪检监察组负责人汇报监督检查情况。

（宋学谦　张海娇）

党风廉政建设

【党风廉政主体责任落实】 2023年，区委、区政府落实《党委（党组）落实全面从严治党主体责任规定》精神，强化“一把手”和领导班子监督，运用“九责工作法”压实政治责任。编制责任清单，细化分解8类71项全面从严治党项目，明确责任领导和35家牵头单位以及255项具体工作任务。召开区委常委会会议、区政府常务会议，专题研究党风廉政建设、廉洁政府建设工作31次。领导班子成员听取情况汇报、部署具体工作174次。围绕主体责任、选人用人、执行落实、党建工作、文件文稿、会议活动、交流交往、廉洁自律八个方面分析研判政治生态。区委、区政府主要负责人带头政治谈话99次，班子其他成员与分管（联系）单位领导干部政治谈话1134次。常态化开展普规普纪教育，区委常委会会议、区政府常务会议学法59次。各级党组织分层分类开展学习活动3900次。

（宋学谦　张海娇）

【“三不腐”一体推进】 2023年，锦江区印发《深入贯彻落实中央八项规定精神进一步改进工作作风密切联系群众的实施细则》，针对基层反映较多的形式主义、官僚主义问题，改进工作作风。整治“指尖上的形式主义”，按照“谁建群谁负责、谁管理谁负责”原则，关闭微信工作群2个。整治街道和政府部门的政务新媒体账号，关停注销账号24个，保留账号45个。针对享乐主义、奢靡之风隐形变异现象，加强公款报销管理、公车配备监督，开展专项监督335次，整改问题123个。查处违反中央八项规定精神案件15件，处置21人。出台党员干部、公职人员操办婚丧喜庆活动规定。全区3名市管领导干部、24名区管副处级以上干部、42名科级以下干部主动报备。持续深化惩贪治腐，坚持有案必查、有腐必惩，严查重点问题、重点领域、重点对象。处置问题线索392条，立案155件，较2022年减少1.27%。其中立案查处区管干部21人，较2022年增长61.54%。初核成案率96.15%。运用“四种形态”批评教育帮助和处理341人。其中党纪政务处分143人，移送司法机关7人。开展“清廉生产力”建设工作，针对国企领域反腐败斗争形势，从提升国企政治力、监督力、资产力、项目力、效益力五个方面制定17项措施，查处违纪违法案件7件，处置7人。开展社区发展治理专项保障资金整治，挖掘线索36条，涉及金额705万元。立案查处案件16件，发送以案促改通知书2份、纪检监察建议书8份，推动以案促改、促建、促治。

（宋学谦　张海娇）

【廉洁教育】 2023年，锦江区制发《党风廉政建设责任制领导小组办公室关于进一步深化普规普纪教育工作的通知》，分层分类开展会前学习、培训等活动3900次，教育引导党员干部、公职人员知规知纪、遵规守纪、廉洁从业。深入挖掘“濯锦之江”优秀传统文化中蕴藏的清正为民、忠诚坚守、包容奋进、至善至美四种精神，举办第九届“濯锦之江·童心向廉”、第十届“濯锦杯”摄影书画比赛等活动10次，收集作品80件，评选优秀作品19件，编印《童心向廉》丛书10册。运用链条式传播模式，集群化打造廉洁文化矩阵4个，举办活动30次。运用锦江电视、《成都锦江》以及“锦界”手机应用软件宣传廉洁文化，发布信息210条。新华社、《人民日报》等媒体报道锦江区廉洁文化建设情况。《漫画说纪·不健康的健康证》在中纪委网站发布，《纪检人印记》在省纪委网站发布，《濯锦清流万里行》《锦江水清 博物育廉》等短视频在市纪委微信公众号发布。开发纪检监察通用人工智能平台“锦小纪”，分门别类收集党内法规、国家法律、部门规章，收集典型通报、职务犯罪案例2.8万个，形成250万个知识链接的规纪法知识库，打造24小时在线的拟人化自然语言对话平台。利用1500平方米闲置楼宇，建设“普规普纪·难忘的一课”数字化沉浸馆，打造“纪法教育大课堂”“年轻党员干部打卡地”。制发《关于建立动态完善普规普纪学习清单机制的通知》，发布锦江区“规纪法”学习参考目录，提出提高站位、统筹调度、推荐报备、促责促学4项举措，将落实中共中央办公厅、国务院办公厅《关于建立领导干部应知应会党内法规和国家法律清单制度的意见》融入区级各单位普规普纪工作。

（宋学谦　张海娇）

监督执纪

【监督体系建设】 2023年，锦江区构建精细化监督分组体系。针对纪检监察室专案办理、专项治理任务较重等问题，将6个纪检监察室组团。根据监督的单位范围和职能职责，组建经济类、民生类、执法类3个“军团”。将20个派驻部门纪检监察组和11个派出街道纪工委监察办公室分别划入3个“军团”。同时建立“分管+联系”领导体制，每个“军团”由1名区纪委常委（委员）分管。针对派驻机构力量薄弱、日常监督与自办案件办理精力分配不均衡等问题，将20个派驻部门纪检监察组结对，形成10个结对组，建立协同化履职机制，根据业务专长赋予结对组2名组长监督长、办案探长身份，协同开展派驻监督和自办案件查办。针对街道、社区纪检监察组织监督对象多、“熟人社会”干扰大等问题，在动态保持街道纪检监察干部配备基础上将11个派出街道纪工委监察办公室按地域相近、辖区相似、便于协作原则，优化调整为3个片区，划入3个“军团”，统一指挥调度。并统筹76个社区纪委力量，参与工作。

（宋学谦　张海娇）

【作风问题整治】 2023年，锦江区深入贯彻习近平总书记“持续整治群众身边腐败和作风问题”“着力解决好人民急难愁盼问题”等重要指示批示精神，以“可视”“有感”为目标，以群众评价为导向，以行风治理为切口，以末端问效为抓手，实施“十大领域”专项治理。针对集体经济组织基本信息等14个方面258项内容涉及的数据查漏补缺，形成问题整改台账8个，清查农村产权数据111个，备案数据102个。持续查处校外培训机构违规行为，压减培训机构数量。全区162家义务教育阶段学科类培训机构压减率100%，义务教育阶段学科类机构清零。开展校外培训机构“回头看”和“扫楼扫院”专项行动，核查机构850家，约谈机构63家，下达整改通知书等文书97份，取缔无证照机构30家，无证机构动态清零。开展提升患者就医体验专项行动，收集意见建议784条，解决问题125个。检查各街道最低生活保障、特困人员救助、临时救助等政策执行情况，发现社会救助领域问题46个，发出限时整改通知书11份。建立网格化管理机制，监管在建住房项目155个。处理欠薪投诉案件79件，追讨民工欠薪68万元。持续整改中央和省级生态环境保护督察反馈问题、长江经济带生态环境警示片披露问题，针对群众反映较多的餐饮油烟、噪声等问题开展专项检查100次，排查问题1407个，下发案件交办单、督办单24份，整改率97.03%。制定商超、宾馆、建筑工地等11个重点场所安全检查工作规范，发现隐患问题11624个，整改11390个，整改率97.99%。以隐患治理为切口，完成网络餐饮线下检查任务，检查3877家，整改问题38个。邀请市民代表参与，投票确定餐饮、流通领域抽检点位和具体品种，开展抽样工作，筑牢食品安全防线。查处涉及行政审批和政务服务领域问题7个，党纪政务处分6人，组织处理1人，移送司法机关1人。全年梳理涉及“十大领域”专项治理线索79条，查处案件43件，给予党纪政务处分29人，组织处理22人，移送司法机关1人，追缴退赔涉案款114万元。

（宋学谦　张海娇）

【中央八项规定落实情况检查】 2023年，锦江区印发2期《关于落实中央八项规定精神正反典型的通报》，通报落实中央八项规定精神工作突出单位和8个违反中央八项规定精神典型问题。向各单位转发中央和省市纪委、监委公开曝光的违反中央八项规定精神典型问题，发送“廉洁短信”18万条。开展监督检查335次，暗访138次，整改请销假手续不完善、外出登记记录不规范、值班值守人员状态不佳等问题47个。全年查处违反中央八项规定精神案件18件。其中涉及形式主义、官僚主义问题的案件1件，涉及享乐主义、奢靡之风问题的案件17件，党纪政务处分24人，采取组织措施批评教育4人。

（宋学谦　张海娇）

【“躺平式”干部监督整治】 2023年，锦江区结合监督检查、审查调查、信访举报、政治巡察以及典型案例通报，提出“推、虚、拖、躲、滑、框”6种“躺平甩锅”表现形式，制定《关于开展纠治“躺平式”干部专项监督的实施方案》，组织区纪委、区监委派驻（出）纪检监察机构开展“躺平式”干部监督整治动员工作，层层压实责任，引导党员干部、公职人员自纠互纠。采取交叉检查、监督调研相结合的方式，监督检查干部“躺平甩锅”现象，将“躺平式”干部专项监督融入政治生态研判、领导班子政治“画像”等工作。针对监督检查发现问题，运用监督执纪“四种形态”处理。以提醒、约谈等方式批评教育32人，党纪政务处分18人，采取组织措施处理8人。

（宋学谦　张海娇）

巡察工作

【巡察队伍建设】 2023年，区委增设巡察组1个，巡察机构人员编制由6个增至16个。调整后，设4个区委巡察组。区委巡察工作领导小组办公室组织干部到重庆市渝中区、沙坪坝区交流学习。抽调2人参与市委巡察，提升巡察工作能力。成立区委巡察机构党支部，开展主题教育和教育整顿活动，加强巡察机构政治建设、思想建设、纪律建设。

（彭良虎　杨小军）

【第三轮巡察】 3—6月，区委以群众反映强烈的突出问题、巡察整改和成果运用为导向，启动第三轮巡察工作。巡察对象是区发改局、区经信局、区金融局和书院街、东湖、狮子山3个街道办事处及17个社区的党组织。重点巡察各单位2019—2023年坚持党的领导、加强党的建设、全面从严治党、强化党内监督等工作情况。同时检查各单位选人用人、意识形态、保密工作情况。以个别谈话方式约谈245人，发放民主测评表564份，查阅资料7875份，接待信访人员30人，明察暗访120次，抽查32名领导干部报告个人事项的材料，发现问题499个，移交问题线索32条。

（彭良虎　杨小军）

【第四轮巡察】 9—12月，区委持续以群众诉求为导向，以被巡察单位“一把手”和领导班子工作为重点，启动第四轮巡察工作。巡察对象是区委统战部、区委社治委、区委机构编制办公室、区人社局、区审计局、区统计局、区机关事务局、区行政审批局、区综合执法局、区妇联、区侨联、区红十字会。巡察各单位党组织2019—2023年开展党的工作情况以及干部任用、落实意识形态责任制、工作作风等情况。采取个别谈话的方式约谈173人，发放民主测评表335份，查阅资料1.4万份，接待信访人员10人，明察暗访80次，抽查31名领导干部报告个人事项的材料，发现问题478个，移交问题线索22条。

（彭良虎　杨小军）

民主党派·工商联

民革成都市锦江区总支部

【组织建设】 2023年，民革成都市锦江区总支部（以下简称区民革）增设第五支部。下属支部5个。吸纳大学本科以上学历的入党积极分子25人。其中博士研究生2人、硕士研究生12人。有8名入党积极分子转为民革党员。区民革党员125人。区民革党员中的省政协委员1人、市政协委员5人、区人大代表1人、区政协常委2人、区政协委员9人。在民革省委各专委会任职的区民革党员7人，在民革市委各专委会任职的区民革党员9人。

召开委员会议和委员扩大会议7次，召开组织生活会13次，组织学习习近平新时代中国特色社会主义思想和习近平总书记做好新时代党的统一战线工作的重要思想，传达中国共产党第二十次全国代表大会精神、省委十二届四次全会精神，学习《中国共产党统一战线工作条例》《中国共产党政治协商工作条例》。制定“凝心铸魂强根基、团结奋进新征程”主题教育和“重温加入民革承诺、守护民革精神家园”专项活动方案，组织民革党员到四川省宜宾市翠屏区李庄镇中国李庄文化统战博物馆现场教学。

（刘廉　周磊）

表12　2023年锦江区民革班子成员情况表

职务	姓名	单位及职务
主委	果晓峰	区检察院副检察长
副主委	周　磊	东方证券首席理财顾问、机构业务总监
	达哇卓玛	成都芯玺文化发展有限公司董事长
	刘　廉	区司法局社区矫正和基层建设科负责人
	邢冬梅	区商务局楼宇中心主任

图13 2023年6月3日，区民革组织党员赴四川省宜宾市翠屏区李庄镇开展“凝心铸魂强根基、团结奋进新征程”主题教育（区民革提供）

【参政议政】 2023年，区民革落实民革中央“举全党之力抓参政议政”精神，实施“一把手工程”，推动参政议政人才队伍建设。针对群众关心的热点问题，确定公园城市示范区建设、“品位锦江·幸福城区”建设等调研方向，组织民革党员到仲量联行成都分公司等地开展专题调研，撰写《进一步加强灵活就业青年群体爱国主义教育的建议》等调研报告。区民革党员中的人大代表、政协委员向区人代会、区政协会提交建议和提案24件。《推动成渝地区双城经济圈建设加强自由贸易试验区协同发展》得到省委副书记、市委书记施小琳批示。民革省委采纳区民革提交的社情民意信息13条。区民革党员何晓静、王菁菁被区政协评为调研工作先进个人。

（刘廉　周磊）

【社会活动】 2023年，区民革促成民革成都市委与爱尔眼科四川省区“同心博爱 光明工程”战略合作协议签约。牢牢把握习近平总书记“三个牢牢把握”“四个发力”重要指示精神，深入甘孜州基层开展走访、调研、对口协商、座谈、公益捐助、慰问、帮扶等活动，详细了解产业现状、农牧民收入情况、种植养殖情况、就学情况、就医情况，寻求中残联、省残联的支持，推动“同心博爱——西部健康公益行”雅江站、炉霍站落地，为甘孜州群众提供公益救治活动。提供筛查服务7395次，开展白内障术前特检778次，实施白内障手术541例，得到炉霍县、雅江县群众一致好评。结合当地产业现状，从一产到二产建立投入实体深加工完善的产业布局。同时结合甘孜州产业流通体系现状，支持党员立足高原产品物流成本高，配送周期长，缺乏前置仓等产业发展困难，在成都建立城市高原上的前置仓，为甘孜州补齐农牧农区流通短板，打通堵点，补上断点，畅通线上线下，自建农产品仓储保供设施，推动商贸、电商、农产品流通等产业链向农业生产环节延伸提供助力，实现“互联网+农产品出山进城”，助推甘孜州县域商业的快速发展。区民革副主委达哇卓玛被区政协评为同心共建现代化四川专项行动先进个人。

（刘廉　周磊）

民盟成都市锦江区总支部

【组织建设】 2023年，民盟成都市锦江区总支部（以下简称区民盟）下设5个支部，盟员218人。以纪念中共中央发布“五一口号”75周年为契机，开展“凝心铸魂强根基、团结奋进新征程”主题教育活动。4月和6月，分2批组织盟员到四川长征干部学院泸州四渡赤水分院、八一南昌起义博物馆、井冈山革命传统教育基地学习，重温民盟“合作初心”，回顾历史贡献，帮助盟员深刻理解新型政党制度的历史必然性和现实必要性，坚持中国特色社会主义道路。结合盟员企业公益培训、双拥共建等工作，开展主题教育8次。区民盟被民盟四川省委授予“盟务先进集体”，被民盟成都市委授予“2023年度先进集体”“思想宣传工作先进集体”“组织建设工作先进集体”。

（刘畅）

表13　2023年锦江区民盟班子成员情况表

职务	姓名	单位及职务
主委	汪　旭	四川旺泽建设工程有限公司董事长
副主委	刘晓琴	融通基金管理有限公司成都分公司区域总监
	冯流英	成都市小天使教育咨询有限公司董事长
	刘　畅	成都市殡仪馆七级职员
	李　璞	区金融局局长
	王　滔	区住建交局公共设施配套建设科科长

【参政议政】 2023年，区民盟重点关注“三个做优做强”以及“1+3+3”现代产业体系建设等区委中心工作和基层治理等领域，组织盟员调研5次，撰写《类型教育背景下高等职业教育的社会价值重塑》《关于锦江区深入推进“四大结构”优化调整的建议》等调研文章6篇，提交社情民意信息25条。国家级媒体采用《关于完善碳汇认购司法和适用助力碳达峰碳中和的建议》《建议提升退役军人优待证“含金量”让优待做到更“优惠”》。市委统战部授予论文《港澳台青少年国家认同现状及教育对策》二等奖。参加2023民盟法治论坛活动，理论文章《“双碳”法律体系构建初探——以专门法为出发点》获三等奖。区民盟被民盟成都市委评为参政议政先进集体。

（刘畅）

【社会活动】 2023年，区民盟持续开展对口帮扶甘孜州炉霍县工作，发动盟员企业以购代帮，认购炉霍县农特产品，购买金额41.8万元。3月，联合民盟新津区支部，到三圣花乡开展乡村振兴考察活动，到新津区开展“财商进校园”公益活动，向新津花源小学捐款3万元。4月，到简阳市踏水镇中学开展“蓉城星力汇盟力，烛光行动再出发”支教活动，捐款2.7万元。开展“烛光行动”暨“助学圆梦”双拥系列活动。7月，慰问离退休军人，捐款1.4万元。开展“心系幼儿——真情助力教育发展”活动，盟员企业向成都市第一幼儿园捐赠价值10万元的体育设施。成立民盟锦江总支企业发展研究室，开展“帮扶进企业、进社区”公益沙龙活动10次，涉及金融、税务、法律等领域。开展“大运有我”系列活动。7月8—9日，承办民盟成都市委“爱成都迎大运”篮球联赛。全市民盟基层组织的13支代表队180人参赛。区民盟动员50名盟员为比赛服务。区民盟被民盟成都市委评为社会服务工作先进集体。

（刘畅）

图14 2023年6月14日，民盟锦江总支组织成员到井冈山开展“凝心铸魂强根基、团结奋进新征程”主题教育活动　（区民盟提供）

民建成都市锦江区总支部

【组织建设】 2023年，民建成都市锦江区总支部（以下简称区民建）会员322人，平均年龄52岁。会员中有硕士和博士51人，有178人是企业高级管理人员。

落实民建中央和民建省委、民建市委开展“凝心铸魂强根基、团结奋进新征程”主题教育的部署，开展“五一口号”发布75周年纪念活动。召开纪念大会，举办文艺会演，参加统一战线知识竞赛，指导各支部开展学习实践活动11次。坚持“以干检学”工作思路，组织会员调研10次。会员撰写文稿160篇，新闻媒体采用90篇，“成都民建”微信公众号推送40篇。《强基层以凝同心、聚众力迈新征程——对加强民主党派基层组织建设的思考》获市委“蓉城同心”实践工作交流会优秀论文一等奖。《关于加强成都市民主党派廉洁文化建设的思考和对策》获市委统战部“民主党派地方组织作风建设”主题征文优秀论文二等奖。

以加强新时代民建青年会员凝聚力为目标，探索参政党基层组织职能职责延伸新路径，成立民建锦江青年工作委员会，下设参政议政、组织建设、宣传联络、社会服务4个小组。民建锦江青年工作委员会与文创支部联合开展主题教育，组织会员到成都市规划馆参观学习。

（查勇）

表14　2023年锦江区民建班子成员情况表

职务	姓名	单位及职务
主委	曾政光	四川省泌尿外科医院院长
副主委	查　勇	四川金安特农业股份有限公司董事长
	马　彬	成都银行青羊支行行长
	孙　秋	锦江区投资服务中心副主任
	毛正林	成都德仁堂药业有限公司成都同仁堂总经理
	刘海燕	四川赖二娃餐饮管理有限公司总经理
	陈鸿飞	金字塔梦想城文化旅游开发（成都）有限责任公司董事长

【参政议政】 2023年，区民建结合经济发展情况和社会热点问题，组织会员调研，撰写《关于科技成果转化的建议》《锦江区“着力恢复和扩大消费、刺激消费有力增长”的调研分析与建议》《锦江软件园企业招引的情况和建议》等调研报告14篇。民建省委采用《建议我省尽快启动对非高标准农田区域以外的农业灌溉设施的检查、修缮工作》，全国政协采用《建议将医疗机构对口帮扶“传帮带”扩展至社会办医疗机构》。会员中的政协委员撰写《完善企业数据征信体系解决中小企业融资难题——引金融活水助力中小企业良性健康发展》《关于锦江区“八五”普法，加快构建“三级法律服务体系”的建议》《关于纾困企业实施特殊金融管理办法的建议》《关于进一步规范和约束纪检监察干部网络言行的建议》《提升城市形象解决县城停车困难的建议》等提案54篇。其中《关于全力打造国际顶级商圈构建现代服务业体系的建议》《加快促进军民融合深度发展战略的建议》入选重点督办提案。

（查勇）

【社会活动】 2023年，区民建持续响应区委对口支援号召，通

图15 2023年11月，民建成都市锦江区委员会青年工作委员会成立大会召开

（区民建提供）

过区红十字会向甘孜州炉霍县、石渠县的学校捐赠航空旅行背包300个。组织会员到炉霍县开展工会建设调研，向炉霍县雅德乡政府、交纳村捐赠电脑10台，向交纳村的“五保户”等特殊人群捐赠生活物资，向自贡市大安区新店学校捐赠电脑40台。向帮扶对象提供医疗救助金672万元，帮扶3240人。开展健康知识讲堂活动40次，参与者3万人。组织医务人员义诊300次。捐赠943.52万元的社会服务物资。民建锦江青年工作委员会开展俄罗斯四川商会拜访交流活动。

（查勇）

民进成都市锦江区总支部

【组织建设】 2023年，民进成都市锦江区总支部（以下简称区民进）下设教育、综合、退休3个支部，会员107人。开展“凝心铸魂强根基、团结奋进新征程”主题教育，关注民生了解民情，开展新型社区养老服务模式专项调研、对环境污染问题专题调研、推动建立科学完善的“双减”工作机制与体系专题调研等活动。开展教育扶贫活动，为边远山区的孩子捐赠图书，建立图书角；开展乡村振兴活动，捐赠2万元支持栋梁工程；开展文化下乡惠民活动，为边远山区的村民捐赠移风易俗工具包支持乡风文明建设；开展关爱残疾儿童活动，为特殊教育学校的学生捐赠文具；开展爱心慰问活动，为交警捐赠矿泉水。开展关爱农民工子女志愿服务活动，为农民工子女提供免费辅导和帮助。民进市委微信公众号推送《锦江区总支开展“凝心铸魂强根基、团结奋进新征程”主题教育专题学习会》等工作信息。

（刘小源　李雪莲）

表15　2023年锦江区民进班子成员情况表

职务	姓名	单位及职务
副主委	李雪莲	四川师范大学附属中学外语学校德育处主任
	马　宇	四川鼎龙投资置业有限公司董事长
	刘小源	狮子山街道办事处副主任
	龚　明	星巴克企业管理中国有限公司中西区总监

【参政议政】 2023年，区民进针对现代社会养老方面的热点问题，对锦江区新型社区养老服务模式开展专项调研。开展对环境污染问题及推动建立科学完善的“双减”工作机制与体系的调研。撰写《从碳风险角度看数字经济与绿色低碳的协同高质量发展》调研报告。针对教育人才培养，提出“加强中小学生科技教育，推动创新型人才培养”等建议。针对经济社会

发展，提出“发展户（室）外经济”“零售行业实行综合工时工作制的必要性”等建议，提交《关于减免剧院房产税、城镇土地使用税》等提案。

（刘小源　李雪莲）

【社会活动】2023年，区民进在边远山区打造“图书角”，向山区少年儿童捐赠图书。向边远山区村民捐赠“移风易俗工具包”，支持乡风文明建设。向特殊教育学校捐赠文具，向交警捐赠矿泉水，为农民工子女免费提供学习辅导。捐赠2万元，支持乡村振兴。区民进教育支部主委荣克霞组织学生参加成都第31届世界大学生运动会宣传片录制工作，会员秦梅担任成都市大运会锦江赛区委员会办公室专职副主任，副主委刘小源担任成都大运会城市东门市井文化交流点位执行长，会员杨梅担任成都大运会体育展示颁奖记录员。民进市委微信公众号推送《锦江区总支会员全力服务大运会》等工作信息。

（刘小源　李雪莲）

农工党成都市锦江区总支部

【组织建设】1月24日，农工党成都市锦江区总支部（以下简称区农工党）完成换届选举。农工党成都市委同意王奇、卞小峰、冯宇、李天成、肖量、肖晓文、张鹏、张滔、张家明、陈崇毅、周原、郑中、胡馨元、贺鹏、黄敏、黄晓玲、常伟、蒋尧华、谢堃、蒲妍君、翟世明任区农工党委员，肖量任主任委员，黄晓玲、翟世明、李天成、张家明任副主任委员，冯宇任监督员。区农工党党员106人，涵盖医疗卫生、生态环境、法律、金融、教育、互联网等行业，平均年龄50.26岁。其中大专以上学历97人，占91.5%。大专以上学历党员中的硕士研究生23人、博士研究生1人。医药卫生、人口资源、生态环境三大领域的党员占比达47.17%。区农工党以学习习近平新时代中国特色社会主义思想为主线，开展学习教育工作。4月，召开党员大会，学习中国共产党第二十次全国代表大会精神和全国两会精神。7月，召开“凝心铸魂强根基、团结奋进新征程”主题教育动员会。会议传达农工党中央、农工党四川省委、农工党成都市委的“凝心铸魂强根基、团结奋进新征程”会议精神，学习《中国共产党四川省第十二届委员会第三次全体会议公报》、市委十四届三次全会精神。9月，主委、支委、党员、积极分子及部分党员家属到重庆市开展“凝心铸魂强根基、团结奋进新征程”教育主题活动。鼓励农工党员学理论、重实际，推动各项工作高效开展。区农工党被农工党四川省委评为全省先进集体。区农工党主委肖量被农工党四川省委评为全省先进个人。区农工党被农工党成都市委评为先进基层组织、组织建设先进集体、对外宣传先进集体、社会服务先进集体。曹承琳等12名区农工党党员被农工党成都市委评为优秀党员，张家明等8名区农工党党员被农工党成都市委评为优秀党务工作者。

（黄晓玲　翟世明）

表16　2023年锦江区农工党班子成员情况表

职务	姓名	单位及职务
主　委	肖　量	锦江肖小儿中医门诊部负责人
副主委	黄晓玲	锦江区政协经济委主任、副秘书长（兼）
	翟世明	四川省成都生态环境监测中心站副站长
	李天成	锦江区锦官驿社区卫生服务中心医务科科长
	张家明	成都金辉医药有限公司、四川博鸿天彤医学科技发展有限公司董事长

【参政议政】 2023年，区农工党成员撰写调研文章2篇。调研文章《关于精心塑造公园城市优美形态的思考》获区委统战部2023年度会议协商课题调研成果一等奖。针对社区管理、儿童安全、市政建设、商圈建设等问题，提交提案《关于部分老旧小区地名管理问题的建议》《关于大力宣传学生自主上学的建议》《关于加快锦东路沿线拆改和市政建设的建议》《关于取消连桂东路二环高架桥匝道处红绿灯的建议》《关于系统加强城市宠物管理的建议》《加快推进琉璃场片区规划建设》《关于将生态环境监测纳入锦江区一道九园科创规划的建议》《关于加强农村地区基础医疗与预防保健服务的建议》《关于市政建设和沿街商户经营保护的建议》《关于助推攀成钢商圈建设的建议》提交。其中《关于助推攀成钢商圈建设的建议》获2023年区政协优秀提案。提交《关于兰桂坊合江桥地面环境卫生保护的建议》《关于组织公共绿化带银杏采摘的建议》《关于用好牌照资源的建议》等社情民意信息5条。市政协评选区农工党为同心共建现代化四川先进集体。区农工党会议协商课题调研成果被区委统战部授予一等奖。

（黄晓玲　翟世明）

【社会活动】 2023年，区农工党倡导“优质资源下沉，人人享有健康”，组织11名党员到三圣街道栀子街社区开展“健康服务进社区”义诊活动。开展“凝心铸魂强根基　团结奋进新征程”教师节义诊活动。向群众提供儿科、眼科、内科义诊服务。专门为老年人开设健康讲座，讲解高血压、糖尿病等常见疾病的预防知识。为300名群众提供免费诊疗服务。针对青少年群体开展“破茧成蝶——关注青少年健康成长”沉浸式戏剧沙龙活动。采取沉浸式戏剧的形式，引导青少年自我表达，释放情感，提升艺术修养。同时引导家长和教师与青少年加强沟通。持续推进对口支援工作，向简阳市实验中学凤山校区捐赠20个“体育用品爱心包”。包括篮球、足球、排球、单人跳绳、鸡毛毽、三阶益智魔方、沙包等12种体育用品。截至年末，开展社区医疗助老公益活动110次，向泸定县地震灾区捐款1.57万元。捐赠价值9.85万元的防疫物资和价值14万元的对口支援物资。区委统战部授予区农工党社会服务贡献奖。

（黄晓玲　翟世明）

致公党成都市锦江区支部

【组织建设】 2023年，致公党成都市锦江区支部（以下简称区致公党）党员21人。成立主委桂汉峰任组长的“凝心铸魂强根基、团结奋进新征程”主题教育领导小组，安排专人担任联络员。制定“凝心铸魂强根基、团结奋进新征程”主题教育实施工作方案。7月12日，联合致公党四川师范大学支部召开“凝心铸魂强根基、团结奋进新征程”主题教育会议，审议学习资料，安排学习活动。区致公党被区委统战部评为优秀基层组织。

（程静）

表17　2023年锦江区致公党班子成员情况表

职务	姓名	社会职务
主　委	桂汉峰	市政协委员、区政协常委、四川省海外联谊会常委理事、四川省民生慈善基金会理事长、成都一带一路会展服务有限公司董事长
副主委	张　蛟	成都赛思德沃文化传播有限公司总经理

【参政议政】2023年，区致公党以锦江区“1+3+3”现代产业体系建设、国际消费中心城市核心区建设、国际交流交往引领区建设、春熙路时尚商圈建设为切入点，开展调研活动2次，撰写调研文章2篇。调研文章《归国留学人员创业就业问题研究》获锦江区2023年度会议协商课题调研成果二等奖。

（程静）

【社会活动】2023年，区致公党联合区政协、区委统战部、四川省民生慈善基金会开展“同心桑梓·锦绣阳光”冬日送温暖活动，向简阳市镇金镇的200名困难群众赠送价值10万元的大米、面粉、腊肉、香肠。参加“真爱行走”公益助学活动，慰问成都SOS儿童村14名退休人员和2名儿童，向儿童村赠送米、面粉、腊肉、香肠。区委统战部授予区致公党社会服务贡献奖。

（程静）

九三学社成都市锦江区委员会

【组织建设】2023年，九三学社成都市锦江区委员会（以下简称区九三学社）新进社员8人。社员134人。其中委员15人。30～40岁4人，占26%；40～50岁7人，占48%；50岁以上4人，占比26%。社员中的博士6人、硕士39人。有86名社员拥有高级职称，有12名社员是企业家和企业高级管理人员。全年开展“凝心铸魂强根基、团结奋进新征程”主题教育5次。其中大型现场活动2次。6月8日，由牛市口街道主办，九三学社锦江区委员会、九三学社四川音乐学院支社协办的“凝心铸魂强根基、团结奋进新征程”主题教育暨“品位锦江·幸福城区：招商引智、建圈强链”投资机会清单发布会在金沙国际音乐厅举办。12月2—3日，九三学社锦江区委员会赴重庆市开展“凝心铸魂强根基、团结奋进新征程”主题教育现场教学活动。委员会主委李涛、副主委李玮及12名社员参加活动。

（李铁钢　张若辰）

表18　2023年锦江区九三学社班子成员情况表

职务	姓名	社会职务
主　委	李　涛	成都市规划馆策展部主任
副主委	黄　斌	成都市第二人民医院内科主任医师
	李　玮	四川邮电职业技术学院教授
	赵熙蒙	延长壳牌石油（四川）有限公司政府事务总监

【参政议政】2023年，区九三学社坚持“向中心聚焦、为大局聚力”的工作定位，践行“区委出题、统战协调、党派调研、部门转化”的集成化调研机制，根据锦江区2023年民主党派基层组织会议协商计划明确的重点考察调研建议方向，针对“三个做优做强”、现代产业体系建设、国际消费中心城市核心区建设、国际交流交往引领区建设、春熙路时尚商圈建设、白鹭湾科技生态园建设等区委中心工作和产业“建圈强链”、公园城市示范区建设等重点工作，确定9个调研课题，开展调研活动15次。形成《关于推进成都市农村生活垃圾分类助力乡村振兴提“颜”增“质”的建议》《关于以智慧场景赋能微网实格，助推社区治理精细智治的建议》《关于建立健全岷江沱江流域水生态考核评价机制，推进水资源、水环境、水生态统筹系统治理新格局的建议》等9篇调研报告。主委李涛撰写的调研报告《推动锦江绿道商业价值转化，激发中心城区消费活力》报送区委、市委。李涛、李铁钢撰写的《强化作风建设，促进民主党派组织发展和血液焕新——推进民主党

图16 2023年6月21日，区九三学社联合成都师范附属小学华润分校开展"红星谱华章，书香润校园"红色教育图书捐赠活动（区九三学社提供）

派主题教育学习》在市委统战部、市社会主义学院举办的"蓉城同心"实践工作交流会征文活动中获二等奖。社员李佳亭论文《知产犯罪互联网发展加速与三级防减机制构建——基于S省近5年裁判文书为研究样本》获省法院第二十五届学术讨论会二等奖，《知产案件电子存证审查的三维路径构建——基于S省近三年裁判文书为样本分析》在省法学会举办的第九届"治蜀兴川"论文活动中获三等奖。市委主要领导签批区九三学社3篇调研报告，省政协采纳2条社情民意信息，市政协采纳3条社情民意信息和3件提案。

（李铁钢　张若辰）

【社会活动】 2023年，区九三学社发动社员企业以购代帮，购买1万元的甘孜州炉霍县农特产品。向华润小学、锦官驿小学捐赠书籍2680册，价值1万元。联合成都师范附属小学华润分校开展"红星谱华章，书香润校园"红色教育图书捐赠活动。联合成都地铁运营有限公司运营一公司，到锦官驿小学开展"地铁知识进校园，安全文明迎大运"主题活动。社员出资4000元，资助2名贫困生。社员李铁钢引进四川即刻便利网络科技有限公司，注册资金100万元。鼓励社员参加社科项目研究，为社会科学发展贡献力量。社员秦之湄参与国家级社科基金项目"城市推进数据要素跨界流动的协同治理研究"，撰写的《关注智慧蓉城数字化转型，智慧城市应用场景创新调研分析》在《大数据》期刊发表。社员王亚婷《老工业园土壤六价铬分布、迁移及风险研究》等4篇论文分别在国家中文核心期刊发表。

（李铁钢　张若辰）

成都市锦江区工商业联合会

【组织建设】 2023年，锦江区印发《工商联机关职能配置、内设机构和人员编制规定的通知》，明确区工商联是区委领导的以民营企业和民营经济人士为主体的具有统战性、经济性和民间性有机统一基本特征的群团组织和商会组织，按照《中国工商业联合会章程》开展工作。

坚持把学习贯彻习近平新时代中国特色社会主义思想、习近平总书记重要讲话精神作为第一议题，召开工商联党组理论学习中心组学习会、党组会、干部大会，学习中国共产党第二十次全国代表大会精神和习近平总书记来川视察重要指示精神，传达省委、市委、区委的全会精神和各级工商联执委会精神。

围绕"学思想、强党性、重实践、建新功"总要求，开展习近平新时代中国特色社会主义思想主题教育。制定主题教育系列工作方案，学习《习近平著作选读》，主要领导带队走访民营企业30家、街道商会11家，召开座谈会8次，了解民企诉求。按照主题教育检视整改工作要求，梳理和整改问题4个。利用"学习强国"学习平台、四川公职人员学法考法平台、"蓉城先锋"开展工商联干部教育培训，组织8名工商联干部参加区委组织部、市工商联开展的培训。

5月，召开工商联七届三次执委会议。会议传达全国两会精神和省、市、区的重要会议精神，审议通过工商联第七届第三次执委会工作报告及人事事项，表彰"2022年度光彩行动先进单位"和"执委履职先进个人"。

6月26—27日，开设“锦商培育工程”暨民营经济代表人士理想信念教育培训班，组织50名民营经济代表人士、直属商（协）会负责人、街道商会代表培训，宣讲党的二十大报告，解读中央经济工作会议精神，组织民营企业家参观新华之星AI大厦云端会客厅、脑健康产业研究院、人才综合服务中心。11月9—10日，开展“不忘初心跟党走，爱国奉献建新功”理想信念教育活动，组织民营经济代表人士和街道商会代表、行业商（协）会代表40人到四川省绵阳市梓潼县“两弹一星”国防科技教育基地参观，解读“两弹一星”精神，宣讲习近平总书记来川视察重要指示精神和习近平总书记致中华全国工商业联合会成立70周年贺信精神，开展“金融沙龙·银企面对面”活动。

（葛亮　张磊）

【参政议政】 2023年，锦江区鼓励和引导民营经济代表人士参政议政，安排民营经济代表人士出席区委、区政府重大会议10次。民营经济代表人士提交社情民意文稿39篇，向区政协提交团体提案2篇。市政协采用5篇社情民意文稿。有2篇社情民意文稿分获成都市工商联社情民意一等奖、二等奖。区工商联被评为成都市工商联系统反映社情民意信息工作先进单位。

（葛亮　张磊）

【民营经济发展服务】 4月19日，在人才服务中心举办“同心同行同发展，打造人才汇聚新高地”主题活动，为参加活动的26家高科技型民营企业解读人才政策、人力资源政策。5月25日，与市投融资商会联合举办“经济复苏 机遇合作——引领民营企业高质量发展·蓉商大讲堂”活动，为参加活动的150名企业家和商会代表分享国际国内经济形势、未来发展方向。6月16日，举办民营企业法律风险防范专题培训。大安商会副会长、四川海岷律师事务所主任律师王奇主讲，50名商会会员企业代表参训。8月9日，在东门市井街区开展“品‘味’锦江·幸福城区”餐饮行业企业家沙龙活动。成都市蓉商总会餐饮产业专委会、锦江区时尚美食行业协会的代表和“小龙坎”“天府掌柜”等餐饮企业的负责人参加活动，为春熙路时尚活力区美食产业发展建言献策。截至年末，走访民营企业和商（协）会90家，开展民营经济网上调研活动9次，回收有效调查问卷400份。开展餐饮行业沙龙暨统战部部长“面对面”等政企交流活动11次，协调解决问题40个。以“务实建言献策·办好惠民实事”为主题，召开民企纳税人恳谈会2次，宣传税收政策。组织民营企业家参观新华之星AI大厦云端会客厅、东门市井等点位，向企业家解读产业布局规划，宣传《中共中央、国务院关于促进民营经济发展壮大的意见》，制发《四川省“1+2”政策宣传手册》2000份，帮助民营企业解决问题10个。开展“金融赋能 润企惠企”等银企对接活动4次，促进金融机构与民营企业的沟通合作。

（张磊　尹菁）

图17 2023年5月29日，成都市锦江区工商业联合会（总商会）七届三次执委会议召开（区工商联提供）

【区域协作发展服务】 4月25日，锦江区组织民营企业家和商（协）会代表到成都市崇州市廖家镇开展“万企兴万村”活动，精准对接产业项目。10月11日，区委常委、统战部部长毛高林带队到镇金镇考察绿川河环境建设项目和镇金镇烘干中心，召开对口帮扶成都市简阳市镇金镇工作推进会暨“百企兴百村”产业发展座谈会。区工商联执常委企业、商（协）会代表围绕“百企兴百村”产业发展和镇金镇产业发展规划座谈。7月12—14日，组织四川锦欣医疗投资管理集团公司、成都刘家花园餐饮娱乐管理有限公司、成都市乡村旅游产业商会到甘孜州炉霍县开展“万企兴万村——炉霍行”活动。企业家考察高原现代农业产业园、高原林业产业园、雪域俄色公司、高原农牧产品精深加工产业园，与盛煌农业开发公司、康巴圣德牦牛产业公司交流，共同探索乡村振兴路径。10月31日，组织民营企业和商（协）会代表到成都市都江堰市开展结对交流活动。调研都江堰元气森林（四川）饮料有限公司、都江堰古城区和都江堰大融城项目，为两地协同发展建言献策。

（张磊　尹菁）

【商会建设】 2023年，锦江区持续推动街道商会、直属商会和行业商（协）会建设，定期召开商（协）会秘书长会议，安排商（协）会工作。召开街道商会建设工作专题会，优化街道商会组织架构。成立宁远商会。建立领导干部对口联系商会机制，践行企业家副主席（副会长）述职制度。大安商会创建“全国四好商会”。2月24日，大安商会在明宇豪雅饭店举办党的二十大精神专题宣讲会。自贡市委党校副教授李翔应邀开设讲座，从任务引领、战略规划两个方面解读党的二十大报告精神。截至年末，全区街道商会11家、直属商会5家。商会团体会员单位7家，会员单位3463家。

（张磊　尹菁）

锦江区古建筑之四川机器局兵工厂旧址

始建于清代的四川机器局兵工厂旧址位于成都市锦江区三官堂街31号附1号，东北距府南河370米，东南距二环路东五段180米，遗存东门碉楼。碉楼座北向南，呈圆筒形，以青砖砌筑。直径5.6米，高7.98米，占地面积26.8平方米，建筑面积53.6平方米。东南方位设门，底层地面铺设红砂石砖，外墙楼层间环砖檐，外部建钢梯。门窗洞口上设木质过梁，第一层和第二层错位设射击孔、瞭望口，第三层设炮台4个。2011年，第三次全国文物普查，登记为一般不可移动文物。2018年，市政府公布为成都市第九批历史保护建筑，认定为四川近现代洋务运动遗址。

群众团体

成都市锦江区总工会

【概况】 2023年，锦江区召开第五次工会代表大会，选举产生区总工会第五届委员会委员、经费审查委员会委员。坚持群团联席会议制度，召开群团联席会议4次。持续推动职工思想政治建设、产业工人队伍建设、工匠人才评选、职工建功立业平台建设。建成职工驿站120个，形成“15分钟服务圈”。建成工会组织25883家，工会会员21万人。依托劳动纠纷联合调处中心，维护职工合法权益。向职工提供法律咨询5155次，调解劳资纠纷案件4630件，调解成功1699件，涉案金额1860万元。开展普法宣传活动14次，宣传《中华人民共和国工会法》等法律法规，发放宣传资料3000份。结合重大项目、重点产业开展职工技能比赛22次。打造新就业形态劳动者职工食堂“书食饭堂”，获市委主要领导肯定性批示。协办全国新就业形态劳动者建会入会工作现场经验交流会和全国总工会“县级工会加强年”专项工作交流座谈会西南片区会议。开展“锦工杯”职工运动会等活动，丰富职工文体生活。区总工会获四川省工会系统先进集体、四川省优秀县级工会等荣誉34个。区总工会工作案例入选人民网创新社会治理典型案例，获2022—2023年特别奖。锦江区“互联网+”工会维权服务案例入选全国总工会、中央网信办公室“网聚职工正能量争做中国好网民”主题活动典型案例。

（黎慧玲　钟平）

【工会组织建设】 2023年，锦江区总工会第五届委员会第一次全体会议选举杨世映为区总工会主席，温萍为常务副主席，曾刚、刘丽为副主席，陈小勇为挂职副主席，黄安、陈擎为兼职副主席。区总工会第五届经费审查委员会第一次全体会议选举刘丽为经费审查委员会主任。

按照“百日攻坚”行动要求，开创“党、工、企”三联动模式。整合人社、工商、税务、市场监管等部门资源，引导25人以上企业、已缴纳工会筹备金的企业、职工人数达100人的企业建立工会。各街道建成总工会10家、工会联合会1家。全区建成工会组织2583家。其中行业工会（委）10家。有工会会员21万人，其中新就业形态劳动者会员5.6万人。

坚持以规范化、制度化、服务化为导向，推进工会评星定级工作。全区111家单位工会通过评星审定，产生四星级工会10家，五星工会15家。全区11个街道工会通过定级，四级工会和五级工会各2家。

（李锦涛　郑丽萍）

【第五次工会代表大会】 7月19日，锦江区召开第五次工会代表大会。基层单位民主选举产生的200名代表参会。会议由预备会议、主席团会议、全体会议、分组讨论会组成。第一次全体会议强调，全区职工和各级工会组织要永葆对党忠诚本色，提升政治能力，坚定正确政治方向，要深化学习教育，筑牢忠诚思想根基，凝聚前进伟力。会议提出“以职工提能带动产业提质，以自主创新带动社会创造，以典型引领带动整体优秀”等要求。第二次全体会议民主选举产生区总工会第五届委员会委员、常务委员，经费审查委员会委员。

（钟平　郑丽萍）

【群团联席会议】 3月23日，锦江区召开第1次群团联席会议。会议传达党的二十大、党的二十届二中全会精神和全国两会精神，听取6个群团单位1—3月工作汇报。各街道书面汇报2023年群团工作计划。会议强调，各级群团组织要提高政治站位，增强做好新形势下党的群团工作的责任感和使命感。要服务中心大局，带领群众推动经济发展、促进民生改善。要发挥群团组织职能优势，助力文明城市创建等重要工作。要落实群团工作联席会议制度，坚持以项目为载体，为经济社会建设贡献力量。

7月7日，锦江区召开第2次群团联席会议。会议听取各群团单位第二季度工作汇报。书院街街道作经验交流。会议提出第三季度工作要求。会议强调，要聚焦党建带群建，落实中央和省委、市委、区委的全会精神，开展主题教育。要聚焦高质量发展，推动群团改革。要聚焦高品质生活，持续关注群体服务，打造群团品牌。要聚焦高效能治理，维护职工合法权益，增强职工获得感、幸福感、安全感。要聚焦大运会服务保障，营造“爱成都迎大运”氛围。要聚焦干部队伍建设，开展群团干部业务培训，提升群团干部工作能力。

10月23日，锦江区召开第3次群团联席会议。与会人员到工商银行春熙支行“儿童友好商家”“妇女之家”调研。会议听取各群团单位第三季度重点工作汇报。春熙路街道和成龙路街道作经验交流。会议指出，群团组织要加强与街道和区级部门交流，锚定锦江区发展重点，建设服务体系。要结合各群团涉及的行业领域特征，联合社会组织、企业，共同开发项目。要持续推动争优创优工作，挖掘亮点工作。要杜绝“躺平式”现象，坚守人民至上、服务群众的初心使命。

12月20日，锦江区召开第4次群团联席会议。与会人员参观成都市血液中心无偿献血科普馆。各群团单位书面汇报2023工作及2024年工作计划，各街道汇报2023年工作及2024年工作计划。会议要求，立足新起点，在思想行动上讲政治、守规矩，走好新时代群众路线；聚焦新目标，在主责主业上比作为、争先进，彰显群团作为；把握新需求，在深化改革上出实招、求实效，做好新时代群团工作，共建“大群团”格局。

（钟平　王雨婕）

【职工驿站建设】 锦江区新建成都市茂业仁和春天百货有限公司职工驿站、百扬职工驿站、连心桥爱心驿站、沙河社区“战旗红”微网实格职工驿站、崇德里社区微网实格暖心驿站、狮山静远职工驿站等10个职工驿站，分布职工驿站120个，覆盖各街道、社区。遵循“工会牵头、企业让利、职工受益”原则，在保持职工驿站原有功能基础上开设职工饭堂，为职工解决就餐问题。以书院街道职工驿站为试点，打造“书食饭堂”，为网约车司机、快递员等群体提供就餐服务。位于宏济新路267号的“小牛哥·刹一脚”爱心智慧驿站突出“人情味+体验感+智能化”特色，以科技管家代替人工值守，为快递、外卖等新就业群体提供24小时服务。并开展爱心义诊、亲子互动、婚恋交友等活动80次。位于东玉龙街37号附2号的“建设书院”职工驿站配置饮水设备、微波炉、桌椅、空调、医药箱等设备，为户外劳动者提供饮水、就餐、婚恋咨询、心理疏导等服务。平均每日服务200名新就业形态职工，已服务户外劳动者5万人。“小牛哥·刹一脚”爱心智慧驿站、书院街道职工驿站被评为“全国最美驿站”。

（岳小琴　谭骁）

【职工关爱】 2023年，锦江区筹集300万元，走访企业1000家，向企业职工发放慰问品、慰问金，惠及职工5万人。投入31.2万元，组织394名环卫工人和建档困难

图18 位于锦江区东御街19号的百扬大厦职工驿站　　（区总工会提供）

职工体检。持续实施劳模工匠关爱行动，落实工匠礼遇政策，慰问劳模274人，发放慰问金18.92万元。慰问享受荣誉津贴劳模119人，发放荣誉津贴4.56万元。组织4名“成都工匠”获得者和18名“濯锦工匠”获得者疗养。9月8日，区总工会联合“锦基金”成立“锦基金锦工驿心”专项基金。筹集专项基金18万元。打造“锦工慧心”职工关爱品牌，开设“惠心驿站”流动课堂，开展培训54次。做强“锦遇良缘”职工婚恋服务品牌，开展职工交友活动5次，帮助60名单身职工喜结良缘。为20对新就业形态劳动者举办集体婚礼。

（郑静平　岳小琴）

【职工技能比赛】 5月18日，锦江区举办盆景制作比赛。有30名盆景爱好者参赛。区公园城市建设服务中心孟立作品获一等奖。6月16日，举办中式烹饪比赛。参赛选手40人。“蓉耀24时味”选手获第一名。4月12—28日，举办教师教学比赛。分设小学组、初中语文组、初中数学组、初中英语组、初中思政组5个组比赛。参赛青年教师30人。6月，举办汽车维修比赛。有36名汽车维修工参赛。成都新元素兴业汽车服务有限公司谢严杰获第一名。6月12—14日，举办婴幼儿照护比赛。有65名婴幼儿照护人员参赛。锦江区树基城花体智能托育中心卿利获第一名。6月26日，举办全科医生比赛，有30名全科医生参赛。莲新社区卫生服务中心全科医生宋兴艳获第一名。7月4日，举办应急救援比赛，有96名红十字救护员参赛。区应急管理局参赛团队获团体第一名。9月7日，举办客房服务比赛，有30名宾馆酒店客房服务员参赛。明宇豪雅饭店客房服务员徐晓艳获第一名。9月19日，举办茶艺师比赛，有46名茶艺师参赛。成都市田家炳中学茶艺社张玉杰获第一名。9月20日，举办建筑信息建模设计比赛，有33名建模设计人员参赛。中建海峡建设发展有限公司西南分公司何浩获第一名。9月23日，成都百万职工劳动和技能竞赛“川渝携手聚锦江 以赛促学共发展”锦江区物业秩序维护人员技能大赛在四川邮电学院举办。四川和重庆的14个团队参赛。成都仁恒物业管理有限公司锦江分公司获一等奖。10月9日，举办养老护理员比赛，有38名护理员参赛。四川川投盛榉养老服务有限公司石煜琳获第一名。11月8日，举办网络营销师比赛，有30名网络直播爱好者参赛。阿夕八传媒工作室沈夕靖获第一名。11月10日，举办工业设计比赛，有30名从业者参赛。成都物语工业设计有限公司唐舶凯获第一名。

（周蕾　吴姬）

【工匠精神传承】 2月，锦江区推荐73名技能人才参加“成都工匠”评选。有9人被市委组织部、市人社局、市总工会评为“成都工匠”，包括中铁六局集团呼和浩特铁路建设有限公司成都天府机场高速公路项目部试验员苗佳亮、上海建工一建集团有限公司成都分公司建筑信息模型技术员赵文超、蒂升电梯（中国）有限公司成都分公司电梯安装维修员王成勇、中国五冶集团公司第一工程分公司装配式建筑施工员彭德坤、中建四局三公司总承包分

图19 2023年10月26日，锦江区第七届濯锦工匠命名大会召开

（区融媒体中心提供）

公司建筑工程施工技术员钟卫、中建四局三公司总承包分公司机电技术工张海军、成都老树茶文化传播有限公司评茶师廖奥和中建海峡建设发展有限公司西南分公司建筑工程施工技术员林圣斌、陈皇华。

聚焦“1+3+3”产业体系，助推产业工人队伍建设。开展第七届“濯锦工匠”评选活动。参评者264人，涵盖现代商贸、新兴金融、数字传媒三大主导产业和都市工业、都市文旅、都市医养三大特色产业。经过初审、现场答辩、实地核查、政治审查、社会公示等环节，评选产生120名“濯锦工匠”。10月26日，在望江宾馆召开第七届“濯锦工匠”命名大会，向“濯锦工匠”颁发荣誉证书。区委书记陈志勇出席会议并讲话。

（周蕾　黄俊秋）

共青团成都市锦江区委员会

【概况】 2023年，锦江区分布团工委、团总支部、团支部1423个，共青团员11248人，专兼职团干部1290人。组织团员青年深入学习习近平总书记对青年工作的重要思想，学习中国共青团十九大报告。召开青年联席会议第四次会议、第五次少先队代表大会，举办“心怀梦想 青春笃行”“锦渝共襄 梦聚双城”“青春汇”等特色活动，开展少先队优秀个人和先进集体评选活动，打造少先队名师工作室，持续推动共青团基层组织建设和少年队建设。团区委获“四川省五四红旗团委”称号，有3个集体、8名个人获成都市“两红两优”表彰。白鹭湾科技生态园“建圈强链”青年集体获成都青年五四奖章。评选“优秀共青团员”73人、“优秀共青团干部”27人、“五四红旗团组织”16个、“青年文明号”24个。“小牛哥·先锋车手”志愿服务队王柯皓获全国第十四届中国青年志愿者优秀个人奖。

（付丽洁　廖齐）

【共青团组织建设】 2023年，锦江区明确团组织覆盖面拓展、培养和凝聚青年人才、青年教育、服务青年群体、组织动员能力、团组织形象提升等目标，持续推动全国共青团城市基层组织改革试点工作。以改革破解基层组织先进性不足、青年覆盖率不高、吸引力不够等问题，强化团组织的政治功能和社会功能。同时以“五创五促”的方式，推动小区团组织建设。确立工作覆盖、组织覆盖、功能拓展三步走小区建团思路，组建“微希青年”队伍，成立宝妈互助团、萤火夜跑等青年社团，延伸团组织动员范围。同时按照团员管理和服务全覆盖的要求，建立数据化管理机制和团支部团员与流动团员双台账制度。建立育苗推优机制，向小区党支部推荐1名团员青年，作为入党积极分子。向区级部门推荐5名团员青年，参加“微光青年”“优秀共青团员”“锦江好人”等评选活动。成立“乐天派”小区青年志愿服务队，创建“乐天派”志愿服务队品牌，推动青年志愿服务事业发展。改造闲置空间，整合企事业单位资源，拓展青年学习交流平台。汇泉路社区改革案例获区委主要领导肯定性批示。团中央基层建设部《团建头条》以及《中国共青团》《四川党建》《天府新青年》等刊物登载锦江区团组织建设经验交流文章。

（付丽洁　廖齐）

【青年联席会议第四次会议】 7月24日，锦江区召开青年工作联席会议第四次全体会议暨青年发展型城区建设推进会。区委常委、区总工会主席、区青年工作联席会议召集人杨世映出席会议，区政府副区长、区青年工作联席会议召集人万科主持会议，各街道和区级部门负责人参加会议。会议传达国家中长期青年发展规划实施工作部联席会议第五次全体会议精神和成都市青年工作联席会议第四次全体会议精神，学习《四川省关于建设青年发展型省份的若干措施》，研究部署重点工作。

（付丽洁　廖齐）

图20 2023年10月12日，中国少年先锋队锦江区第五次代表大会召开

（团区委提供）

【少先队锦江区第五次代表大会】 10月12日，锦江区召开少先队第五次代表大会。会议听取和审议少先队锦江区委第四届工作委员会报告，选举产生少先队锦江区第五届工作委员会班子成员。区委书记陈志勇出席会议并讲话。区委、区人大、区政府、区政协的领导会见会议代表，听取少先队小提案汇报。会议听取和审议少先队锦江区第四届工作委员会工作报告，选举产生少先队锦江区第五届工作委员会。会议宣布“红领巾公交系列少先队小提案”启动办理。“小提案”来自成都师范附属小学学生任奕萱提出的少先队员专属“红领巾公交卡”，得到团市委、市少工委、成都公交集团公司、中国建工集团第八局等单位支持。

（付丽洁　廖齐）

【共青团主题活动】 2023年，锦江区把握“学思想、强党性、重实践、建新功”总要求，践行党建带团建制度机制，紧盯“铸牢对党忠诚、坚定理想信念、发扬斗争精神、勇于挺膺担当”目标任务，对照“思想旗帜、坚强核心、强国复兴、挺膺担当”4个主题，开展团员青年主题教育，覆盖1423个直属团组织和22所学校。4月27日，以“心怀梦想 青春笃行”为主题，开设第一期“锦江青年说”机关青年思政课。12名参赛选手在西部文化产业中心分享思政课心得体会。11月9日，以“锦渝共襄 梦聚双城”为主题，到重庆市渝中区开设第二期“锦渝青年说”机关青年思政课。锦江区6名参赛选手和渝中区6名参赛选手分享思政课心得体会。

开展“青春汇”系列活动，实施“红·汇泉”“乐·汇泉”“创·汇泉”“暖·汇泉”“融·汇泉”项目。依托育幼团、话剧团、汉服团、街舞团等30个青年社团，从思想引领、兴趣培养、交友等方面开展活动。开展“红色剧本杀”等思政引领活动20次，举办沉浸戏剧游园会、攀成钢足球联赛等活动50次。创办“沙河铺拾光”创意集市，融入青年热衷的“后备箱店铺”元素，为14名青年提供就业平台。开展“大手牵小手”等志愿服务活动，服务时长3万小时。

（付丽洁　廖齐）

【少先队主题活动】 3月24日，团区委、区少工委、何琳少先队名师工作室、成都市锦江实验学校少工委的负责人和党员教师、少先队员代表、国槐社区党员代表到成都市烈士陵园开展“诵讲英烈故事 传承红色基因”祭英烈少先队主题示范活动。5月24日，锦江区在成都师范附属小学万科分校举行“学习二十大 争做好队员”2022级少先队入队示范仪式。活动由团区委、区少工委组织，成都师范附属小学万科分校承办。团区委、区少工委负责人和50所中小学的少先队大队辅导员参加活动。5月24—30日，锦江区在6所学校同步开展“学习

二十大 做好接班人”主题活动。活动由团市委、市少工委、区新闻出版局主办，团区委、区少工委统筹安排，成都市红领巾阅读学院、四川少年儿童出版社、红领巾杂志社承办。四川少年儿童出版社阅读推广人应成都市红领巾阅读学院邀请，作为阅读分享嘉宾，分别以“聆听红色故事，传承红色精神”“逐梦新时代，奋进新少年”“亲近历史名人，传承中华文化”为主题，分享阅读心得。10月12日，锦江区开展少先队主题实践活动暨“红领巾小提案”成果展示活动。活动由区教育局、团区委、区红十字会、区地方志办公室联合主办，得到成都公交集团公司支持。车身印制火炬图案的“红领巾公交车”从锦江区“最美上学路”锦兴路发车，途经“红孩子朋友圈”站、晞光馆站、生命安全体验馆站，抵达区方志馆站。随车配备红领巾讲解员。

（付丽洁　廖齐）

【少先队先进集体和优秀个人评选】 6月，团区委、区精神文明建设办公室、区教育局、区少工委联合开展少先队先进集体和优秀个人评选活动。少先队成都师范附属小学四年级九班中队等10个集体被评为十佳少先队集体，少先队成都市盐道街小学卓锦分校五年级六班中队等20个集体被评为优秀少先队集体。四川师范大学附属实验学校狮山少年电视台等10个社团被评为十佳红领巾小社团，成都市锦官驿小学中医药社团等13个社团被评为优秀红领巾小社团。胡翟壹等10名少先队员被评为十佳少先队员，鲜思源等35名少先队员被评为优秀少先队员。王竞晗等10名辅导员被评为十佳少先队辅导员，孙婵等27名辅导员被评为优秀少先队辅导员。胡翟壹等5名少先队员和李淑滢等5名少先队辅导员撰写的献词稿获一等奖，王梓丞等36名少先队员和冯悦等27名少先队辅导员撰写的献词稿获参与奖。成都市锦江实验学校等14个少先队集体获优秀组织奖。7月，团区委、区教育局、区少工委联合开展少先队“红领巾奖章”二星章个人（集体）评选活动。评选产生7497名二星章个人和161个二星章集体。12月，团区委、区少工委联合举办第五届少先队辅导员技能大赛。评选出少先队辅导员技能赛个人奖35个。

（付丽洁　廖齐）

【少先队名师工作室建设】 3月8日，锦江区在四川师范大学附属实验学校召开少先队名师工作室年度工作考评暨新学年工作研讨会。团区委、区少工委负责人和各少先队名师工作室成员参会。陈斌彬少先队名师工作室负责人陈斌彬主持会议。锦江区4个少先队名师工作室分别从机制创新、队伍建设、阵地建设、工作运转、课题研究、示范辐射等方面汇报交流，区少工委负责人点评2022年各工作室情况。12月22日，锦江区在四川师范大学附属实验学校召开少先队名师工作室2023年度工作总结会暨年度工作考评会。区委人才办公室、区教育局、团区委、区少工委的负责人和叶�少先队名师工作室、何琳少先队名师工作室、刘艳少先队名师工作室、陈斌彬少先队名师工作室的辅导员代表参会。4个名师工作室辅导员代表汇报年度课题研究和活动开展情况。名师工作室教师代表和参会单位代表组成考核小组，审阅各名师工作室年度资料汇编，现场评分。

（付丽洁　廖齐）

【青少年志愿服务】 2023年，锦江区制定志愿者培训方案、白皮书及应急预案，联动川内高校选拔160名大运会志愿者，开展培训演练、“小青椒”感知锦江行等活动60次。打造志愿者之家、志愿者驿站各一个。志愿者上岗率100%，志愿服务时长2.6万小时。在公园、绿道、商圈布局城市志愿服务小站26个，组建39个“伙伴计划”志愿服务团队，上岗志愿者1750人，服务时长9081小时，服务2028万人。召开“点亮城市梦想·相约青春锦江”志愿者誓师大会，开展“环保达人·生态大运”“法治护航·和谐大运”“离境退税·扬帆大运”“童伴美好·快乐大运”等城市志愿服务活动20次。中央电视台、人民网、“学习强国”学习平台等媒体报道春熙路商圈智能科技特色小站20次。

（付丽洁　廖齐）

【青年创业就业服务】 2023年，

锦江区发挥团区委、人才办公室的平台优势，推动青年群体就业创业。优化青年人才创业支持政策，出台《青年人才创新创业政策实施细则》，细化创业贷款申请、青年创业平台租金减免、优秀青年创业团队奖励的申请流程，推出青年人才驿站3.0版。依托就业创业指导服务站开展“逐梦扬帆计划”“返家乡”等活动，推送岗位600个。开展“云端送岗”线上直播招聘活动，举办“活力锦江·筑梦青春”共创美好未来主题分享会，向大学生推介宜业环境，鼓励大学生理性创业。4月21日，团区委、区人社局、四川师范大学、四川邮电职业技术学院联合举办“活力锦江·筑梦青春”共创美好未来主题分享会，吸引高校毕业生留在锦江区就业。有50名大学生参加活动。

（付丽洁　廖齐）

【青年发展型城区建设】2023年，锦江区编制落实中长期青年发展规划优秀工作项目清单，收录青少年“学法筑基”普法教育等37个项目。依托白鹭湾科技生态园、华兴街特色街区、塔子山公园阳光帐篷区等项目探索青年发展型社区、园区、街区、公园及青年友好运动空间等特色场景建设路径，勾勒青年发展城市图景。联动区青年联席会成员单位，整合服务青年发展普惠政策，优化就业、安居、教育、社交等环境，打造“青春锦江·爱在大运”“青年住房保障”“蓉漂人才荟”等42个青年工作品牌，推动青年发展型城区建设。

（付丽洁　廖齐）

成都市锦江区妇女联合会

【概况】2023年，锦江区持续推动妇联基层组织和“妇女之家”“妇女微家”等活动阵地建设，发展妇联组织5家，完成街道妇联换届工作。召开妇联执委会四届二次会议，选举产生区妇联第四届常务委员、主席、副主席、兼职副主席。组建妇女志愿服务团队3个，分别为权益维护、家庭教育、应急救援提供服务。实施维权强基行动，维护妇女儿童合法权益。按照儿童友好城市建设部署，以19个社区为试点，推动儿童友好社区建设。发挥女企业家联盟平台作用，开设蓉城巾帼创意集市，开展“丝路文明源中国·德化瓷”成都锦绣联展等特色活动，助力经济社会建设。区妇联被市妇联评为宣传思想工作先进单位、信息调研工作先进单位、妇女儿童维权工作先进单位、推进妇儿维权强基行动先进单位。成都市七中育才学校被评为全国三八红旗集体、四川省级三八红旗集体，区检察院未成年人检察部被评为“全国巾帼文明岗”称号，锦江区社会发展基金会被评为四川省级三八红旗集体、成都市三八红旗集体，四川师范大学附属中学被评为成都市三八红旗集体，区委组织部、区妇联被评为成都市实施妇女儿童发展纲要工作突出集体。成都七中育才学校、成都师范附属小学创建为四川省家风家教创新实践基地，成都百家堂姓氏文化博物馆创建为成都市家庭教育示范基地。吴丽萍、于长芳、张群英被评为四川省级三八红旗手，陶菓被评为四川省实施妇女儿童发展纲要优秀个人，吴丽萍、于长芳、张群英、龚媛媛、刘婷被评为成都市三八红旗手，何萍、刘皑雪、李文、梁益莉、王畅被评为成都市实施妇女儿童发展纲要工作突出个人。李巧丽家庭被评为四川省最美家庭。

（陶菓　黎晓颖）

【妇联组织建设】2023年，锦江区深化妇联改革，推动妇联组织建设，促使妇联阵地纵向延伸，打通服务妇女群众“最后一公里”。针对新领域、新业态、新阶层、新群体“四新”领域发展妇联组织，为“四新”领域女性搭建交流发展平台。聚焦“组织如何组建、作用如何发挥、工作如何联动”三大痛点，提升“四新”妇联组织覆盖力、行动力、影响力。发展妇联组织5家，分别是四川省川商总会妇联、锦江区蓝天应急救援中心妇联、成都奥美公关策划有限公司妇联、成都公益组织服务园妇联、四川瑞升实业集团有限公司妇联。

（陶菓　黎晓颖）

【区妇联执委会四届二次会议】12月1日，锦江区召开妇联执委会四届二次会议。会议学习习近平总书记与全国妇联领导班子成员集体谈话时的重要讲话精神。审议通过《妇女联合会第四届执行委员会第二次全体会议选举办法（草案）》《关于替补、增补锦江区妇女联合会四届执委的建议》，研究《妇女联合会第四届常务委员、主席、副主席、兼职副主席增替补候选人建议》，选举产生区妇联第四届常务委员、主席、副主席、兼职副主席。周净当选区妇联主席，田媛瑗当选副主席，李晋辉、林红、龚媛媛当选兼职副主席，增补7名常委、15名执委，替补13名执委。周净作区妇联工作报告。会议提出三项要求。即坚持党建引领，做贯彻党的二十大精神的实践者；服务中心大局，做妇女事业发展的推动者；聚焦高质量发展，做和谐社会建设的促进者。会议强调，要搭建平台，提升妇女的素能才干。要深入推进“巾帼心向党”行动、“巾帼维权强基”行动、儿童友好城市创建行动。

（陶菓　黎晓颖）

【妇联活动阵地建设】 锦江区持续推动基层妇联活动阵地建设，服务基层社会治理。四川蓉桦律师事务所、中国工商银行成都春熙支行分别打造“妇女之家”。“春熙·楼小助”楼企服务队、花间醉花园餐厅分别打造“妇女微家”。桉树林·城市创客“妇女之家”入选成都市“妇女之家”示范项目。

（陶菓　黎晓颖）

【妇女儿童权益维护】 6月19日，锦江区印发《2023年妇女儿童维权强基行动方案》，从加强法律学习、建立专业团队、打造维权示范社区等4个方面提出行动方案。发布2023年妇女儿童维权强基行动任务清单表，明确强化维权强基保障、强化联动融合提质等6个方面的工作任务。6月26日，召开妇女儿童维权工作推进会。会议传达市妇联2023年维权工作重点，学习《成都市妇女儿童维权强基行动方案》，部署妇女儿童维权工作。12月21日，召开妇女儿童维权强基行动推进会。各街道和社区的妇女代表参会。会议分析妇女儿童维权的重点、难点、要点，提出“整合巾帼志愿者队伍、院落群众力量，多方协作推进妇女儿童维权工作”的要求。

（陶菓　黎晓颖）

【儿童友好城市建设】 7月14日，锦江区召开儿童友好城市建设工作推进会。会议总结2022年儿童友好城市建设情况，安排2023年重点工作。确定春熙路街道总府路社区等19个社区为儿童友好社区建设点位，明确重点打造计划，提出在学校和社区成立儿童观察团的工作要求，倡导儿童参与社会治理和儿童友好城市建设。根据会议部署，总府路社区启动儿童友好商圈建设，盐道街社区启动儿童友好微空间建设，红砂社区启动儿童友好艺术空间建设。10月16日，总府路社区、盐道街社区、红砂社区迎检，通过成都市妇儿工委办公室评审。11月21日，市委、市政府为汇泉路社区、成都市天涯石小学、活水公园命名。沙河街道汇泉路社区入选第一批成都市儿童友好示范社区，成都市天涯石小学入选第一批成都市儿童友好示范学校，活水公园入选第一批成都市儿童友好示范公园。截至年末，全区有41个社区完成儿童友好社区创建工作，建成率54%。

（陶菓　黎晓颖）

表19　2023年锦江区创建成都市儿童友好社区一览表

序号	社区名称	地址
1	春熙路街道总府路社区	锦江区锦华馆8号
2	成龙路街道香樟社区	锦江区银木街493号附250号
3	成龙路街道蓝谷地社区	锦江区玉兰街11号
4	成龙路街道卓锦城社区	锦江区枫树街2号外5号

续表19

序号	社区名称	地址
5	东湖街道翡翠城社区	锦江区华润路42号
6	东湖街道观音桥社区	锦江区观音桥街56号
7	锦官驿街道交子社区	锦江区均隆街69号
8	锦华路街道琉璃社区	锦华路二段656号
9	锦华路街道柳江社区	锦江区柳翠路179号
10	柳江街道楼子树社区	锦江区皇经楼一街126号
11	牛市口街道莲花社区	锦江区海椒市街60号
12	牛市口街道一心桥社区	锦江区锦东路358号
13	三圣街道白桦林路社区	锦江区白桦林路1193号附201号
14	三圣街道海棠路社区	锦江区海棠路186号
15	三圣街道红砂社区	锦江区红砂联合二组377号
16	沙河街道牛沙路社区	锦江区牛沙横街2号
17	沙河街道双桂路社区	锦江区汇源北路324号2楼
18	狮子山街道花果社区	锦江区狮子山街道菱安路8号
19	书院街街道五昭路社区	锦江区华星路12号

【女企业家联盟】 2023年，锦江区女企业家联盟的成员企业44家。开展“走进锦东商圈·共绘营商新蓝图”“走进青白江·探索世界合作”等主题活动5次。3月31日，在绣兰道艺术中心举办“丝路文明源中国·德化瓷”成都锦绣联展。德化白瓷与成都锦绣交流互鉴，展示“海上丝绸之路”的起源、发展，展示德化白瓷与成都锦绣的制作工艺和流程。7月21日，女企业家联盟组织女企业家到成都市公安局交通管理局第三分局和锦江区公安分局沙河派出所开展“巾帼送清凉·同心迎大运”慰问活动，向基层女民警赠送牛奶、凉茶、矿泉水等物资。9月19日，女企业家联盟与青白江区女企业家协会共同开展“走进青白江·探索世界合作”活动，为女企业家创造交流合作机会。

（陶菓　黎晓颖）

【蓉城巾帼创意集市】 6月21日，“花重锦城”2023年蓉城巾帼创意集市暨成都优质特色农产品消费新场景产销对接会在春熙路商圈启动。活动由市妇联、市农业

图21 2023年6月21日，“花重锦城”2023年蓉城巾帼创意集市在春熙路商圈举办

（区妇联提供）

农村局、市商务局、区政府主办，区妇联、锦官驿街道办事处、成都百年春熙集团有限公司协办。集市融合产品与场景、线上与线下、展示与销售，现场展销成都企业提供的非遗手工产品、特色农产品、创意产品。参加活动的70家商家由成都市各区（市）县“巾帼企业”、成都市女性创业者联盟、成都市女企业家协会推荐。

（陶菓　黎晓颖）

成都市锦江区科学技术协会

【概况】 2023年，锦江区加强基层科协组织建设，新成立企业科协5家。扩建科普阵地，打造省市级科普基地19个。科普画廊全覆盖，利用科普阵地开展科普宣传，深入实施忠诚铸魂、素能提升、示范表率三大工程，打造“科普耀锦江”品牌。成都肛肠专科医院院长杨向东、四川师范大学生命科学学院教授朱博获“成都榜样·最美科技工作者”提名奖。

（孙静雅）

【科协组织建设】 2023年，锦江区扩大服务科技型企业覆盖面，加强基层科协组织建设。成都大美种业有限责任公司、四川恩博纳数据科技有限公司、四川鼎诚司法鉴定中心、成都市前沿类脑人工智能创新中心有限公司等5家企业成立科协。

（何庆）

【科普阵地建设】 2023年，锦江区按照《成都市科技局关于组织申报2024年成都市第一批科技项目的通知》要求，开展科普基地建设资助申报工作。成都市血液中心无偿献血科普馆递交申报材料。区域内建成国产科学仪器应用科普基地、成都师范附属小学华润分校“蜀景物趣”自然博物馆、“车世界”中外人文交流空间等科普基地19个。其中省级科普基地9个、市级科普基地10个。

四川国产科学仪器应用科普基地位于锦江区墨香路87号锦江工业园火炬动力港二期，由四川省分析测试服务中心运行管理。基地是成都市科普联合会理事单位，是四川省第六批省级科普基地、四川省“天府科技云服务”科普惠民共享基地、成都市科普基地、锦江区科普基地。基地展厅3000平方米，展示价值1000万元的国产科学仪器。另设科普实验区、国产科学仪器实验室区、专业检测实验室、多功能高清弧幕厅。常态化开展“知识大讲堂”、互动实验、大学生岗前科普培训、分析测试能力培训等活动，具备国产科学仪器技术开发能力。参观和科普实验单次接待20～50人，接受预约。

成都师范附属小学华润分校“蜀景物趣”自然博物馆位于成都师范附属小学华润分校，是学校科学课程学习载体，为学生提供创新学习、科技实践、科普志愿服务。博物馆设四时百物、丛林物语、身临奇境、光影时空4个主题展厅，长年展示四川境内的野生动物和植物标本、图片。采用雷达互动墙、互动沙池、投影、270度全息柜、全息风扇等新技术，提供沉浸式体验。

（杜思真）

【科普宣传】 2023年，锦江区建成科普画廊50个，覆盖11个街道。科普画廊图文并茂，包含食品安全、生态环保、医学健康、科技知识、生活常识等内容。发

图22 2023年5月17日，区科协举办“科心向党　科为有我——点亮精神火炬”主题活动

（区科协提供）

挥线上优势，利用“锦江科普”微信公众号、官方微博推送科普信息591条。依托天府科技云服务平台传播科普知识，指导76名科普员开展精准科普工作，推送科普信息42304条。

（杜思真）

【科普三大工程】 2023年，锦江区发挥科协桥梁纽带作用，实施科普三大工程。即忠诚铸魂工程、素能提升工程、示范表率工程。

忠诚铸魂工程即实施思想淬炼计划和科学精神计划。4月13日，联合四川邮电职业技术学院、四川国测检测技术有限公司开展“科心向党 科为有我——大运科技蓝”主题活动。四川国测检测技术有限公司科研管理部科研主管廖婧以“大运有我 智慧先行——大气环境智慧监测与管控”为题，从大气环境监测装备支撑、核心业务、应用案例等方面讲解大气环境智慧监测与管控技术在成都大运会和全国文明城市建设中发挥的科技支撑作用。5月17日，联合国药中生成都公司开展“全国科技工作者日”活动。组织干部职工和企业员工到成都战役纪念馆、成都市蒲江县明月村开展“科心向党 科为有我——点亮精神火炬”主题活动，缅怀革命先烈，了解特色乡村振兴模式，引领科技工作者坚定理想信念。

素能提升工程即实施专项调研计划和专业训练计划。10月19日，开展“科心向党 科为有我——提升‘四服务’能力”专题调研活动，组织科技工作者到成都市武侯区“水韵园”综合教育基地、成都华希昆虫博物馆、成都立巢航空博物馆参观。在“水韵园”综合教育基地参观应急教育馆和创想科技馆，融入式体验科普场景。在成都华希昆虫博物馆交流学习展厅设计、科普活动策划等工作。在成都立巢航空博物馆学习中国军用飞机发展历程，了解航空科技，交流研、学、游等科普方式。11月21日，开展“科心向党 科为有我——提升‘四服务’能力”专题调研活动。组织科技工作者到国际石斛研究和发展中心、先进材料会地联合创新中心、科创中国·成都电子信息概念验证中心调研。在国际石斛研究和发展中心了解石斛科学种植情况以及产、学、研、游于一体的“科创中国”创新基地建设经验。在先进材料会地联合创新中心了解先进材料领域的研究成果和产业化进程以及通过产、学、研深度融合，助力企业创新发展的先进理念。在科创中国·成都电子信息概念验证中心交流为电子信息领域创新创业项目提供概念验证、技术支持、市场推广的方式方法，探讨如何打通科技转化“最初一公里”。

示范表率工程即实施标杆引领计划和志愿服务计划。开展“最美科技工作者”学习宣传活动，评选出10名“锦江区最美科技工作者”，分别是成都生物制品研究所有限责任公司李立、电信科学技术第五研究所有限公司俞鹏飞、核工业西南勘察设计研究院有限公司冯瑞、新希望乳业股份有限公司孙金威、四川省农业机械研究设计院刘波、四川省畜牧科学研究院陈晓晖、四川师范大学苑全治、四川省第四人民医院陈宇洁、成都市血液中心项千力、四川航天信息有限公司李爵麟。5月26日，开展“全国科技工作者日”活动，表彰“锦江区最美科技工作者”。市科协授予成都肛肠专科医院院长杨向东、四川师范大学生命科学学院教授朱博“成都榜样·最美科技工作者”提名奖。与成都市血液中心联合开展“闷墩儿来啦——热血探秘 校园科普巡游”志愿服务活动11次，活动地点分别是成都市和平街小学、成都市驸马小学、成都市马家沟小学、成都市龙王庙正街小学、成都市三圣小学、成都市锦官驿小学、成都市东光实验小学、成都市锦江区东华小学、成都市盐道街小学通桂校区、成都市锦江外国语小学、成都师范附属小学万科校区。

（孙静雅　何庆）

【“科普耀锦江”品牌塑造】 5月25日，以“展望星空 探索宇宙”为主题，在国槐科普园举办航空航天科普展暨科技志愿服务活动。活动由区科协科技志愿服务队、成龙路街道国槐社区承办。受众达900人次。6月1日，锦江区联合四川省分析测试服务中心国产科学仪器科普基地举办“显微镜看大世界”儿童节科普体验活动。设置讲解、动手、观测、体验等环节，为参加活动的少年儿童普及“显微镜”知识。8月17日，联合四川省分析测试服务中心国产科学仪器应用科普基地举办“显微镜看大世界·全国科普日”主题活动，有40名青少年参加。

（杜思真）

成都市锦江区归国华侨联合会

【概况】 2023年，锦江区召开侨联五届八次全委会，落实第十一次全国侨代会精神和市侨联五届四次全委会精神，补选副主席1人、秘书长1人。在春节、端午节、中秋节等传统节日期间开展侨界人士慰问活动，向侨界人士传递党和政府的关心关爱。以活动为载体，宣传涉侨法律法规，助力乡村振兴，提供义诊服务。持续打造“侨见锦江”活动品牌，举办活动6次。协办中国侨联“亲情中华·耀动锦江”慰问演出活动和省侨联特聘专家委员会年会，得到中国侨联和省侨联肯定。区侨联与四川师范大学侨联建立校地共建机制，在助力服务中心工作等六个方面合作。人社部、中国侨联授予区侨联“全国侨联系统先进集体”称号。12月14日，中国侨联批准成都市李劼人故居纪念馆为中国华侨国际文化交流基地。

（陈迪）

【区侨联五届八次全委会】 5月25日，锦江区召开侨联五届八次全委会。会议以习近平新时代中国特色社会主义思想为指导，学习党的二十大精神，传达省、市、区的党代会精神和全会精神，传达市侨联五届四次全委会精神，总结2022年工作，讨论通过《区侨联2023年工作要点（讨论稿）》，安排2023年工作。会议根据区委的提名，补选魏鹏飞为区侨联主席、常委、委员，补选李天成为区侨联副主席、常委、委员，同意区侨联党组成员、副主席杨振英兼任秘书长。

（陈迪）

【为侨服务】 4月26日，在成都市金堂县福兴镇福乐社区党群服务中心开展“精准帮扶助力乡村振兴 情系乡村温暖百姓民心”主题党日活动和“传播中医文化 助力全民健康”公益活动，为当地群众义诊。9月26日，在金石路天府宝座大厦召开侨界“迎中秋·庆国庆”座谈会，向归侨代表、侨眷代表、机关干部宣讲中央和省、市、区的重要会议精神，了解归侨和侨眷诉求。现场开展“秋季养生保健必修课”健康知识专题讲座和义诊活动。12月5日，在蓝谷地社区廉政公园举办“侨心永向党·侨法伴我行”活动，开设“蓉侨安”法律课堂，向归侨代表、侨眷代表、社区群众宣传涉侨法律法规和惠侨政策，营造“知侨法、护侨益、聚侨心、促和谐”的社会氛围。

（陈迪）

【侨界人士服务经济社会建设】 2023年，锦江区发动侨界人士，助力经济社会建设。汇融集团公司（侨企）捐款450万元，支持四川侨商公益基金及悉尼福清会

图23 2023年6月20日，锦江区“品味端午 传承文明 喜迎大运”系列活动之“端午粽飘香·运动更健康”活动在百扬大厦“侨之家”举办

（区侨联提供）

馆建设。成都肛肠专科医院（区侨联不驻会副主席单位）开展义诊416次，惠及3.18万人；捐助4万元，支持卫生事业发展；开展“医学惠侨”活动，向侨界人士提供免费体检服务，为就医侨界人士减免医疗费用20%；联合成都市锦东顺和物业管理有限公司（区侨联不驻会副主席单位），为残疾人以及年满40岁和50岁的就业困难人员提供工作岗位。

（陈迪）

【“侨之家”建设】 2023年，锦江区在百扬大厦、MFG创客联邦、“锦江·归来荟”分别建成“侨之家”。帮助百扬大厦申请“侨胞之家”建设经费5000元，为百扬大厦“侨之家”植入侨文化元素。百扬大厦“侨之家”开展“企业大咖说”等活动。6月，市、区两级侨联在百扬大厦“侨之家”、MFG创客联邦“侨之家”、卓锦城社区同步举办“品味端午 传承文明 喜迎大运”系列活动，惠及归侨、侨眷、企业职工、社区居民300人。省侨联将百扬大厦“侨之家”评定为“典型基层侨胞之家”。

（陈迪）

【“侨见锦江”系列活动】 4月19日，锦江区举办“侨见锦江：政企携手撬动‘数实融合’助力实体经济发展新动能”主题活动。邀请企业到锦江云端会客厅参观，走进锦江软件园，为企业提供数字化转型的支持政策和服务。5月10日，举办“侨见锦江——爱成都迎大运 我与大运零距离”主题活动。组织区侨联委员、机关干部、归侨、侨眷、致公党锦江支部党员、东湖街道锦华社区志愿者到大运会射击比赛场馆参观，观摩运动员训练。5月25日，举办“侨见锦江——云端上的规划馆”主题活动。组织区侨联委员、机关干部到锦江云端会客厅参观，了解产业发展布局、锦江软件园规划以及企业数字化转型政策、扶持措施。5月29日，举办“侨见锦江——重庆市侨联考察交流”主题活动。邀请重庆市侨联考察团到成都许燎源现代设计艺术博物馆、花乡农居、白鹭湾科技生态园参观，交流乡村振兴、科技产业园建设、侨界企业发展等工作。6月6日，举办“侨见锦江 百家寻根”主题活动。组织机关干部到成都百家堂姓氏文化博物馆参观，为开展侨界人士“寻根”工作拓展思路。6月17日，举办“侨见锦江——山西省侨联考察交流”主题活动。邀请山西省侨联考察团到成都许燎源现代设计艺术博物馆参观，交流为侨服务等工作。

（陈迪）

【校地侨联共建】 2023年，锦江区拓展侨联工作，探索校地共建模式。12月15日，区侨联与四川师范大学侨联签订友好合作备忘录，共同探索“地方侨联+高校侨联+校友会”工作机制，在助力服务中心工作、科技产业化和教育服务、对外联谊、新侨工作、维护侨益、自身建设6个方面合作，助力一流大学建设和地方经济社会高质量发展。

（陈迪）

成都市锦江区文学艺术界联合会

【概况】 2023年，锦江区坚持以习近平新时代中国特色社会主义思想为指导，学习宣传贯彻党的二十大精神和习近平文化思想，落实习近平总书记在文明、文化、文艺、文联方面的重要论述精神，坚持社会主义先进文化导向，坚持“文艺为人民服务、为社会主义服务”原则，坚持“百花齐放、百家争鸣”工作方针，以提高人民幸福度和满意度为出发点，引导和鼓励文艺工作者创作服务中心大局、弘扬时代旋律的文艺作品4642件，天府文化传承发展主题活动、“锦江艺术季”等文艺活动104次。

（王丽　黄晓娟）

【文联组织建设】 2023年，锦江区深入贯彻党和国家的文联工作方针政策，坚持以人民为中心的创作导向，团结引导文学艺术团体会员、文艺工作者以及新文艺组织、新文艺群体开展文艺采风、文艺评奖、学术研讨、展览展演等活动。引导文艺工作者深入生活、扎根人民，创作优秀文艺作品。成立作家协会、书法家协会、音乐家协会、摄影协会、诗词楹联学会、硬笔书法协会、美术家协会，各类会员900人。

（王丽　黄晓娟）

【文艺创作】 2023年，锦江区

图24 2023年11月30日，锦江区“双百对话：春熙路遇见解放碑——锦江·渝中”百名书画家邀请展开幕 （区文联提供）

聚焦成都大运会、乡村振兴、天府文化传承发展、文明典范城市创建、文艺志愿服务等工作开展采风活动。参加采风活动的文艺工作者创作文学作品20件、书法作品920件、美术作品2500件、摄影作品1200件、音乐作品2件。文艺家协（学）会会员作品中有5件获国家级奖项，有32件获省级奖项或参加省级展示活动，有22件作品获市级奖项或参加市级展示活动。区美术协会会员作品《东坡雪堂记》《合阳东雷上锣鼓》参加第八届全国画院美术作展，区摄影协会会员作品《大庸古城演“非遗”》在《中国摄影报》上发表，区新文艺组织成员作品《种子》获四川省第十六届精神文明建设“五个一工程”优秀作品奖。

（王丽　黄晓娟）

【文艺活动】 2023年，锦江区以宣传党的二十大精神、围绕中心大局、坚持文艺惠民、展示锦江风采为主线，组织文艺协会、文艺骨干、文艺志愿者开展系列文艺活动。举办“拥抱锦江·大运有我”主题摄影作品展、“爱成都·迎大运”声乐舞蹈大赛、“大运有我·翰墨锦江”主题书画作品展、“锦江文学名家助力大运惠民”系列公益讲座、“迎大运·品锦江”“大运有我”短视频大奖赛等主题文艺活动12次。助力“品位锦江·幸福城区”建设，举办“春意”主题摄影采风、“温江·锦江”美术作品交流展、美术作品迎春展等系列采风活动。举办“天府文化传承”志愿服务活动6次、“写春联送万福”文艺志愿服务活动18次。探索文化传承创新的实践路径，打造“锦江艺术季”文艺品牌。举办“双百对话：春熙路遇见解放碑——锦江·渝中”百名书画家邀请展。

（王丽　黄晓娟）

成都市锦江区残疾人联合会

【概况】 2023年，主办或承办成都市残疾人群众性片区运动会、无障碍观影活动、残疾人阅读活动等残疾人文体活动212次。开展“敲门行动”“温暖万家行”等活动，慰问残疾人7240人，发送慰问金24.8万元。区残联与区委组织部联合录制的电教片《十万秒》获成都市党员教育电视片优秀奖。区残联获第六届全国残联专职委员知识竞赛县（市、区）组织奖、第七届全国残联专职委员知识竞赛县（市、区）组织奖，获“第六届四川省残疾人职业技能竞赛成都市组织工作先进单位”称号。锦江区残疾人选手在四川省第四届全民健身运动会象棋比赛和围棋比赛中获金牌1枚、银牌2枚。截至年末，全区各类残疾人8586人。其中肢体类残疾人3322人、视力类残疾人1481人、听力类残疾人1368人、言语类残疾人96人、精神类残疾人1228人、智力类残疾人674人、多重残疾人417人。

（许皓铭　肖齐志）

【残疾人生活保障】 2023年，锦江区向28名残疾人发放临时救助金、特殊慰问金12.7万元，向340名残疾学生和残疾人家庭的学生发放自强助学金36.95万元，向160名严重精神障碍患者发放42万元阳光救助住院生活补贴，向910名残疾人发放居家安养补贴108.46万元，为174个残疾人家庭实施无障碍设施改造项目，为8400名残疾人购买人身意外保险，资助354名重度残疾人购买基本养老保险，资助2630名残疾人购买基本医疗保险和大病医疗互助补充保险。

（秦楠　向荔）

【残疾人康复服务】 2023年，锦江区践行残疾人基本医疗康复保障制度，建立医保报销、专项补贴、医疗服务“三位一体”服务体系。服药补贴18万元，惠及361名精神残疾人。确定13家儿童定点康复机构，组织从业人员业务培训8次。组织501名残疾儿童康复训练，向249名残疾人发放基本型辅具及适配假肢321件。辅具适配补贴和手术补贴费用达1012万元。实施“锦程圆梦”特殊儿童学前融入性训练项目，开展“我与小学初见面”等学前融入性活动12次。向203例白内障患者发放复明手术补贴20万元。以提高残疾人日间照料水平为目标，组织70名“阳光家园”从业人员培训10次，学习心理咨询、护理服务等专业知识。使用专项资金45.5万元，为35名残疾人提供日间照料服务。使用专项资金54.23万元，为35名残疾人提供寄宿托养服务。组织残疾人和家属开展赏菊、秋游、剪纸等活动80次。

（秦楠　向荔）

【残疾人就业服务】 2023年，锦江区审核626家用人单位提供的就业信息，帮助650名残疾人就业。邀请80家企业参加“春风行动暨就业援助月”专场招聘活动，向残疾人提供就业岗位140个。联合19家用人单位举办残疾人专场招聘会，向残疾人提供40个岗位。“锦江残联”微信公众号发布10家企业的用工需求信息。帮助750名残疾人居家灵活就业，向40名残疾人发放就业创业补贴。开展电商、蜀绣、物业管理等职业技能培训6次，培训残疾人130人。

依托星空里咖啡烘焙馆，深入探索残疾人就业辅助工作。星空里咖啡烘焙馆成立于2019年3月14日，位于锦江区竹林巷78号，由区残联和成都星空里文化有限公司联合创办，是集残疾人职业培训、就业推荐、状态监控、市场经营于一体的辅助性就业基地。2023年，持续开展残疾人就业辅助工作，帮助残疾人提高就业能力，为残疾人提供就业岗位，重点帮助大龄心智障碍残疾人就业。推出“十万秒”手冲咖啡品牌。参加培训的残疾人每日练习3次，每月工作22天。需历经一年的学习和实践，掌握手冲咖啡的制作流程，即“10万秒”的由来。已培养3名咖啡师。

（秦楠）

【残疾人文体活动】 3月，锦江区在晨辉路公园足球基地承办“爱成都·迎大运”成都市残疾人群众性片区运动会。组织视力障碍、听力障碍、语言障碍、肢体障碍的69名残疾人参赛。从成都市残疾人棋类训练基地选拔3名残疾人运动员参加四川省第十届残运会暨第五届特奥会中国象棋比赛，茹晋川获肢体组第三名，贺正明获视力男子组第五名，余安明获视力男子组第六名。8月，选拔6名运动员参加四川省第四届全民健身运动会残疾人象棋和围棋比赛。余安明获象棋视力组比赛第一名，茹晋川获象棋肢体组比赛第二名，丁克民获围棋比赛第二名。截至年末，开展“公园城市感知行”活动58次，有900名残疾人参加活动。开展无障碍观影活动18次，有407名残疾人参加活动。持续开展“助残圆梦”行动，开设普通话正音班、朗诵表演班、声乐合唱班，服务残疾人600人。开展残疾人阅读活动130次，服务残疾人793人。向重度残疾人赠送《红船精神》160册，帮助残疾人学习党史。

（向荔）

【爱心企业联盟】 2023年，锦江区明确“助残关爱日常化、助残帮扶普惠化”的工作思路，发动街道残联、社区残协，号召与残疾人日常生活密切相关的经营主体，共同组建“锦爱伙伴”爱心企业联盟，分2批次向社会发布助残事项清单，招募“锦爱伙伴”爱心企业1062家，为残疾人提供餐饮、理发、快递收发、体检等服务。同时与百度地图运营商合作，在百度地图增加“锦爱伙伴”爱心企业图标，提高“锦爱伙伴”助残品牌知晓度和影响力。《人民日报》、四川文明网和“成都残联”微信公众号分别报道“锦爱伙伴”工作情况。

（高聪）

【脑健康人工智能研究院建设】 2月，脑健康人工智能研究院在新华之星大厦A座9楼成立。电子科技大学、四川大学、香港大学等高等院校的14名教授加盟，组建跨地区、跨学校、跨多学科的专家团队。研究院围绕儿童脑疾病智能诊疗技术开展科研攻关和成果转化工作，提出“全面提升，重点突破，兴趣引导，融合发展”的康复理念，建成孤独症辅助诊断与脑功能评估体系、精准神经干预体系、肠道微生态调控体系、融合康教体系。研究院孤独症诊断准确率90%，治疗响应率80%。为2100名残疾儿童提供治疗，开展“与爱‘童’行”“手牵手心系儿童未来成长”脑智公益体检评估等公益活动5次，服务300名残疾儿童。

（刘佳）

【“四进三送”活动】 2023年，锦江区发动29家企业和11个街道，邀请人大代表、政协委员开展“四进三送”活动，到特殊教育学校、康复机构、助残社会组织、残疾人辅助性就业基地为残疾人送健康、送温暖、送欢乐。成都电视台《今晚800》栏目报道活动实况。

9月26—27日，区人大代表杨娟和阳光财产保险股份公司四川省分公司、中科标禾工程项目管理有限公司的代表在星空里辅助性就业基地开展“四进三送”活动。心智障碍咖啡师展示咖啡制作过程。应邀参加活动的30名残疾人品尝咖啡。9月28日，区人大常委会副主任邹燕，区政府副区长、区残工委主任万科，省人大代表、四川残疾人励志报告团成员唐建，区人大代表杨娟，区政协委员彭超会同23家助残单位代表，到区特殊教育学校开展“四进三送”活动。唐建分享个人成长故事，星空里文化发展有限公司推出音乐剧《爱聚星空里》，四川永辉超市有限公司向残疾学生赠送文具礼包，成都彦臻商业管理公司、美满城市奥莱为向师生赠送月饼，四川长江职业学院的20名志愿者与残疾学生共同制作兔灯。9月26日，区人大代表徐晨会同爱心企业代表、东湖街道办事处工作人员，在东湖融乐阳光家园开展“四进三送”活动。包括“月饼DIY”“趣味运动大比拼”等活动。30名残疾学员参加活动。9月27日，人大代表、政协委员到爱达尔儿童脑智开发中心开展“四进三送”活动，50个特殊儿童家庭参加活动。帮助特殊儿童感受音乐律动，提高听觉注意力以及参与能力。

（林茂）

【全国助残日活动】 5月21日，锦江区在成都市和平街小学开展“牵手‘福’蓉·双百双千”助残行动暨第33次全国助残日活动。活动由区政府残疾人工作委员会主办，区残联承办。区人大常委会副主任邹燕和区残联、区残工委成员单位、各街道、公益助残单位、爱心企业的代表参加活动。现场向8家公益助残单位授牌，向志愿助残服务队授旗。爱心企业出资，为1000名70岁以上残疾人和107名特殊教育学校的学生购买“惠蓉保”。成都锦江爱达尔诊所有限公司等9家企业捐赠价值160万元的爱心物资。

（叶小蓉　周乾海）

【“黑暗中对话”助残品牌】 “黑暗中对话”是1988年创立于德国的公益服务品牌，主要面向社会提供黑暗场馆体验服务，遍布40个国家180个城市。2013年4月，进驻锦江区。2013年9月，黑暗中对话服务中心在锦江区滨江路

图25　“黑暗跑团”参加马拉松活动　　（摄于2023年　区残联提供）

232号开馆，帮助视力障碍与听力障碍的残疾人就业，成为“黑暗中对话”在中国的第一家体验馆。2016年3月，区残联联合锦江区黑暗中对话服务中心成立公益陪跑队伍“黑暗跑团”，开创“1+3”模式（1名视障跑者+3名陪跑员）的残疾人体育项目。“黑暗跑团”有主教练7人，助理教练10人，工作人员5人，固定视障跑者25人，听障跑者2人，轮椅跑者4人。2023年，“黑暗跑团”在青龙湖、锦城湖等地开展残疾人例跑活动30次，举办团建年会、趣味运动会等小型活动14次。参加“黑暗跑团”项目的残障人士791人。

（秦楠　向荔）

成都市锦江区红十字会

【概况】 2023年，锦江区打造“博小爱”人道主义品牌，组织红十字防灾避险演练，开展应急救护技能竞赛，优化红十字应急救援体系，增强防灾减灾意识，提高救援能力。实施红十字筑基工程，在76个社区建立红十字工作站。持续开展人道主义救助工作，开展“博爱送万家·暖冬行”活动，向困难群众提供帮助。在成都市盐道街小学汇泉校区、成都师范附属小学慧源校区、锦华路街道“爱乐园”、锦华万达广场等地开展“全国防灾减灾日”“安全生产月”等红十字主题宣传活动。全年募集价值178万元的物资，发放价值4.27万元的慰问品，帮助困难家庭186个、困难群众1544人。采集造血干细胞志愿者血样60份，新增人体器官和遗体捐献志愿者800人。参加中国红十字会总会红十字应急救护知识竞赛，区红十字会获单位组织奖一等奖。

（唐行）

【红十字会第五届理事会第二次会议】 12月8日，锦江区召开红十字会第五届理事会第二次会议。会议讨论副会长变更事项，审议《区红十字会第五届理事会第二次会议工作报告》《区红十字会2022年度财务收支情况报告》。会议提出“坚持新思想引领，把稳政治立场，切实扛起红十字会职责使命；聚焦人道事业，耕好主责主业，全面提升服务社会能力水平；加强自身建设，树牢底线思维，不断夯实红十字会工作基础”三点要求。

（唐行）

【红十字应急救援体系建设】 2023年，锦江区推进应急救援队伍标准化建设，打造“博爱救援圈”。以红十字城市救援队为统领，物业救援支队、心理救援支队为辅助，形成区、街道、社区红十字微网实格应急救援体系。实施“救在身边·校园守护”“救在身边·机关先行”行动，开展应急救护培训“五进”活动。开展机关干部应急救护知识技能培训和“救在身边·校园守护”救护员培训，开设救护员培训班80期，培训1万人，新增持证救护员2774人。开展城市搜救、赈济救灾等演练12次，训练1137人。

（唐行）

【人道主义救助】 2023年，锦江区聚焦特殊群体和不同年龄段居民的多元需求，以“博小爱、聚大爱”为宗旨，实施“博小爱”人道主义品牌项目，加强红十字基层阵地建设，前移人道服务工作，弘扬“人道、博爱、奉献”精神，打造“群众身边的红十字会”。发挥党员的先锋引领作用，营造“以小爱小、以小惠小、以小带小”的社会氛围。以“推动社区治理、服务社区居民、助力社区发展”为目标，在九眼桥社区建成红十字博爱家园。常态化开展防灾减灾、健康促进、人道传播等主题活动，普及应急救护知识，培训社区应急救护员，提高社区自救互救能力，增强居民获得感、幸福感、安全感。开展“世界红十字日”腾讯“99公益日”等人道主义众筹活动，持续开展一般性人道救助、儿童重特大疾病关爱救助等人道主义救助活动。使用专项资金1.9万元，向11名困难群众提供人道主义救助。使用专项资金11万元，向5名18周岁以下的白血病患儿和6名先天性心脏病患儿提供人道主义救助。使用专项资金49691元，向1名教育职工提供人道主义救助。

（唐行）

【红十字应急救护技能竞赛】 7月，锦江区在成都市田家炳中学举办成都百万职工劳动和技能竞赛暨“爱成都·迎大运·红十字救在身边”首届锦江区红十字应急救护技能比赛。分为预赛和决赛。参赛团队16个、参赛选手96人。选手来自街道办事处、区级部门、医院、学校、企业。预赛项目有理论知识考试、救护技能。决赛以随机抽签的方式开展地震灾害、溺水、交通事故、触电、火灾、运动伤害等场景演练。四川友谊医院、四川锦欣西囡妇女儿童医院、成都肛肠专科医院、四川师范大学、区应急局、书院街街道的应急救援队和区红十字城市救援队进入决赛。区应急局参赛团队获团体一等奖，四川友谊医院参赛团队获团体二等奖，四川师范大学参赛团队获团体三等奖。

（唐行）

图26 2023年1月10日，锦江区举办“博爱送万家·暖冬行”活动

（区红十字会）

【“博爱送万家·暖冬行”活动】 1月10日，在锦官驿街道大慈寺社区启动“博爱送万家·暖冬行”系列活动。向锦官驿、书院街2个街道的20名困难群众发放“爱心礼包”。包括棉被、保温锅、大米等物资。1月17日，慰问成龙路街道国槐社区20名困难群众。1月18日，慰问红十字个人会员和红十字城市救援队志愿者。

（唐行）

【红十字模范示范校创建】 2023年，锦江区以成都市龙舟路小学、成都市菱窠路小学为试点，按照“一校一特色”原则，开展红十字模范示范校创建工作。

成都市龙舟路小学于2022年7月成立红十字会，组织机构健全，发展红十字会会员866人。红十字会工作成为学校整体工作的重要组成部分，定期召开红十字会工作会议，每学年召开理事会，建立岗位目标责任制，形成红十字会工作和健康教育工作有机结合的工作体系。成都市菱窠路小学于2021年成立红十字会，发展会员700人，组织机构、规章制度健全。将红十字组织建设与少先队工作相结合，调动学生参加红十字会活动的积极性。

成都市菱窠路小学成立由学生红十字会会员组成的卫生监督岗、视力保护岗、红十字宣传岗，开展指导、检查、记分工作，按月评比。红十字宣传员配合大队部定期更新黑板报，宣传红十字知识。红十字会会员配合医务室定期开展眼保健操培训指导、救护培训、流行病预防指导等工作。组建“小黄帽”“环保大使”2个志愿者团队，定期开展公益服务。开展跳蚤市场义卖活动，义卖所得用于捐助贫困儿童。开展“助残扶残有你有我”主题活动，宣传张海迪、霍金等人身残志坚的先进事迹。以“我们能为残疾人做什么”为题，组织学生开展讨论。

（唐行）

法 治

政法工作与平安建设

【概况】 2023年，锦江区召开区委政法工作会议，部署维护社会稳定、平安锦江建设、常态化扫黑除恶斗争等工作。全区违法犯罪警情较2022年下降14.3%。持续整治行业领域突出问题，促进各行业法治建设，助力营商环境改善。同时采取深化政法领域改革、凝聚监督合力、发挥公共法律服务中心作用等方式，塑造“法治为民办实事”品牌，为经济社会建设提供法治保障，为企业和群众提供优质法律服务。

（蒲姣姣　蒲佳影）

【社会稳定维护】 2023年，锦江区开展稳定风险隐患大排查、大整治工作，常态化、滚动式排查房地产、金融等领域矛盾纠纷和风险隐患，分类造册、建立台账、动态管理。排查各类不稳定因素95个，化解80个，化解率84.2%。深化“府院联动”机制，化解历史遗留问题。运用破产程序推动星汇广场项目复工续建，得到市委、市政府主要领导肯定。针对涉众、涉房、涉金融等特定利益诉求群体建立工作机制，制定措施。采取搭建对话平台、宣讲政策法规、开展心理疏导、落实困难帮扶政策以及训诫谈话等方式，预防极端行为。年内未发生大规模群体性事件。锦江区被评为2022年度全省平安建设表现优秀的县（市、区）。

（蒲姣姣　蒲佳影）

【平安锦江建设】 2023年，锦江区修订《平安锦江建设重点工作考核办法》，压实平安建设责任，运用“周推进、月通报、季调度”考核评价指标，构建覆盖全区的“大排查、大分析、大联动、大整治、大宣传”工作体系。创建“春熙·楼小助”等楼宇专属网格服务品牌，在10个楼宇设置“楼小助”服务阵地。走访楼宇企业1500家，协助解决问题197个。持续完善矛盾纠纷多元化解机制，坚持和发展新时代“枫桥经验”，针对住房建设、金融投资、基层矛盾纠纷等7个重点领域开展矛盾纠纷“大起底、大排查、大化解”专项行动。培育“朱哥调解室”“小宋哥聊天室”“赖老师工作室”“萍妹儿解忧站”等矛盾调解品牌，构建社工、网格员、人民调解员、小区业主委员会成员和“五老人员”共同参与的矛盾纠纷调处机制，排查矛盾纠纷3042件，化解3023件，化解成功率99.4%。东湖街道“3D”物业纠纷调处案例入选中央政法委西南片区研讨会案例库。坚持问题导向，深化重点地区整治，践行综治巡防力量统一指令、即时调度工作机制，采取“挂图作战”和“红、黄、蓝、绿”四色进度管理的方式，针对28个社会治安重点地区以及大运会场馆周边区域等重点区域实施专项整治。各街道办事处、派出所重点针对盗窃、抢劫、抢夺、诈骗等侵财类违法犯罪多发区域加强排查治理。

（蒲姣姣　蒲佳影）

【扫黑除恶斗争】 2023年，锦江区明确“补短板、强弱项、堵漏洞、提质效”的工作目标，按照“长效常治”的要求，常态化推进扫黑除恶斗争。建立“1+3+N”专群联动机制（“1”即网格员，“3”即综治巡防队员、社区工作者、楼栋长，“N”即群众、单位、商家）。设置举报电话，依托专群联动机制开展拉网式排查。核查扫黑除恶线索10条。同时落实重大复杂线索案件会商研判制度，召集政法单位及职能部门研判重大复杂疑难案件。强化检法提前介入机制，通过专案专班方式督办大案要案。

（蒲姣姣　蒲佳影）

【行业领域突出问题整治】 2023年，锦江区推进行业领域突出问题整治，针对教育、金融放贷、市场流通三大行业领域开展突出问题整治。针对物流运输行业和二手车市场开展专项治理。其中区金融局牵头实施典当和融资租赁行业联合检查2次，为21家典当行和8家融资担保公司年检。区教育局牵头实施学校周边乱象整治行动36次，发放告诫书575份，整治流动摊点117个。区市场监管局牵头实施医疗美容领域专项整治，办理虚假宣传案件6件。区住建交局牵头实施物流运输市场和二手车市场专项治理行动25次。截至年末，针对电信诈骗、养老诈骗等犯罪行为实施各类整治和法治宣传活动200次。

（蒲姣姣　蒲佳影）

【“法治为民办实事”品牌塑造】 2023年，锦江区深化政法领域改革，落实司法责任制，优化政法机构职能体系，推动诉讼制度改革，健全纪检监察监督、党委政法委监督、检察机关法律监督、政法单位内部监督相融合的监督机制，构建分工负责、互相配合、互相制约的工作格局。着重发挥公共法律服务中心作用，整合公共法律服务资源，对接行政复议、人民调解、社区矫正等业务，常态化一站式提供法律援助、法律咨询、公证服务。同时遵循便民利民原则，对照规范化建设标准，改善公共法律服务中心大厅环境，统一工作人员的制式服装，在首问负责制的基础上建立大厅值班长制度、值班律师每日公示制度，打造“法治为民办实事”品牌，构建特色化现代公共法律服务体系。

（蒲姣姣　蒲佳影）

法治政府建设

【法治督察】 2023年，区委全面依法治区委员会各协调（助）小组牵头成立4个督察小组，采取书面督察和实地督察的方式，督察春熙路街道、书院街街道、成龙路街道、三圣街道、区卫健局、区应急局、区市场监管局、区综合执法局落实法治政府建设任务、依法制定行政规范性文件等工作，整改履行法治建设第一责任人职责不到位、法治政府建设示范创建工作不到位、依法全面履行政府职能不到位、落实法治政府建设年报制度不到位、落实信息报送制度不到位的问题。

全程跟踪城市管理、自然资源、应急管理等领域50项执法权下放，在区政府门户网站开通专栏公示街道法定权力、赋权清单，指导赋权部门细化赋权方案，实行动态评估，召开专题会、调研会3次，发放调查问卷66份，协调解决赋权各阶段问题30个。开展执法证考试和申领工作，有260人取得执法证。制发执法监督建议书，提示约定仲裁管辖的法律风险。办理群众投诉举报执法监督案件3件，无被纠错情况。开展人民群众最不满意行政执法突出问题承诺整改行动，整改问题4个。开展涉企执法案卷评查工作，评查1892份涉企行政处罚案卷和3件行政强制案卷，抽查合格率100%。全区执法部门重大行政处罚和重大行政强制决定报备率100%。

（方卓卿）

【法律顾问制度落实】 2023年，锦江区按照“政治过硬、业务精通、素质优良”标准，续聘四川衡纵律师事务所、四川汇韬律师事务所、泰和泰律师事务所、四川谷雨律师事务所4家律师事务所，增聘北京大成（成都）律师事务所，担任区政府常年法律顾问。完善法律顾问工作机制，拓宽法律顾问参与决策渠道，为星汇广场破产重组、锦水花乡产权办理、环城生态区搬迁、招商引资、政府投资等重大决策中提供法律意见。区政府各单位实现法律顾问全覆盖，参与区政府常务会决策的前置法律审查。践行一社区一法律顾问制度，为11个街道76个社区配备社区法律顾问，提供法律咨询、普法宣传、纠纷调解等服务，提升基层依法治理水平。

（方卓卿）

【行政应诉与复议】 2023年，区政府发挥行政复议化解行政争议主渠道作用，受理行政复议案件322件。复议案件类型主要集中在市场监管、公安、人力资源和社会保障等行政管理领域。发挥调解在办理行政复议案件中的作用，和解案件86件，案件撤回率30%。发挥复议监督制约效能，决定撤销、确认违法、责令履行的案件29件，纠错率11%。涉区政府一审行政诉讼案件76件，案件类型集中在征收补偿安置、政府信息公开等方面。落实行政机关负责人出庭应诉制度，涉及区政府的一审行政诉讼案件行政机关负责人出庭应诉率100%。

（方卓卿）

【合法性审查】 2023年，锦江区制定《行政合法性审查工作规定（试行）》，编制《政府投资领域合法性审查要点指南》，推动合法性审查工作标准化、规范化。向市政府、区人大常委会报备规范性文件3件，报备率、及时率100%。服务区委、区政府工作大局，履行法律参谋职责，出具法律意见书近340份，提出意见1080条，参加紧急问题、疑难问题、历史遗留问题的协调论证会300次，确保政府文件、协议、重大行政决策、重大矛盾化解路径等合法有效。出台《街道办事处行政合法性审查工作实施细则（试行）》，推动司法所参与街道合法性审查试点工作。编印参阅资料，开展专题培训，持续提升审查质效。司法所出具合法性审查意见书40份，提供法律咨询60次，参加街道集体决策会议或论证协调会20次，提升基层决策科学化、合法化水平。

（方卓卿）

【综合行政执法】 2023年，锦江区建立责任领导、管理责任人、企业责任人三级责任机制，组建巡查督查组，常态化开展餐饮油烟污染检查。检查餐饮企业2000家，解决餐饮油烟污染突出问题450个。普查3986家餐饮企业的基本信息，建立餐饮市场主体排查管理台账，编制餐饮服务项目经营场所禁止选址清单，从端口和源头环节防治油烟污染。在重点区域安装185套油烟在线监测设备，大中型餐饮企业安装率70%，实现油烟排放动态监管的预期目标。依托数字化城管、网络理政平台，统计、分析餐饮油烟问题高发区域，有针对性地调配工作力量，实行精准治理。采取“人盯源”的方式，采取“日常巡查检查+专项整治执法”的措施，加强与交警、市场监管、生态环境等部门联动，每月开展2次餐饮油烟专项执法整治行动，督促餐饮商家定期清洗油烟净化设施。全年开展餐饮油烟污染专项整治行动265次，责令719家餐饮商家限时整改，取缔露天烧烤摊点139个，立案查处餐饮油烟类案件249件。

每月实施噪声专项执法行动，发现问题及时查处。针对夜间施工噪声问题，处罚未办理夜间施工许可证的施工单位。针对市民投诉的已办证的施工单位，督促施工单位与群众解释。同时函告住建部门加强监管。针对商业活动中使用高音喇叭等问题，依法责令整改。市场监管、文化、综合行政执法等部门针对文化娱乐场所边界噪声超标问题，开展联合检查。查处无证经营商家和噪声超标商家。全年查处噪声案件75件。

印发《2023年违法建设综合治理工作要点》《关于2023年开展全区违法建设安全隐患清理整治工作的通知》，遵循“组织领导、上下贯通、部门协同、政社互补”原则，强化部门联动，健全部门、街道、社区、物业四级违建治理机制，完善违法建设考核细则，形成违法建设“发现、治理、销号”闭环管理体系。压实街道、社区、物业违法建设源头管控职责，定期检查住宅小区、商业综合体，从源头遏制违法建设。建立工作台账，采取释法说理、抄送限制、助拆强拆等措施，结合老旧院落改造、拆墙并院、燃气安全隐患整治等工作，消除存量违法建设。全区拆除违法建设27万平方米。

（战婕）

公安

【概况】2023年，锦江区共有公安派出所14家，下属社区警务室23个。实施主动警务战略，持续推动案件侦破工作，打击刑事犯罪和经济犯罪，加强治安管理和校园警务，提高社会安全度。采取“一窗办”等便民措施，方便群众办理出入境手续。全区违法犯罪警情较2022年下降14.3%，街面侵财类警情较2022年下降56.3%。锦江区公安分局获“全国公安机关信访突出问题攻坚化解专项工作成绩突出集体”“四川省公安机关成绩突出集体”“四川省公安机关执法示范单位”等称号，获全省公安机关舆论技能实战大练兵活动一等奖和全市公安工作成效评估一等奖。

（金成　李媛媛）

表20　2023年锦江区公安派出所一览表

序号	名称	地址	报警电话
1	督院街派出所	锦江区下南大街39号	028-86113354
2	书院街派出所	锦江区三槐树路89号	028-86919412
3	锦官驿派出所	锦江区义学巷69号	028-86674419
4	沙河派出所	锦江区汇泉北路191号	028-84790774
5	春熙路派出所	锦江区中新横街5号	028-86656259
6	牛市口派出所	锦江区锦东路433号	028-84527031
7	东湖派出所	锦江区东光街12号	028-84410597
8	狮子山派出所	锦江区静康路398号	028-84797110
9	柳江派出所	锦江区锦盛路138号	028-85910288
10	三圣派出所	锦江区喜树街999号	028-84675596
11	成龙路派出所	锦江区枫香街39号	028-84675176
12	白鹭湾派出所	锦江区锦水街39号附1号	028-84539110
13	锦华路派出所	锦江区洗瓦堰路16号	028-85910288
14	国槐派出所	锦江区水杉街562号	028-81253110

表21　2023年锦江区社区警务室一览表

序号	名称	地址	报警电话	所属派出所
1	总府路社区警务室	锦江区锦华馆街8号	028-62123573	春熙路派出所
2	盐道街社区警务室	锦江区指挥街55号附7号	028-86136255	督院街派出所

续表21

序号	名称	地址	报警电话	所属派出所
3	华星路社区警务室	锦江区华星路12号	028-86919412	书院街派出所
4	庆云社区警务室	锦江区四圣祠北街15号附1号		
5	点将台社区警务室	锦江区点将台东街58号	028-86674419	锦官驿派出所
6	大慈寺社区警务室	锦江区南纱帽街31号		
7	合江亭社区警务室	锦江区滨江东路166号		
8	得胜街社区警务室	锦江区水碾河路6号84幢附8号	028-84527031	牛市口派出所
9	水碾河路南社区警务室	锦江区水碾河路48号附9号		
10	莲桂西路社区警务室	锦江区工农院街14号附4号		
11	社区警务一队	锦江区观音桥西路20号	028-84410597	东湖派出所
12	社区警务二队	锦江区琉璃路354号		
13	石牛堰社区警务室	锦江区椽树林东路178号		
14	四川师大社区警务室	锦江区静安路5号	028-84761110	狮子山派出所
15	包江桥社区警务室	锦江区锦华路三段381号	028-67170110	柳江派出所
16	锦馨社区警务室	锦江区柳荫路100号		
17	棬子树社区警务室	锦江区玉树路180号		
18	锦逸社区警务室	锦江区锦丰三路6号		
19	琉璃社区警务室	锦江区锦华路626号	028-85910288	锦华路派出所
20	国槐社区警务室	锦江区国槐街835号	028-81257110	国槐派出所
21	幸福社区警务室	锦江区幸福社区五组319号	028-84675767	三圣派出所
22	红砂社区警务室	锦江区红砂社区二组303号		
23	喜树路社区警务室	锦江区锦江大道877号		

【刑事案件侦破】 2023年，锦江区坚持以扫黑除恶长效机制建设为牵引，以“夏安”“獴猎”等系列专项行动为抓手，纵深推进“迎大运·保平安”系列行动，依法打击各类刑事犯罪，现行命案破案率连续第九年达到100%，电信网络诈骗案件破案率较2022年上升20.1%，盗抢案件破案率较2022年上升24%。

（金成　李媛媛）

【经济案件侦破】 2023年，锦江区把打击经济犯罪与“我为群众办实事”活动相结合，围绕保障社会民生、优化营商环境、服务发展战略，突出主责主业，开展“猎狐”“昆仑”“云端”等专项行动。锦江区公安分局被评为2022年成都市经侦工作成效突出单位。以解决突出问题和回应民生民盼为导向，打击食药、环境、知识产权、旅游、房产等领域的违法犯罪，营造绿色、健康、安全的社会环境。移送起诉案件33件，涉案63人。采取强制措施管控犯罪嫌疑人77人。为企业和群众挽回经济损失3100万元。开展“经侦宣传日”等宣传活动，发放宣传资料2000份，普及常见经侦类犯罪的防范知识。

（金成　李媛媛）

【禁毒工作】2023年，锦江区围绕大运安保工作主线，推进缉毒执法和禁毒社会化等工作。对吸食、生产、贩卖、运输毒品犯罪“零容忍”，对涉毒违法犯罪保持高压态势。开发“锦江禁毒”管控小程序，实时掌握吸毒人员动态轨迹。依托高校联盟开展禁毒宣传教育工作，制作青少年毒品预防教育课件、展板，开展禁毒知识有奖竞答活动，提高青少年禁毒意识。8月9日，有36所小学和22所中学参加“青春无毒·喜迎大运防诈骗·不涉毒”知识竞赛。单日参与人数达5032人。

（金成　李媛媛）

【社会治安管理】2023年，锦江区依托党建引领社区“微网实格”工作体系，完善群防群治力量管理使用配套机制，推动公安基层基础工作与“微网实格”治理深度融合。发动网格员、城管、综治等力量，联动公安民警，围绕重点区域开展巡逻防控。构筑横向到边、纵向到底、疏密结合的街面巡逻勤务网络，提高街面见警率、见灯率、管事率。同时结合智慧公安建设，建成智慧小区436个，提升城市智慧安全韧性。通过传统手段，组织民警进小区、进院落，以坝坝会形式开展宣传活动，宣传国家安全、安全防范、反诈骗、禁毒等知识。同步推广“蓉城反诈卫士”小程序，全方位提高群众安全防范意识。同时以春熙路商圈为重点，建立区级职能部门共同参与的立体防控体系，形成“党政主导、各部门齐抓共管、社会力量积极参与”的社会治安整体防控工作格局。

（金成　李媛媛）

【户政管理】2023年，锦江区依据《成都市公安户政窗口服务管理工作规范》，为外出返乡群众、中高考学生等群体开辟绿色通道，安排延时服务。为306人办理高考加急服务，为老、弱、病、残、孕等行动不便的特殊群体提供上门服务36次。探索“互联网+微户政”新型服务方式，审核户籍业务材料14241份、身份证办理材料18485份。采取邮寄方式办理户籍业务1750件，为3029人提供网上预约服务。

（金成　李媛媛）

【出入境管理】2023年，锦江区秉持“在材料上做减法，在服务上做加法”理念，采取“一窗办、异地办、容缺办”等便民措施，受理中国公民因私出境证件审批82475次。组建涉外案事件处置小组，采取案件处置与舆论处置交叉并行的方式，开展涉外治理专项行动。将执法执勤工作与化解纠纷矛盾、纾解民忧民困、促进社会和谐有机结合，处置涉外案事件136件。发挥分类侦查、全链打击等机制优势，严打跨国跨境犯罪，抓捕涉嫌组织偷越国（边）境犯罪嫌疑人66人。

（金成　李媛媛）

【校园警务】2023年，锦江区以校园平安建设为牵引，践行护学岗制度，加大警力投入，针对学生上放学时段人流密集、校园周边秩序混乱等现象部署警力，安排民警在上学放学2个时段值守校园出入口，在学生途经主要路段安排警车驻点。同时发动学校保安、网格员等群防力量参与校园安全防范工作，形成驻点守护、连片巡逻相结合的立体防控网络。持续强化校园周边治安防控体系建设，按照“一校一警、一校一档”的要求，为学校建立风险管控档案，督促学校整改安全隐患问题80个。社区民警深入校园法治宣传教育活动350次，指导学校开展应急演练150次。

（金成　李媛媛）

检察

【概况】2023年，锦江区明确“以检察工作现代化支撑的服务中国式现代化”的工作主题，落实“为大局服务、为人民司法、为法治担当”的工作要求，恪守“高质效办好每一个案件”的价值追求，办理审查逮捕案件、审查起诉案件、抗诉案件、国家司法救助案件等12类案件2580件。推动涉案企业合规改革、行刑双向衔接、轻罪治理体系建设等创新工作，强化“锦绣芳华”妇女权益保护、“亮晶晶+心雨梦工厂”未成年人保护品牌培育，探索全链条人才培养机制，打造检察文化2.0版。组织检察官参加市检察院组织的培训40次，邀请专家学者授课5次，开展“远航”培训5期，编发《锦·SHOW》1100册。有21个集体被评为“全国巾帼文明岗”等荣誉，有27名个人被评为四川省检察机关优秀个人、成都市三八红旗手。有9个案例入选最高人民检察院和省检察院、市检察院的典型案例。有8项工作形成经验交流材料，在市级以上会议交流推广。市级以上刊物发表区检察院理论文章40篇，《检察日报》《四川日报》等媒体发布区检察院工作信息46条。

（唐祥　赵美琦）

表22　2023年锦江区检察案件办理情况表

序号	办理案件类型	数量（件）
1	审查逮捕案件	901
2	审查起诉案件	1084
3	抗诉案件	4
4	公益诉讼案件	45
5	民事行政监督案件	162
6	提前介入侦查案件	139
7	立案监督案件	72
8	建议行政执法机关移送涉嫌犯罪案件	6
9	刑事侦查活动监督案件	81
10	刑事审判活动监督案件	6
11	刑事执行活动监督案件	52
12	国家司法救助案件	28

【刑事检察】 2023年，锦江区受理审查逮捕案件901件，涉案1341人；批准逮捕的案件395件，逮捕522人。受理审查起诉案件1084件，涉案1447人；起诉案件688件，起诉923人。落实宽严相济刑事司法政策，不批捕案件489件，涉案767人；不起诉案件340件，涉案410人。强化侦查活动监督，监督立案、撤案66件，纠正漏捕漏诉42人。加强刑事审判监督，提出抗诉案件4件。打击故意杀人、抢劫、强奸等严重暴力犯罪，处置案件73件，涉案105人。办理“两抢一盗”、电信网络诈骗等侵财案件304件，涉案393人。起诉涉及金融犯罪的案件63件，涉案113人，追赃挽损573万元。办理“黄、赌、毒”等危害社会秩序的案件53件，涉案77人。协同推进反腐败斗争，起诉职务犯罪案件5件，涉案6人，追赃挽损1100万元。践行刑事执行监督机制，以监管场所监督、

财产刑执行监督、社区矫正监督为重点，发出书面监督意见52份，制发检察建议9份。

（唐祥 赵美琦）

【诉讼监督】 2023年，锦江区办理民事检察案件92件、审判程序监督案件20件、执行程序监督案件12件、行政裁判结果监督案件15件、法院审判程序监督案件7件、行政非诉执行监督案件12件、行政争议实质性化解案件18件、民事和解案件15件，发出审判程序监督检察建议9份、执行行为监督检察建议11份，检察建议采纳率100%。民事和解案件中的保险公司与保险人代位求偿权纠纷民事检察和解案件入选最高人民检察院民事和解典型案例。《检察日报》报道办案情况。落实“行刑双向衔接”机制，提出检察意见9次。开展护航民生民利专项活动，办理涉及虚假冒名工商登记、消费者权益保护、消防安全、道路运输交通安全等领域的案件55件。

（唐祥 赵美琦）

【公益诉讼】 2023年，锦江区办理行政公益诉讼案件45件、刑事附带民事公益诉讼案件3件，发出行政公益诉讼诉前检察建议40份。开展快递面单及微信小程序侵犯公民个人信息安全、固体废弃物污染、外来物种入侵等公益保护专项监督活动，维护社会公共利益。根据公益保护志愿者平台反映的问题线索，办理油烟污染、现制现售饮用水安全等案件6件。践行人大代表建议和政协委员提案与公益诉讼检察建议衔接转化机制，办理缘石坡道阻车桩影响特殊人群通行的公益诉讼案件，促使行政机关整改不符合无障碍建设标准的设施，为残障人士、老年人等群体提供保障。

（唐祥 赵美琦）

【特殊群体检察】 2023年，锦江区坚持“对性侵未成年人犯罪零容忍”态度，惩处性侵未成年人案件16件，涉案26人。有针对性采取教育感化方式挽救涉罪未成年人，有7个案件附条件不起诉，涉案17人。针对12名未成年犯罪嫌疑人家庭开展家庭监护评估，发出4份督促监护令。牵头开展法治校长活动42次。全区公立中小学法治校长配备率100%。区检察院未成年人检察部被评为“全国巾帼文明岗”，通过“全国维护青少年权益岗”复核。发挥“锦绣芳华”妇女权益保护办案团队的平台作用，搭建“司法救助+公益援助+提起公诉+支持起诉”的综合保护机制，办理以女性为犯罪对象的故意杀人、故意伤害、性侵等案件50件，涉案62人。对接区法院“蓉易诉”反家暴平台和区民政局婚姻辅导平台，联合区妇联共建婚姻家庭法律服务站，提供法律咨询100次。“锦绣芳华”基层党建工作示范项目入选2023年全省检察机关党建与业务深度融合优秀案例。加强残疾人、老年人等群体的司法救助力度，办理司法救助案件28件，发放救助金30万元。办理支持起诉案件25件，帮助14名农民工追回欠薪35.3万元。

（唐祥 赵美琦）

【“锦检绿盾”禁毒品牌塑造】 2023年，锦江区统筹开展常态化禁毒宣传，提升“锦检绿盾”禁毒品牌知名度和辨识度，增强全民识毒、防毒、拒毒意识。落实“七号检察建议”精神，以“一部片、一本书、一堂课”为内容，推出“法治教育套餐”，达到寄递行业禁毒宣传全覆盖的预期目标。摄制的《绿色寄递 检企同行》禁毒宣传片在四川省和重庆市检察机关“凝聚检察合力 守护无毒巴蜀”主题宣讲活动中入选优秀宣讲视频。长效预防酒吧行业毒品犯罪，开展酒吧行业禁毒宣传。联合市检察院“蓉检禁毒联盟”禁毒宣传团队、区妇联制作《正芳华 勿“毒”行》女性禁毒宣传片，警示女性在酒吧等娱乐场所抵制和防范毒品。

（唐祥 赵美琦）

【检察工作创新】 2023年，锦江区深入推进侦查监督与协作配合办公室实质化运行，强化数据共享、信息互通、会商交流，监督不捕案件后续情况，检察提前介入案件较2022年增长69.5%。发挥“关键少数”示范引领作用，领导带头办案106件。以醉驾案件为切入点，探索“简案优质办”工作模式，组建专业化团队，落实集中办案区建设。区检察院加强与公安分局、法院联动，建立简案受理、协商、审理“三集中”机制，办理简案230件，涉案230人。聚焦简案不起诉“后半篇文章”，落实非刑罚处罚措施，开展“不起诉+社会公益”志愿服务。向145名醉驾人员作出不起诉决定，组织醉驾人员参与道路交通、学校安全公益服务376小时。开展“不起诉+训诫”“不起诉+检察建议”等工作，不起诉后集中公开训诫13人，提出纠正违法类检察建议1件，帮助不起诉案件责任人改过自新。

（唐祥　赵美琦）

法院

【概况】 2023年，锦江区对照市法院工作要点，明确“盯重点、塑亮点、谋长远、促业绩”的工作思路，受理刑事和民事案件54334件，案件标的金额660亿元。审判和执行案件46973件，平均每名法官结案643.46件，法定审限内结案率92.09%、服判息诉率91.97%。持续推行“阳光司法”，公开审判流程和执行信息49140条，邀请人大代表和政协委员旁听庭审、见证执行22次，接受社会各界监督。实施青年干警素质提升工程，探索新进人员轮岗培养模式，研究生及以上学历干警人数同比提升47.83%。化解四圣祠等片区城市有机更新项目纠纷、成都国际金融中心房屋租赁合同纠纷，办理“一带一路”独立保函申请止付案，实施“企业直通车”时尚美食行业专场护企行动，助力营商环境建设。承办“醉美蓉城传咫尺匠心，法润濯锦见初心方寸”活动和“蓉法·十二月市”酒市文化活动，持续打造法治文化品牌。区法院在全市法院2023年度综合考核中列第一名，被市法院评为总体工作先进集体。区法院年度工作经验在市委政法工作会议上交流推广。区法院被省法院评为“五项专项工作年行动”成绩突出集体。

（林娟）

表23　2023年锦江区案件审判和执行情况表

受理和结案	刑事案件（件）	民商事案件（件）	行政案件（件）	执行案件（件）
受理案件	724	31260	363	21987
结案案件	696	28195	347	17735

【刑事案件审判】 2023年，锦江区根据市法院2023年刑事审判工作要点，秉持新时代刑事司法理念，依法惩治犯罪，常态化推进扫黑除恶行动。受理刑事案件724件，审判刑事案件696件，判处罪犯827人；审判“两抢一盗”等案件267件、新型电信诈骗案件39件。采取“内部审执协同、外部府院联动”的方式，开创涉众型侵财犯罪全流程追赃挽损一体化模式，加大“易贷网”等涉众金融犯罪打击力度。审判锦江区首例刑事附带民事公益诉讼的“小泥鳅”案件，助推公园城市示范区建设。区法院审判的利用AI技术突破人脸识别系统案件入选全省涉信息化产业发展司法保护典型案例。推进刑事庭审实质化改革，审判“家暴”案件1件，获全市法院刑事诉讼实战大练兵活动优胜奖。

（林娟）

【民商事案件审判和调解】 2023年，锦江区根据市法院2023年民商事审判工作要点，开展民商事审判工作提质培优工作。受理民商事案件31260件，审判民商事案件28195件。坚持劳资同等保护理念，构建劳资诚信和谐共赢关系，打造“锦法·乐业”劳动争议审判品牌，处理“劳动碰瓷”案件1件。区法院保障新就业形态农民工合法权益案例入选全省农民工维权十佳优秀案例，涉及32名劳动者的劳动争议案件入选全市劳动纠纷十佳调解案例。持续优化“道交一体化”审判模式，突破部门间信息壁垒。11月1日，区法院联合区民政局、区妇联，在区民政局婚姻登记中心挂牌成立“豌豆荚”工作室，专事婚姻家庭辅导、家庭纠纷调解。家事案件调撤率66.59%。化解涉及抚养、监护等问题的纠纷案件84件。探索涉老诉讼全流程观护机制，开展“送法上门”诉讼服务30次。针对病、残、困等群体出台《特殊人群诉讼便民十条》，提供司法救助金55万元。

（林娟）

图27 2023年5月8日，成都市锦江区人民法院在东湖街道巡回审理刑事附带民事公益诉讼的“小泥鳅”案件

（区法院提供）

【行政案件审判】 2023年，锦江区根据市法院2023年行政审判工作要点，坚持“双赢、多赢、共赢”理念，使用非诉纠纷解决机制，促使行政机关自我纠正。受理行政案件363件，审判行政案件347件。推动单一行政争议化解向府院联动机制拓展，多部门共建行政争议调处中心和物业联调平台、劳动联调平台等20个府院联动平台，召开联席会议20次，提升破产、劳动争议等领域纠纷化解实效。区法院与区人社局等部门共建一站式劳动纠纷联处中心，被评为全省金牌劳动人事争议调解组织。区检察院联动政府部门推进涉案企业合规改革，保护民营企业产权和企业家权益。向区委、区政府发送司法审查白皮书、社会经济运行大数据分析报告10份，为决策施政提供参考。

（林娟）

【审判案件执行】 2023年，锦江区根据市法院2023年执行工作要点，推动案件执行工作。受理申请执行案件21987件，执行案件17735件，执行到位金额77.45亿元。实施“强惩利剑”等专项行动，惩治失信行为，限制13876人高消费，罚款59.38万元，拘传149人，拘留61人，移送抗拒执行线索4次。秉持善意文明执行理念，建立信用承诺机制，给予被执行人义务履行宽限期，帮助企业和个人纾困解难。推进执源治理，民商事案件自动履行率32.51%，其中家事案件自动履行率连续三年超过80%。采取执前督促的方式，促使当事人主动执行。有2502件执行案件执前和解。

（林娟）

【“法院+”治理】 2023年，锦江区落实习近平总书记提出的“法治建设既要抓末端、治已病，更要抓前端、治未病”的重要指示精神，按照市法院下达的诉源治理工作目标，主动融入社会治理、区域治理。联合水井坊等10个社区打造“法院+微网实格”，开启“风险预警提示+法律服务直通车”双轨模式，提供“线上+线下”法律咨询服务100次，发布风险防范报告10次，诉源治理成绩排名全市第二。运用示范诉讼机制化解同瑞国际大厦产权式商铺租赁纠纷等案件1577件，达到“审理一件，化解一片”的预期目标。编印《“案说幸福美好生活”案例选编》，制作法治台历，向街道、社区、对口帮扶法院发送6000份。发出司法建议28件，针对涉房地产群体性纠纷化解打造“锦法样板”，助力社区治理。

（林娟）

【“濯锦·企航”专项行动】 2023年，锦江区落实中央和省、市、区持续优化营商环境的部署，实施“濯锦·企航”专项行动。以“一链、两端、三翼”为重心，延伸司法服务链，畅通立案、执行两端，针对知识产权、金融、破产、房地产等领域打造专业审判品牌，以优质司法供给服务为企业“全生命周期”提供保障。“一链、两端、三翼”入选2023年四川省优化营商环境典型案例。区法院被评为全市法院服务保障国际化营商环境建设成绩突出集体、蓉城政法先锋集体。研究区域金融机构集群发展特点，培育“锦融·点金”金融审判品牌，审判金融案件9064件，涉案标的金额43.29亿元。召开金融业问需座谈会，与四川银行业纠纷调解中心签署合作协议。办理“一带一路”独立保函申请止付案，保障中外企业公平参与国际商事交易。案件入选“成渝地区”金融法院年度典型案例。审判特色旅游、文体赛事、国货“潮品”等新消费模式案件763件，启动“企业直通车”时尚美食行业专场护企行动，为时尚消费引领核心功能提升提供司法保障。区法院审判的“裸眼3D”知识产权侵权案入选全市涉科幻领域知产保护典型案例。探索“高效联动、法治化解、群众支持”模式，运用破产重整程序推动春熙商圈停滞多年的星汇广场项目复工续建，工作案例入选2023年全市政法服务市委中心工作优秀案例，被评为全市法院运用破产程序化解房地产停工项目成绩突出集体。工作专报获省委常委、市委书记施小琳肯定。挂牌成立活力春熙法官工作室，联合春熙路时尚活力区管委会化解成都国际金融中心房屋租赁合同纠纷，为疫情后商圈经济回升助力。与区市场监管局等3家单位签署知识产权保护协议，持续推动“锦知·添翼”知产审判品牌建设，提升跨区域知识产权管辖效能。化解全市首例商标侵权行政调解协议司法确认案，贵州茅台酒股份有限公司请求制止侵害商标权案判决书入选全省优秀裁判文书。市法院为区法院知识产权庭记集体三等功，表彰区法院知识产权庭为全市法院知识产权审判工作成绩突出集体。打造“锦破·启明”破产审判品牌，采取一企一策的方式，适用破产重整、和解、清算程序，推动资源要素优化组合，实现破产重整案件“零”的突破目标。同时设立破产专项基金，发布破产简易审理告知书，发送债权审查申报诚信义务告知书。破产案件审理周期同比缩短100天。培育“锦房·致远”房地产案件审判品牌，加强重点商圈楼宇纠纷研判，绘制审判“云图”，助推楼宇经济发展。

（林娟）

司法行政

【概况】2023年，锦江区共有街道司法所11家，在规范化基础上推动司法所个性化建设。以“法治大讲堂”、法治坝坝电影等形式推动法治文化建设。发挥品牌调解室作用，推动人民调解工作，把矛盾纠纷化解在基层。编制“谁执法谁普法”普法责任制清单，印发《2023年普法依法治理工作要点》，统筹安排普法工作，开展“宪法宣传周”等普法宣传活动，获第四届川渝法治微视频微电影大赛二等奖。完善法律援助体系，持续为困难群众提供法律援助。社区矫正人员和安置帮教人员建档率100%。

（方卓卿）

【司法所建设】2023年，锦江区三圣司法所探索“社区矫正、刑满释放+孝义指数”管理模式，挖掘孝义文化，融入社区矫正管理。春熙路司法所开创“矛盾预警、收集信息、搭建平台、分析研判、制定方案、多元调处、跟踪回访”七步调解法，助力和谐营商环境建设。牛市口司法所通过社区法治大讲堂、“小牛哥”驿站等方式开展普法宣传，增强居民法治意识。锦华路司法所建立司法所、派出所、律师事务所“三所联动”公调对接机制，实现矛盾纠纷化解在基层目标。6月6日，三圣司法所被评为成都市标杆司法所。春熙路司法所、牛市口司法所、锦华路司法所被评为成都市个性化司法所。

（方卓卿）

表24　2023年锦江区司法所一览表

序号	名称	地址	联系电话
1	春熙路司法所	锦江区梨花街9号	028-86728089
2	书院街司法所	锦江区武城大街64号	028-86512318

续表24

序号	名称	地址	联系电话
3	锦官驿司法所	锦江区一环路东五段 5 号	028-84471011
4	牛市口司法所	锦江区大田坎街 143 号	028-84433046
5	东湖司法所	锦江区二环路东五段 10 号 602 室	028-83392657
6	锦华路司法所	锦江区科创路 118 号	028-86673733
7	狮子山司法所	锦江区菱安路 8 号	028-84670522
8	柳江司法所	锦江区柳荫路 96 号	028-85914639
9	沙河司法所	锦江区汇泉北路 199 号	028-84525235
10	成龙路司法所	锦江区枫树街 1299 号	028-84794676
11	三圣司法所	锦江区海棠路 184 号	028-84675107

【法治文化建设】 2023年，锦江区新建“龙舟法治坝坝茶”法治文化阵地，每月开展“法治大讲堂”、法治坝坝电影等活动。打造集矛盾纠纷调解室、心理疏导室、法律咨询室于一体的“龙舟茶话”复合功能空间，引入社区律师、心理咨询师等力量，每月释疑解惑，为居民提供一站式便捷法律服务。4月23日，龙舟社区在龙舟活动中心举办“静享阅读 品茗龙舟”读书活动，向参加活动的群众赠送法律书籍。10月23日，开展“法治文化 翰墨飘香”书法活动，将法治理念融入书法艺术，营造尊法、学法、守法、用法的氛围。

（方卓卿）

【法治社区建设】 2023年，锦江区印发《法治社区建设方案》，践行一社区一法律顾问制度，完善社区矛盾调解机制，持续推动法治社区建设。牛市口街道龙舟社区启动四川省民主法治示范社区创建工作。实施“法律明白人”培养工程，将社区干部、网格员、微网格员、退休法官和检察官纳入“法律明白人”培育对象，培育“法律明白人”队伍。发挥“法律明白人”在推进基层民主法治建设、提高居民法治素养、维护居民合法权益、预防和化解邻里社会矛盾中的示范引领作用。新增375名“法律明白人”，开展“法律明白人”专题培训40次。全区有“法律明白人”714人。

（方卓卿）

【人民调解】 2023年，锦江区依托区级调解中心、街道调委会、社区调委会、院落调解小组四级组织架构，发挥“奇哥说法”“赖老师调解室”“萍妹儿解忧站”等品牌调解室作用，采取常态化定期排查和重要节点、重点领域集中排查相结合的方式，开展人民调解工作。调解纠纷1613件，调解成功率97.8%。枫树社区人民调解委员会、三圣街道人民调解委员会获成都市四星级人民调解委员会评价，侯建明获二级人民调解员资质，赖万水、朱克华被评为成都市人民调解能手。

（方卓卿）

【普法宣传】 2023年，锦江区对照《成都市“八五”普法中期评估方案》，完成“八五”普法中期评估工作。打造“‘典’亮锦江”普法品牌，在微信、微博推出“一典百例”“以典剧场”“谈典之声”“设典普法”4个栏目，推送普法信息2000条、法治视频9个。5月26日，在成都伽地音乐厅举办“美好生活·民法典相伴”主题活动，以“进企业、进机关、进学校、进社区、进网络”的方式宣传《中华人民共和国民法典》。12月4日，在成都伽地音乐厅举办“国家宪法日”暨“宪法宣传周”启动仪式。四川大学法学院副教授邹奕以“坚持依宪治国、依宪执政”为题，解读《中华人民共和国宪法》，引导干部职工坚定法治信仰，铸牢法治思维，提升依法履职能力。

（方卓卿）

【法律援助】 2023年，锦江区优化法律援助律师准入条件，公开招募选拔优秀律师，增设残疾人、妇女儿童、军人军属（退役军人）3个专家库。开展审查起诉阶段刑事案件律师辩护全覆盖试点工作，完善提供法律援助的具体流程，保障犯罪嫌疑人的辩护权利。持续加强公共法律服务实体、热线、网络平台有机融合，为群众提供法律援助。加强公共法律服务中心建设，受理法律援助案件1203件。

（方卓卿）

【社区矫正与安置帮教】 2023年，锦江区制定社区矫正与安置帮教人员应急处置方案，常态化开展矫正教育、矫正人员心理测评等活动，增强社区矫正对象自觉接受矫正的内在动力。与监狱、公安机关建立信息互通机制，引入社会力量，推动解矫人员安置工作。

（方卓卿）

仲裁

【仲裁案件受理办理】 2023年，锦江区受理和办理劳动争议案件4473件。其中，劳动争议案件4129件，转接上年度案件344件。另有279件案件不予受理。结案4466件，案件涉及金额2.03亿元。有21件案件为10人以上的集体案件，案件涉及金额591万元。仲裁目标结案率94%，调解率72%。全区80%的劳动纠纷案件在仲裁阶段案结人和。“诉裁融合”高质量护航经济发展项目入选成都市2023年法治政府建设创新项目。区劳动争议人民调解委员会被评为成都市金牌调解组织。区仲裁院工作案例入选成都市劳动纠纷十佳调解案例，区仲裁院被评为平安锦江建设先进集体。省政府《政务工作》采用区仲裁院工作信息《成都市锦江区创新“裁审融合”提高劳动纠纷化解质效》，省人社厅公众号推送《成都市锦江区：重视发挥青年仲裁员志愿者作用“送法”上门服务企业》。

（王寒）

【办案机制建设】 2023年，锦江区制定《关于强化防范专、兼职仲裁办案廉政风险的实施意见》，构建权责清晰、流程规范、风险明确、措施有力的廉政办案机制，持续推动劳动人事争议仲裁工作制度化、规范化、科学化建设。建立劳动纠纷多元化解机制，推动裁审融合。区仲裁院、区法院共同开通微信工作群，方便仲裁员、审判员互通案件信息。针对疑难重案，共同开辟疑难重案研判处置渠道，处置集体案件7件。联合建立“仲裁院+巡回法庭”工作模式，开展“典案审理”示范庭活动。安排仲裁员、调解员旁听学习，提升业务素质。共同从庭审调查、法律依据、格式说理三个方面编制审理要素白皮书，细化统一裁审标准，促使自由裁量权规范运用。对照审理要素标准，研判新业态用工案件36件，全部实现仲裁阶段案结事了的预期目标。

（王寒）

【企业直通车服务】 2023年，锦江区持续优化“企业直通车”服务机制，组建“3+2”金牌队伍。即组织3名四川省仲裁员志愿者和2名四川省、成都市的金牌调解员组建团队，按照“服务一家规范一家”的要求开展工作。在区总工会联合调处中心设巡回仲裁庭，在春熙联合调处分中心设仲裁服务站，在新华之星大厦设楼宇服务站，在沙河街道T66街区设商圈服务站，形成多点工作格局。以楼宇特色服务等方式帮助企业提高依法用工意识，从源头降低劳动纠纷。同时编制《仲裁员十问十答》，制作“仲裁明白卡”，向企业提供菜单式服务，主动降低纠纷发生率。

（王寒）

军　事

成都市锦江区人民武装部

【概况】2023年，区人武部深入贯彻习近平强军思想和新时代军事战略方针，落实成都警备区党委扩大会议精神，推进党管武装工作，推进基层人武部规范化建设，加强民兵预备役队伍思想政治工作和应急应战能力建设，编实建强民兵及预备役队伍，完成年度征兵及预备役登记工作，配合开展全民国防教育。全区建成街道人民武装部11个、高校武装部2个。推动第十二届“四川省双拥模范区”创建工作，协同区退军局慰问立功受奖人员，会同区双拥工作办公室修订双拥工作制度，实施军地互提需求、互办实事的“双清单”项目24个。区委主要领导到驻军单位开展慰问活动，送去慰问品。

（陈柳　朱毅）

【党管武装】2023年，锦江区坚持党委议战议训制度，开展战备教育，关注重要敏感时段、重点关注区域、重要民社情信息，加强值班执勤、信息收集、指挥通联等工作。1月31日，区委召开党管武装工作会、区委议军会议，传达四川省军区党委全会精神和成都警备区党委全会精神，听取武装工作汇报，部署年度武装工作。有4个街道的党工委书记作党管武装工作述职。会议研究基层武装部规范化建设、专武干部培养使用、征兵工作等重大问题。2月，结合“学习强军思想，建功强军事业”教育实践活动，组织专职武装干部到成都市彭州市对越自卫反击战纪念馆、彭州航空科技博览园参观，提高专职武装干部牢记红色历史和科技强军的思想认识。在省军区强军网、天府长城网、锦江电视台等媒体发表文稿130篇。

（陈柳　朱毅）

【兵员征集】2023年，锦江区落实国家和省、市征兵工作会议精神，启动年度征兵工作。完成应征报名、体格检查、政治考核、役前教育、送兵等工作任务。在征兵过程中特别关注大学毕业生和技能型人才，大学生和大学毕业生的应征比例分别达到100%和80.8%。

（陈柳　朱毅）

【民兵队伍建设】2023年，锦江区组织民兵学习习近平军事战略思想，推动民兵编组向高新技术领域拓展，完成民兵编组整顿工作，通过军委国防动员部检查验收。应急分队拉动点验项目接受军委国防动员部工作组检查，人员到位率、官兵相识度等指标达标。同时以军事职业教育、专武干部集训等多措并举的方式推动打仗型民兵分队建设，完成民兵军事训练任务。组织民兵参加成都大运会开幕式舞台积水处置演练，派出民兵开展情报侦查和维稳工作。组织民兵参加锦江区2023年防汛抢险综合应急演练和

图28 2023年7月，锦江区民兵参加成都大运会开幕式舞台积水处置演练
（区人武部提供）

成都警备区举办的“蓉城精兵—2023”群众性练兵比武活动，获团体第4名和2个单项第1名。

（陈柳　朱毅）

【基层人武部规范化建设】 2023年，锦江区投入专项资金，改造区人武部值班室和作战室，配齐图、表、册、柜和安全防范装置。为各街道匹配专项资金，推动基层人武部规范化建设。全区11个街道人武部的规范化建设达标率100%。

（陈柳　朱毅）

【国防教育】 4月，区人武部组织民兵到成都市烈士陵园举行烈士公祭仪式，向烈士敬献花篮、祭扫墓碑，参观成都市烈士纪念馆。6月，结合“学习强军思想，建功强军事业”教育实践活动，为参加基地化轮训的基层骨干民兵开设“学习贯彻强军思想，自觉践行职责使命”专题讲座，组织参训民兵观看爱国题材电影《万里归途》。会同区退军局，组织驻区部队代表举办“送政策、送红色故事进军营”活动，开展“情系上甘岭，逐梦强军路”主题宣讲。12月，联合四川师范大学，在四川师范大学成龙校区龙湖剧场开展国防教育汇报演出活动。完成四川师范大学、四川邮电职业技术学院和10所高中的学生军训。

（陈柳　朱毅）

人民防空

【人防工程与警报管理】 2023年，锦江区完成在建项目的人防结建工程隐蔽质量监督检查120次。配合市国防动员办公室开展新建电声警报器的选点安装工作和已建防空警报器的维护保养工作。召开防空警报工作会议，部署“9·18”防空警报试鸣演练工作。9月18日，防空警报试鸣演练的警报鸣放率100%。同时组织市民开展地铁疏散演练。区国防动员办公室被市国防动员办公室评为组织指挥年度目标完成先进单位。

（华珊）

【人防队伍建设】 2023年，锦江区按照年度专业队伍的整组训练工作要求，对照《人防训练与考核大纲》，开展人防队伍训练。训练人防应急专业信息分队队员和人防交通运输专业队队员。按计划完成训练科目，提高人防专业队的整体素质和能力。推进成都市人防组织指挥体系、人员防护体系、目标防护体系、专业力量体系、支撑保障体系“五大体系”建设，提升信息化能力和融合发展能力。

（华珊）

【人防宣传教育】 2023年，锦江区开展人防宣传教育工作，覆盖11个街道、76个社区。开展军事设施保护宣传活动，发放宣传资料2500份、人防宣传手册1000册。配合市国防动员办公室完成人防应急救援包发放任务，发放人防应急救援包2913个。其中社区性人防应急救援包100个、家庭性人防应急救援包2813个。

（华珊）

双拥共建

【军地共建共享机制建设】 2023年，锦江区落实《关于新时代深入开展军民共建社会主义精神文明活动的意见》精神，围绕培育和践行社会主义核心价值观、培养“四有”新时代革命军人，从建强组织、完善方案、开展活动、密切关系等方面推进军地基层单位结对共建工作，构建优势互补、资源共享、共同发展的军地共建格局。全年开展纪念延安双拥运动80周年交响音乐会、“军地联合主题党日”、校园退役军人服务站揭牌仪式等双拥共建活动20次，协办四川省和成都市向人民英雄敬献花篮仪式。落实党委议军会议、领导小组会议、军地联席会议等制度，建立健全领导小组成员单位专题会商和工作情况通报机制，围绕提高退役军人安置质量、扶持退役军人就业创业、拓宽随军家属就业安置、提升军人子女教育优待等热点话题和部队支援地方经济社会建设、参与抢险救灾、乡村振兴等工作，梳理军地互提需求、互办实事“双清单”事项24项。

（魏波）

【拥军优属】 2023年，锦江区落实区双拥工作领导小组全体会议精神，完善目标考评、拥军支前、社会化拥军三项机制，将双拥工作纳入2023年度目标绩效考评体系。落实国家和省市“拥军支前”和服务部队练兵备战的工作要求，探索建立“拥军支前”工作机制。落实优抚经费，足额发放抚恤补助金、义务兵家庭优待金。帮助军人子女解决入学入托问题。拓宽为军服务保障范围，持续到驻区部队开展“送医疗、送文化、送法律”活动。在春节、建军节期间，到驻区部队开展慰问活动。同时慰问退役军人和其他优抚对象。与太平洋影城、海王星辰连锁药店等48家企业合作，发布第一批优待项目，为军人提供204项优惠，涉及购药、观影、餐饮等领域。

（魏波）

图29 2023年3月15日，锦江区纪念延安双拥运动80周年交响音乐会在金沙国际音乐厅举办
（区退役军人事务局提供）

【拥政爱民】 2023年，锦江区驻区部队发扬“驻在锦江、热爱锦江、奉献锦江”传统，在项目建设、应急救援、维稳保障等重大任务中担当作为，开展抢险救灾20次，参加“学雷锋”“祭英烈”等活动10次。西部战区空军医院派遣医疗人员参加对口支援工作，成都警备区、区人武部与成都市简阳市新乐村、甘孜州炉霍县洛尔巴村等8个村建立对口帮扶联系，另有3家部队单位参加学校和社区的全民国防教育活动。

（魏波）

【双拥主题公园】 锦江区双拥主题公园位于中环路锦绣大道，占地12万平方米。2023年，按照“在公园城市建设中融入国防教育和双拥宣传元素”理念，公园入口处塑造长3.2米、宽1.9米、高5.1米的红色精神堡垒，沿路径打造“强军之路”“英雄楷模”“双拥传承”“国防教育”四大板块，构建“1+4”双拥宣传和国防教育矩阵。建设过程中收集整理的中国人民解放军建军史、发展史以及45件重要历史事件资料制作二维码，在景观小品上呈现，扫码后登录区退役军人局微信公众号查看。3月29日，在锦江双拥主题公园开展“纪念延安双拥运动80周年暨2023·崇尚·清明祭英烈”主题活动。

（魏波）

【双拥模范区创建】 2023年，锦江区对照四川省第十二届双拥模范区创建要求，召开领导小组全体会议、专题会议、双拥联络员会议，明确各街道、各成员单位及驻区各部队任务，要求各单位在组织领导、政策落实、军民共建等10个方面完善机制，下达双拥组织机构建设、维护军人合法权益、行业拥军等200项具体任务，建立工作台账。针对创建工作薄弱环节，加大宣传发动力度，出台22条措施，编制任务清单、责任清单、时效清单。在“锦界”手机应用程序、区退役军人局微信公众号开设双拥宣传专栏，在交通要道增设双拥标志，利用春熙路步行商业街和锦华万达广场的大型电子显示屏播放双拥公益广告。录制《双拥工作纪实》，编制《军魂绘锦绣 民心绽戎光》锦江区连续12次被省委、省政府、省军区评为四川省双拥模范区。

（魏波）

退役军人事务

【退役军人服务保障体系建设】 2023年，锦江区根据市退役军人服务中心安排，创办退役军人人才库，推进退役军人工作数字化、信息化建设。建立“线上流转+代办帮办”服务模式，一站式办理退役报到、预备役登记等11项工作。建成面积400平方米退役军人档案室，完成退役军人的档案转接和档案数字化工作。在锦江区柳荫路98号建成退役军人服务中心，在各街道和社区建成退役军人服务站，形成横向到边、纵向到底、覆盖全员的三级退役军人服务保障网络体系。另建新希望六和退役军人服务站、四川师范大学退役军人服务站、四川邮电职业技术学院退役军人服务站，成为拓展型退役军人服务站建设典型。

（刘力嘉）

【退役军人接收安置】 2023年，锦江区按政策接收军官、退役士兵，为安排工作的退役士兵落实社保接续和生活补助等待遇，向自主就业的退役士兵发放一次性地方经济补助。开展退役军人就业创业培训和“春风行动”退役军人及军属专场招聘等招聘活动8次，提供管理、教育、营销、服务等岗位1万个。开展退役军人就业创业统计调查，有针对性制定措施，解决退役军人就业问题。区退役军人事务局获“成都市转业军官移交安置工作先进单位”“成都市退役军人就业创业统计调查工作优秀单位”称号。9月12日，举办第三届四川省退役军人创新创业大赛选拔赛。数字赋能健康养殖、中国精酿啤酒行业发展与创新、刘创创醪糟米酒3个项目入围省市级决赛，获市级二等奖1个，市级三等奖2个。区退役军人事务局被评为优秀组织单位。

（朱排军）

【“战旗红”志愿服务】 2023年，锦江区根据全国退役军人志愿服务工作部署会要求，联合四川师范大学、四川邮电职业技术学院成立“战旗红”志愿服务团队2个。全区战旗红志愿服务团队91个。3月4日，组织90名“战

图30 锦江区退役军人服务中心（摄于2023年 区退役军人事务局提供）

旗红”志愿者到春熙路、书院街、锦官驿、牛市口、东湖、沙河、狮子山7个街道开展“成都路口·遇见文明”志愿服务活动。4月26日，狮子山街道退役军人服务站发动30名“战旗红”志愿者到佳宏路社区开展“我为老兵办实事·致敬抗美援朝老战士”志愿服务活动。7月24日，发动“战旗红”志愿者到书院街街道开展“做最美老兵·展文明新风”主题活动。全年在学校、企业、机关、社区、部队开展“老兵永远跟党走·红色宣讲”活动12次，参加“战旗红”志愿者活动。区退役军人服务中心、各街道退役军人服务站开展“退役军人保障法宣讲进社区”活动20次。市退役军人事务局表彰春熙路、牛市口、东湖3个街道的退役军人战旗红志愿服务队为优秀退役军人战旗红志愿服务队，表彰“战旗红”志愿者陈开茂、孙炜、柳林、申苛优秀退役军人战旗红志愿者，表彰“战旗红”志愿者武建涛、李如曦、藤跃伍为优秀退役军人网格工作人员。东湖街道石牛堰社区引导退役军人参与基层治理案例被《中国双拥》等媒体宣传推广。

（林逸飞）

锦江区古遗址之水井街酒坊遗址

水井街酒坊遗址位于成都市锦江区水井街24号。遗址内有晾堂3层、酒窖8个、炉灶4个、灰坑4个以及路基、横木、烧锅基座、酒具等遗物。明代晾堂距地面155～160厘米，面积230.3平方米。清代晾堂面积280平方米，于明代晾堂上方，距地面50～60厘米。清代6号窖池的窖口内框南北长3.3米，东西宽2.4米。蒸馏器基座直径2.25米，残高0.4米。蒸馏器基座的西部、南部以红砂石石条作基础，与基座垂直连结。遗址内出土碗、盘、钵、盆、杯、碟、勺、灯盏、壶缸等酒具和餐具，部分瓷器内底或外底有“永乐年制”“成化年制”“同治年制”等年号题款或“锦春”“天号陈”等名号题款。1999年10月14日，市政府公布为市级文物保护单位。2000年1月11日，省政府公布为省级文物保护单位。2001年6月25日，国务院公布为第五批全国重点文物保护单位。2019年12月，入选第三批国家工业遗产名单。

经济管理

宏观经济调控

【经济运行】 2023年，锦江区持续优化经济结构，以政府投资带动民间投资。政府投资项目209个，总投资403亿元，带动民间投资增长13.6%。编制区县级能源体系规划，形成项目机会48个。新增税收贡献企业5745家，较2022年增长14.3%。加快产业体系转型，新华之星AI大厦形成品牌效应，引进恒信东方等人工智能总部企业8家，聚集竹云科技公司等10家人工智能企业和231家链属企业。商贸业营收1788亿元，较2022年增长10%。金融业增加值390.34亿元，增速7%。数字传媒业营收290亿元，较2022年增长11.5%。工业营收1100亿元，较2022年增长15%。医养产业营收133.2亿元，较2022年增长11.1%。旅游综合收入352亿元，同比增长32.8%。

（韩旭）

【营商环境优化】 2023年，锦江区提出“对标先进、创新突破、数字赋能”理念，在1.0版建体系夯基础、2.0版学先进补短板、3.0版树标杆创品牌、4.0版集创新求突破的基础上打造营商环境5.0版。与上海市宝山区等3个地区建立“跨省通办”机制，打造“政务服务+邮政”服务网点。兑付产业扶持资金3.01亿元。“蓉易贷”“锦易贷”等平台帮助企业融资82.6亿元。举办“区长咖啡”活动16次，走访企业5049家，解决企业问题339个，办理企业诉求2097件，企业满意度98.9%。

按照惠企政策精准查询、主动推送、在线申报、高效兑现的要求，发挥成都市“天府蓉易享”智能服务平台作用，解决企业反映的惠企政策“找不到、读不懂、办不了”等问题，为经营主体在线提供惠企政策一站式一体化服务。在平台发布惠企政策34项，公示信息131条。区法院“打造‘一链、两端、三翼’工作机制，开展‘濯锦·企航’行动，护航企业全生命周期健康发展”案例入选中国网四川省优化营商环境典型案例，区人社局“打造人才综合服务中心，优化产业发展生态”案例入选成都市优化营商环境典型案例、人民网优化营商环境典型案例。

（邱友　高玥）

【民营经济促进】 2023年，锦江区深入实施民营经济“万千百十一”工程，引育营收达到100万元的个体工商户1万家，营收达到1000万元的科技型创新型民营企业1000家，民营专精特新企业100家，规模达到100亿元级总部型民营企业10家，评选一批地方经济贡献达到1000万元的民营企业。鼓励国有企事业单位采购民营企业产品，支持国有企业向民营企业开放项目机会。

（韩旭）

【重大项目推进】 2023年，锦江区向社会资本推介重大项目，加快构建区级重点民间投资项目库。招引四川瑞孚公司投资项目等重大项目和高能级项目5个，招引文轩国际文化传播等重大项目4个。实施省市重点项目37个，计划总投资801.31亿元，年度投资145.84亿元，投资完成进度124.84%，连续4个季度位列全市重点项目推进“红榜”。

（韩旭）

【物价管理】 2023年，锦江区设9个价格监测点，常态化开展常规价格监测工作，市场供求动态和价格趋势。其中，2个监测点是国家级民生价格监测点、3个监测点是市级民生价格监测点、3个猪肉价格监测点和1个花卉价格监测点。监测点定期报送重要民生商品、成品粮、工业消费品、猪肉、花卉的价格情况。同步建立价格报表上报机制，向区政府和市物价局报送主要食品价格应急监测日报表、猪肉价格日报表、城镇居民食品零售价格监测周报表等价格监测报表1111期，为研判民生商品价格和市场走势提供依据。同时针对住宅小区物业和停车管理收费、中小学课后服务收费、养老服务收费、月饼市场物价调研，研究与服务质价相符的措施，完善收支管理和收费公示制度。全区全年生活必需品价格呈现总体稳定趋势，粮食、蔬菜、肉类等主要食品价格保持在合理水平。国家价格监测中心授予锦江区先进集体荣誉。

同时将药品零售企业、医疗美容、诊所作为重点检查对象，检查药品和医疗用品违反明码标价规定以及哄抬价格、价格欺诈、串通涨价等违法行为。开展商圈价格专项检查，排查太古里商业街区、春熙路步行商业街的商家定价情况。立案查处各类价格违法案件6件，其中罚没金额5万元以上案件2件。督促学校和校外培训机构落实主体责任，规范教育收费行为。区市场监管局、区教育局、区发改局联合开展学校价格检查，检查成都市和平街小学、成都市龙舟路小学、伊顿时代豪庭幼儿园的收费情况。针对中介机构、行业协会、商会的收费情况和水、电、气等公用事业收费情况，办理价格投诉案件90件，罚款27万元。

（柳阳　杨婕妤）

【粮食管理】 2023年，锦江区学习贯彻习近平总书记作出的保障国家粮食安全方面的重要指示精神和批示精神，完成粮食储备任务。践行区级储备粮日常监管制度，季度联检12次，委托有资质的第三方质量检测机构开展成品粮品质抽检和原粮抽检24批次。完善粮食应急体系，编制《粮食应急预案（试行）》，在区级储备粮库点开展粮食应急保供演练，提高应急响应快速反应能力、处置能力。完善全区粮油应急网点建设，监测红旗、舞东风、王府井等8家大型超市的成品粮市场动态，库存统计12次，开展省级和市级粮油价格监测52次，每月报告粮食流通企业经营情况、财务情况。委托第三方机构，针对连续居住一年以上的常住居民家庭开展粮食供需平衡调查，涵盖11个街道。采集55个家庭的有效样本，编写《2022年社会粮油供需调查报告》。报告

图31 2023年4月1日，区市场监管局执法人员到太古里商业街区开展价格检查

（区市场监管局提供）

显示，锦江区2022年粮油供需、粮油收支基本平衡。居民对稻谷类主食的依赖性逐年下降，对稻谷的依赖性逐渐降低，口粮消费结构更加多元化。人均油脂消费量高于全国和全省水平。

（毛帮寿　汪宇）

土地资源管理

【土地整理与出让】 2023年，锦江区搬迁农户31家、企业5家，完成驸马片区2个地块、幸福一组、幸福二组、幸福三组的3个地块、大观七组1个地块的拆迁腾地工作，整理土地17.33万平方米。按照城市建设和产业发展需求，出让12宗经营性建设用地，面积41.27万平方米。办理38宗新建划拨土地和协议出让土地的供地手续。其中，划拨供地61.03万平方米，协议出让土地920平方米。推进潘家沟片区、交子公园锦江片区等重点区域土地上市工作，持续提升市场投资热度和社会关注度。

（唐嵋　黄晓熠）

【工业用地调整】 2023年，锦江区跟进锦江工业园区用地性质调整工作，涉及科研用地40.53万平方米，拟整体调整为工业用地。全区工业用地纳入一级工业区控制线，总面积197.33万平方米。其中规划工业用地121.13万平方米，占比61%。8月，成都市启动工业园区优化调整工作，按“一区多园”的方式，将中国生物科创谷和成都卷烟厂片区土地划归锦江工业园区管委会直管。

（文轩　赵丽君）

【土地供后监管】 2023年，锦江区加大已供待建项目促建力度，促进企业依法依规用地，完善已供待建项目台账，做到任务清单化、清单责任化、责任时限化。开展动态巡查37次，覆盖167宗已供未竣工地块，定期发放开竣工提醒及履约通知书7份。完成2023年“两类”地块处置目标，梳理批而未供和闲置土地底图底数。按照“一地一议”“一宗一策”的要求，针对性制定处置措施，强化高位推动、动态督导，盘活闲置土地144.63亩（目标54亩），处置率66%。处置批而未供土地1126亩（目标1115亩），处置率30.30%。

（唐嵋　黄晓熠）

国有资产管理

【国有资产监管】 2023年，锦江区持续推动合规建设，制定《区属国有企业投资监督管理办法》《区属国有企业参与产业投资基金管理办法（试行）》，构建事前、事中、事后全链条监管体系。区属国企以完善公司治理结构、强化目标激励约束、加强内部审计监督为重点，修订《建设工程签证变更管理办法（试行）》等管理制度22项，提高合规经营水平和依法治理能力。印发《关于进一步规范锦江区国有资产管理有关工作的方案》，固化国有资产监督管理检查机制，完善全区国有资产自查梳理、日常管理工作机制，强化协调联动、督促指导各单位健全资产台账，掌握国有资产总量、结构、分布状况以及资产占有、使用、变动等情况。有22家预算单位整改房屋使用状况未登记问题，有2家预算单位整改固定资产使用状况登记不准确问题。制定《关于进一步规范锦江区国有资产管理有关工作的方案》，明确责任分工，坚持问题导向，持续深入开展亏损企业专项治理等工作。推进区属国企违规经营责任追究工作，要求区属国企开展内部审计，出具审计报告32份。向区纪委、区监委移交线索3条，约谈28人，追究3人责任，挽回经济损失46.32万元。

（蒋直夫）

【国有资产运营】 2023年，锦江区实施项目124个，项目总投资510.66亿元。年度计划投资105.04亿元，年度投资100.6亿元。固定资产投资45.14亿元。锦江上院、锦江璞园、锦江赋等房地产项目销售额110.55亿元。盘活低质无效资产96处，管理经营面积45.29万平方米，零散土地面积5.47万平方米。资产租金及各类收入3.12亿元，总体出租率78.8%，收缴率93.46%。打造消费新场景，提升“新酒市”“新桂市”等特色街巷文化内涵。实施超级兰桂坊项目、天仙桥项目，呈现“潮力方”潮玩地标。打造“交子空间”数字平台，叠加“元游锦江·熙游记”应用场景。探索物业服务、智慧服务、增值服务的盈利途径，引进云玺商业管理公司等200家企业，资产出租率76.09%。兴锦·新同缘、锦江文化创意产业中心开展前置招引工作，储备意向商家30家。投资省文投融资租赁公司和锦都文旅开发公司项目，投资总额4.75亿元。开展招商引智工作，引进锦欣福星康养总部项目，外商直接投资100万美元。持续开展城市更新项目前置招引工作，对接优质城市街区商业运营商，储备意向商家10家。

（胡敏　蒋直夫）

【国有企业改革】 2023年，锦江区落实中央办公厅《国有企业改革深化提升行动方案（2023—2025年）》精神，结合借力专业机构，以做强做优做大国有资本和国有企业为目标，编制《区属国有企业改革深化提升行动实施方案（2023—2025年）》，推动新一轮国企改革。

锦江发展集团公司董事会落实改革部署，成立战略委员会、投资评估委员会、薪酬与考核委员会、审计与风控委员会，修订《区属国有企业负责人经营业绩考核办法》，优化考核指标，健全年度和任期经营业绩考核机制，提高国企核心竞争力和盈利能力。

从改革对象多元化、分类分层管理、关键领域集中三个方面持续推动混合所有制改革。采取产权转让、增资扩股、成立合资公司等方式，引入非公有资本发展混合所有制经济，成立万花春熙公司等5家合资公司。参与混合所有制改革的企业达23家。

（胡敏　蒋直夫）

【区属国有企业】 锦发展集团公司成立于2021年5月，注册资本65亿元，定位为“成渝地区双城经济圈”一流现代城市综合运营商。下设锦发展建投公司、锦发展生态公司、锦发展百年春熙公司、锦江软件园公司4家二级子公司，代管公司2家，三级全资公司19家，四级全资公司15家，控股及参股公司59家，集团职工1031人。主要从事城市有机更新、片区综合开发、国际商圈建设运营三大板块业务，涉足新型基础设施建设、都市文旅、都市工业、康养医疗、人工智能、乡村振兴等领域。2023年，资产总额增至1406.90亿元，负债总额944.51亿元，资产负债率67.13%。营业收入16.10亿元，利润总额3.32亿元，净利润2.82亿元。缴纳全口径税收14.04亿元，含区级税收5.85亿元。保持AAA主体信用评级、BBB-国际信用评级。

由集团公司作为项目实施主体建设的项目127个。其中，续建项目54个、新建项目61个、储备项目12个。项目总投资501.02亿元，年度投资105.02亿元。锦江文化创意产业中心一期项目、东湖片区中学、幸福梅林旅游基础设施建设项目、驸马片区配套社区综合体等项目竣工。年度固定资产投资59亿元。

实施皇经楼B01促建和ICC天峻、中港广场等保障性租赁住房改造项目，筹集保障性租赁住房5301套。实施锦江花园安置房、潘家沟安置房建设项目，提供安置房5033套。推动滞建六年的星汇广场项目复工。实施驸马片区配套综合体项目、东湖片区配套综合体项目、白鹭湾科技生态城绿轴以南片区市政道路建设工程等48个公建配套设施项目，其中25个项目竣工。建设白鹭湾科技生态园配套小学等15个学校项目，5个项目竣工。

（张天）

公共资源交易

【公共资源交易管理】 2023年，锦江区发挥政府采购支持中小企业发展的政策功效，落实价格扣除和适当加分政策，向小微企业兑现10%价格扣除政策，支持采购节能环保产品，扶持不发达地区和少数民族地区企业发展。落实进口产品财政审批制度，按规定采购国产货物。免收供应商投标保证金，鼓励采购人减免供应商履约保证金，加大预付款比例，减少供应商资金占用。

（蒋晋）

【政府采购】 2023年，锦江区对标政府集中采购目录，按照采购限额要求，依托采购中心，采取全流程电子招投标方式开展政府采购业务。办理政府采购业务223次，采购预算7160.23万元，实际采购支出6789.33万元。节约资金370.90万元，节约率5.18%。

（蒋晋）

【政府集中采购标准化建设】2023年，锦江区制定《政府采购标准化服务规程》，完善岗位设置和人员职业控制、分级授权、集体决策等机制。健全岗位负责制，遵循合理设置、职责明确、分工协作、相互监督原则，在采购中心内设项目受理、项目审核、招标采购、信息发布、档案管理等岗位，明确岗位职责，提出纪律要求，加强采购文件审核、采购档案管理。印发《政府集中采购项目实施方案的通知》，编制《政府采购资料汇编》，建立政府采购工程项目内控管理制度，编制《政府集中采购舆情风险防控预案》，出台《政府采购中心开评标场地管理办法》《数字证书管理办法》，形成相互监督、相互制约的政府集中采购制度体系。

（蒋晋）

财政

【概况】2023年，锦江区按照“积极的财政政策要加力提效，注重精准、更可持续”要求，聚焦高质量发展，坚持稳中求进工作总基调，执行区八届人大三次会议批准预算，多措并举开源节流，统筹保障重点支出，推动经济回升向好、民生持续改善。全区一般公共预算收入100.9亿元，较2022年增长7%。区级一般公共预算支出74.71亿元。区级政府性基金预算收入34.95亿元，区级政府性基金预算支出30.84亿元。区级国有资本经营预算收入1.5亿元，区级国有资本经营预算支出0.01亿元。民生支出52.41亿元，占一般公共预算支出的70.16%。民生支出占比保持在70%以上的高位水平。

（徐诗静）

【财政预算管理】2023年，锦江区依据《中华人民共和国预算法》《中华人民共和国预算法实施条例》等法律法规，把财政收支管理列为财政预决算管理的重要内容，健全预算执行机制，提高预算运行质量。编制年度区级预决算草案，向区人民代表大会及其常务委员会报告年度财政预算执行情况，执行人大批准的预算方案，依法公开预算信息。

（王良明　蔡湃）

【财源税源管理】2023年，锦江区延续和优化阶段性税费优惠政策，落实小规模纳税人减免增值税、增值税留抵退税、研发费用加计扣除等政策，重点支持中小企业、个体工商户以及企业科技创新。减税降费、退税缓税缓费21.56亿元。其中，新增减税降费20亿元、增值税留抵退税1.56亿元，惠及市场主体25.46万家。

深化财政金融互动，加大小微企业和初创型企业支持力度，兑现创业担保贷款贴息、融资担保降费奖补资金1204万元。搭建“政、企、银”合作交流平台，“蓉采贷”向17家中小企业投放贷款0.34亿元，较2022年增长36%。

落实《支持实体经济高质量发展十五条政策措施》精神，支持首店经济、夜间经济、假日经济发展，支持“新十二月市”“四潮专线”等消费场景建设。投入资金5000万元，支持外贸企业聚集发展，发放“交子券”、汽车补贴等政策性补贴，拉动直接消费5亿元。

推进税费共治工作，强化税源建设激励机制，修订《街道经费保障与激励奖补实施办法》，践行“红白榜”激励约束机制，掌握财税收入库骨干企业、重点企业、潜力企业、规模以上企业的税收情况。新增税收贡献企业5745家，较2022年增长14.3%。500万元级税源企业数量增加50家。

（周涛　何娅虹）

【财政监督】2023年，锦江区聚焦会计信息质量建设资金使用、疫情防控资金使用等10个方面加强财会监督，覆盖单位170家。开展财经纪律重点问题专项整治，健全纪巡财审协同联动机制，提升财会监督效力。加强理财内控制度建设，针对政府会计实务、政府采购、社区“三资”管理开展专题培训12次，培训1200人。加强财会监督与其他监督协同机制建设，联合审计部门开展现金管理专项调研，配合区委巡察办公室开展巡前业务培训、巡中信息支持、巡后督促整改等工作。主动接受人大、审计和社会监督，公开预决算信息。

将“三公”经费纳入一般性支出管理，按照“总额控制、分项管理”原则，夯实部门主体责任，严控“三公”经费预算。强化“三公”经费执行管理，开展“三公”经费监督检查，公开“三公”经费预决算信息，接受社会监督，打造“阳光财政”。

（王蕾　王良明）

【非税收入促进】 2023年，锦江区坚持开展政府非税收入征收、预测、统计、入库和数据分析工作。监督执收单位足额解缴，做到应收尽收。按时报送非税收入收缴执行分析表。检查锦华路街道办事处、锦江区第一幼儿园、区市场监管局非税收入征缴情况。加强涉企收费专项整治，执行收费目录清单管理制度，公开涉及的各项减免政策，确保缴费人知晓率达到100%。督促区级执收单位按规定在收费场所公示收费项目名称、设立依据、征收标准、征收程序、法律责任等内容，接受社会监督。根据各执收单位往年非税收入实际情况和政策增减因素，编制2023年非税收入征收计划。按照省、市财政部门要求，按照“定点测试、稳步推行”思路，管理行政事业单位、医疗机构、社会团体，开展非税收入电子化收缴工作。全区185家执收单位非税收入收缴电子化管理率100%。

（白金文）

【支出结构优化】 2023年，锦江区根据“1+3+3”现代化产业体系建设需要，投入资金3.01亿元，增强人工智能主引领，推动现代商贸、新兴金融、数字传媒三大产业转型集聚，促进都市工业、都市医养、都市文旅三大产业融合发展。支持优化产业空间布局，推进数实融合发展，成立锦江软件园投资运营公司，推动“一道九园”建设。深入实施企业培育计划，完善企业成长财税服务体系。产业社区规划全覆盖，“双核共兴”发展格局加快形成。落实创新驱动发展战略，推动科技创新成果转化，升级实施“锦遇良才”人才政策3.0版。

投入资金10.4亿元，实施社会保障体系建设。投入18.5亿元构建所有学段、公办民办学校、家庭经济困难学生全覆盖教育资助政策体系。投入资金6.67亿元，优化基本卫生服务，推进卫生健康体系建设。投入资金1.03亿元，支持全国文明城市创建工作，保障成都大运会，实施文体惠民工程，推动全民健身，提高公共文化体育服务水平。

投入资金28.64亿元，持续推进四圣祠、光明巷等片区有机更新。投入资金4.65亿元，深入实施再生水综合利用工程，深化大气、水、土壤污染防治，支持生态环境改善。投入资金10.37亿元，支持城市安全智慧治理，深化平安锦江建设，保障天网运行，提升城市安全保障能力，实施燃气隐患排查和管网改造，构建共建共治共享格局。支出0.92亿元，支持乡村振兴。支出1.92亿元，用于农业农村建设。投入资金0.49亿元，持续推动对口支援工作。

（李芳仪　王亚宁）

【债务风险防范】 2023年，锦江区控制政府债务规模，足额偿付到期地方政府债务本息5.46亿元。政府债务余额45.19亿元，在市级下达限额45.34亿元内，风险等级处于绿色区域，债务风险总体可控。同时遏制隐性债务增量，加快化解存量隐性债务。

（唐雷）

税务

【概况】 2023年，锦江区设置税费共治管理机构，实施阻止欠税法人出境行动、“锦税常青计划”，建成春熙路离境退税特色街区。全年新增减税降费及退税缓费21.57亿元，惠及纳税户25.46万家。区级税收89.15亿元，非税收入133.53亿元，社保费收入126.13亿元。在全市税务部门绩效考核中排名第三，欠税精细化管理工作入选总局第一批税收征管实践案例，区税务局第一税务所被命名为枫桥式税务分局。录制的视频节目《变脸》获中央保密办公室创意文案类一等奖、微视频类一等奖。

（邓雪　王琬洁）

【组织收入】2023年，锦江区探索组织收入“红黑榜”制度，业务管理部门与税源管理单位上下联动，形成考核、通报、整改、反馈全链条运行机制。同步制定组织收入工作考核方案，由组织收入工作领导小组办公室牵头评价各成员单位工作情况，压实组织收入工作责任。同时从经济、政策、税源、征管等层面，分税种、分地区、分行业开展税收收入分析工作，探寻税收规律，发现税源变化情况，科学预测收入走势，研究新经济、新业态的发展特点，以分析促收入。以强化问题为导向，按月召开组织收入工作例会，听取各组织收入领导小组成员单位立足自身职责开展的组织收入工作情况、问题建议、工作措施，提升组织收入工作质效。全年组织收入496.12亿元。其中组织全口径税收收入236.47亿元，增长14.4%。还原留抵退税后增长10.1%。同口径增幅在成都市中心城区中排名第一。区级税收89.15亿元，增长8.5%。还原留抵退税后增长7.5%，同口径增幅在成都市中心城区中排名第2。非税收入133.53亿元。社保费收入126.13亿元。

（李小龙　王琬洁）

表25　2023年锦江区组织收入一览表

项目	收入情况		
	收入（亿元）	增减金额（亿元）	增减比例
全口径税收收入	236.47	29.75	14.39%
增值税	106.44	17.15	19.21%
消费税	1.58	−0.04	−2.42%
企业所得税	48.06	6.73	16.28%
个人所得税	22.82	0.92	4.20%
营业税	0.64	0.64	12183.42%
资源税	0.02	0.01	81.34%
城市维护建设税	6.65	0.54	8.77%
房产税	11.88	0.29	2.51%
印花税	2.67	−0.01	−0.31%
城镇土地使用税	1.16	−0.08	−6.17%
土地增值税	21.35	0.24	1.15%
车船税	0.00	0.00	−34.20%
契税	13.16	3.34	34.03%
环境保护税	0.01	0.00	3.82
耕地占用税	0.02	0.02	282.42

【税费征管体制改革】2023年，锦江区制定重点税源企业服务工作实施方案、税费征管改革攻坚行动实施方案，建立“1+2+N”风险管理体系。“1”为税收风险管理局，“2”为第二税务所、第三税务所，“N”为税源管理单位。成立数据分析团队、工单统筹团队、应对团队。同步构建“5+2”税源管理模式。即5个重点税源行业所负责重点税源管理，2个一般税源行业所负责少税户的管理服务。优化属地税务所管户制度，集中管理重点行业、集团企业，分类管理一般税源。在区税务局单设考核考评科，作为税费共治专门管理机构。区税务局与区级单位共建协同配合机制，形

成欠税追缴合力。阻止出境企业283家，追缴欠税1.22亿元。

（王栋　王琬洁）

【纳税服务】 2023年，锦江区在办税服务厅设置“小件快办”窗口，平均减少等候时间50%。开通“码上办”“热线办”“征纳办”三项远程业务办理渠道，“两免一办”目标实现。即免排号、免排队、即时办。办件3万件，远程辅导纳税人9万次。拓展业务智能辅助处理应用场景，高频业务全流程24小时自动智能审核，简单业务扫码自动办理。业务办理量达19万件。持续优化热线中心工作方案，规范提升服务质量。日接通率从70%提升至93%。结合“便民办税春风行动”“春雨润苗”“中小企业服务月”等专项行动实施“税企亲清工程”，开展“一把手走流程”活动2次、“局长面对面”活动6次、“领导干部走流程”活动6次，走访重点纳税户6930家。

（张强　王琬洁）

【涉税中介管理】 2023年，锦江区持续规范涉税中介服务行为，每月核实涉税专业服务机构（人员）基本信息、涉税专业服务协议要素信息、新办税务师事务所办理行政许可信息。践行“信用+风险”涉税专业服务监管机制，组建涉税中介专业化管理团队，建立第三方涉税服务乱收费投诉举报快速响应机制、中介党建管理制度，优化涉税专业服务信用积分公告栏排名机制和积分激励机制，鼓励诚信经营。

（张强　王琬洁）

【减税降费】 2023年，锦江区建立税费优惠政策落实工作机制，编制税费优惠“政策找人”工作方案、税费优惠政策专项工作舆情方案，采取“进园区、进楼宇、进社区”的方式开展税费优惠政策宣传活动，针对民营企业、小微企业开展税费优惠政策培训。在办税服务大厅开设减税降费服务窗口，安排专人为纳税人办理减税降费业务。全年新增减税降费及退税缓费16.17亿元，惠及纳税户23.18万家。

（李小龙　王琬洁）

【离境退税】 2023年，锦江区以成都大运会为契机，利用太古里、春熙路等国际高端资源要素富集优势打造离境退税品牌，依托“全国知名、西部一流”的春熙路商圈打造国际离境退税商业街区。区税务局与团区委合作，加入“锦江区志愿者伙伴计划”。7月20日，组建离境退税党员宣传队、离境退税青年志愿者宣传服务队。宣传产品投放至全区26个大运会志愿服务站，为入境外旅客提供外语宣传和帮办服务，以税收优惠政策挖掘国际消费潜能。

（张晓祚　王琬洁）

【枫桥式税务分局建设】 2023年，锦江区确定枫桥式税务分局创建单位，在办税服务大厅开设“枫桥窗口”，成立锦税枫桥调解室、锦税枫桥调解站，组建“人才库+业务骨干+公职律师”内部枫桥调解团队和“法律顾问+税收司法保障中心+税费共治平台”外联枫桥专家团队，形成快速响应和及时反馈机制。同时打造“锦税枫桥”文化基地，建立矛盾分级调处流程，通过“三级联调、一体运作”机制处理涉税纠纷。根据矛盾性质，三级简单矛盾快速处理，二级矛盾纠纷团体处理，一级矛盾纠纷协同处理。化解一级矛盾13件、二级矛盾10件、三级矛盾16件。定期开展案例分享会，形成“每月收集案例、每季分享案例”的工作交流模式。集中分享、讨论、交流收集的案例，形成“互学互鉴互促”的氛围。11月，区税务局第一税务所被省税务局、省司法厅联合命名为枫桥式税务分局。

（陈蓉　王琬洁）

金融监管

【金融监管体系建设】 2023年，锦江区持续践行金融监督机制，加强金融风险防范机制建设，从源头降低金融诈骗等违法犯罪发生率。落实行业清源、行业治乱要求，依据《中华人民共和国公司法》《四川省地方金融监督管理条例》，重点加强地方金融机构监管，打击违法放贷等行为，推动融资担保和小额贷款市场健康发展。

（黄建东）

【金融风险防范】 2023年，锦江区加强金融风险源头管控，明确属地街道和区级行业主管部门的风险排查处置责任，压实出险企业主体责任。全年非法集资案件结案39件，结案数量居成都市各区县第1。非法集资案发案数量较2022年减少48%。聚焦重点环节、重点人群、重点地区，组织区级部门和街道办事处开展“防范非法集资集中宣传月”活动暨“金融消费者权益保护教育宣传月”活动。全年开展各类宣传活动65次。

（黄建东）

图32 2023年7月17日，锦江区离境退税党员志愿服务队队员宣传离境退税政策

（区税务局提供）

【地方金融机构监管】 2023年，锦江区依据《中华人民共和国公司法》《四川省地方金融监督管理条例》《融资租赁公司监督管理暂行办法》《融资租赁公司非现场监管规程》《四川省融资租赁公司监督管理工作指引》《典当管理办法》《典当行业监管规定》《中国银保监会办公厅关于加强典当行监督管理的通知》《四川省典当业监督管理工作指引》《成都市商业保理公司监督管理工作指引实施细则》，管理六类地方金融机构。包括小额贷款公司、融资担保公司、融资租赁公司、典当行、地方交易场所、商业保理公司。开展行业整顿，清理存在无行业许可、未办理工商变更、空壳、失联等现象的涉金融业务企业，清退2家融资担保公司和1家融资租赁公司。结合扫黑除恶斗争，常态化开展“非法放贷”整治。运用省金融局监管预警平台、市金融局监管平台，开展地方金融机构线上监管工作。依托专业会计师事务所，完成小额贷款公司年审工作。

（黄建东）

审计

【概况】 2023年，锦江区召开区委审计委员会八届二次会议，总结和部署审计工作。坚持以“提能增效”为主题，制定经责、财政、投资等审计项目工作流程，形成“流程化+标准化”审计项目作业模式，构建数据模型，收集统计数据、对比分析异常数据，锁定审计疑点。完成各类审计项目28个，提出审计建议69条，查出不规范资金4.47亿元。专项审计工作得到区委、区政府主要领导肯定性批示3次。

（张小龙）

【区委审计委员会八届二次会议】 10月16日，区委书记、区委审计委员会主任陈志勇主持召开八届区委审计委员会第二次会议。会议传达学习习近平总书记出席二十届中央审计委员会第一次会议的重要讲话精神，传达十二届省委审计委员会第二次会议精神和十四届市委审计委员会第二次会议精神，听取审计工作情况汇报，审议《2022年度区级预算执行和其他财政收支的审计工作报告（送审稿）》《2023年度审计项目计划（送审稿）》，研究部署重要审计工作。

（张小龙）

【财政审计】 2023年，锦江区持续加大财政预算执行、财政资源统筹、财政风险管控、预算绩效管理、国有（资源）资产管理及重点资金的审计力度，开展区级财政预算执行及其他财政收支审计、部门预算执行情况审计，查处问题27个，涉及金额4.56亿元。提出审计建议7条，下达审计决定书1份、审计移送处理决定书1份，敦促上缴资金949.67万元。

（张小龙）

【经济责任审计】 2023年，锦江区围绕权力规范运行，加强经济责任审计，促进领导干部秉公用权。完成10名领导干部的经济责任审计和1名领导干部的自然资源资产离任审计，查出问题104个，提出审计建议25条。

（张小龙）

【固定资产投资审计】 2023年，锦江区把重大投资项目作为审计重点，跟踪审计61个重大项目，涉及资金54.85亿元。发出审计关注函、风险提示函、工作联系函20份。针对15个竣工项目开展竣工结算审计，提出审计建议56条，节约资金2979万元。完成专项资金财务收支审计项目1个，涉及资金6.46亿元。

（张小龙）

【民生审计】 2023年，锦江区以兜牢民生底线为目标，开展老旧院落改造、疫情防控等项目审计，提高民生资金使用效益，助推助企纾困政策落地落实。发出风险提示函4份。同时结合经济责任审计，监督医保、社保、就业、教育4个民生领域的资金使用情况。

（张小龙）

【审计执法监督】 2023年，锦江区持续推动审计整改提质增效，审计整改首次被纳入区级目标考核。审计查出的108个问题全部按要求整改，审计整改率100%。上缴区财政资金2249.82万元，促进建章立制30项。

（张小龙）

统计

【概况】 2023年，锦江区推进区域统计基层基础规范化建设，覆盖各街道办事处、功能区管委会、区级部门。优化经济大数据平台功能，为固定资产投资项目入库、产业发展研究、企业优质服务等工作提供统计支撑。依托经济大数据平台开展企业统计工作，维护限额以上批发和零售业法人单位等“四上”企业信息。开展产业发展研究，上报统计专报10篇。开展人口调查等社会调查，有15项工作获市级良好以上评价。按照第五次全国经济普查要求，完成市场主体清查任务。坚持依法治统，开展统计造假屡禁难绝专项治理行动。同时开展统计领域“八五”普法宣传，提高社会层面的依法治统意识。

（郗宇　蒲玥）

【统计基层基础工作】 2023年，锦江区推进区域统计基层基础规范化建设，对照市统计局编制的《统计基层基础规范化巩固年活动方案》，编制任务清单，明确30个重点任务。开展基层统计工作机制建设现状调查研究及分析，采取专题培训、问题解答、实地核实等方式，跟踪督促落实。印发《关于进一步加强统计基层基础建设的通知》，向街道办事处、功能区管委会、区级部门提出统计基层基础建设要求。同时根据不同阶段的统计工作重点，组织900名基层统计人员开展业务培训，学习统计法律法规。梳理基层统计人员，登记街道办事处、产业园区、行业主管部门统计工作人员139人。

（郗宇　蒲玥）

【企业统计与社会调查】 2023年，锦江区依托经济大数据平台开展企业统计工作。针对规模以上工业法人单位、限额以上批发和零售业法人单位、限额以上住宿和餐饮业法人单位、规模以上服务业法人单位设置“四上”企业库功能板块，新增“企业云图”功能，用于精准展示“四上”企业信息。登记“四上”企业1070家，较2022年增长68家。社会调查方面，开展人口调查、住宅样本调查、固定样本跟访调查、采购经理调查、劳动力调查、住户调查，测算常住人口变动情况，调查失业率、采购经理指数等重点指标。参加2023年度成都市各区（市）县统计专业业务工作等次评价，综合统计工作等7项工作获优秀评价，统计法治建设等8项工作获良好评价。

（郗宇　蒲玥）

【统计执法检查】 2023年，锦江区开展统计“双随机、一公开”执法检查，检查成都贰麻餐饮娱乐有限公司等6家企业。“双随机、一公开”即在监管过程中随机抽取检查对象，随机选派执法检查人员，查处结果及时向社会公开。开展涉外调查机构专项检查，检查成都众信力诚商务信息咨询有限公司业务合规情况。开展统计执法检查，检查成都华侨新苑彩印包装有限公司等49家企业。立案处理企业1家，向5家企业发送整改通知书。

（郝宇　蒲玥）

【统计法治宣传】 2023年，锦江区对照《法治宣传教育第八个五年规划（2021—2025年）》开展统计领域“八五”普法宣传和“八五”普法中期评估。12月5日，在东湖街道观音桥社区、锦官驿街道水井坊社区开展“依法统计数说新时代，依法治统服务新发展”统计法治宣传活动。12月8日，参加在金牛区产业发展服务中心举办的四川省《中华人民共和国统计法》颁布40周年纪念日暨“经济普查集中宣传月”活动。

（郝宇　蒲玥）

【经济大数据平台建设】 2023年，锦江区常态化维护经济大数据平台，按期维护财税数据、工商数据和“四上”企业数据，编制数据源采集索引，修订数据操作手册，巡检功能模块，确保平台功能稳定。全年维护平台数据86次，数据回流22次，综合数据录入65次，基础数据导入18次。新增建安投资分析、财税五级企业等板块和手机验证码登录功能，针对用户使用情况优化功能点60个。平台注册用户1102个，综合数据146729条，基础数据2567996条。用户访问平台65383次，支撑区委、区政府经济运行调度10次。

（郝宇　蒲玥）

【产业发展研究】 2023年，锦江区加强主要经济指标监测，通过数据分析研判区域经济发展热点、难点、焦点，上报《2023年前三季度GDP运行情况分析》等统计专报10篇，为区域产业发展提供参考。对照全市经济高质量发展调度指标体系，提出《2023年成都市经济高质量发展调度指标体系工作方案》的优化建议，为“十四五”规划中期评估报告提供参考资料，为“百强区”评选、人才项目立项兑现等重点工作提供数据服务。依托经济大数据平台建立统计信息共享机制，助力行业主管部门提升经济形势研判的时效性和准确度。发布《2022年国民经济和社会统计公报》，印发统计数据月册12期。

（郝宇　蒲玥）

【第五次全国经济普查】 2023年，锦江区印发《关于成立锦江区第五次全国经济普查领导小组有关事项的通知》《关于做好第五次全国经济普查的通知》，成立由24家区级部门组成的第五次全国经济普查领导小组，在统计局设领导小组办公室。区委、区政府主要领导任组长，区委常委、常务副区长任副组长。11个街道分设经济普查办公室。另组建普查员队伍。各街道采取购买第三方公司劳务服务方式组建普查员队伍，编制风险防控预案。开展宣传培训，播放宣传片，举办有奖问答活动，分级指导业务，加强

图33 2023年12月5日，锦江区在东湖街道观音桥社区开展统计法治宣传活动
（区统计局提供）

数据审核，每日通报工作进度，完成清查任务。清查时间2023年8—12月。登记个体工商户75053家，企业60995家。

（鄢宇　蒲玥）

市场监督管理

【概况】 2023年，锦江区开展质量提升行动，引导各行业加强质量管理，选送3家单位申报第五届中国质量奖。落实助企纾困政策，放宽外资企业市场准入条件，营造公平统一、开放透明、便民利企的外资企业市场准入环境，注册外资企业134家。组建计量器具违法行为专项整治工作专班，打击“作弊秤”等违法行为。开展“春雷行动2023”“铁拳行动”“护苗2023”“净网2023”等执法行动，维护消费者合法权益和市场环境。规范办案流程，加强依法行政和行刑衔接，查办案件476件。

（黄彬彬）

【质量和计量标准化建设】 2023年，锦江区开展质量提升行动，选送3家单位申报第五届中国质量奖，推荐中国五冶集团公司等企业申报首席质量官质量变革创新典型案例。实施标准化战略，引导企业制定先进标准，提高核心竞争力。成都锦江区基本公共服务标准化试点项目通过验收，成都锦江区婚姻登记服务标准化试点项目入选成都市第九批社会管理和公共服务综合标准化试点项目。

（黄彬彬）

【消费者权益保护】 2023年，锦江区开展行政约谈、行政告诫，指导企业从合同、广告、价格公示等方面规范经营行为。开展行政约谈59次，约谈企业163家。加强消费维权社会监督，践行消费投诉信息公示制度，在网络平台公布消费投诉排名前20的企业信息。全年发布消费提示信息、警示信息67条，引导市民科学消费、理性消费。强化消费环境治理，实施消费示范单元提质升级行动，有17家单位创建示范单元。全区示范单元单位165家。优化消费投诉举报处置流程，研判集中投诉和群体性投诉案件。办理消费投诉举报案件100267件，较2022年增长37.15%，为消费者挽回经济损失1056万元。消费投诉调解成功率58.49%，高出全国平均水平6.04个百分点。

（黄彬彬）

【特种设备监管】 2023年，锦江区开展涉旅特种设备和医疗特种设备专项整治，制发监察指令188份。开展电梯困人定期分析研判工作，建立“日公布、周清理、月分析、年提炼”制度，整治电梯隐患458次。

（黄彬彬）

【广告市场治理】 2023年，锦江区加大广告市场监管执法力度，开展医疗美容广告专项整治、护渔百日联合执法行动、互联网广告领域治理等专项行动，立案查处违法广告案件48件。其中罚没金额5万元以上案件5件、罚没金额10万元以上案件5件。强化互联网广告监管，加强日常监测，甄别41条广告监测平台交办的互联网广告案源信息。

（黄彬彬）

知识产权保护

【知识产权保护协同机制建设】 2023年，锦江区整合市场监管局和法院力量，建立知识产权保护协同机制。印发《关于开展知识产权纠纷行政调解及司法确认工作的实施意见》，明确知识产权纠纷行政调解及调解协议的司法确认条件，助推知识产权行政保护与司法保护无缝衔接。采取“行政调解+司法确认”方式，解决知识产权纠纷。办理首例经司法确认的商标侵权纠纷行政调解案件。

（黄彬彬）

【知识产权服务体系建设】 2023年，锦江区围绕“1+3+3”产业体系建设，建立集部门指导、企业执行、中介服务于一体的知识产权管理服务体系。开展专利导航工程，培育高价值专利成果。全区高价值发明专利511个。组织专业人员开展专利挖掘工作，保护技术创新成果。落实知识产权奖补政策，鼓励企业申报各级各类知识产权资助项目，激发企业、科研院所创新创造的积极性。有4家企业获国家和四川省专利资助167万元。

（黄彬彬）

【知识产权维权】 2023年，锦江区创办知识产权维权援助合作单位库，办理知识产权举报案件220件、非正常专利申请案件300件，立案查处商标专利侵权案件49件。开展重点领域知识产权保护专项治理，加强大运会知识产权保护，检查经营场所使用大运会口号、徽章、吉祥物情况。

（杨婕妤　黄彬彬）

【版权保护】 5—9月，按照市版权局部署，开展大运会版权保护专项行动。集中整治非法传播大运会赛事节目，打击涉大运会的文字、美术、音乐、影像等作品侵权盗版行为，重点整治制作销售涉大运会侵权盗版衍生品的违法行为。9月，锦江区版权、公安、网信、文体旅、经信、商务、教育等部门联合开展“剑网2023”专项行动。以体育赛事、文化活动、点播影院、文博文创为重点，强化专业领域版权专项整治，规范网络传播版权秩序。以网络视频、网络新闻、有声读物为重点，强化作品全链条版权保护机制，净化网络版权生态。以电商平台、浏览器、搜索引擎为重点，强化网站平台版权监管，压实网站平台主体责任。

（王成）

新经济发展

【新经济发展布局】 2023年，锦江区构建“双核共振”产业发展格局，将白鹭湾片区作为未来锦江发展的重要支撑，推动锦江发展由春熙路“单极支撑”向春熙路商务服务、白鹭湾科技创新“双核共振”转变。白鹭湾片区以人工智能先导区建设为牵引，以再建一个产业锦江为目标，以创新驱动为发展动力，以锦江科创大道为轴，串联打造九大产业园区，形成“一道九园”产业发展空间，建设33平方公里的“锦江软件园”，形成以数字经济为主的锦江数智产业港，以人工智能、智慧交通、汽车智能网联为主的白鹭湾科技生态园，以生物技术为主的中国生物科创谷，以金融科技为主的交子公园金融商务区，着力构建一线带动、九园支撑的发展新空间。锦江大道示范段成为中心城区首个开放道路自动驾驶试驾路段，入选成都市“智慧城市基础设施与智能网联汽车协同发展”试点项目。

（潘爽）

【新经济产业培育】 2023年，锦江区打造梯度培育体系，促进新经济发展。持续完善“五级企业”培育体系，编制2023—2025年重点培育企业名单、重点企业招引计划名单。全年新增新经济企业1.4万家，引培云天励飞公司等新经济世界500强企业14家。加强动态管理，实施精准培育，跟踪监测高成长性企业经营情况，培育“上规入库”企业104家。持续培育“种子+双百+示范”企业梯队，有39家企业入选“成都市梯度培育企业”，较2022年增长457%。打造活动品牌，聚焦企业需求实时链接资金、政策、资源等核心要素，开展“濯锦江·新经济”企业家沙龙活动12次、助企纾困政策解读活动10次、城市机会清单发布对接活动3次、金融专场对接会2次。全年对接城市机会清单项目46个，签约金额8.7亿元。新经济、新制造企业获风险投资金额24.9亿元。兑付市级和区级产业扶持资金311.18万元，含市级大数据产业资金288万元。联合工商银行推出锦江软件园专项信用贷产品“园区e贷”，发放贷款548万元。

（潘爽）

【新经济场景营造】 2023年，锦江区以场景建设催生新产业、新业态、新模式。围绕美好生活、智能生产、宜居生态、智慧治理四大城市场景体系建设，高质量打造十二月市、侠客岛里花园岛、爱情1314等新场景100个。春熙路商圈入选首批国家级示范智慧商圈，国家旅游休闲街区（春熙路）入选首批全国5G+智慧旅游试点项目，区块链+数字版权应用场景“知信链”入选四川省第一批新经济重点平台和新场景名单，大型城市会议综合体建筑智能建造应用场景等4个场景入选四川省数字经济典型应用场景，丝路元宇宙超级产业园入选成都市元宇宙典型应用场景，成都生物制品研究所公共卫生重组人乳头瘤病毒（HPV）疫苗实验室入选成都市创新应用实验室。

（潘爽）

【楼宇经济发展】 2023年，锦江区持续推进楼宇经济高质量发展，推动楼宇经济标杆城区建设。印发《锦江区楼宇经济高质量发展工作方案》，优化楼宇经济管理体系和运行机制，促使楼宇经济成为提升区域实力、完善城市功能、提增产业空间、丰富产业形态的抓手和支撑。全区重点楼宇146幢。其中甲级写字楼17幢。根据楼宇规模、规划性质、权属、业态以及进驻主体情况，细分为存量商务楼宇、存量商业楼宇、存量工业楼宇、增量楼宇、国资楼宇五大类。楼宇内聚集华为、华润等世界500强企业138家，国际知名品牌659个，法国、新加坡等驻蓉领事馆10家，外国签证中心12家，仲量联行、世邦魏理仕等全球服务机构12家，涉外机构数量排名中西部第一。楼宇全口径税收首次突破100亿元，全口径税收112.43亿元，占税收总额的50.11%。税收达到1亿元楼宇32幢。新华之星AI大厦入选成都市现代都市工业重点点位、“成都市专业（特色）楼宇”。

（曾林琪）

信用体系建设

【市场诚信建设】 2023年，锦江区首创行政处罚信息信用修复告知制度，推动市场诚信体系建设。在送达行政处罚决定书的同时，一并送达行政处罚信息信用修复告知书，主动告知行政处罚信息信用修复事宜，为市场主体“增信减负”。拓宽信用修复途径，探索实施信用修复全程网办模式，实现市场主体信用修复“不跑路，零见面”目标。办理信用修复案件3000件。主动引导和帮助失信市场主体及时纠正违法失信行为，消除不良影响，重塑自身信用。

（黄彬彬）

【环境信用体系建设】 2023年，锦江区持续推进生态环境信用体系建设，引导企业提高生态环境管理水平，自觉履行环境保护法定义务和社会责任。初审企业资料，推进信用分级分类监管，对已完成初评的企业开展动态信用评价。开展生态环境信用宣传，营造绿色低碳守信守法的舆论氛围。完成83家市级企业和8家省级企业环境信用评价工作。

（万海霞　曾秀凤）

【建筑行业信用体系建设】 2023年，锦江区落实《成都市建筑施工总承包企业和监理企业信用综合评价管理暂行办法（2022版）》，健全建筑市场信用监管体系，规范建筑市场秩序，促进建筑施工总承包和监理企业诚信经营，提升建设工程质量安全管理和文明生产水平。利用线上信用平台开展诚信评价，评价建筑企业80家，审核企业基本信息199条，采集上报企业信用信息327条。对照《成都市建筑施工总承包企业和监理企业信用综合评价管理办法（2022版）》，扣除159家企业信用分，处罚52个施工项目。

（王帆）

【文旅行业信用体系建设】 2023年，锦江区试点建立文旅市场信用体系，规范和约束餐饮商家、宾馆酒店、旅行社、文化娱乐场所、文化演艺场所合规经营。督促演出主办单位、票务销售平台践行实名购票制度，整合公安分局、市文化市场综合行政执法总队锦江支队等执法部门力量，常态化检查经营单位，将违法违规经营单位列入“文旅市场失信主体”，予以联合惩戒。

（吴雅洁　何云）

开放合作

综述

【国际交往平台建设】 2023年，锦江区依托世界500强企业、领事馆等国际资源富集优势，以实施千年东大街焕新工程为抓手，加快建设国际城市会客厅、国际化社区集群等国际交往平台，链接春熙路时尚商圈和红照壁城市会客厅、盐市口国际商务中心等国际交往核心片区，举办锦江—英国城市更新国际合作圆桌会谈等国际性交流活动，持续提升国际竞争力和影响力，打造世界级城市的国际交往会客厅。

（韩旭）

【对外贸易】 2023年，锦江区以推动对外贸易稳定规模、优化结构、提高质量为主线，聚焦“三个做优做强”，深入开展“加快发展外贸新业态，提升区域‘买全球 卖全球’能力”研究，探索发展免税经济、跨境电商等新外贸新业态。同时统筹商务、投促、经信等部门力量，以外资引进带动贸易提质增效。培育重点外贸企业4家，引进重点跨境电商企业6家，进出口总额99.43亿元。

（李平）

【进口商品展销】 6月2日，锦江区在红星路步行街广场启动“陆港枢纽青白江 安逸蓉城购全球”亚蓉欧国家（商品）馆夏日购物节暨成都进口商品展销活动。以活动为载体，搭建“一带一路”共建国家商品展销平台和文化交流平台。活动期间，集中展销德国、法国、意大利、葡萄牙、西班牙等“一带一路”国家的特色商品。包括红酒、啤酒、休闲食品、手工制品等进口商品。6月9日，活动结束。

（杨瑞）

投资促进

【招商机制】 2023年，锦江区优化“大组合”招商机制，实行投促部门“龙头招商”、产业部门“专业招商”、产业功能区“平台招商”、街道“税源招商”、平台公司“配套招商”。重点关注签约率、落地率等指标，践行“红白榜”通报制，以“督”推落实，以“考”促成效，建立“半月一通报、一月一调度、一季一考核”的工作机制，推动招商引资工作创新提能。

（蔡梦璐）

【投资服务机制】 2023年，锦江区建立“区领导+产业部门+属地街道”三级联动的对口联系服务工作机制，开展重点存量外资企业全覆盖“大走访、大调研”活动，传递外资惠企政策，解决企业诉求20个，兑付外资政策奖励资金2246万元。依托外资机构集聚优势，推动香港福星康养养老社区一体化综合服务项目境外上市返程投资，促进汇丰人寿保险有限公司四川分公司等世界500强及外资龙头项目落地。

（蔡梦璐）

图34 2023年3月15日，锦江区在深圳市举办投资推介暨“交子空间”路演活动
（区投促局提供）

【招商推介】 2023年，锦江区持续加大营销推介力度，依托国家、省、市及境外重大活动平台，举办投资推介活动93次，宣传投资环境、产业政策、发展前景。在成都、深圳、上海、北京、香港等地举办投资推介暨“交子空间”路演、投资推介暨“车路协同项目”路演、优质载体资源推介会、未来公园社区招商引智投资推介会等招商推介活动，开展“走进锦江软件园”主题观察团活动，发布公园城市示范区建设机会清单。

（蔡梦璐）

【资金和项目引进】 2023年，锦江区围绕“1+3+3”产业体系，聚焦链主企业及产业链上下游企业，深度挖掘投资机会，引进华润数科华西区域总部物联网全国总部项目等产业化项目20个、产业链关键配套项目13个。围绕土地、楼宇、城市更新资源，策划包装推介重点片区和重点地块，寻找有实力担当的城市合伙人开发运营。举办白鹭湾科技生态园全球首发暨成都锦江国家人工智能创新应用先导区重大项目签约活动。首轮与10家产业链重点企业签约，引进竹云科技身份安全研发基地、中国联通智能网联研究院、中软国际开源鸿蒙生态基地、国家无线电西南中心、暗物智能西南运营总部、元时代西南总部、凝思软件西南总部、电子科大脑健康与人工智能产业研究院、川投大健康总部、卡尔斯西南总部10个产业化项目。第二轮与首批入园的英飞拓西南总部、深投文化西南总部、国任财险四川分公司、达实智能西南总部、云天励飞人居生活总部、安车检测西南总部项目、致远科技成都研发总部、北斗物联网应用科创中心、陆特能源西南总部、力石科技西南总部签约。全年引进重大项目和高能级项目20个。其中30亿元以上项目4个。产业化项目实际到位国内资金210亿元，外商直接投资1.7亿美元。引进外商投资企业129家。被评为2023年度全省投资促进先进单位。

（蔡梦璐）

表26　2023年锦江区重大项目和高能级项目市级认定情况表

序号	项目名称	总投资（亿元）	产业链
1	广东省鼎芯微组建半导体芯片科研团队项目	0.2	集成电路
2	浙江省嘉凯城集团全国总部项目	0.5	文创
3	河北省财达证券四川省分公司项目	1	金融科技
4	广东省深投控白鹭湾科技生态园二期项目	100	大数据与人工智能

续表26

序号	项目名称	总投资（亿元）	产业链
5	河南省张翼冠团队免疫学评价和立体干预总部项目	5	高端诊疗
6	北京佳格天地物联网工业大数据平台项目	0.5	大数据与人工智能
7	四川省杨华珍艺术团队藏羌绣非物质文化遗产项目	0.2	文创
8	四川省蒲建国团队医疗器械科研项目	0.2	高端医疗器械
9	香港特别行政区京洲国际西南总部项目	5	高端诊疗
10	北京恒信东方元宇宙智“能智”造项目	1	大数据与人工智能
11	广东省华润数科华西区域总部、物联网全国总部项目	30	大数据与人工智能
12	北京中盐资产西南盐业综合运营项目	5	绿色食品
13	辽宁李晨团队智能中医机器人研发中心项目	0.2	高端医疗器械
14	西藏南方希望实业数智化产业集群项目	30	大数据与人工智能
15	四川省罗翔团队法医鉴定检测平台项目	0.2	高端诊疗
16	广东省国科精研人工智能科研团队项目	2	大数据与人工智能
17	北京悦活餐饮 Blueglass Yogurt 区域销售结算总部项目	10	绿色食品
18	香港特别行政区福星康养养老社区一体化综合服务项目	30	金融科技
19	西藏自治区雅江能源开发生态环保研发中心项目	5	生态环保
20	四川省中物院先进动力院中试平台及生产基地项目	10	新能源汽车

【助企专项活动】 2023年，锦江区开展惠企政策“进园区、进企业”活动，聚焦企业享受惠企政策的堵点和难点问题宣传政策，讲解业务办理流程，提高惠企政策知晓度和受益面。开展“万人助万企”“一起益企”等活动，整合中小企业公共服务机构、中小企业公共服务示范平台等资源，为企业提供创新创业服务，帮助中小企业纾困解难。按照四川省民营经济和中小企业发展领导小组民营经济办公室《关于印发民营经济“1+2”政策“明白卡”的通知》要求，开展民营经济发展“1+2”政策宣传工作。利用微信公众号、企业服务QQ群、上门宣讲等方式，为企业提供可视、可感的政策宣传和解读服务，持续扩大“明白卡”的社会知晓度。

（曹霞斌　王怡玲）

国际消费中心城市核心区建设

商圈建设

【商圈发展布局】 2023年，锦江区春熙路时尚商圈空间功能布局是“一核两轴三区”。“一核”即春熙路老街、成都国际金融中心+太古里、四圣祠、华兴街四大核心商业功能区构成的国际时尚消费核。“两轴”即东大街国际消费活力轴、纱帽街时尚文旅活力轴，串联天府文化公园、春熙路时尚商圈、锦东商圈、绿地468片区，形成商业与商务融合发展的功能集聚区，构建产业发展主轴。纱帽街时尚文旅活力轴以纱帽街为中心，向北经书院街延伸至武城大街，向南经三圣街、耿家巷、下莲池街延伸至滨江路。串联圣祠国际品牌消费区、成都国际金融中心+太古里时尚消费区、邱家祠文化复兴街区，形成开放式文旅活力街区，打造代表和彰显现代化国际大都市形象的世界级顶级商业街。“三区”即国际商贸区、国际商务区、国际交往区。国际商贸区覆盖春熙路步行商业街、成都国际金融中心+太古里时尚消费区、邱家祠、水井坊、锦江沿岸，打造国际时尚消费、国际美食消费、国际文旅消费的品牌区。国际商务区覆盖四圣祠、华兴街等区域，打造国际商务聚集区。国际交往区覆盖人民南路沿线、盐市口等区域，打造国际交往高地。

锦东商圈的功能布局是“一核五片”。“一核”即东大路商务核，凸显商务服务特色，重点发展现代商贸、文化演艺、都市医养等产业。聚焦成都文艺聚集地，依托小剧场、文化空间、公园和开心麻花IP，打造展、娱、演、游、戏、音于一体的演艺新空间。“五片”中的牛市口创享园链接春熙路时尚商圈和锦东商圈，具有连廊功能，凸显人文体验特色，发展文化创意产业，具有市井生活体验消费功能。沙河文艺湾围绕沙河绿道生态带，利用东大街沿线户外空间，联动悦街、廊里等特色商业街区，支持国际支付手段，打造国际友好社区场景。在沙河公园、塔子山公园引进集市、露营等户外业态，打造公园休闲生活场景。东湖新能港凸显新能源特色，重点发展新能源研发销售产业，具有生活美学体验消费功能，打造新能源产业高地和新能源汽车体验聚集区。菱窠科教廊凸显科教创新特色，发展文化、教育、科技等产业，具有市井人文体验消费功能。琉璃文博坊凸显文化博览特色，具有文博体验消费功能。围绕沙河、洗瓦堰等水系实施琉璃港·水巷子项目，打造金具厂工业遗址、琉璃窑遗址博物馆等文博地标，规划建设天府书香·最美学区。

（陈俊）

【春熙路时尚商圈建设】 2023年，锦江区春熙路时尚商圈是成都市核心商圈，拥有“百年金街、成都首位”的底蕴和“最成都”的城市共识，形成“来成都、游春熙，买全球、享美好生活”的城市标签。商圈东至锦江、一环路，南至滨江路，西至南大街、暑袜街，北至桂王桥西街、三槐树路，总面积5.02平方千米。

围绕时尚消费核心区、国际交流交往引领区建设，发掘“百年金街”春熙路文化底蕴，坚持规划引领、功能导向、项目支撑，持续推动春熙路时尚商圈建设，打造“国际一流商圈”。通过优化空间布局、提升产业能级、促进文商融合、实施精细管理、完善设施配套，加快推进商圈能级提升。以“两环一廊四线”为载体，打造消费流线。“两环”即步行街商业内环、车行商业外环。步行街商业内环线路包括春熙路北段、春熙路东段、江南馆街、纱帽街、番库街、华兴正街，构建步行距离舒适的环线，连接核心商业功能区。车行商业外环线路包括武城大道、暑袜街、锦兴路、镗钯街、天仙桥北路、东安南路，提供车行到达服务，各方向与春熙路片区 联系更加便捷。“一廊”即空中连廊体系，改变城市主干路对步行体系的割裂关系。“四线”中的潮购专线串联春熙路、成都国际金融中心、太古里，以品牌时尚为主题，打造春台市锦、红星路步行广场等核心节点。潮游专线的主体是全长1314米的爱情专线，以爱情为IP，打造主题街区式消费场景。潮玩专线串联九眼桥、牛王庙、水碾河三大片区，以电音电竞为主题，打造水璟唐、潮力方、娇子音乐厅等核心节点。潮享专线串联华兴正街、四圣祠2个片区，以美食美容为主题，打造西部文化产业中心、国际医美城等核心节点。

商圈内呈现RX春熙、潮力方等网红时尚场景，发布特色消费场景100个。建成离境退税特色街区，开设离境退税商店184家，退税商品销售额3996.06万元，退税额279.59万元。发布以“信用定价”为核心的消费平台“时尚春熙”手机软件，注册用户25万人。打造“元宇宙+消费”应用场景“元游锦江·熙游记”，体验人数超过10万人，得到全国人大常委会副委员长铁凝的肯定。以新能源汽车策展活动推动新能源汽车销售，销售额较2022年增长50%。活化焕新邱家祠、谢无量旧居等历保文保建筑，呈现锦江剧场、川剧院等特色文化演艺场所，打造春熙路“灯市”等“成都十二月市”主题特色街巷4条。“夜游锦江”项目营收较2022年增长600%。

重点发展三大产业。包括时尚零售、现代商务、会议会展等现代商贸业，持牌金融机构、新兴金融等现代金融业，时尚美食、创意设计、都市旅游等文化创意产业。区间内分布大型商业综合体19个、高星级酒店26家、楼宇64幢。其中税收达1亿元楼宇13幢。商业面积125万平方米，商务办公面积243.79万平方米，聚集消费品牌4000个。现代商贸业占比30%，新兴金融业占比43%，文化创意业产占比6.5%。

中秋节和国庆节期间，商圈人流量达到630万人，较2019年增长43%。商务部将春熙路时尚商圈纳入首批全国示范智慧商圈，文旅部将春熙路时尚商圈列为首批“5G+智慧旅游”试点项目，被评为四川省高品质示范步行街、四川省服务业高质量示范区。

（陈俊　吴立凯）

表27　2023年锦江区春熙路时尚商圈大型商业卖场一览表

序号	名称	面积（平方米）	地址
1	成都国际金融中心	208000	锦江区红星路三段1号
2	成都太古里	10600	锦江区中纱帽街8号
3	王府井百货商场	46000	锦江区总府路15号
4	群光广场	100000	锦江区东大街春熙路南段8号

续表27

序号	名称	面积（平方米）	地址
5	时代百盛	28238	锦江区总府路2附1号
6	仁恒置地广场	44000	锦江区人民南路2段1号
7	COSMO财富中心	50000	锦江区大业路6号
8	茂业天地百货	50000	锦江区人民东路19号
9	仁和春天百货人东店	30000	锦江区宾隆街一号
10	茂业百货春熙店	29000	锦江区总府路12号
11	苏宁易购	9000	锦江区红星路三段16号
12	尚都广场	100000	锦江区春熙路西段128号
13	九龙广场	98000	锦江区青年路8号
14	壹购潮流广场	13000	锦江区东大街上东大街段133号
15	金开劲浪运动城	26000	锦江区春熙路西段78号
16	天府红	53000	锦江区人民南路百扬大厦
17	银石广场	30000	锦江区红星路三段99号
18	晶融汇	80000	锦江区东大街99号
19	阳光新业	33167	锦江区一环路东五段87号

【锦东商圈建设】 2023年，锦东商圈东至三环路，南至锦江，西至一环路，北至蜀都大道，面积19平方千米。地铁2号线、6号线、7号线、8号线覆盖全域。拥有东湖公园、塔子山公园、李劼人故居等文旅资源以及省农科院、四川师范大学等科教资源。

根据“一核五片”产业社区布局，明确“文为魂、商为脉”的发展思路，围绕高品质商务商业发展、艺术美学与城市空间创新，建设主客共享、文商共兴、全国知名的城市级商圈，打造品质文商的承载地、城市活力的策源地，聚集专业服务、信息技术服务、房地产、建筑、商贸、金融、文化、都市医养、新能源等产业要素。

建成环贸ICD广场、华宇广场、万达广场等商业综合体，分布环球贸易广场、环球都汇广场、华润广场、摩根中心、泰合国际财富中心、联合广场等商务楼宇24幢。其中甲级写字楼7幢。商业面积60万平方米，商务面积84万平方米。在建产业载体重点项目8个，新增载体面积150万平方米，项目总投资300亿元。

依托高品质楼宇群、文体场所和集市打造现代商务服务的商务核、国际文化演艺的文化核、成都生活方式的商业核。呈现白墙公园、沙河铺夜市等消费场景，环贸ICD广场、文华广场等大型商场的人流量和营收较2022年分别增长40%、71%。

（吴立凯）

表28　2023年锦江区锦东商圈大型商业卖场和商务楼宇一览表

序号	类型	名称	面积（平方米）	地址
1	商场	环球贸易广场 ICD	128000	锦江区东大路 577 号
2		文华广场	115000	锦江区东大路 1 号
3		万达广场	140000	成都市锦江区锦华路一段 68 号
4		乐天广场	144000	锦江区汇泉北路
5		成都光环购物公园	105000	锦江区东大街东大路段 333 号
6		华宇广场	90000	锦江区上沙河铺街 789 号
7		环球汇蔚然	15000	锦江区通宝街 219 号
8		环球汇 IMP	21000	锦江区东大路 318 号
9		中粮鸿云悦街	21000	锦江区汇源北路 333 号
10		天廊广场	21000	锦江区上沙河铺街 66 号
11		瑞升国际中心	5000	锦江区橡树林路 163 号
12		华润广场	25000	锦江区琉璃路 8 号
13		沙河壹号	10000	锦江区静沙南路 18 号
14		成都东门市井	10000	锦江区菱窠西路 9 号
15		锦发广场	6000	锦江区二环路东四段 128 号
16		中港·龙湖锦江天街	75000	锦江区琉璃东街与琉璃路交会路口
17	商务楼宇	环球贸易广场 ICC	215000	锦江区东大路 577 号
18		IMP 环球都汇广场	84000	锦江区东大路 318 号
19		联合广场	71000	锦江区下沙河铺街 59 号
20		瑞升国际中心	23000	锦江区橡树林路 163 号
21		摩根中心	52000	锦江区海椒市街 3 号
22		天府国际	39000	锦江区一环路东五段 8 号
23		华润广场	65000	锦江区琉璃路 8 号
24		乐天广场	44000	锦江区汇泉北路
25		泰合财富中心	59000	锦江区沙河街道通宝街 19 号
26		环球汇蔚然	25000	锦江区通宝街 219 号
27		新视界广场	22000	锦江区锦东路 668 号
28		沙河壹号	83000	锦江区静沙南路 18 号

续表28

序号	类型	名称	面积（平方米）	地址
29	商务楼宇	润达丰广场	52000	锦江区二环东路四段 38 号
30		东湖国际	25000	锦江区琉璃路 299 号
31		锦发广场	29000	锦江区二环路东四段 128 号

消费场景营造

【概况】 2023年，锦江区结合成都建设国际消费中心城市及打造十大消费场景、十大消费平台等部署，明确“打造有温度、国际范的消费生活新场景，升腾城市烟火气”的思路，打造新十二月市消费场景、“元游锦江·熙游记”应用场景、“夜游锦江”消费场景、“年轻力赋能新文化”消费场景。采取线上线下结合方式开展“夜话锦江，美好消费”特色消费场景评选活动，推出“名店名品名食”促消费系列推广活动，覆盖吃、住、行、游、购、娱各业态10个类别100个特色消费场景。

（杨瑞）

【新十二月市消费场景】 2023年，锦江区以传统文化作为内核，以创新消费形式作为外壳，创造“月月有主题”的生活美学和“周周有活动”的消费热度，打造新十二月市消费场景。在锦官驿街道打造“锦官驿·万千锦市”。8月22日，“锦官驿·万千锦市”在香槟广场开市，同步举办第三届“锦江八月YE消费季”活动。在邂逅广场开设“桂市”。9月26日，举办“新桂出圈 新市进阶”成都新十二月市邀月潮游会，开展潮流交易所、酒零后潮饮区、葫芦桂市、月市智引培育小课堂四大特色活动。在红星路步行街广场开设香市。11月1—12日，由成都王府井百货商场主办，携手兰蔻、雅诗兰黛、赫莲娜、肌肤之钥等9大国际一线美妆品牌，举办成都十二月市“香市”WFJ BEAUTY时尚锦江国际美妆节活动。

（杨瑞）

【“元游锦江·熙游记”应用场景】 2023年，锦江区开启“元宇宙+消费”模式，打造“元游锦江·熙游记”场景。以“元游锦江·熙游记”为故事主线，秉持“有故事、有内容、有创意、有温度”理念，串联春熙路步行街广场、东门码头等5个景点，打造“百变春熙”“大慈祝福”“夜游锦江”“九天揽月”“三圣花语”五大科幻类“元宇宙”科技新消费场景。成为成都首个元宇宙技术与商业新消费场景结合的创新体验地。

（杨瑞）

【“夜游锦江”消费场景】 2023年，锦江区打造“夜游锦江”沉浸式夜游消费场景。“锦江游船”即滨水空间综合体项目以“锦江故事卷轴”为主线，串联都市休闲、东门市集、闹市禅修、锦官古驿四大片区，打造“夜市、夜食、夜展、夜秀、夜节、夜宿”六大主题场景，绘制酷游“老成都、蜀都味、国际范”特色的生活美学地图，入选2023年全国20个沉浸式文旅新型业态示范案例。

（杨瑞）

【“年轻力赋能新文化”消费场景】 2023年，锦江区提出“年轻力赋能新文化”理念，打造“REX春熙”消费场景。采取“盒子+街区+立体连廊”相结合的方式，在保护原有城市肌理的情况下，将城市街巷文化融入年轻力消费，制造消费热点，提增游客流量，打造年轻社交文化品牌。同时聚集趣味品牌及主理人，集青年文化、生活美学、年轻潮流时尚、艺术超市等于一体。以财富中心为载体，打造“COSMO成都”策展型网红商场，推出“模坑手办”等现象级项目，助推成都青年文化消费场景建设，成为沉浸式“青年磁场”潮流文化新地标。

（杨瑞）

消费促进活动

【"放肆嗨购·潮派锦江"活动】 4月28日，锦江区以"来锦江、逛春熙、品美食"为主题，启动"放肆嗨购·潮派锦江"五月系列促消费活动暨锦江青年潮流节活动，举办青年时尚秀，推出潮购特惠、潮流特展、美食惠享、最潮地打卡、商家联动让利等系列活动，成都国际金融中心、太古里、王府井百货总府店、群光广场、时代百盛广场、COSMO成都、华熙LIVE·528广场、环贸ICD商城推出购物优惠政策，为青年群体提供沉浸式潮流文化体验和时尚购物体验。5月31日，活动结束。

（杨瑞）

【锦江啤酒音乐节】 8月25日，锦江区在东湖公园、锦华万达广场、东光街、东怡街同步启动锦江啤酒音乐节"东湖'怡'夏high啤锦江"东湖专场活动。融入商业文化、人文文化，举办落日晚风·流行音乐会、超强音浪·摇滚派对和湖畔之声·民谣音乐会，锦华万达广场、伊藤洋华堂等商家同步推出星夜市集、追风少年公益轮滑、佳得乐篮球赛等活动，提供吃、喝、玩、乐、购于一体的消费场景。9月3日，活动结束。

（杨瑞）

【"锦江八月YE"活动】 8月18日，锦江区在香槟广场举办第三届"锦江八月YE"暨锦官驿·万千锦市开街活动，开展汉服秀等系列活动。聚焦汉服、珠宝、鲜花、汽车、美妆、餐饮等消费热点和文化元素，弘扬传统七夕文化。向市民限量发放88个"七夕定制专属福袋"，每个福袋含喜茶饮品券2张、百丽宫电影票2张、华熙LIVE·528户外轻探险免费体验券2张、群光广场100元无门槛百货券和30元群光祐禾面包券、时代百盛梵高星空美术馆门票2张、王府井百货总府店50元百货抵扣券。现场举行汉服产业集中发展区协议签署仪式、汉服青年设计师入驻签约仪式，宣布淘宝星生代成都站活动启动。9月17日，活动结束。

（杨瑞）

【金秋消费季活动】 9月28日，锦江区举办"我在成都游 我在锦江购"金秋消费季活动。包括"我在太古里邂逅国际时尚""我在小市集沉醉市井烟火""我在老字号品味旧颜新貌""我在'熙游记'畅享春熙活力"四大主题活动，覆盖购物、餐饮、文娱、旅游、新能源汽车等消费领域。10月27日，活动结束。

（杨瑞）

【新能源汽车展】 9月28日，锦江区依托春熙路商圈流量优势和新能源汽车品牌聚集优势，举办"嗨购春熙 惠享金秋"新能源汽车展。为消费者提供新能源汽车体验场地，宣传汽贸城品牌IP，为"永不落幕的新能源汽车展"助力。小鹏、小米、华为等知名汽车品牌参展。11月25日，活动结束。

（杨瑞）

【"元游锦江·熙游记"活动】 9月17日，锦江区在红星路广场举行"元游锦江·熙游记"暨文旅促消费启动仪式。发布潮游锦江、

图35 2023年8月22日，锦江区"锦江八月YE"消费季暨锦官驿·万千锦市活动在香槟广场举办

（区商务局提供）

夜游锦江、元游锦江3条主题游线。潮游锦江游线串联春熙路步行商业街、亚蓉欧国家馆春熙馆、成都国际金融中心、太古里、大慈寺、1314爱情专线、华兴街民国风情街、锐钯街、望福街、四川省川剧院、锦江剧场、开心麻花剧场、东门市井街区、三圣花乡旅游景区，形成主题游线。夜游锦江游线串联“春熙仲夏夜”、东大街火锅特色街、成都十二月市博物馆、夜游锦江游船项目、兰桂坊街区、文华广场、三色路夜市，形成主题游线。元游锦江游线串联春熙路、大慈寺、塔子山、三圣花乡旅游景区、夜游锦江5个点位，以“元游锦江·熙游记”为故事主线，打造“百变春熙”“大慈祝福”“夜游锦江”“九天揽月”“三圣花语”五大互动体验场景。并结合每个场景主题，联合100家文旅企业推出美食、运动、文旅、购物等消费优惠，发放价值260万元的“游成都·要锦江”文旅消费券，覆盖吃、住、行、游、购、娱六大领域。同时发布“住在锦江好方便”“游在锦江要安逸”“购在锦江买巴适”三大子品牌。“住在锦江好方便”包括携程、高德等手机应用平台在机票、酒店、接送机、车费等方面提供的优惠政策。“游在锦江要安逸”包括“主题游线耍安逸”“火锅美食吃安逸”“文体娱游耍安逸”“旅行跟团耍安逸”四大主题活动。“购在锦江买巴适”包括“体育产品买巴适”“国际商品买巴适”“商场活动买巴适”三大主题活动。《中国文化报》《四川日报》等20家媒体报道活动情况。

（杨瑞）

图36 2023年12月28日，锦江区“嗨购春熙 跨年盛惠”元旦春节促消费系列活动启动仪式举行

（区文体旅局提供）

【“嗨购春熙·跨年盛惠”活动】

12月28日，锦江区在春熙路太古广场举办“嗨购春熙·跨年盛惠”2024年元旦春节促消费系列活动。联合百货、超市、餐饮、新能源汽车、家居家电等行业的1000家门店推出“惠购锦江”“逛吃锦江”“乐驾锦江”“跨界锦江”四大主题活动，邀请市民逛春熙、游锦江、品美食。“时尚春熙”手机应用平台推出新春福利满减活动，发放消费券和“惠购大礼包”。开展趣玩锦江限定市集、“龙年限定新食”等活动，鼓励市民抽取1000元无门槛年夜饭代金券。各大新能源汽车经销商推出新年购车优惠政策。同时推出“锦江×都江堰”“四川省川剧院×吼堂老火锅”“苏宁易购×成都金松”等跨界活动，为市民提供多维度游购体验。

（杨瑞）

锦江区古建筑之四川总督衙门旧址

始建于清代的四川总督衙门旧址位于成都市锦江区走马街47号，包括华阳阁和礼堂。华阳阁坐东南朝西北，建筑面积374.3平方米，清水砖墙、木廊柱、以人字桁架承重，单檐歇山顶建筑。屋面覆素筒瓦，台基以青砖砌筑，廊道及阶沿地面铺设花岗石石板。2011年，第三次全国文物普查，登记为一般不可移动文物。2022年1月7日，市政府公布为第八批市级文物保护单位。

农 业

农业生产

【概况】 2023年，锦江区落实习近平总书记作出的“三农”工作重要论述精神，结合中心城区的地理经济特色，探索新时代美丽宜居公园城市的乡村表达新方式，划分梅香湖、设施农业、江家艺苑、红砂、祝国寺、白鹭湾农业示范片区六大种植片区，推动种植业、景观农业、旅游农业高质量发展。农业总产值4799万元，第一产业增加值2952万元。

（彭杰）

【种植业】 2023年，锦江区落实国务院办公厅《关于防止耕地“非粮化”稳定粮食生产的意见》精神和省委、省政府《关于做好2023年乡村振兴重点工作加快推进农业强省建设的意见》精神，按照市委、市政府《关于印发2023年全市农村工作要点的通知》要求，加快推动种植业高质量发展。主要种植粮食作物包括水稻、莲藕、玉米、油葵、大豆，经济作物品种有西红柿、辣椒、茄子、玉米、紫甘蓝、樱桃萝卜、水果萝卜、萝沙红生菜。各社区耕地图斑范围内耕种农作物面积275.24万平方米。其中万福社区39.98万平方米、大安桥社区64.23万平方米、驸马社区38.16万平方米、红砂社区4.61万平方米、华新社区24.04万平方米、江家堰社区38.6万平方米、锦阳社区13.53万平方米、幸福社区23.35万平方米、祝国寺社区28.74万平方米。万福、驸马、桅子树、华新、幸福5个社区存在耕地交叉现象，交叉面积62.85万平方米。坚持巡田制度，巡查1028个耕地图斑的农田，整改种植管护问题95个。发布小春农作物种植计划表。10月，根据计划表开展新一轮农作物种植。开展农技知识宣传培训，发放《科学使用农药》等资料320份。发布气象类信息380条。利用微信公众号等平台推送农业科普知识信息1380条，指导种植方面问题292个。

（彭杰）

【景观农业】 2023年，锦江区探索成都“天府粮仓”都市形态的呈现方式，根据地形、产业、人群、耕地与公园用地之间的关系编制景观农业实施方案，提取田园观光、自然生态、商业楼盘、休闲互动等元素，促使公园与田园融合，打造“田为底、景相融，可感知、可阅读、可进入、可参与、可获得”的城市田园景观。实施景观农业示范试点项目，实施面积66.67万平方米。实施原金港赛道复垦区域景观农业示范项目，位于江家艺苑片区，毗邻白鹭湾科技生态园，面积12.27万平方米。融入拍照打卡、田野游园、共享菜园等功能，采取油葵、紫色小麦、彩色油菜轮作的方式，展现田园艺术，兼具农业生产价值和城市景观价值。

（彭杰）

【旅游农业】 2023年，锦江区结合文旅规划和片区设计，采取统一打造、统一招商的方式，加快盘活三圣花乡低效院落，发展旅游农业。中秋节和国庆节期间，在环城生态区（锦江片区）开展系列主题活动，为市民呈现可感知、可体验、可消费、可互动的农业旅游新场景。

（彭杰）

农业综合管理

【概况】 2023年，锦江区落实《区委关于加快推进超大城市中心城区城乡融合高质量发展的决定》精神，召开区委农村工作会议，安排2023年农业农村工作。印发《2023年全区农村工作要点》，加强农业行业监管巩固农业面源污染治理成效，推进农业绿色转型发展。持续开展农村产权核查工作和涉农区域腐败治理，确保涉农社区“三资”规范管理和农村土地规范流转。坚持开展动物卫生监管工作，规范宠物诊疗市场秩序。落实禁渔政策，巩固天然水域十年禁捕工作成效。

（徐慧　宋威）

【农业行业监管】 2023年，锦江区利用区级部门、涉农街道、社区三级监管体系，监管非法养殖畜禽现象。推进化肥农药负增长行动，引导种植单位利用现代农业科技手段，采取物理和生物防治病虫害技术，使用有机肥和生物农药，减少农药、化肥使用量，科学使用、集中回收处置农药包装及废弃农膜。化肥、农药使用量总体呈负增长趋势。配合市农业综合执法总队开展打击伪劣假冒农药、兽药、种子等农业投入品专项整治行动，抽检市级农产品农药、饲料等29个样品。践行农产品投入源头管理机制，与290家生产经营农药、肥料、种子、兽药、渔具的厂家和商家签订安全责任承诺书，加强监管。组织农业经营单位开展种子法律知识培训，宣传法律法规。

（徐慧　宋威）

【农村产权核查】 2023年，锦江区按照市农业农村局、市纪委、市监委《关于全面开展农村产权清查核实工作的通知》要求，印发《关于做好全区农村产权清查核实工作的通知》，开展农村产权核查工作。成立农村产权清查核实工作领导小组，建立由区纪委、区监委主推，区公园城市局督促指导，区委社治委、区发改局等部门参与的推进机制。全区3个涉农街道11个涉农社区完成产权清查核实人员备案工作，在成都农村产权清查核实平台录入农村产权清查核实数据111条。在3个涉农街道11个涉农社区开展农村产权清查工作培训5次，培训300人，发放宣传资料350份。

（徐慧）

【农村土地流转】 2023年，锦江区根据中央、省、市“坚决制止耕地非农化，防止耕地非粮化”以及防止耕地撂荒的部署，安排涉农街道排查土地流转管理过程中存在的问题，建立土地流转台账，确保农村土地经营权规范有序流转，防范土地流转非农化、非粮化和撂荒风险。针对社会资本以流转方式取得土地经营权现象建立土地流转资格审查、项目审核、土地流转履约保证等制度，形成制度体系，防范土地流转风险。集体经济组织依法履行承包地所有权人责任，定期巡查，发现耕地非农化、基本农田非粮化和耕地撂荒问题，报告所属街道办事处。街道办事处督促责任人和责任单位限期整改问题。

（徐慧　彭杰）

【涉农社区“三资”管理】 2023年，锦江区按照市农委《关于印发〈成都市农村集体“三资”监管系统管理使用办法〉的通知》要求和市农业农村局、市规自局、市交通运输局、市水务局《关于印发〈2023年深化乡村领域群众身边“可视有感”腐败和作风问题专项治理工作实施方案〉的通知》要求，制发《2023年深化涉农区域群众身边“可视”“有感”腐败和作风问题专项治理工作实施方案》，组织涉农街道和社区分管负责人、经办人员开展集体“三资”监管平台业务培训5次，培训120人。会同第三方服务机构检查涉农社区“三资”监管平台运行、制度建设、集体经济组织管理、平台数据上报等情况。开展数据查漏补缺工作，核查集体经济组织基本信息及民主决策制度、集体资产处置制度、账务管理制度、“三资”公示制度、档案资料管理制度等制度落实情况，涉及14个方面258项内容，形成问题整改台账。

（徐慧）

【动物卫生监管】 2023年，锦江区按照市市场监督管理局、市农业农村局等部门联合印发的《关于加强宠物经营行为规范管理工作的通知》要求，依据《中华人民共和国动物防疫法》《中华人民共和国环境保护法》《中华人民共和国价格法》《成都市养犬管理条例》等法律法规，规范宠物诊疗市场秩序。组织动物诊疗机构负责人培训，提高动物诊疗机构守法经营意识和服务水平。加强动物诊疗场所日常监督检查，开展监督检查35次，检查66家动物诊疗机构。检查动物诊疗机构的动物诊疗许可证和从业人员的执业兽医师资格证，抽查从业人员健康情况。处置国家信访平台、问政四川平台、“12345”市长信箱的反映问题162个，涉及动物医疗事故、交易纠纷、小动物托运等方面。

（宋威）

【禁渔工作】 2023年，锦江区按照市天然水域禁捕工作领导小组办公室要求，加强渔业水域生态环境保护。会同市农业综合执法总队三支队，安排属地街道办事处，开展重点河段天然水域禁捕联合执法监督检查行动，保障长江流域水生态环境。禁渔期间，区禁捕办公室会同市农业综合执法总队开展宣传和执法行动13次。在天然水域重点河段悬挂禁渔宣传横幅80条，张贴宣传标语320条，印发宣传资料6000份。劝导违规垂钓人280人，配合公安部门立案查处非法捕捞案件1件。

（宋威）

农田水利设施建设

【农业灌溉模式及点位】 2023年，锦江区利用和发挥再生水综合利用工程项目的生态补水作用，对比其他城市农田灌溉模式，结合生态补水、自然水体等情况，采用分点位规划建设取水点的方式，探索建立政府供水、服务到片的农田灌溉供水模式。同时采用灌渠水、自来水以及雨水等合格的非常规水源轮灌，把红砂、幸福、万福等涉农社区的水厂设施纳入农业灌溉规划方案，确保分片区农田周边有水可用。针对复垦复耕农田编制灌溉供水服务到点的工程建设方案和《农田灌溉实施规划》，建设农田灌溉点位32个。建成点位11个。根据耕地移交和建设管理情况规划自主建设点位8个，另有13个点位由成都天府绿道建设投资集团有限公司建设。灌溉点位建设项目包括泵站、输水管道、喷灌设备、喷灌控制设备。

（彭杰）

【农田水利设施管理】 2023年，锦江区根据《成都市“十四五”水务发展规划》，按照灌溉用水安全的要求，依托生态补水工程，根据耕地布局，加强农田水利设施规划建设和管理。实施农田灌溉供水服务到点工程，满足水量和水质匹配需求，解决农田灌溉问题。同时根据不同区域条件，邀请农业种植专家指导种植业主。采取灌渠水、自来水、坑塘水以及雨水等多种水源轮灌方式，满足不误农时的要求，为抢播抢种提供灌溉保障。

（彭杰）

【农业灌溉示范项目】 2023年，锦江区采取先行试点的方式，在梅香湖东侧地块、红砂大田花卉区域、白鹭湾农田示范区西区、白鹭湾农田示范区东区等点位实施农业灌溉示范项目。成都兴锦生态建设投资集团有限公司、成都天府绿道建设投资集团有限公司依据湖泊和河道取水设计方案，修建水肥一体提灌站、铺设喷灌管网，开展坑塘水渠清淤工程，修缮微水治旱设施。完成农田灌溉示范项目建设4个。其中梅香湖东侧地块、红砂大田花卉区域2个农田灌溉示范项目点位建设工程由锦江区自主实施。成都天府绿道公司完成白鹭湾农田示范区西区、白鹭湾农田示范区东区2个农田灌溉示范项目点位建设工程。

梅香湖东侧点位农田面积5.3万平方米。农灌设施实施前，农作物仅靠雨后低洼地，以渗水人工方式提灌浇洒，缺水缺肥，导致作物生长状态不佳。5月，通过整理耕地、建设取水泵站、敷设供水管线，完成灌溉设施建设。红砂社区大田花卉点位农田面积3.3万平方米。农灌设施实施前存在水网淤堵断流、集水池因淤积失去蓄水送水功能等问题，种植户以渠内少量的上游来水灌溉。6月，开展清理沟渠、集水池清淤、铺设供水管线等工作，建成取水泵站和主管网。位于绕城高速公路内侧的白鹭湾农田示范区西区点位从驸马排洪渠取水，灌溉设施由成都天府绿道公司负责建设，建成蓄水池、田间喷雾设施。位于血液中心附近的白鹭湾农田示范区东区点位灌溉设施由成都天府绿道公司负责建设，建成田间设施。待生态补水回用工程竣工，首段通水后启用。

（彭杰）

锦江区古遗址之正科甲巷唐宋街坊遗址

正科甲巷唐宋遗址位于锦江区正科甲巷3号的成都市第一人民医院旧址，西北方向与春熙路商业区毗邻。发掘面积800平方米，发掘区地层分为6层。其中第三层、第四层为宋代堆积层，第五层为唐末至五代时期堆积层，第六层为唐代堆积层，第六层以下为生土。遗址内发现古代房屋基址11座、排水沟渠12条、道路2条、灰坑17个、灶3个、水井2个。其中编号G8的土圹砖砌券拱式暗沟叠压在第五层下，呈西北至东南走向，揭露长度19.2米，土圹部分口宽2.76米，底宽2.02米，残深1.92米。渠体部分口宽1.64米，底宽1.14米。渠底为青灰色夯土硬面。砖壁有出水口，与其他小型暗沟通连。渠内填土分5层。第一层为黄褐色土，包含瓦砾和瓷片。第二层为灰褐色土，堆积较紧密，包含瓦砾和瓷片。第三层为深褐色土，堆积较松散，包含瓦砾和瓷片。第四层为灰褐色土，堆积较松散，包含红砂石块、瓦砾、卵石、瓷片。第五层为较纯净的青灰色淤泥。遗址内出土陶器、金属器、玉器、钱币等文物，为唐代、五代十国、宋代的遗物。出土瓷器可辨器型包括碗、盘、盏、罐、壶、瓶、炉、盆、盒，产地涉及琉璃厂窑、邛窑、金凤窑、磁峰窑、湖田窑、龙泉窑、耀州窑、钧窑。从G8第二层填土出土的12件金属饰品包括带饰6件、牌饰2件、带钩1件、瓶3件，为银器。2022年1月7日，市政府公布为第八批市级文物保护单位。

工业·建筑业

工业经济发展

【都市工业发展布局】 2023年，锦江区坚持把稳工业作为保经济稳定增长的重中之重，把握新型工业化、新型信息化的发展趋势，编制《关于加快都市工业高质量发展的实施方案》《都市工业三年行动计划（2023—2025年）》，聚焦“三个做优做强”、产业“建圈强链”和“四大结构”优化调整等重点工作以及生物技术、人工智能、时尚产业等重点领域，培育总部型、创新型、微加工型都市工业，推动人工智能创新应用为牵引的都市工业发展。

针对城市格局和产业功能区发展布局，构建“一区多点”空间结构。即以锦江数媒港为核心引领，中国生物科创谷、成都烟厂生态园等产业载体多点支撑，形成全域统筹、错位协同的发展格局。数智传媒港以发展数字经济为主，工业用地面积54.06万平方米。中国生物科创谷依托成都生物制品研究所的产业优势，由中国生物技术股份有限公司、区政府合作共建。规划范围北至锦江大道，南至绕城高速，西至锦华路三段，东至锦阳大道，面积3.69平方千米。打造集疫苗研发生产、生物信息技术、生物检测服务、生物总部经济、医药健康、科创中心于一体的科技要素集群。烟厂生态园东至枫香街，西至首创娇子1号小区，南至华新社区，北至成龙大道西段，工业用地面积31.26万平方米。打造数字化、智能化、精益化的品牌工厂、智慧工厂、生态工厂，招引烟草产业链上下游企业，形成烟草门类齐全、链条完整的产业体系。已出让面积29.73万平方米，全部用于项目建设。

（文轩　赵丽君）

【工业项目引进】 2023年，锦江区结合产业体系和工业园区建设，推动以人工智能创新应用为引领的都市工业发展。与港通医疗成都总部、飞镖创新中心、南京蓝洋智能科技有限公司西部研发中心、博瑞Tiktok跨境直播电商产业园、北京林淼生态环境技术有限公司的投资方对接，推进项目落地事宜。引进成都捷诺医学检验实验室有限公司、文轩国际文化传播有限公司、四川产创云联科技有限公司、四川万路通建材有限公司、四川唐域新材料有限公司、四川中合电力有限公司、物空科技（四川）集团有限公司、成都哩咪互动信息技术有限公司、成都中物苏文自动化科技有限公司，与中国生物技术股份有限公司、上海捷诺生物科技有限公司签订合作协议。

（赵丽君）

【工业企业“六上”培育】 2023年，锦江区制发《工业企业培育工作方案》，编制2023—2025年重点培育企业名单，分类推动工业企业“上规、上市、上云、上榜、上新、上楼”。其中“上规”即企业成为规模以上工业企业，“上市”即企业首次公开募股，“上云”即企业利用云计算技术优化内部管理和业务流程，“上榜”即企业成为国家级“小巨人”企业、制造业单项冠军企业、中国制造业500强企业、高新技术企业“上新”即企业成为国家高新技术企业，“上楼”即“工业上楼宇”。引导企业“用数、赋智”。“用数”指企业利用大数据分析和预测，优化决策，提升产业链的协同效率。“赋智”是支持企业智能化改造，促进人工智能和实体经济深度融合，推动企业创新发展。培育市级新经济“双百”企业和示范企业3家、新经济种子企业36家、“上云”企业2306家，新增省级专精特新企业9家、国家级专精特新“小巨人”企业1家，新增域上和美、锦欣福星康养2家拟上市种子企业。全区规模以上工业企业10家，工业增加值增幅2.5%，较2022年提升2.4个百分点。制造业增加值占地区生产总值的7%，较2022年提升6.1个百分点。实现都市工业提质增量的预期目标。

（赵丽君　孔璐璐）

工业园区建设

【锦江工业园】 2023年，锦江工业园位于锦江区墨香路87号。东起新成仁路，西至锦江，北起三环路，南至石胜路。规划面积5.6平方千米。前身为成都锦江工业开发区。2006年7月，更名为锦江工业总部基地。2009年8月，更名为锦江区创意产业商务区。建设以创意和现代信息服务业为特色，以数字出版传媒为重点，以总部经济为基础的楼宇经济聚集区。2023年，驻扎四川省日报报业集团公司、成都博瑞传播有限公司、新华发行集团公司、文轩连锁公司等总部型企业，形成以印务、生物制药、总部经济为三大支柱的产业园区。

（韩旭）

【都市工业国际创新港建设】 2023年，锦江区都市工业国际创新港总投资50亿元，由华侨凤凰集团股份有限公司投资建设，占地面积4.66万平方米，总建筑面积20万平方米。建设包括研发办公中心、企业总部、多功能国际会议展演中心、商务中心以及生活超市、运动健身等生活配套设施，形成综合功能配套完善的都市工业集中发展区。

（韩旭）

【锦江数媒港建设】 2023年，锦江数媒港北至三环路，南至锦江大道，东临锦江，西至锦华路，面积1.29平方千米。以建成“成都一流的数智经济高地、国内领先的数智城市标杆”为发展目标，重点发展智能软件、云计算、人工智能应用研发等产业。按照产业“建圈强链”的发展思路，引进和培训重点项目。进驻博瑞传播、银海科技、新华发行集团、省能投集团、省交投集团、中国五冶、新希望华西乳业、川报印务等40家总部型企业。加快推进白鹭湾数字新经济科创园、华侨凤凰都市工业国际创新港、中鼎国际二期、火炬动力港等项目建设，支持西藏药业、精典汽车等项目转型升级，盘活存量工业用地，推动片区逐步转型为以先进制造业为主体的专精特新“小巨人”企业集群发展区。

（文轩　许芯萍）

建筑业

【建筑行业管理】 2023年，锦江区依据《建设工程质量管理条例》《成都市房屋建筑和市政基础设施工程质量监督管理实施细则》《成都市建设工程质量标准化监督管理规程》，监督管理建设单位、设计单位、勘察单位、施工单位、监理单位。专项核查22家建筑企业，检查企业施工资质。抽查26个施工总承包项目的企业资质。

为70个建设项目办理工程质量监督备案手续，备案面积201.55万平方米。监督工程项目278个，面积688.1万平方米。其中竣工验收工程55个，验收面积119.3万平方米。开展建筑工程质量检查7次、质量专项治理8次。下发建设工程质量整改通知书130份，整改合格率100%。报建工程监督覆盖率100%，质量投诉处理回复率100%。同时组织建筑企业参加省市结构优质工程评选，德圆之家养老院及配套公

图37 锦江区“交子工社”食堂　　（摄于2023年　区住建交局提供）

寓、驸马片区配套社区综合体、白鹭湾科技生态园一期商业及配套项目通过市住建局评审。成龙路街道楼子树村一组和二组新建住宅及配套设施项目入选2023年成都市优质示范工程，兴锦·新同缘项目、四川大学华西医院锦江院区建设工程、白鹭湾科技生态园一期商业及配套设施项目入选2023年四川省结构示范工程，东城花汇二期项目获“芙蓉杯”奖项。

加强施工安全管理，落实省委、省政府、市委、市政府“将安全生产责任落实到最小工作单元”的要求，印发《建设工程落实全员安全生产管理、强化安全生产末端管理专项整治行动方案》，压实企业、项目、班组、岗位四级安全生产责任，提高从业人员安全意识，消除建设工程安全隐患。出动检查人员1670人，巡查工地837个，利用智慧平台检查工地6319个，制发责令限期改正决定书216份。为89个建设工程办理安全监督备案手续。其中，在建项目108个，监督面积781.7万平方米。有15个建筑工地通过评审验收，创建为“成都市建设工程安全文明工地”。锦江花园安置房、华润置地锦江悦府2个项目工地成为优质观摩工地。

（王帆）

【建筑企业】 2023年，锦江区建筑业产值达到1亿元的企业有17家。分别是中国五冶集团有限公司、成都建工第三建筑工程有限公司、成都建工第四建筑工程有限公司、四川能投建工集团有限公司、中冶成都勘察研究总院有限公司、四川耀文建筑工程有限公司、四川大安建筑工程有限责任公司、中融国城建设有限公司、四川蜀禾建设集团有限公司、四川成安消防工程有限公司、浩荣建工集团有限公司、四川锦三建设工程有限公司、成都勤信建筑工程有限公司、四川天地建设发展有限公司、成都西科通信有限公司、四川科特空调净化有限责任公司、四川中骏翔达建筑工程有限公司。

建筑业产值排名前十企业依次是中国五冶集团有限公司、成都建工第三建筑工程有限公司、成都建工第四建筑工程有限公司、四川能投建工集团有限公司、中冶成都勘察研究总院有限公司、四川耀文建筑工程有限公司、四川大安建筑工程有限责任公司、中融国城建设有限公司、四川蜀禾建设集团有限公司、四川成安消防工程有限公司，产值占建筑业总产值的94%。全区建筑业产值增长3.4%。

（王帆）

【“交子工社”打造】 2023年，锦江区建立“交子工社”运营方、街道办事处、社区居委会、区级部门、施工单位参与的联席会议制度，利用18个集装箱和1个停车场开设食堂、运动场、警务室、医务室，打造学习小站、活动小站、咨询小站、服务小站、休闲小站5个党群服务站点，植入政策咨询、休闲、用餐等服务项目20个。“交子工社”服务建筑企业4家、建筑工人4100人。

（王帆）

商贸服务业

商贸业

【概况】2023年，锦江区实施扩大内需战略，激活消费，促进消费回升和潜力释放。全区分布成都国际金融中心、成都太古里、王府井百货商场、群光广场等25家大型商业卖场以及盒马鲜生、永辉超市、麦德龙等9家大型超市。大型重点商超34家。聚集国际奢侈品品牌53个、国际一线品牌75个、国际知名品牌670个，奢侈品品牌渗透率达97%。培育全球、亚洲、全国销冠店铺52家。各类首店209家，举办首秀、首发、首展活动39次。引进北京悦活公司等商贸企业27家，互联网消费较2022年增长36.4%。商贸业营收1788亿元，较2022年增长10%。社会消费品零售总额1444.9亿元，增速10%，与成都市增速持平，高于全国2.8个百分点，高于全省0.8个百分点。社会消费品零售总额连续20年保持全市第一。

（杨瑞）

表29　2023年锦江区大型商超一览表

序号	类型	名称	面积（平方米）	地址
1	商场	成都国际金融中心	208000	锦江区红星路三段1号
2	商场	成都太古里	10600	锦江区中纱帽街8号
3	商场	王府井百货商场	46000	锦江区总府路15号
4	商场	群光广场	100000	锦江区东大街春熙路南段8号
5	商场	时代百盛广场	28238	锦江区总府路2附1号
6	商场	仁恒置地广场	44000	锦江区人民南路2段1号
7	商场	COSMO财富中心	50000	锦江区大业路6号
8	商场	茂业天地百货广场	50000	锦江区人民东路19号
9	商场	仁和春天百货人东店	30000	锦江区宾隆街一号

续表29

序号	类型	名称	面积（平方米）	地址
10	商场	茂业百货（春熙店）	29000	锦江区总府路 12 号
11	商场	苏宁易购商城	9000	锦江区红星路三段 16 号
12	商场	尚都广场	100000	锦江区春熙路西段 128 号
13	商场	九龙广场	98000	锦江区青年路 8 号
14	商场	壹购潮流广场	13000	锦江区东大街上东大街段 133 号
15	商场	金开劲浪运动城	26000	锦江区春熙路西段 78 号
16	商场	天府红	53000	锦江区人民南路百扬大厦
17	商场	银石广场	30000	锦江区红星路三段 99 号
18	商场	晶融汇	80000	锦江区东大街 99 号
19	商场	阳光新业	33167	锦江区一环路东五段 87 号
20	超市	盒马鲜生（九眼桥店）	3208	锦江区一环路东五段 87 号阳光新业中心
21	商场	万达广场	228000	锦江区锦华路一段 68 号
22	商场	伊藤洋华堂（锦华店）	28582	锦江区二环路东五段 29 号
23	超市	华润万家翡翠城店	10641	锦江区琉璃路 566 号
24	商场	环贸 ICD 广场	60000	锦江区东大路 577 号
25	商场	文华广场	100000	锦江区东大路 1 号
26	超市	永辉超市(文华广场店)	11442	成都市锦江区东大路 16 号永辉超市 b111 号
27	超市	麦德龙（华宇广场店）	9000	锦江区上沙河铺街 789 号华宇广场
28	超市	盒马鲜生（天廊店）	3208	锦江区二郎山路 COSMO 天廊 B1 层
29	超市	世纪华联（川师店）	4200	锦江区静明路 2 号
30	商场	卓锦曼购商城	100000	锦江区枫树街 2 号
31	超市	沃尔玛曼购店	8000	锦江区枫树街 2 号卓锦曼购中心 B1
32	商场	伊藤洋华堂（绿地店）	80000	锦江区喜树街 35 号
33	超市	盒马鲜生（创意山店）	4300	锦江区锦江大道 368 号创意山商业街
34	超市	永辉超市(城市花园店)	8400	锦江区锦江大道 889 号

【零售业】 2023年，锦江区餐饮业收入248.5亿元，较2022年增长27.3%。商品零售额1196.3亿元，较2022年增长6.9%。限额以上单位互联网商品零售额、餐饮收入分别增长25.3%和136.4%。全区16类限额以上单位商品零售额中有8个大类增长。其中汽车类增长13.4%，通信器材类增长51.1%，体育和娱乐用品类增长13.2%。

（曾睿　刘章军）

【餐饮业】 2023年，锦江区注重餐饮产业的创新与发展，凭借地理位置、商业氛围和消费潜力吸引餐饮品牌聚集。新开设店铺2104家，业态呈现出多元化、创新化、品牌化发展趋势。全区限额以上餐饮企业90家，分布米其林餐厅19家，龙抄手、赖汤圆、夫妻肺片、盘飧市4家“中华老字号”餐厅和“四川老字号”餐厅。其中龙抄手总店位于锦江区城守街，赖汤圆总府店位于锦江区总府路，夫妻肺片总店位于锦江区总府路，盘飧市餐厅位于锦江区华兴正街。餐饮业营业额152.9亿元，增长32.3%。

（曾睿　刘章军）

【电商产业】 2023年，锦江区将电商产业纳入“1+3+3”政策体系，予以扶持。促进消费载体数字化转型，打造电商新型应用场景，引进成都视说物语供应链管理有限公司等高附加值电商企业以及成都僖得乐电子商务有限公司等6家重点跨境电商企业。成都国际金融中心被商务部评为全国示范智慧商店。同时打造集家政、养老、缝补、维修等基本便民型服务于一体的“15分钟幸福生活圈”，带动电商产业发展。

（曾睿　刘章军）

新兴服务业

【法律服务业】 2023年，锦江区新增律师事务所17家，注册律师事务所达128家，执业律师3068人。四川蓉桦律师事务所党支部“党建引领多元调处 助力社会治理”项目入选成都市律师行业党建创新项目。四川蓉桦律师事务所、四川运逵律师事务所、中豪（成都）律师事务所在首届“成渝地区”律师法律服务产品创新大赛中分获一等奖、二等奖、三等奖。北京东卫（成都）律师事务所陈小虎、四川衡纵律师事务所项伟、四川运逵律师事务所徐婉婷、四川迪扬律师事务所肖宇获“2021—2022年度成都市优秀青年律师”称号。四川迪扬律师事务所党支部、北京金杜（成都）律师事务所党支部获“四川省律师行业先进基层党组织”称号。四川衡纵律师事务所党员律师蒋衡、四川谷雨律师事务所党支部书记王春燕、四川蓉桦律师事务所党支部书记高丹丽、北京盈科（成都）律师事务所第三党支部书记寇翼、四川信和信律师事务所党员律师李娇、四川君合律师事务所党总支部副书记刘艳获“四川省律师行业优秀共产党员”称号。中豪（成都）律师事务所党支部组织委员杨敏获“四川省律师行业优秀党务工作者”称号。公共法律服务中心提供法律咨询14304人次。采取“互联网+公证”模式，依托微信公众号、“公证云”等网络服务平台，提供合同、继承、委托、赠予、遗嘱、财产分割、招标投标、拍卖、收养、证据保全等领域的公证服务。接受公证咨询2100次，办理公证业务3361件。其中国内民事公证业务1854件、涉外公证业务1507件。

（方卓卿）

【家政服务业】 2023年，锦江区分布家政服务业市场主体337家，覆盖家庭保洁、家庭烹饪、家庭护理、家庭咨询、家庭教育、家庭看护、宠物托管、维修服务等领域，从业人员1.4万人。

（韩旭）

【人力资源服务业】 2023年，锦江区坚持人才赋能产业，推进产才融合。优化“锦遇良才3.0”政策体系，针对研究生、博士后、高职称人才制定配套措施和实施细则。新增博士后基地2个，获成都市首届博士后创新大赛优秀组织奖。新增高职称人才354人、人力资源行业B类人才1人、行业领军人才1人，被评为成都市人社系统人才工作先进单位。

实施人力资源服务提质行动和人力资源“建圈强链”协同增效行动，开展“锦易见”等走访活动130次。以与重庆市渝中区合作、与成都市都江堰市合作为契机，构建跨地区、跨行业、跨企业的人力资源服务合作模式，15家高校、科研院所、科技型企业共同建立校、院、企、地人才工作协同发展机制，创办企业69家，增长39%。其中省级龙头企业2家、专精特新企业1家、规模以上企业4家。

12月12日，规划建设面积6300平方米的锦江数智人力资源服务产业园在锦江区新华之星AI大厦5～7楼挂牌。实行政府主导、国有公司运营的管理体制，由锦江人才发展有限公司运营管理。主要服务锦江软件园建设，提供人才综合服务、人力资源服务、创新创业孵化服务、高质量就业服务、科技成果转化服务。进驻园区的人力资源机构为竹云科技公司等30家企业引进人才。

（谢斌）

通信业

【通信基站建设】 2023年，锦江区分布中国电信基站345个。其中铁塔公司统建统管基站130个。建成中国电信Wi-Fi有线接入点位1685个。中国电信光纤网络全域覆盖，基站信号覆盖率100%。分布中国移动基站1217个，含铁塔公司统建统管基站631个。建成中国移动Wi-Fi有线接入AP点位652个。中国移动光纤网络全域覆盖，基站信号覆盖率100%。分布中国联通基站598个，其中铁塔公司统建统管基站226个。建成中国联通Wi-Fi有线接入点位20个，采用无线接入方式，有255个点位释放的信号覆盖主要商务楼宇和酒店卖场。中国联通光纤网络覆盖率90%，基站信号覆盖率99%。

（王康　张小渔）

【通信设施整治】 2023年，锦江区清理城市道路占道通信杆箱等设施，排查重要通路沿线的通信架空线缆，采取捆扎序化方式处理不具备下地条件的线缆。按照"杆箱减量、多杆合一"的要求，整治废弃飞线、立杆、标牌、箱体。通过集中整治，消除老旧通信设施的安全隐患，提升城市形象。配合城乡道路改造及环境综合治理，具备下地条件、纳入下地规划的架空线缆全部下地。不属于下地范畴的架空线缆，采取清除废线、捆扎提升套管等措施整治。投资46.15万元，协调电信、移动、联通、广电4家单位，整治架空线缆319处8.75万米。同步清理市政改造后不宜放置箱柜的点位，维修破损箱柜，统一箱柜颜色。维护和修复破损通信箱柜312个。加强与通信电杆权属单位联系，清除废弃杆体，加固倾斜杆体，消除安全隐患。完成153处杆塔标牌整治任务。

（王康　张小渔）

【通信线缆迁改下地】 2023年，锦江区投资132.37万元，实施通信设施综合整治。重点整治猛追湾游泳馆周边、东大街锦东路段、锦华路一段、一心桥南街、经华南路、东安北路、点将台东路、琉璃一街、大安桥、青龙横街路口、二环路东四段、菱窠路、红星路玉皇观街口、年丰巷、三色路、玉兰街路口、莲桂南路等21个点位，通信线缆迁改下地。投资66.73万元，实施春台市锦二期范围的通信设施迁改还建综合整治项目。联升巷、城守街的架空通信线缆迁改下地。投资9.75万元，实施静康路军用通信线缆迁改下地项目。位于静康路、静渝路的8组架空军用通信线缆迁改下地。投资62.89万元，实施白鹭湾科技生态城绿轴以南片区市政道路范围的通信设施综合整治项目。锦阳大道成自泸高速公路收费站入城口区域和白鹭湾科技生态城南片区市政道路范围的通信线缆迁改下地。投资33.35万元，实施再生水综合利用工程范围的通信设施综合整治工程。琉新路、银杏大道、枫树街等点位的通信线缆迁改下地。投资988.31万元，实施幸福梅林旅游基础设施提升改造范围的通信设施迁改还建整治工程。锦江大道永安桥桥头至成龙大道路口，沿线的架空通信线缆迁改下地。投资546.83万元，实施静康路沿线通信设施管线下地迁改还建工程。静康路沙河桥桥头至四川邮电学院路口，沿线300皮长千米的架空通信线缆迁改下地。投资975.03万元，实施幸福梅林东片区通信设施综合整治工程和配套项目电力及通信设施迁改项目。位于幸福梅林东片区配套小学、配套幼儿园、规划道路、拟上市宗地等点位的通信线缆迁改下地。投资46.42万元，实施金像寺片区规划道路通信设施迁改还建综合整治工程。静平路建设范围内的通信线缆迁改下地。

（王康　张小渔）

【电信业务】 2023年，锦江区分布电信业务营业网点67个。其中中国电信营业网点39个、中国移动营业网点18个、中国联通营业网点10个。四大运营商提供基础电信业务和增值电信业务，包括固定通信、蜂窝移动通信、卫星通信、数据通信、集群通信等项目。

（王康　张小渔）

表30　2023年锦江区中国电信营业网点分布情况表

序号	名称	地址
1	一环路东四段营业厅	锦江区一环路东四段87号附13号
2	东风路营业厅	锦江区东风路31号
3	蓉上坊服务站	锦江区牛王庙巷66号蓉上坊二期6号楼1单元
4	蜀都花园服务站	锦江区蜀都花园大门侧
5	紫东楼段社区厅	锦江区紫东楼段168号附1号
6	大田坎街社区厅	锦江区大田坎街107号
7	海椒市营业厅	锦江区海椒市13号
8	莲桂西路营业厅	锦江区莲桂西路1号
9	三官堂服务站	锦江区三官堂街16号
10	钢管厂一区服务站	锦江区钢管厂一区46幢附1号
11	龙舟路社区厅	锦江区龙舟路60号附16号
12	莲桂南路专营店	锦江区莲桂南路199号附2号
13	莲桂南路三星专营店	锦江区莲桂南路199号附1号
14	莲花新区社区厅	锦江区莲花新区北二巷4号2幢1单元102号
15	橡树林专营店	锦江区橡树林三期五幢1层商铺1号
16	莲桂西路专营店	锦江区莲桂南路201号
17	莲桂南路专营店	锦江区莲桂南路199号
18	宏济中路专营店	锦江区宏济中路24号
19	新桂村四五街服务站	锦江区新桂村西五街18号
20	莲花西路服务站	锦江区莲花西路150号
21	莲桂南路二专营店	锦江区莲桂南路199号附4号
22	工农院街社区厅	锦江区工农院街10号附3号
23	东大街专营店	锦江区下东大街26号
24	青莲上街服务站	锦江区青莲上街24号

续表30

序号	名称	地址
25	金府花园服务站	锦江区天仙桥北路 10 号
26	下莲池街社区厅	锦江区下莲池街 4 号附 2 号
27	万达精品专营店	锦江区三官堂街 33 号附 2 号
28	翡翠城服务站	锦江区翡翠城四期
29	翡翠城一期服务站	锦江区翡翠城一期
30	琉璃路专营店	锦江区琉璃路 566 号附 2 号
31	翡翠城三期专营店	锦江区翡翠城三期
32	走马街服务站	锦江区走马街 18 号
33	锦兴路服务站	锦江区锦兴路 34 号附 3 号
34	南府街社区厅	锦江区南府街 50 号
35	东安北路社区厅	锦江区东安北路 20 号
36	翠风苑服务站	锦江区北顺城街 38 号附 7 号
37	五世同堂专营店	锦江区五世同堂街 1 号附 1 号
38	四圣祠街服务站	锦江区四圣祠南街 8 号附 11 号
39	茂业天地三星专区	锦江区东御街 19 号南一层

表31　2023年锦江区中国移动营业网点分布情况表

序号	名称	地址
1	成报业营业厅	锦江区红星路二段 70 号
2	成龙营业厅	锦江区净居寺路 255 号
3	成仁营业厅	锦江区三官堂街 33 号附 6 号
4	大业路营业厅	锦江区大业路 67 号
5	东光营业厅	锦江区东光小区东怡街 56 号金茂苑 4 号楼
6	汇泉南路营业厅	锦江区通盈街 23 号
7	佳海通信橡树林加盟连锁店	锦江区橡树林路 138 号
8	金融谷营业厅	锦江区东大街下东大街 66 号
9	锦东路营业厅	锦江区锦东路 608 号

续表31

序号	名称	地址
10	静祥路营业厅	锦江区静祥路 58 号
11	莲桂营业厅	锦江区宏济新路 258 号
12	琉璃营业厅	锦江区经天路 2 号附 15 号
13	龙洋通信大观加盟连锁店	锦江区国槐街 746 号海桐综合农贸市场
14	赛格营业厅	锦江区太升南路 222 号赛格广场一层
15	水碾河营业厅	锦江区一环路东四段 87 号附 2 号
16	天仙桥营业厅	锦江区天仙桥北街 7 号
17	武成大街营业厅	锦江区武成大街 60 号
18	印象通信提督街加盟连锁店	锦江区提督街 1 号

表32　2023年锦江区中国联通营业网点分布情况表

序号	名称	地址
1	静康路自有营业厅	锦江区静康路 180 号
2	锦华路二段营业厅	锦江区锦华路二段 388 号
3	三圣菱安路自有营业厅	锦江区菱安路 266 号华润幸福里二期 5 幢
4	橡树林自有营业厅	锦江橡树林路 35 号
5	宏济路自有营业厅	锦江宏济中路 34 号
6	锦华路自有营业厅	锦江锦华路一段 112 号
7	翡翠天地自有营业厅	锦江区翡翠城五期 12 幢 1 层 10 号
8	天仙桥南路自有营业厅	锦江区天仙桥南路 8 号附 4 号
9	北红星路二段自有营业厅	锦江区红星路二段 122 号附 1 号
10	蓉上坊自有营业厅	锦江区一环路东四段 43 号

信息服务业

【信息服务业发展】 2023年，锦江区以锦江大道为纽带，规划建设32.5平方千米的锦江软件园，优化数字传媒、新兴金融等产业生态，持续推动以人工智能为牵引、以软件业为支撑的信息服务业与其他优势产业融合发展。区域内分布信息服务业规模以上企业28家，汇集新华文轩出版传媒股份有限公司、成都恒准信息科技有限公司、电信科学技术第五研究所有限公司等软件关联企业3500家，聚集软件从业人员9400人。有5人获“蓉贝人才”称号。新华之星AI大厦、银海芯座等软件产业楼宇的可使用产业面积超过100万平方米，在建软件楼宇的产业面积68.5万平方米。全区软件行业统计入库企业220家，较2022年增长11.6%。销售收入120.9亿元，较2022年增长6.9%。全口径税收4.52亿元，区级实得税收1.49亿元，较2022年分别增长19.2%和28.4%。

（王康　蒋亮杰）

【软件产业载体建设】 2023年，锦江区以锦江软件园为核心，加快软件产业载体建设。建成新华之星AI大厦、银海芯座等5幢软件产业楼宇，其中新华之星AI大厦产业面积22.6万平方米、银海芯座大厦产业面积10.5万平方米、火炬动力港产业面积10万平方米、煦华国际大厦产业面积7.5万平方米。另有5幢软件产业楼宇加快建设。其中智能网联大厦、开源鸿蒙大厦位于白鹭湾科技生态园一期，产业面积33万平方米。蜀道智慧科创中心位于白鹭湾科技生态园二期，产业面积6.6万平方米。交子金融梦工场四期位于交子公园金融商务区锦江片区，产业面积7.9万平方米。华侨凤凰都市工业国际创新港位于锦江数智产业港，产业面积21万平方米。

（王康　蒋亮杰）

【规模以上软件企业】 2023年，锦江区引进成都靠谱兄弟科技有限公司、成都连理科技有限公司、成都职工电子商务有限公司，互联网关联企业达6家。互联网关联企业营业收入9.57亿元。引进四川福摩数字科技有限公司、成都傲梅科技有限公司、成都易训企业管理咨询有限公司、成都潮我看文化传媒有限公司，软件和信息技术服务业企业达22家。软件和信息技术服务业营业收入11.82亿元。

（王康　蒋亮杰）

【“蓉贝”软件人才培育】 2023年，锦江区按照市经济和信息化局等8个部门印发的《关于促进软件产业高质量发展的专项政策措施的通知》和市经济和信息化局等5个部门印发的《关于印发成都市软件产业“蓉贝”计划实施办法（试行）的通知》要求，持续推动“蓉贝”软件人才培育工作，培育9名“蓉贝”软件人才候选人。分别是电信科学技术第五研究所有限公司的余安东、俞鹏飞、雷红海、王鹏珍、杨健、高伟、王圣川，成都音泰思科技有限公司的颜沛，成都蓉奥科技有限公司的周俊成。市经济和信息化局开展“蓉贝”软件人才评估，颜沛、俞鹏飞、王鹏珍、杨健、周俊成5人合格。

（王康　蒋亮杰）

房地产业

【商品房市场】 2023年，锦江区取得预售许可证销售的商品住房总面积113万平方米，较2022年增加15.3%。商品住房实际销售面积94万平方米，较2022年下降23.8%。商品住房销售总额249亿元，较2022年增长5.8%。办公用房取证面积7.52万平方米，较2022年下降33.6%。销售面积6.17万平方米。商品住房和商业办公用房的供销比均为1.2。

（王帆）

表33　2023年锦江区商品住房销售面积前十项目一览表

序号	项目名称	地址	销售面积（平方米）
1	锦江上院	锦江区椰树街69号	134057
2	锦江悦府	锦江区桐云路88号	114968
3	川师TOD锦江府	锦江区静嘉路199号	86430
4	锦江赋	锦江区石榴街199号	76511

续表33

序号	项目名称	地址	销售面积（平方米）
5	环球汇广场	锦江区东大路 333 号	61991
6	滨江樾城	锦江区菱窠路 555 号	52573
7	万科朗拾交子	锦江区潘家沟社区二组、七组、九组	48023
8	锦江九章	锦江区锦鹏二街 469 号	43947
9	建发天府养云	锦江区锦鹏三街 399 号	39866
10	锦江璞园	锦江区珙桐街 138 号	33252

【商品房市场管理】 2023年，锦江区办理锦江上院、锦江悦府、川师TOD锦江府、锦江赋、环球汇广场、滨江樾城、万科朗拾交子、锦江九章、建发天府养云、锦江璞园、朗拾交子花园、鹭湾锦上映小区、锦江新庐雅苑、锦熙华庭、静安北苑、鸿山翡翠府等21个楼盘的商品房销售许可证。同时加强商业办公类地产项目销售监管，召开商业办公项目专题研究联席会7次，会审交子公园金融商务区总部产业园、锦官花城综合体、川师大站静桉南TOD综合开发项目等商业办公项目设计方案。聚焦商业及办公用房分隔单套建筑面积、设计施工图与产业布局一致性等问题，要求企业不得在销售宣传过程中出现“居住”“公寓”等描述，样板间不得按居住形式展示。同时严控招商引资过程中的“商改住”风险，维护城乡规划的严肃性和市场公平，引导商业办公产业健康发展。

（王帆）

【房屋租赁管理】 2023年，锦江区成立3个巡查小组，常态化巡检租赁企业66家，检查床位出租、非居住空间供人员居住等违规出租行为。加强从业管理，要求经营主体执行开业报告、备案管理等制度，督促租赁企业规范发布房源信息，使用成都市房屋租赁合同，合规开展业务。开展出租房屋燃气安全排查，加强从业人员培训，向租客宣传用电用气安全知识。依据《成都市房屋租赁管理办法》，开展房屋租赁备案工作。办理租赁备案登记的房屋35768套，较2022年增长12.37%。备案总面积175.34万平方米，较2022年增长4.24%。

（王帆）

【物业管理】 2023年，锦江区注册物业服务企业147家，在册物业服务人员13272人。建成投用的住宅小区1085个，总面积4700万平方米。建成投用的商业办公场所112个，总面积906万平方米。其中物业服务覆盖的住宅项目336个，总面积3900万平方米；物业服务覆盖的商业商务办公场所112个，总面积906万平方米。物业服务覆盖率85.72%。有15家物业服务企业被评为成都市物业服务品牌企业，有12家物业服务企业入选成都市物业服务企业综合实力50强。有10个物业管理项目获“国优”评价，有105个物业管理项目分获“市优”和“省优”评价。有78个物业管理项目被成都市物业管理协会评为星级住宅项目，有38个项目入选首批四川省品牌项目。

（王帆）

【“蓉城先锋·暖心物管”品牌创建】 2023年，锦江区组织物业服务企业和项目参加成都市“蓉城先锋·暖心物管”品牌创建活动。塔子山壹号、绿地468云玺、翡翠城三期、上海东韵4个物业服务小区入选四川省百佳示范小区，时代广场、华润翡翠城三期、塔子山壹号、仁恒·滨河湾、德必川报易园、博瑞创意成都、华新美庐、银海芯座、绿地468云玺、天府国际、花样年·喜年广场A座、SOHO商务港、镏金岁月、环球汇·天誉一二期、上海东韵、吉宝·凌云峰阁、新希望中鼎国际、东锦瑞苑、468锦峰、三洲佳润·娇子苑、明宇金融广场、花样年·喜年广场B座、华润广场、锦江时光绘、卓锦城六期、鑫苑名家、四川省铁塔项目物业服务中心、华熙艺术村锦都、环球汇·天誉、华都美林湾、人和苑、瑞升国际中心、成都恒大都汇华庭、新华之星、四海逸家二期的物业服务项目入选"蓉城先锋·暖心物管"示范项目。成都嘉诚新悦物业管理集团有限公司、中电建五兴物业管理有限公司、华润置地（成都）物业服务有限公司、新希望物业服务集团有限公司成都分公司、成都诚悦时代物业服务有限公司、四川华玮物业管理有限公司、成都合德物业服务有限公司、四川万物和物业服务有限责任公司、成都明宇尊雅商业管理有限公司被评为"蓉城先锋·暖心物管"示范企业。

（王帆）

物流业

【概况】 2023年，锦江区加强普通货物运输行业管理，开展运输企业检查118次，主要检查企业安全措施落实情况和业务合规情况。加强物流领域安全管理，常态化整治运输市场，整改安全隐患。

【普通货物运输行业管理】 2023年，锦江区依据《四川省道路运输管理条例》《成都市道路普通货物运输企业质量信誉考核办法（试行）》，开展成建制运输企业2022年度质量信誉考核工作，考评企业17家。其中5家企业获2A级评价，12家企业获A级评价。开展新办运输企业审查和换证工作，完成车辆运输证年审换证、新增、注销、证照补办、车辆转籍等业务2195件。

（景雪峰）

【物流领域安全隐患整治】 2023年，锦江区践行运输行业从业人员记分管理制度，常态化开展运输市场整治行动，查处违法违规行为，整治安全隐患问题，查处违法违规行为48件，记分管理从业人员48人。其中一名从业人员记分满20分，被吊销从业资格证。约谈14家运输企业，发出责令整改通知书11份。会同市级执法部门开展水上运输安全检查，抽查12家企业。发现安全隐患问题7个，全部整改。

（景雪峰）

锦江区古遗址之成都古城墙青莲下街段遗址

成都古城墙青莲下街段位于青莲上街中偏南段西侧，地处成都东面城墙与南面城墙交会处。遗址长度超过60米，跨青莲上街和下街。其中明代城墙由红砂岩垒砌，宽0.8米，高6.6米。清代城墙长44.5米，大部分叠压东南里1号小区建筑。遗址内的瓷器、陶器等遗物超过500件。瓷器包括碗、盏、罐、盆、盒、盘、杯、钵等器型。2004年，暂名东门城墙。2009年，第三次全国文物普查，登记为东城门遗址，列为一般不可移动文物。2022年1月7日，更名为成都古城墙青莲下街段，被市政府纳入第八批市级文物保护单位。

旅游业

旅游资源

【三圣花乡旅游景区】 三圣花乡旅游景区位于成都市东南部环城生态带，地处锦江区三圣街道。有百年种花历史，享“中国花木之乡”美誉，是全国建设社会主义新农村典范。曾有“东篱菊园”“荷塘月色”“幸福梅林”“花香农居”“江家菜地”5个特色景点，称“五朵金花”。2004年，全国农业旅游示范点评定委员会批准三圣花乡为全国首批农业旅游示范点。2005年，建设部授予中国人居环境范例奖。2006年，获ISO 9000质量认证和ISO 14000环境管理体系认证，入选国家AAAA级旅游景区。文化部将三圣花乡列入全国首批国家文化产业示范基地。2023年，三圣花乡景区面积5.8平方千米，集观光休闲农业、乡村旅游、文化旅游、健康旅游、餐饮住宿、研学旅游、体育旅游于一体。

（何允强　程佩冉）

【春熙路步行商业街】 春熙路三次命名为步行街，享有“百年金街”盛誉。分为东、南、西、北四段，交会处有中山广场，安放雕塑家刘开渠设计铸塑的孙中山铜像。1924年，杨森署理四川军政，推行马路新政，撤除清臬台衙门，修建马路，贯通商业场和东大街的商机人气。首先建成马路南段和北段。邀请前清举人江子虞为道路命名。江子虞取《道德经》“众人熙熙，如享太牢，如春登台”之意，为新马路命名“春熙”。春熙路开街后成为商业聚集地，汇聚“精益眼镜”“龙抄手”“德仁堂”“胡开文”“诗婢家”等中华老字号商家。2005年，《新周刊》将春熙路评为中国商业第三街，与上海南京路、香港铜锣湾、北京王府井齐名。2012年，中国商业步行街工作委员会将春熙路列为中国著名商业步行街。2023年，春熙路步行商业街每日平均人流量10万人次，节假日达50万人次。

（韩旭）

【成都太古里】 成都太古里是开放式、低密度街区形态的购物中心，北临大慈寺路，西接纱帽街，南靠东大街。于2011年4月29日开工建设，2015年4月营业。街区由27幢独栋建筑和7幢历史保留建筑构成，占地面积7.06万平方米，建筑面积39万平方米，总投资100亿元。其中土地成交价20亿元。主要包含零售商业、酒店、公寓和写字楼4种业态。2023年，商业面积16万平方米，酒店和服务式公寓3.1万平方米，写字楼面积12.1万平方米，其他部分为配套设施和停车场。

（韩旭）

【华兴街民国风情特色街】 锦江区按照成都市“天府锦城”建设部署，推进“八街九坊十景”锦江片区建设。根据“弘扬川剧文化展现民国风情”定位，建成华兴街民国风情特色街。构建开放式戏剧文化休闲体验空间，将消费场景与演艺场景融为一体。2023年，街区范围包括华兴上街、华兴正街、华兴东街、暑袜北一街等10条街巷，占地面积9.5万平方米。街区重要点位商业场曾是成都现代商业发源地，是全国四大劝业场之一。街区建筑以“中西结合、时尚复古”为核心理念，展示本土与国际融合、传统与现代融合的特色。同时布局川剧演绎、高端民宿、特色川菜、文创体验等核心业态，构建“望川秋水、海纳百川、贯穿古今”三大主题消费和演绎场景。

（韩旭）

【合江亭】 合江亭始于唐贞元元年（785），由西川节度使韦皋兴建，位于郫、检二江汇合处，是唐代规模最大的码头渡口。合江亭侧建芳华楼，遍植花草，以梅为最，成为一郡之胜地，名为合江园，为成都史上最早的市政公园。晚唐节度使高骈改道二江，合江园成为宴饮吟诗之处。南宋时，成都知府吕大防修缮，重植梅花，作为船官治事所。南宋末年，合江亭毁于战火。1989年，恢复唐宋旧观。

（韩旭）

【大慈寺】 大慈寺始于魏晋时期，兴于唐代，享有“震旦第一丛林”美誉。宋代普济《五灯会元》记载，魏晋时期，印度宝掌僧人东游成都，住大慈寺。唐玄宗幸蜀，御书“敕建大圣慈寺”，内设96院，史有“规模宏大占半城”的记载。《西游记》唐三藏的原型人物玄奘法师曾驻足大慈寺修法。大慈寺有唐代宫廷画师绘制的壁画13996幅，题材涉及宗教画、人物画、花鸟画和山水画，苏东坡赞为“精妙冠世”。大慈禅茶始于唐代无相禅师，流传海外，成为日韩茶道之始。大慈禅茶堂堪称成都历史最悠久的茶馆。历代大慈寺均为成都著名寺院，与文殊院、昭觉寺并称“成都三大寺”。

（韩旭）

旅游业发展规划与项目建设

【旅游业规划】 2023年，锦江区高标准完成锦绣绿道国际文旅轴策划规划方案，以建设一条贯穿锦江全域的锦绣绿道国际文旅轴为主线，围绕潮购、潮享、潮游、潮玩、潮赏五大主题设计五大文旅专线，重点打造大慈繁市、东门胜景、东湖艺苑、塔山春晓、劼人故居、三圣花乡、鹭湾湿地、三色夜市、交子公园九大景圈。

（刘维　徐钊）

【旅游项目建设】 2023年，锦江区结合“一廊五线九景一地”文旅产业总体规划和锦绣绿道国际文旅轴策划规划方案，包装策划锦江文化展示中心、江南馆街唐宋街坊遗址本体保护及展示提升、58文化产业园等都市文旅业重点项目12个，总投资近80亿元。锦江文化创意产业中心一期项目、红星路157号商业及配套设施建设项目、兴锦·新同缘文商综合体项目竣工。

（刘维　徐钊）

【旅游推介】 2023年，锦江区到江西、浙江、重庆等地推介精品旅游线路和文旅资源，开展“锦江文旅·喜茶——城市冰箱贴”等主题活动，制作中英文双语版旅游地图，录制介绍12条旅游线路的“美好生活·云听锦江”音频专辑，联合高德地图推出展示50个文旅点位的“安逸耍锦江”文旅消费地图。8月11日，举办“天府旅游名县巡礼”集中采访活动。区委副书记、区政府区长缪晓波接受记者专访，讲述文旅产业新变化、新发展、新成效。媒体代表团走访和报道东门市井特色街区、华兴街民国风情特色街区、春熙路步行商业街、太古里商业街、成都COSMO、成都十二月市博物馆等文旅点位。打造“我的锦江我的城”文化品牌，邀请中国金话筒奖获得者周东、巴蜀文化学者袁庭栋以直播形式讲解锦江文化故事，提升文旅知名度。直播观看人数达300万人次。

（何允强　程佩冉）

【城市景观台发布】 2023年，锦江区围绕“蜀都万象、濯锦扬波、凭绿望远、锦城风华”四大主题，推出2批15个城市观景台。1月12日，在尼依格罗酒店开展“天府新视界·城市观景台”首发活动，发布8个城市观景台。

即成都国际金融中心、夜游锦江、东湖湖畔咖啡、ISEYA高空浮云酒店、东原中心、瑯珀凯悦臻选酒店、交子咖啡、江家艺苑繁星坡。12月28日，在红星路步行街广场发布7个城市观景台。即明宇豪雅汇景全日制自助餐厅、橘子的空中花园、嘉佰道66楼高空下午茶、The river house西餐厅、安顺廊桥、白鹭湾白鹭烟汀美学餐厅、石牛堰·熊猫很行咖酒馆。

（何允强　程佩冉）

表34　2023年锦江区城市观景台一览表

序号	景观台名称	地址
1	成都国际金融中心7楼平台	锦江区红星路三段1号
2	夜游锦江	锦江区天仙桥滨河路东门码头
3	湖畔咖啡	锦江区二环路东五段299号域上和美艺术馆
4	ISEYA世野·高空酒店	锦江区东御街18号百扬大厦37楼
5	SAC东原中心	锦江区人民东路6号
6	成都瑯珀·凯悦臻选酒店	锦江区下东大街258号西部国际金融中心2号楼38楼
7	交子咖啡	锦江区国华街与泰治路交叉路口东南130米
8	江家艺苑繁星坡	锦江区幸福路151号江家艺苑
9	成都东大明宇豪雅饭店汇景全日制餐厅	锦江区东大街紫东楼段39号明宇豪雅饭店33楼
10	橘子的空中花园咖啡厅	锦江区红星路三段99号银石广场7楼
11	嘉佰道66楼高空下午茶	锦江区九眼桥莲桂西路39号
12	岷山饭店·The River House西餐厅	锦江区人民南路二段55号21楼
13	廊桥 The Bridge	锦江区滨江东路66号
14	白鹭湾白鹭烟汀自然美学餐厅	锦江区湿地路1号
15	石牛堰·熊猫很行咖酒馆	锦江区河滨路2号

【“最成都·生活美学新场景”评选】 2023年，锦江区参加“最成都·生活美学新场景”评选，选送的成都十二月市博物馆、春熙路百盛、成都瑯珀·凯悦臻选酒店、桉树林森林餐厅、古市香跷脚牛肉·非遗小吃宴、松云泽、莫売之家迷高乐园、远拓营趣FUN皮划艇俱乐部8个点位入选“最成都·生活美学新场景”。

（何允强　程佩冉）

旅游业管理

【旅游业态调整】 2023年，锦江区深挖历史文化底蕴，结合文商旅融合发展的实际情况，调整旅游业态。发布“游成都·耍锦江”文旅消费品牌，打造特色旅游线路。围绕“华兴戏坊”“大慈繁市”“百年春熙”3个文旅地标，串联锦江剧场、太古里、盘飧市等消费场景，打造时尚潮流商业与川剧文化融合的“潮游锦江”文旅主题游线。围绕“东门胜景”“1314爱情专线”2个文旅地标，焕新重现以“宋代交子”“十二月市”为代表的商业文化盛景，营造夜游、夜市、夜展、夜秀等文旅消费场景，打造彰显夜间经济繁荣的“夜游锦江”文旅主题游线。结合春熙路步行商业街广场、大慈寺山门、“夜游锦江”沿线场景，打造“百变春熙”“大慈祝福”等元宇宙体验场景，呈现元宇宙元素的“元游锦江”文旅主题游线。“天府旅游名县”年度考核位列全省第四，成都市主城区第一。“四川省全域旅游示范区”复核排名全省第一，获省委、省政府通报表扬。全年接待游客2600万人次，较2022年增长18.18%。旅游综合收入352亿元，较2022年增长37.5%，其中入境游客18778人。另有42007人出境旅游。

（何允强　程佩冉）

【旅行社管理】 2023年，锦江区分布旅行社总社129家，其中具有出境旅游业务资质的旅行社17家。联合市文化市场综合行政执法总队锦江支队常态化开展旅行社行业监管工作，排查旅行社旅游包车运营制度落实情况、旅游线路安全评估和风险管控情况、导游安全责任落实情况、旅游行程中的就餐单位持有餐饮服务许可证情况，整治旅行社挂靠经营等违规经营行为。

（吴雅洁　何云）

【住宿业管理】 2023年，锦江区登记宾馆酒店364家，客房31390个，床位39538个。其中，春熙路街道129家、书院街道57家、锦官驿街道47家、牛市口街道36家、东湖街道19家、沙河街道9家、狮子山街道15家、锦华路街道15家、柳江街道10家、成龙路街道19家、三圣街道8家。登记五星级酒店6家，客房2696个，床位3709个，营收9亿元；四星级酒店3家，客房922个，床位1381个，营收1.38亿元；三星级酒店1家，客房173个，床位290个，营收2.1亿元。另有8家无星级规模以上酒店营收30.05亿元。全区限额以上宾馆酒店55家，营收23亿元，增速36.1%。规模以上宾馆酒店48家，营收30.09亿元，增速1.4%。

（吴雅洁　何云）

表35　2023年锦江区三星级以上宾馆酒店一览表

序号	名称	星级	地址
1	锦江宾馆	五星级	锦江区人民南路二段80号
2	成都泰合国际大饭店	五星级	锦江区滨江中路15号
3	岷山饭店	五星级	锦江区人南二段55号
4	望江宾馆	五星级	锦江区中沙河铺街43号
5	总府皇冠假日酒店	五星级	锦江区总府街31号
6	香格里拉酒店	五星级	锦江区滨江东路9号
7	世代锦江国际酒店	四星级	锦江区下南大街59号
8	新良酒店	四星级	锦江区上东大街246号
9	合江亭翰文大酒店	四星级	锦江区滨江东路138号
10	四川花园宾馆	三星级	锦江区走马街47号

【旅游创建】 2023年，锦江区被评为四川省天府旅游命名县提升建设年度考评表现突出单位，考评成绩居全省第四名，居成都市中心城区第一名。参加省级全域旅游示范区复核考评，获第1名。夜游锦江项目入选全国沉浸文旅新业态示范案例、成都市生态产品价值实现十佳案例。成都水井街酒坊遗址博物馆入选四川省工业旅游示范基地。

（何彦　何宇航）

【文旅行业综合演练】 7月11日，锦江区开展文旅行业综合演练。采取实战演练、桌面演练和“双盲提问”的方式，设置KTV消防事件应对、密室逃脱突发火灾处置、艺术培训机构地震疏散和民宿突发事件处置4个演练科目。5家宾馆酒店、2家旅行社、3家剧本娱乐场所的负责人参加演练。其他宾馆酒店、民宿、演艺场所、剧本娱乐行业的负责人以及量贩式歌城、舞厅、网吧的负责人集中观看演练视频。

（吴雅洁　何云）

锦江区古遗址之下东大街遗址

下东大街遗址地处成都市锦江区下东大街东段北侧，西北与江南馆街唐宋遗址相望，距大慈寺100米，西与油篓街、南纱帽街、东顺城南街毗邻，东临天仙桥北路。遗址分为2个区域，南糠市街纵向穿过中部。遗址内有3个战国时期灰坑以及西汉至明清时期的砖墙、道路、水井、灰坑等遗迹。砖墙遗迹残长2.56米，残高度0.58米，主体以青灰色砖分层砌筑。道路遗迹长4.1米，宽1.57米。遗址呈西北至东南走向，路面为拱弧面，铺砖不存，可见灰褐色路基。道路西侧有宽0.17米的排水沟。1号井的井圹为圆形，内填青灰色淤土，可见陶器残片。2号井平面呈八角形，以残砖砌筑。西南角的2号灰坑有青花、白釉、青白釉等瓷器，器形包括高足杯、折腹盘、撇口弧腹碗。东北部3号灰坑有残碎瓦件。东南部6号灰坑有陶器残片，器形包括板瓦、鼎足、圈足豆、釜。另有石器、瓷器、钱币等遗物，瓷器数量超过300件。

金融业

金融业发展

【金融市场培育】 2023年，锦江区开展系列招商推介活动，推动金融业“建圈强链”。2月1日，在明宇金融广场举办“乘风破浪展宏图 凝心聚力开新局”金融招商座谈会。政府部门和街道办事处的参会代表围绕招商政策、区域规划、产业导向、政务服务发言。参会的金融界人士围绕政企合作、项目招引展开讨论。中国银行四川省分行、中国建设银行四川省分行、川商基金公司等机构参会。2月17日，在深圳湾ECO国际会议中心举办金融招商座谈会深圳专场活动。区金融局负责人介绍招商政策、金融业招引方向、交子公园金融商务区河东片区环境。深圳北大企业家协会、深圳市高新投保证担保有限公司、深创投红土资产管理（深圳）有限公司、深圳市三希软件科技有限公司等企业参会。同时推荐金融人才申报“建圈强链”人才计划、“蓉漂”计划，参加“濯锦工匠”评选。搭建项目融资对接平台，会同银行召开老旧小区改造、老旧电梯改造、首店融资服务等对接活动10次，为重点项目融资提供金融服务方案。引进10家项目持牌机构，分别是国民养老四川分公司、汇丰人寿保险四川分公司、恒力期货四川分公司、汇丰保险经纪四川分公司、财达证券四川分公司、中领天盛四川分公司、永安期货四川分公司、新生支付四川分公、前海期货四川分公司、义康安保险代理四川分公司。引进私募基金3家，分别是成都经开金发基金、振兴科创股权接力基金、建源川投绿色低碳股权投资基金。金融机构达682家。金融业增加值390.34亿元，增长7.6%，占地区生产总值的26.99%。

（黄建东）

【资本市场培育】 2023年，锦江区建立企业上市专项工作联席会议制度，强化区级统筹和部门联动，协调解决企业上市和发展中遇到的困难。出台《加快推进企业上市工作实施方案》，明确“筛选一批、培育一批、改制一批、申报一批”的工作思路，为企业上市提供支持。整合股票交易所资源，建立上市服务专家库，构建拟上市企业筛选体系，编制重点培育类、成长发展类、基础关注类三类上市后备企业梯队名录。4月20日，在明宇豪雅酒店召开上市企业锦江行座谈会，介绍区位优势、营商环境、交子公园金融商务区锦江片区、锦江软件园、春熙路时尚活力区规划建设情况。安徽英力股份公司、深圳普路通公司、华西能源公司、长江证券公司等20家上市公司及云南省上市公司协会参会。全区上市企业7家，“新三板”挂牌企业4家，区级上市后备库企业150家。实施一企一策培育计划，开通上市服务绿色通道，专人跟进重点目标企业上市工作，走访后

图38 2023年4月20日，上市企业锦江行座谈会召开（区金融局）

备企业40次，联动国家外汇管理局四川省分局等部门，协调解决上市公司困难问题12个。组织7家拟上市企业到深交所调研，开展上市培训8次，召开融资对接会12次，服务企业52家。

（黄建东）

【普惠金融服务】 2023年，锦江区落实成都市“蓉易贷”普惠信贷工程，推出“锦易贷”普惠贷款产品。以“古今交子·财富锦江”银政企融资对接会为抓手，分行业畅通金融机构与企业融资需求的对接渠道，发布《普惠金融信贷产品手册》，构建银政企信息互通机制。“蓉易贷”白名单企业增至2251家，有1家银行和1家小贷公司纳入“蓉易贷”合作机构。参加“蓉易贷”“锦易贷”银政企对接会的实体企业和金融机构190家，为中小企业发放贷款22.77亿元。利用“交子普惠”金融服务平台，采取“汇聚信息、整合资源、政府搭台、专业服务、企业受益”的运营模式，拓宽金融机构获客渠道。建立融资需求单发布、银行金融服务抢单2项制度，企业从线下“申贷”变为线上“选贷”，提升融资对接效率。“蓉易贷”平台进驻银行、保险、证券等机构50家，推介普惠金融产品150个，融资28.06亿元。被成都市“蓉易贷”市级部门联席会议表彰为2022年“蓉易贷”普惠信贷工程推进工作先进区（市）县。

（黄建东）

【数字人民币应用】 2023年，锦江区持续打造多样化数币应用场景，推动数字人民币先行区建设。围绕商圈消费、都市文旅、爱情经济等细分领域打造数字人民币应用场景，推动数字人民币应用扩面。开展“走近数字人民币”“数享浓情·邂逅合江”“工享数币·大运红包礼遇”等主题宣传活动。围绕“春熙空间”项目建设，整合线上、线下数字人民币商户资源，打造“春熙空间”数字人民币消费场景。试点打造“数字人民币内生循环生态社区”，推动数字人民币助力诚信社区建设。沙河夜市数字人民币应用场景建成投用。已打造数字人民币应用场景5个，银行数字人民币注册用户达到15万人。2月3日，在春熙路步行商业街开展数字人民币宣传活动，指导市民下载和注册数字人民币账户，开通个人钱包。中国工商银行成都分行推出手机话费充值满50元减10元、答题抽取数字人民币红包等活动，为市民提供安全支付体验。2月13日，开展“数享浓情 邂逅合江”数字人民币主题活动。市民在农行打造的数字人民币爱情主题网点投递爱情主题明信片，领取数字人民币祝福红包，参加数字人民币优惠购“夜游锦江”船票及文创产品等活动。向参与者发放贵金属产品低价购、装修五年分期零利息等福利。

（黄建东）

表36 2023年锦江区数字人民币应用场景一览表

序号	场景类别	场景名称	完成情况
1	民生消费	春熙路步行商业街数字人民币消费场景	结合“走近数字人民币”主题宣传活动，推出数字人民币消费优惠活动，动员商家开通数字人民币账户及收款方式，打造春熙路步行商业街数字人民币消费场景

续表36

序号	场景类别	场景名称	完成情况
2	文化旅游	数字人民币婚恋消费场景	结合“数享浓情　邂逅合江”数字人民币主题活动打造数字人民币婚恋消费场景
3	涉外支付	东门市井数字人民币跨境消费场景	结合成都大运会支付环境保障工作打造东门市井数字人民币跨境消费场景
4	民生消费	“春熙空间”数字人民币消费场景	结合“春熙空间”平台建设，协调银行机构，协助平台运营商拓展商户，打造“春熙空间”数字人民币消费场景
5	民生消费	沙河夜市数字人民币消费场景	按照“贯通社区供需循环、消费场景密点扩面、智能合约多元应用、诚信理念深入人心”的思路，在沙河街道汇泉路社区打造数字人民币试点社区，推动数字人民币在社区范围内生循环，打造数字人民币获取、使用、智能合约应用场景，首期建成“沙河夜市”数字人民币消费场景

银行

【概况】 2023年，锦江区分布银行187家。包括中国农业发展银行、招商银行股份有限公司成都锦江支行等政策性银行和15家国家股份制银行、10家地方商业银行。进驻外资、港资、侨资银行5家。银行业缴纳区级税收10.49亿元，占金融业税收的76.36%。

（黄建东）

【国家股份制银行】 2023年，锦江区分布中国工商银行股份有限公司四川省分行、中国农业银行股份有限公司成都锦江支行、中国银行股份有限公司成都锦江支行、中国建设银行股份有限公司四川省分行等股份制银行、交通银行股份有限公司成都锦江支行等国家股份制银行15家。其中省级分行2家、市级分行1家、市级支行13家。

（黄建东）

表37　2023年锦江区国家股份制银行一览表

序号	企业名称	注册地址
1	中国工商银行股份有限公司四川省分行	锦江区总府路45号
2	中国工商银行股份有限公司成都分行	锦江区藩库街9号
3	中国工商银行股份有限公司成都盐市口支行	锦江区锦兴路65号
4	中国工商银行股份有限公司成都芷泉支行	锦江区一环路东五段103号
5	中国工商银行股份有限公司成都春熙支行	锦江区总府路35号
6	中国工商银行股份有限公司成都滨江支行	锦江区滨江西路12号
7	中国农业银行股份有限公司成都锦江支行	锦江区滨江东路136号
8	中国农业银行股份有限公司成都蜀都支行	高新区盛华南路169号

续表37

序号	企业名称	注册地址
9	中国农业银行股份有限公司成都总府支行	锦江区总府路31号
10	中国银行股份有限公司成都锦江支行	锦江区汇泉南路1号1层
11	中国建设银行股份有限公司四川省分行	青羊区提督街88号四川建行大厦
12	中国建设银行股份有限公司成都金河支行	锦江区东御街66号
13	中国建设银行股份有限公司成都第三支行	锦江区红星路二段118号
14	中国建设银行股份有限公司成都岷江支行	青羊区提督街88号
15	交通银行股份有限公司成都锦江支行	锦江区芷泉街210号

【城市商业银行】 2023年，锦江区分布成都银行股份有限公司锦江支行、重庆银行股份有限公司成都锦江支行、贵阳银行股份有限公司成都分行、泸州银行股份有限公司成都锦江支行等城市商业银行10家。其中分行3家、支行7家。

（黄建东）

表38　2023年锦江区城市商业银行一览表

序号	企业名称	注册地址
1	成都银行股份有限公司锦江支行	锦江区书院西街1-33号
2	成都农村商业银行股份有限公司锦江支行	锦江区通盈街302号
3	四川天府银行股份有限公司成都锦江支行	锦江区下东大街段258号1层
4	大连银行股份有限公司成都分行	锦江区滨江西路8号
5	天津银行股份有限公司成都分行	高新区天府大道中段688号
6	天津银行股份有限公司成都滨江支行	锦江区滨江西路10号
7	重庆银行股份有限公司成都锦江支行	锦江区锦华路一段79号附93号
8	贵阳银行股份有限公司成都分行	高新区天府大道北段1288号1幢1层
9	泸州银行股份有限公司成都锦江支行	锦江区汇聚路181号
10	成都银行股份有限公司金河支行	青羊区上南大街4号1幢1层

【外资和港资侨资银行】 2023年，锦江区分布渣打银行（中国）有限公司成都分行、汇丰银行（中国）有限公司成都分行等外资银行，分布恒生银行（中国）有限公司成都分行等港资银行。侨资银行是华侨银行有限公司成都分行。

（黄建东）

表39　2023年锦江区外资、港资、侨资银行一览表

序号	名称	注册地址
1	渣打银行（中国）有限公司成都分行	锦江区红星路三段1号国际金融中心1号办公楼18层
2	恒生银行（中国）有限公司成都分行	锦江区红星路3段1号国际金融中心1号办公楼28层
3	第一商业银行股份有限公司成都分行	锦江区红星路三段1号国际金融中心1号办公楼16层
4	华侨银行有限公司成都分行	锦江区红星路三段1号国际金融中心2号办公楼31层
5	汇丰银行（中国）有限公司成都分行	高新区交子大道177号1幢1层

非银行金融机构

【证券机构】 2023年，锦江区分布证券法人企业及分公司、营业部40家。宏信证券有限责任公司为法人机构，光大证券股份有限公司成都武成大街证券营业部东莞证券股份有限公司四川分公司、兴业证券股份有限公司成都航空路证券营业部等机构为省级和市级分支机构。证券机构缴纳区级税收4166万元，行业占比3.03%。

（黄建东）

表40　2023年锦江区证券机构一览表

序号	名称	注册地址
1	光大证券股份有限公司成都武成大街证券营业部	锦江区红星路二段70号
2	中国国际金融股份有限公司成都滨江东路证券营业部	锦江区滨江东路9号香格里拉办公楼1603号
3	东莞证券股份有限公司四川分公司	锦江区东大街紫东楼段11号东方广场商业中心2层
4	宏信证券有限责任公司	锦江区人民南路二段十八号川信大厦10层
5	国金证券股份有限公司成都武成大街证券营业部	锦江区武成大街39号
6	宏信证券有限责任公司一环路东五段证券营业部	锦江区一环路东五段46号1幢1单元17层
7	兴业证券股份有限公司成都航空路证券营业部	武侯区航空路国航大厦2幢11层
8	宏信证券有限责任公司成都人民南路证券营业部	锦江区人民南路二段18号川信大厦三层
9	东兴证券股份有限公司成都二环路南二段证券营业部	锦江区二环路南二段17号盛隆大厦16层
10	民生证券股份有限公司四川分公司	武侯区航空路1号国航世纪中心A座19层

【保险机构】 2023年，锦江区分布保险机构179家。其中，财产保险公司32家，占比17.8%；人寿保险公司40家，占比22.3%。另有商业养老保险机构2家、保险经纪机构22家、保险代理机构72家、保险公估机构9家、保险资产管理机构1家。保险业缴纳区级税收1.58亿元，占金融业税收的11.55%。

（黄建东）

表41　2023年锦江区保险机构一览表

序号	企业名称	注册地址
1	中国人民财产保险股份有限公司成都市锦江支公司	成都市惜字宫南街5号
2	中国人民财产保险股份有限公司成都市蜀都支公司	成都市锦江区惜字宫南街5号5、6楼
3	阳光财产保险股份有限公司成都中心支公司	锦江区东大街上东大街段111号阳光保险大厦9层1号
4	华泰财产保险有限公司成都中心支公司	锦江区滨江东路9号香格里拉中心办公楼5楼B区
5	中国人民财产保险股份有限公司四川省分公司	成都市东御街57号13～30楼
6	中国人民财产保险股份有限公司四川省分公司国际业务营业部	锦江区东御街57号人保大厦21楼
7	中国人民财产保险股份有限公司成都市高新支公司	成都市梓潼桥西街39号
8	华安财产保险股份有限公司四川分公司	锦江区新光华街7号航天科技大厦11楼
9	中国太平洋财产保险股份有限公司成都中心支公司	青羊区小河街12号1、5、6楼
10	华农财产保险股份有限公司四川省分公司	成都高新区交子大道575号中海国际中心J座11层9～10单元
11	长生人寿保险有限公司四川分公司	锦江区新光华街7号航天科技大厦2806～2807
12	中华联合人寿保险股份有限公司四川分公司	锦江区滨江东路9号香格里拉中心办公楼6楼
13	泰康人寿保险有限责任公司四川分公司	锦江区滨江中路9号1栋23层2301～2312号24层2401～2412号
14	汇丰人寿保险有限公司四川分公司	国际金融中心一号办公楼39楼
15	国民养老保险股份有限公司四川省分公司	锦江区盐道街3号财富支点大厦27层（2701、2705～2709单元）
16	大童保险销售服务有限公司四川分公司	锦江区人民南路二段1号1栋1单元35层1～7单元
17	泛华联兴保险销售股份公司四川省分公司	成都市锦江区新开街1号金竹大厦2楼
18	永达理保险经纪有限公司四川分公司	锦江区东大街下东大街段199号1栋2单元40楼1～8号

【地方金融机构】 2023年，锦江区有1家小贷公司完成并购手续。新增典当行2家。地方金融机构37家。其中，小额贷款公司10家、融资担保公司3家、典当行18家、融资租赁公司4家、地方交易场所1家、商业保理公司1家。注册资本112.8亿元。小额贷款公司贷款余额44.88亿元，利息收入7.17亿元。融资担保公司在保余额99.26亿元，担保业务收入2.32亿元。全省43家A级小贷公司，锦江区有8家。成都市24家优质小贷公司，锦江区有6家。

（黄建东）

表42 2023年锦江区地方金融机构一览表

序号	单位名称	地址
1	成都维仕小额贷款有限公司	锦江区总府路2号时代广场11层6号
2	成都市助邦小额贷款有限公司	锦江区墨香路87号10幢1层1号
3	蜀道（四川）小额贷款有限公司	锦江区三色路163号银海芯座2幢23层
4	四川发展国惠小额贷款有限公司	锦江区石牛堰街8号
5	四川佳物小额贷款有限公司	锦江区盐道街3号财富支点大厦13层
6	成都市金控小额贷款股份有限公司	锦江区新光华街7号航天科技大厦15层
7	成都普罗米斯小额贷款有限公司	锦江区紫东楼街35号明宇金融广场18层
8	成都锦江区邦信小额贷款有限公司	锦江区紫东楼街35号明宇金融广场21层
9	美兴小额贷款（四川）有限责任公司	锦江区下东大街99号平安金融中心20层
10	富登小额贷款（四川）有限公司	锦江区人民东路6号四川航空广场11层
11	四川瀚华融资担保有限公司	锦江区人民南路二段1号仁恒置地广场写字楼20层1单元
12	成都金控融资担保有限公司	锦江区新光华街7号航天科技大厦15层
13	成都小企业融资担保有限公司	锦江区人民东路48号四川物资大厦4幢2层

锦江区古遗址之东光五组明代窑址

东光五组明代窑址位于成都市锦江区狮子山街道东光社社区，2004年以前属琉璃乡东光村五组。窑址群分布区域1万平方米，窑址本体面积500平方米。范围内有明代窑29个、汉代土坑墓7座、汉代砖室墓2座、明代土坑墓10座。明代窑形制一致，长6～10米，宽3米。窑门朝向北、东。整体平面呈水滴形，由烟道、窑室、火膛、操作坑组成。窑室平面略呈圆形，斜直壁、平底，窑室底与壁均涂有青灰色泥，部分窑床残留排列整齐的青灰色砖。火膛平面呈梯形，从窑室至火门收缩，底面低于窑室底面，两壁用砖丁砌，券顶。窑床出土器物以素面砖为主，另有滴水、筒瓦等建筑构件。

产业功能区

春熙路时尚活力区

【概况】 春熙路时尚活力区是成都市58个产业功能区之一，位于锦江区与青羊区交界线以南，经天东路以北，锦江以东，锦江区与成华区交界线以西。覆盖春熙路、书院街、锦官驿、牛市口、沙河、东湖、狮子山7个街道，面积21.72平方千米。核心起步区是春熙路商圈，面积0.96平方千米，规划建设面积10.7平方千米。2023年，引进金融服务类企业3家，持续引进产业化重大项目和专精特新企业、重大税源型企业，扩大税收增量。区域内新三板挂牌企业1家、上市后备企业1家。新增全口径税收3400万元，外商直接投资1100万美元。

（刘瑾　李晓欢）

【产城规划】 锦江区以东大街动力轴为产业发展轴，将春熙路时尚活力区划为六大片区。2023年，盐市口总部活力区西面和北面与青羊区交界，南至锦江，东至大业路、红星路四段，面积1.1平方千米。重点发展体验商业、国际商贸业以及包括咨询评估、会议论坛等业态的现代服务业，建设国际社区。春熙路国际潮购城北至华星路，西至太升南路、大业路，南至滨江路，东至锦江，面积2.6平方千米。重点发展国际商务、高端商务、科技金融、都市文旅、人工智能等产业。牛王庙金融集聚区北邻蜀都大道，南沿顺江路，西至锦江，东至二环路，面积3.8平方千米。重点发展市井旅游、时尚消费、高端商务、科技金融、都市工业等业态，建设烟火社区。攀成钢艺术商务港北邻蜀都大道，南至净居寺路、静康路，西沿二环路，东至沙河，面积2.6平方千米。重点发展国际商务、高端商业、消费金融、都市休闲、人工智能等业态，建设高端社区。沙河铺生态人文湾北至成华区区界，西临沙河，南沿金象寺路，东临中环路，面积4.7平方千米。重点发展科技研发、创意设计、生态休闲、创新孵化、商业零售等业态，建设国际社区。468数字文创谷北邻驿都大道，南至成龙大道，西沿中环路，东至锦江大道、银木街，面积7.6平方千米。重点发展融合商业、数字传媒、文化创意、都市文旅、都市医养等产业，建设国际社区。

（刘瑾　李晓欢）

【产业化项目引进】 2023年，锦江区在北京、上海、广州、杭州等地开展项目推介活动25次，推介春熙路时尚活力区发展环境和优惠政策。引进8个产业化重大项目，分别是浙江省嘉凯城集团全国总部、北京华财会计云端智能服务平台、广州天信保险公估有限公司四川分公司、百家互聯香港控股有限公司、北京悦活餐饮BlueglassYogurt区域销售结算总部、北京人卫社西南文化产业总部、北京全图通高精度位置服务平台研发中心、北京中信国际西南总部。引进北京华财会计云端智能服务平台、北京全图通高精度位置服务平台研发中心、北京九一集团互联网金融服务平台研发中心、浙江鲜生活冷链物流研发中心、四川省绵阳禾本生物产品研发中心、重庆菲斯克商服平台研发中心、四川省自贡工业泵智能机械研发中心等专精特新企业，引进福星康养养老社区一体化综合服务项目、广东省华润数科华西区域总部2个30亿元级项目，引进成都蜀道企业管理咨询有限公司、成都智芯雷通微系统技术有限公司等重大税源型企业64家。

（刘瑾　李晓欢）

【重点项目建设】 春熙路时尚活力区有97个重点项目，总投资503.6亿元。2023年，计划投资38.57亿元，实际投资38.74亿元。投资金额16.3亿元的“兴锦·新同缘”、红星路157号商业及配套设施等24个项目竣工，投资金额7.12亿元的卓越商业综合体等21个项目开工，四圣祠片区项目设计方案、招商方案、调规方案报审，邱家祠项目的文物保护建筑修缮工作完成。

（刘瑾　李晓欢）

【商圈精细化管理】 11月10日，锦江区发布《春熙路时尚商圈精细化管理方案》，优化“管委会+街道办事处+国有平台公司”管理架构，明确商圈管理服务内容及责任分工，针对市场秩序、城市管理、项目促建、空间运营、企业服务等具体事项建立机制，构建职责清晰、标准统一、流程快速、监督有力的商圈精细化管理工作体系。

（刘瑾　李晓欢）

【“春熙空间”数字平台投用】 9月，锦江区“春熙空间”数字平台建成投用。集数字商圈平台、云上创业中心、精准服务中心、数字化运营平台、数字身份安全底座于一体的应用体系形成，为政府、运营方、消费者、商户提供同频服务。平台注册用户20万人，注册商户300家，发放价值4000万元的“春熙券”，带动消费3亿元。为政府和商业企业提供分析报告10份。注册商户满意度96%，消费者满意度97%。

（刘瑾　李晓欢）

白鹭湾新经济总部功能区

【概况】 白鹭湾新经济总部功能区西起锦江沿岸，东至驿都大道，北起沙河，南至大安桥路，覆盖三圣、柳江、成龙路、锦华路4个街道，总规划面积37.4平方千米。2023年，功能区开展全球首发仪式、首批企业入园仪式、“走进软件园”主题观察团等活动，发布发展规划和专项政策，引进15个重点项目，进驻市场主体9000家，销售收入1400亿元。分布银海芯座、火炬动力港等18幢产业楼宇，建成“灯等车”、智慧综合站台、无人清扫车等6个车路协同应用场景。持续推进锦江数媒港创建省级高新技术园区工作，新华之星AI大厦入选成都市专业特色楼宇、现代都市工业重点楼宇、人才工作“四链融合”示范点位。白鹭湾科技生态园建设案例入选成都市首批未来公园社区十大优秀案例、未来公园城市前瞻设计十佳案例。中生科创谷案例入选成都市绿色低碳转型十佳案例。土地溢价率、住宅供销比、商品房去化周期等房地产指标逆市上扬。

（潘爽）

表43　2023年白鹭湾新经济总部功能区产业楼宇一览表

序号	楼宇名称	楼宇地址	楼宇情况
1	创世纪	锦江区毕昇路468号	净用地面积1.5万平方米，建筑面积15.5万平方米，容积率8.25，绿化率17.26%，按5A级甲级写字楼标准建设，停车位856个，四川能投集团公司、中民环宇金泰实业等企业进驻

续表43

序号	楼宇名称	楼宇地址	楼宇情况
2	火炬动力港一期	锦江区三色路209号	净用地面积2.5万平方米，建筑面积6万平方米，容积率2.05，绿化率32.9%，分设南、北2区，停车位200个，配套商务接待室、超市，中国检验认证集团公司等企业进驻
3	五冶大厦	锦江区五冶路9号	净用地面积9000平方米，建筑面积9.2万平方米，容积率8.02，绿化率19.5%，停车位354个，配套泸州老窖大酒店，中国五冶集团公司等企业进驻
4	银海芯座大厦	锦江区三色路163号	净用地面积1.2万平方米，建筑面积10万平方米，容积率7.76，绿化率30.12%，按甲级写字楼标准建设的生态智能化科研办公楼，停车位496个，配套员工餐厅、咖啡吧、全家超市、多功能会议室，市级电子信息服务专业楼宇，四川交投集团公司等企业进驻
5	中加国际大厦	锦江区毕昇路256号	净用地面积2.4万平方米，规划建筑面积27.7万平方米，容积率5.85，绿化率31%，按AAAAA甲级写字楼标准建设，建成一期5号楼，停车位268个，配套员工餐厅、国际会议中心、高端会所、咖啡厅、高端商务餐厅
6	东原时光绘大厦	锦江区三色路360号	净用地面积2.63万平方米，建筑面积15.85万平方米，容积率4.5，绿化率30.0%，停车位1027个
7	新华之星AI大厦	锦江区三色路与墨香路交会处	净用地面积3.4万平方米，建筑面积22.6万平方米，容积率9.4，绿化率30%，按甲级写字楼标准建设，停车位1293个，配套员工餐厅、展示厅、会议室、物管用房，竹云科技公司等人工智能重点企业及40家链属企业进驻
8	博瑞·创意成都大厦	锦江区三色路38号	净用地面积2.7万平方米，建筑面积9万平方米，容积率4.86，绿化率30.93%，按AAAAA甲级写字楼标准建设，停车位555个，配套员工餐厅、岁月艺术馆、建设银行、星巴克咖啡、7天超市，市级文化创意专业楼宇，博瑞文化公司等企业进驻
9	火炬动力港二期	锦江区墨香路87号	净用地面积3.94万平方米，建筑面积5.45万平方米，容积率4.16，绿化率30%，停车位468个，配套商务接待室、超市、餐饮，赛纳斯检测中心等企业进驻
10	锦江国际大厦	锦江区永安路299号	净用地面积1.06万平方米，建筑面积6.9万平方米，容积率5.0，绿化率15%，以办公物业为主，停车位423个，华夏银行等企业进驻
11	中鼎国际大厦	锦江区金石路366号	净用地面积3.4万平方米，规划建筑面积18.75万平方米，容积率4.4，绿化率30.7%，停车位545个，配套新希望新家酒店、阶梯会议室、瑞幸咖啡、健身房，新希望乳业等企业进驻

续表43

序号	楼宇名称	楼宇地址	楼宇情况
12	天府宝座大厦	锦江区金石路 166 号	净用地面积 8000 平方米，建筑面积 5.5 万平方米，容积率 1.93，绿化率 30.75%，按 AAAAA 甲级写字楼标准建设，停车位 496 个，区政务服务中心及驹马物流公司等企业进驻
13	优他总部中心	锦江区毕昇路 66 号	净用地面积 1.6 万平方米，建筑面积 12 万平方米，容积率 4.93，绿化率 38.8%，按 AAAAA 甲级写字楼标准建设，停车位 628 个，成都西囡妇科医院进驻
14	汇融国际大厦	锦江区锦华路三段 88 号	净用地面积 3.5 万平方米，建筑面积 24.6 万平方米，容积率 4.97，绿化率 21.45%，集大型卖场、写字楼、酒店、餐饮休闲娱乐于一体的综合体，停车位 1065 个，配套多功能咖啡厅、奇迹健身、员工餐厅、WOWO 便利店，市级科技专业楼宇，人民网等企业进驻
15	佳霖谷大厦	锦江区锦盛路 138 号	净用地面积约 4800 平方米，建筑面积 2.2 万平方米，容积率 4.14，绿化率 15%
16	煦华国际大厦	锦江区锦盛路 2 号	净用地面积 2.4 万平方米，建筑面积 7.6 万平方米，容积率 2.53，绿化率 30.12%，以低密度办公物业为主，停车位 503 个，猪八戒网等企业进驻
17	捌楼八号设计师社区	锦江区毕昇路 217 号	占地面积 8600 平方米，建筑面积 5200 平方米，原址为宏明印刷厂，由捌楼八号设计师社群自筹资金打造，文化创意产业园区，成都市专业（特色）楼宇
18	德必川报易园	锦江区桦彩路 158 号	建筑面积 1.9 万平方米，由上海德必集团公司设计，原址是四川日报报业集团公司旗下联翔印务旧厂房，文化创意园区，成都市专业（特色）楼宇

【产城规划】 锦江区按照生态圈错位协同发展要求，以人工智能创新应用为牵引，规划白鹭湾新经济总部功能区产城形态，布局白鹭湾科技生态园、锦江数智产业港、智慧健康产业园三大产业社区。2023年，产业形态以软件研发为主，建设园区式产业空间，打造“锦江软件园”产业品牌。重点发展绿色智能经济、数字智能、智慧医疗三大主导产业。

（潘爽）

【白鹭湾科技生态园建设】 白鹭湾科技生态园东沿成自泸高铁，南接成都绕城高速公路，西起锦阳大道，北至锦江大道，面积243.3万平方米。项目业主是成都市兴锦白鹭湾建设开发有限公司。报征土地79.65万平方米，其中商业服务业用地31.93万平方米、住宅用地21.06万平方米、配套用地26.66万平方米，总投资200亿元，分三期建设。对标新加坡纬壹科技城、深圳湾科技生态园等科技园区，引进深圳投资控股有限公司等世界500强企业，实施片区综合开发，打造高质量发展示范园区、碳中和典范园区。拟建80万平方米产业空间和32万平方米住宅及配套空间。2023年，首批19万平方米产业载体交付使用，深圳特发集团等28家企业入园经营。全年投资额49.16亿元。

（潘爽）

【成都528艺术东村建设】 成都

528艺术东村位于成龙大道西段与银木街交会处，占地35.2万平方米，计划总投资50亿元。项目业主是四川华熙龙禧投资有限公司。拟打造国家画院西南创作基地、电影文化展示中心、中国传统文化与儿童艺术互动体验基地。2023年，产业空间120万平方米，其中文博区18.3万平方米、住宅57万平方米、公寓6万平方米、商业37万平方米。12月，528艺术东村竣工投用。

（潘爽）

【白鹭湾数字新经济科创园建设】 白鹭湾数字新经济科创园位于锦江区三色路333号，占地2.66万平方米，计划总投资10亿元。项目业主是成都博瑞印务有限公司。按照“一个大数据中心、两个技术创新空间、三大产业支撑平台”的功能布局，建设以大数据产业为重点，以区块链、人工智能为特色的数字型产业园。总建筑面积14.7万平方米，计划工期30个月。2023年，重点引入区块链、人工智能为技术特色的新经济产业项目，构建投融资服务平台、人才培训平台、共享成长平台，为企业提供服务。

（潘爽）

【白鹭湾科创基金发布】 12月28日，锦江区在白鹭湾科技生态园召开成都白鹭湾科创股权投资基金发布会。基金规模10亿元，旨在推动国企优质资金支持以成都市为核心的科技产业发展，共享发展红利。同时推动国企产业协同，为优质科技创新企业提供税收优惠和配套服务，助力国有资产持续增值。

（潘爽）

交子公园金融商务区锦江片区

【概况】 交子公园金融商务区锦江片区位于成都城市新中心核心区域，规划面积2.82平方千米。范围东起锦江东岸，南接绕城高速公路；西起锦华路，北至锦江大道。2023年，依据《交子金融城商圈地下空间修建性详细规划》和交子金融商务区建设管理重点工作清单，推动重大项目建设。区域内10宗商业地块和1宗住宅地块上市出让，交子金融梦工场、交子VC露营基地2个产业化项目建成投运，新增产业载体7.8万平方米。在建及新开工重点产业楼宇19幢，体量74万平方米。固定资产投资38亿元。举办招商推介活动10次，引进15个产业项目。

（陈画楠　高奕）

【产城规划】 2023年，锦江区围绕“全国一流的创新金融中心和引领时代潮流的世界级新商圈”目标，推动交子公园金融商务区锦江片区建设。定位西部金融中心主承载地核心功能、国际化都市级公园商圈特色功能、未来公园社区典范基本功能，发展金融、时尚消费等主导产业以及以持牌金融机构为牵引的金融科技、财富管理、数字人民币等金融业细分产业，带动数字消费、平台贸易、餐饮服务等产业发展。

（陈画楠　高奕）

【产业化项目引进】 2023年，锦江区联合省、市、区驻外办事机构和相关产业部门及交子公园投资公司、交子金融梦工场公司等平台公司开展联动招商工作，举办招商推介活动10次，深化与

图39 2023年10月31日，白鹭湾科技生态园首批企业入园仪式举行

（白鹭湾新经济总部功能区管委会提供）

策源资本、高瓴资本、华创资本、同创伟业等基金机构合作，引进佳格天地公司、长扬科技公司等持牌金融机构和龙头企业8家，储备信美人寿四川分公司、中关村机器人创新中心等重点企业21家。与成都市高新区建立联合招商机制，引进华夏金融租赁公司。把握成都市协同招商项目互认机遇，引进Blueglass西南总部、易宇摩科技全国上市总部等重大项目，获得市级重大项目认定。在金融梦工场四期打造数字人民币示范园区，引进数字人民币产业链上下游企业。

（张继军　高奕）

【重大项目建设】 2023年，锦江区交子公园金融商务区锦江片区建成交子金融梦工场四期等3个重大项目。交子金融梦工场四期·数币空间计划总投资7亿元，总建筑面积7.9万平方米，集数币应用、研发设计、创新转化、场景营造、社区服务于一体，金融科技总部集群办公为主导的金融科技产业总部基地、金融科技高品质科创空间。锦尚大桥长255米、宽34～40米，连接科华南路与国华街，为区域骨架路网交通线，串联锦江东西两岸产业，总投资4.2亿元。交子公园东区地下人防工程总投资3.35亿元，提供车位1250个，有配套商业。

续建重大项目6个，其中续建项目4个（交子人行桥、金融总部产业园、河东小学、河东中学）。交子人行桥西起河西交子公园，跨越红星路南延线、锦江、经三路，与河东交子公园相连，长300米、宽49～83米，总投资4亿元，实施装饰工程。金融总部产业园分布在交子公园东区南侧和北侧，占地15.2万平方米，特色金融街区，可提供50万平方米商务面积和16万平方米商业面积，总投资74亿元，1～3期项目主体施工。河东小学项目用地面积2.27万平方米，总建筑面积4.9万平方米，总投资3.2亿元，装修阶段。河东中学项目用地面积2.98万平方米，总建筑面积6.7万平方米，总投资4.4亿元，装修阶段。另有新开工项目2个。分布式能源站项目总投资11亿元，供能面积355万平方米，集中供冷、供热，全生命周期30年；220千伏变电站项目总投资3亿元，主体结构施工。

（张继军　高奕）

【投资对接活动】 2023年，锦江区依托交子VC露营基地，在交子公园金融商务区锦江片区举办投资对接活动80次，打造交子风投IP。11月22日，以“金融赋能 科创未来”为主题，开展“蓉易见”金融科技专场活动。发布行业需求，明确产业路径，为金融机构、金融科技企业搭建交流平台。12月19日，以“新消费早期投资策略”为主题，举办消费早期投资行业沙龙活动。省文投产业基金、市交子金融基金等5家投资机构和远方有光公司等3家消费类创业企业参加活动。

（张继军　严富荣）

锦江区古遗址之成都古城墙华星路段遗址

成都古城墙华星路段位于成都市锦江区华星路8号的大陆锦江华庭小区，地处成都古城墙东北拐角，遗存部分长50米，高出地面10米，砌标砖81层，有压脚条石3个。包墙砖和地面铺砖残破，存城墙夯土。2022年1月7日，市政府公布为第八批市级文物保护单位。

交通运输

交通管理

【运输企业管理】 2023年，锦江区组织运输企业开展安全培训4次，参训人员300人。开展高风险企业全约谈工作10次，约谈企业14家。检查企业118家，责令整改安全隐患105处。组织17家道路货物运输企业参加质量信誉考核，有5家企业获AA级评价，有12家企业获A级评价。践行驾驶员记分管理制度，约谈48名驾驶员，记分515分。记分达到20分的1名驾驶员被吊销从业资格证。

（王帆）

【路桥养护】 2023年，锦江区结合“城市精细化管理攻坚行动”、文明城市创建、大运会线路保障等工作，处置投诉案件7968件，修复破损路面17万平方米。发动城管、交警等部门开展道路巡查，处置违法占道行为52件。处理窨井盖投诉问题822个，维修窨井盖1648个。1月，启动超使用年限市政道路整治工程。整治市政道路40条，整治长度30千米。整治车行道路面38万平方米，整治人行道路面19万平方米。

（王帆）

表44　2023年锦江区市政道路整治情况表

序号	道路名称	长度（米）	路面类型	车行道整治面积（平方米）	人行道整治面积（平方米）
1	经天路	884	水泥	11621.73	3522.79
2	经天里	142	水泥	1295.95	1401.96
3	经天中路	912	水泥	9124.51	5458.61
4	经天西路	931	水泥	12062.23	8884.48
5	经天一街	337	水泥	3083.01	2010.90
6	经天二街	589	水泥	6175.55	3854.46
7	经天三街	589	水泥	4826.81	5273.14
8	芙蓉西路	610	沥青	16456.77	10491.80

续表44

序号	道路名称	长度（米）	路面类型	车行道整治面积（平方米）	人行道整治面积（平方米）
9	海椒市东街	378	沥青	6214.72	
10	国香街	1300	沥青	6702.09	7550.04
11	清安街	250	沥青	3636.96	333.45
12	东城拐下街	394	沥青	3292.08	2816.12
13	椿树街	1600	沥青	30802.37	15374.84
14	芙蓉中路	1100	沥青	10502.59	6190.87
15	白桦林路	520	沥青	11238.67	2879.54
16	栀子街	440	沥青	6197.65	1860.05
17	枫树街	1967	沥青	21750.17	8828.30
18	牡丹街	2400	沥青	21818.89	16061.19
19	海枣街	260	沥青	2901.53	1549.25
20	杨树街	775	沥青	9621.63	3609.40
21	海棠路	1140	沥青	29508.13	2398.64
22	银木街	960	沥青	17677.28	5441.42
23	喜树街	2040	沥青	38339.44	13077.44
24	科创路	1354	沥青	17771.56	7271.62
25	皇经楼西街	845	沥青	12692.1	7629.97
26	皇经楼一街	293	沥青	2630.27	3885.14
27	皇经楼二街	281	沥青	4570.87	3147.72
28	皇经楼三街	278	沥青	3411.6	2074.92
29	锦丰二街	554	沥青	11813.55	3124.49
30	锦丰三街	551	沥青	8080.1	3832.83
31	锦瑞路	1001	沥青	11626.15	6055.69
32	红豆树街	1080	沥青	15452.74	5032.71
33	黄葛树街	355	沥青	3390.99	1156.97
34	慈惠堂街	189	沥青	2939.1	
35	布后街	160	沥青	1592.29	1852.94
36	藩库街	95	沥青	957.84	739.63

续表44

序号	道路名称	长度（米）	路面类型	车行道整治面积（平方米）	人行道整治面积（平方米）
37	如是庵街	144	沥青	1400.38	988.94
38	爵版街	203	沥青	798.19	522.96
39	燕鲁公所街	165	沥青	858.54	
40	宏济新路	651	沥青	5868.02	3942.33

【道路照明管理】 9月，锦江区根据2022年8月的摸排情况，按照“集中梳理、统一建设”原则，集中整治三元正街、红石柱正街、横九龙巷等18条道路的路灯，制定增灯补亮方案，整治路灯200个。道路照明效果提升，夜间照明度达到国家规定标准。

（王帆）

交通建设

【片区交通优化】 2023年，锦江区优化三环路、锦阳大道、绕城高速公路、成龙大道围合区域以及向外拓展的红砂社区、荷塘月色范围的交通环境，优化区间范围15.8平方千米。根据片区用地和建设情况，划华西第二医院片区、华西医院片区、锦逸片区、白鹭湾科技生态园片区、三圣花乡片区分5个优化片区。

华西第二医院片区，更换片区交通信号机，在成龙大道设置机动车即停即走点位，取消白桦林路中分带，为白桦林路设置急救车专用通道，紫檀街改为单向交通。设置片区共享单车集中停放区，调整华西第二医院公交站点，建设血液中心临时停车场、紫檀街地下停车场、梅香湖地下停车场，启用华西第二医院内部机械车位，建设华西附二院南侧的铃兰路A段、紫檀街B段、椰树街B段，提升交通转换能力。华西医院片区，建设锦葵路，提升改造枫香路、棣棠路等支路，医院西侧规划道路改为由北向南单向交通，建设共享单车集中停车区。锦逸片区，增设非机动车硬隔离设施，持续提升人行道品质。白鹭湾科技生态园片区，建设绿轴以北和绿轴以南的12条市政道路，增设共享单车集中停车区。三圣花乡片区，建设幸福梅林内部交通微循环系统，增设公交环线，建设幸福路右侧停车场、游客中心停车场、滨湖路侧停车场，提升慢行系统。

（王帆）

【轨道交通建设】 2023年，锦江区召开地铁涉建协调会10次，协调解决地铁站点开口接驳等事宜。配合市级部门，为轨道交通建设项目提供服务保障。协调地铁13号线一期、30号线一期涉及的交地工作。地铁13号线一期涉及新南门、望江路、三官堂、净居寺、四川师大、娇子立交、幸福梅林、三圣乡8个站点，地铁30号线一期涉及府城桥、金石路、棬子树、锦逸、娇子立交、海桐街、航天立交7个站点。

（王帆）

【TOD项目建设】 2023年，锦江区在规划居民区或商业区时采取以公共交通为导向的理念，以非汽车化规划设计为重点，规划建设TOD项目，促使公共交通使用最大化，提高城市空间利用率。并以公共交通站点为中心，在地铁三圣花乡站、牛市口站、白鹭湾站400～800米半径范围内高密度开发，打造集居住、工作、购物、娱乐、出行、休憩等功能于一体的现代化社区。地铁三圣花乡站、牛市口站、白鹭湾站的TOD综合开发项目完成投资15.97亿元。其中，三圣花乡站TOD综合开发项目位于驸马片区B211地块，住宅用地，占地3.63万平方米，已完工。牛市口站TOD综合开发项目位于空压机厂地块，综合用地，占地2.5万平方米，建设住宅、办公空间、商业空间，项目主体结构封顶。白鹭湾站的TOD综合

图40 白鹭湾站TOD综合开发项目（摄于2023年 区住建交局提供）

开发项目分别位于A159地块、A165地块、A163地块，商业服务业用地，占地10.05万平方米，建设商业空间，主体结构施工。

（王帆）

公路交通运输

【客运服务】 2023年，锦江区有网约车在营企业4家，分别是阳光出行、飞马出行、鹰明出行、旗妙出行。注销网约车运营企业2家，分别是三合出行、有鹏出行。办理网络预约出租汽车运输证6229个，开展网约车行业安全检查4次，检查网约车运营企业4家。同时建立区级部门联席会议制度和问题诉求联动处置机制，从畅通投诉举报处置机制、严格规范交通执法行为、改善网约车司机从业环境等八个方面制定《加强网约车司机群体权益保障八条措施》，为网约车司机解决矛盾纠纷689次。举办安全驾驶培训、健康知识讲座等活动4次，服务网约车司机1000人。

（王帆）

【货物运输】 2023年，锦江区新增货运企业35家，道路货物运输企业达到127家，从事道路运输的个体户45家，从业人员1000人。新增货运车辆202辆，货运车辆达到1012辆。道路货运行业运输结构由普通货物运输、危险品运输、专项运输、大件运输构成。建制企业有22家，规模以上企业6家，其中5家从事渣土运输、1家从事罐式运输。有重型货运企业24家、重型货车577辆，涉危货运输企业1家、车辆6辆。汽车租赁企业28家。全区营运车辆货运量325.75万吨。

（王帆）

【“锦小行·网约车司机之家”投用】 2023年，锦江区在静宁路打造“锦小行·网约车司机之家”，解决网约车司机就餐、充电等问题。向网约车司机提供“15元管饱”午餐和自助洗车等12项服务，平均每日服务网约车司机100人。

（王帆）

锦江区古遗址之成都古城墙水东门段遗址

成都古城墙水东门段位于成都市锦江区武成大街1号娇子苑小区，长44.1米，宽21.36米，高10米，占地941.97平方米。城墙由红砂岩压脚石和青砖垒砌，上建女墙、垛口，依次叠压明代城墙和宋代排水道。宋代排水道与明代城墙平行，出土陶瓷残片和小件器物。2009年，第三次全国文物普查，登记为一般不可移动文物。2022年1月7日，市政府公布为第八批市级文物保护单位。

城市建设与管理

城市规划

【城市设计】 2023年，锦江区梳理“三个做优做强”重点片区空间资源，聚焦示范引领、片区带动，重点推进春熙路时尚商圈、交子金融商圈、琉璃场片区城市设计，为片区的高标准发展、高质量打造提供规划支撑。科学优化东南里片区空间布局、产业引入和公共服务配套，深度挖掘书院文化、城墙遗址等历史文化资源，高品质编制城市更新设计方案，打造城墙保护与社区教育融合发展的锦江样本。持续开展纱帽街及周边区域地下空间利用规划研究、春熙路科甲巷片区城市更新设计及东大路高线公园城市设计。完成白鹭湾科技生态园城市设计、中生科创谷策划规划一体化设计、牛王庙站TOD一体化城市设计编制工作。

（唐嵋　黄晓熠）

【国土空间规划】 2023年，锦江区巩固国土空间规划成果，强化用途管理。坚持“以补定占”基本原则，落实耕地保护政策。开展建设项目占用耕地前置评价工作，发挥国土空间战略引领和刚性管控作用，将永久基本农田、生态保护红线和城镇开发边界三条控制线作为项目用地预审和选址、建设用地组卷报征的依据。加强规划实施管控，优先保障民生项目。完成大安桥路建设项目用地预审和选址工作以及城区段堤防除险加固工程、非住宅类排水户治理等项目的用地预审工作。大安桥路建设项目占用的2.76万平方米耕地补充到位，项目报征获省政府批复。启动成龙路绕城互通项目报征工作。

（唐嵋　黄晓熠）

【控制性详细规划调整】 2023年，锦江区结合重点项目、土地上市、公共服务设施建设，加快推动控制性详细规划调整。完成高威体育公园片区社区综合体、梅林东小学、三圣曾家坡住宅用地、环球汇地下空间等项目控规调整工作，持续推进中生科创谷（潘家沟片区）、琉璃场片区、驸马片区、交子金融商圈、锦江工业园、光明巷地块、梦工厂等重要片区和重点项目的控制性详细规划调整，为土地上市和项目建设提供规划保障。

（唐嵋　黄晓熠）

【规划审批验收】 2023年，锦江区优化规划许可审批制度和程序，为华侨凤凰工业项目、潘家沟农民拆迁安置房项目、林家坝TOD住宅及人才公寓项目开工提供保障。审批丹桂街东侧公园绿地用地、娇子立交工业用地、林家坝TOD用地、金融城片区配套建设用地，为锦水花乡一二期及配套设施、市射击射箭运动学校射击场馆、大慈寺院落及钟鼓楼、莲花村三区危改建房幼儿园办理产权。办理建筑类建设项目用地预审与选址、用地规划许可证、规划条件、工程规划许可证核发以及建设工程规划土地核验等审批事项187件。核发建设工程规划许可证41个，涉及建筑面积309.72万平方米。核发建设用地规划许可证43个，涉及用地面积121.09万平方米。核发建设项目用地预审与选址意见书30份、建筑工程规划土地核实意见书20份、规划条件及合规性审查意见书53份。办理成都地铁13号线、18号线、30号线14千米线路规划审批手续。持续推进办理白鹭湾、驸马、交子金融城、潘家沟等片区50条道路和桥梁规划审批工作，审批94个批次的市政工程规划项目。开展地下管线普查更新工作，更新3231.87千米地下管线的普查数据，通过验收。

（唐嵋　黄晓熠）

城市更新

【概况】2023年，锦江区恪守“人民城市人民建，人民城市为人民”宗旨，完善区域城市更新推进机制，高起点谋划城市发展，推进城市更新，实施牛沙片区城市有机更新项目等7个片区更新项目和四圣祠、净居寺、莲花六组等片区的棚户区改造项目，推动春台市锦二期、绿地468·云里、春熙路北段RE:X年轻力中心、锦东路得胜上街、耿家巷等特色街区建设，促进城市功能品质提档升级，打造宜居、韧性、智慧兼备的“幸福城区”。

（黄睿　潘颖）

【城市更新体制优化】2023年，锦江区优化城市更新体制，在城市有机更新工作领导小组下设城市建设提升组、产业转型升级组、城市精细治理组、社会事业服务组、文商旅体植入组5个专项工作组，推进片区形态、业态、生态融合发展。完善四圣祠片区城市有机更新项目搬迁腾退专项推进组设置方案，优化下设机构、工作职责，保障搬迁腾退高效有序推进。制定《老旧小区片区综合改造实施意见》，完善老旧小区改造配套政策，以成片综合改造为抓手，推进超大城市中心城区老旧小区片区改造。

（潘颖　王伟）

【城市片区有机更新】2023年，锦江区依据市住建局《关于同意锦江区牛沙片区城市有机更新项目实施计划相关事项的函》《关于同意锦江区生研所片区城市有机更新项目实施计划相关事项的函》《关于同意锦江区四圣祠片区城市有机更新项目实施计划相关事项的函》《关于同意锦江区东光片区城市有机更新项目实施计划相关事项的函》和七届区政府第156次常务会决议，启动7个片区更新项目。

牛沙片区城市有机更新项目总投资32.5亿元。更新范围北至通盈街，南至净居寺路，西接二环路，东临沙河，更新面积65.6万平方米。通过更新，盘活存量用地，引入多元业态，植入文化元素，打造特色景观，形成特色街区。

成都生物制品研究所片区城市有机更新项目总投资78亿元，定位为“产城融合示范区”。更新范围东至玉树路，西临锦华路三段，北至皇经楼二街。通过完善片区服务配套设施，改造区域交通环境，打造宜居生活场景。

四圣祠片区城市有机更新项目总投资167亿元。更新范围北至新华大道，南至蜀都大道，西邻暑袜北一街，东至东安路，更新面积98.66万平方米。实施老旧院落改造，打造特色街区，整治建筑外立面风貌，建设公园绿道，将时尚元素融入生活场景，复兴天府文化。

东光片区城市有机更新项目总投资61亿元。更新范围北至二环路，南临沙河，西至锦华路一段，东至净居寺路，更新面积95.2万平方米。以“青创文化+”为核心，聚焦文化消费体验、创意设计、商务办公三大产业板块，打造沙河青创客厅、文商融合高地、生态宜居家园，塑造未来公园社区城市更新典范。

老包江区城市有机更新项目位于白鹭湾新经济总部功能区，总投资3亿元。更新范围东临锦华路三段，西和南至洗瓦堰，北接桦彩路。涉及搬迁安置面积4.2万平方米，国有土地搬迁改造建筑面积1.55万平方米。明确“优化空间、改善民生、产业升级”的总体思路，以城市更新单元为主线，采取“留、改、建”方式，提升城市品质，改善人居环境。更新改造范围的老包江桥小区应改造205家，签约202家，收房

202套，向195家发放收购款。

一心桥片区城市有机更新项目总投资100亿元。位于一环路与二环路之间，蜀都大道南侧，宏济新路北侧，毗邻东大街国际消费活力轴和牛王庙TOD站，规划总面积80万平方米。总体定位为“市井烟火风貌区”。实施危旧房棚户区改造、老旧院落改造，将一心桥片区打造为集金融办公、文化艺术、宜居生活于一体的市井烟火风貌街区。

静康路片区城市有机更新项目总投资34.61亿元，位于二环路与中环路之间，东临东大街，西临静安路。贯穿“赋能提质、辐射带动”思路，依托省农科院，植入“农业智慧芯”，打造现代农业服务创新经营试点示范项目，建设区域性农业全产业链综合服务中心。

（潘颖）

【老旧小区院落改造】 2023年，锦江区依据《成都市城镇老旧院落改造“十四五”实施方案》，编制2023年区级目标任务清单和老旧小区改造项目（第一批次）实施方案，探索建立老旧院落改造、治理、服务一体化模式，实施80个老旧小区改造项目，涉及12311户住户。优先改造院落雨污管网、危房、电力设施。78个项目被纳入中央补助支持计划。实施提升改造项目1个（锦华路街道府河小区二期项目）。实施房屋安全改造项目1个。即书院街街道北顺城街57～83号。被纳入省级目标的70个老旧小区改造项目和被纳入市级目标的34个老旧小区改造项目竣工。既有住宅自主增设电梯190台，资金补贴1482万元。另争取省级补助资金962万元。老旧小区院落改造从“我要拆”向“我愿改”转变，小区面貌从“老旧差”向“优精美”转变。东湖街道东光片区老旧院落改造项目和牛市口街道莲花片区老旧院落改造项目入选市级示范项目。牛市口街道莲花新区老旧院落改造项目申报住建部联系点位，入选住建部第八批城镇老旧小区改造可复制政策机制清单，获成都市最佳老旧院落改造示范奖。福顺里片区老旧院落更新改造项目入选“人民阅卷”十大市民点赞项目。

（王伟）

【危旧房棚户区改造】 2023年，锦江区根据七届区政府第149次常务会安排，采取协议搬迁模式，推进四圣祠片区棚户区改造项目，分地块、分时序启动搬迁腾退工作。启动C8-4（单位产权部分）地块、C9-1（私产部分）地块搬迁腾退工作，涉及土地整理面积1.55万平方米，改造建筑面积3.08万平方米，搬迁改造住户187户。编制C8-4地块补偿安置测算方案。开展C9-1地块未签约住户攻坚工作。

根据七届区政府第156次常务会安排，采取协议搬迁模式，启动净居寺片区棚户区改造项目。项目占地面积1.26万平方米，搬迁总建筑面积1.77万平方米，涉及搬迁户359户。按照“统一规划，分片实施”原则，将净居寺地块城市有机更新项目作为东光片区城市有机更新的第一批次项目先行启动。万鑫公司资产已拍卖，推进后续处置工作。

依据城市有机更新工作领导小组2023年第1次会议决议，以协议搬迁方式启动莲花六组片区棚户区改造项目。项目占地面积9166平方米，改造建筑面积1.66万平方米，涉及搬迁户249户。A标段旧房拆除工作完成，编制B标段拆除施工方案。创造30天完成签约的成绩，帮助249户居民改善居住环境。

依据八届区政府第43次常务会决议及城市有机更新工作领导小组城市建设提升专项工作组《关于研究启动席草田巷地块搬迁腾退项目相关事宜专题会会议纪要》，采取协议搬迁模式，启动席草田巷棚户区改造项目。项目占地面积1146平方米，总建筑面积727.18平方米，涉及搬迁户18户。完成房屋拆除工作。

实施农资市场片区棚户区改造项目。包括农资市场和“德义村”及周边零星地块，改造面积5.08万平方米，搬迁面积3.6万平方米，涉及搬迁户966户。项目分区搬迁成本测算工作完成，开展预评估工作。省农科院明确征收补偿主体权属。

东光商城片区棚户区改造项目占地面积1.33万平方米，净地面积8340平方米，涉及非住宅搬迁户148户，改造总建筑面积1.75万平方米。项目摸底调查、成本测算、社会稳定风险评估等前期工作完成，会同市级部门研究项目资金筹集路径等事宜。

（潘颖）

【特色街区打造】 2023年，锦江区按照市住建局《关于下达2023年度成都市特色街区和城市既有建筑风貌提升项目建设任务的通知》要求，围绕春熙商圈和锦东生态商圈提档升级项目，推动春台市锦二期、绿地468·云里、春熙路北段RE:X年轻力中心、锦东路得胜上街等特色街区建设。春台市锦二期项目是成都十二月市“锦市”的主要载体，由区公园城市局牵头，成都百年春熙公司投资3000万元建设。项目定位为“年轻力文化策源地”，探索年轻力创新商业模式，注入年轻元素，打造全场景IP互动娱乐营销起点和时尚潮流文化高地。

根据2020年9月4日召开的天府锦城建设现场办公会议精神，完成耿家巷特色街区邱家祠堂、龙王庙正街70号、耿家巷润居等历史建筑修缮任务，推进金具厂一期、川师大老教学楼等历史建筑修缮工作，完成暑袜北一街79号门坊、四圣祠北街19幢附1幢民居和附2幢民居的历史建筑申报认定工作。同时结合街区业态定位，依托街区文物保护单位、历史建筑、川西民居院落，植入商业和文创业态。

（费睿）

【“两拆一增”工作推进】 2023年，锦江区构建“政府引导、社会协同、公众参与”协同治理模式，秉持“见缝插绿、以绿治乱、以花添彩”的理念，结合“美丽街区”创建工作，在太古里、马家沟片区发掘闲置地块潜力，推动街区风貌品质更新。以大运会为契机，将城市空间开敞、规划、建设、管理由大规模集中改造转向小规模、精细化、常态化更新，渐进式推进城市“微更新”。完成桂香居、菱窠路等“两拆一增”点位72个，增绿5.97万平方米，新增开敞空间7.3万平方米。

（战婕）

【美丽街区创建】 2023年，锦江区以“卫生美、秩序美、设施美、形态美、风尚美、智治美”为标准，以提升基础设施品质、规范市容卫生秩序、创建各类城市管理场景为着力点，以违规占道经营、车辆乱停放等十大环境问题为重点，开展专项治理，提升背街小巷环境管理水平。同与街区商户、企业建立联系机制，提供一对一上门服务，解决商家垃圾分类、占道经营、厕所联盟、围挡（广告）设置中遇到的困难，促使街区面貌从“老旧差”向“优精美”转变。实施太古里商业旅游街区和马家沟幸福邻里街区的16个硬件提升项目，打造32个城市管理场景。太古里商业旅游街区入选首批市级最美街区，马家沟幸福邻里街区入选首批市级美丽街区。

（战婕）

城市基础设施建设

【道路桥梁】 2023年，锦江区实施锦江大道提升改造工程，提升改造路段起于科华南路，止于成龙路，全长6.1千米，宽40米。按城市道路断面结构改造，同步

图41 入选首批市级美丽街区的马家沟幸福邻里街区

（摄于2023年　区综合执法局提供）

实施排水、电力、通信等地下管网建设。项目总投资5.1亿元。2021年9月，项目开工。2023年7月，项目竣工。全线由双向六车道改为双向八车道。实施佳宏南路、静平路2条断头路建设项目，打通断头路800米。佳宏南路打通后成为菱窠路至成龙路的连接通道，缓解狮子山片区拥堵程度。静平路打通后，省农科院周边交通状况得到改善，减少车辆绕行时间，缓解片区拥堵现象。实施三圣街道驸马片区、柳江街道潘家沟片区、椲子树片区14条规划市政道路建设项目，新建道路8千米，总投资5.55亿元。区管公路42条，主要集中在三圣街道、成龙路街道、柳江街道，全长71.3千米。区管市政道路479条，全长201千米，包括顺城大街、银杏大道、皇经楼路等76条主次干道和403条支路。

图42 锦江大道建成路段　　（摄于2023年　区住建交局提供）

区管桥梁47座，包括1座拱桥和46座简支梁桥。桥梁面积1.19万平方米。

（王帆）

表45　2023年锦江区桥梁一览表

序号	桥梁名称	类型	桥梁具体地点	桥梁长度（米）
1	东篱菊小桥	简支梁桥	东篱菊园路	10
2	明月小桥	简支梁桥	柳月路	26
3	洗瓦堰桥	简支梁桥	琉成路	31
4	聚宝沱 1 号桥	简支梁桥	琉成路	32.06
5	聚宝沱 2 号桥	简支梁桥	琉成路	32.06
6	新大安桥	简支梁桥	驿路梨花延伸线	26
7	沙河大桥	简支梁桥	成龙路	110
8	沙河小桥	简支梁桥	成龙路	20
9	跨成昆铁路桥	简支梁桥	成龙路	106
10	红砂社区小桥	简支梁桥	成龙路	10
11	新成仁路沙河大桥	简支梁桥	G213 城区连接线	70
12	新成仁路沙河小桥	简支梁桥	G213 城区连接线	20
13	包江桥新桥	简支梁桥	G213 城区连接线	20

续表45

序号	桥梁名称	类型	桥梁具体地点	桥梁长度（米）
14	洗瓦堰桥	简支梁桥	G213 城区连接线	28
15	洗瓦堰桥	简支梁桥	G213 城区连接线	28
16	琉璃路沙河大桥	简支梁桥	琉璃路	80
17	琉璃路沙河小桥	简支梁桥	琉璃路	20
18	跨外环路桥	简支梁桥	琉大路	105
19	聚宝沱桥	简支梁桥	琉大路	20
20	万兴桥	简支梁桥	黉柏路	28
21	永安大桥	简支梁桥	石胜路	132
22	老成渝路沙河大桥	简支梁桥	老成渝路	70
23	老成渝路沙河小桥	简支梁桥	老成渝路	18.1
24	成万路小桥	简支梁桥	成万路	12
25	工业园区小桥	简支梁桥	毕昇路	12
26	劼人路红庙子桥	简支梁桥	劼人路	13.5
27	望山陵园桥	简支梁桥	望山陵园	8.65
28	观音桥	简支梁桥	萃锦东路	18.2
29	红庙子 1 号桥	简支梁桥	菱窠路	6.6
30	桦彩路桥	简支梁桥	桦彩路	11.3
31	科创路洗瓦堰桥	简支梁桥	科创路	11.5
32	毕昇路桥	简支梁桥	毕昇路	26.1
33	小洗瓦堰桥	简支梁桥	洗瓦堰	11
34	秀水河 1 号桥	简支梁桥	秀水路	13.5
35	新九眼桥	拱桥	上河心村	79
36	水津桥	简支梁桥	水井街	50
37	秀水河桥	简支梁桥	中沙河铺街	13
38	红庙子 2 号桥	简支梁桥	菱窠路	6.6
39	兴安桥	简支梁桥	十二北街	57
40	石牛堰排洪桥	简支梁桥	河滨路	34.8
41	菱安路红庙子桥	简支梁桥	菱安路	10.4

续表45

序号	桥梁名称	类型	桥梁具体地点	桥梁长度（米）
42	水杉街红庙子桥	简支梁桥	水杉街	10
43	合欢树红庙子桥	简支梁桥	合欢树街	10
44	国槐街红庙子桥	简支梁桥	国槐街	8.8
45	琉璃桥	简支梁桥	琉璃路	80
46	秀水桥	简支梁桥	静秀路	12
47	小沙河观音桥	简支梁桥	观音桥	10

【供水】 2023年，锦江区城市供水业务由成都市自来水有限责任公司承担，保障生产生活用水。区域内自来水管网健全，居民生活用水执行阶梯水价政策。每户每年用水量低于216立方米，按第一阶梯水价收费，每立方米终端水价3.03元。每户每年用水量217～300立方米，按第二阶梯水价收费，每立方米终端水价3.9元。每户每年用水量301立方米以上，按第三阶梯水价收费，每立方米终端水价6.51元。洗浴、洗车、美容等行业用水定价每立方米7.53～15.13元。

（成都本地宝）

【供电】 2023年，锦江区分布220千伏变电站4个、110千伏变电站12个，在建220千伏的变电站1个。4月，启动锦华路三段祝国寺社区的桃乡至蓉东220千伏线路工程。项目总投资3.81亿元。同步启动柳江街道220千伏金融城变电站建设。项目总投资3.32亿元，完成投资9242万元。钢结构主体工程完成吊装任务。预计新增变电容量48万千伏安，保障金融城河东及白鹭湾片区的用电需求。推动岷江路与夹金山路交会处的220千伏蓉东变电站增容改造工程。项目总投资1.95亿元，完成投资1.13亿元。变电大楼落成，电气设施安装进度达到80%。预计新增变电容量18万千伏安，以提升东大街、牛市口等片区的供电可靠性。

按照外电引接部署，完成成龙路与锦江大道交会处的四川大学华西医院锦江院区一期正式用电项目。项目总投资4891万元，用电总容量21700千伏安。外部线路分别来自220千伏三圣变电站和110千伏银杏变电站。针对消防、网络数据、医疗设备、医学实验室的用电需要，自备柴油发电机3台，提供不间断电源。实施柳江街道潘家沟三组的白鹭湾科技生态园一期项目（3号地块）10千伏电源引入工程。项目总投资1127万元，用电总容量32950千伏安。外部线路双电源供电，分别由110千伏胜利变电站与110千伏银杏变电站引入，部分容量互为备用。另配置容量1000千瓦的柴油发电机1台，确保消防和应急照明用电不间断。

投资1127万元，实施老旧院落居民供电配电设施改造工程。改造32个老旧院落的供电配电设施，覆盖居民用户4353户。根据新能源汽车用户需求，建成充电桩2186个。

向国网成都供电公司移交214个小区供配电设施的维修养护权限。配合国网成都供电公司推进春熙路片区、锦华路片区、金融城片区的12个配网网格化项目建设，年度投资3862.1万元。采取更新设备、新建线路、用电负荷优化分配等方式，升级改造10千伏供电线路网架。将供电线路形成“手拉手”双电源结构，提升供电可靠性。新建4.5千米电力通道，铺设电力电缆14.87千米，惠及河滨印象、汇丽汀香、东光小区等住宅小区34个。

夏季和冬季用电高峰时期，完成“迎峰度夏”“迎峰度冬”的电力保障任务。完成成都大运会期间的电力保障任务，达到射击场馆中心、猛追湾游泳场2个主场馆电力零闪断的预期目标。

区域内一户一表居民用户占比达91%，用电价格执行“阶梯电价+峰谷电价+成都市丰水期试行居民生活用电电能替代价格”政策，每千瓦时0.48～0.79元。合表用户每千瓦时0.51元。

（李亮　简淑群）

【供气】 锦江区输气管网健全，满足一环路、二环路、三环路和绕城高速公路各区间的生产生活用气需求。天然气供应业务由成都城市燃气公司供气分公司负责办理。供气分公司位于锦江区均隆街34号，设锦江服务中心服务大厅，开通24小时热线电话。用气定价执行阶梯政策。2023年末，居民用户及执行居民气价的非居民用户气价上调，每立方米上调0.16元。一阶梯气价每立方米2.34元，二阶梯气价每立方米2.75元，三阶梯气价每立方米3.36元。合表居民用户及学校、养老福利机构等执行居民气价的非居民用户气价每立方米2.54元。

（成都城市燃气公司官网）

【园林绿化】 2023年，锦江区实施“百个公园”示范工程、小游园微绿地建设、“金角银边”街头微绿地景观打造，夯实绿色生态本底，塑造公园城市优美形态，提升城市绿化品质。挖掘城市边角地和废弃地潜力，采取“插缝留绿”方式，新建白桦林路游园、珙桐街公园2个小游园，改建武海阳光广场等4个小游园。实施银杏大道东侧和西侧2个绿地项目，打造高品质开放生态绿地。建成“回家的路”和“上班的路”50条，打造天府绿道健身空间10个。依据《更新利用城市剩余空间打造“金角银边”三年行动方案》，利用桥下空间、街旁空间、地下空间、基础设施周边空间、屋顶空间、滨河空间、望江锦苑西侧临时绿地、幸福梅林入口景观节点等“金角银边”示范点位25个。新增绿地35万平方米。江家艺苑、花乡农居、活水公园入选市民春季最喜爱的踏青地，活水公园创建为“成都市儿童友好示范单位”。

（曾玉明　张艳麟）

图43 锦江区打造的黄葛树街小游园　（摄于2023年　区公园城市局提供）

城市管理

【概况】 2023年，锦江区深入实施城市管理行动计划，坚持错时工作制，落实“人头对人头”工作机制和网格化管理制度，利用“天网”摄像头，监控、治理占道经营、张贴小广告、共享单车乱停放等违法行为，维护市容秩序。开展扬尘专项执法检查行动，监管建筑工地，常态化开展扬尘治理。落实户外广告牌和商店招牌审批制度，杜绝安全隐患。持续推动垃圾分类工作，升级改造标准化垃圾投放站点1802个，建设社区再生资源回收站点110个、有害垃圾暂存点1个。数字化城管中心处置城市管理案件49万件，办理市民投诉案件8000件，案件交办率100%、处置率100%。

（战婕）

【市容秩序管理】 2023年，锦江区在道路两侧、背街小巷、城郊接合部等重点区域全天候高密度监管，采取清理、移交、训诫、处罚、打击、宣传六项措施，落实定时、定点、定人、定岗、定责的“五定”制度，查处劝导后屡禁不止的商户及非法张贴、喷涂、散发小广告行为。收缴非法小卡片12.8万个，查处案件24件，批评教育违法人员400人。

每日全覆盖巡查，规范沿街门店外摆行为。同时针对重点地域开展外摆经营专项行动。不定期开展“回头看”行动，采取集中检查与临时抽查相结合的方式，督导商家落实“门前五包”责任。“门前五包”责任书签订率100%。全年整治违规经营行为4万件，整治占道堆物堆料现象1.5万次，取缔违规横幅600条。开展文明劝导活动500次，发放宣传资料2.4万份。

践行部门监管、属地监督、企业主责的管理机制，建立各单车企业分片包干管理机制，定人定岗管理重点区域。完善监督考核机制，督促单车企业落实主体责任。监督、指导共享单车企业换代升级车辆，设置停车电子围栏。车辆必须在指定位置落锁，在停车区域外无法结算，从源头规范车辆停放秩序。在马家沟路、静沙北路打造共享单车规范管理示范街。清理坏损车、“僵尸车”684辆，规范乱停放单车65.67万辆。

（战婕）

【扬尘污染治理】 2023年，锦江区强化在建工地监管力度，第一时间要求工地整改扬尘问题，约谈整改不到位的施工单位，制发督办通知33份、告知书16份，整改率100%。依据《成都市建筑垃圾运输企业记分管理评定办法》，采取记分和评定相结合的方式管理建筑垃圾运输企业。要求各单位对照考核运输企业安全生产管理、渣土运输作业管理、企业内部规范管理、车辆GPS在线监管的规定自查自纠，发现和整改扬尘问题。联合市交警三分局开展“警城联动”行动，抽查过境运渣车辆。全年开展扬尘执法检查46次，查处违规工地156个，查处违规运渣车辆53辆。

（战婕）

【商店招牌和户外广告管理】 2023年，锦江区依据《成都市招牌设置管理实施办法》《成都市中心城区广告招牌管理手册》，完善户外广告招牌审批管理流程，监管广告设置的事前、事中、事后各环节。审批户外招牌1838个、户外广告牌1个。要求商家签订户外广告设置安全承诺保证书，定期维护，杜绝安全隐患。全年整改户外广告牌安全隐患432处。

（战婕）

【垃圾分类处置】 2023年，锦江区成立由区委书记、区政府区长任组长的生活垃圾分类工作领导小组，制定《深入推进生活垃圾分类工作攻坚行动方案（2023—2025年）》，完善牵头推进机制，整合城管、教育、住建、商务等部门力量，加强行业垃圾分类治理，形成上下联动、左右协同、齐抓共管的工作局面。

在财富中心、万科城市花园等4个点位增设厨余垃圾分布式处理设施和垃圾分类“清洁小屋”。开展大件垃圾便民收运服务活动，在春熙路设置大件垃圾暂存点，在四圣祠北街设置大件垃圾堆放点，在成龙街道设置大件垃圾拆解中心，在牛市口、锦华路、东湖、狮子山4个街道和锦城逸景小区设置大件垃圾集散点，在大安桥社区设置大件垃圾转运站，在星桥街设置大件垃圾转运点，在马家便民菜市设置大件垃圾收集点。同时完善电话预约和网络预约收运机制，收运大件垃圾846.9万千克。

将生活垃圾分类纳入中小学和幼儿园课堂教育，定期组织物业公司、社区居委会、小区业委会、志愿者团队开展宣传活动，向住户宣传垃圾分类的意义。锦江区环卫清运中心、成龙路街道垃圾分类公益科普馆集生活垃圾分类知识科普、互动游戏等于一体，入选四川省生活垃圾分类宣传教育基地。开展“美好环境与幸福生活共同缔造”等主题活动、志愿服务活动380次。

（战婕）

智慧锦江建设

综述

【智慧锦江组织架构】2023年，锦江区落实市委、市政府推动新型智慧城市建设的部署，成立智慧城市建设领导小组。区委、区政府的主要领导共同担任组长，分管区领导任副组长，39个区级部门和11个街道的主要负责人为成员。领导小组统筹推进智慧锦江建设，提升超大城市敏捷治理和科学治理能力。领导小组办公室设在区政府办公室，主任由区政府办公室主任兼任，一名副主任专司智慧锦江建设。区政府办公室3个行政科室和区城运中心4个内设部门共同承担智慧锦江建设的具体工作。其中区政府办公室智慧锦江运行管理值守调度科、智慧锦江运行管理协调督查科、智慧锦江建设科主要承担城市运行管理和智慧锦江建设职能。区智慧蓉城运行中心为区政府直属处级公益一类事业单位，由区政府办公室代管，内设综合部、规划建设和运行事务部、应用场景推进部、数据资源部，主要承担中心建设、运行、维护等工作，负责重点领域应用场景体系建设。

加快构建“王”字形智慧锦江运行管理架构，组建春熙路街道、牛市口街道、东湖街道、沙河街道智慧蓉城运行中心，隶属街道，副处级事业单位。主要负责街道城运中心平台建设、运行、维护等事务性工作，负责街道辖区数据收集、更新、维护、管理，承担推动城市运行“一网统管”工作，负责区城运中心平台事件响应、数据对接工作，负责应用场景的建设运营，负责汇总、回应社会诉求，承担风险预判、舆情上报工作，协助处置应急事件。同时践行“街道呼·部门应”机制，提供智慧应用服务和数据支撑，承担街道城运中心基础设施、数据资源、应用平台等安全保密工作。

（梁毅　周慧颖）

【智慧锦江运行机制】2023年，锦江区根据市委、市政府实施智慧蓉城建设“1+4+2”总体部署，在智慧蓉城运行中心召开智慧锦江领导小组会议及16次主任办公会议，部署智慧锦江建设各项工作。按照成都市“王”字形架构的总体要求，围绕“高效处置一件事”工作目标，印发《以深化智慧锦江建设助推城市数字化转型2023年工作要点》《智慧锦江建设项目暂行管理办法》《智慧蓉城城市运行事件处置工作规范（试行）》，建成集物联、网联、数联、智联、信联、安联于一体的“六联”体系和智慧蓉城运行管理体系，促进城市数字化转型。智慧蓉城运行管理体系即以区智慧蓉城运行中心为枢纽，建成11个街道运行中心。对上接入市级运行平台，对下覆盖社区。构建市、区、街道、社区、网格“五位一体”管理体系，实现智慧管理全覆盖目标。区智慧蓉城运行中心被市委、市政府评为智慧蓉城建设工作先进集体。11—12月，区智慧蓉城运行中心选送的智慧锦江工作案例入选智慧中国年会数字政府特色创新案例和新京报社数字政府建设卓越示范案例。

（梁毅）

【数字场景开发应用】 2023年，锦江区聚焦“惠民侧”，结合“全国完整社区”创建工作，开发“锦彩生活”居民客户端、“智慧枫树社区”、线上锦江就业超市、“春熙券”养老积分等数字应用场景，为社区老、中、青、少、幼各年龄段群众提供教育、就业、就医、养老、心理咨询等服务。聚焦经济提能，开发“锦彩企成”企业客户端、楼宇智慧管理平台，畅通企业诉求通道，提供包括扶持政策等信息在内的信息服务，提高楼宇入驻率、入区率、入库率、纳税率。打造“云上春熙”智慧商圈，提高百年春熙路的知名度、美誉度，提升线上销售量级。推进“车路协同”“中水回用”等智慧应用项目，助力经济转型发展。聚焦社会治理，依据《关于网格化治理体系建设的实施方案》，构筑网格化智慧治理平台，自动匹配整合业务事件、地理坐标、现场实况、周边资源、处置力量，提高基层治理效能。形成居民、网格、社区、街道、区级、市级六级业务纵向联动格局。

（梁毅）

智慧治理

【智慧检察】 2023年，锦江区依托“智慧检察”体系建立“业务主导、数据整合、技术支撑、重在应用”工作机制。利用大数据法律监督应用模型，梳理13条数据模型线索，打造电信诈骗数据模型、企业合规在线监管数据模型、涉未案件中旅业经营者依法履行义务监督数据模型等5个创意类数据模型。其中电信诈骗数据模型获成都市检察机关大数据法律监督模型竞赛优秀奖。开展违规抽取地下水、未成年人抚养费执行、行政机关违规公开公民信息、企业主体违规注销等数据模型验证及线索排查工作，筛选线索，办理磋商案件，向行政部门制发检察建议，为靠前研判、类案监督、推动社会治理奠定基础。

（唐祥　赵美琦）

【智慧城管】 2023年，锦江区坚持问题导向，针对日常发现问题统计和专项检查得出的典型问题以及市、区两级城管监督领导“行走成都·精细管理”巡查发现的突出问题，以“每周一推”的方式，在分管区领导的微信群推送，定期回访整改情况。建立“天网日报”制度，利用“天网”摄像头监控城市道路的环境卫生、市容秩序。建立集案件办理、回访沟通、分析研判、考核评价于一体的工作体系，提高案件办理质效。针对重复投诉案件和群众满意度低的案件，发挥社区联系群众的优势，搭建沟通渠道，回应群众诉求。

（战婕）

【智慧水务】 2023年，锦江区按照“智慧蓉城”和“智慧锦江”部署要求，以及“小步快跑、分批建设”的思路，以防汛、河湖为重点，搭建集智能感知、数据共享和智慧应用于一体的水务平台。强化水务事件闭环处置能力，提升现代化治水能力，为监测、预警、调度和辅助决策提供支持，实现“水务信息一屏统观、水务事件一网统调”目标。智慧水务一期项目的数据平台、智慧防汛、智慧河湖、水务工程监管等6个模块上线运行，用于水位监测、水质监测的智能感知设备建成投用。构建智慧水务数据仓库，对接市级21项2万条数据和区级3项1000条数据，形成跨层级、跨部门、跨区域的数据共享机制。

（战婕）

【智慧环保】 锦江区建成生态环境数智总控平台和11个街道子平台，与街道小型空气站、环卫车辆、空气监测站、水质监测站、噪声监测站、高空污染源巡查无人机机场的感知源设备对接，数据共享，为精准治污提供科技支撑。2023年，连接空气自动监测站93个、水质监测站9个、入河排口的摄像头258个、噪声自动监测站11个，高空污染源巡查无人机机场2个，录入4128家企业的基本信息。

（郭春艳）

智慧服务

【智慧政务】 2023年，锦江区落实“放管服”改革部署，持续推进一网通办工作，以数字赋能为引擎，开启智慧政务服务模式，形成融合线上与线下、贯穿全链条、全要素、全周期的智慧政务服务体系。启动政务服务“极简办”试点工作，推出23个“极简办”事项。通过在线数据共享，减免40%纸质材料，提升行政审批效能。政务服务一体化平台办理业务79.8万件，好评率达100%，差评按期整改率100%。

（段潇潇）

【智慧群团】2023年，锦江区“智慧群团”是运用“互联网+大数据”技术，采取共建、共管、共享、共用模式建立的信息化服务平台。覆盖全区群团组织，实现群团服务实体领域资源共享目标。智慧群团信息化平台一期开发计算机端，实施微网页建设，包括群团资讯、群团活动、群团阵地、群团服务器、积分商城、专题专栏等模块。二期开发小程序端，新增多媒体库、职工书屋、签到活动、投票活动、智能门禁等模块。

（邓克忠　毛玉霞）

【智慧教育】2023年，锦江区推动智慧教育平台建设，完善智慧教育云平台功能，完成网络安全三级等保测评，新增“新课标教与学实践”“教师发展培训”2个子平台，部署校本资源子站点建设。同步推进平台基础数据对接共享工程，与成都市智慧教育云平台的学校和幼儿园比对数据，与区智慧蓉城运行中心对接教育人口基础数据。组织学校和幼儿园动态维护师生基础数据，利用云平台开展师生信息素养提升实践活动。全区学校和幼儿园的平台活动参与率100%。推进国家中小学智慧教育平台先导性应用，向中小学制发《关于深化国家中小学智慧教育平台应用工作方案》。锦江区被评为四川省首批智慧教育示范区。成都市盐道街小学、成都七中育才学校被评为四川省智慧教育示范校。召开智慧教育学校经验总结会，为12家智慧教育创建学校和幼儿园授牌。

（郑文）

【智慧科普】2023年，锦江区按照《四川省科学技术协会关于推进智慧科普传播体系建设的通知》“力争到2023年，实现全省每个乡（镇、街道）至少有1名科普管理员，全省每个村（社区）至少有1名科普员的全域覆盖工作目标”等要求，开展科普员队伍建设。发展科普管理员11人，科普员76人。街道科普管理员、社区科普员覆盖率100%。科普员的科普信息传播量42304条。

（肖凯　马玉萍）

【智慧养老】2023年，锦江区依托一老一小创新发展中心，升级智慧养老服务平台，录入6.8万名70岁以上老年人基本信息、18家养老服务机构基本信息、81个社区日间照料机构基本信息，与智慧蓉城运行平台数据共享。同步链接家庭智能报警设备等智能终端设备，实现区、街道、社区三级养老服务可视化管理和现场指挥调度愿景。打造居家养老服务、养老补贴发放、养老机构视频监管、智慧家庭照护床位、巡访关爱、守护老年人居家安全六类“养老一件事”智慧场景。实施“春熙券”养老服务积分改革，依托“云上春熙”发放“春熙券”养老积分，扩大养老服务领域“春熙券”合作范围，引导养老服务机构和企业商家建立优惠折扣机制，撬动社会资源投向养老服务领域。向6.8万人发放价值4163万元的养老服务积分。12月28日，被工信部、民政部、国家卫健委认定为2023年智慧健康养老应用试点示范（基地类）。

（庄义）

表46　2023年锦江区“春熙券”线上定点养老服务机构一览表

序号	名称	地址
1	卓锦城社区日间照料中心	锦江区枫树街2号
2	（香香餐厅）香樟社区助餐点	锦江区榆钱街277号

续表46

序号	名称	地址
3	（暖心食堂）国槐社区助餐点	锦江区国槐街 835 号附 3 号
4	幸福食堂	锦江区大塘坎街 58 号
5	盐市口社区卫生服务中心	锦江区新光华街 35 号
6	盐道街社区日间照料中心	锦江区自强路 14 号
7	盐市口社区日间照料中心光华街点	锦江区光华街与梨花街交会路口
8	盐市口社区日间照料中心顺城大街点	锦江区顺城大街 155 号
9	华成路社区日间照料中心	锦江区大田坎街 93 号
10	锦东社区日间照料中心	锦江区海椒市横街 78 号
11	九眼桥日间照料中心（宏济巷）	锦江区宏济巷 27 号
12	一心桥社区日间照料中心	锦江区海椒市街 6 号
13	牛市口街道社区养老服务综合体	锦江区宏济巷 136 号 3 号楼 3 楼
14	龙舟社区日间照料中心（幸福居）	锦江区莲花新区北一巷 10 号
15	水碾河路南社区日间照料中心	锦江区水碾河路 46 号 7 栋附 19 号
16	九眼桥社区日间照料中心（锦宏苑）	锦江区宏济新路 137 号
17	莲桂西路社区日间照料中心	锦江区工农院街 6 号附 3 号
18	紫东社区日间照料中心	锦江区海椒市东街 90 号
19	双桂路社区乐邻溪云餐厅助餐服务点	锦江区汇源北路 118 号
20	塔子山社区锦东庭园助餐点	锦江区岷江路 1668 号锦东庭园
21	锦馨社区 A 区日间照料中心	锦江区榕声路 47 号 4 幢 3 单元 1 楼
22	锦官驿街道崇德里社区日间照料中心	锦江区龙王庙正街 146 号
23	锦官驿街道合江亭社区家政服务点	锦江区下莲池街 40 号
24	锦官驿街道崇德里社区长者食堂	锦江区龙王庙正街 140 号
25	锦官驿街道水井坊社区长者食堂	锦江区青和里北段 96 号外 8 号
26	锦官驿街道合江亭社区日间照料中心	锦江区滨江东路 166 号
27	锦官驿街道水井坊社区日间照料中心	锦江区一环路东五段 1 号
28	锦江区狮子山社区卫生服务中心	锦江区劼人路 159 号
29	锦江区琉璃社区日间照料中心	锦江区琉璃路 1337 号
30	宏海洋家政	锦江区晨辉一街 54 号

续表46

序号	名称	地址
31	金象花园社区助餐点	锦江区晨辉西路与琉璃路交会路口
32	华邦美好家园成都锦江孝慈苑	锦江区经天二街336号
33	锦江区三圣社区卫生服务中心	锦江区锦江大道877号C幢
34	喜树之家便民服务中心	锦江区锦江大道877号B幢5楼
35	喜树路社区日间照料中心	锦江区喜树街668号
36	书院养老服务综合体	锦江区华星路12号附4号
37	庆云社区浩然扬·红星厨房助餐点	锦江区庆云西街29号
38	五昭路社区九九乐膳助餐点	锦江区华星路12号
39	华兴街社区春色康养康疗中心助餐点	锦江区总府路1号1层附1号
40	锦江区暖巢人家照料护理中心	锦江区东光南二巷70号
41	永兴社区日间照料中心静颐点	锦江区净居寺西街208号
42	柳江社区助餐点	锦江区柳翠路179号
43	柳江社区日间照料中心	锦江区柳翠路179号
44	成龙路街道枫树社区养老服务综合体	锦江区枫树街618号B座3层
45	成都锦欣九九乐龄康养中心	锦江区锦丰一路69号
46	川投舒适之家·颐康养老中心	锦江区佳宏南路10号
47	成都锦欣沙河堡康养中心	锦江区佳宏路29号
48	成都益民关怀养老服务有限公司	锦江区经天二街227号
49	成都锦欣花乡老年公寓	锦江区成龙大道2603号
50	兴城康养美邸舒养之家海桐苑	锦江区海桐街79号

【智慧就业】 2023年，锦江区根据劳动力市场供需情况，持续推动锦江就业超市线上总店建设。以就业服务智能化为核心，整合“宜业成都”、职业网络学院、“交子普惠”等数字化平台资源，打造信息化就业服务“淘宝”平台，提供个人求职、企业招工、职业培训、创业支持四项服务。政策查询、事项办理、数据分析三大功能得到体现。打造“知点找点、知事找点”电子服务地图，分类标注锦江就业超市的2个旗舰店、36个社区连锁店、2个创新创业店、7家机构市场店，提供一键式导航服务。根据线上登记群体的不同就业需求，每周自动推送3个岗位信息。全年推送就业岗位30.14万个。

（吉健）

区域协同发展

“成渝地区双城经济圈”建设

【“川渝通办”服务】 2023年，锦江区持续推进川渝两地市场准入异地同标工作，建立企业及分支机构、个体工商户设立、变更、注销等登记业务异地同标服务机制，提供营业执照异地办、发、领一体化服务，助推“成渝地区双城经济圈”建设。

（杜迟　刘恒）

【“成渝双城核心商圈”指数发布】 12月12日，锦江区建设国际一流商圈暨“成渝双城核心商圈”指数发布会在春熙路时尚活力区举办。首次对外公布锦东生态商圈产业规划，发布春熙路时尚商圈产城规划、全国主要城市核心商圈指数，开展国际商圈联盟交流座谈活动，举行春熙路时尚商圈餐饮热力榜单颁奖仪式。华兴街自力面店等特色餐饮店铺入选餐饮热力榜单。区政府与洲际VOCO四川首店、西琳姑娘西南总部等重点项目的运营商签约，协议投资规模140亿元。

（刘瑾　李晓欢）

【锦江区和渝中区执法司法协作】 2023年，锦江区根据“成渝地区双城经济圈”建设部署，与重庆市渝中区共同建立政法机关执法司法协作机制和信息互通共享、法官联席会议、审执工作协助等八项细分工作机制，签署政法合作协议，开展21项协作。同时联合构建知识产权行政与司法跨域协同保护框架，发布知识产权十大典型案例，制发《禁毒跨区域协作，促进双城融合的实施意见（试行）》。分别在春熙路时尚商圈和重庆市渝中区解放碑、大坪商圈成立诉源治理工作站，植入诉前调解、网上诉讼、类案示范、风险提示、合规指引、法治宣传六大功能，为两地商家提供服务。

3月16—17日，重庆市渝中

图44 2023年12月12日，春熙路时尚商圈餐饮热力榜单颁奖仪式举行

（春熙路时尚活力区管委会提供）

区司法局、渝中区律师工作委员会到锦江区三圣乡司法所、海棠路社区、法治音乐主题空间、四川信和信律师事务所考察，交流司法行政工作和法律服务业协同发展事宜。渝中区律师工作委员会与成都市律师协会锦江分会签署《2023年度律师行业协同发展工作备忘录》。渝中区司法局与锦江区司法局签订深化司法行政合作框架协议，确定司法行政协同发展十大举措。即打造党建引领的“法治队伍共同体”，共建“法治智库”，促进两地文件制度建设协同发展，推动行政执法监督协作，扩大对外开放法律服务合作，强化重点人群管理协作，推动法治化营商环境共培共育，强化公共法律服务体系共建共享，推动两地律师服务行业共惠共赢，建立法治建设联席会议制度。

4月25日，省检察院、重庆市检察院将区检察院办理的假冒注册商标案列入知识产权“川渝”协作典型案例。6月，区检察院与渝中区检察院、区公安分局、渝中区公安分局举行《关于加强禁毒跨区域协作促进双城融合的实施意见（试行）》签订仪式、《绿色寄递手册》发布仪式、新闻发布会，召开禁毒工作交流座谈会，明确建立健全协作机制、加强办案协作配合、强化综合能动履职、完善工作保障机制4个方面工作，合力推动禁毒跨区域协作。锦江区和渝中区的检察机关、公安机关合力破除信息壁垒，促进资源共享，提升区域联动效应。

（蒲姣姣　赵美）

图45 2023年6月，成都市锦江区、重庆市渝中区社会组织结对签约仪式举行
（区民政局提供）

【锦江区和渝中区政协合作】 4月20日，区政协与重庆市渝中区政协联合举办“助推商圈联动发展共建国际消费中心城市核心区”专题协商会，签订助推商圈联动发展共建国际消费中心城市核心区工作备忘录，决定建立联络沟通机制、学习交流机制、履职合作机制、联合助推机制，助推“成渝地区双城经济圈”建设。备忘录内容包括每年召开两地政协主席或秘书长联席会议，协商确定本年度联合助推“成渝地区双城经济圈”建设的重点工作。每年开展交流互访、双向培训，分享工作经验，帮助两地政协委员提高履职能力。围绕两地共性问题，组织政协委员和专家学者开展联合调研、视察考察活动，向两地党委和政府提供考察意见。为两地企业牵线搭桥、提供服务，鼓励两地政协委员中的企业家到渝中区和锦江区投资兴业。

（丁元　唐伟）

【锦江区和渝中区社会组织合作】 2023年，锦江区与重庆市渝中区、四川省德阳市旌阳区建立社会组织区域交流合作机制，与重庆市渝中区开展互访活动2次，与四川省德阳市旌阳区开展互访活动2次。微希社会工作服务中心、爱有戏社区文化发展中心分别与重庆市文物保护志愿者服务总队、重庆市渝中区社会工作协会签约，结对合作。微希社会工作服务中心、书院街道社会组织服务中心分别与四川省德阳市旌阳区寸草社会工作服务中心、旌同社会工作服务中心签约，结对合作。

（庄义）

成都都市圈建设

【都市圈建设协同推进】 2023年，锦江区贯彻“建强都市圈”理念，与四川省南充市高坪区和成都平原经济区的德阳市、眉山市、资阳市等友好城区协同联动，共建信息共享、招商共谈、落地共商等机制，加速推进巴蜀文化旅游走廊等重大项目建设。与德阳旌阳区签订政务服务合作协议，持续推动“川渝通办”“省内通办”等跨区域政务通办工作高效运行。

（韩旭）

【“跨域通办”服务】 2023年，锦江区采取线上线下相结合的方式，在政务服务大厅开设“跨域通办”无差别综合窗口，同时依托省政务服务平台，针对跨区域办理事项，采取“全程网办”“异地代收代办”“多地联办”等形式推动“跨域通办”工作。与德阳市旌阳区等地合作，建立审批事项联络员制度，围绕异地企业和群众办事需求，优化服务方式，解决跨区域事项“多地跑、折返跑”等问题。

（韩旭）

【同城化就业服务】 2023年，锦江区按照“成德眉资”同城化发展和成都都市圈建设总体要求，促进人力资源服务与重点特色产业深度对接，打造跨区域多元联动的同城化就业服务工作格局。2月2日，联合德阳市旌阳区开展同城区域协作“锦江·旌阳”专场人力资源招引活动。延长壳牌、圆通速递、闲亭餐饮、天天海鲜、饕林餐饮等14家服务型企业提供涉及保洁、销售员、普工、服务员等岗位1458个。5月17日，联合眉山市东坡区开展2023年同城区域协作“眉山·锦江”专场人力资源同城招引活动。壳牌石油、不二隐庐企业管理、银谷碳汇再生资源、闲亭餐饮等10家锦江区优质用工企业参加活动，提供岗位1359个，涉及服务员、综合营运员、驾驶员等工种。

（韩旭）

对口支援甘孜州炉霍县

【概况】 2023年，锦江区按上年地方一般公共预算收入的0.5%，拨付援建资金4714.41万元。追加拨付标准外财政资金500万元，支持炉霍县干部人才公寓建设。完成4类12个援建项目，民生产业项目资金占比达95.28%，民生产业项目资金占比达95%。完善工作推进机制，印发《对口支援领导小组议事协调机制》，落实两地主要领导对接会商联席会议制度，党政主要领导交流互访3次，召开联席会议3次，区委常委会专题研究对口支援工作2次，区政府常务会专题研究对口支援工作1次，召开专题会和对接协商会议5次。编制《托底性帮扶工作计划及实施方案》《落实〈39个欠发达县域托底性帮扶十条措施〉的工作举措》。锦江区被评为全市第六批对口支援工作先进集体。区委统战部被市乡村振兴局评为2022年度巩固拓展脱贫攻坚成果同乡村振兴有效衔接工作突出单位。

（廖若男）

表47　2023年锦江区第七批对口支援炉霍县工作队干部人才一览表

序号	姓名	性别	工作单位和职务职称	挂职单位及职务
1	张　情	男	柳江街道党工委副书记、对口支援炉霍县工作队领队	县委常委、县政府副县长
2	陈柏兵	男	沙河街道办事处四级调研员、对口支援炉霍县工作队副领队	县乡村振兴局副局长
3	任　强	男	区退役军人事务局四级调研员	县委办公室副主任
4	蒋　亚	男	柳江街道办事处四级调研员	县政府办公室副主任

续表47

序号	姓名	性别	工作单位和职务职称	挂职单位及职务
5	曾志远	男	东湖街道办事处民生服务办公室主任	县委组织部副部长
6	黄亚平	男	锦官驿街道办事处社区发展办公室主任	县发改局副局长
7	邓高峰	男	区信访局三级主任科员	县群众接访中心办公室副主任
8	鲜含之	男	区法院一级警员	县司法局社区矫正大队教导员
9	王瑞晶	男	区住建交局技术中心工作人员	县交通局规划股副股长
10	张　军	男	狮子山街道办事处工作人员	县市政管理所副所长
11	李　懿	男	区行政审批局勘查中心综合协调部负责人	县行政审批局公共资源交易股副股长
12	王志英	男	成龙路街道办事处工作人员	县社会治安综合治理服务中心副主任
13	黄柏林	男	春熙路街道办事处工作人员	县人社局农民工服务中心主任
14	任小平	男	锦华路街道办事处工作人员	县河长制办公室副主任
15	肖　平	男	书院街街道办事处二级主任科员	新都镇党委副书记
16	臧　涛	男	三圣街道办事处二级主任科员	虾拉沱镇党委副书记
17	乔　为	男	区机关事务局二级主任科员	泥巴乡党委副书记
18	徐若里	男	锦华路街道办事处社会治理办公室主任	雅德乡党委副书记
19	罗熙平	男	区疾控中心健管科工作人员、主管医师	县疾控中心副主任
20	董亚伟	男	成都市盐道街中学教师	县教体局副局长
21	欧阳海	男	四川师范大学附属中学外国语学校教师	县中学教务处副主任
22	刘　瞳	男	成都市第三中学教师	县中学德育处副主任
23	谢玉军	男	成都市田家炳中学教师	县中学教科室副主任
24	夏雪梅	女	区教育科学研究院附属中学教师	县中学办公室副主任
25	张　弛	女	四川师范大学附属中学校长助理	县中学信息办公室副主任
26	王　春	男	成都市龙舟路小学教师、行政助理	新都小学德育主任
27	唐甚兰	女	成都市盐道街小学卓锦分校教师	新都小学教务主任
28	叶世江	男	区驸马小学教师	新都小学办公室副主任
29	王　婷	女	区大观小学办公室主任	牧区重点寄宿制学校教务主任
30	马凯歌	男	成都市盐道街小学 528 校区行政助理	牧区重点寄宿制学校德育主任

【全域帮扶】2023年，锦江区组织27个机关部门、11个街道、19所学校、3个医院、20家企业、2个社会组织与炉霍县24个机关部门、15个乡镇、18所学校、4个医院结对帮扶，开展爱心捐赠、招商引资、文化交流、以购代帮等活动38次，募集防返贫基金、产业发展基金等300万元。成都爱尔眼科医院针对炉霍县易发的白内障等高原性眼部疾病，派遣医疗组到炉霍县开展“同心博爱 光明工程”活动，为5000名群众筛查眼部疾病，为300名白内障患者手术。在炉霍县举办现场招聘会，吸引1000名求职者，有68人现场达成就业意向。捐赠价值10万元的电脑、图书，帮助炉霍县雅德乡格鲁村打造“格鲁博爱书屋”。实施“大山里的健康小课桌”项目，为炉霍县新都小学等7所小学捐赠3000套课桌椅，价值54万元。召开2023年消费帮扶工作会，在四川消费帮扶网开设“锦江馆炉霍专区”，发动区级部门、街道办事处、社区居委会、社会组织、企业，以购代帮，购买炉霍县特产，消费金额200万元。

（廖若男）

【返贫救助】2023年，锦江区投入标准外财政资金100万元，募集社会资金210万元，支持炉霍建立锦炉爱心防返贫救助基金、爱心慈善基金、农牧民住房受灾防止返贫救助基金等，完善民生兜底保障，助力炉霍坚决守住不发生规模性返贫底线。组织动员部门、街道、社区、民主党派、商协会开展“回头看”“回头帮”，帮扶41个重点村链资源、引项目，开展以购代帮等活动。利用2022年投入的标准外财政资金100万元，与炉霍县共同推动防返贫基金建设，落实兜底保障。依托全域结对体系，募集社会资金300万元，构建锦炉爱心防返贫救助基金、爱心慈善基金、农牧民住房受灾防止返贫救助基金，帮助炉霍县监测未消除风险的脱贫不稳定户、边缘易致贫户、突发严重困难户等“三类”监测家庭279个、“三类”人员1303人。发放防返贫救助基金155万元，救助困难群众、学生179人。锦江区对口支援工作队实时动态监测联系的瓦达村、色色村、扎交村、次郎村、秋日村等脱贫户，未出现返贫致贫人口。

（廖若男）

【产业发展援助】2023年，锦江区帮扶资金用于产业发展的占比达84%。实施高原“飞地”产业园区资源化利用项目，提高土壤保水保肥能力，帮助产业园区构建生态循环发展模式。对接成都嘉润集团公司，促成炉霍县酪蛋白扩能增产投资项目。援建炉霍高原精深加工产业园干酪素厂年产酪蛋白3000吨生产线。为炉霍县引进“京东方艺云”项目，进驻炉霍县精深加工产业园，投资700万元打造酪蛋白数智工厂信息化管理平台，提升企业科技含量和信息化能力。按照区委作出的“聚焦建强飞地园区产业链条”的部署，引进成都原野生态科技有限公司，实施高原菜籽油生产、深加工、销售等项目。同时支持炉霍县发展文旅产业，与炉霍县签订熊猫大道沿线旅游县（市）联盟协议。投入1100万元，实施秋日河沿线改造项目，打造集市政功能、休闲娱乐、文化旅游和生态文明于一体的乡村旅游示范点，展现“鲜水首城”的茶马古道文化和唐卡文化，提升城市品位。建成1314打卡点，与锦江区1314爱情专线互动，吸引游客2000人。将特色旅游景点串联成线，推动炉霍县“红+旅+农”旅游产业发展。

（廖若男）

【人才培养帮扶】2023年，锦江区召开对口支援工作暨干部人才座谈会，派遣30名干部人才接续援助炉霍县。印发《关于对口支援干部人才执行有关待遇的通知》，落实对口支援干部人才待遇保障政策。建立帮扶干部人才管理台账，制定安全管理、请销假等4项制度，加强帮扶干部人才跟踪管理。对口支援炉霍县工作队的干部人才采取一对一、导师制等方式，与30名挂职单位工作人员结对，开展“传帮带”工作，帮助炉霍县干部提升业务能力和管理水平。继续实施“十百千人才培训工程”，制订2023年度炉霍县干部人才教育培训计划，针对理想信念、执政意识、乡村振兴等重点领域，遴选6名炉霍县干部人才到3个区级部门、2家医院、1所学校挂职锻炼。持续推进组团式支援工作，采取校对校、院对院的方式结对帮扶，开展送医送教、跟岗学习、教学指导、巡回义诊、心理咨询等活动。开展医护操作示范活动181次，开设医学讲座69次，开展医护业务培训156次，培训炉霍县医护人员1865人。开展特色教学活动17次，培训炉霍县教育从业者1200人。同时发挥爱心慈善基金的平台作用，支持炉霍县加强高原性重点疾病监测和治疗。为1万名炉霍县群众提供门诊服务，指导炉霍县医院完成手术149例。

（廖若男）

【基层治理帮扶】 2023年，锦江区帮助炉霍县加强基层组织建设，安排对口支援炉霍县工作队与炉霍县虾拉沱镇、雅德乡、泥巴乡、新都镇的党委以及新都镇秋日村、泥巴乡次郎村等7个重点村的党组织建立结对共建关系，定期开展学教活动，学习习近平新时代中国特色社会主义思想，宣讲党的二十大精神，强化党建引领的作用。投入100万元，帮助朱倭镇朱倭村打造党群服务中心。在新都镇秋日村、雅德乡瓦角村等重点村开展农村人居环境整治，开展爱国卫生运动、人居环境整治宣传、村容村貌焕新等活动，助力美丽乡村建设。会同炉霍县各部门，定期到乡镇开展巡田、巡山、安全生产检查、森林防火等重点工作。

（廖若男）

【文化赋能乡村振兴】 2023年，锦江区持续推动炉霍县郎卡杰唐卡国家级非物质文化遗产文化传承工作，在成都市第三大街社区美术馆打造“鲜水首城·锦绣炉霍”郎卡杰唐卡实训体验基地，作为对口支援暨民族团结进步示范点位，与炉霍县唐卡职业学校互动，展销唐卡作品。聘请炉霍县唐卡职业学校师生开设特色体验课，开展社区美育等活动。实训体验基地接待团体、群众、学校师生1.2万人，带动炉霍县100人就业。

（廖若男）

援助简阳市

【概况】 2023年，锦江区按照中央和省委、市委“摘帽不摘责任、摘帽不摘政策、摘帽不摘帮扶、摘帽不摘监管”的要求，持续推进“同心桑梓·锦绣阳光”携手同行行动，开展对口援助成都市简阳市工作。常态化开展智力援助工作，帮助简阳市培训200人。落实对口援助资金200万元，加大产业扶持力度。持续推进“百企兴百村”行动，发动民营企业帮扶简阳市镇金镇。帮助镇金小学改善硬件环境，提高教育教学水平。实施基础设施援建项目，帮助镇金镇提升城市风貌，改善人居环境。通过系列帮扶，帮助镇金镇巩固和拓展脱贫攻坚成果，推动乡村振兴。

（赵文敬）

【基础设施援建】 2023年，锦江区投入资金30万元，实施简阳市镇金桥路面破损维修项目，解决长年重车碾压造成路面破损和桥体安全隐患问题。投入资金63.35万元，实施赵家社区水沟斗渠整治项目，保障农业灌溉用水，提升粮食产量。投入资金20万元，实施镇金镇背街小巷路面硬化项目，硬化背街小巷路面1100平方米，美化场镇容貌。投入资金36.85万元，实施镇金社区公共停车场建设项目，新建长5.5米、宽2.6米停车位60个，解决镇金场镇逢场车辆乱停乱放，交通严重堵塞问题。

（赵文敬）

【富民产业发展援助】 2023年，锦江区挖掘简阳市镇金镇资源，邀请四川雪域牧歌农业公司、刘家花园餐饮管理公司、成都鑫佳为实业有限公司等民营企业代表到镇金镇参加帮扶活动。开展到村调研3次，召开交流座谈会2次。参加调研的企业家从品牌打造、产品认证、渠道建设、文旅结合等方面建言献策。为简阳市镇金镇“川陈皮”等知名品牌推广和特色产业发展出谋划策。锦欣医疗集团公司、刘家花园餐饮管理公司、成都红果制衣公司等企业与镇金镇达成合作意向。促成四川消费帮扶网与绿晨聚源农业发展公司签订销售合作协议，帮助“镇金大米”在四川消费帮扶网销售。

（赵文敬）

【教育援助】 2023年，锦江区投入29.8万元，实施镇金小学信息化建设项目，完善校园电子化显示和音视频播控设施设备。投资20万元，实施镇金小学校园文化建设和维修项目，建设校园文化屏风、美术黏土工作坊和党建文化阵地。成都师范附属小学华润分校派出3名干部和2名骨干教师托管镇金镇小学，帮助学校通过成都市安全文化建设示范校复评。

（赵文敬）

【“同心桑梓·锦绣阳光”携手行动】 2023年，锦江区在简阳市镇金镇持续推进“同心桑梓·锦绣阳光”携手行动，开展“强村带弱村·携手共振兴”活动。春熙路街道总府路社区结对帮扶镇金镇南山坳村，开展基层党组织共建活动10次，为镇金镇提供技术指导和人才技能培训。利用“锦彩生活”居民服务小程序，帮助镇金镇销售农特产品。锦江年货节期间，向镇金镇商家提供免费摊位。依托商业发达的优势，帮助镇金镇拓宽销售渠道，促成合作项目6个。组织镇金镇41名人大代表开展爱国主义教育、廉洁文化教育等活动，到四川省红色纪念馆、成都市李劼人故居纪念馆参观，锦江区到三圣街道喜树路社区学习“微网实格”治理和社区商业孵化，为镇金镇基层治理助力。

（赵文敬）

【“百企兴百村”行动】 2023年，锦江区按照省市“百企兴百村”行动部署，发动锦欣医疗集团公司、四川雪域牧歌农业公司、刘家花园餐饮管理公司等民营企业帮扶镇金镇。企业家代表团考察镇金镇烘干中心、三和家庭农场等项目。成都源香园农业科技有限公司购买“镇金大米”80袋，锦欣医疗集团公司、刘家花园餐饮管理公司、成都红果制衣公司与镇金镇达成合作意向。成都尚品宅配家居用品公司为镇金小学、镇金老年协会捐赠计算机8台。成都视说物语网络科技有限公司捐赠资金3万元，为镇金镇赵家社区安装太阳能路灯20盏，解决群众夜间出行不便问题。

（赵文敬）

锦江区古遗址之东丁字街古遗址

东丁字街古遗址位于成都市锦江区东丁字街，北临锦兴路和青石桥南街，东临横丁字街，西临新开街。遗址南北长120米，东西宽90米，占地面积1.13万平方米。堆积层第一层是现代堆积层，第二层有青花、酱釉、粉彩3类瓷器，第三层有碗、盘等青花、青釉瓷器以及滴水、瓦当、兽形构件3类建筑材料，第四层有碗、盘、罐、盏等青釉、酱釉瓷器以及井2个、排水渠1条。水井为土圹砖井，由井圹和井圈组成。井内有青釉、酱釉、白釉瓷器，器形包括碗、盘、罐、盏、瓶、注壶、盆、瓮、器盖、盒、杯、球。遗址内遗物数量第一的是瓷器，釉色占比依次为青釉、酱釉、青花、青白釉、白釉、黄釉、绿釉、黑釉，所属窑口包括青羊宫窑、琉璃厂窑、邛窑、磁峰窑、龙泉窑、景德镇窑、越窑、耀州窑、钧窑。

生态环境保护

土地资源保护

【土地执法监察】2023年，锦江区开展土地巡查170次，立案查处违法用地案件3件，罚款60.09万元。完成169个卫片监测图斑核实上报工作，核查土地374.65万平方米，核查耕地152.72万平方米。利用无人机巡查违法侵占耕地行为12次，提取变化图斑150个，涉及土地268.06万平方米、耕地125.95万平方米。处理违法用地图斑16个，涉及土地13.22万平方米、耕地5.27万平方米。

（唐嵋　黄晓熠）

【土地资源调查】2023年，锦江区按照自然资源部下达的国土变更调查任务，调查国土变更图斑1152个，面积519.89万平方米。完成内业分析、外业举证、数据库建设等工作，差错率在1%以内。调查结果通过省市核查，上报自然资源部。数据成果体现锦江区国土变化情况，客观反映自然资源管理工作成效。

（唐嵋　黄晓熠）

【耕地保护】2023年，锦江区落实耕地保护政策，成立耕地保护工作领导小组，建立"区级、街道、社区三级田长制+网格员"责任体系，印发田长制实施意见、运行规则，推进耕地和永久基本农田划定成果核实处置工作，编制巡田工作指导手册、巡田责任图，完成耕地恢复任务和国家自然资源督察反馈问题整改任务。田长制考核全市第一名。依据成都市环城生态区建设领导小组《2023年环城生态公园建设总体工作方案》，由区天府绿道建设工作领导小组牵头，开展环城生态公园锦江片区拆迁交地、复垦复耕工作。拆迁交付耕地128万平方米，生态修复用地25.06万平方米，自主复垦耕地110.33万平方米。消除障碍点位21个，涉及复垦耕地68.86万平方米。《环城生态公园建设工作专报》2023年第5期登载锦江区经验交流文章。

（肖文敏）

【第三次全国土壤普查】2023年，锦江区根据市政府办公厅《关于成立成都市第三次全国土壤普查工作领导小组的通知》和成都市第三次全国土壤普查工作领导小组办公室《关于印发〈成都市第三次全国土壤普查工作方案〉的通知》要求，启动第三次全国土壤普查工作。成立第三次全国土壤普查工作领导小组，下设办公室。制定第三次全国土壤普查工作方案，开展样点核实工作。协调区级部门、街道办事处和天府绿道公司，完成12个普查样点的采样工作，通过省级审核。

（徐慧）

水资源保护

【河湖保护】2023年，锦江区落实基层河湖管护"解放模式"，在11个街道各选取一个社区作为“解放模式”示范点，以点带面推广。各社区按照“解放模式”开展基层河湖管护，组建“春熙孃孃”巡河队、“交子有爱”巡河队、“花乡小蜜蜂”管护队等120个河渠志愿管护团队，构建群众参与的基层河湖管护模式。在“解放模式”的基础上完善民间河长、企业河长、学生河长等社会参与机制，将河湖保洁、临街商铺污水乱倾乱倒及沿河违法建设治理等工作纳入网格员巡查工作职能，精细划分以河段为中心向两岸辐射的水务管理网格，建立“三级河长+网格巡查+社会联动”河湖保护体系，凝聚各方治水合力，形成齐抓共管局面。

（战婕）

【护河机制建设】 2023年，锦江区深化基层河长巡查机制，明确河长巡河职责、流程和工作规范，建立巡河问题管理台账，督促问题整改落实。召开总河长会议1次、专题会议8次，部署落实河湖长制管理工作。区总河长、区级河长深入一线巡查，查河178次，各级河长巡河9100次，整改问题385个。

（战婕）

【河长制“七进”宣传】 2023年，锦江区明确“政府主导、多元参与、全民治水”的工作思路，常态化开展河长制“七进”宣传活动。联合成都市盐道街小学、成都市白鹭溪小学、希望中鼎国际公司、华西国兴置业公司等学校和企业开展宣传活动8次，宣传河湖保护的法律法规，营造河湖保护的社会氛围。同时组织机关干部录制微视频《啥是河长》，讲述河长故事，传承水文化精神，宣传河长制工作。参加水利部举办的第五届“守护幸福河湖”短视频征集活动，获三等奖。

（战婕）

污染治理

【概况】 2023年，锦江区接续实施大气、水、土壤、噪声污染防治工程，统筹推进应对气候变化行动计划，实施空气质量精准管控服务项目，开展道路积尘走航监测、油烟在线监测，建设环境数智平台，实施环境精细化管控。开展各领域无废细胞示范创建工作，加快建设小微诊所智能化危险废物暂存点。推进建设项目用地前置审查工作，土壤环境质量总体保持稳定。健全噪声污染防治责任体系，优化噪声源头防控和末端治理措施，定期通报考核情况。持续开展环保督察点位“回头看”工作，推进“幸福美好生活”生态惠民示范工程。

（郭春艳）

【大气污染治理】 2023年，锦江区召开大气污染防治工作会议50次，印发《2023年大气污染防治工作行动方案》《2023年夏季臭氧污染防控行动方案》《2023—2024年蓝天保卫战冬季战役方案》《2023年夏季空气质量改善强化攻坚行动指挥调度方案》，持续开展大气污染治理各项工作。实施协同降碳行动，创建试点近零碳排放区。实施控车减油行动，坚持检测柴油货车尾气排放情况。检测柴油货车9460辆。其中131辆尾气排放不达标，处罚2.62万元。抽检施工现场非道路移动机械485台，有6台不合格，处罚3万元。推进加油站油气回收在线监控安装及油气处理装置安装工作，区域内17家加油站全部安装与生态环境部门联网的在线监测和油气处理装置。开展治污减排行动，为23家完成锅炉提标和电能替代改造项目的企业兑现补贴政策。开展综合执法行动，检查餐饮商家2.1万家、工业企业20家、汽修厂1366家、加油站155家。全年空气质量优良283天，同比增加4天。空气中直径小于或等于2.5微米的可吸入颗粒物（$PM_{2.5}$）浓度每立方米39微克，与2022年持平；空气中直径小于或等于10微米的可吸入颗粒物（PM_{10}）浓度每立方米62微克，较2022年上升5.1%；综合指数4.03，较2022年下降4.3%。

（郭春艳）

【水污染治理】 2023年，锦江区强化顶层设计，印发《2023年水污染防治工作实施方案》《入河排污口排查整治工作实施方案》，深化“供、排、净、治”一体化改革，会同青羊、武侯等区建立河长跨区域联合治理机制，形成全流域管水治水合力。持续开展黑臭水体治理，水体断面考核达标。洗瓦堰整治工程一期项目和何家冲河渠成龙大道段至马帮寨段整治项目完工，陡沟河、南支三渠、洗瓦堰整治工程二期项目持续实施。全年整治72个入河排污口，完成255户非住宅类排水户治理任务。成仁桥、水津桥、永安大桥的断面水质达到二类，洗瓦堰水闸、陡沟河聚宝沱桥的断面水质达到三类，优良率100%。再生水综合利用工程竣工，河渠生态水源缺乏问题得到彻底解决。项目入选2023年成都市“水润天府”十佳案例。

（胡贺　战婕）

【土壤污染治理】 2023年，锦江区制发《2023年土壤污染防治工作实施方案》，明确源头防控、分类管理、风险管控和修复、联动监管、“无废城市”建设、目标责任六项重点工作。针对重点监管的成都市第一城市污水污泥厂开展土壤污染隐患排查“回头看”工作，督促企业调整监测方案，按时监测土壤和地下水。针对省控地下水监测点开展丰水期、枯水期的水质监测，监测29个项目，均达到三类地下水标准。开展锦沿江1千米范围化工企业腾退土地的土壤治理，推进成都丽凯手性技术有限公司地块环境风险管控、土壤污染治理等工作。

（张文琪　谢彩琴）

【固体废物污染治理】 2023年，锦江区持续推进5家工业企业的危险废物物联网试点工作，成都生物制品研究所有限责任公司、成都市兴蓉污泥处置有限责任公司（成都市第一城市污水污泥处理厂）、四川辰宇雷克萨斯汽车销售服务有限公司、成都锦泰宝驹汽车销售服务有限公司、成都祥沃汽车销售服务有限公司通过验收。完成11个街道小微诊所医疗废物智慧集中暂存点建设，医疗废物的生成、暂存、运输（交接）全过程可追溯目标实现。同时具备重量校核、信息录入、异常报警等功能，预防医疗废物丢失、非法处置等风险，解决小微诊所医疗废物转运“最后一公里”问题。践行危险废物日常监管机制，有487家产废单位线上报告危险废物及处置情况。按时序推进危险废物规范化环境管理评估工作和废弃危险化学品环境安全风险隐患排查。开展危险废物规范化评估工作，评估企业80家，发现问题200个。转移危险废物9776次547.78万千克。

（张文琪　谢彩琴）

【噪声污染治理】 2023年，锦江区制定《关于开展2023年重点时段重点领域噪声污染专项整治行动的通知》，整治社会生活噪声、建筑施工噪声整治、交通运输噪声、工业噪声。整合街道办事处、区级部门、派出所、社区力量，采取不间断巡查和定点值守相结合的方式，开展中考期间、高考期间、大运会期间的噪声专项整治。全区声环境昼间达标率100%，夜间达标率75%。

（张文琪　谢彩琴）

【省级环保督察问题整改】 锦江区在四川省环保督察期间受理环保投诉案件63件，噪声污染案件占比32.39%，油烟案件占比15.49%，大气污染案件占比7.04%，水体污染案件占比4.23%，扬尘污染案件占比2.82%，土壤污染案件占比1.41%，其他污染案件占比36.62%。2023年，牵头单位制定整改方案，明确整改措施，协办单位配合整改，整改问题62个。省级环保督察反馈意见22条，涉及生态环境保护的重要性认识不足、大气污染防治责任压实不够、突出问题整改不力等方面。根据反馈意见编制整改清单，整改21条反馈意见涉及问题。

（邓成龙）

【长江经济带生态环境问题整改】 2023年，锦江区推进2021年国家移交的长江经济带生态环境问题整改工作，涉及排水户内部排水管网病害治理、顺江路地铁站靠近府河左岸雨水口溢流问题、城镇污水处理厂及配套市政排水管网交由专业公司运行维护、排水管网建设。根据街道办事处、区级部门的环保职责分解任务，采取每月调度、动态检查等方式跟踪整改情况。整改完成后通过牵头单位自查、区环督办公室复查、市级部门核查的方式销号确认。完成1138户住宅类排水户的治理任务。

（邓成龙）

环境监管与环保宣传

【概况】 2023年，锦江区坚持开展环境监测工作，常态化监测空气质量、水体质量、声环境、土壤环境以及固体废物处置情况，强化辐射安全管理，持续推进生态环境信用体系建设，确保生态环境安全。长期开展“进机关、进企业、进社区”活动，宣传环保法律法规，践行“绿水青山就是金山银山”的理念。

（郭春艳）

【空气质量监管】 2023年，锦江区建立空气质量监管工作闭环机制，推动大气污染精细治理。重点区域大中型餐饮企业安装油烟在线监控设备185套，重点路段安装“黑烟车”电子拍摄设备8套。采购无人机高空巡查监测设备2套，快速发现污染源准确位置。完善区域生态环境监测网络，在春熙路、锦官驿、牛市口、东湖、沙河、狮子山、柳江7个街道建成小型空气标准站。

（郭春艳）

【水体质量监管】 2023年，锦江区修订《河（湖）断面考核办法（试行）》，完成东湖水生态修复工程，构建“浮游动物、水下森林、水生动物、微生物群落”共生体系，重建健康水生态环境。水质从地表水三类标准提升至二类标准，水生植物覆盖率77.4%。完成锦江支流入河排污口视频监控系统建设，安装入河排污口视频监控设备50套，实时监控排口异常行为。每月开展地表水环境质量监测，出具报告19份，发布地表水环境质量简报12期。每季度开展黑臭水体监测，重点监测红庙子排洪渠、何家冲排洪渠。监测省级地下水点位1个，监测丰水期和枯水期水体质量。配合市生态环境局监测2个市级地下水点位。每半年开展城市公园水体质量监测，重点监测大观堰、东湖、梅香湖、白鹭湾湿地、塔子山公园芙蓉池。大运会期间，落实市生态环境局《环境保障监测方案》，每日监测沙河水体质量。监测成都大运会场馆周边河湖及公园水体水质31次。

（苏勤凯　胡贺）

【土壤环境监管】 2023年，锦江区落实工程建设项目用地前置审查制度，针对列入年度建设用地供应计划的地块，要求土地使用权人开展土壤污染状况调查。前置审查65个地块，有13个地块通过审核，建设用地安全利用率100%。强化重点行业关停搬迁地块监管，实施污染地块负面清单和用地分类管控。成都富诚金属表面处理厂、成都丽凯手性技术有限公司、中国电建集团成都电力金具有限公司、成都市光洁金属表面处理有限公司、爱斯特（成都）医药技术有限公司完成填报地块环保情况。同时动态跟进成都丽凯手性技术有限公司琉璃厂地块的土壤修复工作。

（张文琪　谢彩琴）

【固体废物监管】 2023年，锦江区建立社治、住建、城管协同推进和区、街、社三级共管机制，监管有害垃圾处置情况。以区级联合督导为主体，锦江生态环境局、区委社治委、区综合执法局、区住建交局联合组成4个专项督查组，督导检查街道办事处的组织领导、宣传引导、容器设置、临时暂存、收运体系、贮存设施及无害处置等工作，确保固体废物分类收集转运。同时在居民小区安装有害垃圾收集容器1281个，为各街道办事处配备有害垃圾专用收集车1辆。对照“无废细胞”建设指标和评估细则，推进11类“无废细胞”创建活动，创建“无废小区”“无废商场”“无废酒店”“无废医院”，提升“无废城市”创建覆盖面。

（张文琪　谢彩琴）

【声环境监管】 2023年，锦江区制发《关于推动政府职能部门做好噪声污染防治有关工作的通知》，细化噪声污染防治“红白榜”考核细则，形成噪声污染防治管理体系。制发《2023年噪声污染防治工作行动方案》，明确建筑施工、社会生活、交通运输和工业噪声污染防治年度重点任务，要求各行业主管部门制定相降噪方案。开展声环境功能区监测，定期发布季度声环境质量状况信息。按照省市生态环境部门要求，开展声环境功能区划评估，上报评估报告和声环境功能区划调整方案，通过省级复核。编制区域声环境质量分析报告4期，利用网络理政“12345”平台收集区域噪声投诉信息，向责任单位发出风险预警和工作建议。在活水公园、量子光酒吧、成龙路街道绿轴公园安装人口密集区噪声自动显示设备。

（张文琪　谢彩琴）

【辐射安全管理】 2023年，锦江区印发《2023年辐射安全隐患排查暨核技术利用单位监督检查方案》，落实核技术利用单位辐射安全主体责任，消除辐射事故隐患。检查101家核技术利用单位的许可证有效性、管理机构和人员、射线装置台账、管理制度和档案资料、监测设备、防护用品以及全国核技术利用辐射安全申报平台使用情况、辐射安全与防护措施落实情况。开展“全民国家安全教育日”宣传活动，走访核技术利用单位，组织干部群众参与核安全宣传在线答题，普及核与辐射安全知识。要求187家核技术利用单位整改全国核技术利用辐射安全管理平台反馈的问题，整改率100%。全区196家核技术利用单位上报《辐射安全与防护状况年度报告》。

（张文琪　谢彩琴）

【环境健康先行区建设】 2023年，锦江区聚焦风险防控、价值转化、科技支撑、素养提升四大领域，开展环境健康先行区创建工作，提升生态环境保护工作的科学化和精准化水平。探索构建环境健康管理制度体系、技术方法体系、组织管理体系，加强环境健康高风险企业监管，开展监督性监测及执法检查。打造环卫清运中心、四川中烟工业有限责任公司成都卷烟厂“邻避”问题治理示范点位，探索涉环保项目“邻避”问题防范与化解路径。结合梅香湖水生态修复项目打造生态健康美丽河湖示范样板，建设环境健康价值转化点位。采取线上线下相结合的方式开展环境健康科普宣传，实施“环境健康细胞”工程，创建健康社区、健康单位、绿色社区。

（邓成龙）

【环保宣传】 6月2日，在成都太古里商业街区举办“建设人与自然和谐共生的现代化”主题宣传活动。在“生态惠民·幻彩锦江——我身边的生态惠民场景”发布仪式上发布场景生态10个，涵盖生态环境修复、公园绿地打造、基础设施建设、生产生活条件完善、生态产品价值实现等领域，持续增强市民对优美生态环境的获得感。同时举办“我与红树林”趣味画展，普及红树林生态保护知识，倡导“绿水青山就是金山银山”理念，引导市民践行绿色生产生活方式。以快闪方式唱响歌曲《让中国更美丽》。锦江生态环境局、柳江街道锦逸社区在微信公众号开展“低碳出行·焕彩锦江——寻找你的多巴胺”主题摄影作品征集活动，面向社会征集摄影作品26个。

（万海霞　徐菁）

锦江区古遗址之东御街汉代遗址

东御街汉代遗址位于成都市锦江区东御街人防项目工地，出土汉代至清代的陶器残片、瓷器残片、碎砖、瓦片。汉代堆积层出土青石碑构件5件，分属汉代裴君碑和李君碑。裴君碑由碑首、碑身、碑座组成，通高341厘米。碑身2个面居中錾刻阴文隶书1400字。正面碑文17行，满行42字；背面碑文14行，满行41字。李君碑的碑座遗失，碑身2个面居中錾刻阴文隶书800字。正面碑文10行，满行42字；背面碑文10行，满行13字。

科 学

科技创新

【科创资源整合】 2023年，锦江区金融、税务、法律第三方机构加入产业功能区科协，与企业共同开展科技成果对接、技术咨询、技术攻关、学术交流等活动。依托科创中国·成都海智基地四川师范大学工作站开展“成都天府海智计划专家”申报工作，推荐的5名学者被评为成都天府海智计划专家。

5月26日，开展“点亮精神火炬·筑梦科技锦江”活动。成都生物制品研究所有限责任公司李立等10人获“最美科技工作者”称号。展播“薪火相传 筑梦锦江”纪实短片，展现优秀科技人才风采。邀请四川大学计算机学院院长吕建成、中国科学院成都计算机应用研究所教授秦小林、西南民族大学教授张友，围绕人工智能创新应用先导区建设，开设讲座。与4名高校青年科学家共同探讨“人工智能创新应用发展”。中国流行色协会、成都市锦江区科学技术协会、春熙路时尚活力区管委会、成都许燎源现代设计艺术博物馆签署“科创中国”中国流行色协会成都服务站战略合作协议，举行“科创中国”中国流行色协会成都服务站揭牌仪式。区科协与白鹭湾新经济总部功能区管委会、成都芯脑科技有限公司、四川省生物医学工程学会签署科创中国·前沿类脑人工智能会地联合创新中心战略合作协议。

（肖凯　马玉萍）

【科创平台建设】 2023年，锦江区新增省级产业研究院等创新平台3个、市级产学研联合实验室1家。建成概念验证中心等公共技术服务平台5个。依托市级科创通平台打造“交子普惠”金融服务平台，为科技型企业争取科创贷款1.33亿元。区新科局被评为成都市建设具有全国影响力的科技创新中心先进集体。

（潘爽）

【科创主体培育】 2023年，锦江区建立产、学、研联动机制，对接成都电子科技大学、四川师范大学等高校，开展院、校、企、地项目对接活动。举办“校企双进”活动19次。推动四川农大小麦所产学研联合实验室等10个院、校、企、地合作项目实施，引进成都大美种业投资的科研项目。有3个项目入选省级创新平台，1个项目入选市级创新平台。

（潘爽）

【科创育人通道建设】 2023年，锦江区以“科技润养童心 教育向美而行”为主题，分别在3月23日、3月24日联合成都市锦江区银杏小学、成都师范附属小学汇源校区、四川师范大学附属中学高中部、成都市第十七中学初中部、成都市盐道街小学东区、成都市龙舟路小学举办“老科学家科普校园行”系列活动6次，受众青少年1200人。通过活动，将科学家精神融入中小学科学教育，激发青少年“探索未知、追求真理”的好奇心，培养青少年创新能力、创新思维、科学精神。

5月18日，在锦江区银杏小学召开“中小学科技月”总结会，举行青少年科创大赛启动仪式。活动由区科协、区教育局主办，区青少年宫、区教科院承办。科技创新大赛征集青少年科技创新成果（小论文）作品600件、青少年科学影像作品150件、科技辅导员创新成果40件。全区48所中小学参赛。评选产生科技小论文一等奖120个、二等奖160个、三等奖250个，科学影像一等奖30个、二等奖40个、三等奖60个，科技辅导员作品一等奖7个、二等奖10个、三等奖16个，有370名教师被评为优秀指导教师，有24家中小学获团体一等奖和二等奖。

11月12日，组织120名青少年到中国民航科普教育基地开展“少年机长”航空主题科普研学活动。活动由区科协、区社区教育学院主办，四川师范大学科技园承办。现场发布科普研学任务，讲解航空知识，带领学生参与航空设备实操训练。

（肖凯　马玉萍）

【“科创中国”试点城市建设】 2023年，锦江区印发《推动“科创中国”试点城市建设2023年工作要点》，形成党政协调协作、科技产业联动融合的态势。利用“科创中国”人才智力资源和组织网络优势，引导创新要素集聚，与中国生物医学工程学会联合建立科创中国·中国生物医学工程学会成都服务站，与中国流行色协会共同建立科创中国·中国流行色协会成都服务站。在新华之星AI大厦建成四川生物医学工程学会建立科创中国·前沿类脑人工智能会地联合创新中心，面积1259.2平方米。依托电子科技大学、四川大学、香港大学的专家团队，开展科技助残工作。制发《关于推荐申报成都市锦江区院士（专家）创新工作站的通知》，建成四川鼎城司法鉴定中心、成都大美种业有限责任公司、成都市前沿类脑人工智能创新有限公司区级院士（专家）创新工作站。

（肖凯　马玉萍）

【天府科技云平台应用】 2023年，锦江区依托天府科技云平台建立“科技保姆+专职保姆”服务模式，引入第三方机构开展服务。由9名区科协干部和天府科技云服务中心工作人员担任“保姆”，开展线上线下服务，帮助企业在平台上发布科技需求信息。保姆式订单量1505件，覆盖237家企业和541名科技工作者。天府科技云平台发布科技服务信息1169条，促进服务科技成果转化项目19个，推荐第三届“科创会”科创项目42个。

（肖凯　马玉萍）

科技产业发展

【高新技术产业培育】 2023年，锦江区印发《2023年度高新技术企业培育方案》，健全部门、镇街齐抓共管的协调联动工作机制，分类指导、梯度培育、差异扶持，形成“发现一批、服务一批、认定一批”的高企培育体系。围绕高新技术企业认定相关政策解读、研发费用辅助账设置等企业关心的重难点问题，开展线上线下培训活动4次。引导企业加大研发投入，提升企业知识产权、科技成果转化、研究开发组织管理等能力水平，持续强化企业科技创新制胜硬核能力。按属地原则开展排查，建立高新技术企业培育库，梳理入库潜在目标高新技术企业428家，高企申报数较2022年增长12%。全区高新技术企业381家，增速连续两年保持全市第一。兑现区级高新技术企业认定奖补政策，发放科技企业稳增长补贴916.82万元。高新技术产业营业收入210亿元。

（潘爽）

【金融科技产业“建圈强链”】 2023年，锦江区以交子金融梦工场项目建设为抓手，持续推动金融科技产业“建圈强链”。实施交子金融梦工场四期项目建设，打造“数币空间”。项目位于锦江区交子公园金融商务区河东片区，毗邻地铁6号线和9号线，占地面积3.7万平方米，总建筑面积7.7万平方米。其中，办公面积4.5万平方米、配套及商业面积1万平方米，可容纳3000人办公。“数币空间”聚焦数字人民币业态，定位金融科技总部集群办公，为金融科技项目提供承载空间。拥有“公园里的建筑，建筑中的公园”的建筑形态，满足金融科技企业发展全生命周期需求。加大融资推介力度，为金融科技产业“建圈强链”拓展渠道。11月22日，举办“金融赋能 科创未来”、产业“建圈强链”以及“蓉易见”金融科技专场活动，发布行业需求、明确产业路径、实现技术集聚。牛投邦科技公司、数库科技公司、深谱智能公司等企业和农业发展银行四川省分行、建设银行四川省分行等金融机构参会。

（黄建东）

【企业技术改造】 2023年，锦江区引导企业加大研发投入，提升企业知识产权、科技成果转化、研究开发组织管理的水平，联动高校、科技企业等形成利益共享、风险共担、要素双向流动的创新联合体，不断强化企业科技创新制胜硬核能力。规模以上、限额以上等“四上”企业研发投入认定数据7.7亿元，较2022年增长19.19%。技术合同交易额140亿元，较2022年增长10.2%。

（潘爽）

【中国生物科创谷建设】 中国生物科创谷是成都市第二批未来公园社区示范点位。片区北至锦江大道，南至成都绕城高速公路，西至锦华路三段，东至锦阳大道，规划面积3.27平方千米，规划类型为新建产业社区。现状以成都市生研所及家属区、锦江区旧货市场、陵园、待建用地为主，按北部住宅区、中部厂区、南部绿地的特征布局。成都市生物研究所位于其中，是国内疫苗领域龙头企业。2023年，拟依托成都市生物研究所在疫苗产业研发制造方面的突出优势，构建疫苗研发、生物诊断服务、生物信息技术、生物总部经济为主的产业体系，与天府国际生物城、温江医学城、彭州天府中药城错位发展，打造中国西南生物经济产业高地。4月27日，与中国生物技术股份有限公司签订中国生物科创谷共建合作协议。

（潘爽）

图46 2023年11月22日，“金融赋能 科创未来”12345产业建圈强链“蓉易见”系列活动金融科技专场开幕（区金融局提供）

科技成果研究利用

【科技研发】 2023年，锦江区新增省级产业研究院等创新平台3家、市级产学研联合实验室1家，建成概念验证中心、中试平台等公共技术服务平台5个，初审关键核心技术攻关项目230个，为106家科技型企业和事业单位争取省市财政专项补助资金。涉及项目146个，补助资金2792.25万元。依托市级科创通平台，做强“交子普惠”金融服务品牌，科技企业获科创贷1.33亿元。

（潘爽）

【科技成果转化】 2023年，锦江区制发《成都锦江科创画像研究报告》《加快推进科技创新和科技成果转化同时发力方案》，与北京理工大学等高校建立合作机制，开展“校企双进找矿挖宝”科技成果对接活动19次，促成校企合作和校地合作项目10个。有11个校、院、地、企协同创新研发的悬挂式钢轨闪光焊接和感应热处理一体机关键技术研究成果等60个科研成果转化利用。

（潘爽）

【技术交易】 2023年，锦江区持续推动技术交易，主要方式是技术产权转移、转化、授权、交流，交易范围涉及技术开发、技术转让、技术咨询、技术服务等领域。全年技术合同交易额140亿元，较2022年增长5.2%。

（潘爽）

社会科学

【概况】 2023年，锦江区落实习近平总书记在加强中国特色哲学社会科学繁荣发展方面作出的重要指示精神，明确“研究锦江、服务决策、传播思想”的工作思路，团结全区社科工作者开展社会科学理论研究、学术交流、人才培育、学术活动，开展社会科学普及工作，促进社会科学界与自然科学界之间的联系以及理论工作部门与实际工作部门之间的合作。区社科联实施的“感性盛开”创造力艺术体验馆项目入选市社科联2024年度社科普及活动体验及宣传项目。锦江区2个社科普及基地入选2023年度市级优秀社科普及基地。有2个社科项目立项，入选成都市2023年度哲学社会科学规划研究项目。开展“成都学术沙龙”活动31次。

（杜祥）

【社科智库建设】 锦江区将智库建设纳入2023年度社科重点工作，打造社科专家库。5月，印发《关于建设锦江社科专家库的工作方案》。7月，印发《关于征求锦江社科专家库建设工作意见建议的函》。9月，印发《关于配合开展社科专家推荐工作的函》，推荐工作覆盖14个区级部门、5所高校、2家科研院所、3个社科普及基地、2个智库。锦江区社科专家库收录46名高校、党校、科研院所的专家教授信息以及具有较高专业水平的专家学者信息。

（杜祥）

【社科研究】 2023年，锦江区持续关注社科规划评奖工作，整合省农科院、区委党校和驻区高校资源，开展成都市2023年度哲学社会科学规划研究项目申报工作，上报社科项目15个。区社科联、区委党校联合推荐的“基层治理现代化背景下‘五社联动’机制研究”“消费场景视角下的中心城区生态价值转化研究”获立项，成为一般自筹项目。参加成都市第十六次哲学社会科学优秀成果评奖工作，联合省农科院、区委党校、区教育局上报“党建引领下的先锋课程体系建设”“成渝现代高效特色农业带建设的成都路径研究”等社科成果5个。

（杜祥）

【社科普及】 2023年，锦江区坚持将活动作为社科工作主抓手，调集社科普及基地，开展“成都学术沙龙”等社科普及活动31次。1月4日，在成都许燎源现代设计艺术博物馆举办“美食不如美器——当代川菜的视觉美学”成都学术沙龙等8个活动，在2023年度社科等级奖项评审中获一级1项、二级3项、三级4项。成都许燎源现代设计艺术博物馆开展社科普及方面的展览、讲座等活动60次，阿来书房举办新书发布会、名家讲座、艺术展览等社科普及活动100次，成都市李劼人故居纪念馆开展廉洁文化、家风教育等社科普及活动130次。

（杜祥）

图47 2023年1月4日，成都许燎源现代设计艺术博物馆举办“美食不如美器——当代川菜的视觉美学”成都学术沙龙活动 （区社科联提供）

教 育

综述

【“双减”工作】 2023年，锦江区坚持“校内保障、校外治理”原则，持续推进“双减”工作。落实作业统筹管理机制、监测督导机制，实施“课堂提质攻关”行动。参加市教育局开展的“小学作业不回家”活动，“成都教育发布”微信公众号推广2家“作业不回家”典型学校的工作经验。健全“5+2+N”课后服务体系。“5”即工作日5天，“2”即每天2小时，“N”即提供多项暑期托管服务。通过抽查与视导结合的方式，加强课后服务过程管理，提升实效。小学参加课后服务学生5万人，占比94%。2万名学生参加周末素质营。初中开设课后服务课程300个，参与学生2.1万人，占比98%，家长满意度100%。持续深化校外培训机构治理，开展校外培训材料审查，监管预收资金，实施寒暑假校外培训治理，规范校外培训行业。全年核查培训机构938家，查处违法违规行为115件，约谈机构64家，印发法律法规文书108份，取缔无证无照机构30家。教育部督导局在全国范围内推广锦江区治理隐形变异培训机构治的工作经验。

（马鹤）

【教育督导】 2023年，锦江区坚持“督有力、导有方”的工作思路，发挥教育督导诊断、监督、引导和激励作用，推动教育高质量发展。以“遴选换届”为抓手，充实责任督学队伍，遴选聘任35名中小学责任督学。以“任务驱动”为抓手，分学段开展责任督学跟岗督导、现场培训，提升督导专业能力。以“分类督导”为抓手，督导评估36家幼儿园，建立“问题清单+二次督导”清零机制，发现和整改问题18个，形成督导闭环运行机制。有66家公办学校和幼儿园按规定完成章程修订工作，开展公民办学校一体化全覆盖评价，推动学校全面发展。邀请专家评估56家学校和幼儿园的发展项目，开展发展规划专题培训，服务学校特色发展。组织60名专家、校长、行政管理干部开展任期评估试点工作，评估6名校（园）长，形成“多评合一、功能耦合、促进发展”的评估机制。

（吴迪）

【校园安全】 2023年，锦江区树立“生命至上、安全第一”发展理念，持续加强校园安全管理。建立“横到边，纵到底”的校园安全管理网格化体系。划分专属网格167个，任命微网格员8350人。将风险防控、隐患排查整治、突发事件应急处置等工作列入单元格，每月评估网络舆情风险，发出预警。成立21个督查组，包片开展校园安全检查，排查涉及校舍、交通、消防、燃气、危化品、食品等领域的安全隐患，在全区教育行业通报存在安全隐患的单位及问题，编制《锦江平安校园周报》40期。与学校签订安全承诺书165份，发放燃气用气提示单2458份。要求学校和幼儿园规范食品采购、加工制作、餐具清洗消毒等工作，抽检食材和餐具2次。学校和幼儿园按规定开设“生命·生态·安全”课程，全区安全教育专兼职教师达1700人，授课19379课时，培训学生73.76万人。开展火灾疏散、防震减灾、防汛抢险、突发事件应对等类型的应急演练424次。校园交通安全经验在全省推广。四川省教育融媒体中心《平安校园》登载《多方联动，护航“上学路”》，报道锦江区在保障“上学安全”方面的先进事迹。

（龚琪）

【教职工队伍建设】 2023年，锦江区开展骨干干部教师名校“沉浸式”跟岗培训，分学段、分时段，分组选派88名干部教师到北京第一师范附属小学等12所学校培训，学习名校教育教学及学校管理经验。组织新入职的20名教师到中国人民大学附属中学、北京师范大学实验中学开展为期一年的见习培养。

按照全国高品质教育强区建设要求，首次面向全国引进15名具有中小学高级教师职称的教育科研型教师和特色课程开发型教师。新增学科带头人7人、市级以上优秀教师68人。学科带头人达44人，有16名市特级教师、285名区特级教师。有112名教师获叶德元基金奖励。

加大干部选拔任用及交流力度，推进校长负责制改革。根据校级干部任用工作程序，结合学校干部队伍建设需求，交流、任用36名校级干部，调整13家学校的校长和党组织书记，新任命7名学校党组织专职副书记。组建考察工作组，考察2022—2023年任用的8名校（园）级干部，考核合格。开展校级干部培训10次，培训学校校长和党组织书记1000人次。开展教育管理后备干部培训，参培学校干部300人。分2批组织183名学校青年后备干部到北京大学参加政治理论提升培训。以“未来三年学校发展”为主题，开展2023年暑期“校长大论坛”活动，培训学校管理干部500人。

（张津博）

【教育资助】 2023年，锦江区以“努力办好人民满意的教育”为目标，按照“精准资助、应助尽助”原则，落实资助政策，推进学生资助精准化管理，资助学前教育到高中教育各学段家庭经济困难学生，提供帮困助学资助、义务教育阶段经济困难寄宿生生活补助、非寄宿生生活补助、宏志助学金、生源地助学贷款等资助项目，为经济困难的中职学生免除学费、住宿费，发放中职教育券、中职国家奖学金，建立教育慈善专账。全年资助学生13248人，资助金额2383万元。

（周莉）

【教育研究】 2023年，锦江区坚持成果导向，运用“知识管理”理论指导教育研究工作。持续优化区域教育科研管理机制，印发《教育科研优秀成果评审办法》《各级教学成果奖励办法》《科研引领区域课程教学改革实施方案》，立项的省级规划课题5个。其中，重点课题2个、一般课题1个、教育技术装备专项课题2个。立项的市级教育规划课题27个。其中，精品课题2个、重点课题2个、一般课题7个、专项课题16个。立项的2023年度区级教育科研课题30个，教师小专题591个（学习科学与教育专项小专题113个、一般小专题478个），形成总结、调研、培育于一体的优秀教学成果奖培育机制，在2022年国家级教学成果奖评选中获一等奖1个、二等奖5个。构建区域高质量教育成果推广应用体系，承办成都市科研成果推广活动4次，举办区级科研成果推广活动10次，形成“科研+教研+培训”三线交融的推广路径和“行政主导、教研推动、学校主体、教师主动”的成果推广运行机制。

（马鹤）

【“五育并举”工作】 2023年，锦江区坚持“以德育人”理念，构建立德树人体系，携手高校探索大学、中学、小学思政课程一体化建设，组织学生参加“蓉城红领巾小史官”“我爱成都 百万师生学环保”等活动。与《人民日报》的数字传播有限公司签约，成为共建单位。省教科院批准四川师范大学附属中学等13家学校为新时代爱国主义教育实践基地。打造“心育联盟”“快乐加油站”“社区龙门阵”三大心理健康教育品牌，构建校、家、社、医“四位一体”心理健康服务体系。“三教四方”密织学生心理健康防护网案例入选全国民生示范工程典型案例，“锦江经验”在全国分享。全区5所学校入选全国国防教育示范校。评选区级优秀德育工作者93人、优秀班主任151人，有13名教师被评为成都市优秀德育工作者，有31名教师被评为成都市优秀班主任。有1名教师获四川学校思政课教师年度人物提名。有2名教师在全省第二届中小学思政课教师教学基本功展示交流活动中获一等奖，有2名班主任分获一等奖和二等奖。

坚持“以体育人”理念，要求各校在开设体育课的基础上推进区域体育三大球（篮球、足球、排球）课程一体化建设，构建一校一品或一校多品体育发展格局。有2所学校创建为成都市阳光体育示范校。有89名学生获国家级竞赛奖项，有394名学生获省级竞赛奖项，有3383名学生获市级竞赛奖项。全区学生体质健康优良率73.7%，合格率98.78%，持续位居全市第一。体育考试平均分位居全市第一。推进校园足球强区建设，有3名学生入选国少集训队。初中男子代表队获第三届四川省“贡嘎杯”足球联赛亚军，高中组和高职组分获第四届四川省“贡嘎杯”足球联赛普高组、职高组的全市第一名。组织50支校园足球队参加成都市联赛，获团体总分第一名。

坚持“以美化人”理念，探索美术人才发现与培养机制，构建班、校、区三级美术潜质生选拔机制，制订培养计划，挖掘学生潜能，定向培养有美术专长的学生。打造各类艺术活动平台，各学校开展“班班有歌声”、艺术节等校园艺术活动60次，组织各中小学和幼儿园开展新时代廉洁文化建设暨第九届“濯锦之江·童心向廉”展演会。参加四川省“意林杯”第九届管乐比赛，获一等奖5个。有369名学生在艺术类竞赛中获国家级奖项，有814名学生获省级奖项，有3578名学生获市级奖项。

坚持“以劳树德”理念，提高教师的劳动教育理论水平。开展首届劳动教育教师技能赛，有48所学校参加活动。开展劳动教育实践活动，探索“方志文化进校园”路径，引领中小学生认识成都、热爱家乡。结合班会课、队会课，根据不同年龄段学生的认知水平和成长规律，开展绿色生态文明教育。生活垃圾分类教育覆盖率100%，知晓率100%。各中小学校开展“四川省绿色学校”创建工作，有52家学校通过验收。

（张津博）

学前教育

【幼儿园资源与招生】 2023年，锦江区新增省级示范园7家，分别是成都市第三幼儿园汇泉园区、成都市第三幼儿园双桥园区、成都市第三幼儿园528园区、成都市第二幼儿园锦馨园区、成都市第二幼儿园望江园区、成都市第一幼儿园海棠园区、成都市第一幼儿园逸景园区。新增成都市一级幼儿园1家。全区有四川省示范性幼儿园20家、成都市一级园36家。区域内分布公办幼儿园49家，民办幼儿园57家。民办幼儿园中有31家普惠性幼儿园。公办幼儿园招收小班幼儿3560人，普惠性民办幼儿园招收2000人。在园幼儿24181人。区域优质学前教育覆盖率98.92%。

（付璺慧　叶子）

【学前教育优质普惠发展】 2023年，锦江区持续推动全国完善普惠性学前教育保障机制实验区创建工作，通过县域学前教育普及普惠区核查。新增公办学位135个，公办幼儿园在园幼儿占比54.05%。认定普惠性民办幼儿园4家，分别是成都市锦江区三电幼儿园、成都市锦江区美林湾新天地幼儿园、成都市锦江区稚笙幼儿园、成都市锦江区东方阳光幼儿园。幼儿园新增普惠性学位400个，普惠性幼儿园覆盖率84.35%。承办“百年名园新时代新征程”名园现场会，被《中国教育报》头版头条报道。

（付璺慧　叶子）

【保育教育质量提升】 2023年，锦江区制定保育教育质量提升三年行动方案，开展幼儿园保教质量提升专题培训5次，邀请华东师范大学教授华爱华、郭力平开设讲座。借力行业专家，深入幼儿园，全方位为幼儿园提供专业指导和服务，引导区域幼儿园多举措、多路径提升园本教研能力，深化特色园本课程开发与实践。围绕教学理念、园务管理、文化特色，每月开展一次分组交流、一次现场观摩、一次专题讲座、一次交叉考核，缩小区域公办幼儿园和民办幼儿园的质量差距。

（付璺慧　叶子）

【学前教育博物馆】 12月13日，成都市第三幼儿园创办的学前教育博物馆通过省文物局审批，成为国内首座学前教育博物馆。承担教育部课程中心实验区2023年园长跟岗学习交流、中国学前教育研究会游戏与玩具专业委员会全体委员会参观座谈会、2023年成都市督学培训、中国学前教育研究会2023年幼儿园游戏研讨会等活动，接待全国各地参观者2万人。

（付璺慧　叶子）

义务教育

【义务教育段学校资源与招生】 2023年，锦江区分布小学38家。其中公办小学37家、民办小学1家。初中17家。落实义务教育免试就近入学政策，制定《义务教育招生入学工作实施细则》，提高招生工作科学化、制度化、规范化水平，形成义务教育公平入学长效机制。小学新生入学13164人，含随迁子女1342人。小学在校生6.7万人。初中招生8973人，含随迁子女1045人。初中在校学生2.3万人。

（魏晓敏　罗小玉）

【义务教育优质均衡发展】 2023年，锦江区落实市政府《关于统筹推进城乡义务教育一体化促进全域优质均衡发展的实施意见》精神，开展扩优提质行动，提升义务教育优质均衡发展水平。深化优质中小学内涵建设，提升办学品质。按照市教育局《关于开展2023年义务教育阶段“新优质学校”培育工作的通知》要求，遴选办学五年以上、形成一定办学特色、教育教学质量良好、获得市民认可的小学，作为市级新优质学校培育对象。成都市锦江区马家沟小学、成都师范附属小学白鹭溪分校、成都市锦江区大观小学校、成都市驸马小学校创建为市级新优质学校。省教育厅认定成都师范附属小学、成都市盐道街小学为四川省义务教育优质发展共同体领航学校。同时推进“锦江好课堂”建设，开展初中学校集体备课展示交流活动，加强薄弱初中管理，新建成都七中育才学校东湖校区等学校。省教育厅认定成都七中育才学校水井坊校区为四川省义务教育优质发展共同体领航学校。锦江区教科院附属中学通过成都市强校工程实验校建设质量评估，评优等评价。成都七中育才学校银杏校区项目式推进人工智能课程案例入选课后服务成都市十个优秀案例。锦江区市、区两级新优质学校覆盖率100%。12月，通过“全国县域义务教育优质均衡发展区”验收。

（魏晓敏　罗小玉）

表48　2023年锦江区优质小学一览表

序号	学校名称	地址
1	成都市天涯石小学	锦江区天涯石南街78号
2	成都市和平街小学	锦江区竹林巷62号
3	成都市天涯石小学昭忠祠分校	锦江区昭忠祠街62号
4	成都市盐道街小学	锦江区盐道街2号

续表48

序号	学校名称	地址
5	成都师范附属小学	锦江区学道街 55 号
6	成都市龙王庙正街小学	锦江区龙王庙正街 84 号
7	成都市锦官驿小学	锦江区东大街牛王庙段 70 号
8	成都市盐道街小学东区	锦江区莲花南路 10 号
9	成都市娇子小学	锦江区宏顺街 116 号
10	成都市龙舟路小学	锦江区糍粑店街 93 号
11	成都师范附属小学万科分校	锦江区花园街 20 号
12	成都市沙河堡小学	锦江区岷山路 9 号
13	成都市盐道街小学得胜分校	锦江区仁居路 19 号
14	成都市锦江区大观小学校	锦江区大观里 6 号
15	成都市菱窠路小学	锦江区菱窠路 133 号
16	锦江区教育科学研究院附属小学	锦江区经华南路 39 号
17	成都市盐道街小学锦馨分校	锦江区榕声路 166 号
18	成都市东光实验小学	锦江区东光南二巷 1 号
19	锦江区祝国寺小学	锦江区锦华路 699 号
20	成都师范附属小学白鹭溪分校	锦江区大安桥村 2 组 5 号
21	成都市三圣小学	锦江区洪柏路 9 号
22	锦江区驸马小学	锦江区三圣街道洪柏路 280 号
23	成都市盐道街小学东湖分校	锦江区锦丽路 270 号
24	成都市锦江实验学校	锦江区国槐社区蝶花街 577 号
25	成都师范附属小学华润分校	锦江区锦华路一段 260 号
26	成都市盐道街小学卓锦分校	锦江区海枣街 88 号
27	成都市天涯石小学逸景分校	锦江区锦丰三路 38 号
28	成都师范附属小学慧源校区	锦江区汇源南路 316 号
29	锦江区外国语小学	锦江区月季街 77 号
30	锦江区外国语小学喜树校区	锦江区喜树街 268 号
31	锦江区马家沟小学	锦江区马家沟 160 号
32	成都市盐道街小学通桂校区	锦江区通桂路 68 号

续表48

序号	学校名称	地址
33	成都市盐道街小学 528 校区	锦江区喜树街 669 号
34	锦江区银杏小学	锦江区杨树街 177 号
35	成都市盐道街小学汇泉校区	锦江区汇聚路 216 号

表49　2023年锦江区优质初中一览表

序号	学校名称	地址
1	四川师范大学附属中学	锦江区菱安路 101 号
2	成都市盐道街中学	锦江区盐道街 4 号
3	成都市第十七中学	锦江区较场坝东街 48 号
4	成都市田家炳中学	锦江区顺江路 369 号
5	成都市第三中学	锦江区水杉街 300 号
6	四川师范大学附属中学外国语学校	锦江区大观堰街 2 号
7	成都七中育才学	锦江区双槐树街 54 号
8	成都七中育才学校汇源校区	锦江区汇泉南路 336 号
9	成都七中育才学校银杏校区	锦江区银木街 38 号
10	成都七中育才学校学道分校	锦江区东南里 5 号
11	锦江区教育科学研究院附属中学	锦江区楠丰路 77 号
12	锦江区嘉祥外国语学校	锦江区晨辉路 3 号
13	锦江区师一学校	锦江区静安路 288 号
14	四川师范大学附属实验学校	锦江区静安路 5 号

【优质教育链建设】 2023年，锦江区依据教育部《县域义务教育优质均衡发展督导评估办法》，落实市教育局《关于进一步提升名校集团发展水平的意见》精神，开创“名校+新校”和“名校+弱校”链式教育模式，促进名校集群发展。名优学校覆盖全区各街道。龙头学校通过专题讲座、主题研讨、跟岗研修、联合教研、名师带教，从教育管理、学校管理、校长提升、教师发展、学生发展、资源建设等方面为成员学校提供立体式指导，整体提升集团内学校办学水平。成都七中育才学校学道分校、成都市盐道街中学实验学校退出名校集团，各自集团化发展。其中成都七中育才学校华兴分校、成都七中育才学校东湖校区被纳入成都七中育才学校教育集团。四川师范大学附属中学锦华分校被纳入四川师范大学附属中学教育集团。成都市第一幼儿园和成都市第二幼儿园分别组建幼教集团。

（魏晓敏　罗小玉）

表50　2023年锦江区基础教育名校集团一览表

序号	所属学校	教育集团	龙头学校	成员学校或幼儿园	
				学校或幼儿园名称	发展状况
1	幼儿园	成都市第三幼儿园教育集团	成都市第三幼儿园	成都市锦江区童蒙幼儿园	成都市一级园
				成都市锦江区芙蓉幼儿园	成都市一级园
		成都市第二幼儿园教育集团	成都市第二幼儿园	锦江区东润幼儿园	成都市二级园
				锦江区北顺街幼儿园	成都市二级园
		成都市第一幼儿园教育集团	成都市第一幼儿园	锦江区教育科学研究院附属幼儿园	成都市二级园
				锦江区椰树幼儿园	成都市二级园
2	小学	成都师范附属小学教育集团	成都师范附属小学	成都师范附属小学华润分校	市级新优质学校
				成都师范附属小学白鹭溪分校	区级新优质学校
		成都市盐道街小学教育集团	成都市盐道街小学	成都市盐道街小学得胜分校	市级新优质学校
				成都市盐道街小学卓锦分校	市级新优质学校
				成都市盐道街小学锦馨分校	市级新优质学校
				成都市盐道街小学东湖分校	市级新优质学校
		成都市天涯石小学教育集团	成都市天涯石小学	成都市天涯石小学昭忠祠分校	市级新优质学校
				成都市天涯石小学逸景分校	市级新优质学校
		成都师范附属小学万科分校教育集团	成都师范附属小学	成都市菱窠路小学	市级新优质学校
3	初中	成都七中育才学校教育集团	成都七中育才学校	成都七中育才学校华兴分校	
				成都七中育才学校东湖校区	
4	高中	四川师范大学附属中学教育集团	四川师范大学附属中学	四川师范大学附属中学外国语学校	市级新优质学校
				四川师范大学附属中学锦华分校	

【薄弱初中提升】 2023年，锦江区依据《成都市公办初中强校工程实施方案》，针对成都市第三中学、成都市第十七中学、锦江区教育科学研究院附属中学等在教育教学方面存在薄弱环节的学校，采取集团化办学模式，促使教育资源优势互补，提高教育服务的整体效能。同时践行干部教师互派制度，促进教师交流，提升薄弱学校教师队伍的教学能力。注重课堂深度指导，开展教学研讨、课堂观摩，帮助薄弱学校教师掌握先进教学方法，提高课堂教学质量。开展一体化教师培训项目，提升教师的专业技能和教学水平。

（魏晓敏　罗小玉）

【强校工程实验校建设】 2023年，锦江区依据《成都市公办初中强校工程实施方案》，推动强校工程实验校建设。从引领学校发展、改善硬件条件、建强学校领导队伍、促进教师专业发展等六个方面领域制定措施，帮助学校内强素质、外优形象，提升办学治校的内生动力，实现教育教学质量、教师队伍素养、学生综合素质、学校美誉度“四个提升”目标。锦江区教育科学研究院附属中学被纳入公办初中强校工程实验学校，在成都市强校工程实验校建设质量评估中获优等。

（魏晓敏　罗小玉）

【课后服务课程研发】 2023年，锦江区落实《教育部办公厅关于做好中小学生课后服务工作的指导意见》《省教育厅关于做好中小学课后服务工作的实施意见》《成都市中小学生课后服务实施意见》精神，印发《关于深化中小学“课后好服务”的实施意见》，将课后服务课程纳入校本教研工作，提升课后服务质量。成都七中育才学校银杏校区以学生兴趣为导向，结合初中阶段学生兴趣点和认知规律，整合信息科技课程，开设科技信息课、选修兴趣课、拔尖创新课，以人工智能、教育机器人、智能物联等科技前沿知识设计课程大单元，开发不同项目的科技课程，提升学生学习兴趣，培养学生动手能力和创新能力。

（贾丹　邹雨寰）

普通高中教育

【高中资源与招生】 2023年，锦江区分布四川师范大学附属中学、成都市第十七中学、嘉祥外国语高级中学等6所高中，包括公办高中5所、民办高中1所。高中招生2936人，其中公办高中招生2329人。在校高中生8680人。区域内6家高中均为省级示范性学校。

（罗小玉　邹雨寰）

【普通高中综合改革】 2023年，锦江区按照四川省普通高中高考综合改革基础保障要求和成都市普通高中扩容提质要求，推进普通高中项目建设。明确“一校一案”的思路，制定普通高中学校办学条件达标方案，确保学校建设标准化。深化高中课程改革，组织高中学业水平考试，推广新课程、新教材。加强学生生涯规划指导和培训，推进普通高中生涯规划教育。开展高中综合素质评价，建立学生综合素质评价档案。加强社会实践基地建设，引导学生开展社会综合实践活动。深入研判高中教育形势，挖掘优质普通高中校舍资源潜力，扩大优质普通高中招生规模，推动普通高中优质特色发展。

（罗小玉　邹雨寰）

【“珠峰计划”实施】 2023年，锦江区持续推进“珠峰计划”，实施拔尖创新人才培养工程、名师名校长培育工程、智慧校园提档工程和贯通培养行动、集中培养行动、联合培养行动、集团一体化培养行动、名校长倍增行动、名师提能行动、学科竞赛教师研培行动、高层次人才引进行动、校园环境改造行动、设施设备提档升级行动、实施优质学校扩容行动，建设一流高中。建立拔尖创新人才培养教师激励机制，评估参加拔尖创新人才培养和强基计划的教师，在评优晋级中予以倾斜。在嘉祥外国语高级中学打造拔尖创新人才早期培养学科集训基地，开展学科竞赛集训、拔尖创新人才早期培养。各学校综合考核学生个人兴趣、学业水平考试成绩、校本课程，将有个人意愿和学科竞赛潜力的学生纳入学校拔尖创新人才早期培养序列培养，选择有潜力的学生进入区域培养基地培养。同时成立拔尖创新人才早期培养名师工作室，培养优秀学科竞赛教师。

（罗小玉　邹雨寰）

【省级示范性普通高中创建】 2023年，锦江区按照《省教育厅关于做好2022年省一级示范性普通高中遴选认定工作的通知》要求，推动省级示范性普通高中创建工作。四川师范大学附属中学、成都市盐道街中学、锦江区嘉祥外国语高级中学创建为四川省一级示范性普通高中。按照《省教育厅关于认定四川省示范性幼儿园四川省义务教育优质发展共同体领航学校四川省示范性普通高中》要求，成都市第十七中学、成都市第三中学创建为四川省二级示范性普通高中。区域内省级示范性普通高中6家。

（罗小玉　邹雨寰）

表51 2023年锦江区省级示范性普通高中一览表

序号	学校	地址	类型
1	四川师范大学附属中学	锦江区菱安路 101 号	省一级（引领型）
2	成都市盐道街中学	锦江区滨江中路 7 号	省一级（引领型）
3	锦江区嘉祥外国语高级中学	锦江区晨辉北路 6 号	省一级（引领型）
4	成都市第十七中学	锦江区较场坝东街 48 号	省二级
5	成都市田家炳中学	锦江区顺江路 369 号	省二级
6	成都市第三中学	锦江区水杉街 300 号	省二级

特殊教育

【特教学校资源与学生情况】 锦江区有特殊教育学校1家，有琉璃、和平2个校区。2023年，开设13个班，学生136人。其中在校学生120人，送教上门学生16人。9月，琉璃校区启用。校区位于琉璃路1715号，占地面积8950平方米。和平校区建筑面积1984平方米。一年级至四年级学生在琉璃校区，五年级至九年级及中职学生在和平校区。学校秉承“愉快接纳每一个生命，倾心成就每一位学生”的办学理念，坚持“自信、自理、自立”育人目标，定制课程，探索“职业素养导向”中职课程建设，以“体育复健进校园”特色活动为载体，促进学生多元发展，形成“校、家、社、医”多方合力支持体系。学校有感统室、情景室、个训室、物理治疗室等功能室，为学生提供个性化服务。

（魏晓敏 贾丹）

【融合教育教学】 2023年，锦江区践行适应残疾儿童和普通儿童共同成长的融合教育模式，完善融合教育保障支持体系，建设资源教室，推动残疾儿童和普通儿童融合。采取申报课题、专家讲座、课例打磨等方式，开展融合教育班级课程调整、资源教室课程设计与实施等研究。11月，锦江区教科院组织策划“成渝地区双城经济圈10+20”研训机构“两山一江”共同体特殊教育联合教研系列活动在锦江区和重庆市璧山区同步举办，探索有利于特殊学生有效学习的教学模式，提升义务教育阶段特殊教育教学质量。同时拓展学段服务，在幼儿园、职高新建特殊教育资源教室，采取专家入校支持、幼特联合课题研究、师资培训的方式推动幼儿园融合教育进程。

（魏晓敏 贾丹）

【家长指导】 2023年，锦江区采取特殊教育巡回指导、残疾学生入学评估安置、个案分析会等方式，开展个别化家庭教育指导，帮助家长树立正确的教育理念、掌握科学的教育方法，共同制定家庭教育支持方案。锦江区特殊教育学校、成都市和平街小学、成都市盐道街小学锦馨分校等学校以正向教养为主题，组建家长互助支持团队，共享特殊教育学生家庭教育经验，开展特殊儿童家庭教育指导。锦江区教育科学研究院、成都市天涯石小学逸景分校、成都师范附属小学慧源校区共同开展多动症儿童家长沙龙活动，邀请华西医院专业医生、多动症儿童家长、教师参加活动，共同探讨支持多动症学生教育的方法。成都市盐道街小学528校区教师郑雨撰写的《家长如何提升自我情绪管理能力——保持良好心态 做情绪稳定的父母》被《教育导报》登载。

（魏晓敏 贾丹）

【培智中职班】 2023年，锦江区特殊教育学校打造中职学生专用教室、中职实训室、家政室、休闲平台，用于中职学生学习。开设中西面点专业，招收中重度智力障碍学生7人。以中职学生的发展现状为基础，结合职业教育环境及发展趋势，通过评估学生家庭基本情况、个人基本情况和职业期待，为学生制订个别教育职业支持计划，开设专业技能学习课程，培养中职学生专业技能，满足中职学生未来职业发展需要。同时整合资源，打造“星空里”中职学生实践基地。

（魏晓敏　贾丹）

【常见障碍类型学生教育研究】 2023年，锦江区以科研视角切入实践中遇到的难点问题，针对患有孤独症、多动症、智力障碍的学生开展专项研究。主要研究“医教结合背景下ADHD学生支持策略”“提升小学中高段ADHD学生课堂参与度有效策略”“融合小组绘本阅读课程促进智障儿童叙事能力”“智力障碍学生职业教育课程建设”等课题突破多动症学生、智力障碍学生在课堂参与和职业教育方面的难点。成立孤独症儿童教育康复研究中心，组建跨校、跨专业的孤独症研究团队，开展“基于适应能力提升的孤独症儿童随班就读策略”“影子教师入校支持提升孤独症学生学校适应能力”等课题研究，解决孤独症学生在入校适应等方面的问题。

（魏晓敏　贾丹）

中等职业教育

【职教学校资源与招生和就业】 2023年，锦江区有2所中等职业学校。成都市现代职业技术学校是公办学校，成都市锦江区华大医药卫生中等职业学校是民办学校。成都市现代职业技术学校有2个校区，双桂校区位于锦江区双桂路21号，成龙校区位于锦江区枫树街899号。成都市锦江区华大医药卫生中等职业技术学校位于锦江区琉璃场皇经楼七组9号。成都市现代职业技术学校、成都市锦江区华大医药卫生中等职业学校开设教育与体育、医药卫生、文化艺术、旅游、电子信息等专业。2家中等职业学校招收初中毕业生1957人，在校学生6585人，毕业生2705人。其中1570人升入大学。另有1115人就业，就业率99%，对口就业率95.1%。

（罗小玉　邹雨寰）

【职业技能考试】 2023年，锦江区依据教育部《关于在院校实施“学历证书+若干职业技能等级证书”制度试点方案》，推动“1+X”证书试点工作。“1”即学历证书，“X”指若干职业技能等级证书。成都市现代职业技术学校、成都市锦江区华大医药卫生中等职业学校有“1+X”证书试点专业7个，涉及母婴护理、幼儿照护、网络安全运维、界面设计、葡萄酒推荐与侍酒服务等专业。成都市现代职业技术学校有805人取得职业技能等级证书，成都市锦江区华大医药卫生中等职业学校有246人取得护士资格证等职业技能等级证书。

（罗小玉　邹雨寰）

【职业技能比赛】 5月，锦江区组织成都市现代职业技术学校教师参加成都市中等职业学校教师教学能力大赛，获一等奖1个、二等奖5个。7月，锦江区组织成都市现代职业技术学校教师参加四川省中等职业学校教师教学能力大赛，获一等奖1个、二等奖4个、三等奖1个。9月，组织成都市现代职业技术学校学生到北京市参加全国职业院校技能大赛，获婴幼儿保育赛项二等奖。10月，组织成都市现代职业技术学校教师参加全国职业院校技能大赛中等职业学校思想政治教育课程教学能力比赛，获二等奖。成都市现代职业技术学校承办四川省职业院校技能大赛中职组比赛和成都市中等职业学校师生技能大赛幼儿保育、短视频制作2个项目的比赛。成都市现代职业技术学校参赛学生获一等奖2个。11月，组织成都市现代职业技术学校和成都市锦江区华大医药卫生中等职业学校的学生参加“中银杯”四川省职业技能大赛，获一等奖1个、二等奖2个、三等奖2个。12月，组织成都市现代职业技术学校教师参加全国职业院校技能大赛中等职业学校班主任能力比赛，获三等奖。

（罗小玉　邹雨寰）

【“三名工程”实施】 2023年，锦江区根据省教育厅《关于公布四川省中等职业学校名校名专业名实训基地建设工程立项建设名单和开展项目建设工作的通知》要求，坚持产教融合、工学结合、校企联合的办学思路，加强教育链与产业链对接，持续推动职业学校“三名工程”，创建名校、名专业、名实训基地。以中职学校办学条件“达标工程”为抓手，引企入校，共建实训基地。成都市锦江区华大医药卫生中等职业学校与成都悦齿精工科技有限公司共建校外口腔修复工艺专业实训基地。成都市现代职业技术学校建成MR幼儿保育仿真实训基地，创建为四川省“三名工程”三星学校。幼儿保育和美发与形象设计入选名专业，儿童教服中心基地入选名实训基地。

（罗小玉　邹雨寰）

普通高等教育

【四川师范大学】 四川师范大学始建于1946年。抗日战争初期，东北大学内迁四川省三台县。抗战胜利后回迁沈阳。留川师生在原址创办私立川北农工学院。1949年，与西山书院合并，更名为私立川北大学。1950年，与私立川北文学院合并，组建公立川北大学。迁四川省南充市后更名为川北大学。1952年，以川北大学为主体，合并川东教育学院、四川大学、华西大学部分专业，组建四川师范学院。1956年，四川师范学院本科专业迁成都狮子山。1964年，合并成都大学数、理、化三系。1985年，更名为四川师范大学。1999年，煤炭部成都煤炭管理干部学院并入。2023年，有3个校区，分别是狮子山校区、成龙校区、遂宁校区。狮子山校区位于锦江区静安路5号，成龙校区位于锦江区成龙大道1819号。开设文学、理学、工学、哲学、经济学、管理学、法学、历史学、教育学、艺术学、农学、交叉学科12个学科。有82个本科专业。有7个博士学位授权一级学科，分别是中国语言文学、教育学、数学、心理学、中国史、物理学、化学。另有23个硕士学位授权一级学科。建成博士后流动站4个、四川省哲学社会科学重点研究基地5个。建成四川省哲学社会科学重点实验室、四川省“2011”协同创新中心、四川历史名人文化研究中心、全省重点中华文化研究院、全省铸牢中华民族共同体意识研究基地、四川省社会科学普及基地、四川省高校人文社会科学重点研究基地、四川省高校区域和国别重点研究基地、成都市哲学社会科学研究基地。是四川省属重点大学、国家首批中西部高校基础能力建设工程实施高校、全国深化创新创业教育改革示范校、全国首批硕士授权单位、第十批博士授权单位。每年博士招生规模100人，硕士招生规模1500人。

（韩旭）

【四川邮电职业技术学院】 位于锦江区静康路536号，占地面积13.3万平方米。前身是四川省邮电学校，由四川电信实业集团公司创办，享有“四川邮电黄埔”美誉。2023年，开设计算机网络技术、软件技术、通信工程设计与监理、云计算技术应用、现代移动通信技术、现代通信技术、信息安全技术应用、物流管理、经贸英语等19个专业，在校学生4000人。是国家骨干高职院校、四川省示范性高等职业院校、四川省高端技术技能型本科人才培养改革试点院校，是中国人民解放军总参谋部和中国人民武装警察部队定向培养直招士官试点高校。

（韩旭）

【四川广播电视大学时代工商学院教学点】 四川广播电视大学时代工商学院教学点位于锦江区经华南路，始建于1994年，是四川电大和四川电大直属学院批准成立的二级学院。2023年，开设本科、专科、五年高职、普通中专，有经济、管理、法学、文史、英语、计算机、建筑等63个专业，形成学历教育与技能教育相结合的办学格局，可申请学士学位。

（韩旭）

终身教育

【终身教育体系建设】 2023年，锦江区以“满足需求，幸福民生”为目标，针对青少年群体、老年群体，多角度、多方位、多渠道推进社区教育和家庭教育，打造终身教育体系，被中国成人教育协会列入首批终身教育项目研究基地和家校社协同育人项目实验基地。创建市级优秀社区教育院校1家、市级社区老年教育学习点29个、市级终身学习品牌项目

1个。有1人被评为百姓学习之星，有2人被评为最美志愿者，有2人被评为社区教育先进工作者。参加成都市“能者为师”评选，获一等奖1个、二等奖1个、优秀奖1个，有1人被评为优秀辅导员，有1人被评为银发达人。区教育局获“能者为师”优秀组织奖。参加市级“大运有我·幸福成都”全民摄影大赛，获二等奖1个、三等奖2个、优秀奖2个。“校家社三位一体 携手共绘同心圆”家庭教育案例入选亚洲教育论坛“2023家庭学校社会协同育人发展50例”。有12家学校入选教育部课程教材研究所“校家社协同创新育人研究”第三批项目。“家校社协同视角下的青少年社区教育模式创新研究”入选省级规划课题和市级重点课题。

（滕丽　曾华婕）

【家庭教育】 2023年，成都市家长学校锦江分校在锦江区社区教育学院挂牌成立。确定“家庭教育中心理健康的难点”等课题，开展调研活动3次。加强家庭教育队伍建设，开设第一期家庭教育指导员家长班、第七期家庭教育指导员教师班，开展专题培训20次，培训学员350人。联合华西第二医院健康管理中心打造“锦家幸福”家庭教育心理辅导站，组建家庭心理咨询团队，向家庭教育中有困惑的妇女儿童提供心理疏导、危机干预等专业服务。“锦家幸福”家庭教育心理辅导站发布公益心理咨询报名信息，服务21人，包括向5名未成年人提供心理咨询服务。联合成都百家堂姓氏文化博物馆制作24期《家传锦训》视频节目，在区妇联主办的“锦江姐妹”微信公众号上播放。在11个街道打造友邻教师工作坊，开设心理健康、家庭教育等课程，服务家长15万人。推进家庭教育资源建设，开展第二届“家庭教育宣传周”活动。在成都百家堂姓氏文化博物馆开展“锦风促优 学育百家”中华美德家庭教育实践活动12次。每月在各街道开展青少年心理健康护航“社区龙门阵”活动，服务家长2万人。开展“家庭教育小贴士”征集活动，评选“家庭教育金句”100句。开设“智慧家长·云课堂”线上讲座16次，开展“智慧家长·领读者”活动20次，评选“图书审读员”“优秀领读者”50人。开展送教到社区、到学校等活动1000次，服务家庭1000个，服务家长20万人。

（陶菜　滕丽）

【老年教育】 2023年，锦江区按照市教育局制定的社区老年教育学习点建设标准，在11个街道成立老年教育学校，市级老年教育学校全覆盖。有29个社区创建为市级老年教育学习点，超额完成市教育局提出的“20%的社区建有老年教育学习点”的目标。推出古月派养生武舞、木兰拳、太极拳、太极剑、太极扇、形体走秀等课程，开展老年教育送教活动。开设300个班次的老年适龄课，开展“网上学习圈”培训5次。打造“网上大家学”课程资源平台，录制线上“微课程”课件5个，线上开展“智慧学生活”活动。

（滕丽　曾华婕）

【城市社区学习中心建设】 2023年，锦江区将家庭教育和青少年社区教育融入实验项目，持续实施联合国教科文组织城市社区学习中心（CLC）能力建设项目。东湖街道翡翠城社区整合社区、学校、公园、企业、城市博物馆等资源，开展社区研学、社区服务实践、爸妈成长营社区家庭指导师培育、智慧妈妈团亲子系列志愿培育等活动50次，服务居民3000人。实施“建设素质教育环，拓展育人空间”项目，涉及乡村振兴、亲子阅读、儿童关爱、环保、敬老、科普、运动、非遗文化、传统文化等主题，打造共享、多彩、向上的青少年成长环境。锦华路街道晨辉社区开展青少年社区教育基地建设，打造青少年参与社区公共事务的平台，营造“友好参与，快乐成长”的氛围。整合20家学校、幼儿园、企业的资源，打造社区儿童“半小时自然体验圈”。全年开展活动100次，服务居民5000人。

（滕丽　曾华婕）

【终身学习发展共同体建设】 2023年，锦江区社区教育学院与上海市杨浦区、重庆市渝中区的社区教育学院建立协同合作关系，构筑终身学习发展共同体，开展线上线下活动5次。中国成人教育协会批准锦江区社区教育学院入选首批终身教育项目研究基地和第一批家校社协同育人项目实验基地。承办教育部课程教材研究所锦江实验区“校家社协同创新育人”项目工作推进会。

（滕丽　曾华婕）

【“合伙人”服务体系建设】 2023年，锦江区推进青少年社区教育，编制青少年社区教育三年行动方案，对照“三有四全”标准，构建青少年教育“合伙人”服务体系。“三有四全”（有课程、有师资、有阵地和社区全域、学校全力、家庭全部、父母全程）。形成家庭、学校、社区共育青少年健康成长格局。校、家、社“三位一体”共绘“同心圆”案例入选亚洲教育论坛2023家庭学校社会协同育人发展50例。课题“家校社协同视角下的青少年社区教育模式创新研究”获准立项，被纳入四川省2023年度教育科研一般课题、成都市教育科学规划重点课题。

（滕丽　曾华婕）

锦江区古墓葬之粮丰宋墓

粮丰宋墓位于成龙路街道粮丰社区，有宋代墓砖室2座。2004年以前属三圣乡粮丰村四组。墓葬呈南北向排列。其中2号墓残存墓室前部铺地砖。1号墓为长方形双室券拱砖结构墓，开口距地表1.3米。墓坑南北长5.46米，东西宽7.18米，深2.9米，砖石构筑左右并列的长方形双室。左室和右室各有墓墙，间距1米，形制相同，由墓道、封门墙、甬道、墓室、棺台、壁柱、壁龛、后龛组成。墓道位于墓门前方，封门墙分内外2层，自下而上。内层以砖垒砌，宽1.64米，高1.98米。外层以红砂石的条石垒砌，宽3.12米，高2.86米。甬道进深0.28米，宽1.72米。壁龛4个，位于墓室前方左右，相互对应。墓室左室长3.08米，宽1.72米，高1.58米。内置6层棺台，长2.78米，宽1.22米，高0.31米。内有陶俑和红砂石真文券等5件随葬物品。右室置5层棺台，棺台前砌二级阶梯。左室和右室有陶俑、红砂石真文券等遗物各5件，其中陶俑4个、红砂石真文券6个。陶俑材质分为泥质灰白陶和泥质黄陶2种，施绿釉或黄釉，包括生肖俑1个、侍佣1个、佣头2个。佣高18.5厘米，座高0.9厘米。真文券近方形。高37厘米，宽34厘米，厚2厘米，以楷书阳刻道教符箓和西方炼度荐拔真文。

文 化

文化场馆

【文化馆】 2023年，锦江区文化馆建成总馆和16个特色艺术分馆。分别是国学馆、川剧馆、文学馆、曲艺馆、非遗馆、乡愁馆、剪纸馆、电影馆、合唱馆、传统文化体验馆、沙画馆、舞蹈馆、瑜伽馆、音乐表演馆、形体表演馆、数字美术馆。另有11个街道分馆。总馆位于锦江区锦兴路91号，国家一级文化馆。全年开展“成都文化四季风”“爱成都·迎大运”“我们的节日”“走基层”等文化惠民活动100次，开展公益展览37次，开设公益讲座12次。利用互联网和自媒体开设“云文艺讲座”142次、“云课堂”96次，开展“云展览”45次、“云演出”18次、“云鉴赏”5次。

（王祥勇　许雁）

【图书馆】 锦江区图书馆位于锦江区锦兴路91号，馆舍面积4500平方米，开设图书借阅、报刊期刊借阅、地方文献查阅、影视鉴赏、电子阅览、休闲阅读等服务窗口，内设阅览座席422个，国家一级图书馆。365天开放，开馆时间9时至20时30分，每周三下午闭馆。建成街道分馆、社区书屋等服务点位110个。总馆和分馆流转图书4次7万册。图书馆网站、微信、微博公众号的浏览量52万人次。2023年，新增馆藏图书16700册，藏书量达到53万册。数字图书30万册。新增注册读者1309人，在册读者54475人。接待读者359770人，外借图书324555册。开展文化活动298次，开展全民阅读线上活动211次、线下活动14次。有84189人参加线上活动，1680人参加线下活动。

（王祥勇　李辉）

【方志馆】 锦江区方志馆位于锦江区菱窠路260号档案馆大楼，内设观览区、阅览室、研究室等功能区间，展示区域历史人文和发展成就，向干部群众提供志鉴和地情资料查阅服务。分设2个区间。其中一层是展示区，面积150平方米。五层与区地方志办公室办公区融合，采取展板形式，利用办公区墙体展示一层空间未展示的历史文化，另设阅读、研讨、查询等功能区。2023年，承办“红领巾小史官”等活动5次。

（韩旭）

【街道社区文化活动场所】 锦江区加强基层群众文化阵地建设，建成街道和社区综合性文化服务中心87个（街道综合性文化服务中心11个，社区综合性文化服务中心76个）。2023年，基层群众文化服务阵地建成率100%。

（韩旭）

表52 2023年锦江区街道（社区）文化活动中心一览表

序号	名称	地址
1	春熙路街道综合性文化服务中心	锦江区人民东路48号物资大厦2楼
2	书院街街道综合性文化服务中心	锦江区华星路12号
3	锦官驿街道综合性文化服务中心	锦江区青和里北段一号2楼
4	牛市口街道综合性文化服务中心	锦江区大田坝街93号
5	东湖街道综合性文化服务中心	锦江区锦华路一段115号
6	沙河街道综合性文化服务中心	锦江区汇泉北路177号
7	狮子山街道综合性文化服务中心	锦江区菱安路8号
8	锦华路街道综合性文化服务中心	锦江区柳翠路179号2楼
9	柳江街道综合性文化服务中心	锦江区榕声路84号
10	成龙路街道综合性文化服务中心	锦江区国槐街835号
11	三圣街道综合性文化服务中心	锦江区锦江大道877号

群众文化

【群众文化队伍建设】 2023年，锦江区组建群众文化团队220个，培训群众文化团队30个5600人。组织群众文化团队参加省、市、区的文化品牌活动、文艺会演活动2000次。

（王祥勇 顾梦雅）

【“走基层”文化惠民活动】 成都市“走基层”文化惠民活动暨第二届社区艺术节活动是市委宣传部、市委城乡社区发展治理委员会主办的群众文化活动。2023年，锦江区承办活动40次，包括综艺演出、戏剧演出、书法展、绘画展、摄影展、非遗展。

（王祥勇 许雁）

【“春熙放歌”品牌文化活动】 2023年，锦江区以春熙路步行商业街为依托，在讲述锦江史话、展现社会变化、宣传政治时事的大主题下持续举办“春熙放歌”品牌文化活动。包括“春熙彩灯盛会”“成都不眠夜”“锦江童谣季节”“锦江品质之旅”“中秋邀月节”等大型文化活动200次，观众达350万人。

（王祥勇 许雁）

【政协书画院活动】 2023年，锦江区发挥政协书画院平台作用，以书画创作联谊团结各界人士，以书画作品讴歌成就、凝聚共识。以学习贯彻党的二十大精神为主题，举办“美在锦江·福到花乡”书法精品展。采取巡展方式，组织书画作品到三圣街道、沙河街道、区文化馆、第三大街艺术馆巡展。参观作品的市民达10万人。12月，举办书画院迎新年会，启动为期30天的“书画进社区、进学校”活动。引导政协委员和书法家、画家参加文艺志愿服务活动，为锦江区建设文化强区贡献智慧和力量。

（丁元 唐伟）

文化遗产保护

【文物保护】 锦江区完成95个建设项目的文物勘测工作，勘测面积142.6万平方米。推进祝国寺村遗址、潘家沟片区2号道路墓群、蜀端王陵考古发掘工作。区域内分布文物保护单位24处。其中全国文物保护单位2处、省级文物保护单位6处、市级文物保护单位16处。开展43个文物点位的消防安全检查和防汛检查214次，完成泰祥路明代墓葬搬迁保护项目，启动水东门城墙抢险加固项目前期工作，编制《琉璃厂窑址保护规划》。使用市级文物保护专项资金，推进邱家祠保护修缮工程。邱家祠位于锦江区龙王庙正街28号，始建于清同治七年（1868）至同治九年（1870）。院落坐东北朝西南，四合院布局，占地面积1726平方米，建筑面积1025平方米。2018年5月，市政府公布为第六批市级文物保护单位。2020年5月，邱家祠保护修缮勘察设计方案获市文物局批复。2020年11月，通过市文物局立项审批。2021年1月，进场施工。2023年9月4日，邱家祠文物保护修缮工程通过验收。

（王祥勇　包绍远）

表53　2023年锦江区文物保护单位一览表

序号	名称	地址	保护级别
1	水井街酒坊遗址	锦江区水井街 21 号	全国重点文物保护单位
2	江南馆街唐宋街坊遗址	锦江区江南馆街	全国重点文物保护单位
3	基督教青年会	锦江区锦华馆街 15 号	省级文物保护单位
4	西川邮政管理局旧址	锦江区暑袜北一街 25 号	省级文物保护单位
5	严谷荪书库（贲园书库）	锦江区和平街 16 号	省级文物保护单位
6	尹昌衡公馆	锦江区王家坝街 4 号	省级文物保护单位
7	大慈寺	锦江区大慈寺路 23 号	省级文物保护单位
8	李劼人故居	锦江区菱窠西路 70 号	省级文物保护单位
9	四川总督衙门旧址	锦江区走马街 47 号	市级文物保护单位
10	孙中山铜像	锦江区春熙路街北段	市级文物保护单位
11	正科甲巷唐宋遗址	锦江区正科甲巷	市级文物保护单位
12	天涯石	锦江区天涯石南街	市级文物保护单位
13	福音医院建筑群	锦江区四圣祠北街	市级文物保护单位
14	恩光堂	锦江区四圣祠北街 17 号	市级文物保护单位
15	成都古城墙（水东门段）	锦江区武成大街 1 号	市级文物保护单位
16	成都古城墙（华星路段）	锦江区华星路 8 号大陆锦江华庭小区	市级文物保护单位
17	北糠市街字库	锦江区北糠市街	市级文物保护单位
18	成都古城墙（青莲下街段）	锦江区青莲下街	市级文物保护单位
19	邱家祠	锦江区龙王庙正街 28 号	市级文物保护单位
20	西糠市街广东会馆	锦江区西糠市街 28 号	市级文物保护单位
21	龙王庙正街 70 号民居	锦江区龙王庙正街 70 号	市级文物保护单位
22	明蜀怀王陵	锦江区成龙大道一段卓锦城六期绿化带	市级文物保护单位
23	琉璃厂窑址	锦江区琉璃路	市级文物保护单位
24	祝国寺墓群	锦江区祝国寺社区五组	区级文物保护单位

【国有博物馆备案】 2023年，锦江区完成2家国有博物馆备案工作，分别是成都百年学前教育博物馆、成都十二月市博物馆。成都百年学前教育博物馆位于锦江区干槐树街，占地6712.51平方米，内设中国风、树基源、三幼湖、儿童乐、未来兴5个场馆。以传播中华学前教育文化和中国“慈幼”学前教育精神为主旨，集在地性、传承性、教育性、沉浸性、文化性于一体，采取史料展陈、场景复原、互动体验、多媒体技术运用等手段，呈现学前教育发展历史。成都十二月市博物馆位于锦江区天仙桥北街东门码头，展厅面积603.71平方米，由锦江区百年春熙集团公司投资建设，全沉浸交互式数字商业博物馆。内设序厅、场景空间、环幕影院、尾厅，植入“交子券”互动游戏、AR蜀锦汉服换装体验、水井坊古法酿酒体验等多媒体互动功能，呈现宋代成都十二月市场景。

（王祥勇　包绍远）

【非物质文化遗产传承】 2023年，锦江区开展第七批区级非遗代表性项目及第八批非遗代表性传承人申报工作，新增区级非物质文化遗产项目19个。分别是精工织补技艺、风干牛肉传统制作技艺、肖小儿膏摩推拿技艺、肖小儿儿童中药煎煮技艺、古氏鲜锅兔烹饪技艺、蓉豆坊豆制品制作技艺、北木南传统烤肉腌制技艺、冯记兔头制作技艺、徐妹串串香底料制作技艺、牦牛道米线传统制作技艺、正禾鲜牛肉制作技艺、渝大江毛血旺传统制作技艺、邹氏冒烤鸭传统制作技艺、王氏鸡汤饭传统制作技艺、五虎将火锅底料传统制作技艺、小龙坎火锅底料传统制作技艺、海椒市落舌冒菜传统制作技艺、蒋氏老妈蹄花烹饪技艺、十二经筋推拿按摩技艺。全区非物质文化遗产项目60个。其中，国家级项目2个（成都糖画、水井坊酒酿造技艺，省级项目1个（韩包子制作技艺），市级项目3个（成都采耳、成都木版水印制作技艺、传统手工书画修复及装裱技艺）。另有蜀锦织造技艺、蜀绣（绣兰道）等区级项目55个。新增非物质文化遗产项目代表性传承人10人，分别是微雕传统技传承人艺雷凯，蜜香型甜酒曲制作技艺传承人刘创创，刘氏传统银器制作技艺传承人田永亮、蔡田、龙广南、王武，肖神仙羊肉汤传统制作技艺传承人田林，成都木版水印制作技艺传承人曾凯，成都皮影戏传承人杜俊，成都孙氏太极拳传承人杨杰。全区非物质文化遗产项目代表性传承人55人。全年开展“畅想成都 体验非遗”系列展演活动12次，开展第八届国际非遗节等非物质文化遗产宣传和交流活动38次。

（王祥勇　包绍远）

表54　2023年锦江区非物质文化遗产传承人一览表

序号	非物质文化遗产项目	代表性传承人
1	成都糖画	陈启林、陈昌吉、吴逢全、樊均富
2	成都面人	胡金祥、史宏伟
3	成都采耳	黄烈华、汤亮、黄瑶
4	传统手工书画装裱修复技艺	白旭光
5	糖塑（成都糖画）	陈培鑫、吴毅、张强
6	蜀锦织造技艺	陈岚、刘荣璋
7	成都木版水印制作技艺	钟光瑚、杨国友、黄莉、曾凯
8	成都漆艺	周蓉、郑恩

续表54

序号	非物质文化遗产项目	代表性传承人
9	成都木偶戏	杨峰
10	成都皮影戏	王浩斐、杜俊
11	蜀绣	刘俊芳、付友秀
12	蜀绣（绣兰道）	胡丹、刘茜
13	剪纸	王仕碧
14	四川冒（烫）菜传统制作技艺	贾国金
15	刘氏推拿指针技艺	刘久桢
16	成都蛋雕制作技艺	蔡忠贵
17	林氏毛血旺烹饪技艺	林鑫
18	巴蜀大将火锅底料传统制作技艺	毛晓佩
19	节节香肥肠粉传统制作技艺	黄素裳
20	熊氏古籍善本传统修复技艺	熊学万、李小英
21	刘氏传统银器制作技艺	李青青、张捷、田永亮、蔡田、龙广南、王武
22	缘督美脊龚氏膏药传统炮制技艺	龚定海
23	天真按摩流派技艺	周述炎、张戈
24	王氏温骨骨修疗法	王丽
25	微雕传统技艺	雷凯
26	蜜香型甜酒曲制作技艺	刘创创
27	肖神仙羊肉汤传统制作技艺	田林
28	成都孙氏太极拳	杨杰

档案

【概况】 2023年，锦江区收集新冠疫情防控档案、成都大运会档案等档案资料3601件。持续推动档案馆和数字档案馆建设，提升收管存用效能，为群众提供档案查询服务。开展国有档案资源普查试点工作，完成75家单位的国有档案资源普查任务。持续开展档案业务培训和档案制发检查工作，提高档案收集整理业务水平。围绕“奋进新征程 兰台谱新篇”主题，开展“国际档案日”等宣传活动。市档案馆官网发布2条锦江区档案工作信息。

（周莉）

【档案收集与利用】 6月6日，锦江区完成2021—2022年新冠疫情防控档案移交进馆工作。接收2021—2022年度新冠疫情防控文书档案936件、照片120幅、光盘21个。12月12日，完成成都大运会档案移交进馆工作。接收成都大运会档案914件、照片60幅、录音资料13份、录像资料200份、实物档案25个、光盘51个。现场收集档案资料40次，拍摄照片1275幅。组织61家区级单位填报全国档案事业统计调查信息管理信息。4月20日，收集周氏家谱，逐件核实编号。全年档案查询14616次，涉及婚姻、工龄、知青等档案。利用档案24094卷，复印档案资料21904页。协助241人异地跨馆查询档案。通过全国档案查询利用服务平台查档85次。

（周莉）

【档案馆建设】 2023年，锦江区档案库房密集架、特藏库房内的精密空调、档案库房专用除湿机等专用设备安装到位。按照数字档案馆建设要求，完成档案馆的电力改造扩容项目，建成局域网和互联网服务平台。数字档案馆应用平台进入国产化适配调试阶段。完成28个全宗档案的数据核查、图书资料整理任务。

（周莉）

【档案业务指导】 9月1日，锦江区印发《关于开展2023年全区重点项目档案管理登记工作的通知》，指导责任单位和建设单位填报重点建设项目档案管理情况登记表，完成37个重大项目档案登记工作。开展重大建设项目档案工作培训，指导成都兴锦建设发展投资集团有限公司整理和移交重大建设项目档案，确保档案工作与项目进程同步。11月，召开重点建设项目档案验收会。区发改局、区住建交局、锦华路街道办事处、柳江街道办事处、成龙路街道办事处、三圣街道办事处等单位的档案业务骨干参会，验收锦江大道提升改造工程K0+900标段至K3+746.704标段档案和幸福梅林旅游基础设施提升改造项目2标段档案、金像寺片区配套公共服务设施建设项目档案、大观公共服务项目档案。

（周莉）

图48 2023年6月13日，“档案里的红色成都”流动展在区委、区政府的办公区举办

（区档案馆提供）

【档案法规宣传】 6月9日，锦江区利用春熙路商圈电子显示屏播放宣传海报。12月4日，以“大力弘扬宪法精神，建设社会主义法治文化”为主题，开展档案法规宣传活动。“学习强国”学习平台、成都广播电视台《成都文明报道》栏目以《传承红色基因 锦江学子走进档案里的红色成都》为标题，报道锦江区档案法规宣传活动情况。5月25日至6月15日，在春熙路街道总府社区、成都市盐道街小学卓锦分校、四川师范大学附属中学锦华分校以及区委、区政府的办公区等地开展“档案里的红色成都”流动展览活动。

（周莉）

地方志

【年鉴编纂出版】 2023年，锦江区按照“一年一鉴”的要求，编纂《锦江年鉴（2023）》，由方志出版社出版。2023卷年鉴是锦江区按年连续编纂出版的第16部区县级地方综合年鉴。卷首设锦江区行政区划图，前彩图部分设深入学习贯彻中国共产党第二十次全国代表大会精神、天府旅游名县创建、商贸繁华区等栏目。主体部分设区情概览、中共成都市锦江区委员会、成都市锦江区人民代表大会、成都市锦江区人民政府、政协成都市锦江区委员会、纪检·监察、民主党派·工商业联合会、群众团体、法治、军事、经济管理、经济产业、产业功能区·国有公司、城市建设、生态环境建设、应急管理、教育、文化·社会科学·体育、卫生·计划生育、社会生活、街道21个类目，下设131个分目749个条目，收录照片160幅、表格46个。另设特载、专记、大事记、锦江荣誉榜2022、统计公报、附录、索引。全书69.7万字。《锦江年鉴（2023）》获成都市县级综合年鉴2023卷质量评价一等奖。区地方志办公室获“全市年鉴编纂工作先进单位”称号。

（韩旭）

【志书编修】 2023年，锦江区落实《四川省乡镇（街道）、村志编纂工作指导意见》《成都市地志办关于进一步做好名镇（街道）志、名村（社区）志和成都风土人文丛书编纂工作的通知》精神，按照区政府办公室《关于印发〈锦江区街道（社区）志编纂工作总体方案〉的通知》要求，持续推动街道（社区）志编纂工作。召开街道（社区）志编纂工作推进会，采取以会代训方式，邀请成都市地方志专家为各街道授课。制发《锦江区街道（社区）志编纂排版印刷执行及验收标准》，确保街道（社区）志编纂工作制度化、规范化推进。根据中国名镇志标准，筛选具备条件的春熙路街道开展申报工作。市地方志办公室将《春熙路街道志》纳入成都市申报中国名镇志“7+1”工程，成为成都市第一部申报中国名镇志的街道志。同步建立春熙路街道为实施主体，区地方志办公室全程指导，承编单位负责编写的工作机制。编制《春熙路街道志》篇目，开展资料收集整理工作。同时按照传统志书和特色志编修要求，推动10部街道志和1部社区志编纂工作。沙河街道志、柳江街道志、三圣街道志以及红砂社区志实质性启动。启动《锦江文物志》编修工作，召开推进会，部署编纂工作。4月，确定篇目。6月，形成50万字初稿。9月，形成样书。全书设总述、不可移动文物、可移动文物、文物管理、史考、人物6个类目。下设23个分目，分别是古遗址、古建筑、古墓葬、近现代重要史迹及代表性建筑、器具、字画、版本、文博机构、文物调查、考古发掘、考古著作、文物保护、古河流考、消失文物考、历史街巷考、古桥梁考、人文胜迹考、文博管理专家、考古专家、文件、宗祠会馆和宗教寺观、考古文献。另设大事记、附录。文字体量40万字，收录照片200幅。以图文并茂的方式记述锦江区文物分布、管理、收藏等情况，记述文博事业发展情况，展示名胜古迹风采。区地方志办公室被评为成都市志书编纂工作先进单位。

（韩旭）

【地情资源开发利用】 2023年，锦江区挖掘历史文化中的“廉”元素，提炼“濯锦之江”的清正为民、忠诚坚守、包容奋进、至善净美4种精神内涵。参加“濯锦之江·童心向廉”共建共育廉洁文化品牌活动和成师附小万科分校“童心向廉”剧本编写工作。参与东南里研学片区书院文化打造、邱家祠改造工作。撰写《关于贲园书库的历史文化价值调查研究》，入选市地方志办公室2023年度调研课题成果。参与城市有机更新工作，挖掘四圣祠片区历史文化底蕴，为城市建设增添历史纵深感。

（韩旭）

【方志文化“七进”活动】 2023年，锦江区以方志文化“七进”为抓手，打通方志文化深入基层“最后一公里”。出台《关于做好方志文化进社区工作的通知》《方志文化进校园三年行动计划》等政策性文件，联动各街道（社区）、各中小学校开展方志文化“进社区、进校园”活动100次。打造“方志大讲堂”“讲坊间故事·品方志文化”等方志文化活动品牌，举办讲座24次。发挥方志馆的阵地作用，开展“红领巾小史官”系列活动。区地方志办公室被评为成都市方志文化阵地建设工作先进单位。

（韩旭）

融媒体

【媒体融合发展】 2023年，锦江区学习习近平总书记在宣传思想文化和媒体深度融合等方面作出的重要指示精神，落实中央和省委、市委、区委作出的新闻舆论宣传工作的决策部署，推动政务新媒体提质增效、融合发展。

与省、市、县各级媒体融合联动，构建整体协同、响应迅速、优质精品的政务新媒体矩阵。全平台“粉丝”总数突破100万人。

发挥“锦江发布”微信工作平台、“品位锦江”微博、“锦界”手机客户端的媒体矩阵作用，紧扣“三个做优做强”、产业“建圈强链”和“四大结构”优化调整等中心工作，编制《成都第31届世界大学生夏季运动会锦江赛区宣传报道工作方案》《学习贯彻习近平新时代中国特色社会主义思想主题教育宣传工作方案》等宣传方案30个，联动省市媒体直播55次，推送新闻信息800条。中央电视台《新闻直播间》《焦点访谈》《晚间新闻》等栏目采用《智能设备广泛应用打造智慧商圈》《新技术不断提升消费体验》等8条锦江区新闻信息。“锦江发布”微信公众平台发布消息1461条，浏览量达300万次；“品位锦江”微博发布消息9000条，阅读量达2000万次；“锦界”手机客户端编发原创新闻稿件2000篇。获各级各类荣誉26项。原创作品《锦江河畔年味儿浓以水生“金”的幸福城区》《爱上成都从锦江开始》《在春天里的幸福城区邂逅“都市田园乡愁”》分获2022年度四川省县级融媒新闻奖二等奖2个、三等奖1个，《锦江河畔年味儿浓 以水生“金”的幸福城区》获2022年度四川新闻奖（县级融媒类）三等奖。

（陈敏　王恒）

【区融媒体中心】 锦江区融媒体中心位于锦江区菱窠路260号2层。2023年，区委深改委文化教育卫生体制改革专项小组起草《关于推进区融媒体中心改革相关工作的请示》，获区委全面深化改革委员会2023年度第一次会议审议通过。组织区融媒体中心的干部职工到深圳龙岗融媒集团公司、浙江省安吉县融媒体中心考察，学习县级融媒体中心建设经验，形成调研报告，得到区委、区政府主要领导肯定性批示。按照内容融合、跨界融合、服务融合、智能融合的改革思路，探索“平台+政务”模式，促进“融媒体中心+新时代文明实践中心”融合发展。同时深化技术改革，重构支持视频、直播、图文等内容展现的技术功能体系，打造“锦界”手机客户端2.0版，分步实施采编播系统升级，提升运行效率。构建新型采编流程，改革传统传播体系，健全全媒体工作机制，构建高活力体制机制，提升区域竞争力。加强高素质人才培养，优化专业人才引育机制、健全人才培养制度，建立首席记者制岗位聘用制度，鼓励引导人才创新。区融媒体中心获2022年度四川省县级融媒新闻奖、第40届成都新闻奖等26个奖项，报送的《关于大运会营城惠民宣传发动情况的报告》等4篇工作报告得到市委领导、区委主要领导的肯定性批示。

（陈敏　王恒）

【“品锦江”文化传播品牌塑造】 2023年，锦江区以“一档好节目、一档读书会、一套声音书”的方式打造“品锦江”文化传播品牌。完成“一档好节目”，制作《宋育仁》《顾复初》《李劼人》《红星路》《春熙路》《大慈寺》等33集视频节目，每集时长6～8分钟，以讲述为主线，穿插人物对话及访谈，呈现锦江区历史、文化、沿革、发展、成就，内容涵盖文化名人、文化地标、街巷、市井、商贸经济、红色文化。举办“一座城市的文化密码——红星路的前世今生”“锦江春色来——与你探寻影像与文字里的锦江”等“品锦江”系列读书分享会12次。在“锦界”手机客户端设置“品锦江”专栏，协调新华网、央广国际在线、人民日报网、改革网、文旅在线、川观新闻、《成都日报》等媒体推出“品锦江”系列文章，线上观看量达100万人次。以《品锦江》专题纪录片文稿为蓝本，出版有声读物《品锦江——又见成都》，集合视频、音频，图文并茂，配备二维码，可看、可听、可读，在喜马拉雅、荔枝、蜻蜓等电台栏目播出。

（陈敏　王恒）

文创产业

【文创产业发展】 2023年，锦江区按照产业“建圈强链”的思路，开展文创产业发展现状分析课题调研，推动文创产业发展。区域内分布花园岛文创产业园、西部文化产业中心德必川报易园

3个文创产业示范园区，文创产业增加值218.8亿元，文创产业在库报表单位925家。成都瘾食文化传媒公司、成都潮我看文化传媒公司在“天府文创板”挂牌展示，新华文轩出版传媒股份有限公司、域上和美文化发展有限公司入选成都市文创业数字文创链主企业。

（何芸　杨洋）

【德必川报易园】 德必川报易园位于桦彩路158号，建筑面积1.9万平方米，是上海德必集团进入西南地区的首个项目。项目重新设计和升级改道老旧厂房，以“在如画风景中创作”为理念，采用庭院、竹林、鱼池、青砖、小径等元素，打造“易园易居+城市更新”创意新空间。2023年，园区企业文创及关联企业占比达90%。形成包含创意设计、影视游戏、文化传播、高端定制等业态高度聚集发展态势。

（何芸　杨洋）

【西部文化产业中心】 西部文化产业中心是四川省重点文旅发展项目，以“文化与城市共生”为里面，打造“西部文化地表、城市人文客厅、国际文化交流新空间”。园区由四川日报报业集团投资开发，由四川川报上行文化发展有限公司运营管理。园区投资30亿元，总建筑面积9.24万平方米。园区引进阿来书房，是省内第一个名人书房。2023年，聚集四川国际传播中心、封面数字艺术空间等数字科技展演空间以及鲸剧场等沉浸式音乐剧助演空间，进驻中国平安以及光大证券等世界500强企业。

（何芸　杨洋）

【花园岛文创产业园】 花园岛文创产业园位于锦江 区东风路27号，运营面积1.02万平米。前身是花园酒店，由成都侠客岛企业联合办公室管理有限公司更新改造。园区曾获成都市新经济委“十百千”场景示范工程三等奖，入选成都市市级文创产业示范园。2023年，园区提供90个独立办公室，可同时容纳700人。

（何芸　杨洋）

【域上和美东湖艺术群落】 锦江区域上和美东湖艺术群落位于东湖艺术公园，由域上和美集团公司投资打造。提出“艺术众创、艺术众享”的核心发展理念，具有开展戏剧艺术活动和泛艺术产业孵化的核心功能，带动跨界艺术培训、艺术休闲商业等衍生业态，创建为成都市音乐产业示范基地、锦江区社会科学普及基地，入选四川十大文旅产业地标。2023年，形成集“一剧、一馆、一厅、一空间、一街区”的复合型业态。

（何芸　杨洋）

【许燎源博物馆第三届双年展】 9月16日，位于三圣花乡景区的成都许燎源现代设计艺术博物馆举办“物感星丛：反符号宰制”第三届双年展。展出世界各地97名艺术家的200件作品，涉及绘画、雕塑、装置、音乐、工业设计、数字艺术、行为艺术。活动由成都市文艺“两新”联合会指导，成都市文艺“两新”联合会副会长张群英执行。双年展的目的是推动中国艺术设计原创力量发展，让世界看到中国，让中国走向世界，实现双向选择和交流平等。

（何芸　杨洋）

图49 2023年9月16日，成都许燎源现代设计艺术博物馆“物感星丛：反符号宰制”第三届双年展举办

（区融媒体中心提供）

文化市场

【文化市场管理】2023年，锦江区整合公安分局、市文化市场综合行政执法总队锦江支队力量，根据《中华人民共和国未成年人保护法》《娱乐场所管理条例》《营业性演出管理条例》《互联网上网服务经营场所管理条例》，围绕“扫黄打非”、扫黑除恶、未成年人保护、禁毒等工作，开展文化娱乐场所执法检查，重点排查整治文化娱乐场所违规接纳未成年人、场所提供未成年人有偿陪侍、容留他人在场所吸食毒品等违规违法行为。中高考期间，加强夜间巡查力度，整治文化娱乐场所噪声扰民现象。采取日常检查、不定期抽查、联合检查等方式，检查文化娱乐场所安全措施落实情况，建立安全隐患台账，敦促企业整改。

（吴雅洁　何云）

【文化娱乐场所】2023年，锦江区有KTV歌城74家、舞厅8家、互联网经营服务场所68家、游戏游艺场所8家、营业性演出场所12家、剧本娱乐行业139家。

（吴雅洁　何云）

【新闻出版管理】2023年，锦江区开展新闻出版行业年度核验、市场管理等重点工作。制发《关于开展2023年出版物发行（零售）单位年度核验的通知》，3月28日，开展出版物发行（零售）单位年度核验工作。核查发行（零售）单位2022年有无违法行为、是否具备从事出版物发行业务的基本条件、是否履行备案手续。通过核验的出版物发行（零售）单位168家。开展出版物发行（零售）单位业务知识及安全生产培训，在安排街道加强出版物市场日常巡查的基础上开展出版物市场联合执法检查4次。4月26日，启动“版权宣传周”活动。在全区开展版权知识宣传。

（王成）

锦江区古墓葬之明蜀定王次妃王氏墓

明蜀定王次妃王氏墓位于成都市锦江区柳江街道锦阳社区，2004年以前属琉璃乡潘家沟村十二组。陵园地处成都平原和龙泉山脉边缘相交的浅丘区域，建在大庆山南坡缓坡地带，东北距龙泉驿区十陵镇明蜀藩王陵墓群保护区9000米。陵园坐北朝南，长250米，宽60米，占地1.46万平方米。以神道为中轴线，位于地宫正前方。宝顶在地宫北面19.6米处，位于宝顶和棂星门之间。欢门内墙绘双扇槅扇门，上下绦坏板和裙板绘卷云、花绘等图案。前室东北角立大理石T形圹志，高1.73米，阴刻文字和图案。碑额镌刻碑铭和“双凤朝阳”图案，碑身篆书“蜀定王次妃王氏圹志”。碑文采用楷体，立书12行。墓室顶为盖顶，满施彩绘，四角绘红色和蓝色如意形图案，中心绘“双凤朝阳”图案。墓室内有铜器、陶俑及陶质罐、碗、杯等器具以及仓房、轿、床等陶质模型。

卫生健康

公共卫生

【传染疾病防治】 2023年，锦江区持续开展传染病监测预警工作，传染病聚集性疫情处置率100%。常住居民无甲类法定传染病报告，报告乙类法定传染病16种8701例，报告丙类法定传染病4种20023例。艾滋病案例连续三年呈下降趋势，抗病毒治疗覆盖率99.37%，配偶检测率等5项指标排名全市第一。开展“世界防治结核病日”宣传活动，优化患者管理模式，联合社会组织推动结核病防治知识传播活动，学校结核病防治工作全覆盖，肺结核患者规范管理率96.9%。

（雷旸娴）

【寄生虫病和地方病防治】 2023年，锦江区开展血吸虫病监测工作，完成春秋两季查螺及灭螺任务。全区医疗机构报告疟疾病例53例，均为境外输入性病例。其中区管病例25例，无重症病例和死亡病例。持续推动地方病防治完成碘缺乏病监测工作，碘盐覆盖率95%，碘盐合格率98%，继续保持消除碘缺乏危害状态。

（雷旸娴）

【慢性病防治与监测】 2023年，锦江区巩固“国家慢性病综合防控示范区”创建成果，完成儿童口腔疾病综合干预工作，开展死因监测、慢性病监测等综合监测工作。老年人体检人数较2022年增长75.18%，高血压患者增长11.26%，2型糖尿病患者增长15.19%。

（雷旸娴）

【公共卫生监督】 2023年，锦江区践行公共场所常态化监督检查机制，检查住宿业、美容美发、商场、超市、洗浴中心1687次，检查宾馆酒店347家、理发店337家、美容店629家、洗浴店151家、电影院31家、游戏厅7家、音乐厅56家、舞厅4家、游泳场馆55家、商场86家、书店10家、托幼机构108家，检查学校61所。制定无证无照经营综合治理工作实施方案，排查公共场所488个，发现无证单位151家，下达卫生监督意见书153份，为46家单位办理证照。

（雷旸娴）

【疫苗接种】 2023年，锦江区疫苗接种单位34家（预防接种门诊18家，包括AAAAA级门诊和AAAA级门诊10家）。犬伤门诊7家，产科单位7家，自有接种能力单位2家。儿童国家免疫规划疫苗接种总计次率达96.74%。

（雷旸娴）

【疾控中心大楼建设】 2023年，锦江区按照“三甲”标准，持续推进疾控中心建设。采取适度超前设计的方式，在锦江大道外侧、绕城高速公路内侧、成都生物研究所东侧修建疾控中心办公大楼。10月，项目开工。

（雷旸娴）

【食品药品安全监管】 2023年，锦江区落实食品安全党政同责制度，建立区、街道、社区三级监管体系，覆盖1.1万家食品经营单位，覆盖率、督导率、问题整改率均达100%。开展食品经营主体风险分级评定工作，压实企业主体责任。开展食品安全"迎大运·强监管·防风险·保安全"专项行动，组织食品安全突发事件应急演练。抽检食品5396批次，快速检测食品21380批次。建立"全覆盖、精细化、闭环式"监管机制，针对兴奋剂药品、儿童化妆品等领域开展专项整治。开展疫苗质量监督检查，抽查区疾病预防控制中心和23家疫苗接种单位。检查过期药品回收药店31家，严防过期药品流入市场。

（黄彬彬）

妇幼保健

【优生优育】 2023年，锦江区开展出生缺陷优生优育健康知识宣传活动4次。其中，直播2次，观看人数1000人；线下宣传2次，有42个家庭参加。邀请专家开展一对一优生咨询活动8次。服用叶酸的待孕妇女6896人，叶酸服用率92.84%。叶酸服用依从人数6158人，依从率94.52%。叶酸知晓人数4408人，知晓率96.37%。合江亭婚姻登记处提供婚前医学检查和优生健康检查一站式服务，为1848对准夫妻提供婚前健康检查服务，婚检率90.06%。为1480对夫妻提供孕前优生检查服务，覆盖率123.33%。孕妇艾滋病检测率100%、梅毒检测率100%、乙肝表面抗原检测率100%。7岁以下儿童健康管理率97.03%，5岁以下儿童死亡率1.7‰。

（雷旸娴）

【婴幼儿照护】 2023年，锦江区分布58家托育机构，包括15家托幼一体机构。提供婴幼儿照护托位4051个，千人口托位数达4.43个。申报省级普惠项目2个，增加普惠托位60个。锦欣爱天使托育园创建为市级示范性托育机构，锦欣爱天使托育园、萌玛象宝贝托育园、萌小窝托育园创建为区级示范性托育机构。另有12家托育机构完成备案手续。区卫健局、区发改局、区财政局审核认定普惠托育机构19家，普惠托位1131个。四川大学华西第二医院锦江院区是通过认定和复审的爱婴医院。发放1—6月普惠托位补贴127.23万元。

（雷旸娴）

【孕产妇管理】 2023年，锦江区本地户籍产妇2549人，助产服务机构服务产妇23620人。践行孕产妇首诊负责制，采取网格化模式，动态评估高危孕妇，实行分级管理。产妇住院分娩率100%，高危妊娠管理率100%，实现孕产妇零死亡率目标。

（雷旸娴）

【妇女儿童健康管理】 2023年，锦江区常态化开展女性生殖健康宣传、妇幼保健知识宣传等活动，持续推进宫颈癌综合防控试点工作。开展宫颈癌筛查，筛查10906人。为3034名适龄女孩接种人类乳头状瘤病毒疫苗。区域内托幼园按规定组织儿童参加健康体检，参检儿童23555人，参检率98.10%。

（雷旸娴）

医药管理

【医疗保障体系建设】 2023年，锦江区持续推动以基本医疗保险为主体，医疗救助为托底，补充医疗保险、商业健康保险、慈善救助、医疗互助共同发展的多层次医疗保障体系建设。按照中共中央、国务院《关于深化医疗保障制度改革的意见》和市医保局《关于促进健康保险发展完善多层次医疗保障体系的指导意见》《关于印发〈关于支持规范商业健康保险发展内部风险监控的十条措施〉的通知》要求，推进"惠蓉保"参保扩面工作。组建宣传工作领导小组，制订宣传计划，明确宣传重点，开展宣传活动。全区"惠蓉保"参保人数16.46万人，较2022年增长7.8%。

（朱珂）

【医疗机构核心制度建设】 2023年，锦江区开展医疗质量核心制度全覆盖专项督导检查，督导检查医疗机构落实18项医疗核心制度，压紧压实医疗质量管理主体责任。发现问题160个，整改率100%。全区医疗机构按规定开展核心制度建设、行风建设，从医务管理、院内感染管理、医疗废物处置、预约诊疗、临床路径管理、检查检验结果互认等方面健全工作机制。

（雷旸娴）

【医疗人才队伍建设】 2023年，锦江区印发《关于人才引领高质量发展的若干政策措施》，明确卫生人才、经营管理人才、企业头部人才、新引进高端人才的范围和奖励标准、申报流程。有2家医疗企业申报10名“经营管理领军人才”。引进医学专业人才84人。其中高层次人才9人。医疗机构引进全职卫生人才577人。其中博士研究生3人、硕士研究生42人、本科259人、专科及以下273人。有20人具有副高级以上职称。全年投入卫生人才培养经费233万元，开展医药和护理专业培训。区卫健局罗敏参加2022—2023年成都市“安康杯”竞赛，被评为先进个人。区疾控中心王室钦参加2023年成都市第二届预防接种技能竞赛，获疾病防控组个人三等奖。

（雷旸娴）

【医学科研】 2023年，锦江区推进医学科研工作，推动医学研究成果转化。卫生和社会工作企业投入科研经费7900万元，有16个医学科技项目通过市级立项审批。四川友谊医院普外科、四川锦欣西囡妇女儿童医院妇科、四川锦欣西囡妇女儿童医院儿内科、锦江区妇保院妇产科4个项目通过评审，被定为区级临床重点专科。

（雷旸娴）

【医疗市场整治】 2023年，锦江区整合卫健局、市场监管局、公安分局力量，开展非法行医专项整治行动。针对22家预防接种单位开展监督执法工作，定期通报12家二级以上医疗机构在线管理医疗废物情况，办理违法发布医疗广告案件3件。开展职业病危害检查，抽查70家单位。全年开展医疗机构检查7238次，处罚医疗机构27个，罚款26.08万元。

（雷旸娴）

【中医药传承创新】 2023年，锦江区坚持开展中医医院评审、中医药文化宣传等工作，持续推进中医药传承创新。成都肛肠专科医院参加三级甲等中医医院评审，申报国家中医优势专科建设单位。成都锦欣中医医院通过二级甲等中医医院评审和市级重点学科验收。成都市交子小学申报四川省第四批中医药文化宣传教育基地。全区基层中医药服务率57.05%，65岁以上老年人中医药健康管理率72.70%，3岁以下儿童中医药健康管理率89.95%。推荐32人参加传统师承和医术确有专长考核，有34人完成师承备案。

（雷旸娴）

【药品集中采购】 2023年，锦江区依据国务院办公厅《关于印发国家组织药品集中采购和使用试点方案》《关于国家组织药品集中采购和使用试点医保配套措施的意见》，落实市政府办公厅《关于印发落实国家组织药品集中采购和使用试点工作实施方案的通知》和市医保局《关于国家组织药品集中采购和使用试点有关药品医保支付问题的通知》精神，利用四川省药械招标采购服务平台开展药品集中采购。有18家医疗机构参加药品集中采购，采购337种药品，平均降幅52%，为群众减负2547万元。

（张媛玉）

【医保定点医药机构管理】 2023年，锦江区分布医保定点医药机构720家，包括医院41家、诊所和门诊部303家、药店376家。征收定点医疗机构保证金753万元。完成2023年度总额控制下按病组分值付费考核工作，持续提升医保基金使用效率。坚持公正、客观、科学原则，开展医保定点医疗机构和定点零售药店信用评价工作。评选A级医药机构411家、B级医药机构256家。

（张媛玉）

医疗服务

【医疗资源】 2023年，锦江区分布医疗卫生机构645家，包括三级甲等医院8家、三级乙等妇幼保健院1家、二级甲等医院6家、二级乙等医院2家、二级未评级医院5家、一级未评级医院8家、无等级医疗机构4家、社区卫生服务中心14家、门诊部99家、诊所473家、血液中心和医务室25家。华西医院锦江院区建设项目按计划推进。全区医疗机构提供床位11837个。卫生技术人员17309人，执业（助理）医师6287人。千人口床位数为13.02床，千人口执业医师数为6.92人。有2个国家级重点特色专科、13个省级重点专科（专病项目）、11个市级重点专科，有4个在建县级临床重点专科。其中成都肛肠专科医院有2个国家级重点特色专科、8个省市级重点专病项目，成都骨科医院有5个省市级重点专科和专病项目。全区21家二级以上医院开设发热门诊，达到“应设尽设、应开尽开”的要求。莲新社区卫生服务中心、龙舟路社区卫生服务中心、锦官驿社区卫生服务中心达到“全国优质服务基层行”创建标准。

（雷旸娴）

【医养结合】 2023年，锦江区医养结合机构6家，床位1664个。医疗机构与养老机构签约合作率100%，满足1600名失能或半失能老人的照护需要。推进安宁疗护服务工作，锦欣老年病医院、成都老年康疗院、锦欣沙河堡医院创建市级安宁疗护服务定点机构工作通过市临终关怀质控中心检查。全区分布老年友善医疗机构28家，占比90.10%。按照四川省开展失能老年人健康敲门行动部署，完成上门服务3次的任务，服务5452人，完成率122%。开展老年人心理关爱行动，筛查1041人。推进全国医养结合示范区创建工作，牛市口街道九眼桥社区创建为全国示范性老年友好型社区，成都市第二人民医院创建为老年友善医疗机构。

（雷旸娴）

【分级诊疗】 2023年，锦江区发挥医联体作用，持续推进分级诊疗工作。医联体龙头医院有615名医师下沉社区卫生服务中心坐诊、查房、带教，远程诊疗4.66万次。社区卫生服务机构有1935名医务人员到三级医院学习培训。双向转诊2806人。3月27日，中央电视台《新闻直播间》报道锦江区网格化城市医联体建设情况。

（雷旸娴）

【居民健康管理】 2023年，锦江区对照《国家基本公共卫生服务规范（第三版）》，建立居民健康档案。加强电子健康档案质量控制管理，运用信息化手段，动态更新档案信息。居民健康档案建档人数878732人，建档率96.68%。开展居民健康素养监测工作，居民健康素养水平为32.07%。深化家庭医生签约服务，建立家庭医生签约服务和国家基本公共卫生服务融合机制，为居民健康管理提供动态信息。全区家庭医生团队115个，家庭医生签约服务率42.26%，重点人群签约服务率80.28%。

（雷旸娴）

健康锦江建设

【概况】 2023年，锦江区贯彻新时代卫生与健康工作方针，坚持“健康优先、共建共享”原则，防控重大疾病，优化健康服务，开展国家卫生城市复审、爱国卫生运动、健康宣传活动、全民健康生活方式行动，实施健康细胞工程，加强职业健康管理，维护全生命周期健康，推动健康锦江建设。

（雷旸娴）

【健康细胞工程】 2023年，锦江区按照成都市健康城市建设部署，制发《健康锦江行动2023年工作要点》，开展“健康细胞工程”建设。创建健康街道1个、健康社区4个、健康单位4家。开展省级卫生单位创建。参加成都市“文明健康 共建共享”知识大赛，获优秀组织奖、优秀健康技能奖。

（雷旸娴）

【健康宣传教育】 2023年，锦江区结合各类健康主题日开展宣传活动17次，发放宣传资料6万份，覆盖25万人。利用锦江有线电视、区疾控中心官方网站和“锦江疾控”“健康锦江”2个微信公众号定期推送健康知识，覆盖9万人。在学校、机关、企业开展“讲遍蓉城”健康素养培训，引导参训人员树立“每个人都是自身健康第一责任人”意识。参加“万步有约”健走激励拓展赛，打造8个健康支持性环境。

（雷旸娴）

【爱国卫生运动】 2023年，锦江区制发《关于开展2023年病媒生物防制工作的通知》《“爱成都·迎大运”病媒生物防制专项行动方案》，建立环境治理与综合防治、季节性集中防制与日常动态防制、专业队伍防控与群防群控三结合机制，开展春秋季灭鼠、夏季灭蚊蝇蟑螂等活动，推动病媒生物防制工作。春季灭鼠和夏季灭蚊蝇蟑螂工作成效达标。

（雷旸娴）

【国家卫生城市复审】 2023年，锦江区政府常务会每周调度国家卫生城市成果巩固工作，印发《常态长效巩固国家卫生城市创建成果实施方案》《国家卫生城市复审工作方案》，开展国家卫生城市复审工作培训。成都市制发《关于国家卫生城市成果巩固工作市级暗访情况的通报》，锦江区的暗访得分保持中心城区第一。锦江区通过国家卫生城市复审。

（雷旸娴）

【职业健康管理】 2023年，锦江区完成建筑行业98个在建项目的职业健康整顿工作，开展“健康企业”创建工作、职业病防治法规宣传活动，职业卫生基础建设达标率100%。中小企业职业健康帮扶行动，组织160家企业参加在线培训，培训3000人。

（雷旸娴）

【无烟单位创建】 2023年，锦江区按照省级无烟单位创建要求，依据《成都市公共场所控制吸烟条例》，制发《关于加强公共场所控烟监督管理工作的通知》，开展公共场所控烟监督管理工作，监督检查3520次。构筑青少年控烟防护网，开展“世界无烟日”宣传活动49次，张贴“无烟为成长”主题宣传海报2200份。参加活动的青少年46371人。

（雷旸娴）

锦江区古墓葬之金像寺明代宦官墓

金像寺明代宦官墓位于成都市锦江区狮子山街道金像寺社区地铁7号线川师车辆段建设工地，2004年以前属于三圣乡金像寺村四组。发现明代宦官墓43座，分布在A、B、C三个区域，呈品字形排列。A区位于地铁7号线川师车辆段施工区西部边缘，B区位于A区东北部，C区位于A区东南部。A区9座墓葬呈南北向一字排列。墓室为砖石结构，长6～10米，宽2.5～3米，分为双室墓和三室墓。主要是明隆庆、嘉靖、崇祯时期的墓葬。B区墓葬并列2组，呈南北向一字排列。A区和B区的墓室内彩绘人物、藻井、龙纹等图案，八字墙、封门石雕刻龙纹，出土陶器、石器、瓷器、银器、铜器、象牙饰品500件。

体　育

体育设施

【综合体育场馆】 2023年，锦江区分布金开运动中心等综合体育场馆6个、猛追湾游泳场等专业体育场馆2个。专业场馆之一的成都市射击射箭运动学校位于锦江区净居寺路45号，面积1.68万平方米，内设射击射箭场馆。猛追湾游泳场位于锦江区华星路1号，面积4.3万平方米，内设游泳场馆和水球场馆。曾家坡运动场、粮丰片区运动场等7个综合运动场全时段开放，其他场馆开放时间9～22时。

（陈彤　杨远）

表55　2023年锦江区综合体育场馆一览表

序号	场馆名称	地址	面积（平方米）	设施
1	FF弘纳体育中心	锦江区东风南路1号2幢	5834	综合体育馆
2	文轩体育文化中心	锦江区墨香路90号	30000	综合运动馆
3	华熙LIVE·528M空间	锦江区雨林巷28号	2900	多功能场馆
3	金开运动中心	锦江区春熙路西段78号	1600	综合健身馆
4	华润幸福里健身馆	锦江区菱安路266号8幢	1986	综合健身馆
5	D10天府健身馆	锦江区宏济新路	2437	综合健身馆
6	中港配套健身馆	锦江区琉璃路123号	3000	综合健身馆
7	V12体育基地	锦江区晨辉西路56号	15984	综合运动场
8	曾家坡运动场	锦江区银杏大道与成龙路交会处	4761	综合运动场
9	粮丰片区运动场	锦江区枫香街与牡丹街交会处	2685	综合运动场
10	粉坊堰运动场	锦江区海棠路200号	6326	综合运动场
11	洪柳东片区运动场	锦江区芙蓉东路	6251	综合运动场
12	石榴街运动场	锦江区石榴街	3500	综合运动场

【全民健身空间】 2023年，锦江区建成“社区运动角”5个、智慧活动健身示范区4个。新建11处全民健身路径，安装蹲起训练器、健骑机、乒乓球桌等设施。分布全民健身路径13处，分属9个街道。粉坊堰、石榴街、洪柳东3个居民运动场交付使用，分布居民运动场6个。全年新增11个运动促进健身服务站点，新增全民健身场地3万平方米，平均每人体育面积2.51平方米。

（陈彤　杨远）

表56　2023年锦江区全民健身路径一览表

序号	单位	社区	设施地点
1	成龙路街道	国槐社区	大观二期小区
2	书院街街道	五昭路社区	大王钰城
3	狮子山街道	万科城花社区	园街 123 号市政广场
4	狮子山街道	四川师大社区	校园春天小区内
5	三圣街道	海棠路社区	海棠路社区
6	三圣街道	红砂社区	红砂社区
7	三圣街道	白桦林路社区	白桦林路社区
8	柳江街道	棬子树社区	皇经楼一街 51 号
9	东湖街道	观音桥社区	沙河上二期
10	锦华路街道	柳江社区	紫东锦源小区
11	锦华路街道	皇经社区	武海阳光广场
12	沙河街道办事处	沙河社区	小公园
13	春熙路街道	盐道街社区	东府街 27 号
14	成龙路街道	枫树社区	广场
15	三圣街道	栀子街社区	东景家园侧小公园
16	牛市口街道	九眼桥社区	社区广场
17	柳江街道	包江桥社区	广场

表57　2023年锦江区居民运动场一览表

序号	场馆名称	地址	面积（平方米）
1	洪柳西居民运动场	锦江区芙蓉中路与喜树街交叉路口	4582
2	粮丰居民运动场	锦江区樱花街与枫树街交叉路口	3000
3	通宝街居民运动场	锦江区通宝街	1500
4	大田坎居民运动场	锦江区大田坎街 5 号	260
5	府河文体广场	锦江区翠凤路 428 号对面	8000
6	大观居民运动场	锦江区海桐街 200 号	4250

【体育公园】 2023年，锦江区建成体育公园4个，总面积26.26万平方米。动感熊猫体育公园位于锦江区锦江大道1488号，地处成龙路街道，面积2万平方米，内设篮球馆、羽毛球馆、网球馆、飞盘场地、陆冲场地、蹦床竞技场、少儿足球场、壁球馆各1个。水井坊锦江体育公园位于锦江区三环路以北、经天东路以东、琉三路以南区域，地处成龙路街道皇经楼社区，面积10.66万平方米，内设室内篮球场2个、室内网球场2个、室内游泳池1个和室外网球场7个、足球场3个、攀岩场1个。兴城公园位于锦江区百日红中路与银木街交会处，面积6.8万平方米，内设足球场。绿轴公园位于锦江区茶花街999号，面积6.8万平方米，内设足球场。开放时间均为9～22时。

（陈彤　杨远）

群众体育

【社会体育】 4月19日，锦江区在锦江体育公园举行社区运动节启动仪式。同时承办“爱成都·迎大运”成都市第十届全民健身运动会开幕式。面向社会公开征集赛事LOGO和会旗，启动“爱成都·迎大运——最具运动活力社区”活动和“爱成都·迎大运——最强健身达人”评选活动。有5名市民代表向全市发出“当好东道主、热情迎嘉宾”倡议。8月18日，在猛追湾游泳场成都市水上运动中心健身广场承办“体惠蓉城 运动有你”2023年成都市社区运动节嘉年华暨户外运动季活动。市体育局联合各区县向参加活动的市民发放运动大礼包。现场推出“功夫熊猫”、武术表演等活动。市民体验光电枪射击、射箭、桌上冰壶、曲棍球、扔沙包等运动项目。9月29日，在江家艺苑承办“全国大众欢乐冰雪周”启动仪式。10月2日，在红星路步行广场、东湖公园、成都市射击射箭运动学校承办2023第三届中国绿道运动生活嘉年华活动。全年开展社区体育活动300次。分2批开展社区级社会体育指导员培训，培训360人。培训社区运动健康师50人。

（陈彤　杨远）

【“锦工杯”职工综合运动会】 3月10日，“爱成都·迎大运”2023年“锦工杯”职工综合运动会在锦江体育公园开幕。活动由区总工会、区文体旅局、区志愿服务总队主办，区教育局、区公安分局、区卫健局、四川师范大学工会委员会协办。开展篮球、健身操、气排球3个团体项目比赛和乒乓球、羽毛球2个个人项目比赛。全区100家机关单位和企事业单位的1400名职工参赛。

（邓聪　文婷婷）

【全国大众欢乐冰雪周活动】 9月29日，锦江区落实国家体育总局作出的“全民健身日”主题活动部署，作出冰雪运动“南展西扩东进”战略安排，弘扬北京冬季奥运会精神，在江家艺苑承办全国大众欢乐冰雪周启动仪式。活动由国家体育总局冬季运动管理中心主办，是成都首次多场地、多项目、多形式开展的冰雪推广行动。9月30日，在华熙LIVE·528广场开展系列活动。活动现场配备讲解员，讲解冰雪运动知识。向市民提

图50 2023年4月8日，“锦江杯”中小学生排球联赛在锦江区三圣小学举办

（区文体旅局提供）

图51 2023年4月19日，成都市第十届全民健身运动开幕式暨2023年锦江区社区运动节启动仪式在锦江区水井坊锦江体育公园举行 （区文体旅局提供）

供越野滑雪、陆地冰壶、旱地冰球等冰雪运动项目体验。将非遗文化元素融入冰雪活动，开展非遗展示、创意市集等活动。10月，在锦江区特殊教育学校开展冰雪项目体验活动，为学校师生普及冬季奥运会知识，开展奥林匹克价值观教育，开设冰雪运动体验课，弘扬“平等、参与、共享”的残疾人奥运会精神。

（张宇）

竞技体育

【青少年竞技体育】 2023年，锦江区组建足球、篮球、排球、射箭等高水平运动项目预备团队36个，引进5名冰雪项目运动员，与省市共建攀岩项目高水平运动队。运动员陈宣臻获亚洲青年攀岩锦标赛攀石项目冠军和第一届全国攀岩冠军赛女子攀石项目冠军。组团参加成都市第三届青少年（学生）运动会11个项目比赛，获团体总分一等奖。全年参加各级各类青少年体育竞赛60次，承办各级青少年体育比赛9次，举办青少年竞技体育赛事19次。

（陈彤　陈海燕）

表58　2023年锦江区青少年竞技体育比赛一览表

序号	赛事名称	时间	地点
1	锦江区中小学生健美（啦啦）韵律操比赛暨第三届成都市青少年（学生）运动会健美（啦啦）韵律操比赛锦江选拔赛	3月26日	成都三中
2	“锦江杯”中小学生排球联赛	4月8—9日	锦江区三圣小学
3	锦江区中小学生棋牌比赛暨2023年成都市青少年智力（科技体育）运动会棋类比赛	4月9日	四川师范大学附属中学锦华分校
4	锦江区中小学生羽毛球比赛暨第三届成都市青少年（学生）运动会羽毛球比赛锦江选拔赛	4月15—16日	菁瑞·运动时空三圣乡店
5	锦江区中小学生网球比赛暨第三届成都市青少年（学生）运动会网球比赛锦江选拔赛	5月7日	锦江水井坊体育公园
6	锦江区中小学生游泳比赛	5月14日	锦江水井坊体育公园
7	锦江区中小学生乒乓球比赛暨参加成都市青少年乒乓球锦标赛（市运会预选赛）选拔赛	5月21日	成都嘉祥外国语学校

续表58

序号	赛事名称	时间	地点
8	“锦江杯”中小学生足球联赛	4月26日至5月31日	锦江水井坊体育公园
9	锦江区青少年体育俱乐部武术套路竞赛	6月18日	锦江区动感熊猫体育公园每时篮球馆
10	成都市青少年体育联合会跆拳道联赛（锦江站）暨锦江区青少年体育俱乐部跆拳道比赛	6月23日	居然之家琉璃店
11	锦江区青少年排球备战市运会人才选拔赛	7月2日	锦江区三圣小学
12	成都市第41届“幼芽杯”青少年棋类锦标赛暨成都市第十五届运动会棋类项目预选赛锦江区棋牌选拔赛	10月15日	成都七中育才学校东湖校区
13	“锦江杯”中小学生篮球联赛	10月20—22日	成都七中育才学校汇源校区、学道分校，成都师范附属小学慧源校区
14	锦江区中小学生运动会田径赛	11月1—3日	成都七中育才学校汇源校区、成都师范附属小学慧源校区
15	成都市青少年羽毛球锦标赛暨成都市第十五届运动会预选赛锦江区选拔赛	11月18—19日	菁瑞·运动时空三圣乡店
16	锦江区青少年自行车比赛	12月10日	成都七中育才学校汇源校区
17	锦江区青少年武术锦标赛暨成都市第十五届运动会武术套路比赛锦江区测试赛	12月16日	成都市盐道街中学高中部
18	锦江区第十届中小学生跆拳道锦标赛	12月17日	成都市盐道街中学高中部
19	成都市第十五届运动会棒球项目、垒球项目运动员测试赛锦江区选拔赛	12月23日	锦江区晨辉路公园足球场

【中国体操精英挑战赛成都站比赛】 4月16日，锦江区红星路步行广场承办中国体操精英挑战赛成都站比赛。活动由国家体育总局体操运动管理中心、中国体操协会联合主办。设男子双杠、女子平衡木2个比赛项目，国家体操队邹敬园、张博恒、韦筱圆、唐茜靖等16名奥运冠军、世界冠军、亚洲冠军、全国冠军获得者参赛。张清颖获女子平衡木项目冠军，邹敬园获男子双杠项目冠军。

（中国新闻网）

【全国女子冰球锦标赛成都站比赛】 5月11—19日，锦江区在成都加中冰上运动中心承办全国女子冰球锦标赛成都站比赛。活动由中国冰球协会、四川省体育局联合主办，是四川省第一次承办成年级别全国锦标赛。哈尔滨市女子冰球队、北京市女子冰球队、河北省女子冰球队、上海市女子冰球队、北京冰协队、四川女子冰球队、哈尔滨市体育运动学校代表队、内蒙古冰雪学校代表队、四川体育职业学院代表队参赛。参赛运动员195人。哈尔滨市女子冰球队获第一名，上海市女子冰球队、河北省女子冰球队分获第二名和第三名。

（红星新闻网）

【成都全球象棋双人赛】 12月1—3日，锦江区在望江宾馆承办第六届“一带一路”成都全球象棋双人赛。活动由世界象棋联合会主办。有13个国家和地区的32名棋手参赛，包括世界冠军赵鑫鑫、蒋川以及新科世界冠军孟辰。参赛棋手分为红帅组和黑将组比赛。红帅组由中国等级分排名前列的男女棋手和2名越南男女棋手组成，黑将组由德国、马来西亚、泰国等国家的8名棋手和中国的港澳棋手组成。红帅组棋手谢靖、唐丹夺冠。

（中国新闻网）

成都第31届世界大学生夏季运动会锦江赛区

【概况】 2023年，成都第31届世界大学生夏季运动会锦江赛区，承办射击比赛和水球训练。锦江区成立赛区委员会，按赛事组委会要求改建比赛场馆和训练场馆。围绕“大运营城”重点工作，在成都射击运动学校射击场馆、猛追湾水球场馆和城市主次干道、春熙路太古里商圈开展大运会宣传，营造“爱成都迎大运”氛围。构建安保指挥体系，确保大运会期间社会安全稳定。发挥经信局、外事办公室、司法局等部门的牵头作用，为大运会提供通信保障、涉外保障、法律保障。获“成都大运会先进集体”“成都大运会网络服务保障及网上重大主题宣传先进单位”等称号。

（韩旭）

【组织架构】 成都大运会锦江赛区委员会是成都大运会锦江赛区的执行机构，主要负责锦江赛区筹备和赛事举办工作。2023年，下设办公室、纪检监察和审计部、人力资源部、保障部、体育竞赛部、外联部、宣传部、安全部、城市工作服务部、成都射击场馆中心、猛追湾水球场馆中心。赛委会主任由区委书记、区政府区长共同担任。

（韩旭）

【赛事场馆】 成都大运会锦江赛区设射击比赛场馆和游泳训练场馆，总建筑面积2.77万平方米。射击比赛场馆在成都射击运动学校，2021年5月，改建为大运会射击项目训练和比赛场地。地面3层，地下1层，建筑面积1.68万平方米。内设10米射击馆、25米射击馆、50米射击馆、决赛馆。决赛馆观众座席276个，具备承办A级赛事的条件。游泳训练场馆设在猛追湾游泳馆，改建和新建建筑1.09万平方米。其中水球馆采用国内领先的水循环系统，可承办水球、花样游泳等比赛项目。

（韩旭）

【大运会氛围营造】 2023年，锦江区利用户外电子屏、大型墙面广告牌和全区社区院落宣传栏等载体，投放大运会主题的公益广告，营造“全民参与迎大运、全区共享迎大运”氛围。在融媒体中心各平台开设“成都成就梦想——第31届世界大学生夏季运动会”专栏，下设“大运动态”“大运惠民”等10个子专题，按赛前、赛中、赛后重要时间节点逐月开展宣传。开展大运主题直播12次，观看人数达到10万人次。发布稿件600篇，转载信息314条。采取“1+4”模式，实施“共享大运盛会·悦动活力锦江”主题活动。“1”即1场启动仪式暨媒体发布会。“4”即全民运动趣味挑战赛、“时尚打卡耍锦江·商圈潮GO迎大运”快闪、街头艺术活动、迎大运主题摄影巡展4大主题活动。在11个街道开展大运会主题的文体活动11次，中新网、新华社等媒体同步宣传。《关于大运会营城惠民宣传发动情况的报告》获市委常委、宣传部部长辜学斌肯定性批示。市委宣传部《宣传工作》第14期采用《锦江：全域统筹全员共享 做好大运会营城惠民宣传发动工作》。新华社、“学习强国”学习平台转发原创歌舞《梦想花开》。中央电视台《晚间新闻》报道“蓉宝”系列文创产品在锦江区大运会官方特许商品零售店火爆销售现象。中央电视台《东方时空》播出《锦遇大运 场馆改造点亮幸福家园》。中央电视台《焦点访谈》播出专题新闻《多彩成都 大有“运”味》。中央电视台《新闻直播间》播出《记者探馆：科技助力射击场馆安全高效运转》。新华社登载《“大运之城”面面观丨成都锦江：延续“人间烟火三千年”》《创意微视频丨成都十二时辰》，浏览量达到100万次。参加央视频《25度的夏天》全国大型直播活动，推荐活水公园。央视频推出《感受非遗文化 国内外媒体记者参观东门市井体验街区》。

（杨广玉 彭胤）

【大运会安全保障】 7月28日，锦江区按照市委、市政府对成都大运会安全保障的部署，启动成都大运会安全保卫工作。构建“1+2+6”安保指挥体系。“1”即锦江赛区安保总指挥部，“2”即成都射击学校场馆中心和猛追湾游泳馆场馆中心现场安保指挥部，“6”即文化交流点位和客群酒店现场安保指挥部。编制锦江赛区工作方案、应急预案，召开安全工作专题工作推进会20次，组建锦江综治巡防大队，整合“微网实格”“红袖套”等力量，发动1.5万人参与群防工作。开创“筹备精心、组织凝心、激励强心、管理细心、保障暖心”的“五心工作法”，建立“警种+战区”警务架构，构建“党政干部+综治力量+公安民辅警”共同参与的安保格局。提出全要素主动管控要求，常态化、拉网式排查风险隐患，发现问题及时化解。实行全流程闭环管理，建立赛事侧外排内管机制，确保赛事侧安全。开展“空域、地面、地下”全覆盖风险排查，一体推进“打、防、管、控、治”各项工作，打造城市侧安保“锦江样板”。

（蒲姣姣 李媛媛）

【大运会通信保障】 2023年，锦江区按照市委、市政府“提升大运会环境品质、保障大运会赛事”的要求，协调中国电信、中国移动、中国联通、中国广电4家基础电信企业，开展通信环境集中整治项目。整治通信线缆点位583个，整治线缆长度70.7皮长千米；整治通信箱体270个、塔站19个，更换修复井盖36个。完成成都大运会信息技术保障工作。同时协调网络信息资源，组建技术保障团队，调配通信应急保障车和无线电监测车5辆，确保赛事专网（A网、G网）及办公互联网、赛事指挥无线专网、公众通信网络正常运行。

（王康 蒋亮杰）

【大运会涉外保障】 2023年，锦江区按照成都大运会执委会部署，协助开展外事联络、外事接待、外事保障等工作。对接省委外事办公室，完成布隆迪、印度尼西亚、毛里塔尼亚3个境外政要团的保障服务工作。指导射击场馆外宾接待和语言交流保障工作，开展礼宾及旗帜悬挂、业务主题英语培训、应急模拟演练50次，接待外宾33人，提供官方会议翻译和应急翻译30次。排查太古里、东门市井等接待点位以及重点路段的双语标牌，整改41个。

（王露 刘晓艳）

【大运会法律保障】 2023年，锦江区组织28家律师事务所开展“法治护航 和谐大运”专项行动，成立“律司行·V笑大运”场馆应急法律服务先锋队、基层法律服务志愿队和涉外法律服务志愿队，为成都大运会提供法律咨询180次、法律指导10次、法律帮助30次，参与纠纷调处工作30次。参与成都大运会法律保障服务的律师达300人。

（方卓卿）

【射击比赛】 7月29日至8月2日，成都大运会射击比赛在成都射击运动学校射击中心举办。中国、美国、德国、意大利等27个国家

图52 成都大运会射击比赛 （摄于2023年8月 区融媒体中心提供）

的代表队参赛，运动员217人，随队人员56人。赛事包括预赛13场、决赛10场，产生金牌18枚。中国队获金牌6枚、银牌4枚、铜牌5枚。中国队获得的6枚金牌包括男子50米气步枪三种姿势比赛，运动员李鑫淼、刘宇坤、王岳丰获团体金牌；男子10米气手枪比赛，运动员胡凯获金牌；男子25米手枪速射比赛，运动员刘帅、段志成、夏琦获团体金牌；女子25米气手枪比赛，运动员林雅茜、熊亚瑄、王珂怡获团体金牌；10米气步枪男女混合比赛，运动员宋布寒、张雨获团体金牌；10米气手枪混合比赛，运动员胡凯、张绮获团体金牌。

（韩旭）

【水球训练】 成都大运会水球项目的训练任务由猛追湾游泳馆承担，训练时间7月27日至8月7日。来自美国、日本、希腊、匈牙利、斯洛伐克、韩国、格鲁吉亚、意大利、德国的541名运动员参加36场训练。

（韩旭）

锦江区古墓葬之明蜀端王墓和王妃墓

明蜀端王墓和王妃墓位于成都市锦江区柳江街道锦阳社区，2004年以前属琉璃乡潘家沟村。明蜀端王墓和2座王妃墓同处一个封土堆，坐北朝南，砖石结构。封土堆直径60米，高5米。三座墓葬的墓基大小相近，结构相同。1号蜀王墓即中地宫，位于2号王妃墓西侧，结构、大小与1号王妃墓相同。东侧八字墙与2号王妃墓西侧八字墙连为一体，墓室内浮雕龙形图案。墓碑及随物品位置与2号王妃墓相同，圹志书“皇明显考蜀王之圹”。2号王妃墓即东地宫，位于1号蜀王墓东侧。地宫门外筑石质八字墙，长1.58米，高1.8米。八字墙中部浮雕“双凤朝阳”图案。墓室长12.2米，分设前室、中室、后室、棺室。墓碑立于中室石门外，书“皇明显妣蜀王妃史氏之墓”。3号王妃墓位于1号蜀王墓西侧，规模较1号蜀王墓和2号王妃墓略小，由八字墙、前室、后室、棺室构成。墓室长8.9米。其中前室长2.64米，宽1.8米，高2.2米；后室长2.07米，宽1.8米，高2.17米；棺室长3.78米，宽1.06米，高1.2米。墓室内浮雕凤鸟图案，前室左右壁和八字墙绘“单凤朝阳”图案，后室、壁龛绘“双凤朝阳”图案。墓内有骑马俑55件、立俑132件以及釉陶鼎、龙凤石柱、陶罐、陶杯、玉盘、玉杯、铜锁等遗物390件。

社会生活

人口家庭

【人口生育与监测】 2023年，锦江区出生人口8226人（男婴4360人、女婴3866人），人口自然增长率3.95‰。完成生育服务登记3170例，四川省人口家庭发展信息平台办证率100%。提高四川省健康档案云平台人口覆盖率和人口信息准确率，清理四川省健康档案云平台异常数据1.52万个。出生证明比对数据7122个，补录常住人口信息17151条。

（雷旸娴）

【居民收入与支出】 2023年，锦江区城镇居民人均可支配收入较2022年增长5.0%。其中，工资性收入增长6.0%、经营净收入下降2.4%、财产净收入增长5.0%、转移净收入增长4.5%。

（郗宇　蒲玥）

【婚姻登记】 2023年，锦江区有2个婚姻登记点位，均提供一站式婚姻服务。其中区民政局婚姻登记处位于锦江区金石路166号天府宝座大厦8楼，面积1050平方米，设结婚登记窗口6个、离婚登记室2个，有中式颁证厅、西式颁证厅、婚姻家庭辅导室、婚姻家庭法律服务站、母婴室、会议室、档案室。主要开展国内居民婚姻登记、婚姻登记证件补发、婚姻登记档案查询等工作，提供婚姻家庭辅导服务。为4014对新人办理结婚登记手续，为2260对夫妻办理离婚登记手续，补发婚姻登记证725个。

合江亭婚姻登记处位于锦江区天仙桥南路1号，面积400平方米，设结婚登记窗口5个，有婚姻登记等候区、颁证厅、婚姻辅导服务区、自助服务区。可办理涉外人士以及涉及华侨的婚姻登记手续，也可办理涉中国港澳台地区人士婚姻登记手续，补发婚姻登记证件，提供婚姻登记档案查询，开展婚姻家庭辅导服务。为7359对中国籍新人办理结婚登记手续，补发国内居民婚姻登记证332个。另为247对涉外和涉、港、澳、台的结婚登记手续。为36对中国籍夫妻办理离婚登记手续。

（庄义）

【殡葬服务】 2023年，锦江区规划殡葬用地32.26万平方米，有3个公墓园区。成都市东郊殡仪馆位于锦江区大安桥路639号，占地6.6万平方米，建筑面积2.1万平方米，绿化面积达40%。殡仪火化服务范围覆盖成都市主城区及周边区县。火化1.8万名亡者。竹望山公墓隶属成都市东郊殡仪馆，位于锦江区潘家沟村八组和九组，占地31.3万平方米，规划墓穴15831个，使用率100%。金沙陵园位于锦江区丰碑路301号，民营公墓，占地12.9万平方米，规划墓穴10万个，使用墓穴52304个。望山陵园位于锦江区祝国寺村十一组70号，集体性质的经营性公墓，占地6.19万平方米，规划墓穴12000个，使用墓穴11169个。春节、清明节等祭扫高峰期，利用社区告示栏、微信公众号宣传绿色惠民殡葬政策，推广树葬、花葬、草坪葬等节地生态葬模式，提倡网络祭扫、代客祭扫，提供“鲜花换纸钱、丝带寄哀思”绿色祭扫服务。依据《关于进一步优化成都市锦江区惠民殡葬政策实施办法的通知》，发放惠民殡葬补贴388.84万元。

（庄义）

【“锦遇良缘”品牌婚庆】 2023年，锦江区持续利用“锦遇良缘”婚庆品牌，开展特色婚庆活动。5月20日，举办“岁月传家风，以沫伴一生”金婚庆典，以视频、照片讲述金婚老人的幸福婚姻生活，展示婚姻文化。举办第三届520新就业劳动者集体婚礼，有20对新人分别在邂逅广场的职工婚恋驿站、东门码头、合江亭“思蜀园”广场、三圣花乡等点位同步举办汉婚主题集体婚礼。

（庄义）

住房保障

【保障性租赁住房建设】 2023年，锦江区根据筹集3800套保障性租赁住房的目标要求，加快保障性租赁住房建设。建成保障性租赁住房3837套（锦和康城锦绣苑小区539套、财鸣大厦900套、锦发北广场209套、中港A地块第一批次1368套、居民自由住房纳入保障性租赁住房821套）。配合市交投公司完成祝国寺七组保障性租赁住房项目认定工作，认定保障性租赁住房720套。

（颜征）

【保障性租赁住房租赁】 2023年，锦江区启动中港广场、ICC天峻以及锦和康城和贵苑、锦绣苑4个项目的2500套保障性租赁住房租赁工作。中港广场出租率97%，ICC天峻出租率75.5%，锦和康城和贵苑出租率93%，锦和康城锦绣苑出租率47%。

（颜征）

【人才安居工程】 2023年，锦江区推动人才安居工程，明确新开工建设300套人才公寓的目标任务。投资8.5亿元，按集中建设300套的规划，启动潘家沟社区13号地块人才公寓建设项目。总建筑面积3.19万平方米，户型面积区间为79～122平方米。审核人才安居资格认定信息365条，为42名先租后售对象发放2022年度和2023年度补贴44万元。

（颜征）

就业创业

【概况】 2023年，锦江区把稳就业保就业作为促进和保障经济社会高质量发展的优先目标，深入实施就业优先战略，运营锦江就业超市，采取“47211”模式，提升智慧就业服务水平，打造就业服务新格局。城镇新增就业16061人，完成目标任务的128.49%。开展线上线下招聘活动211次。培训创业者1973人，发放创业补贴79万元。新增技能人才6794人。全区城镇新增就业16061人，城镇失业人员再就业5582人，就业困难人员就业489人。高校毕业生创业就业5216人，离校未就业高校毕业生就业率94.67%。城镇登记失业率小于3%。

（吉健）

【劳动监察】 2023年，锦江区将构建和谐劳动关系作为完善社会治理体系、维护大局安全稳定的重要抓手，坚持源头治理、多元治理、依法治理。处置农民工工资问题引发的突发事件34起，涉及农民工909人，金额2270万元，受理现场投诉举报案件148件，核处“全国根治欠薪线索反映平台”线索2837条，回复网络理政工单及信访件13235件，向平安锦江工作领导小组报送欠薪隐患预警信息7条。扎实开展集中整治拖欠农民工工资问题专项行动“回头看”、全区民办学校涉欠薪问题摸排工作、根治欠薪冬季行动等各类专项行动，切实维护劳动者合法权益。

（张铁磊）

【劳动争议化解】 2023年，锦江区印发《关于加强裁审衔接多元实质化解劳动人事争议工作机制的实施意见》，发挥劳动仲裁的简便、灵活、高效制度优势和司法的引领、推动、保障作用，研判社会重大案件、新业态案件，促使法律效果、政治效果、社会效果统一。开创“企业直通车”品牌服务模式，为重点企业提供专项服务，为小微企业提供集中服务。餐饮服务行业劳动争议案件较2022年下降19.8%，涉案总金额同比下降29.5%。在仲裁院建立劳动争议巡回法庭，在联合调处中心建立巡回仲裁庭，让司法指导准司法，准司法指导调解，取得“审理一件指导一片”的成效。典型案例入选《仲裁员十问十答》。编制劳动争议标准化庭审要素白皮书，从庭审调查、法律适用、格式说理三个方面统一标准，将诉裁融合模式融入案件审理。按照调查标准化、案件分类化、计算表格化的要求，帮助仲裁员廉洁、高效处置案件，仲裁效能同比提升30%。

（王寒）

【劳动纠纷调解】 2023年，锦江区整合矛盾纠纷多元化解领导小组、区法院、区人社局、区司法局、区总工会、区工商联的资源，成立矛盾纠纷联合调处中心，负责劳动纠纷调处、调解案件审批、重大疑难案件会商、调解员培训等工作。从区级部门、街道办事处、企业、律师事务所筛选劳动争议人民调解员，组建123人的劳动争议人民调解员队伍。建立劳动纠纷联合处置机制，引导企业建立劳动关系协商机制，强化源头治理、多元治理，确保劳动关系和谐稳定。开通一站式信息管理平台，统一登记劳动纠纷案件。采取线上线下相结合的方式，加强劳动纠纷分流、分类、分级处理。调解案件1702件，涉案金额1881.46万元。

（苏铖浩）

【工伤管理】 2023年，锦江区依据《工伤保险条例》，制定《工伤保险医疗费审核实施办法》，实施工伤预防五年行动，确保工伤审定、赔付工作规范化开展。打造集工伤预防服务、技能提升服务、劳动关系治理服务、生活服务于一体的全国工伤预防主题城市建设者社区“交子公社”。重点针对新开工工程建设项目从业人员工伤保险参保工作，整合人社、住建交等部门资源，建立数据共享和协同监管机制，向未参加建筑项目工伤保险的企业发送告知函，督促参保。开辟绿色快办服务通道，方便建筑项目工伤参保。81家新开工建设项目的施工单位参保，参保率100%。全年工伤保险参保人数40.17万人，较2022年增加2.39万人，增长6.33%。

（赵璧）

【劳动者权益保障】 2023年，锦江区推进根治欠薪工作，处置全国根治欠薪线索反映平台移交的举报投诉线索3149条，处置劳动关系类信访转办案件和网络理政平台移交工单案件14382件，为1200名农民工追讨工资和工程款2400万元。实施清理整顿人力资源市场秩序专项行动和根治欠薪冬季行动，处罚3家违反劳动保障法律法规的用人单位，向公安机关移交涉嫌拒不支付劳动报酬案件1件。常态化走访在建工程项目118次，动态掌握劳动报酬支付情况。建立“人社+行业”治欠机制，打造“15分钟劳动保障维权服务圈”。畅通根治欠薪“最先一公里”，设置4个“安薪工作站”，集前端预防、监管、维权于一体，预防和化解劳资纠纷36次。四川电视台播出《安薪工作站》专题节目。保障农民工工资支付工作在全市2023年度考核中获A级评价，排名全市第一。区政府获市政府通报表扬。

针对新就业形态，整合人社局和总工会资源，在和谐劳动关系公共服务大厅（劳动纠纷一站式联合调处中心春熙活力分中心）开设365新就业形态劳动者职工驿站，主要向外卖送餐员、闪送员、自媒体主播等新就业形态劳动者提供服务。包括手机充电、饮水就餐、法律宣传等服务项目。365表示“关心关爱的每一天”。3即劳动监察、劳动争议仲裁、工伤受理三合一维权，6即“红阵地”、微平台、“和立方”、小驿站、前哨站、服务站6类“微光矩阵”，5即冷可取暖、热可纳凉、渴可喝水、累可歇脚、热情服务5类“温情港湾”。其中“红阵地”指党员服务队伍，微平台指和谐劳动关系大厅的服务空间，“和立方”指和谐劳动关系建设矩阵，小驿站指新业态劳动者休息驿站，前哨站指民声民心反馈的场所，服务站指劳动纠纷一站式服务中心和企业劳动关系事务托管服务中心。“微光矩阵”的“微光”指小范围、渐进式的社会治理活动。

（张轶磊　苏铖浩）

【企业和谐用工】 2023年，锦江区针对劳动关系、就业创业、社会保险、人才评价等领域的热点问题，邀请企业开展沙龙交流、专家授课、现场讲解等活动24次，惠及企业417家。践行“劳动仲裁企业直通车”机制，变被动服务为主动服务。针对劳动纠纷易发多发、劳动法规咨询量较大的企业，采取电话沟通、上门座谈、庭审观摩等方式，安排仲裁员主动为企业开展用工管理“体检”，提前消除企业发展“亚健康”状态。整合住建、人社等部门力量，采取“项目下订单，部门送法规”方式，分片区向在建项目负责人、劳资专管员靶向普法，宣传劳动薪资方面的政策，规范在建项目的劳动用工行为，降低劳资纠纷发生率。

（吉健）

【就业促进】 2023年，锦江区发挥技能大师工作室和高技能人才培训基地的示范引领作用，建设市级以上技能大师工作室9个、首席技师工作室1个，培训中级以上技能人才2948人。另开展劳务品牌培训，培训953人。常态化开展职业技能培训，培训9584人。持续推动高校毕业生就业工作，依托锦江就业超市筹集岗位6.2万个，服务高校毕业生4.8万人，岗位容量同比增加60%。发挥区级部门、街道、社区力量，加大筹岗稳岗力度，开展“就业服务进楼宇”活动，筹集岗位2万个。加大求职创业补贴政策在校宣传力度，通过资金拉动，降低高校毕业生求职成本，增加岗位供给。组建就业服务专员队伍，建立实名制工作台账，按照“一人一档一策”的方式提供精准就业帮扶。举办“成渝双城·成德眉资”同城化系列专场招聘会等招聘活动72次，提供就业岗位3.7万个，有2266名大学生达成就业意向。针对残疾人就业困难群体建立动态管理台账，掌握就业困难人员的就业、失业、培训等情况。提供职业指导、职业介绍、职业培训、政策咨询等服务，为符合条件者核发“就业创业证”。根据不同就业创业需求，分层分类提供就业援助服务。为6名残疾人办理就业困难人员认定手续，提供跟踪服务。按属地管理原则，就近为灵活就业人员发放社保补贴。落实政府托底政策，依托就业援助基地，开发保安、保绿、保洁等岗位，优先安置就业困难人员。以“就业援助月”活动为载体，开展政策宣传活动28次，推送岗位信息，宣传就业创业政策。建立“红、黄、蓝”三级就业精准服务机制，根据服务对象的实际状况和就业需求开展分类帮扶，共帮扶159人。

（吉健）

【创业孵化】 2023年，锦江区桉树林创客空间创业孵化基地、红星路35号文化创意产业园创建为市级创业孵化基地。建成市级以上创业孵化基地5个，为创业实体和创业项目提供场地、事务代理、融资等服务。其中桉树林创客空间创业孵化基地位于三圣街道驸马社区联合五组305号，面积5500平方米，进驻设计、科技、艺术等设计产业链创业团队。红星路35号文化创意产业园位于红星路一段35号附1号，面积1.74万平方米，省级文化产业示范基地、省级科技企业孵化器、省级小企业创业示范基地、市级小企业创业示范基地，进驻工业设计、数字娱乐、广告设计三大领域的企业。

依托四川·锦江区大学生孵化基地、锦江区公共创业孵化空

图53 锦江区桉树林创客空间创业孵化基地 （摄于2023年 区人社局提供）

间2个创新创业店和12个社区创业服务网点，提供免费创业工位以及创业指导、创业培训、创业孵化等服务。发放高校毕业生创业实体补贴79万元，扶持79名高校毕业生创业。

同步创新社区孵化路径，探索“社区合伙人”创业机制，开发手工编织等居家灵活就业创业示范项目。采取“零租金+收益分成”形式，助力群众无成本创业。

落实创业优惠政策，发挥人社、财政、银行的联动作用，发放创业担保贴息贷款1304.8万元。引进交子普惠金融平台，推出154个金融产品，提供“创业贷”“锦易贷”等个性化创业贷款，为创业者解决资金难题。

（吉健）

【锦江就业超市】 2023年，锦江区持续探索“1+6”线上线下全覆盖模式，建成锦江就业超市线上总店和旗舰店、社区连锁店、创新创业店、产业特色店、机构市场店、市（州）店，细分农民工就业超市等7种分店，形成全域全时、线上线下、就近就便的就业服务格局。

持续发挥锦江就业超市线上线下同步的平台优势，提高就业服务水平。线上超市提供就业资源，提供个人求职、企业招工、职业培训、创业支持4项服务。超市旗舰店主要提供就业集成服务。其他各类超市针对不同求职群体，提供个性化服务。人才超市为高校毕业生等全周期服务。农民工就业超市设置为农民工提供全链条就业服务，向159名连续10日、5日、3日未就业人员提供帮扶。职业培训超市免费提供121个专业的6700种培训课程，构建政府、企业、行业、院校四方合作机制，推出“春熙达人”等五大培训品牌，建立2个实训空间和1个社区培训驿站，培训群众1万人。

36个社区连锁店设就业服务专员，提供“四个就地”服务。即“服务事项就地办、就业岗位就地选、创业孵化就地驻、职业培训就地学”。同时开展“就业服务进院落”活动，分类投放“就业码”，帮助8769名求职者与用人单位达成就业意向。同步开展“送技能进社区”培训活动20次，培训500人。创新创业店建成公共创业孵化空间等2个店和12个服务网点，提供免费创业工位6145个，支持群众零成本创业。产业特色店在6个重点产业主管部门建店，结合重点企业岗位需求，对接服务企业760家。机构市场店在“58赶集”等7家优质人力资源服务机构挂牌，形成就业服务矩阵，提供就业岗位1200个。市（州）分店建成德阳、眉山、资阳等10家店，信息互通、招引前置，共享岗位50362个，保障区域企业用工需求，服务全省、辐射西南的效应显现。

（吉健）

社会保险

【概况】 2023年，锦江区深入实施全民参保计划，开展社保数据协同试点工作。依托数据赋能，助力参保扩面工作提质增效，完成养老、失业保险年度目标。推进社保大厅标准化建设，深化综合窗口改革，强化街道基层服务网点建设。常态化核查社保数据6350个，持续开展以案示警等活动，防范社保基金风险。至年末，全区城镇职工基本养老保险参保70.18万人，城乡居民养老保险参保0.7万人，失业保险参保37.05万人，为符合条件的6.71万人发放养老金。

（谭静）

【社保基金监管】 2023年，锦江区制定《关于进一步深化社保领域专项治理工作方案》《关于中介机构违规揽客专项治理的工作方案》，规范经办行为。建立业务工作分析会会议制度，集体会审高风险业务，防范业务风险。核查疑点数据，随机核查数据3941个，事中预警核查数据4710个，事后监督核查数据112个。加强疑点数据核查，人社、公安、卫健、民政、司法、监狱等部门建立协同机制，防范社保基金风险。收到部、省、市反馈疑点数据486个，核查数据479个，处理数据356个，追回社保基金46.13万元。常态化开展以案示警和以案促教活动，建立要情分析制度和“科室月”谈话制度，开展要情分析7次，“科室月”谈话96次。

（谭静）

【医保基金监管】 2023年，锦江区落实医保政策，按照医疗保障基金监管规定，开展医疗领域群众身边“可视有感”腐败问题和作风问题专项治理，打击医保领域违法违规行为。全覆盖检查医保定点医药机构920家，查处违规机构870家，暂停医保协议或医保结算的机构35家，解除3家机构的医保协议，曝光违规机构739家，清退违规金额247.42万元，处罚255.11万元。

（何伟哲）

【基本养老保险】 2023年，锦江区参加企业职工基本养老保险人数70.18万人，较2022年增加5.35万人，增长8.25%。其中购买城镇职工基本养老保险的在职职工62.88万人，较2022年增加4.92万人，增长8.49%；购买城镇职工基本养老保险的退休职工5.66万人，较2022年增加4020人，增长7.6%；参加机关事业单位养老保险的职工1.64万人，较2022年增加166人，增长1.74%。城乡居民养老保险参保人数7003人，较2022年增加437人，增长6.06%。

（谭静）

【基本医疗保险】 2023年，锦江区落实城镇职工和城乡居民基本医疗保险政策，持续推动基本医疗保险扩面工作。基本医疗保险参保人数66.75万人。其中城镇职工基本医疗保险参保48.51万人，较2022年增长5.1%，参保登记率102%；城乡居民医疗保险参保18.24万人，较2022年减少1.5%，参保率98%。

（荣实）

【失业保险】 2023年，锦江区坚持以人民为中心的发展理念，以保障和改善民生、助力经济发展为出发点和落脚点，服务800家企业1000名工伤职工的合法权益。探索职业伤害保障试点工作，落实公务员工伤认定政策。推进新就业形态人员职业伤害保障试点工作，受理4家试点企业提交的482件的职业伤害确认申请案件，办结436件案件。协助市劳动能力鉴定中心受理劳动能力鉴定申请案件783件，工伤鉴定率82.8%。受理工伤行政复议案件和行政诉讼案件27件，维持率100%。为7000名群众解读工伤认定和劳动能力鉴定政策。全区工伤事故发生率较2022年降低5%，重点行业降低10%。

（赵璧）

【补充医疗保险】 2023年，锦江区落实市医保局《关于城镇职工基本医疗保险参保人员参加大病医疗互助补充保险缴费费率有关问题的通知》精神和市医保局等8个部门制发的《关于开展成都市2023年城乡居民基本医疗保险和大病医疗互助补充保险筹资工作的通知》精神，拨付大病医疗互助补充保险费用6749.06万元，较2022年减少2.58%。

（刘宗怡）

【医保现代化治理水平提升】 2023年，锦江区深化“最多跑一次”改革，制发《医保业务操作规程》，建立部门联动机制，持续提升群众业务办理体验感。“数据多跑路，群众少跑腿”的预期目标实现。同时加强医保信息网络建设，提高医保信息化水平。咨询电话由2条线路扩大到6条线路，受理业务5万件。强化定点医疗机构管理，完成2023年度医保定点医疗机构保证金计算、结转、征收工作。

（荣实　张媛玉）

【退休人员基本养老金调整】 7月31日，锦江区按照省人社厅、省财政厅《关于2023年调整退休人员基本养老金的通知》规定，完成2023年度企业退休人员和机关事业单位基本养老金调整工作。调整分为定额调整、挂钩调整、适当倾斜调整。定额调整为每人每月增加33元。挂钩调整即调整的退休人员基本养老金与本人基本养老金水平和缴费年限（工作年限）挂钩。与基本养老金水平挂钩部分，以社会保险经办机构核定的本人2022年12月的基本养老金为基数，增长1.1%。与缴费年限挂钩部分，缴费年限15年及以下的每满一年，每月增加0.7元；超过15年的部分，每满一年，每月增加1.9元。适当倾斜调整即年满70周岁，未满80周岁的人员，每月增加30元；年满80周岁，未满90周岁的人员，每月增加60元；90周岁以上的人员，每月增加100元。在一类至六类艰苦边远地区退休的人员，每月分别增加8元、17元、26元、35元、54元、74元。基本养老金偏低的企业退休军转干部继续予以政策倾斜，确保基本养老金不低于全省企业退休人员平均水平。参与企业退休人员基本养老金调整的人员52670人，补发2023年1—7月养老金3645.6万元，平均每人每月增资98.88元。参与机关事业单位退休人员养老金调整人员6600人，补发2022年1—7月养老金791.11万元，平均每人每月增资173.65元。

（谭静）

【长期护理保险改革】 2023年，锦江区落实《关于将全部中度失能人员纳入长期护理保险制度保障范围等有关事项的通知》和市政府《关于开展新一轮长期护理保险改革的实施意见》精神，扩大参保范围，扩展制度受益面，拓展制度保障力，推动长期护理保险改革。全区长期护理保险机构15家，有3659人享受待遇。1月1日，将儿童、大学生纳入成都市长期护理保险。4月1日，按成都市要求，将辅助器具服务纳入长期护理保险。8月1日，将中度失能人员纳入长期护理保险。10月1日，开展成都重庆两地长期护理保险评估结论互认工作。

（朱珂）

慈善与救助

【社会慈善】 2023年，锦江区启动四川省慈善事业高质量发展试点工作，发挥慈善会平台作用，募集资金343.69万元。实施“阳光圆梦”贫困大学生帮困助学、“阳光圆梦”工程、社会工作站建设等11个慈善帮扶项目，在交子社区、锦馨社区启动“交子有爱·慈善友邻”“同馨共治”成都市慈善社区（村）2个慈善品牌孵化项目，使用慈善资金187.23万元。以特色活动为抓手，打造慈善文化品牌。开展“喜迎二十大益步益行·为爱出发”慈善体育活动，在塔子山公园打造“慈善跑道”。9月，开展“慈善文化月”活动，举办“慈善一日捐”“99公益日·一起做好事”“点亮星光·相伴成长”等活动。参加第四届“四川慈善奖”评选活动，选送的特殊困难群众关爱援助、锦江星火社区人才计划2个慈善项目入选“最具影响力慈善项目”。成都市女学文化研究会会长龚怡被评为最具爱心慈善个人，获省政府表彰。

（庄义）

【困难群众兜底保障】 2023年，锦江区落实《市民政局关于印发低保提标扩围精准兜底专项行动实施方案的通知》精神，遵循“应保尽保、应救尽救”原则，综合评估困难家庭实际情况，将低保边缘家庭中重残人员、重病患者等特殊困难人员纳入低保救助范围。新增低保人员143人。从2023年1月起，按照每月910元标准，差额发放低保金。向2170个低保家庭发放低保金2656.98万元，向2200名低保户、特困户发放燃气补助9.64万元，向2338名困难人员发放燃气返还款、污水处理费等“三项返还款”16.95万元。加强分散供养的特困人员照料服务，向456名特困人员发放救助供养金107.15万元。向8名特困人员提供集中供养服务。有意愿且符合条件的特困人员集中供养率100%。秉持“凡困必帮、有难必救”的理念，向196个基本生活陷入困难、其他社会救助制度无法覆盖的困难家庭发放临时救助金41.98万元。

（庄义）

【特殊群体关爱】 2023年，锦江区印发《特殊困难群体巡访关爱专项行动实施方案》，在各街道按月开展特殊困难群体巡访关爱活动。寻访低保对象、特困人员、低收入人员等困难群众2200人，每月巡访率100%。另开展特殊群体儿童入户关爱巡访活动420次，发放生活补贴35.34万元。

元旦节和春节期间，发动社区居委会、社会组织、志愿者团队、慈善组织开展困难群众“温暖过冬·幸福过节”活动。向低保空巢老人、无人照护残疾人、行动不便且无人照护的低保人员等特殊困难人员每人发放价值200元的“交子券”，向孤儿、无人抚养儿童、生活困境儿童每人发放1000元春节慰问金。与四川锦欣医疗集团公司合作，发动莲花社区卫生服务中心参与，利用九眼桥社区场地，邀请残疾人开展手工活动，向残疾人赠送灯笼、窗帘、大米、食用油。

开展流浪乞讨人员“寒冬送

温暖”专项救助行动。为各街道配备饮用水、方便面、牛奶、棉衣裤等物资，发动公安、卫健、综合执法等部门，开展街面巡查救助工作，社区网格员和志愿者配合开展街面昼夜巡查救助工作，发现、救助流浪乞讨人员。

（庄义）

图54 位于锦江区锦江大道877号喜树路社区中心D幢3楼301号的老年助餐点——喜厨餐厅

（区民政局提供）

【医疗救助】 2023年，锦江区健全医疗救助机制，构建资助参保、门诊救助、一般住院救助、大病住院救助、倾斜救助“五位一体”医疗救助体系。医保、民政等部门建立信息互通机制，精准识别医疗救助对象，实施分类救助，提升救助保障针对性。全年一站式联网医疗救助6556人，救助金额242.41万元。

（刘宗怡　朱珂）

老龄服务

【养老服务资源】 2023年，锦江区投入财政资金320万元，吸引社会投资5107万元，在春熙路、成龙路、锦华路3个街道实施社区养老服务综合体建设项目、一老一小创新发展中心项目、德圆之家养老院及配套项目。春熙路街道社区养老服务综合体位于锦江区锦兴路63号，建筑面积1160平方米，总投资500万元。成龙路街道枫树社区养老服务综合体位于锦江区枫树街618号，建筑面积1200平方米，总投资400万元。锦华路街道社区养老服务综合体位于锦江区经天二街336号，建筑面积1921平方米，总投资235万元。一老一小创新发展中心位于锦江区宏济巷136号，建筑面积1200平方米，总投资200万元。德圆之家养老院及配套项目位于岷江路与大凉山路交会处，建筑面积1.5万平方米，总投资1.5亿元。全区分布社区养老服务综合体8个，建成喜厨餐厅等老年人助餐点50个。有10家日间照料中心提档升级，有22家日间照料中心转型发展，清退日间照料机构10家。全区分布社区日间照料中心34家。兴城康养·美邸舒养之家海桐苑、锦欣花乡老年公寓启动开放型复合型养老机构建设，开放活动场所、服务内容、部分设施，提供个性化订单式服务，打造“没有围墙的养老机构”。

（庄义）

表59　2023年锦江区养老服务机构一览表

序号	名称	地址
1	锦江区静颐养老助残中心	锦江区净居寺西街184号
2	锦江区桦林养老助残中心	锦江区经天二街231号
3	锦江区暖巢人家照料护理中心	锦江区东光南二巷70号
4	成都美好家园孝慈苑	锦江区经天二街336号

续表59

序号	名称	地址
5	成都晚霞养老服务中心	锦江区柳翠路 179 号 3 楼
6	成都益民关怀养老服务中心	锦江区经天二街 227 号
7	锦江区益民养老服务中心	锦江区经天路 33 号
8	锦江区长者乐生东光苑	锦江区观音桥西路
9	成都春色康养成龙养老服务中心院	锦江区皇经楼一街 66 号
10	成都福邻康护养老服务有限公司	锦江区东华门正街 42 号
11	成都锦欣花乡老年公寓	锦江区成龙大道一段 2603 号
12	成都锦欣九九乐龄康养中心	锦江区锦丰一路 69 号
13	成都椿萱茂老年公寓	锦江区锦丰一路 39 号
14	锦江区康源美宏书院街长者屋	锦江区天涯石北街 156 号
15	成都锦欣沙河堡康养中心	锦江区佳宏路 29 号
16	成都颐康养老中心	锦江区佳宏南路 10 号
17	兴城康养·美邸舒养之家海桐苑	锦江区海桐街 79 号
18	兴城康养美邸照护之家枫树苑	锦江区枫树街 699 号

【养老专项服务行动】 2023年，锦江区从硬件设施、惠民政策、特色活动三个方面开展养老专项服务行动。按照每个家庭1300元标准，为空巢独居老年人家庭安装燃气报警器、浸水报警器、SOS呼救器、智能门磁、人体运动红外传感器等智能报警设备。落实养老护理员一次性岗位补贴政策，对应每人3000元、2000元、1000元3个档次，向养老机构护理人员发放一次性岗位补贴。与蜀宝堂培训机构合作，开展“笔墨迎书香·幸福过新年”志愿者春联义捐活动，邀请40名儿童志愿者撰写春联、制作窗花，赠送60岁以上老年人。

（庄义）

【老年认知障碍友好社区建设】 2023年，锦江区按照市民政局民生实事工作部署，在牛市口街道九眼桥社区、成龙路街道枫树社区、锦华路街道皇经社区、柳江街道锦馨社区开展老年认知障碍友好社区试点工作。通过管理和引导，坚持预防为主和人文关怀，链接整合多方资源和专业力量，以试点社区为中心，辐射周边开展老年认知障碍相关服务，加强早发现、早诊断、早干预，构建分级分层预防体系和全程管理模式。开展宣传教育、早期干预、家庭支持、资源链接等工作，持续营造关心关爱认知障碍老年人的友好社区氛围。

（庄义）

社区建设

【概况】 2023年，锦江区委持续探索党建引领社区发展治理路径，通过加强社区人才队伍建设等方式优化社区发展治理机制，以“微网实格”推动基层党建和基层治理深度融合。按照成都市党建引领小区治理攻坚三年行动动员会安排，实施老旧小区（院落）更新改造、小区突出问题集中整治等六大专项行动，实施福顺里更新改造等15个社区微更新项目，参加“迎大运·遇见最美成都”2023年“遇见最美阳台”

暨“遇见最美社区花园”创建活动，推动幸福美好公园社区建设。全龄友好公园社区建设案例入选全国社区治理十佳案例，政企联建R29社区生活空间案例入选全国社会治理创新案例，破解老旧小区改造提升困局案例入选全国城乡社区高质量发展典型案例。

（杨德胜　崔雪晴）

【社会工作服务体系建设】 2023年，锦江区落实民政部《关于乡镇（街道）社工站建设的通知》和省民政厅《关于推进社会工作服务体系提能增效的通知》精神，结合“幸福美好生活十大工程”，聚焦一老一小、特殊困难群众等人群，开展收集群众需求、链接社会资源、提供救助服务、开展老幼关爱、加强社区治理等工作，实施社会工作服务体系建设，打通为民服务“最后一米”。打造区级社会工作服务总站、街道级社会工作服务站、社区级社会工作服务室三级社会工作服务阵地，建成街道社工站11个、社区社工室76个。印发《社会工作者服务内容及评分标准（试行）》《社会工作者绩效考评实施细则（试行）》，考评716名持证社工。出台《引进培养城市治理人才实施细则》，开展区级优秀社工站（室）评选。锦华路街道、柳江街道、三圣街道的社会工作服务站和东怡社区、九眼桥社区的社会工作服务室达到优秀等级。

市民政局实务实训基地在锦江区慈善社工中心挂牌运行，开设慈善社工培训课程，首期报名学员200人，招募132人。采取线下课堂、线上直播相结合的方式培训社工5879人，覆盖全省。学员满意度98%。

（庄义）

【社区发展治理机制优化】 2023年，锦江区强化区社区发展治理工作领导小组“牵头抓总”作用，健全工作清单、定期汇报、情况通报、任务督办等制度。制发《党建引领社区发展治理2023年工作要点》，向社区发展治理工作领导小组各成员单位下达任务87个。持续加强社区人才队伍建设，实施“星火”社区人才计划。采取社区支部书记赋能、社区干部培养、社区助理（高校大学生）培育等方式，建设社区人才队伍。社区人才队伍建设项目入选省政府第四届“四川慈善奖”最具影响力慈善项目。优化社区发展治理保障激励资金使用流程，开展社区保障资金专项审计和绩效评估，督促社区整改问题。

（杨德胜　崔雪晴）

【“微网实格”治理】 2023年，锦江区制定《党建引领微网实格微阵地建设导则》《微网格员（长）队伍管理试行办法》《微网格员积分管理试行办法》，在11个街道的59个社区打造“锦江微家”暖心服务驿站86个。

探索“四微”工作法（微网格、微服务、微实事、微力量），推动社区创新发展。在组织建设、阵地建设、机制建设、功能建设等方面重点发力，通过党建引领，构建社区党委牵头，13个网格支部和60个微网格党小组支撑的三级组织体系。党员和居民骨干进网入格，建立网格骨干队伍。通过“最美网格员”评选活动等举措赋能“微网格”。区域整体谋划，构建“10分钟党群服务圈”，通过提升便民服务供给能力等举措提供“微服务”。健全网格党建联建机制，以多方联动的方式商议解决“微网实格”治理的重大事项。通过打通“居民列单、网格收单、社区回单”工作闭环等举措办好“微实事”。发挥网格党组织领导作用，动员多元主体参与网格治理。通过打造“小牛哥”志愿服务品牌、动员居民参与文明城市创建等举措汇聚“微力量”。

打造“星火善治·锦江学堂”赋能培训品牌，建立区、街道、社区三级培训体系，分层分级确定培训方案，培训总网格长、一般网格员、微网格员。发挥“互联网+”的扩能作用，开设“锦江学堂”11期、“云课堂”10期，方便社区工作人员学习。推广成都市“微网实格”社会治理平台“一舱两端”模式，吸引全区25.5万名群众参与，发布社区活动信息2369次。“一舱两端”即指挥调度的驾驶舱、社区工作端和市民服务端。东湖街道翡翠城社区成为全市党建引领“微网实格”治理推进会现场点位，接待参会代表观摩。

（杨德胜　崔雪晴）

【党建引领小区治理】 2023年，

锦江区建立党建引领小区治理工作专班及运行机制，编制《党建引领小区治理攻坚三年行动方案》，部署小区（网格）党组织体系筑基、自治机制建立完善、物业服务整体提升、信托制物业服务提质扩面、老旧小区（院落）更新改造、小区突出问题集中整治六大专项行动。按照六大专项行动部署，定期召开工作调度会，对照组织健全、治理精细、管理有序、服务便捷、邻里友善的标准，实施住宅小区治理，打造“幸福家园”。沙河街道牛沙路社区上海东韵小区入选四川省基层治理百佳示范小区。“以品质‘福顺里’彰显公园社区幸福味道”案例获第三届中国城市治理创新优秀案例奖优胜奖。根据商品房小区、老旧小区（院落）的空间环境、人文特色，打造11个示范小区，分别是乐天圣苑、东府街27号、启明公寓、锦馨家园C区、仁恒滨河湾、福顺里、滨河路3号、华兴新居、东御佲家、蓝光·凯丽香江小区、北三巷47号。同时为莱茵春天、天涯庭院、宜家HOME、花果新居一期、水碾河南村55号院导入信托制物业服务机制。

表60　2023年锦江区党建引领小区防治六大专项行动一览表

序号	专项行动名称	内容
1	小区（网格）党组织体系筑基行动	包括扩大党的组织和工作覆盖、选优配强党组织力量、提升党组织引领带动能力等内容
2	党建引领自治机制建立完善行动	包括建立民主协商机制、推动业委会规范履职、发动社会共建共治等内容
3	党建引领物业服务整体提升行动	包括扩大物业服务覆盖面、深化物业服务费用收支公开、推动物业服务机构规范履职、持续提升物业服务机构专业化能力等内容
4	党建引领住宅小区信托制物业服务提质扩面行动	包括加强基层党组织全过程引领、建立完善工作支持体系、推动信托制物业扩面提质等内容
5	老旧小区（院落）更新改造行动	包括制定分类改造计划、完善改造项目推进机制、统筹推进老旧小区（院落）硬件改造和软件提升等内容
6	小区突出问题集中整治行动	包括梳理问题小区名单、压实整治措施、强化督促问责等内容

（*杨德胜　崔雪晴*）

【社区空间场景建设】 2023年，锦江区按照市委社治委开展“社区微更新”专项行动部署，聚焦群众身边急难愁盼问题，利用居民“家门口”的闲置空间和老旧公共空间打造“社区美空间”。

实施社区微更新项目15个。分别是“福顺里”、邻里善耕园、“龙舟坝坝茶”、熊猫邮局、一尔文化艺术中心、白墙公园特色街区、“党群心连心 幸福新莲新”、小游园绿化打造提升、邮电校8栋外墙立面美化、微型消防主题游园、五昭路“在一起”小巷集市、“活力皇经楼 多彩邻里汇”、锦小行·网约车司机之家、邻里美好生活馆、东府街27号。

按照市公园城市建设管理局、市委城乡社区发展治理委员会开展“迎大运·遇见最美成都”2023年“遇见最美阳台”暨“遇见最美社区花园”创建活动的要求，实施“最美阳台”全民行动。发动居民、商家、企事业单位参与，共同打造“最美阳台”7个。其中“市井烟火牛市口·最美阳台水碾河”以三角梅、中华藤、狗尾草作主材，搭配风铃，形成上下呼应、高低错落的景观，获全市一等奖。“爱乐园社区花园”

图55 位于锦江区成龙路街道的R29社区生活空间

（摄于2023年 区委社治委提供）

选用多种花卉，体现对“一老一小”、特殊人群的关爱，突出“睦邻友好”的愿景。“人民南路29号最美阳台”的栏杆采用镂空设计，种植三角梅和其他颜色花卉，呈现红、黄、绿、蓝四色，对应大运会会徽的四个渐变色块，获全市二等奖。“牛市口‘商+社’共建最美阳台”选用木本、灌木等高矮不一的植物，形成花果相映的生态空间，获全市三等奖。

引入社会力量，发动居民参与，打造3个社区美空间示范点位，分别是川剧艺术中心、劼人文化主题公园、R29社区生活空间。R29社区生活空间的政企联建案例入选全国“城市一刻钟便民生活圈”典型案例和成都市品质化现代化社区十佳案例。

（杨德胜 崔雪晴）

【“六微”工程实施】 2023年，锦江区向区级部门、街道办事处征集自主实施项目，持续以“发展微创投、空间微营造、小区微治理、民生微实事、安全微整治、改革微创新”为内容，实施“六微”工程项目18个。以“1325”工作法构建社区发展微循环体系、社会救援力量建设、“星火”社区人才计划3个项目入选成都市“六微”工程十佳项目，“政务服务+邮政”建设、政企互动打造R29社区生活空间、仁恒滨河湾小区治理机制创新、福字街片区老旧院落整治4个项目入选成都市“六微”工程优秀项目。

表61 2023年锦江区“六微工程项目”一览表

序号	项目名称
1	以“1325”工作法构建社区发展微循环体系
2	一站式人才综合服务中心建设
3	政务服务+邮政”建设
4	政企互动打造R29社区生活空间
5	红砂社区近零碳社区建设
6	五福苑小区信托制物业样板建设
7	仁恒滨河湾小区治理机制创新
8	东怡社区老旧院落片区化改造
9	福字街片区老旧院落整治
10	天廊街区商居共治社区发展治理
11	莲花社区示范性社区门户建设

续表61

序号	项目名称
12	“情满总府、温暖你我”志愿者服务
13	社会救援力量建设
14	居家安全监测预警服务
15	“观”爱银龄·安居计划
16	狮子山街道社区心灵驿站建设
17	社区保障激励资金绩效管理机制创新
18	“星火”社区人才计划

（杨德胜　崔雪晴）

【社区治理“创特色”工程区建设】 2023年，锦江区落实中央和省委作出的加强基层治理的决策部署，依据《四川省城乡社区治理优化提升行动方案（2023—2025年）》，按照省民政厅《关于确定成都市金牛区等40个县（市、区）开展2023年城乡社区治理特色创优工作的通知》要求，确定慈善友邻型的锦官驿街道交子社区和多元共治型的春熙路街道督院街社区、沙河街道沙河社区以及服务创新型的牛市口街道一心桥社区、成龙路街道粮丰社区、三圣街道喜树路社区为省级试点，确定多元共治型的锦华路街道柳江社区为区级试点，启动“创特色”工程试点工作。依托区级社工总站，引入第三方社会组织，开展城乡社区治理“创特色”督导支持工作。组建21人专家团队，指导试点社区制定方案，召开专题推进会5次，实地督导2次，项目拉练1次。

（庄义）

【幸福美好公园社区建设】 2023年，锦江区明确“挖项目、创特色、造品牌”的创建思路，对照示范创建标准，以示范社区建设和未来公园社区建设为抓手，推动幸福美好公园社区建设。确定喜树路、汇泉路、总府路、大慈寺、翡翠城、粮丰、锦馨、华兴街、晨辉、佳宏路、九眼桥11个社区创建示范社区。邀请专家现场指导，开展专项培训。总府路、翡翠城、汇泉路、锦馨、喜树路5个社区入选成都市百强社区，塔子山社区入选全市首批近零碳示范社区，九眼桥、双桂路2个社区通过成都市国际化社区验收，莲花、枫树2个社区创建为智慧社区，福顺里小区、府河小区创建为智慧小区。承办成都市未来公园社区招商引智（北京）投资推介会，制发《未来公园社区建设推进小组工作方案》，细化责任分工，启动交子金融未来公园社区和柳江未来公园社区建设。白鹭湾未来公园社区入选全市首批未来公园社区优秀案例。

（杨德胜　崔雪晴）

【枫树完整社区建设】 2023年，锦江区依托枫树社区综合体，建立社区、社会工作者、社区自治组织、社区公益慈善机构、社区社会组织联动协商议事治理机制，开创“1+5+N”志愿服务模式（“1”即以新时代文明实践站为枢纽阵地，“5”即党员先锋志愿服务队、小枫叶志愿服务队、金喇叭志愿服务队、邻里互助志愿服务队、夕阳红志愿服务队，“N”即各类党群服务空间），打造“金枫叶”志愿服务品牌。

（庄义）

社会组织管理

【社会组织综合监管】 2023年，锦江区建立社会组织综合监管体系，推动社会组织规范化建设。完善社会组织综合执法联席会议制度，搭建社会组织行政监管交流互动平台。全年召开执法联席会4次。将社会组织党建、业务活动、内部治理、制度建设纳入社会组织年检范畴，遵循"以检促建"原则，清理不规范社会组织，指导71家社会组织整改问题，注销社会组织30家。

（庄义）

【社会组织培育】 2023年，锦江区从资金帮扶、能力建设等方面强化社会组织培育体系建设。翼扬青少年服务中心、朝阳社区服务中心、爱心传职工服务中心获成都市社会组织发展专项基金提供的资助资金34万元。柳江街道棬子树社区"和善嬢嬢"志愿服务队申报四川省社区社会组织典型案例，牛市口街道"小牛哥·先锋车手"志愿服务队、书院街街道福字街社区"有话好好说·和谐是福"志愿服务队、书院街街道华兴街社区爱我家园志愿服务队、锦华路街道金象花园社区平安建设治安队、锦华路街道皇经社区体育运动队申报成都市优秀社区社会组织服务案例。"小牛哥·先锋车手"志愿服务队工作案例入选成都市优秀社区社会组织服务案例，柳江街道棬子树社区"和善嬢嬢"志愿服务队工作案例入选四川省社区社会组织典型案例。开展社会组织负责人培训，培训40人。开展优质社会组织等级评估，评估爱心职工服务中心等15家社会组织。其中2家社会组织定级AAAAA级，有5家社会组织定级AAA级，有3家社会组织定级AA级。

（庄义）

【社会组织助力产业"建圈强链"】 2023年，锦江区召开社会组织助力产业"建圈强链"行动专题会议，引导社会组织围绕"引进新技术、发展新伙伴、开拓新市场"开展工作。金融安全科技协会以"产业建圈金融强链"为主题，开展"金融安全科技助力升级东大街国际消费城市IP""走进阿里，探索智能AI技术，助力金融数字化创新"等主题活动4次，吸引200家金融链机构参与。物业管理和住宅楼宇协会以"蓉城先锋·暖心物管"品牌创建为抓手，参编《成都市"蓉城先锋·暖心物管"创建导则》，以示范效应带动协会40家企业参与。

（庄义）

民族宗教事务

【民族宗教工作情况】 2023年，锦江区认真贯彻落实党的民族宗教政策，深入推进民族团结进步事业，持续推动宗教工作健康发展，全区宗教和顺、民族和睦。坚持以铸牢中华民族共同体意识为主线，开展民族团结进步进学校、进社区、进企业等活动。成都市第三中学被命名为全国民族团结进步示范学校、全省铸牢中华民族共同体意识教育实践基地学校。成龙路街道香樟社区被命名为全省民族团结进步示范社区。多措并举为宗教界代表人士参政议政搭建平台，指导宗教活动场所加强教风建设、建设精品文化寺院、参与社会公益慈善事业。

（李玉晶　李玉泉）

【民族团结进步示范创建】 2023年，锦江区以成都市第三中学为试点单位，开展民族团结进步示范单位创建工作。成都市第三中学对标创建标准，以铸牢中华民族共同体意识为主线，按年度投入360万元专项资金，从党的建设、意识形态工作、思政教育、校园文化建设、日常管理、队伍建设、教育教学7个方面提档升级，开展创建工作。作出"明职责、强队伍"的部署，成立以校长、校党总支部书记为组长的民族团结进步创建工作领导小组，探索"课堂教学—课外实践—互动交融"教学模式，推进铸牢中华民族共同体意识教育。培训教师600人，招收民族地区学生1385人。作出"进课程、入课堂"的部署，持续建设5类21个德育课程，将民族团结进步深度融入学科教育、德育教学、第二课堂，举办党史主题影片观赏、"中华民族、同一个梦想"运动会等主题活动20次。作出"树品牌、造氛围"的部署，到民族地区举办"帐篷家长会"，安排200名学生与民族地区学生开展"民族团结一家亲"结对帮扶活动。与周边高校签订精准助学志愿服务合作协议，募集帮扶资金30万元。成都市第三中学入选第十批全国民族团结进步示范学校。

成龙路街道香樟社区、沙河街道汇泉路社区深入学习贯彻习近平总书记在加强和改进民族工作方面作出的重要指示精神和论述精神，采用“公益+市场”模式，结合自身特色，分别打造铸牢中华民族共同体意识的功能性载体，开展主题教育、传统文化传承、志愿服务等活动，推动民族团结进步示范创建工作。

香樟社区建立红色星空党群服务中心，开设“石榴籽蓉漂夜校”，为20名少数民族员工提供创业就业指导。创办“蓉城一家亲”民族工作服务站，吸引800名少数民族青年到社区就业。依托“锦蓉佳苑”“民族团结示范院落”建立“民族汇”活动空间，每日服务500人。招募200名少数民族退休干部和居民志愿者，组建格桑花志愿服务队、锦上添花舞蹈队、民族之声合唱队，开展政策宣传、法律援助、文体娱乐等活动200次。研发20种适用于少数民族干部群众的社区主题党课教材，开展“踏先辈足迹传红色精神”宣讲活动，宣传党的民族政策。依托“书香·慧”少数民族图书室开展“花心致匠心 民族心连心”插花沙龙等主题活动，以文化交融构筑“同心家园”。12月，入选第八批四川省民族团结进步示范社区。

汇泉路社区打造集中展示铸牢中华民族共同体意识重大意义和深刻内涵的实体化空间，内设“共同体意识发展脉络”“中华民族多元一体”“中华民族伟大复兴”等8个板块，面向各民族干部群众开展主题教育活动，打通宣传党的民族政策“最后一公里”。利用社区新时代文明实践基地、天府家风博物馆等阵地，采用“公益+市场”模式，植入可教学、可体验、易遵循的中华优秀传统文化项目，从传承中华优秀传统文化的层面丰富中华民族共同体意识教育内涵。开设“蓉城一家亲”民族工作服务站，实施“红石榴月”“中国少年茶人计划”等项目，开展“中华民族一家亲”主题宣讲和“我们的节日”等活动20次，促进民族文化交融。创建为四川省铸牢中华民族共同体意识教育基地，成为全省首个社区级铸牢中华民族共同体意识教育基地。

（李玉晶　李玉泉）

【宗教事务】 2023年，落实党员领导干部与宗教界代表人士联谊交友制度，区级党员领导干部与宗教界联谊交友6次，吸纳2名宗教界代表人士为区政协委员。联合大慈寺挖掘禅茶资源，开设工笔画、花道、八段锦、书法等公益课26次，举办非物质文化保护遗产——四川扬琴清音、川剧变脸等展演活动36次。

（李玉晶　李玉泉）

精神文明建设

【文明创建】 2023年，锦江区建立5个工作机制，组建7个工作专班，构建“5+7”工作体系，持续推进全国文明城市创建工作。5个工作机制包括区委、区政府主要领导每周调度机制，分管区领导现场督导机制、点位责任机制、文明细胞建设机制、公众参与机制。在建立工作体系基础上实施农贸市场专项整治提升、背街小巷专项整治提升、市政基础设施专项整治提升、老旧小区专项整治提升、交通秩序专项整治提升、市民文明素养专项整治提升、文明城市测评督导追责“七大攻坚行动”。制定《2023年全国文明城市创建实地考察内容及标准》《2023年全国文明城市创建测评考核办法》，常态化检查24类必检型场所和农贸市场等4类随机点位，形成督促整改台账。充分发动群众，投放全国文明城市创建类公益广告4万幅，吸收先进城区创城经验，研发“智慧创城巡访系统”，配合点位点长、第三方督查机构、日常督查等督促要素，发现并整改问题7400个。完成成都市创建全国文明城市测评迎检任务，考评成绩列成都市中心城区第二名。创建省级（最佳）文明单位4家，复核市级文明单位61家。区委宣传部被评为2023年度全市精神文明建设工作先进单位。

（王昌宇　牟白）

【文明培育】 2023年，锦江区常态开展“文明四季 节日新风”群众性活动，结合传统节日节点，组织开展主题活动700次。开展“迎大运盛会 展文明形象”活动，确定“文明用语、文明用餐、文明观赏、文明交通、文明窗口”五大主题，开展“文明巴士 向文明出发”等互动式群众活动120次。推荐选树103名先进典型。启动“家长学校”建设，制发家长学校建设方案，开展系列活动。持续推进文明校园创建工作，开展文明校园的校长访谈活动，组织创建为文明校园的学校开展“荣耀少年我来当 文明校园伴成长”线上风采展示活动。

（王昌宇　牟白）

【文明实践】 2023年，锦江区持续加强新时代文明实践中心（所、站）建设，推动区中心和11个实践所、76个实践站提档升级。开展理论宣讲等文明实践志愿服务活动9100次，服务群众10万人次。沙河街道新时代文明实践所获“四川省新时代文明实践示范所”称号，东湖街道翡翠城社区新时代文明实践站等5个实践站入选成都市新时代文明实践示范点位，孵化“红色剧本杀·宣讲新密码”等5个项目入选成都市新时代文明实践精品项目，有54名文明实践专管员获市级优秀评价。区精神文明建设办公室联合区民政局开展星级志愿者评选活动，评选星级志愿者217人。志愿者曾树林被评为四川省百名优秀志愿者，“小狮妹·她先锋”等3个志愿服务案例入选成都市“四个十佳”学雷锋志愿服务先进典型。

（王昌宇　牟白）

【“爱成都、迎大运、树文明”专项行动】 2023年，锦江区以“迎接大运盛会、争做文明市民、共创文明城市”为主线，实施“微光成炬·幸福满格”社会主义核心价值观“进网入格”活动。发放小区垃圾分类、安全隐患整治等宣传资料10万份，组建小区（院落）文明劝导志愿服务团队234个。举行成都市第十届全民健身运动会开幕式暨2023年锦江区社区运动节启动仪式，开展“大运有我·熊猫动动操”文体骨干培训、“大运有我·一月一主题”“全民学英语”等主题活动1740次，制作《爱成都迎大运树文明——人人都是东道主文明礼仪知识手册》5000册，组织志愿者发放大运会宣传品46.5万份。棬子树社区和善嬢嬢志愿服务项目入选成都市“在社区·爱成都”2023年社区志愿服务品牌项目，得胜街社区得胜坊善治联盟、海棠路社区退役军人志愿服务队获被评为成都市和谐邻里关系营造邻里好组织。

（杨德胜　崔雪晴）

锦江区古墓葬之四川省农业科学院墓群

四川省农业科学院墓群位于成都市锦江区成龙路街道晨晖社区，临地铁7号线川师公路段项目工地。墓群由南向北分为A、B、C三个区域，有汉代和明代墓葬36座。墓葬形制分为双室墓和三室墓。A区位于墓区南部，分布墓葬20座。西侧是13座砖石混筑结构的明代墓，有石供桌、石香炉、石灯台、石烛台、瓷碗、陶罐、银筷、瓷碗等遗物。A区的汉代墓葬损毁严重。另有2座墓完全损毁，不辨年代。B区位于墓区中部，分布砖石混筑结构的明代墓10座。其中合葬墓3座。6号墓的墓门雕刻人物像，墓内有墓碑、买地券、石座、铜镜等遗物。C区位于墓区北部，分布砖石混筑结构的明代墓6座，可辨建造时间。

应急管理

综述

【应急预案编制】 5月4日，区政府办公室印发《锦江区防汛抗旱应急预案》。7月19日，区政府办公室印发《锦江区自然灾害救助应急预案》。锦江区编制《成都大运会期间锦江区地震应急预案》《成都大运会锦江赛区总体应急预案》《成都射校射击场馆中心总体应急预案》《成都猛追湾水球场馆中心总体应急预案》，完成专项预案、部门预案、街道综合预案和社区应急预案、企事业单位应急预案的修订和备案工作。有41个专项应急预案备案，有35个部门和11个街道的应急预案备案，有32个生产经营单位的生产安全事故应急预案备案。

（陈晓　黄尚裕）

【应急队伍建设】 2023年，锦江区以成都市应急指挥体系建设强基提能行动为抓手，加强区级、街道级、社区级三级应急联动机制建设，强化应急指挥队伍专业化能力建设，提升基层应急救援能力。锦江区应急救援尖刀队是区级救援队，成员20人。参加成都大运会值守工作，配合各类救援活动8次，出勤时长236小时。参加各类比赛、演练，出勤时长1356小时。开展体能、急救、水域、绳索、车辆破拆等训练10次，出勤时长916.5小时。11月13—17日，在四川省森林消防大队举办第三届基层应急队伍技能共训共练活动，有216人参训。推进应急管理专业力量“进网入格”工作，全区11个街道应急队“进网入格”280人，76个社区应急分队“进网入格”962人。

（陈晓　黄尚裕）

【应急物资管理】 2023年，锦江区制发《关于开展应急救灾物资前置分级储备的通知》，制定救灾物资出入库制度、物资库管理制度、每月救灾物资动态报告制度，更新应急资源管理平台数据和成都市救灾物资集散中管理平台数据，规范管理应急物资。针对11个街道开展应急物资仓库检查。检查各街道应急物资储备仓库管理制度落实情况、出入库台账登记情况，重点检查应急救灾物资、防汛抢险物资、基层应急救援队装备储备情况。锦江区储备区级应急物资3821件，包括场地照明设备2套、救灾帐篷86个、折叠床368个、手电筒341个、雨衣3000件、雨鞋20双。各街道储备应急物资2907件，包括救灾帐篷65个、折叠床2842个、防汛抗旱物资库物资防洪铅丝网300个。

（刘畅　黄尚裕）

防灾减灾

【综合减灾示范社区建设】 2023年，锦江区水井坊街道交子社区、水井坊街道水井坊社区、莲新街道宏济路社区、莲新街道莲花社区、牛市口街道莲桂西路社区、成龙路街道国槐社区创建为全国综合减灾示范社区。12月4日，柳江街道楗子树社区获“成都市综合减灾社区”称号。

（陈晓　黄尚裕）

【汛期防范】2023年，锦江区修订防汛抗旱应急预案，完成街道防汛预案备案工作。按照“统一指挥、分级负责”的原则，健全“区、部门、街道、社区、社会组织”五级防汛责任体系，细化21个成员单位和11个街道办事处责任分工，明确重要河道、道路、小区、工地等防汛重点点位的责任人，下达防汛任务，做到任务明确、责任到人、各负其责。同时组织防汛责任人业务培训29次，参训人员450人。参加市应急管理局举办的防汛抗旱应急预案评比活动，开展防汛抢险综合演练等演练90次。清理河道、沟渠21.8千米，清理河渠两岸及河面障碍物，清除河道淤泥3300立方米。会同兴蓉市政设施管理有限公司排查排水管网658千米，疏通排水管网2.25千米，检查井盖3.2万个。检查7座下穿隧道防汛安全情况，确保泵站正常运行、人员物资配备到位。与彩云科技等高新技术企业合作，运用信息技术手段提高防汛预警能力。实现平安度汛的预期目标。

（霍健　战婕）

【应急避难场所建设】2023年，锦江区内应急避难场所面积245.69万平方米，人均避难场所面积3.9平方米。投入资金290万元，建成一类应急避难场所1个，面积10.67万平方米。挂牌三类应急避难场所8个。11月30日，熊猫绿道锦江城市绿楔生态项目（体育生态区）一期一类应急避难场所建设项目通过验收。

（陈晓　黄尚裕）

安全生产监管

【概况】2023年，锦江区优化安全生产管理委员会组织架构，开设安全生产专题讲座，开展安全生产培训，夯实安全生产基层基础，践行节假日和重要节点安全防控制度、重要行业领域安全生产监管制度，压实企业安全生产主体责任，开展安全生产隐患排查，消除监管盲区。未发生较大及以上生产安全事故，发生各类一般事故4次，死亡4人。事故次数、死亡人数较2022年分别下降33.3%和20%。锦江区连续三年被市政府表彰为“成都市安全生产先进集体”。

（邓力　黄尚裕）

【安全生产管理体系】2023年，锦江区印发《进一步加强全区安全生产监督管理体系建设的三十六条措施》，补齐安全生产领域领导体系、职责体系、组织体系、治理体系等短板弱项，加强安全生产综合统筹职能。建立十大重点领域安全责任体系，编制394家重点企事业单位安全生产责任名单，运用提醒敦促、约谈督办等手段压实安全责任。针对118个“最不放心点位”，邀请安全专家查勘，开展安全风险辨识评估，辨识风险源信息926条，督促街道办事处和区级部门制定分类分级管控措施，落实安全监管责任。践行“红白榜”公示制度，每季度量化考核11个街道和18家负有安全监管职责的区级部门。区政府常务会通报考核结果，制作红白榜公示。奖励排名第一和第二的单位，处罚排名倒数第一和倒数第二的单位。

（邓力　黄尚裕）

【安全隐患专项整治】2023年，锦江区构建安全风险分级管控机制，持续推进城市安全风险评估管控工作。摸清生产经营单位底数，建立基础台账，开展安全风险自评工作，明确风险等级，落实风险管控措施。有456家单位完成安全风险辨识工作，辨识风险源12431个。建立隐患排查治理预防机制，推进重大事故隐患专项排查整治行动，整治安全生产突出问题，遏制安全事故多发势头。要求企事业单位主要负责人履行安全生产法定职责，企事业单位员工落实安全生产岗位责任。针对重大事故隐患执法，提升企事业单位安全管理水平。编制事故隐患清单，建立安全隐患整改台账，明确整改要求，压实整改责任，要求限期整改，逐一销号。聚焦道路交通、建筑施工、城镇燃气、城乡消防、文化旅游等22个重点领域，发动企事业单位开展自查自改工作。全年检查企业14012家，整改重大事故隐患43处。

（邓力　黄尚裕）

【安全生产长效防控】 2023年，锦江区每日发布《智慧锦江运行日报》，通报生产安全及火灾事故情况，调度安全生产工作。每周暗访检查重点行业领域安全措施，录制暗访视频，在区政府常务会上曝光。每月召开安全生产调度会，研判安全生产形势，提出工作建议，协调解决安全生产难点问题。每季度开展“红白榜”公示量化考核。全年暗访28次，检查点位44个，整改安全隐患214处。成都大运会和节假日期间，落实24小时应急值守制度，区委、区政府领导带队检查，闭环整改长峰医院、文轩体育中心、鑫春宾馆、银石广场地下商场等点位的安全隐患。检查生产经营单位83家，整改安全隐患203处。办理安全生产行刑衔接案件2件，立案查处案件31件，罚款46.46万元，没收违法所得146万元。

（邓力　黄尚裕）

【安全生产宣传培训】 2023年，锦江区持续开展安全宣传“进小区、进企业、进学校、进农村、进家庭、进公共场所”活动133次，制作播放典型案例警示视频，印制宣传单、告知书，宣传安全生产知识。开展从业人员自救互救技能培训464次，各社区、学校开展自救互救演练672次，印发宣传资料25万份。区委组织部、区应急局、区总工会联合开展“强化应急思维 建设平安锦江”安全生产专题培训。培训各街道办事处和区级部门安全管理工作负责人、企业法人、企业安全管理负责人50人。

（曾玲玲　黄尚裕）

消防

【消防工作机制设施】 2023年，锦江区以春熙路、牛市口、锦官驿3个街道为试点，开展联防、联训、联调、联战、联勤“五联”工作机制建设，加强协同配合能力。持续推动基层消防救援阵地建设，在各社区设置微型消防站点。锦逸路政府专职消防救援站正规化建设工作通过验收。培育社会家庭主动消防意识，为445个家庭安装独立式烟感报警装置，建成15个非机动车停放充电点位。

（黄尚裕　欧阳仕华）

【消防检查】 2023年，锦江区坚持问题导向，编制消防救援预案18份。研判11个街道火灾形势，要求各街道完善火灾预防预案。常态化开展火灾隐患排查整治工作，针对高层建筑、老旧居民住宅、自建房、成都大运会场馆及周边区域开展火灾防控薄弱环节整治，编制隐患清单，每月更新整改情况。检查人员密集场所505处，重点检查消防设施完好情况。开展高层建筑火灾隐患自查工作，排查高层建筑1600幢，达到全覆盖要求。开展重大风险隐患整治，覆盖应急、住建、卫健、民政、市场监管等领域，整改隐患80个。友谊医院、阳光新业大厦的火灾隐患问题彻底解决。

（黄尚裕　欧阳仕华）

【消防宣传和演练】 2023年，锦江区以“进社区”和“敲门入户”的方式，到334个小区院落开展消防宣传，覆盖居民家庭4681个。其中独居老人家庭1843个。依托华兴街网红消防站打造消防科普教育基地、消防科普宣传点，开展消防知识培训168次，覆盖8000人。开展社区消防业务培训，社区全覆盖，培训网格员1700人、微网格员7000人。全年开展“双盲”演练15次。

（黄尚裕　欧阳仕华）

突发环境事件应急管理

【突发环境事件应急联动】 2023年，锦江区按照《突发环境事件应急管理办法》，制定《生态环境风险隐患防范工作方案（2023年修订）》，建立突发环境事件应急联动机制。围绕辐射安全管理、固废污染防治、次生环境污染风险等重点领域和环节，排查生态环境领域隐患，督促企业落实污染治理、风险防控的主体责任，防范和遏制重大生态环境安全风险。结合执法检查、日常巡查，排查重点企业环境应急预案落实情况，督促企业编制应急预案。有27家企事业单位完成突发环境事件应急预案备案工作。为成都市第一城市污水污泥处理厂等涉环保项目建立“邻避”问题社会风险台账，防范化解生态环境领域重大风险。

（邓成龙）

【环境应急物资储备】 2023年，锦江区分析历年突发环境事件，结合重点流域分布、环境风险隐患、重点企业、工业园区布置等情况，实施生态环境应急物资储备库建设。加强环境应急物资储备管理，动态更新环境应急物资台账，采购环境应急执法装备、应急监测物资设备。结合成都市环境应急信息管理平台建设，将企业应急预案、应急物资储备数据纳入智慧生态环境数据库，实行动态管理。形成横向到边、纵向到底的环境应急物资储备体系。

（邓成龙）

【环境应急能力提升】 2023年，锦江区组织100人参加环境应急培训，观摩成都市人民渠环境应急“一河一策一图”检验性实战演练和成都市突发生态环境事件应急综合演练。开展突发生态环境事件应急演练桌面推演，会同绕城高速公路管理机构开展火灾事故车辆泄漏物应急处置演练，配合市环境应急中心开展府河漂浮油污应急演练，提高生态环境突发事件的应急处置能力。

（邓成龙）

道路交通安全管理

【拥堵治理】 2023年，锦江区聚焦路口提效、路段提速、路网提能，确定“疏通点、理顺线、盘活面”的工作思路，治理琉璃立交桥、娇子立交桥、柳翠路、莲桂西路地税路口、佳宏南路、静平路、锦丽路、迎晖路辅路主入口8个拥堵点位，打通“断头路”40条，新增44个联网联控信号灯，有9条道路达到“绿波带”标准。依托百度地图、高德地图发布路况信息3763条，增设中央隔离护栏2500米、机非隔离护栏2300米、交通标志120个、标线4000米、信号灯5个。查处机动车违法停放案件1306731件，发送提醒短信965240条，处罚机动车341461辆。

（李庆庆）

【道路交通安全隐患治理】 2023年，锦江区推进道路交通安全隐患治理，以区道路交通安全办公室名义向属地街道办事处发出道路隐患通知书33份、整改通知书8份，整治桥梁、隧道、长下坡路段、事故高发路段的安全隐患31个，治理危险路段50千米。

（吴泓）

【道路交通事故处置】 2023年，锦江区处置道路交通事故46716件，包括简易程序事故46344件、一般程序事故372件。事故件数较2022年增加10219件，事故总量上升28.0%。其中简易程序事故增加10212件，事故发生率上升28.3%；一般程序事故件数增加7件，事故发生率上升1.9%。死亡事故增加4件，事故发生率上升12.9%。死亡人数增加4人，上升12.9%。伤人事故减少10件，下降4.6%。财产损失事故增加13件，上升11.2%。“12123”电话平台受理交通事故39333件，占交通事故的84.2%。

（吴泓）

【道路交通违法行为整治】 2023年，锦江区查处道路交通违法案件16.3万件。其中机动车违法案件71799件，非机动车违法案件90805件。机动车违法案件涉及工程运输车、重型货车、非机动车、摩托车、出租车、网约车等车辆，违法行为主要是车辆超载、车辆非法改装、不按信号灯行驶等行为。专项整治“飙车炸街”、无证驾驶、伪造号牌等违法犯罪行为，行政拘留171人，对492人采取刑事强制措施，扣留非法改装摩托车11辆，传唤2683名违法嫌疑人，罚款130万元，下达责令改正通知书9份。

（王桥）

【道路交通事故救援救治联动】 7月，成都市交警三分局与区卫健局共同建立道路交通事故救援救治联动机制。“122”道路交通报警电话平台和“120”医疗救助呼叫平台同步受理道路交通事故引发的人员受伤案件，确保重伤员及时得到双重救护。全年有34名在交通事故中颅脑或胸腔脏器受损的危重伤员得到及时救治，抢救成活率较2022年上升13.4%，60岁以上高龄交通事故伤者抢救成活率较2022年上升17.2%。

（吴泓）

【驾驶证管理】 2023年，锦江区办理驾驶证业务58534件，有3650人参加科目一考试。办理电子眼抓拍的交通违法处置业务182643件，通过“蓉e行”手机应用平台处理交通违法处置业务58件，一般程序处理交通违法处置业务1762件，办理非机动车上户业务1851件。针对重点车辆和驾驶人审验、换证、注销情况，发送短信62708条，电话通知8957次，上门走访129次。注销61名吸毒后驾驶机动车人员驾驶证。开展重点车辆未检验未报废隐患清零专项行动，注销重型车辆107辆、面包车1117辆、小型客车（6～9座）1536辆，淘汰老旧车辆6289辆。

（漆林林）

卫生应急防控

【突发卫生事件防控机制建设】 2023年，锦江区在区、街道、社区三级卫生应急网络体系的基础上建立以三级医疗机构为主体、二级医疗机构为支撑、社区卫生服务中心为网底的紧急医学救援体系和多部门医疗救援应急协作机制。加入体系的三级医疗机构17家、二级医疗机构7家、社区卫生服务中心14家、诊所（门诊部）等其他医疗机构607家。全区用于卫生突发事件应急的医疗机构救护车112辆。其中120网络救护车19辆、负压型救护车8辆。纳入120网络的医疗卫生服务机构参与卫生突发事件的医疗救援工作。

（雷旸娴　赵晶川）

【卫生应急队伍建设】 2023年，锦江区组建传染病应急处置小分队和紧急医学救援小分队2个卫生应急团队。传染病应急处置小分队具备卫生应急管理、流行病学调查、疾病监测、实验室检测、饮用水卫生、食品卫生、消毒与媒介控制等卫生应急处置能力，统一配置队员服装、背囊式装备，开展秋冬季疫情防控应急演练。建立以四川友谊医院为支撑，二级以上医疗机构特色专科为基础，融合医疗、防控、心理援助、检测、管理等专业的综合型紧急医学救援队。

（雷旸娴　赵晶川）

【卫生应急预案编制与应急处置】 2023年，锦江区修订《紧急医学救援总体应急预案》，开展城市侧传染病类突发公共卫生事件应急处置演练和突发事件紧急医学救援处置演练。区疾控中心持续完善传染病等15类专业性预案，开展传染病类突发公共卫生事件的监测预警、风险评估和应急处置工作。成都市第二人民医院、四川友谊医院参与各类突发事件紧急医学救援工作。

（雷旸娴　赵晶川）

锦江区古墓葬之泰祥路明代墓

泰祥路明代墓位于成都市金融城商务区三期河东片区泰祥路，地处锦江区和武侯区交界处，分布明代墓2座。2号墓被盗，存石质构件。1号墓的墓室总长7.1米，宽2.5米。入口前以青砖筑厚度0.12米的封墙，入口有石质墓门，墓门上有石质屋檐、石拱券，左右筑八字墙。屋檐及八字墙镌刻图案。墓室的前室存墓碑，正面镌刻文字，阴刻花纹。墓内有明代瓷器、银器等随葬物品。

街 道

春熙路街道

【概况】 春熙路街道位于锦江区中西部，面积2.45平方千米。东至红星路三段、红星路四段，与锦官驿街道毗邻；南至锦江南堤岸水涯线，与武侯区玉林街道隔河相望；西至天府广场，与青羊区西御河街道交界；北至红照壁街、人民东路、总府路，与书院街街道相连。

2023年，辖总府路、盐道街、盐市口、督院街4个社区。分布老旧院落105个、物业服务楼盘20个、物业服务老旧院落17个。户籍人口12898户38485人，流动人口19526人。实有人口58011人。建成道路69条，南北向城市主干道之一的蜀都大道（总府路段）过境。开通地铁1号线，分布1路、8路、55路、78路、99路等公交线路。驻扎省政府、省财政厅、省人大常委会办公厅等党政机关及企事业单位11家，有中学2所、小学2所、幼儿园5所、医疗卫生机构4家。有百年历史的春熙路商圈、盐市口商圈，自明代形成的四川省行政中心位于督院街片区，有政商融合的特色。区域内拟开工项目24个，续建项目4个，储备项目20个，总投资264.8亿元。分布税收达1亿元楼宇5幢。分别是人保大厦、世代锦江大厦、航天科技大厦、仁恒置地广场、川信大厦。

四川省图书馆地块项目业主优化设计方案过审，天府茂业城项目通过建筑专家评审，星汇广场项目取得施工许可证。新增效益型楼宇8幢，分别是正熙国际大厦、新良大厦、世代锦江大厦、友谊广场B座、仁恒置地广场、中环广场、时代广场、财富支点大厦。

持续推动党建引领基层治理，依托“使命春熙”微信公众号平台发布政策宣传、便民普法、思想凝聚、成果展示等专文58篇。开发“春熙人大‘码’上应”履职二维码应用程序，搭建人大代表与选民线上履职服务平台。在4个社区建立春熙人大“熙”情观察员队伍。深化“青年大学习”平台建设，每周开展街道青年干部理论学习读书分享活动。开展“遇见梵高”“爱成都·迎大运”等志愿公益实践活动241次。省政府办公厅向督院街社区制发感谢信。春熙路街道团工委获“成都市五四红旗团委”称号。市城乡社区发展治理工作领导小组办公室授予总府路社区“成都市百强社区”称号。督院街社区入选省民政厅2023年实施城乡社区治理“创特色”工程社区名单，督院街社区新时代文明实践站入选2023年成都市新时代文明实践示范点位，督院街社区雏鹰志愿服务入选2023年成都市新时代文明实践优秀精品项目。市委城乡社区发展治理委员会、市公园城市局授予人民南路29号阳台“迎大运·遇见最美成都”2023年“遇见最美阳台”暨“遇见最美社区花园”创建活动二等奖。

（郭圆圆　袁子钧）

【经济发展】 2023年，春熙路街道经济产业以第三产业为主，主导产业是商业和现代服务业。享有百年金街美誉的春熙路商业步行街和盐市口商圈位于区域内。春盐商圈分布有时代百盛广场、第一商业广场、大陆群光广场、利都广场、东大商业广场、仁恒置地广场、中环广场等现代化大型商业载体，有仁和春天百货广场、茂业百货商城、金开百货商场、九龙服饰广场、尚都服饰广场、泰华服装城等专业卖场，有凤祥银楼、精益眼镜行、亨得利钟表城等“中华老字号”商户，分布有金韩宫烧烤城、面包新语烘焙餐厅、巴蜀大将火锅等时尚餐饮店铺，有龙抄手、钟水饺等传统名小吃。以企业服务为依托，将企业走访服务工作列为年度重点工作，实行“清单制+责任制”走访服务工作机制，做好重点企业的跟进与服务工作，全力做好企业全生命周期服务保障工作。推动产业优化升级，打造高品质消费场景，优化5万平方米环球云泰“天府红”项目，建设时尚潮流高地，新零售直播创新基地。积极推动大业路风貌整治，连接盐市口、梨花街珠宝产业特色街区和省川剧文化特色街区，串联片区资源，项目涉及街道长度400余米，为市民提供新潮消费场所。引进6个重大项目，分别是上海尚实航空西南航空航天设备研发中心、上海派拉软件四川云数据中心、四川省川发展控股设立四川交易平台、广东省国科精研人工智能智慧能源平台、辽宁省李晨团队智能中医机器人研发中心、鼎芯微组建半导体芯片科研团队项目。引进国内资金24.08亿元、外资335万美元。社会消费品零售总额275亿元，较2022年增长7.3%。

（郭圆圆　袁子钧）

【城市管理】 2023年，春熙路街道分布小游园和微绿地4个，绿化面积6.43万平方米。持续深化“两拆一增”工作，高品质打造“金角银边”。完成5处目标点位改造任务，美化围墙200米，增绿面积430平方米，开敞面积100平方米，拆除违法建设8060平方米。纠正商家越门经营1800次，整治商家占用绿化带、绿化带脏乱的乱象500次。开展“门前五包”专项整治100次，整改存在安全隐患的户外广告和招牌30个。清理非机动车、共享单车19万辆。投入经费50万元，翻新院落垃圾投放点位50个，分7批更换分类垃圾桶，开展垃圾分类宣传40次。动态管理临街餐饮商家250家，开展餐饮油烟、露天烧烤等专项整治12次，查处23件餐饮油烟扰民案件。在一季度、三季度、四季度的城乡环境综合治理考评中名列第一。

（郭圆圆　袁子钧）

【社会事业】 2023年，春熙路街道分布成都市第二幼儿园、成都市第二幼儿园督院园区、四川省公安厅幼儿园等5所幼儿园，新入园幼儿284人，在园幼儿人数1002人。成都师范附属小学、成都市盐道街小学和中学拥有百年传承。成都师范附属小学、成都市盐道街小学入学新生1200人，在校学生6161人。成都市盐道街中学初中入学新生702人，在校初中生1921人；高中入学新生563人，在校高中生1701人。

盐市口社区卫生服务中心位于光华街35号，面积277.8平方米。提供居民健康档案管理、健康教育、预防接种、儿童健康管理、孕产妇健康管理、老年健康管理、慢性病患者健康管理、严重精神障碍者管理、肺结核患者健康管理、中医药健康管理、卫生计生监督协管、传染病和突发公共卫生事件报告和处理等服务，双向转诊病人61人。家庭医生签约服务对象13230人，提供服务13230次。四川省第四人民医院成立于1949年，位于城守东大街段12号，面积13006平方米，国家三级甲等综合医院。前身是省政府直属机关第一门诊部，于1995年更名。四川锦欣妇产科医院位于光华街35号，面积1499平方米，国家二级医院，集临床医疗、保健、预防、科研、社区服务、健康教育于一体。成都口腔医院始建于1958年，位于春熙路南段17号，面积2400平方米，国家二级丙等专科医院，集口腔病教学、科研、预防、保健、临床诊疗于一体。

建成群众文化阵地5个，流转图书800册，组建群众文化团队5个，开展“成都文化四季风”、“走基层”文化惠民等群众文化活动176次。建成全民健身路径点位1个，安装健身器材1套，开展“大运有我”等群众体育活动21次。启动《春熙路街道志》编修工作，成立由党工委书记、办事处主任牵头的编委会，完成项目公开招投标流程，与四川方志精典文化传播有限公司签署服务外包合同，接待陈华、徐秋明等中国名镇志指导专家和市地方志办公室领导。会同区地方志办公室，按专家指导意见形成预设篇目。

（郭圆圆　袁子钧）

【社会治理】 2023年，春熙路街道持续推动党建引领基层治理，开展“春熙嬢嬢”院落卫生志愿服务、禁毒宣传、防诈骗宣传、文明劝导、“幸福成都 美在文明”义务巡河等活动230次。

构建党建引领社区“微网实格”治理体系，开展网格划分、制度建设、网格员培训等工作，划分微网格。制定《关于“微网实格”工作微网格（长）员激励奖励办法》，发展微网格员。安排社区医生、街道干部职工、社区党员、退役军人响应号召，下沉网格。

以“人人讲安全、个个会应急”为主题，开展“安全生产月”活动3次，在潮流E购、东原中心、天府地铁站口等重点场所开展消防应急演练16次，参与人数达3000人。以“互联网+安全培训”等平台为载体，推送安全知识、安全提示、火灾事故案例等信息200条，覆盖群众1万人。协同区级部门，在中山广场开展“防范灾害风险、护航高质量发展”主题宣传活动，展示救援装备，为群众答疑解惑。联合“春熙嬢嬢”志愿服务团队、春熙商圈消防站、居民志愿者，走街入户开展消防安全宣传，发放宣传资料1.2万份。有2家企业参与楼宇安全生产标准化创建工作。

引导7家企业组建工会，发动企业举办职工主题活动13次，组织2300名职工参加关爱服务活动。全国总工会一级巡视员佟永春调研百扬大厦的“职工之家”，予以肯定。

（郭圆圆　袁子钧）

【商圈党建】 2023年，春熙路街道明确“激活商圈红色地标”的思路，以“两新”组织党组织为依托，联动企业职工、院落居民开展“家在春熙·暖心过年”“理响成都”“红色观影”“品伟人诗词，学百年党史”“回眸百年奋进路，喜迎党的二十大”等商圈共建活动。优化中心功能布局，推动平安金服成都分公司打造“两新”书记工作室。健全38家“两新”组织党组织常态化走访机制，调查233家“两新”组织的党员情况。探索新兴行业外卖送餐员党建引领工作，调查外卖配送企业、配送站点及432家持证餐饮企业外卖合作企业，优化4个同心小站。

（郭圆圆　袁子钧）

【“春熙楼小助”品牌拓展】 2023年，春熙路街道明确“红色基因加速融入，政策礼包直达快享，楼宇治理连点成片，营商环境向优而行”的工作理念，持续拓展“楼小助”品牌服务半径。建成9个楼企服务团队，每周五进驻百扬大厦、SAC东原中心等重点楼宇，开展“政策咨询、服务需求、问题导向”相融合的“楼小助”楼企党建服务活动306次。“楼小助”整合社会资源，在楼宇内开展商圈问需恳谈会、“政务服务直通车”、楼宇大堂音乐会等活动26次，提供员工就餐、游学等定制服务。

（郭圆圆　袁子钧）

图56 2023年6月，春熙·楼小助与您“乐汇”春熙——春熙路商圈楼宇大堂音乐会在SAC东原中心举办

（春熙路街道办事处提供）

书院街街道

【概况】 书院街街道位于锦江区西部，面积1.8平方千米。东面、北面以府河为界，自东风大桥沿河至红星桥，与成华区猛追湾街道隔河相望；西以红星路一段、新华大道玉沙路、东玉龙街、冻青树街、暑袜北一街、暑袜北二街为界，与青羊区西御河街道毗邻；南自东风大桥沿蜀都大道至暑袜街，与春熙路街道、锦官驿街道交界。

2023年，辖福字街、庆云、五昭路、华兴街4个社区。分布物管院落26个、军管院落9个、老旧院落210个。户籍人口18724户71773人，流动人口30022人。实有人口101795人。建成道路69条。南北向城市主干道新华大道和东西向城市主干道红星路一段、红星路二段过境。开通地铁2号线、3号线、4号线。分布6路、8路、61路、80路、106路等公交线路。驻扎省机关事务管理局、省退役军人事务厅、省广播电视局、省作家协会、四川报业集团公司、成都传媒集团公司等机关和事业单位41家。分布银行8家。建成中学2所、小学3所、幼儿园5所、医疗卫生机构4家。

法国、荷兰、塞浦路斯签证（成都）受理中心进驻西部文化产业中心。西部文化产业中心企业入驻率90.78%。红星路157号写字楼投用，新增商务办公面积8万平方米。华兴街、川剧艺术中心、东安南路、望福街的消费场景成为四川省提振消费示范点位，被《人民日报》、中央电视台《新闻频道》报道。为既有住宅加装电梯28台，有28个老旧院落实施智慧安防改造项目。四圣祠片区有机更新案例入选成都市有机更新十佳案例，望福街至东安北路入选“最美回家的路”，福顺里城市更新项目获2022年老旧院落改造市级示范项目最佳公共服务奖等奖项，华兴街获“成都市十佳招牌示范街道”称号。华兴街特色街区作为城市更新示范点位，接待英国驻华大使馆外事访问团参观。组建商务楼宇综合党委，结合楼宇党群服务中心、楼宇事务联席会机制，形成“三位一体”共建共治格局。四川航天信息有限公司创办“两新”书记工作室。四川蓝天应急救援中心党支部书记邓华获“2023年成都市蓉城先锋党员示范标兵”称号。成都市天涯石小学获“2023年成都市儿童友好示范单位”称号。市终身教育促进办公室将“筑福少年·红色小导游”品牌列为“终身学习品牌”。庆云社区和华兴街社区的新时代文明实践站创建为成都市新时代文明实践示范点位。

（赵冬梅）

【经济发展】 2023年，书院街街道班子成员到韩国、马来西亚等国家开展招商推介活动，派出工作人员驻上海市招商，引进“顺德人家”“京洲基业”等企业。引进新经济企业658家、规模以上企业12家。引进国内资金16.19亿元、外资122万美元。持续实施“送服务、送政策、解难事、促发展”行动，走访重点企业766家，联系纳税企业5426家，帮助企业解决问题427个。发放创业贴息担保贷款362万元。支持7家个体工商户转企业。

建成华兴街特色街区、川剧艺术中心、川报博物馆等文旅消费场景，联动川剧院举办川剧特色游购娱艺活动，吸引消费者20万人。王府井百货商城线上转型。社会消费品零售总额56亿元。规模以上工业增加值增长率、工业技改投资、技术合同成交额在全区11个街道中排名第一。全口径税收20.9亿元，较2022年增长9.7%。

（赖俊　赵冬梅）

【城市管理】 2023年，书院街街道召开专题会议研究，成立垃圾分类领导小组，统筹协调生活垃圾分类处理工作，指导各院落开展分类点位建设、宣传发动等工作。开展垃圾分类集中宣传活动12次。同时根据不同场所、不同对象开展院落垃圾分类入户宣传活动110次，发送《成都市生活垃圾分类投放指南》等宣传资料4.4万份。实施标准化投放站点整修项目，涉及35个院落。更换分类垃圾桶450个，更新宣传牌、指示牌、公示牌100个。垃圾分类设施建设覆盖率91.3%。开展市容秩序专项整治15次，实施夜间市容秩序专项整治9次，重点整治天涯石北街、中道街、庆云南街、总府路、市二医院地铁口等重点区域，劝导小商小贩5000次，规范占道经营行为4000次，办理一般程序处罚案件140件。其中城市管理案件121件、城市环保案件19件。

（杨海涛　赵冬梅）

【社会事业】 2023年，书院街街道分布天涯石幼儿园、成都市和平幼儿园、四川省直属机关红星幼儿园、成都市第三幼儿园和1家部队幼儿园。分布小学3所，分别是成都市天涯石小学、成都市天涯石小学昭忠祠分校、成都市和平街小学。成都市和平街小学校内设锦江区特殊教育中心。中学有2所，分别是四川省成都市第二中学、成都市第十七中学初中部。

书院街社区卫生服务中心位于锦江区天涯石北街178号，建筑面积1900平方米，非营利性医疗机构，设预防保健科、全科医疗科、内科、儿童保健科、口腔科、中医科、中西医结合科等专科，床位29个，获“四川省示范社区卫生服务中心”称号。春熙社区卫生服务中心位于锦江区布后街22号，建筑面积3300平方米，床位30个，非营利性医疗机构，基本医疗保险定点医院，养老服务券使用定点医院，少儿互助金使用定点医院，提供疾病预防、保健、医疗、康复、健康教育、计划生育技术指导等服务。成都市第二人民医院位于锦江区庆云南街10号，集医疗、教学、科研、预防、保健、康复于一体，床位2600个，国家三级甲等综合医院。成都锦一医院位于锦江区暑袜北二街65号，占地面积1800平方米，建筑面积7000多平方米，床位104个，非营利性医疗机构，医疗保险定点医院，集医疗、保健、科研、社区医疗、计划生育技术指导于一体。

开展全民健身、社区运动节、第二届社区艺术节等群众文体活动292次。发展备案类社会组织60家，培训社会体育指导员17人，建成成都市社区运动促进健康服务站。

建成社区养老服务综合体，新增养老床位61张，入住55名老人。建成积分服务机构5个，有7911名老年人享受锦江区老年积分服务。全年服务积分340万分。

（赵冬梅）

【社会治理】 2023年，书院街街道建立“街道办事处、社区两委、网格员、微网格员、居民自组织”五级议事架构，推动社区发展治理。五昭路社区建立“有事来协商 锦事尽商量”小微协商平台，庆云社区建立“有事好商量”民主协商议事平台，福字街社区建立“望福好邻居”议事平台，华兴街社区建立“华兴善治”议事平台，发挥“爱我家园”益巡队、“庆幸有你”志愿服务队等8个居民志愿者团队作用，化解矛盾纠纷。街道办事处联合锦江区公安分局防暴大队、禁毒大队、派出所开展反电信诈骗、反邪教、禁毒、“扫黄打非”、反恐、扫黑除恶等排查行动25次。开展禁毒知识宣传、反电信诈骗宣传等宣传活动113次，为小区院落制作禁毒宣传栏253个，发放宣传资料2000份。检查27个快物流网点，与网点负责人签订寄递物流行业禁毒承诺书。

（孙涛　赵冬梅）

【福顺里城市更新】 2023年，书院街街道采取拆墙并院、公共空间打造、院落安全风险隐患治理等方式，实施福顺里片区城市有机更新。整治25处676平方米D级危房，拆除8处411平方米自建房，重新铺设地下管网，更新电力设施，增设339个燃气报警器、57个摄像头、26个智慧门禁，为10个独居老人家庭安装智能报警设备。同步优化道路3500米，拆除院墙180米，改造院落立面1.7万平方米，增加绿化280平方米。为23个单元楼预留电梯井，加装电梯13台。增加停车位24个，增设3个电动车智能充电停车点和4个电动汽车充电桩。利用532平方米公共空间增设公共服务点位和2个便民商业服务点位。11月14日，省委副书记、市委书记施小琳，市委副书记、市政府市长王凤朝到福顺里调研。福顺里城市更新项目获2022年老旧院落改造市级示范项目最佳公共服务奖、第三届中国城市治理创新优秀案例奖优胜奖，入选2023年度成都市幸福美好生活十大工程、2023年度成都市城市有机更新十佳案例。全国各地有63个党政代表团到福顺里调研。

（赵冬梅）

【“书食饭堂”打造】 2023年，书院街街道发挥工会平台作用，链接企业和社会组织资源，在保持职工驿站原有功能基础之上叠加职工饭堂功能，打造“工会补贴、企业让利、职工获益”模式的“书食饭堂”，为新就业群体提供餐饮服务。“书食饭堂”面积200平方米，设食品自助区、用餐区、休憩区，可容纳300人就餐。职工办理工会会员卡可享受每人每餐3元的补贴政策，每餐实际消费15元。书院街街道总工会服务新就业形态劳动者的工作案例得到省委副书记、市委书记施小琳肯定性批示，在全国新就业形态劳动者维权服务工作推进会上交流工作经验。

（赵冬梅）

图57 书院街街道打造的“书食饭堂”（摄于2023年 书院街街道办事处提供）

锦官驿街道

【概况】 锦官驿街道位于锦江区中心城区，面积2.2平方千米。东至一环路东四段、一环路东五段，与牛市口街道毗邻；南至滨江东路，与武侯区望江街道交界；西至红星路三段、红星路四段，与春熙路街道接壤；北至大慈寺路、东风路，与书院街街道、成华区猛追湾街道相连。

2023年，辖合江亭、大慈寺、崇德里、水井坊、交子、点将台6个社区。分布老旧院落132个、物业服务楼盘57个。户籍人口18453户51484人，流动人口34121人。实有人口85605人。建成道路80条。一环路过境。开通地铁2号线，地铁13号线在建。分布18路、21路、47路、48路、51路、104路、112路、141路、152路以及夜间6路等公交线路。驻扎省发改委、省文旅厅、省民政厅、省税务局等13家机关单位，还有法国、以色列、土耳其的总领事馆和马来西亚外贸促进中心成都代表处、韩国贸易协会成都代表处、香港特别行政区政府驻成都经济贸易办事处。分布成都七中育才水井坊校区、成都七中育才学道分校、成都市锦官驿小学等学校和成都市第一幼儿园东升园区等幼儿园。有四川电力医院、成都骨科医院、成都口腔医院水井坊院区、锦官驿卫生服务中心等医疗机构。成都太古里商业街区位于区域内。分布成都国际金融中心、晶融汇等5个大型商业综合体。汇集国际知名品牌门店450家，香奈儿、爱马仕等国际一线品牌60个。北宋益州交子务曾位于均隆街，分布合江亭、大慈寺、水井坊遗址等文物保护单位18处。国家级非物质文化遗产项目中的四川扬琴和四川清音设有传承基地。

引进全球首店2家、全国首店5家、西南首店50家，举办首发首展首秀活动8次。持续推动城市有机更新，实施东顺城南街风貌整治项目，推进耿家巷历史文化街区建设，打造环太古里特色街区、“万千锦市·香槟广场”市集。利用水璟唐文旅街区闲置地块打造“大同巷酒肆”。锦官驿街道获“全国社区教育示范街道”“四川省先进基层党组织”“四川省一等功公务员集体”“成都市安全生产先进集体”“成都建设全面体现新发展理念的城市改革创新先进集体”等荣誉。

（贾治炜　石楚娟）

【经济发展】 2023年，锦官驿街道开展招商活动15次，引进汇丰人寿保险公司、恒力期货公司等企业9家，引进霸王茶姬供应链总部项目等重大项目。税源企业850家，全口径2.23亿元，区级税收7580.03万元。其中纳税1万元以上税源企业177家。分布首店78家。社会消费品零售总额62.06亿元，增速53.6%。营利性服务业营收32.02亿元，较2022年增长20%。

区域内商务楼宇25幢，占全区商务楼宇的16.2%，商务商业面积154万平方米。成都国际金融中心和西部国际金融中心是超甲级写字楼，睿东中心、平安金融中心、明宇金融广场、香格里拉中心办公楼是甲级写字楼。培育税收1亿元楼宇8幢、税收5000万元单店5家。税收1亿元楼宇分别是成都国际金融中心、成都太古里、睿东中心、阳光新业大厦、四川电力超高压大厦、香格里拉写字楼、西部国际金融中心、成都平安金融中心。楼宇企业1964家，楼宇全口径税收31.82亿元。

组建重点企业服务专班，建立楼长制度，制定服务方案。走访企业718家，收集企业诉求270个，协调解决问题252个，兑现政策扶持奖励资金2169.83万元。协同财政和税务部门挖掘税收潜力。太古里股权交易一次性企业所得税3.09亿元入库，追缴欠税5300万元，征收市外建筑企业建安税967万元。迁入企业209家，增加全口径税收1063万元。

（贾治炜　石楚娟）

【城市管理】 锦官驿街道建立包片包案机制，由班子成员包案整改生态环境问题174个。持续改善空气质量，出动3800人，检查880个装修工地和4000家餐饮企业，发现问题23个，立案19件，处罚金额11万元。坚持油烟源头治理，劝退餐饮商家73家。油烟投诉案件较2022年降低11%。成立商圈管理专班，以“美丽街区”创建工作为抓手，开展“大运营城惠民”工作。实行街区精细化管理，提升街区环境品质。太古里商业旅游街区入选成都市首批“最美街区”。春熙路商圈入选首批“全国示范智慧商圈”，获“四川省高品质示范步行街”称号。

（贾治炜　石楚娟）

【社会事业】 2023年，锦官驿街道分布幼儿园2家。成都市第一幼儿园东升园区提供托位180个，成都市一级园；成都市易登时代豪庭幼儿园提供托位360个，成都市二级园。分布成都市锦官驿小学、成都市龙王庙正街小学等学校5所。龙王庙正街小学提供学位1223个，是成都市义务教育阶段新优质学校。成都第十七中学提供学位1700个，是成都市示范性普通高中、成都市校风示范学校、成都市德育工作先进单位。成都七中育才学校水井坊校区提供学位2200个，是四川省基础教育课程改革先进单位、四川省示范家长学校、四川省心理健康教育研究基地学校、成都市校风示范校。成都七中育才学校学道分校提供学位1605个，是中国教育学会重点课题互动教育实验学校、四川省阳光体育示范校、成都市校风示范校、成都市义务教育阶段新优质学校。

区域内分布7家医疗卫生机构。四川电力医院提供床位100个，国家二级甲等综合医院。成都市锦江区骨科医院床位300个，国家二级甲等综合医院。成都天大不孕不育医院提供床位50个，国家二级甲等专科医院。成都画美医院提供床位99个，专业美容整形医院。另有成都口腔医院水井坊院区，集医疗、教学、科研、预防保健于一体。锦官驿卫生服务中心位于锦江区一环路东五段1号，成立于2002年，由成都市骨科医院创办，属于非营利性社区卫生医疗服务机构，面积3300平方米，开设全科医疗科、西医内科、儿科、口腔内科等专科和水井坊社区日间照料中心。大慈寺社区卫生服务中心位于锦江区龙王庙正街146号，一级医保定点医院，属于政府主导的非营利性医疗机构，面积300平方米，开设全科、中医科、康复理疗科、口腔科等专科。

（王怡）

【社会治理】 2023年，锦官驿街道深化党建引领作用，优化“街道、社区、网格”三级治理体系，推进“微网实格”治理。设一般网格，微网格。成立网格党总支部、网格党支部、网格党小组，打造9个院落党群服务站，在滨河路3号院、锐钯街街区、明宇广场楼宇创办“微网实格”工作驿站。制定《"微网实格"工作积分考核激励办法》，投入保障经费35万元。《成都日报》等媒体报道"交子有爱""四有街区""点将先锋·五色服务"等"微网实格"治理品牌创建情况。启明公寓老党员工作室入选全市"微网实格"优秀案例，交子社区"城乡社区治理特色创优'慈善友邻'社区"入选省级示范项目。结合主题教育，提出"以学铸魂、以学增智、以学正风、以学促干"的要求，常态化开展"下基层"等活动，解决群众"急难愁盼"问题23个。建立三级矛盾纠纷调解工作体系，针对矛盾纠纷建立台账，会同社区、派出所调解矛盾纠纷100件，调解成功率100%。

（贾治炜　石楚娟）

【夜游锦江项目】 2023年，锦官驿街道以"锦江故事卷轴"为主线，优化夜游锦江项目。串联都市休闲、东门市集、闹市禅修、锦官古驿四大片区，打造夜市、夜食、夜展、夜秀、夜节、夜宿六类主题场景。在锦江两岸河堤设计多功能艺术装置。白天呈现景观装置艺术，静态讲述锦江文化；夜间通过影像与光彩变化，游船游客提供沉浸式体验。游船沿线开放菩提声光秀、曲艺坝坝茶、码头故事、十二月市、合江亭帆船秀等场景。

（贾治炜　石楚娟）

【万千锦市·香槟广场市集】 2023年，锦官驿街道结合国潮汉服等文创业态发展，会同春熙路时尚活力区管委会、区经信局、区商务局、四川汉服专委会打造万千锦市·香槟广场市集。8月，与香槟广场"汉服一条街"签订共建汉服产业集中发展区协议，明确"产业上楼、设计入院、销售进店、展游到馆、体验上街、数据入统"的发展思路，从提升展销能级、完善设计研发、打造特色消费场景、推动商业共振等方面营造古代集市氛围，推动成都十二月市之锦市发展。

（贾治炜　石楚娟）

图58　2023年8月，锦官驿·万千锦市开街仪式在香槟广场举行

（锦官驿街道办事处提供）

牛市口街道

【概况】 牛市口街道位于锦江区东部，地处成都市一环路、二环路之间，毗邻锦江，面积3.14平方千米。东至二环路四段，与沙河街道毗邻；南至龙舟路、锦江南堤岸水涯线，与东湖街道交界；西至一环路东四段、一环路东五段，与锦官驿街道接壤；北至水碾河路北街、一环路东四段、一环路五段，与成华区双桥子街道相连。

2023年，辖水碾河路南、华成路、九眼桥、莲桂西路、得胜街、莲花、锦东、紫东8个社区。以居住区为主，分布小区院落219个，包括176个老旧院落。户籍人口35153户91719人，流动人口63037人。实有人口154756人。建成道路56条，一环路和二环路过境。开通地铁2号线、6号线，分布18路、47路、51路、182路等公交线路。分布幼儿园8所、小学3所、中学3所，有卫生服务中心2家、医院3家。建成文化广场8个、街道综合文化活动中心2个、社区综合文化活动室13个。分布楼宇5幢、寄递物流网点45个，有宾馆酒店33家、洗浴场所5个、KTV量贩歌城5家、茶楼17家。

（曹钰佳　贾静）

【经济发展】 2023年，牛市口街道推动锦东商圈牛市口创享园建设，包装策划一心桥片区综合开发项目，启动得胜场、牛市口路业态更新项目，深化乡愁记忆馆、青年云谷、故奈九眼桥头二期项目方案。贵和都成LOTUS项目启动建设，潮力方项目投用，一心桥南商业项目、锦发广场项目加快建设。举办“招商引智·建圈强链”投资机会清单发布会，落地新生支付、罗曼科技等重点企业，在谈成都望繁信科技等重点项目。引进税源企业252家，新增全口径税收2067.95万元。举办“市井烟火牛市口”D-one街区集市等促消费活动，走访重点企业300家，助企纾困80次，申请政策扶持资金400万元。推进全国第五次经济普查工作，清查企业8367家、个体户7633户，固定资产投资10.8亿元，进度排名居全区街道第二位。

（曹钰佳　贾静）

【城市管理】 2023年，牛市口街道以大运会城市侧重点工作为抓手，牵头实施蜀都大道水碾河路环境品质综合提升、蜀都大道沿线周边花卉美化提升、蜀都大道沿线光彩美化3个大运会环境品质提升项目，实施管理类问题整治项目、空中线缆序化和各类通信整治、树池和绿化带裸土整治、建筑外立面脏污整治、环卫设施增设或更换5个背街小巷品质提升项目和爱情花坊“金角银边”绿化项目。深化城乡环境综合治理，设置生活垃圾分类小区投放点304个，新建、改建标准化四分类垃圾投放站点222个。开展园林式居住小区创建，龙湖晶蓝半岛小区创建为区级园林式居住小区。利用复合型闲置空间，提档升级“牛市口戏场子”屋顶空间，完成多巴胺艺术街区打造。扮靓城市生活风景线，“市井烟火牛市口·最美阳台水碾河”“牛市口‘商+社’共建最美阳台”项目分获全市2023年“最美阳台”一等奖、三等奖。重点实施一心桥片区城市更新项目，谋划牛王庙TOD项目，完成席草田巷地块搬迁腾退工作。实施老旧院落改造项目21个，自主增设电梯17台，惠及居民3000户。莲心苑五合一改造项目获2023年成都市最佳老旧院落改造示范奖。

（曹钰佳　贾静）

【社会事业】 2023年，牛市口街道分布4所公益幼儿园，分别是树基福幼幼儿园、三电幼儿园、龙舟社区幼儿园、稚笙幼儿园。分布4所私立幼儿园，分别是金苹果晶蓝半岛幼儿园、沃儿顿幼儿园、理想园幼儿园、莲新双语幼儿园。有3所小学和3所中学，分别是成都市娇子小学、成都市盐道街小学东区、成都市教育科学研究院附属小学、四川师范大学附属中学初中部、成都市田家炳中学初中部、成都市田家炳中学高中部。另有爱思瑟学校，为外籍人员子女学校。

莲新社区卫生服务中心集医疗、预防保健和基本公共卫生于一体，提供城乡居民健康档案管理、预防接种、0～6岁儿童健康管理、孕产妇健康管理、老年人健康管理、慢性病患者健康管理等14项国家基本公共卫生服务。牛市口社区卫生服务中心主要提供公众卫生健康知识宣传、计划免疫接种、特殊门诊诊疗、中医特色诊疗、体检、妇幼保健、针灸、按摩以及医养结合养老等服务。中国人民解放军西部战区空军医院位于一环路东侧，临锦江，占地面积8.2万平方米，三级甲等综合医院。前身为第一野战军第三野战医院，始建于1950年3月。成都锦欣中医医院提供医疗、保健、康复、医养等服务，二级甲等中医综合医院。前身是成都市锦江区中医医院，始建于1956年。成都锦江瑞康医院是综合性非营利性医院，是城镇职工基本医疗保险和城乡居民基本医疗保险的定点医院，残疾军人和重点优抚对象定点医疗机构，孤老救助服务定点医疗机构。

建成群众文艺团队15个。举办“烟火牛市口·飞扬青春梦”系列活动，开展“走基层”文化惠民、“成都文化四季风”等群众文化活动160次。开展“全民阅读”活动60次。流转图书2000册。

（曹钰佳　贾静）

【社会治理】 2023年，牛市口街道持续推动党建引领“微网实格”治理，建成一般网格党总支部、一般网格党支部、院落党支部。发展“两新”党支部40个、企业党支部9个、退休人员党支部3个。建成“小牛哥·刹一脚”爱心智慧驿站，是全国首家专门为快递员和外卖员提供24小时服务的驿站。发动来自美团、京东等9家龙头企业的500名从业人员组建“小牛哥·先锋车手”志愿服务队，成立党支部，有13名党员。“小牛哥”党支部获“成都市蓉城先锋示范基层党组织”称号。依托爱心智慧驿站，提供电瓶换电、热餐饮水、法律援助等19项服务，开展亲子互动、婚恋交友等关爱活动80次。线上开发“线索直报—积分奖励”微信小程序，引导从业人员提供涉毒、火情等治理线索1000条。线下开展“爱心跑腿结对”“爱心包裹寄递”等主题活动40次，吸引从业人员主动认领志愿服务任务300个。志愿服务队成员获“全国感动交通年度人物”“全国五一巾帼标兵”“中国青年志愿者优秀个人”等称号。“小牛哥·刹一脚”爱心智慧驿站案例入选全国第六届基层党建创新最佳案例、全国社会治理创新案例。

成立以街道党工委书记任组长的禁毒工作领导小组，将微网实格与禁毒志愿队伍整合使用，打造“天紫界”物业禁毒阵地、“缤纷”娱乐场所禁毒阵地、“顺丰”寄递物流禁毒阵地。开展“护苗2023”专项行动，在中小学开展“绿书签行动”禁毒宣传活动20次，排查涉毒重点区域19个，约谈社区戒毒人员547次。常态化开展普法主题活动24次、宪法宣传周活动4次。

（曹钰佳　贾静）

【院落改造】 2023年，牛市口街道莲心苑老旧小区改造项目位于莲花新区北三巷，存在房屋陈旧、基础配套设施破旧、公建配套缺乏、小区管理不力、安防设施不足等问题。按照“合院并院合人心”的思路，采取“党建引领、居民自治、社会参与”模式，解决消防交通、基础设施、建筑风貌、服务配套、景观绿化五类问题。粉刷22个单元楼道，粉刷面积1.05万平方米。更换楼梯扶手700米，养护通信缆线1000米，修补屋顶防水层2600平方米，美化建筑外立面1.65万平方米，更换雨棚524个，翻新住户防护栏7200平方米，更换灭火器具434个，维护消火栓112个，养护雨污水管道1420米，整治道路面积1700平方米，新增绿化面积320平方米，新增地面停车位62个、智能快件箱5个，改造非机动车停车库390平方米，增设智能门禁设备3套、监控设备15套。

（曹钰佳　贾静）

图59　2023年6月21日，水碾河路6号“最美阳台”竣工

（牛市口街道办事处提供）

东湖街道

【概况】 东湖街道地处锦江区东南部，面积3.4平方千米。东至龙舟路、净居寺路，与沙河街道毗邻；南至沙河南堤岸水涯线，与锦华路街道隔河相望；西至二环路内锦江西堤岸水涯线、二环路外锦江中心线以及顺江路与龙舟路交会处，与武侯区望江路街道隔河相望；北至三官堂街与龙舟路交会处，与牛市口街道接壤。整体格局为“四路、两带、一湖”。即净居寺路、锦华路、老成仁路、二环路，滨河风光带、沙河风景带，东湖市政公园。

2023年，辖锦华、永兴、东怡、河滨、观音桥、翡翠城、石牛堰7个社区，分布物业院落39个、老旧院落68个。户籍人口31193户78767人，流动人口56044人。实有人口134811人。建成道路44条。老成仁路、二环路过境。开通地铁6号线、8号线，地铁13号线在建。分布3路、18路、91路、120路等公交线路。驻扎区教育局、锦江公安分局防暴大队等机关单位5家。分布中学1所、小学4所、幼儿园10所。有3家医疗卫生机构。建成农贸市场3个、商业综合体3个。分布瑞升国际中心、华润广场、东湖国际大厦等商务楼宇和锦华万达广场、橡果里美食街区，有“黄伞肺片”“胡烤鸭”“月红蹄花”等老字号小吃以及于屿城火锅、川喜稻田蛙、陶德砂锅等时尚餐饮品牌，建成域上和美艺术群落。获工信部授予东湖街道“智慧健康养老应用试点示范街道”称号。

（柏小平）

【经济发展】 2023年，东湖街道是锦东商圈的重要组成部分，呈现以商贸和商务服务为主导的产业结构，纳税企业3443家，现代商贸业和商务服务业占比49%。东湖“新能港”以生活美学为特色，聚焦新消费、新文旅、新能源等重点领域，通过域上和美打造天府文旅消费新场景，依托东光南站TOD地块建设中农数字智慧产业园。围绕中升星辉建强新能源汽车生态链，探索经济发展的新动能。培育“烟火东湖”系列美食品牌产业，开展锦江啤酒音乐节等“美食+文商旅体”活动。引进“交子数栖”“达美乐”“泸溪河”3个重大项目。

（杨雪吟　刘玥菡）

图60　2023年8月25日，锦江啤酒音乐节在东湖公园举办

（东湖街道办事处提供）

【城市管理】 2023年，东湖街道持续深化“两拆一增工作”，高品质打造“金角银边”2个、“口袋公园”1个，拆除围墙60米，增绿面积600平方米，拆除违法建设15635平方米。实施华润路、锦丽路、琉璃横街的提升整治和东湖路闲置地块提升打造项目。纠正商家越门经营行为2500次，整治商家占用绿化带等行为300次。开展“门前五包”专项整治80次，整改存在安全隐患的户外广告和招牌20个。清理非机动车、共享单车20万辆。建立7个河长工作室，成立8个河湖管护队伍，巡查河道500次，处置污水排放、河岸环境卫生等问题50个。开展餐饮油烟专项整治行动27次，检查23家大型餐饮店铺的油烟排放情况。召开垃圾分类工作会议18次，开展垃圾分类宣传活动60次，改造垃圾投放站点70个。

（王益琴）

【社会事业】 2023年，东湖街道有东润幼儿园、东湖幼儿园、北顺街幼儿园、幼狮河滨幼儿园、金苹果翡翠城幼儿园、童星幼儿园、蓓蕾幼儿园、东怡幼儿园、锦华幼儿园、三官堂街幼儿园，新入园幼儿583人，在园幼儿2272人。有成都市龙舟路小学、成都师范附属小学华润分校、东光实验小学、成都市盐道街小学东湖分校，入学新生1598人，在校学生6034人。有成都七中育才学校东湖分校，初中入学新生425人，在校学生751人；高中入学新生213人，在校学生213人。

东湖社区卫生服务中心位于锦江区锦华路一段115号，提供老年人健康管理、慢性病患者健康管理、流感疫苗接种、普通门诊、口腔医学、针灸等服务。锦江妇幼保健院位于锦江区龙舟路

52号，占地面积1.2万平方米，床位50个，国家三级乙等专科医院。

建成文化体育活动中心2个，总面积1800平方米。流转图书6200册。开展“下基层”文化惠民等群众文化活动185次。打造社区健身服务站3个，建成东湖公园社区运动角，人均体育场地面积2.51平方米。

（李伟）

【社会治理】2023年，东湖街道持续推动党建引领基层治理，联合四川日报报业集团公司创办“公园城市 美好生活”基层联系点，开展党建联建活动。推进“微网实格”治理，网格党组织全覆盖。召开党建引领“微网实格”治理示范点位现场推进会2次，以“翡翠里·百草园”为蓝本，探索党建引领“微网实格”治理新路径，形成党建引领、社会协同、多元参与的社区发展治理格局。

开展职工活动12次，服务职工2700人。其中企业圆桌会暨新媒体运营与直播课程颁奖仪式，中国网和《四川工人日报》报道活动情况。“锦江区犇犇干将职工之家”获“四川省职工之家”称号。连心桥爱心驿站、邮政龙舟路支行“邮爱驿站”入选四川省“最美站点”。观音桥社区“职工书屋”获“成都市示范职工书屋”称号。

深化平安建设，开展“东湖义警”治安巡逻、平安宣传、安全检查等活动350次。加强重点场所管理，完善建立平安驿站3个、最小应急单元35个，形成“1分钟自救、3分钟互救、5分钟增援”的快速反应圈。

以“人人讲安全、个个会应急”为主题，开展“安全生产月”活动7次，组织消防应急演练18次。以“互联网+安全培训”平台为载体，推送安全知识、安全提示、火灾事故案例等信息180条，覆盖6万人。在锦华万达广场开展“防范灾害风险、护航高质量发展”主题宣传活动，展示救援装备。发动社区志愿者服务团队、网格员、东湖义警开展消防安全宣传，发放宣传资料3.4万份。

（宋小琴　肖瑶）

【职教赋能】2023年，东湖街道创新搭建职教与基层治理融合平台，开展职教赋能促发展基层试点工作。开展“工作技能进机关、经济发展进楼宇、健康生活进社区、技能安全进商家”活动，举办创业与经营沙龙、化妆技巧培训、川菜美厨培训等活动。

（柏小平）

沙河街道

【概况】沙河街道位于锦江区东南部，面积4.66平方千米。北以双桂路、迎晖路为界，与成华区保和街道毗邻；东至静康路，与狮子山街道交界；南至净居寺路，与东湖街道相连；西至二环路东四段，与牛市口街道接壤。

2023年，辖牛沙路、五福桥、汇泉路、双桂路、沙河、静康、塔子山7个社区。户籍人口29866户76667人，流动人口53797人。实有人口130464人。建成道路53条。包括二环路、东大路、双桂路等4条主干道，东大路贯穿全境。开通地铁2号线、8号线、13号线，邻二环路BRT快速公交站点。驻有四川省农业科学院、四川省畜牧科学研究院、四川省农业机械研究设计院、四川省林业科学院、成都市射击运动学校等企事业单位和4家军管单位，分布成都市文化馆、成都伽地社区音乐厅、开心麻花环球汇剧场等文化和娱乐场所。另有占地27.3万平方米的塔子山生态公园。分布成都市第十人民医院、四川友谊医院等7所医疗卫生单位，有中学1所、小学5所、幼儿园12所。已有和在建社区商业街区7个，五星级酒店1家，在建五星级酒店4家。分布甲级写字楼13幢，商务商业面积150万平方米。

（周洪宇　李胤）

【经济发展】2023年，沙河街道经济产业以金融业和商贸业为主导产业，同步发展大数据、物联网等新经济产业。锦东商圈进驻500强背景企业20家，分布金融机构30家、大型商业综合体5个。引进华润数科项目、中物中试平台建设项目等重大项目，引进文化类重点企业15家、全国首店4家、西南首店33家、楼宇企业153家。有13家个体工商户转为企业，有11家小型企业成长为规模以上企业。“环球汇蔚然”成长为税收亿元楼宇。楼宇全口径税收5.03亿元，入驻率86.27%、入区率79.8%、纳税率61.3%、入库率6.1%。开设沙河铺食光夜市、白墙公园等5个消费场景，开展“活力锦东·幸福沙河”系列促消费活动。沙河铺夜市自2023年2月14日开业，营收600万元，带动文华广场及周边区域人气和商气提升。白墙公园于6月试营业，至年末的营收1200万元。联合金融、人社、税务等部门开展“商圈茶叙”活动4次，搭建政企服务桥梁，为企业提供服务，解决楼宇企业人才用工、融资服务等问题49个，帮助5家楼宇企业融资700万元。与区级部门、投资公司、金融机构联合开展锦东商圈专场推介会、成都市场发展及经济展望交流研讨会等活动7场，提升锦东商圈的知名度和影响力。环球汇广场2号地块和3号地块建筑封顶，德圆之家养老院工程完工。引进税源企业385家，全口径税收1120万元，区级税收436万元。引进重大项目和高能级项目5个。实际到位国内资金25.73亿元，外商直接投资595万美元。固定资产投资42.71亿元。工业投资1.5亿元，工业技改投资4211万元。地税收入2.89亿元。房地产税收占比由2022年的70%优化至2023年的54%。

（廖婷　张锦）

【城市管理】 2023年，沙河街道加强噪声治理，查处社会性噪声案件和经营性噪声案件8件。开展油烟专项整治12次，向餐饮商家、商贸企业发放“燃气泄漏报警器安装使用明白卡”500个，巡查餐饮商家260家，整改45家，查处露天烧烤16家，为餐饮商家安装油烟在线监测设备26台。马家沟路、静沙北路成为餐饮油烟污染专项治理示范点。新增环卫工人休息室3个、爱心驿站3个，改造公厕5个，增设新式果屑箱220个。改造垃圾标准化投放点位75个，单独设置有害垃圾桶68个，新设可回收资源投放点位32个，建成“清洁小屋”7个，改造生活垃圾地埋式投放点1个，安装电子标签垃圾容器127个。天誉花园、优山禧园、优山悦园、锦官阁、恒大望江华府5个小区入选成都市垃圾分类示范小区。开展水环境保护主题活动20次，发放宣传资料1000份。巡河959次，巡查河渠排水口76个，处置问题89个，整治非住宅类排水户病害治理点位26个。

践行市容秩序24小时全域巡查制度，开展宣传整治活动18次，发放宣传资料2.2万份，与800家商家和企事业单位签订“门前五包”责任书。清理横幅30条、“牛皮癣”小广告1.23万处，劝导违规占道等不文明行为680次，下达调查通知书和改正通知书各35份，立案案件63件。治理乱停乱放共享单车6.5万辆，立案查处案件11件。召开林长制专题会议12次，制发宣传资料3500份，开展主题宣传活动12次，利用“蓉林通林”手机端巡查1640次，整改问题258个。街道林长制考核获一等次评价。成都伽地社区音乐厅广场获“公园城市荟·最美金角银边”称号，沙河社区获“公园城市荟·最美产业社区”称号。马家沟幸福邻里街区入选2023年成都市第一批美丽街区，汇泉东路入选2023年成都市第二批美丽街巷。开展扬尘治理专项整治42次，立案查处扬尘案件15件。开展违法建设专项治理，立案调查违法建设点位49个。拆除违法建设68处，拆除面积1.5万平方米。开展交通安全宣传活动5次，发放宣传资料500份，制作交通安全提示牌10个，安装安全护栏300米，加装中央隔离护网260米、安全防护网40米。按照“一庭·五苑”设计理念，打造牛沙路109号院党群服务阵地。完成莲花六组、牛沙横街101号、牛沙巷60号249户的拆迁腾退工作，四圣祠片区C8-3地块和C8-4地块拆迁进入收尾阶段。

（尹红　梁洪栋）

【社会事业】 2023年，沙河街道分布小学5所。其中成都师范附属小学慧源校区学位1350个，成都市盐道街小学通桂校区学位1620个，成都市盐道街小学汇泉校区学位2160个，成都市马家沟小学学位1080个，成都市沙河堡小学学位1350个。建成成都市七中育才学校汇源校区，学位1800个。分布公立幼儿园7家。其中成都市第一幼儿园托位540个，成都市二级园；成都市第三幼儿园国际新城园区托位450个，省级示范园；成都市第三幼儿园双桥园区托位360个，省级示范园；成都市第三幼儿园汇泉园区托位450个，省级示范园；成都市第二幼儿园沙河园区托位360个，省级示范园；成都市第二幼儿园望江园区托位360个，省级示范园；成都市锦江区塔子山幼儿园托位180个，成都市二级园。爱心幼儿园是公益幼儿园，托位275个，成都市二级园。另有民办幼儿园4家。其中博雅幼稚园托位225个，成都市二级园；蒙田森·蒙特梭利幼儿园托位240个，成都市二级园；菲力幼儿园托位240个，成都市二级园；童悦绿舟幼儿园托位240个，成都市二级园。农科院幼儿园托位270个，成都市二级园。

区域内有东大社区卫生服务中心、四川省第四人民医院沙河院区等医疗卫生机构7家。东大社区卫生服务中心位于锦江区通汇街26号，面积3000平方米。设保健科、全科医疗科、内科、外科、妇产科、儿科、眼科、耳鼻咽喉科、口腔科、中医科、中西医结合科等专科，提供医学影像、X线诊断、CT诊断、超声诊断、心电诊断等专业服务。五福社区卫生服务中心位于锦江区通盈街519号，面积3600平方米，床位1464个。设内科、儿科、口腔科等专科，提供中医门诊、中医康复理疗、中医治未病、心理咨询、儿童保健、妇女保健、预防免疫接种等服务。四川省第四人民医院沙河院区成立于2016年10月16日，位于锦江区岷江路1666号，床位72个，国家三级甲等综合医院。四川省友谊医院成立于2014年12月，位于锦江区上沙河铺街96号，床位600个，国家三级甲等综合医院。四川锦欣妇女儿童医院静秀院区成立于2015年，位于锦江区静秀路66号，面积9万平方米，床位302个，国家三级甲等专科医院。成都市第十人民医院成立于1940年，位于锦江区净居寺路18号，床位460个，国家三级甲等综合医院。成都神康癫痫医院成立于2011年10月31日，位于锦江区汇泉南路116号，面积1800平方米，床位30个。

街道文化活动中心位于锦江区汇泉北路177号社区党群服务中心，聚集文化、体育、教育、医疗、政务、商业等资源，开设宝墩书房、家风博物馆。

宝墩书房以挖掘成都本土文化资源为目标，打造非遗美学空间、成都市微方志馆、社区微党校、“学习强国”学习平台线下小站、名师工作室、青少年校外教育服务点，承接“美育+”青少年服务计划、“阅见蓉城”方志书屋、“讲坊间故事·品方志文化”等政企合作项目，创办的“屋吉猫”爱国主义文化品牌成为锦江区2023年终身学习品牌，获教育部人文艺术奖项。同时与汇泉路社区合作“汇学院”项目，提供国学、美术、音乐、舞蹈、围棋、英语戏剧等公共文化课程服务。开展文化主题活动200次、公益展览活动30次，被媒体报道80次，线上搜索量突破10万次。

家风博物馆由国学馆、家训馆、家谱馆、体验馆、传承馆5部分组成，以姓氏文化实物展陈为基础，开展姓氏溯源、家风培育、文化传播、非遗传承等活动。举办“二十四节气”传统文化、“蜀中五老七贤”等沉浸式教育文化沙龙活动。与幼儿园、小学合作，针对教师和学生开展德育培训，协助学校打造素

图61 2023年12月15日，2023年度成都方志馆分馆暨成都微方志馆授牌仪式举行，市地方志办公室党组成员、副主任王志强（右）向宝墩书房主理人庄惠雅（左）赠送地情书籍 （沙河街道办事处提供）

质教育第二课堂。打造社区公共文化服务中心，集党群、政务、文艺、国学、双创、休闲等功能于一体，提供一站式服务。打造集社区居民共享空间、社区家风博物馆、社区音乐艺术学院、社区新经济人才孵化中心、社区生活美学馆于一体的美好生活场景。各社区针对不同年龄段的人群开设声乐合唱、舞蹈、瑜伽、泥塑、社区研学等社会教育课程，开展活动100次。打造阅读空间，陈列法治、科技城市环境、城市建设、农业技术、儿童读物等种类的图书3000册。打造红色电子驿站，开展红色书籍分享会、红色故事会等主题党日活动。

（王馨怡　邵佳佳）

【社会治理】 2023年，沙河街道明确“党建聚力、共驻共建”思路，绘制“全域党建施工图”，建成党群服务中心，成为全市街道领导班子和干部队伍建设联系点工作现场会点位，接待中组部调研。突出“一社一品”，打造老党员“银桂”共治、“战旗红”退役军人携手“役”治、青年团建助力“青春融治”、街区“商居协商善治”等7个特色“微网实格”党群服务阵地。入选2023全国城乡社区高质量发展典型案例、省级示范便民服务中心，获评市级以上荣誉61个。

围绕智慧蓉城“王”字形城市运行管理架构中“街运平台”建设方向，以“一屏观、一屏管、一屏调”为目标，利用事件枢纽平台流转事件2200件。打造智慧社区2.0“智慧乐活圈”场景，整合高龄生活服务、低幼教育服务、特需人群互助服务，培育“可信匠人”“爱心商家”“专业贤才”等服务群体，推动智慧社区建设。

探索构建“综治联管、警保联控、专群联防”社会联动防控网，优化“朱哥调解工作室”功能，化解纠纷矛盾270件，涉及金额1700万元。完善社区“群众工作之家”，畅通群众诉求渠道，信访案件办结率和回复率达100%。提升网络理政质效，梳理集中投诉案件102件，处置网络理政平台移交案件9066件。

采取定期与不定期相结合的方式，抽查重点领域安全生产情况。检查建筑工地110次、加油站20次。依托“微网实格”整治燃气隐患495处。开展房屋安全隐患整治，完成莲花六组1幢和6幢的D级危房人员搬离工作，涉及业主39户、房屋130间、住户180人。

（曹天强　罗清龙）

【最美产业社区创建】 2023年，沙河街道以沙河社区为试点，启动“公园城市荟·最美产业社区”创建工作。沙河社区遵从锦江区“以赛营城”理念，依托成都市射击射箭运动学校（成都大运会设计比赛场馆），提出“简约适度、绿色低碳”的创建思路，推进人居环境建设。社区成立创建工作领导小组、借助网格化管理平台，向商家和群众宣传节能降耗、低碳环保等知识。发动9个院落居民自治小组和6个志愿者团队，组建自治服务团，参与创建活动。重点改造马家沟路等4条道路，改造总长度1.2千米，面积0.5平方千米。拆除违法建筑10处、临时建筑16处、废旧棚体2个，新建主题小公园3个、综合健身运动场所1处、停车场2个，增设公交车站点2个，铺装道路1.2千米，新建白墙公园特色商业区。沙河社区入选“公园城市荟·最美产业社区”。

（田洪家　李胤）

【沙河铺食光夜市打造】 2023年，沙河街道以提升文化广场区域商机人气为目的，挖掘铺递文化元素，融合音乐、美食以及时尚潮流元素，联动企业打造集特色小吃、“围炉煮茶”、手作文创、音乐演出于一体的多样化夜间经济消费场景，实施沙河铺食光夜市建设。2月14日，沙河铺食光夜市开业。夜市总长度300米，沿线分布店铺80个。采取街道办事处统筹指导、企业运营管理、商家“门前五包”、广场配套支持的四级共治机制。街道办事处制定夜市管理办法，与商家签订安全管理责任书、食品安全承诺书。夜市创新收银结算方式，由运营公司统一收银、统一结算、统一报表，形成“场景+支付”闭环。同步引入银行服务平台，档口每笔收款实时到账，免手续费，可通过收入数据分析盈利点，改善销售品类。商家借助流水记录可获银行贷款，解决夜市经营者资金难题。截至年末，夜市营收600万元。夜市经济成为沙河街道经济发展新增长点。

（廖婷　李胤）

狮子山街道

【概况】 狮子山街道位于锦江区东南部，面积3.8平方千米。东至成昆铁路北侧，隔铁路与锦江区成龙路街道相望；南至静缘路、静平路（规划待建），与锦华路街道交界；西至沙河，与锦江区东湖街道隔河相望；北至驿都大道静康路、静明路，与成华区保和街道相连。

2023年，辖四川师大、万科城花、佳宏路、菱窠、花果、金像寺6个社区，分布小区院落36个。户籍人口17185户46359人，流动人口52693人。实有人口99052人。建成道路22条。开通地铁7号线，地铁13号线在建。驻扎省农科院、四川师范大学、四川邮电职业技术学院，有成都市李劼人故居纪念馆，建成四川师范大学科技园、农业高新技术产品市场。

提出“以文教为牵引，文创科创为特色、文旅消费为支撑”的发展思路，加快建设菱窠科教廊“一核两翼”。即依托四川师范大学、川师附中组成的“最美学区核心区”，以省农科院及农资市场片区为聚集的“农业科创发展翼”，以成都市李劼人故居、东门市井、劼人公园为聚集的“文旅发展翼”。

（雷鸣　宋正豪）

【经济发展】 2023年，狮子山街道以“抓经济、促建设、谋发展”为切入点，推动招商引资、项目促建、场景营造、企业服务等重点工作，营造优质营商环境。班子成员赴外招商7次，拜访企业150家，召开项目推进会25次，洽谈重点项目12个，签约重点项目4个，储备重点项目8个。有6个重点项目落地。引进税源企业167家，地方税收3亿元。地方税收、重大项目和高能级项目、实际到位内资、外商投资、限额以上社会消费品零售总额增速、新增规模以上服务业个数6项指标完成进度排名全区前三。

（周加江　宋正豪）

【城市管理】 2023年，狮子山街道秉持“服务为先、精准管理”理念，以城乡环境综合治理和环境保护为抓手，在环境卫生、市容环境、大气污染、水污染、违法建设、工地管理等重点领域持续发力，兼顾民生与管理，提升城市管理水平。在静安路与狮子山路交会处打造占地600平方米的微型消防主题游园。在全国文明城市创建和成都大运会期间，打造200平方米街头绿地和景观，建成菱窠口袋公园、菱窠路爱丁小游园、菱窠东路零碳广场，总面积3160平方米。获成都市第三届“最美回家路”优秀奖。

实施邮电学院教师宿舍二区第8幢外立面提升改造工程和明珠园老旧院落改造工程，包装策划小雅肆片区提升改造项目、锦绣中环绿色运动片区建设项目等城市更新项目，规划环川师文创产业带片区更新项目，持续推进农资市场片区城市更新工作。9月，明珠园一期和二期老旧院落改造项目启动。同步申报2024年市级老旧院改特色亮点示范项目。

（刘毅　梁萌）

【社会事业】 2023年，狮子山街道分布幼儿园8家，托位2487个。学府幼儿园是成都市一级园，麦芙幼儿园、新苗幼儿园、菱窠幼儿园、锦绣幼儿园是成都市二级园，成都市锦江区树基城花幼儿园是省级园。小学有成都师范附属小学万科分校、成都市菱窠路小学、四川师范大学附属小学、成都市锦江区师一学校，提供学位7237个。分布中学4所，分别是四川师范大学附属中学外国语学校、四川师范大学附属第一实验中学、四川师范大学附属中学高中部、四川师范大学附属实验学校，提供学位7730个。高等院校2所，分别是四川师范大学、四川邮电职业技术学院。医疗卫生机构有成都锦欣沙河堡医院、成都市锦江区狮子山社区卫生服务中心。其中成都锦欣沙河堡医院位于锦江区佳宏路29号，成都市锦江区狮子山社区卫生服务中心位于锦江区劼人路159号。

区域内老年人8100人，包括

80岁以上高龄老年人1820人、百岁老人4人。享受长寿金政策的老年人1635人，发放长寿金154.52万元。居家养老定点服务机构6家，为老服务覆盖率100%。

（李兵祥　殷广国）

【社会治理】 2023年，狮子山街道推动“平安锦江”建设，常态化开展综治维稳、网格化服务、人口管理、禁毒、扫黑除恶、电信诈骗整治、金融风险防范等重点。调解矛盾纠纷400件，处置滨江樾城楼盘延期交房导致的群体事件、农民工讨薪、比华利小区邻里纠纷等事件。

深入推进党建引领基层治理，开展课题调研、党建品牌塑造、平安建设等工作。确定“锦东商圈菱窠科教园规划”“菱窠文化街区提升打造”“东门市井特色文化街区打造”“万科城市花园小区‘7·26’事件”4个调研课题，调研成果在全区工作推进会上交流。

发挥基层党组织堡垒作用，推动“微网实格”治理。设立网格党组织46个，实现“微网实格”党组织全覆盖目标。成都来恩有害生物防治有限公司、中天顺韵建设管理有限公司分别成立党支部。成都明宇尊雅商业管理有限公司党支部、成都汇雅创新教育研究院党支部、中盛精诚工程项目管理有限公司党支部、四川佳宏物业管理有限公司党支部创建为二星级“两新”党组织，四川瑞孚冷链医药物流有限责任公司党支部创建为一星级“两新”党组织。

打造“菜市书屋”，建成菱窠·爱国奉献主题公园，东门市井街区入选全市十佳社区美空间，成都市李劼人故居纪念馆入选中国侨联华侨国际文化交流基地。优化基层治理体系。打造“时间银行”党建品牌，以“时间文化”治理体系的迭代升级为核心，以党建引领、居民协商、志愿服务、商居共建、创新创业发展五大平台为依托，以服务促治理，形成群众充分参与共建共治的社区治理格局。佳宏路社区入选成都市百佳示范社区。

（张涛　曾治华）

【菱窠·爱国奉献主题公园】 12月，位于狮子山街道的菱窠·爱国奉献主题公园建成投用。公园地处锦江区菱窠路与劼人路交会路口，占地面积3.86万平方米。公园以“家国情怀、无私奉献”精神为主线，展示李劼人等为成都解放和建设作出重大贡献的文化名人事迹，集思想宣传、党员教育、红色研学、文化展示于一体。

（张涛　陈亚梅）

【“狮享+”党建品牌打造】 2023年，狮子山街道采取校地合作模式打造“狮享+”党建品牌，校地共建“小狮妹”志愿服务项目入选成都市十佳志愿服务项目。发挥高校专业优势，实施四川师范大学马克思主义学院校外实践基地建设。联合四川师范大学马克思主义学院打造狮子山街道校地合作理论宣讲品牌，开展宣讲活动10次。联动四川师范大学心理学院、熊猫箱庭成长中心等专业机构开展心理健康教育项目，建设社区心灵驿站。联合四川邮电职业技术学院开展职业技能培训。按照党建联建思路，统筹高校和企事业单位资源，打造区域化党建品牌。举办成都市职工志愿服务项目暨“狮享+”志愿服务品牌发布仪式，组织40名双语志愿者服务大运城市文化体验点位。基层党建创新项目“党建领航共建力量‘狮享汇’聚发展动能”立项，构建“狮享汇”理论宣讲、心理健康、职业培训教育品牌矩阵，丰富“狮享+”品牌内涵。

（张涛　陈亚梅）

【“菜市书屋”建设】 2023年，狮子山街道征求静远路便民菜市78名摊主意见，将“菜市摊主子女缺少学习场地”等问题纳入民生项目清单，利用市场闲置空间打造30平方米菜市书屋。四川师范大学等单位捐赠书籍500册。拓展菜市书屋功能，组织“小狮妹”志愿服务队、四川师范大学学生志愿服务队为20名菜市摊主和周边居民子女定期开展阅读分享、课余托管等活动。增加饮水、充电、应急医药箱等便民服务项目，定期开展垃圾分类、“生活小妙招分享”等活动，打造服务群众“微阵地”，增强群众幸福感、获得感、安全感。

（张涛　陈亚梅）

锦华路街道

【概况】 锦华路街道位于锦江区

图62 狮子山街道“菜市书屋”打造项目　（摄于2023年　狮子山街道办事处提供）

中西部，面积4.8平方千米。东至静平路、经天东路，与狮子山街道、成龙路街道毗邻；南至南三环路二段，与柳江街道交界；西靠锦江凯天段，与高新区桂溪街道隔河相望；北临沙河，与东湖街道相连。区域内有距今1000年的琉璃厂窑址，出土的宋代黄褐釉彩绘双鱼纹盆藏于故宫博物院。

2023年，辖晨辉、金象花园、皇经、经天、琉璃、柳江、凯天7个社区。分布小区院落61个、物业服务院落56个。户籍人口18493户44419人，流动人口56047人。实有人口100466人。建成道路33条。城市环线主干道之一的中环路锦绣大道段过境。开通地铁6号线、7号线，分布31路、65路、68路、91路、238路等公交线路。成都市社会科学院位于区域内。分布中学3家、小学2所、幼儿园11所、特殊教育学校1所、医疗卫生机构4家。

持续推动党建引领基层治理，运用“微网实格”开展宣讲活动180次。持续推进老旧小区改造，打造以琉璃场为中心的都市“烟火气”生活圈。府河小区网格工作得到市委领导肯定，获“百佳示范小区”称号。实施人居环境建设，与噪声、油烟相关的投诉量下降，生活垃圾、医疗废弃物的无害化处理率100%，获“四川省公共机构生活垃圾分类示范单位”“成都市公园城市荟最美城镇社区”称号。组建战旗红党员突击队，建立“锦巡”机制，解决长达十年的柳江四期超期过渡安置等历史遗留问题。推进法治街道建设，开展法治宣传12次，选聘“法律明白人”70人。获“成都市信访基层工作先进单位”称号。

策划社区养老服务综合体居家养老重点项目，建设信息化、智能化呼叫服务及支援中心，推动“锦易养”助餐服务体系建设，为老年人提供服务14.76万次。

（王玲玲　李竞）

【经济发展】 2023年，锦华路街道经济产业以第三产业为主，主导产业是商贸业和现代服务业，践行“进万企、解难题、优环境、促发展”常态化服务企业工作机制，加大“1+3+3”产业政策宣传力度，建立企业信息数据库，开展企业全生命周期服务保障工作。按照锦江区建设锦东商圈的部署，围绕“一环三片”空间功能布局，打造琉璃文博坊，畅通“锦华活力环”。打造以嘉祥学校为核心的“最美学区”片区、以琉璃场片区为核心的琉璃水巷子片区、以居民生活提质为基础的“烟火皇经”片区。引进雅江能源生态环保有限公司、四川星纪魅族科技有限公司、四川金百果科技有限公司，引进国内资金15.3亿元、外资91万美元。固定资产投资10.56亿元，工业投资0.87亿元，工业技改投资0.42亿元。社会消费品零售总额4.34亿元。

（王玲玲　李竞）

【城市管理】 2023年，锦华路街道建成小游园和微绿地20个，绿化面积10.22万平方米。深化“两拆一增”工作，打造“金角银边”。完成8个目标点位改造任务，拆除围墙1030米、违法建筑15562平方米，增绿面积2040平方米，开敞面积1980平方米。纠正商家越门经营2100次，整治商家占用绿化带等违法行为400次。开展“门前五包”专项整治24次，整改户外广告和招牌24个。清理共享单车1.52万辆。投入经费4万元，改造垃圾投放点40个，开展垃圾分类宣传84次。动态管理临街餐饮商家390家，开展餐饮油烟、露天烧烤等专项整治12次，查处23件餐饮油烟扰民案件。

（王玲玲　李竞）

【社会事业】 2023年，锦华路街道分布成都市锦江区金苹果爱弥儿幼儿园、成都市锦江区英贝雅智幼儿园、成都市锦江区嘉祥英卓恩幼儿园、成都市锦江区贝多彩幼儿园、成都市锦江区东方阳光幼儿园、成都市锦江区柏林阳光幼儿园等11所幼儿园，新入园幼儿567人，在园幼儿2116人。锦江区嘉祥外国语学校、成都市盐道街小学得胜分校入学新生800人，在校学生4285人。四川师范大学附属中学锦华分校、成都市锦江区嘉祥外国语学校初中入学新生1090人，在校初中生2750人。成都市锦江区嘉祥外国语高级中学入学新生607人，在校高中生1649人。锦江区特殊教育学校琉璃校区入学新生14人，在校学生73人。

锦华路街道分布2家社区卫生服务中心，提供居民健康档案管理、健康教育、预防接种、儿童健康管理、孕产妇健康管理、老年健康管理、慢性病患者健康管理、严重精神障碍者管理、肺结核患者健康管理、中医药健康管理、卫生计生监督协管、传染病和突发公共卫生事件报告和处理等服务。锦华路社区卫生服务中心位于锦江区柳翠路199号，面积3200平方米。双向转诊病人73人。家庭医生签约服务对象22101人，提供服务18220次。成龙路社区卫生服务中心经天院区位于锦江区经天路33号，面积2500平方米。双向转诊病人240人。家庭医生签约服务对象51536人，提供服务77274次。成都东区医院位于锦江区经天路2号，始建于2007年5月，建筑面积6000平方米，设急诊科、内科、外科、妇科、眼耳鼻咽喉科、口腔科、康复医学科、中医科等专科，国家二级乙等综合医院。成都锦江益民医院位于锦江区经天路33号，始建于2013年，占地面积3800平方米，综合性社区医院，集预防、保健、医疗、康复、健康教育、计划生育、老年养护于一体。

区域内建成群众文化阵地6个，流转图书800册，组建群众文化团队33个，开展“成都文化四季风”等群众文化活动98次。建成1个全民健身路径点位，安装健身器材1套，开展“爱成都·迎大运”等群众体育活动30次。

（王玲玲　李竞）

【社会治理】 2023年，锦华路街道深入推进党建引领基层治理，发展“两新”组织党组织，建成基层党组织50个，党员1533人。构建党建引领社区“微网实格”治理体系，开展网格划分、制度建设、网格员培训等工作，划分微网格，发展微网格员。开展“进社区、进学校、进单位、进家庭、进场所、进商家、进网络”活动60次，制作展板50个，发放宣传资料6万份，宣传反电信网络诈骗、铁路护路、平安建设等内容。成立老年禁毒工作队，安排社区志愿者、院落信息员小区院落禁毒宣传员，每月开展5次以上禁毒宣传活动。重点针对合租房、茶铺、商铺开展突击检查，配合公安机关开展清查行动14次。加强群防群治力量，构建预警信息收集渠道。

（王玲玲　李竞）

【“红色邻聚力”党建品牌打造】 2023年，锦华路街道坚持党建引领小区发展治理，按照“党建引领、多元共治、同心共筑、和美小区”工作思路，培育“红色邻聚力”党建创新项目品牌，开创自治工作法。即以府河小区党支部为核心，组建府河先锋志愿服务队、府河之星小区能人库2个团队，优化街道、社区、院落小区三级议事制度，推行志愿服务模式，开创“邻事共治、邻动共建、邻里共享”的自治局面。深度挖掘居民“乡愁记忆”，形成“与邻为善、以邻为伴”为主题的邻里文化小区游线。厚植本地文化底蕴根脉，打造府河小区文化标识，呈现具有本地文化特色的党建示范小区。府河小区作为全市基层治理现场观摩点位，接待成都市各区县政法委书记，得到市委常委、政法委书记陈麟肯定。

（王玲玲　李竞）

【“爱乐园”全龄友好空间建设】 2023年，锦华路街道建立“党建引领、政府引导、社会参与、市场运营”运行机制，采取场地换服务、空间兑服务、平台引组织、

图63 锦华路街道府河小区党群服务中心　（锦华路街道办事处提供）

项目推活动的方式，引进“爱有戏”社区文化服务品牌，打造“爱乐园”全龄友好空间，形成“一园、二馆、二站、五中心”格局。即创享生活馆、全龄生活馆，社会工作服务站、新时代文明实践站、社区发展支持治理中心、社区全龄美育中心、科学中心、非遗中心、社区美中心九大功能分区。采取“公益+低偿”方式，盘活公共空间资源，满足周边居民需求，提供全年龄段服务，提升居民获得感。项目获成都市“迎大运·遇见最美成都”2023年“最美社区花园”二等奖、成都市社区保障资金优秀项目优秀奖。

（王玲玲　李竞）

柳江街道

【概况】 柳江街道位于锦江区西南部，面积11.98平方千米。东至锦逸路，与成龙路、三圣2个街道接壤；南至成都绕城高速公路，与高新区中和街道相邻；西临锦江河岸，与高新区桂溪街道隔河相望；北至三环路，与锦华路街道毗邻。地处白鹭湾新经济总部功能区，是锦江区南向门户，环城生态带与锦江生态带环抱。

2023年，辖锦馨、锦逸2个城市社区和包江桥、祝国寺、锦阳、桤子树4个涉农社区。分布小区院落26个。户籍人口5968户24253人，流动人口38371人。实有人口62624人。建成道路59条。三环路和锦江大道横贯，锦华路与成自泸高速竖穿，有琉璃立交桥等3处交通枢纽。开通地铁6号线、9号线，地铁30号线在建。分布31路、40路、65路、133路、258路等公交线路。驻扎中央电视台四川总台、成都龙泉山城市森林公园管委会、区纪委、区监委、区政务服务中心等20家机关和事业单位。成都警备区、四川省森林消防总队位于区域内。分布幼儿园8所、小学3所、中学1所，有5家医疗卫生机构。分布商务楼宇24幢，有7幢税收达1亿元楼宇。区域内的中国五冶集团公司资产规模超过1000亿元，永辉超市结算规模达到100亿元，成都生物制品研究所收益达到10亿元。驻扎四川能投集团公司、蜀道集团公司、新华文轩公司、新希望集团公司等重点企业，规模以上企业189家，纳税企业3400家。

规划金融城东、林家坝2个TOD项目和锦江软件园十里绿廊项目。启动第二批交子金融未来公园社区和柳江未来公园社区建设，打造白鹭湾未来公园社区。以锦江科创大道产业带为轴线布局，在锦江工业园基础上规划建设锦江数媒港，建设交子公园金融商务区、58数字生活城、中生科创谷、锦江汽贸城、白鹭湾科技生态园。实施新华之星楼宇党建示范点位建设，入选成都市专业（特色）楼宇。

（李文娟　熊浚邑）

【经济发展】 2023年，柳江街道持续加强重大项目和高能级项目招引力度，开展招商活动11次，引进税源型企业109家，引进“比亚迪方程豹”等新能源品牌7个。到位国内资金24亿元，外商直接投资110万美元。组建3个楼宇服务小组，引进楼宇企业59家。组织10家企业申报高新技术企业，有1家企业获省级“专精特新”企业认定。重开三色路夜市，成为成都“网红”夜市顶流。9月，三色路夜市入选四川省最受网民喜爱的“网红”打卡地。区域固定资产投资98.8亿元。工业投资3.84亿元，工业技改投资1.36亿元，规模以上工业增加值增长率-3.4%。限额以上社会消费品零售总额366.58亿元，增速-1.2%。营利性服务业增速2.3%。外贸进出口总额9.5亿元。地税收入10.75亿元，增速6%。

（李文娟　熊浚邑）

图64 2023年2月1日，三色路夜市开业　　（柳江街道办事处提供）

【城市管理】 2023年，柳江街道实施城乡环境综合治理专项攻坚行动，开展集中整治行动70次，劝导占道游商1100次，规范坐商经营行为900次。加强共享单车管理，约谈共享单车负责人11次。加大运渣车辆监管力度，纠正不规范运渣车辆160辆。加强高音喇叭噪声、工地作业噪声、食客噪声监管和整治，保障中考和高考。履行河长制，查处违规向河道排放污水案件11件。开展扬尘治理专项整治行动60次，立案查处工地违规行为25次。取缔露天烧烤摊点70个，查处油烟污染类案件15件。

（李文娟　熊浚邑）

【社会事业】 2023年，柳江街道有锦江区教科院附属幼儿园、成都市第二幼儿园锦馨园区、成都市第一幼儿园逸景园区、成都市锦江区逸景幼儿园、成都市锦江区学文锦城幼儿园、成都市锦江区新华实验幼儿园、成都市锦江区生态幼儿园、成都市锦江区小天使幼儿园，在园幼儿2427人。有成都市盐道街小学锦馨分校、锦江区祝国寺小学、成都市天涯石小学逸景分校，在校学生3465人。成都市锦江区教育科学研究院附属中学在校学生1200人。

全年开展群众文化活动92次，参加群众达9200人。各社区开设舞蹈、书法、绘画、声乐、太极、空竹等特色课程，培训群众1000人。举办“运动成都·健康锦江”全民健身等群众体育活动20次。锦馨、包江桥、锦阳、锦逸4个社区分别建成运动角。

（李文娟　熊浚邑）

【社会治理】 2023年，柳江街道楂子树社区打造“和善家”治理品牌，孵化“和善嬢嬢”社会组织。探索建立“院落自理、志愿服务、难题共解”自治模式，入选四川省优秀案例、成都市志愿品牌项目。包江桥社区建立“园区产业+街区生活”模式，锦逸社区建立“社区+汽车产业”融合发展共治模式。锦馨社区获“成都市百强社区”称号。

深化平安建设，排查经营性场所、老旧院落、消防重点区域2670次，整治隐患752个。开展燃气排查整治工作1456次，整治隐患问题521个。检查在建工地安全357次，整治隐患48个。排查1161户自建房，整治安全隐患36个。开展矛盾纠纷排查11次，走访192家企事业单位和54个在建工地，调解矛盾纠纷149件。

楂子树持续打造“和善家”社区治理品牌，孵化“和善嬢嬢”志愿服务队。“和善嬢嬢”志愿服务队秉承“和于家善于行 帮扶是爱温暖是情”的宗旨，围绕社区“院落问题多、邻里纠纷多，社群互动互信少、邻里之间互爱少”等现象，采取居民服务居民、居民治理院落、居民解决难题的方式，深入邻里互助关怀、弱势群体服务、老旧院落改造、消防安全治理，发挥群众力量，构建“熟人社区”治理模式。“和善嬢嬢”入选成都市志愿服务品牌，获“成都市十佳社区社会组织”称号，获成都市社区保障资金优秀项目二等奖。“和善嬢嬢开启熟人治理”案例入选四川省社会组织优秀案例。

（李文娟　熊浚邑）

【祝国寺环城生态区建设】 2023年，柳江街道按照区委、区政府年度拆迁交地部署，依据区天府绿道办公室《环城生态公园2023年建设工作要点》，编制环城生态公园（祝东片区）拆迁工作方案、环城生态区攻坚作战表，绘制祝国寺东片区待拆企业及购地建房户示意图，挂图作战，推动环城生态公园祝东片区土地整理工作。同时落实区委办公室、区政府办公室《关于全面推行耕地保护田长制的实施意见》精神，推动田长制落地见效。设2名田长和3名副田长，社区设3名田长，构建覆盖全面、责任到人、监管到位的耕地保护监管网络。踏勘基本农田保护区，设立标牌，形成“横到边、纵到底，网格化、全覆盖”的田长制网格化管理机制。

街道范围的耕地及基本农田图斑205个178.6万平方米。其中永久基本农田32.06万平方米，一般耕地64.01万平方米，已征地82.51万平方米。已恢复耕地800亩（祝西片区恢复耕地34.66万平方米，白鹭湾片区恢复耕地6.86万平方米，成自泸高速公路出口以东区域恢复耕地11.33万平方米）。其他符合种植条件的耕地及基本农田流转至农锦公司，或移交市绿道公司。

（李文娟　熊浚邑）

成龙路街道

【概况】 成龙路街道位于锦江区东南部，面积8.24平方千米。东至驿都大道静明路，与龙泉驿区大面街道毗邻；南至银木街、锦江大道，与三圣街道喜树路社区、栀子街社区、幸福社区交界；西至经天东路以及棬子树社区、皇经楼社区、江家堰社区的勘界线，与柳江街道相连；北至成绵乐高速铁路北侧，与狮子山街道隔铁路相望。

2023年，辖水杉、华新、枫树、卓锦城、国槐、香樟、皇经楼、蓝谷地、粮丰9个社区，分布小区院落71个。户籍人口45718户112082人，流动人口114434人。实有人口226516人。建成道路61条，成龙大道由西北向东南过境。开通地铁2号线，地铁13号线和30号线在建。分布中学5所、小学7所、幼儿园18所，有医疗卫生机构3家。建成仁德、兴城2个足球公园。

根据产业“建圈强链”需要，搭建政企联动平台，持续推动468数字文创谷、华西医院锦江院区、成都卷烟厂二期、中建映锦江等重大项目建设。创新建立城市管理柔性监管机制，探索城市管理新路径。深入推进党建引领社区发展治理，一体推进社会工作服务体系建设、社区治理创特色工程区建设、党建引领“微网实格”治理、幸福美好公园社区建设、社区空间场景建设。深化民族团结进步创建工作，香樟社区获“民族团结进步示范社区”称号。

（王雪　张睿）

【经济发展】 2023年，成龙路街道经济产业以第三产业为主，纳税企业3102家。主导产业是房地产建筑安装业、商务服务业、现代商贸业，分别占纳税企业的20.4%、29.1%、22.2%。市场载体有锦峰181大厦、云图大厦、创意山大厦、华新公交大厦、海棠佳苑12幢和13幢。

2023年，依据区委、区政府“一核两轴三带三区”空间功能布局以及打造锦江软件园（一道九园）的部署，聚焦高质量建设468数字文创谷（数娱IT），编制《468数字文创谷实施方案》和重点项目清单，打造成都重庆交往新门户、主城东部副中心。举办产业人才联盟启动仪式暨人才服务“零里中心”授牌仪式，搭建政企联动平台，为企业提供服务。全年引进北京恒信东方西南总部项目等重大项目3个，引进国内资金18.51亿元、外资130万美元。固定资产投资14.2亿元，较2022年下降43%。税收1.25亿元，较2022年下降38%。

（卢志强　彭睿）

【城市管理】 2023年，成龙路街道聚焦重点区域占道经营等问题，坚持“疏堵结合”的思路，依托“双街长制”、微网实格等工作机制，排查流动摊贩占道高频点位，打造槐里夜市、熙街夜市、香香夜市，以市集公约的方式督促入场流动摊贩主动维护周边环境卫生和市容秩序，改善流动摊贩占道的市容顽疾。

编制《2023年建筑工地全覆盖安全检查方案》，联动区消防大队等部门开展工地食品安全检查和消防安全检查。实施工地安全交叉检查行动，由街道牵头组织32个在建工地的施工企业，分4组互相检查评分，强化安全竞争意识，提升工地安全管理水平。开展城管执法领域涉燃气安全违法行为整治行动，针对涉嫌占压、包封燃气设施隐患点位，逐一核查处理。

加强大运会场馆重要节点和保障路线周边城市管理工作，开展广告招牌整治、游商占道治理、共享单车规范停放、环卫大扫除等专项行动，处置违规户外招牌19个，清除违法广告80处，整治游商占道经营行为110次。在大运会期间，为展道路冲洗除尘5次，清理卫生死角230处，增设街面垃圾桶70个，修补破损道路20处。

（文尤煌　卢夜霞）

【社会事业】 2023年，成龙路街道分布18家幼儿园。其中成都市第一幼儿园卓锦园区、成都市锦江区风华幼儿园、成都市锦江区芙蓉幼儿园、成都市第一幼儿园海棠园区、成都市锦江区华兴幼儿园、成都市锦江区芙蓉幼儿园喜树园区是公办幼儿园，成都市锦江区大观里幼儿园、成都市锦江区圣心幼儿园、成都市锦江区新蒙特梭利幼儿园、成都市锦江区树基菱窠幼儿园、成都市锦江区树星幼儿园、成都市锦江区华德福幼儿园、成都市锦江区麻柳湾幼儿园、成都市锦江区伊顿国香幼儿园、成都市锦江区伊顿幼儿园、成都市锦江区金苹果蓝谷地幼稚园、成都市锦江区蒙田森蒙特梭利骄子幼儿园有限公司、成都市锦江区小太阳幼儿园是民办幼儿园。分布锦江区外国语小学低段部、锦江区外国语小学高段部、锦江实验学校、成都市盐道街小学卓锦分校、成都市大观小学、成都市锦江区东蜀华育小学、成都市东华小学，提供学位11700个。成都市东华小学未到评估年限，其他6所公办小学是成都市新优质学校。分布中学5所，分别是成都市第三中学、成都树德中学外国语校区、华大医药卫生学校、四川城市职业技术学院、成都市华兴中学。

区域内分布医疗卫生服务机构3家。成都锦江大观医院位于锦江区合欢树街489号，面积1万平方米，国家二级甲等肿瘤专科医院。成都市公共卫生临床医疗中心位于锦江区静明路377号，占地7万平方米，国家三级甲等专科医院，床位1598个。成龙路街道卫生服务中心位于锦江区枫树街618号，面积4000平方米，为15万人提供基本医疗及基本公共卫生服务。

依托国槐槐梦创客孵化空间培训基地开展技能培训18次，培训420人。开展“就业援助月”招聘会、“春风送暖送岗位”等招聘活动6次，服务24548人。登记165名离校未就业高校毕业生，提供政策咨询、就业指导等服务，就业率95%。走访就业困难人员83人，帮助57名就业困难人员就业，就业率90%。有8人享受大学生创业补贴政策。

建成枫树社区养老综合体，分布兴城康养美邸舒养之家海桐苑、兴城康养美邸舒养之家枫树苑等养老服务机构。建成养老助餐点4，分别是R29社区智惠食堂、香香餐厅、槐里乐厨、枫香小厨。分布日间照料中心5个。分别是美邸舒养之家海桐苑、卓锦城社区日间照料中心、皇经楼社区日间照料中心、枫树社区日间照料中心、华新社区日间照料中心。向6523名老年人发放高龄津贴1580.27万元。

（黄黎　刘嘉蕾）

【社会治理】 2023年，成龙路街道根据区委、区政府推动践行新发展理念的公园城市示范区建设部署，提出“党建引领、品牌赋能、生态增值”的理念，探索社区商业转型路径。明确“党建引领搭台、居民需求牵引、企业资源联营”的工作思路，打造“开放式、集约化、共享型、枢纽型”社区生活空间，塑造“life+”社区商业品牌生态，推动“党建圈、阵地圈、治理圈、生活圈、商业圈”融合，畅通服务群众“最后一公里”。9月，“五圈”融合案例入选商务部2023年度全国“城市一刻钟便民生活圈”典型案例和全国社会治理创新案例。11月9日，入选成都市品质化现代社区示范场景优秀案例。中央电视台新闻频道《新闻周刊》等媒体报道“五圈”融合案例50次。

深入探索“党建带群建”大群团体系建设，践行“微网实格”服务机制，在绿地468锦峰大厦打造“妇女之家”，在绿地五期项目打造幼儿托育空间，在R29社区空间打造life“童乐fun”、方庭主题社区亲子阅读空间，建成“槐里·成长儿童之家”、卓锦城共享知识站、“山上·文明里”杨红缨书屋等妇女儿童活动阵地。12月11日，香樟社区、蓝谷地社区、卓锦城社区创建“成都市儿童友好社区”工作通过市政府妇女儿童工作委员会验收。儿童友好社区覆盖率50%。

为网络直播行业植入党建引领模式，引导行业健康发展。成都星娱时代文化传播有限公司成立党支部，形成“党的方向在哪里，内容就在哪里，机遇就在哪里”的共识。8月，区委组织部、成龙路街道党工委申报的“党旗飘扬‘网更红’促进网络直播行业规范健康发展”案例入选2023年度全国企业党建案例。

皇经楼社区打造全龄运动健康生活社区。1月5日，被市体育局、市委城乡社区发展治理委员会评为2022年运动健康社区。

（刘曙光　李旭）

【民族团结示范社区创建】 2023年，成龙路街道以香樟社区为试点，明确“筑牢阵地提供优质服务，培育队伍汇聚团结力量，构筑家园深化民族共同体意识”的工作思路，采取“公益性+市场化”模式，持续推动民族团结示范社区创建工作。打造红色星空党群服务中心，创办石榴籽蓉漂夜校，开设“蓉城一家亲”民族工作服务站，为20名少数民族员工提供创业就业指导，吸引800名少数民族青年就业创业。依托“锦蓉佳苑”“民族团结示范院落”打造“民族汇”活动空间，平均每日服务500人。招募少数民族志愿者200人，组建“格桑花”志愿服务队、“锦上添花”舞蹈队、“民族之声”合唱队，打造“书香·慧”少数民族图书室，开展政策宣传、法律援助、文体活动200次。研发20套少数民族主题党课社区教材，开展“踏先辈足迹 传红色精神”“浓浓粽香端午情·民族团结一家亲”等活动100次，引领理想信念，促进文化融合。被省民族宗教事务委员会、省委宣传部、省委统战部评为四川省民族团结进步示范社区，被市委、市政府评为成都市民族团结进步示范社区。

（饶翠萍　张睿）

图65 2023年5月28日，香樟社区举办民族大团结“六一”亲子趣味运动会

（成龙路街道办事处提供）

【全国完整社区创建】 7月20日，住建部等7个部门联合印发《关于印发完整社区建设试点名单的通知》，在106个社区开展完整社区建设试点工作，将成龙路街道枫树社区纳入试点范围。成龙路街道践行省、市、区、街道、社区五级部门联动机制，启动创建工作。以线上微信平台、线下居民坝坝会相结合的方式，收集有效问卷6000份，了解群众意见。提出“精准聚焦试点内容、全龄

配套服务功能、全民共创安全环境、推进智慧便捷服务、不断凝聚文化共识”的工作要求，发挥基层党组织堡垒作用，以党建引领贯穿创建工作。住建部向全国推广成龙路街道枫树社区创建经验。

（刘曙光　李旭）

三圣街道

【概况】 三圣街道位于锦江区东南部，涉农街道，面积16.77平方千米。东至驿都大道，与龙泉驿区大面街道接壤；南至大安桥社区边界，与天府新区新兴街道毗邻；西至锦阳大道，与柳江街道和高新区中和街道接壤；北至锦江大道，与成龙路街道交界。环城生态区面积13.8平方千米，占区域总面积的82%，占全市环城生态区面积的7.4%。耕地面积346万平方米，占全区耕地面积的58.7%。街道在2005年获中国人居环境范例奖，在2012年获中国人居环境范例奖，在2014年入选国家生态文明示范乡镇，在2019年被评为成都建设全面体现新发展理念城市改革创新奖先进集体。街道党工委在2021年被评为成都市先进基层党组织。

2023年，辖喜树路、栀子街、海棠路、白桦林路4个城市社区和红砂、幸福、万福、驸马、江家堰、大安桥6个涉农社区。户籍人口19466户61378人，流动人口65384人。实有人口126762人。建成道路超过90条。横向有锦江大道、成都绕城高速公路，纵向有成龙大道、成资渝高速公路。开通23路、31路、56路、332路、343路等公交线路，地铁13号线在建。分布成都七中育才学校银杏校区、成都市盐道街小学528校区等6所小学和成都市第三幼儿园528园区等11家幼儿园。有华西附属第二医院院锦江院区、华西口腔门诊、华西健康管理中心等医疗机构。建成华熙LIVE·528等商业综合体。有评为国家AAAA级旅游景区的三圣花乡，建成白鹭湾湿地公园。

开展第二批主题教育，集中研讨300次，到社区、小区、企业调研40次，收集建议48条，整改问题46个。提升11个党群服务阵地，对标检视和整改基层党组织问题11个。持续推动“德胜大健康”、智慧医养产业园、“三圣花城”等重大产业化项目建设，加快产业“建圈强链”。

（钟武　钟勇）

【经济发展】 2023年，三圣街道践行领导班子对口帮扶重点企业制度，协助企业解决生产经营过程中的问题200个。实施中小微企业帮扶提升计划、企业培育计划，培育四川厚里餐饮娱乐管理有限公司、成都华熙国际电影城有限公司等8家规模以上和限额以上企业，华熙LIVE·528商业项目入选中国特色商业街。推动智慧医养产业园、都市文旅产业带建设，促进经济提质增量。以科技创新为引领，深入推进产业“建圈强链”，提升在全市产业圈链中的显示度。加快建设“三圣花市”“三圣花城”“三圣花海”，打造休闲消费名片。引进“美中国际”“芸释上医”等项目，推进“国锐云岭”“德胜大健康”等重点项目建设，跟踪服务腾讯科技公司、东方演艺集团公司的投资项目。区域固定资产投资20.5亿元，工业投资0.38亿元。技术合同成交额5.05亿元。营利性服务业增速60.54%，社消零总额增长率21.01%。文创产业产值2.3亿元，排名全区第一。地方税收2.26亿元，同比增幅127.6%。

（钟武　钟勇）

【城市管理】 2023年，三圣街道持续整治学校和医院周边区域，清理游商占道、越门经营等违法行为2万次，取缔流动摊贩4000次，清理违规摆放共享单车、共享电瓶车1.4万辆。制发放食品安全信息公示牌400个，食品安全主体督导完成率100%。整治违法建设14处，拆除历史存量违法建筑67处4.36万平方米。开展餐饮油烟专项治理22次，查处扬尘行为42次。处置城市管理类投诉案件和热点问题举报案件9.04万件。

环卫人员作业84314次，洒水降尘车作业33900次，冲洗面积3.89万平方米，保洁面积4.64万平方米，清扫保洁率100%，洒水降尘率94%。清运餐厨垃圾214.24万千克，打捞河道垃圾4.22万千克。清理非法张贴小广告3.9万处，清理卫生死角2000处，新增绿化面积7000平方米。

（钟武　钟勇）

【社会事业】 2023年，三圣街道分布学前教育机构11家，提供托位3495个。童蒙幼儿园锦江大道园区、成都市第三幼儿园528园区是成都市一级园，红砂幼儿园、树基白鹭溪幼儿园、美林湾新天地幼儿园、星星幼儿园、洪恩启迪幼儿园、椰树幼儿园、驸马幼儿园、童蒙幼儿园杨树园区是成都市二级园。分布小学6所，成都市盐道街小学528校区等5所学校是成都市新优质学校。成都市盐道街小学528校区提供学位3422个，成都师范附属小学白鹭溪分校提供学位720个，成都市三圣小学提供学位1500个，成都市银杏小学提供学位1350个，成都市驸马小学提供学位700个。新建芙蓉小学，学位2160个。有1所中学—成都七中育才学校银杏校区，成都市新优质学校，提供学位1600个。

分布医疗卫生机构3家：三圣社区卫生服务中心、四川大学华西附二医院锦江院区、四川大学华西口腔医院锦江门诊部。三圣社区卫生服务中心位于锦江区锦江大道877号喜树路社区“天府之家”综合体C幢，设全科医疗科、内外妇儿科、中医科、眼科、口腔科、皮肤科、特病门诊、犬伤门诊等专科，提供计划免疫、儿童保健、医学检验、体检等服务，床位30个。四川大学华西附二医院锦江院区位于锦江区成龙大道一段1416号，设妇科、产科、小儿呼吸免疫科、生殖医学科等26个专科，床位600个，国家三级甲等专科医院。四川大学华西口腔医院锦江门诊部位于锦江区白桦林路935号，设牙体牙髓科、牙周科、口腔外科门诊、修复科、种植科、正畸科、儿童口腔科，提供“智慧门诊”和家庭口腔医生服务。

建成综合文化服务中心和2个分中心。综合文化服务中心位于锦江区锦江大道877号B幢6楼，2个分中心分别位于锦江区红砂联合二组377号、锦水街111号，与红砂社区、大安桥社区共用文化服务室。其他8个社区开设综合文化服务室。开展文艺演出活动34次、公益培训37次、全民阅读活动57次、全民健身活动65次、其他文化惠民活动68次。组建喜树路社区喜娃艺术团、万福社区羽毛球运动协会等6个群众文体组织，获成都市第三届“成渝地区”社会体育指导员技能展示大赛二等奖。选送的群众作品获“成都文化四季风·音乐消夏”少儿才艺大赛市级决赛声乐类小学一组一等奖、舞蹈类小学二组一等奖等4个奖项。持续推动养老事业发展，举办我们的节日——“重阳同庆，情暖夕阳”重阳节集体庆生等主题活动。

（钟武　钟勇）

【社会治理】 2023年，三圣街道深入实施党建引领小区治理三年攻坚行动，推进全省超大小区基层社会治理试点工作。建立党建引领“微网实格”治理机制，解决群众急难愁盼问题300个。表彰“最美微网格员”。以政府购买服务方式聘用10名社区法律顾问。依托矛盾纠纷调解中心，整合司法所、社区治理办公室、派出所、三圣法庭、检察室的资源，引入执业律师、人大代表、政协委员，建立调解大联盟机制，建成11家人民调解机构，排查矛盾纠纷72次，调处矛盾纠纷101件，调处成功率100%。三圣街道人民调解委员会入选成都市第三批四星级人民调解委员会。“红色剧本”情景演艺项目入选全市文明实践优秀精品项目。喜树路全龄友好社区案例入选全国社区治理十佳案例、北京大学第三届中国城市治理创新优秀案例。

（钟武　钟勇）

【三圣花乡提档升级】 2023年，三圣花乡地处成都市环城生态带，国家AAAA级旅游景区。核心景区占地5.78平方千米，有花乡农居、幸福梅林、江家艺苑等5个特色点位。按照形态、业态、生态、文态“四态合一”的思路，持续推动三圣花乡景区转型升级。以观光休闲农业和乡村旅游为主题，打造集休闲度假、观光旅游、餐饮娱乐、商务会议于一体的近郊旅游目的地。

花乡农居面积1.78平方千米，定位“都市田园乡愁”，全国首批乡村旅游示范村。优化区域产业布局，组建景区商业运管公司，打造全龄、全季、全时段旅游首选地。采取“政府主导、市场主体、商业化运作”的方式，从土地性

图66 2023年10月20日，三圣街道我们的节日——“重阳同庆，情暖夕阳”重阳节集体庆生及慰问活动在海棠路社区举办 （三圣街道办事处提供）

质、功能定位、产业植根、文化感染四个方面实施提升工程。投入1.64亿元，撬动社会投资16亿元，推进花乡农居基础设施建设和田园风貌打造工程。以营造可进入、可感知、可参与、可欣赏、可消费的多元场景为重点，打造产业院落11个，建成以曲水流觞为主题的水景广场。发挥花卉产业和文创产业优势，发展农业观光、文化聚落、餐饮娱乐、休闲度假等业态。区间内聚集成都许燎源现代设计艺术博物馆、清源际艺术中心、满村文化文创院落集群、花卉博览园，分布白泽、青丘、阿屋等“网红”打卡地。开展“文旅活动进景区”“良城美景·花样绿道”等活动。全年接待游客2059.51万人，旅游收入20.1亿元。

幸福梅林景区属浅丘台地，建有梅香湖等人文景观和明伦书院等国学教育基地，建成“薛涛”“书影小院”“卡萨四季”等100家“农家乐”，向游客提供乡村美食及文创体验，成为“网红”打卡点。景区内有幸福驿站、充电桩、停车场等设施。依托地理位置和传统花卉产业优势，按照“雅俗共赏、近悦远来、老少皆宜”的思路，实施幸福梅林提档升级工程，打造生态价值创造性转化示范地。

（钟武　钟勇）

锦江区古墓葬之祝国寺明代墓群

祝国寺明代墓群位于成都市锦江区柳江街道祝国寺社区，地处原锦江区祝国寺小学校北侧，是成都城东区域规模较大的明代蜀王府宦官陵墓群。至20世纪90年代，属琉璃乡祝国寺村五组。墓群呈南北分布，长174.6米，宽58米，占地面积6214平方米。墓地南端以红砂石条垒砌长方形墓室，并排墓葬8个。1号墓长6.7米，分前室、后室、中室，后室放置棺木。各室之间设石门，四壁及顶棚有彩绘图案。出土器物包括金银器、玉器、陶器、瓷器。另有墓碑。1988年3月23日，金牛区政府公布为区级文物保护单位。1991年1月1日，随区划调整划入锦江区。

先进人物

退役军人先进人物选介

刘汇海　男，四川合江人，1972年10月出生，在武警四川省公安消防总队成都市支队七中队服役。服役期间，参加成都正科甲巷商业街火灾、德阳油罐列车爆炸火灾等1360次火灾抢险救援，参加天府广场房屋垮塌、省游泳馆氯气泄漏等急难险重社会抢险救援370次，为保护人民生命财产安全作出突出贡献。被群众誉为“人民功臣”，获“成都市救人明星”“十大文明之星”等称号。1999年4月，被公安部评为“全国优秀人民警察”。1999年7月，被省委评为“优秀共产党员”。2016年12月，转业至地方工作，任锦江公安分局水井坊派出所民警。

李梓源　男，四川南充人，1990年4月出生，本科学历。2007年12月至2017年12月，服役于武警部队。多次参加抗震救灾、反恐维稳、安全保卫等重特大任务，个人表现突出。2008年，被中共中央、国务院、中央军委表彰为“全国抗震救灾模范”，被省委、省政府表彰为“四川抗震救灾模范”。服役期间，获个人二等功、三等功各1次，个人嘉奖7次。2017年12月，转业至地方工作，任市民政局社会事务处一级主任科员。2021年，被市委、市政府授予“成都建设全面体现新发展理念的城市改革创新奖先进个人”称号。2018—2023年，获个人三等功1次、个人嘉奖4次、优秀公务员称号4次、优秀共产党员称号2次。

林强　男，四川资中人，1954年4月出生，1969年参加工作，1973年入伍，任成都军区政治部体工大队战士、四川省军区排长、干事。服役期间，多次荣立二等功、三等功。1987年，转业至地方工作，任省教育厅科员、副处长、处长。足迹遍及甘孜、阿坝、凉山、巴中等高原山区和革命老区，深入300所农村学校调研，帮助70所乡村学校改善办学条件，被当地群众誉为“省级机关的好党员好干部”。推动岳池县和南部县农村学校体育教育改革，创造全国农村学校体育教育模式，为推动农村教育事业的发展作出突出贡献。被省委授予“优秀共产党员”称号。

表62　1950—2023年锦江区荣立二等功以上的退役军人一览表

序号	姓名	性别	籍贯	立功受奖	立功受奖原因	授予单位	立功受奖时间
1	肖家喜	男	重庆开州区	荣誉称号	保卫边疆战斗	中央军委	1979年
2	林　强	男	四川资中	荣誉称号	全国模范军队转业干部	国务院军队转业干部安置工作小组、中共中央组织部、中共中央宣传部、人事部、中国人民解放军总政治部	2007年
3	李梓源	男	四川南充	荣誉称号	全国抗震救灾模范	中共中央、国务院、中央军委	2008年
4	卢　豪	男	四川彭山	荣誉称号	全国抗震救灾模范	中共中央、国务院、中央军委	2008年
5	张星远	男	四川成都	一等功	吴家埠战役练兵	中国人民解放军二十一军	1951年
6	郑国远	男	四川资中	一等功	保卫边疆战斗	中国人民解放军十四军四十师	1979年
7	刘方军	男	四川成都	一等功	保卫边疆战斗	中国人民解放军成都军区	1987年
8	刘汇海	男	四川合江	一等功	抢险救灾	四川省人民政府	1999年
9	肖　鑫	女	湖南隆回	一等功	知识竞赛全国一等奖	中国人民解放军兰州军区政治部	2002年
10	钱　薇	女	四川泸州	一等功	全国青年综合素质风采大赛金奖	中国人民解放军陆军第十四集团军政治部	2004年
11	梁万俊	男	四川广汉	一等功	处置空中险情	中国人民解放军空军政治部	2004年
12	王　林	男	四川仪陇	一等功	抗震救灾	中国人民武装警察部队	2008年
13	孙　建	男	安徽宿州	一等功	工作成绩突出	中国人民解放军第二十五试验训练基地政治部	2008年
14	何晓东	男	四川射洪	一等功	维稳处突	中国人民解放军兰州军区	2008年
15	孔令仕	男	山东聊城	一等功	维稳	中国人民武装警察部队四川省总队政治部	2008年
16	于　君	男	四川宜宾	一等功	抗震救灾	中国人民武装警察部队四川省总队政治部	2008年
17	李曜甫	男	四川南部	一等功	抢险救灾	中华人民共和国公安部	2018年
18	陶启新	男	江苏淮安	二等功	工作突出	中国人民解放军华东野战军	1948年
19	张义全	男	山东泰安	二等功	解放战争	中国人民解放军第二野战军后勤部政治处	1950年
20	周坤蓉	女	四川成都	二等功	在校期间表现优异	第六军医学校	1951年
21	黎昌忠	男	四川中江	二等功	建设海岛	万虎独立水警区	1952年

续表62

序号	姓名	性别	籍贯	立功受奖	立功受奖原因	授予单位	立功受奖时间
22	孙玉江	男	四川西昌	二等功	工作成绩突出	中国人民解放军华东军区空军政治部	1952 年
23	曾洁英	女	湖北丹江口	二等功	工作成绩突出	中国人民解放军西南军区后勤部	1952 年
24	晏茂渊	男	四川西川	二等功	抗美援朝	中国人民解放军 5095 部队	1953 年
25	谢荣禄	男	四川成都	二等功	抗美援朝	中国人民解放军空大师司令部	1954 年
26	尹进新	男	四川南充	二等功	成绩突出	中国人民解放军西南军区关防	1955 年
27	易德才	男	四川成都	二等功	年度训练	中国人民解放军 9368 部队	1958 年
28	陈栋樑	男	四川仁寿	二等功	完成革命施工任务		1959 年
29	常忠成	男	四川成都	二等功	完成各项任务	中国人民解放军西藏军区司令部政治部	1963 年
30	周光禄	男	四川射洪	二等功	核试验	中国人民解放军 3919 部队政治部	1966 年
31	卢昌荣	男	四川成都	二等功	抗震救灾	中国人民解放军 51033 部队司令部	1976 年
32	郭泰富	男	四川成都	二等功	抗震救灾	中国人民解放军第一一二师	1976 年
33	林大光	男	四川双流	二等功	执行国防施工任务抢险	中国人民解放军 51033 部队	1976 年
34	严国华	男	四川剑阁	二等功	抗震救灾	中国人民解放军 56018 部队政治部	1976 年
35	夏　常	男	四川绵阳	二等功	训练成绩突出	中国人民解放军四川省军区司令部	1977 年
36	李发云	男	四川简阳	二等功	训练成绩突出	中国人民解放军陆军一一二师政治部	1977 年
37	刘世富	男	重庆	二等功	救护群众	中国人民解放军四川省军区政治部	1977 年
38	刘清信	男	四川达州	二等功	工作扎实热情	中国人民解放军陆军第二师政治处	1978 年
39	王西华	男	四川雅安	二等功	保卫边疆战斗	中国人民解放军步兵一〇九团	1979 年
40	宋宝荣	男	四川成都	二等功	保卫边疆战斗	中国人民解放军第五十军十八师四四二团	1979 年

续表62

序号	姓名	性别	籍贯	立功受奖	立功受奖原因	授予单位	立功受奖时间
41	王国民	男	云南禄丰	二等功	保卫边疆战斗	中国人民解放军步兵第四四七团委员会	1979 年
42	谢志熙	男	四川成都	二等功	保卫边疆战斗	中国人民解放军总政治部	1979 年
43	陈晓成	男	四川成都	二等功	保卫边疆战斗	中国人民解放军第五十四军一六一师	1979 年
44	徐远贵	男	四川成都	二等功	保卫边疆战斗	中国人民解放军陆军第三十七师	1979 年
45	伍乾友	男	四川自贡	二等功	保卫边疆战斗	中国人民解放军步兵第一二二师	1979 年
46	袁　军	男	山西沁源	二等功	保卫边疆战斗	中国人民解放军 78438 部队政治部	1979 年
47	马　卡	男	四川金阳	二等功	保卫边疆战斗	中国人民解放军步兵一一五团	1979 年
48	蓝建中	男	四川自贡	二等功	保卫边疆战斗	中国人民解放军 56032 部队政治处	1979 年
49	李再武	男	四川三台	二等功	“802”演习表现突出	中国人民解放军一一二师党委	1981 年
50	邓宗元	男	四川成都	二等功	工作成绩突出	中国人民解放军北京军区空军政治部	1982 年
51	马建国	男	四川成都	二等功	保卫边疆战斗	中国人民解放军武空司令部	1983 年
52	肖振平	男	重庆北碚	二等功	保卫边疆战斗	中国人民解放军步兵第九十六团	1984 年
53	刘　兴	男	湖北荆州	二等功	—	中国人民解放军步兵三四一团政治部	1984 年
54	秦建明	男	安徽旌德	二等功	工作成绩突出	中国人民解放军陆军第五十军政治部	1984 年
55	杨　萍	女	四川岳池	二等功	专业技术比武第一名	中国人民解放军成都军区后勤三十八分部政治部	1984 年
56	张培远	男	四川成都	二等功	改良灶台工作成绩突出	中国人民解放军 51295 部队	1984 年
57	罗　荣	男	四川中江	二等功	年度工作成绩突出	中国人民解放军第二炮兵第五十四基地政治部	1985 年

续表62

序号	姓名	性别	籍贯	立功受奖	立功受奖原因	授予单位	立功受奖时间
58	覃才德	男	四川达县	二等功	保卫边疆战斗	中国人民解放军 35911 部队	1985 年
59	杜昱伯	男	四川古蔺	二等功	保卫边疆战斗	中国人民解放军 35911 部队	1985 年
60	李福全	男	四川万县	二等功	完成作战任务	中国人民解放军昆明军区第四侦查大队	1985 年
61	屈仕玉	男	四川通江	二等功	保卫边疆战斗	中国人民解放军昆明军区司令部	1985 年
62	李明海	男	四川成都	二等功	保卫边疆战斗	中国人民解放军昆明军区	1985 年
63	韩洪泽	男	四川彭州	二等功	工作成绩突出	中国人民解放军 39530 部队政治部	1985 年
64	余怀本	男	四川资阳	二等功	抢险救灾	中国人民解放军武汉军区	1985 年
65	颜　兵	男	四川成都	二等功	游泳比赛冠军	中国人民解放军总政治部	1985 年
66	刘少林	男	四川三台	二等功	技术项目革新	中国人民解放军 51078 部队	1985 年
67	杨　建	男	四川泸州	二等功	游泳比赛第一名	中国人民解放军陆军一四八师政治部	1985 年
68	邓永发	男	四川彭山	二等功	处置空中危情	中国人民解放军兰州军区空军政治部	1985 年
69	康新平	男	山西洪洞	二等功	出境执行侦查作战	中共成都军区第七侦察大队委员会	1986 年
70	胡兴富	男	四川成都	二等功	保卫边疆战斗	中国人民解放军兰州军区	1986 年
71	何茂生	男	四川成都	二等功	安全飞行 1500 小时	中国人民解放军南京军区空军	1986 年
72	吴文孝	男	四川宣汉	二等功	保卫边疆战斗	中国人民解放军 56040 部队政治部	1986 年
73	李树平	男	四川南部	二等功	全军优秀基层干部	中国人民解放军西藏山南军分区政治部	1986 年
74	王志明	男	四川成都	二等功	执行任务成绩突出	中国人民解放军新疆军区	1987 年
75	王晓晨	女	山西文水	二等功	参加军事比武获奖	中国人民解放军西藏军区	1987 年
76	韩兴林	男	江苏溧水	二等功	抗洪抢险	中国人民解放军步军四十师政治部	1987 年
77	章永昆	男	四川成都	二等功	工作成绩突出	中国人民解放军空军第三飞行学院政治部	1987 年

续表62

序号	姓名	性别	籍贯	立功受奖	立功受奖原因	授予单位	立功受奖时间
78	高联富	男	四川成都	二等功	执行保密军事任务	中国人民解放军59078部队政治部	1988年
79	吴明举	男	河南淮滨	二等功	云南老山前线战斗	中国人民解放军步兵三十七师政治部	1988年
80	贾太平	男	四川渠县	二等功	保卫边疆战斗	中国人民解放军51014部队政治部	1988年
81	王江荣	女	四川邻水	二等功	成都军区大比武第二名	中国人民解放军西藏军区后勤部政治部	1988年
82	沈惠琴	女	江苏无锡	二等功	全军第五届文艺会演获奖	中国人民解放军成都军区政治部	1988年
83	黄再军	男	湖南长沙	二等功	保卫边疆战斗	中国人民解放军56005部队政治部	1989年
84	李泽文	男	四川新津	二等功	工作成绩突出	中国人民解放军步兵三十七师政治部	1989年
85	张新渠	男	陕西镇坪	二等功	工作表现良好	中国人民解放军步兵三十七师政治部	1989年
86	孙仁国	男	湖北房县	二等功	保卫边疆战斗	中国人民解放军56014部队政治处	1989年
87	彭文忠	男	四川大竹	二等功	保卫边疆战斗	中国人民解放军步兵三十七师政治部	1989年
88	李伯华	男	四川资阳	二等功	保卫边疆战斗	中国人民解放军成都军区前进指挥所	1989年
89	邬前德	男	四川成都	二等功	保卫边疆战斗	中国人民解放军第十三集团军	1989年
90	张建盈	男	陕西铜川	二等功	机械车辆抢修	中国人民解放军前进指挥所司令部	1989年
91	陈　龙	男	北京	二等功	保卫边疆战斗	中国人民解放军第十三集团军炮兵旅	1989年
92	龙培荣	男	广东高州	二等功	保卫边疆战斗	中国人民解放军成都军区前进指挥所政治部	1989年
93	刘清林	男	河北围场	二等功	工作成绩显著	中国人民解放军步兵第一一〇团委员会	1989年
94	周黎亮	男	四川成都	二等功	工作成绩显著	四川省军区政治部	1989年

续表62

序号	姓名	性别	籍贯	立功受奖	立功受奖原因	授予单位	立功受奖时间
95	郑尚雄	男	四川万源	二等功	训练成绩突出	中国人民解放军沈阳军区守备第四师	1990 年
96	焦振中	男	陕西西安	二等功	完成作战任务	中国人民解放军陆军第十三集团军炮兵旅政治部	1990 年
97	徐茂松	男	浙江泰顺	二等功	飞行时间达标	中国人民解放军总参政治部	1990 年
98	赵正鹏	男	四川剑阁	二等功	工作成绩突出	中国人民解放军 51034 部队政治部	1990 年
99	王　清	男	四川名山	二等功	军事比武第一名	中国人民解放军步兵八十三师政治部	1990 年
100	刘宪法	男	河北新乐	二等功	成都军区军事比武第一名	中国人民解放军步兵四十师政治部	1990 年
101	陈茂章	男	四川宣汉	二等功	工作成绩显著	中国人民解放军 5109 部队	1991 年
102	李平林	男	四川成都	二等功	空军优秀士兵	中国人民解放军空军	1991 年
103	张清联	男	四川成都	二等功	保障飞机安全	中国人民解放军北京军区空军	1991 年
104	彭　涛	男	重庆合川	二等功	军区比赛成绩突出	中国人民解放军步兵第 160 师	1991 年
105	马晓玲	女	四川阆中	二等功	全国青年歌手大赛一等奖	武警四川省总队	1992 年
106	廖永东	男	贵州思南	二等功	四川省第七届运动会冠军	中国人民解放军成都军区第一技术技侦局政治部	1992 年
107	屈登荣	男	四川成都	二等功	刻苦学习	中国人民解放军陆军第十三集团军政治部	1992 年
108	王明锡	男	四川资阳	二等功	收发电报 5000 份无差错	中国人民解放军云南西双版纳军分区政治部	1992 年
109	胡宝森	男	四川成都	二等功	工作成绩突出	中国人民解放军空军政治部	1993 年
110	黄玉斌	男	江苏姜堰	二等功	男排预决赛发挥高水平	中国人民解放军总政治部文化部	1993 年
111	石　利	男	四川成都	二等功	工作成绩突出	中国人民解放军 39934 部队政治部	1993 年
112	程　纲	男	四川宣汉	二等功	工作成绩突出	中国人民解放军步兵六十三师政治部	1993 年

续表62

序号	姓名	性别	籍贯	立功受奖	立功受奖原因	授予单位	立功受奖时间
113	张　坚	男	江西南丰	二等功	为“西藏之光”作出贡献	中国人民解放军成都军区政治部	1993 年
114	张庆国	男	辽宁盘山	二等功	安全飞行 1500 小时	中国人民解放军 39934 部队政治部	1993 年
115	郑　林	男	四川达县	二等功	保卫边疆战斗	中国人民解放军陆军第十三集团军	1993 年
116	邓金铭	男	四川大竹	二等功	工作成绩突出	中国人民解放军 84861 部队	1993 年
117	谢海银	男	四川内江	二等功	保障飞行安全	中国人民解放军空军政治部	1994 年
118	杨济凯	男	湖北公安	二等功	“123”演习成绩突出	中国人民解放军步兵一四九师政治部	1994 年
119	庄云芳	男	山东长清	二等功	抢险救灾	中国人民解放军成都空军后勤部	1995 年
120	李　继	男	山东泰安	二等功	为 9313 工程作出贡献	中国人民解放军成都军区政治部	1995 年
121	姜昌顺	男	辽宁阜新	二等功	工作成绩突出	中国人民解放军沈阳军区政治部	1995 年
122	覃　健	男	重庆	二等功	军区防化比武获较好成绩	中国人民解放军陆军第十三集团军炮兵旅政治部	1995 年
123	刘家鹏	男	四川营山	二等功	安全飞行 3000 小时	中国人民解放军兰州军区空军政治部	1995 年
124	吴　凯	男	四川仪陇	二等功	安全飞行 1500 小时	中国人民解放军成都军区空军航空兵训练基地政治处	1996 年
125	江俊锋	男	四川成都	二等功	比武成绩突出	中国人民解放军二四六团	1996 年
126	吴学忠	男	贵州黎平	二等功	工作成绩突出	中国人民解放军步兵二十七师	1996 年
127	杨洪振	男	山东长清	二等功	工作成绩显著	中国人民解放军步兵一四九师	1996 年
128	田海军	男	河南南阳	二等功	重大军事行动成绩突出	中国人民解放军后勤三十八分部政治部	1996 年
129	彭朝茂	男	四川隆昌	二等功	工作成绩突出	中国人民解放军空军第七飞行学院政治部	1997 年
130	何晓波	男	四川南部	二等功	通信技术过硬	中国人民解放军 81233 部队政治部	1997 年

续表62

序号	姓名	性别	籍贯	立功受奖	立功受奖原因	授予单位	立功受奖时间
131	韩　高	男	四川成都	二等功	安全飞行3000小时	中国人民解放军成都军区空军	1998年
132	王小平	男	四川南部	二等功	安全飞行3000小时	中国人民解放军南京军区空军政治部	1998年
133	杨　明	男	四川蓬溪	二等功	工作突出	中国人民解放军兰州军区空军政治部	1998年
134	杨　强	男	四川什邡	二等功	钻研飞行技术	中国人民解放军广州军区空军政治部	1998年
135	殷国旗	男	湖南岳阳	二等功	工作成绩突出	中国人民解放军空军第二飞行学院政治部	1998年
136	蒋　勇	男	四川泸州	二等功	抗震救灾	中国人民解放军51056部队政治部	1998年
137	潘一江	男	江苏武进	二等功	工作成绩突出	中国人民解放军空军第七飞行学院政治部	1998年
138	刘　卫	男	四川崇庆	二等功	工作成绩突出	武警四川总队政治处	1988年
139	李春华	男	四川成都	二等功	优秀指导员标兵	中国人民解放军步兵三十七师政治部	1999年
140	高善庄	男	河南滑县	二等功	武警部队专业技术比赛获奖	武警四川省总队	1999年
141	吴述清	男	四川彭州	二等功	安全飞行3000小时	中国人民解放军39995部队政治部	1999年
142	李东平	男	四川隆昌	二等功	卫星发射阵地总指挥	中国人民解放军89772部队政治部	1999年
143	唐亚明	男	吉林榆树	二等功	完成飞行任务	中国人民解放军兰州军区空军政治部	1999年
144	万金利	男	山东惠民	二等功	维护领事馆秩序	中国人民武装警察四川省总队政治部	1999年
145	于加秀	女	山东荣成	二等功	工作成绩突出	中国人民解放军成都军区空军政治部	1999年
146	王　涛	男	陕西安康	二等功	保卫国家财产	中国人民武装警察部队四川消防总队政治部	2000年

续表62

序号	姓名	性别	籍贯	立功受奖	立功受奖原因	授予单位	立功受奖时间
147	陈格辉	男	四川阆中	二等功	抢险救灾	中国人民解放军成都军区司令部	2000 年
148	姚登林	男	四川乐至	二等功	训练成绩突出	中国人民解放军第二炮兵技术工程总部政治部	2000 年
149	刘志成	男	四川宣汉	二等功	全军参谋比武竞赛成绩优异	中国人民解放军陆军第十三集团军政治部	2000 年
150	裴　勇	男	四川彭州	二等功	工作成绩突出	中国人民解放军兰州军区空军政治部	2001 年
151	舒杨平	男	四川安岳	二等功	年度成绩显著	中国人民解放军 71602 部队政治部	2001 年
152	彭　凯	男	四川资中	二等功	缉毒	中国人民武装警察部队云南省边防总队政治部	2001 年
153	谢　斌	男	四川资中	二等功	工作表现突出	中国人民解放军空军第七军政治部	2002 年
154	彭泰宗	男	四川苍溪	二等功	年度新闻工作突出	中国人民解放军成都军区总医院政治部	2002 年
155	肖家高	男	四川内江	二等功	财务工作突出	中国人民解放军陆军第十三集团军政治部	2002 年
156	雷　兵	男	湖北十堰	二等功	工作成绩突出	中国人民解放军空军第二飞行学院政治部	2003 年
157	廖祖伟	男	江西上犹	二等功	工作成绩突出	中国人民解放军成都军区司令部直属政治部	2003 年
158	李育新	男	山西灵石	二等功	工作成绩突出	中国人民解放军广州军区政治部	2003 年
159	周　飞	男	江苏无锡	二等功	工作成绩突出	中国人民解放军成都空军政治部	2003 年
160	何希武	男	四川盐亭	二等功	工作成绩优秀	中国人民解放军第二炮兵政治部	2004 年
161	郭富伟	男	四川蓬溪	二等功	处置突发事件	中国人民武装警察部队四川省总队政治部	2004 年
162	喻立平	男	四川仁寿	二等功	“瀚海风暴”演习表现突出	中国人民解放军步兵六十八旅	2004 年

续表62

序号	姓名	性别	籍贯	立功受奖	立功受奖原因	授予单位	立功受奖时间
163	王介文	男	湖南湘阴	二等功	工作成绩突出	中国人民解放军步兵一四九师政治部	2004 年
164	蒋小辉	男	四川德阳	二等功	新闻报道工作表现突出	中国人民解放军成都军区联勤部川藏兵站部政治处	2004 年
165	张　静	男	四川仁寿	二等功	工作成绩突出	中国人民解放军空降兵四十四师政治部	2004 年
166	潘显明	男	安徽南陵	二等功	四川省科技进步一等奖	中国人民解放军成都军区政治部	2005 年
167	冯景海	男	河北玉田	二等功	全军科技进步一等奖	中国人民解放军成都军区政治部	2005 年
168	邓贵芳	男	湖北黄梅	二等功	飞行驾驶技术优异	中国人民解放军成都军区政治部	2005 年
169	黄全炳	男	重庆忠县	二等功	保障飞机安全飞行3500 小时	中国人民解放军成都军区空军政治部	2005 年
170	杨　旭	男	四川开江	二等功	训练成绩突出	中国人民解放军南京军区空军	2005 年
171	牛志勇	男	河南济源	二等功	第十届全运会获奖	中国人民解放军成都军区政治部	2005 年
172	刘振军	男	河北平泉	二等功	全军科技创新工作突出	中国人民解放军第三十八集团军政治部	2006 年
173	喻冠军	男	陕西宝鸡	二等功	安全飞行	中国人民解放军成都军区政治部	2006 年
174	张继军	男	湖南沅江	二等功	年度考核优秀	中国人民解放军步兵一四九师政治部	2006 年
175	周　波	男	四川绵阳	二等功	工作成绩突出	中国人民解放军空军航空兵十四师委员会	2006 年
176	林　静	男	四川绵阳	二等功	全军电子对抗装备保障技能比赛金牌	中国人民解放军陆军第十三集团军	2006 年
177	邹纲军	男	四川邻水	二等功	年度工作表现突出	武警四川省总队	2006 年
178	李臣文	男	安徽东至	二等功	保护军队财产	中国人民解放军成都军区兵种训练基地	2006 年

续表62

序号	姓名	性别	籍贯	立功受奖	立功受奖原因	授予单位	立功受奖时间
179	李长锋	男	辽宁大连	二等功	工作成绩突出	中国人民解放军95607部队政治部	2007年
180	陈　东	男	四川达县	二等功	工作成绩突出	中国人民解放军步兵三十七师政治部	2007年
181	杨甲鹏	男	陕西安康	二等功	抢险救灾	中国人民武装警察部队四川消防总队政治部	2007年
182	赵新华	男	四川合江	二等功	营建工作成绩突出	中国人民解放军成都军区政治部	2007年
183	白　云	男	重庆	二等功	参加联合国维和部队	中国人民解放军成都军区政治部	2007年
184	李德瑾	男	四川达州	二等功	抗震救灾	武警水电第三总队	2008年
185	刘小艺	男	江苏吴江	二等功	抗震救灾	成都市消防支队防火处	2008年
186	方建波	男	四川渠县	二等功	抗震救灾	武警第38师	2008年
187	范三龙	男	陕西三原	二等功	抗震救灾	四川省公安厅政治部	2008年
188	张　磊	男	山东齐河	二等功	年度成绩显著	中国人民解放军成都军区政治部	2008年
189	封金剑	男	湖南安化	二等功	抗震救灾	中国人民武装警察部队成都市支队政治部	2008年
190	石　钟	男	四川南江	二等功	抗震救灾	中国人民解放军成都警备区	2008年
191	陈传波	男	重庆	二等功	抗震救灾	中国人民解放军四川陆军预备役高炮师	2008年
192	朱建章	男	四川阆中	二等功	抗震救灾	中华人民共和国公安部	2008年
193	王成波	男	四川开江	二等功	抗震救灾	武警四川省总队	2008年
194	孙　龙	男	巴中平昌	二等功	抗震救灾	武警四川省消防总队	2008年
195	高永华	男	山西原平	二等功	抗震救灾	武警四川省消防总队	2008年
196	刘蛊桦	男	四川通江	二等功	抗震救灾	武警四川省消防总队	2008年
197	杨　杰	男	重庆潼南	二等功	工作成绩突出	中国人民解放军成都军区	2008年
198	马　勇	男	河南开封	二等功	抗震救灾	中国人民解放军海军政治部	2008年
199	陈　亚	男	四川彭州	二等功	工作成绩突出	中国人民解放军空军航空兵第二十九师八十五团政治部	2008年

续表62

序号	姓名	性别	籍贯	立功受奖	立功受奖原因	授予单位	立功受奖时间
200	陶桓美	男	湖北仙桃	二等功	训练成绩突出	中国人民解放军63790部队政治部	2008年
201	娄 方	男	河北定兴	二等功	训练成绩突出	中国人民解放军空军航空兵95655部队政治处	2008年
202	张 骏	男	河南安阳	二等功	保卫国家安全	中国人民解放军成都军区	2008年
203	冷世明	男	四川仁寿	二等功	安全飞行3000小时	中国人民解放军94590部队政治部	2008年
204	郑家平	男	四川自贡	二等功	抗震救灾	中国人民武装警察部队四川总队	2008年
205	唐艺耘	男	四川井研	二等功	藏区慰问工作表现突出	中国人民解放军陆军第十三集团军政治部	2008年
206	吴 爽	男	四川成都	二等功	抗震救灾	中国人民武装警察部队四川消防总队	2008年
207	胡美玲	女	四川仁寿	二等功	抗震救灾	中国人民武装警察部队三十八师政治部	2008年
208	但唐盛	男	四川荣县	二等功	抗震救灾	中国人民武装警察部队四川消防总队	2008年
209	伍小平	男	四川广安	二等功	抗震救灾	武警四川消防总队政治部	2008年
210	赵 剑	男	重庆	二等功	抗震救灾	中国人民武装警察部队成都支队	2008年
211	杨 强	男	重庆	二等功	抗震救灾	中国人民解放军四川省军区政治部	2008年
212	李 广	男	四川平昌	二等功	抗震救灾	中国人民武装警察部队四川消防总队	2008年
213	雷建成	男	河南来阳	二等功	抗震救灾	中共中央、国务院、中央军委	2008年
214	高 兵	男	安徽界首	二等功	抗震救灾	武警四川省总队政治部	2008年
215	寇平福	男	四川攀枝花	二等功	抗震救灾	武警四川省消防总队政治部	2008年
216	焦 俊	男	湖北宜昌	二等功	抗震救灾	武警四川省公安厅警卫局	2008年
217	宋 伦	男	四川资中	二等功	专项工作表现突出	武警四川省总队	2008年
218	潘自贵	男	四川眉山	二等功	抗震救灾	中国人民解放军成都警备区政治部	2008年

续表62

序号	姓名	性别	籍贯	立功受奖	立功受奖原因	授予单位	立功受奖时间
219	袁　宏	男	重庆	二等功	工作成绩突出	中国人民解放军成都军区政治部	2009 年
220	李　勇	男	四川合江	二等功	甘孜州维稳	四川省公安厅政治部	2009 年
221	刘占民	男	河北	二等功	全军文艺会演一等奖	中国人民解放军成都军区政治部	2009 年
222	王　东	男	四川成都	二等功	藏区维稳	中国人民解放军西藏军区政治部	2009 年
223	蒋治宇	男	四川乐至	二等功	抗震救灾	中国人民解放军武装警察部队	2009 年
224	余清鹏	男	陕西安康	二等功	训练成绩突出	中国人民解放军四川内江军分区政治部	2010 年
225	程　茂	男	四川宜宾	二等功	—	中国人民解放军阿里军分区	2010 年
226	丁如涛	男	辽宁沈阳	二等功	工作成绩突出	中华人民共和国公安部	2010 年
227	李中新	男	安徽界首	二等功	抢险救灾	中国人民解放军四川省军区政治部	2010 年
228	康爱平	男	湖北云梦	二等功	工作成绩突出	中国人民解放军成都军区空军政治部	2010 年
229	肖　飞	男	四川安岳	二等功	工作成绩突出	中国人民解放军步兵一四九师政治部	2010 年
230	董华林	男	四川华蓥	二等功	军区财务管理先进个人	中国人民解放军 65571 部队	2011 年
231	高勇君	男	四川营山	二等功	工作成绩突出	中国人民解放军西藏军区后勤部政治部	2011 年
232	范　涛	男	山东	二等功	警卫保卫	四川省公安厅警卫局	2011 年
233	粟　庆	男	四川成都	二等功	抢修救灾	中国人民解放军联勤第四十分部政治部	2011 年
234	彭　斌	男	四川犍为	二等功	保障飞行安全	中国人民解放军兰州军区空军政治部	2011 年
235	张文凯	男	四川宜宾	二等功	完成工作任务	中国人民解放军成都军区联勤部川藏兵站部政治部	2011 年
236	黄昌杰	男	四川安岳	二等功	工作成绩突出	中国人民解放军成都军区政治部	2011 年

续表62

序号	姓名	性别	籍贯	立功受奖	立功受奖原因	授予单位	立功受奖时间
237	瑶安东	男	四川成都	二等功	工作成绩突出	中国人民解放军成都军区政治部	2011 年
238	李江平	男	河北辛集	二等功	工作成绩突出	中国人民解放军成都军区政治部	2012 年
239	蔺思金	男	山西介休	二等功	抗震救灾	中国人民解放军 31680 部队政治工作部	2012 年
240	周　岚	女	四川成都	二等功	参加比武考核	中国人民解放军西部战区空军	2012 年
241	李小平	男	四川阆中	二等功	抗震救灾	中国人民解放军陆军第十四集团军装甲旅	2013 年
242	朱佑富	男	四川内江	二等功	训练成绩突出	中国人民解放军 93152 部队政治部	2013 年
243	耿亚伟	女	山东菏泽	二等功	审计工作成绩突出	中国人民解放军四川省军区政治部	2013 年
244	姚存通	男	山东潍坊	二等功	训练成绩突出	武警森林指挥部	2013 年
245	燕红强	男	陕西凤翔	二等功	抗震救灾	中国人民解放军成都军区联勤部	2013 年
246	王千军	男	四川仪陇	二等功	抗震救灾	武警部队政治部	2013 年
247	金　涛	男	四川成都	二等功	华商大会安保工作突出	成都市公安局	2013 年
248	石勇进	男	湖南宁远	二等功	全国拥政爱民模范	中国人民解放军成都军区政治部	2013 年
249	杨　耀	男	云南昭通	二等功	抗震救灾	中国人民解放军四川陆军预备役高射炮兵部	2013 年
250	褚玉凤	女	四川成都	二等功	藏区执勤	武警第四十一师	2014 年
251	杜西羚	男	四川南部	二等功	工作优秀	中国人民解放军成都军区装备部	2014 年
252	解于楣	男	江苏江阴	二等功	工作成绩突出	中国人民解放军 71146 部队政治部	2014 年
253	宋保兵	男	河南尉氏	二等功	年度工作中表现突出	武警四川省总队	2015 年
254	罗国华	男	湖南衡东	二等功	工作成绩突出	中国人民武装警察部队政治部	2015 年

续表62

序号	姓名	性别	籍贯	立功受奖	立功受奖原因	授予单位	立功受奖时间
255	王　琳	女	重庆	二等功	工作成绩突出	中国人民解放军第二十九试验训练基地政治部	2016年
256	谢　勇	男	四川资中	二等功	缉毒	武警云南省边防总队	2016年
257	熊　杨	男	四川绵阳	二等功	工作成绩突出	中国人民解放军航天系统部政治工作部	2016年
258	蔡大伟	男	四川新津	二等功	缉毒	中国人民武装警察部队云南省边防总队政治部	2017年
259	黄　锐	男	四川领水	二等功	抗震救灾	中国人民武装警察部队四川消防总队政治部	2017年
260	赵　海	男	四川阆中	二等功	营房搬迁工作突出	武警四川总队政治部	2017年
261	杨柏林	男	四川南部	二等功	保障飞行安全	中国人民解放军95655部队政治工作处	2017年
262	许　兵	男	四川成都	二等功	保障飞行安全	中国人民解放军西部战区空军	2018年
263	肖　茂	女	四川宜宾	二等功	政治教员比武成绩突出	武警第二机动总队机动第九支队	2018年
264	王　宁	男	河北沧州	二等功	工作成绩突出	中国人民解放军西藏军区政治部	2019年
265	郝　杰	男	山西介休	二等功	工作成绩突出	中国人民解放军西部战区空军政治部	2021年
266	樊志清	男	四川沐川	二等功	保卫边疆战斗	—	—
267	尹学先	男	四川广元	二等功	抢险救灾	绵阳市人民政府	—
268	陈家元	男	四川成都	二等功	抗美援朝	—	—

省级先进人物

1月，省税务局为区税务局陈浩记数字化电子发票试点工作三等功，为区税务局张强记全国统一规范的电子税务局试点工作三等功。

1月9日，省公安厅、省人社厅授予锦江区公安分局章静、甘伟“四川省优秀人民警察”称号。

2月7日，省委机构编制办公室授予区委机构编制办公室朱磊“2023年度全省机构编制系统先进干部”称号。

2月27日，省检察院授予区检察院杜世华“2022年度四川省检察机关优秀个人”称号。

9月19日，省税务局、国家税务总局驻重庆特派员办事处、省公安厅、省检察院、成都海关、中国人民银行四川省分行、国家外汇管理局四川省分局授予区检察院高坤“2022年打击骗取留抵退税违法犯罪成绩突出个人”称号。

11月10日，省政协授予区政协政策研究室主任张珩“2023年度全省政协新闻宣传工作先进个人”称号。

11月10日，省政协授予区政协提案委员会副主任张诚“2023年度全省政协新闻宣传工作优秀通讯员”称号。

11月21日，省检察院授予区检察院王曹嘉“2023年四川检察机关司法警察大比武十佳标兵”称号。

11月24日，省检察院授予区检察院李林燔“全省检察技术十佳答辩质证人员”称号。

11月29日，省公安厅为锦江区公安分局郑麟、刘靖川记二等功，为锦江区公安分局钟波记三等功。

12月，省税务局授予区税务局王莹、黎彦铮“2023年全省税务系统练兵比武活动成绩突出个人”称号。

市级先进人物

1月，区侨联何彦、陈迪获“成都市侨联先进个人”称号。

1月9日，市妇联授予区检察院缪沁延“2021—2022年度成都市三八红旗手标兵”称号。

1月15日，市委办公厅、市政府办公厅授予区检察院陈乔乔“维稳安保信访工作先进个人”称号。

3月13日，市关心下一代工作委员会、市委政法委、市教育局、市司法局授予区检察院杨希“成都市青少年普法教育优秀辅导员”称号。

3月28日，市妇女儿童工作委员会授予区统计局李文“成都市实施妇女儿童发展纲要突出个人”称号。

7月4日，成龙路街道人民调解委员会赖万水、沙河街道人民调解委员会朱克华获“成都市人民调解能手”称号。

7月13日，市委政法委、市法学会授予区检察院赵峰、詹曦、孙洋、唐祥、赵美琦、向瑞麟“2022年度法学研究先进个人”称号。

9月1日，市检察院政治部授予区检察崔东、任玉龙“全市十佳公诉人”称号。

9月1日，市检察院政治部授予区检察院杜世华“全市优秀公诉人”称号。

11月3日，市检察院授予区检察院钟矿星“全市检察机关2023年控告申诉业务竞赛优胜选手”称号。

12月26日，市动物疫病预防控制中心、市畜牧水产总站、市农业质量监测中心授予区公园城市局徐慧“动物疫病防控先进个人”称号。

12月29日，市委办公厅、市政府办公厅授予区公园城市局黄睿“2023年度成都市建设践行新发展理念的公园城市示范区先进个人”称号。

附　录

2023年锦江区区级组织机构负责人

中共锦江区第八届委员会

书　记

陈志勇

副书记

缪晓波

吴　斌

常　委

刘刚毅

彭洪泽

陈　蓉

毛高林（2023年2月任）

余家洪

杨世映

黄　婉

罗明俊

唐　勇（任至2023年2月）

锦江区第八届人大常委会

党组书记、主任

王　昕

副主任

邹　燕

刘　平

吴文辉

张卫东

唐高原

锦江区人民政府

党组书记、区长

缪晓波

副区长

黄　婉

游　锦

郑　麟

周　晓

万　科

兰华娟

刘　学（2023年4月挂职）

政协第八届锦江区委员会

党组书记

张俊国（2023年4月任）

潘雪松（任至2023年4月）

主　席

张俊国（2023年10月任）

潘雪松（任至2023年3月）

党组副书记

毛高林（2023年3月任）

朱　波

唐　勇（任至2023年3月）

副主席

张晓惠

杨小明

杨　洪

刘　琳（任至2023年11月）

宋宗铭（任至2023年11月）

锦江区人民法院

党组书记、院长

李　科

锦江区人民检察院

党组书记、检察长

赵　峰

其他市管干部

区级干部

张　松

副区级干部

李香贵

魏　彬（任至2023年2月）

李大江（任至2023年11月）

赵万松（任至2023年3月）

锦江区各部门、街道负责人

区委办公室

主　任
　　罗仕明（任至2023年10月）
机关党委书记
　　李江涛
副主任
　　李承才（2023年2月任）
　　李　翔
　　刘　港
　　欧　尧（2023年4月任）
　　程润林（2023年10月兼任）
　　温常军（任至2023年2月）
　　王　寅（兼任至2023年2月）
督查专员
　　陈春林

机要局、保密办、保密局、密码局

局　长
　　李江涛

区档案馆

馆　长
　　温常军（2023年2月任）
　　李承才（任至2023年2月）
副馆长
　　周　波
　　赵　晖
　　李　君（2023年2月任）

区政府外事办公室

主　任
　　李翔（2023年9月兼任）

区档案局

局　长
　　李承才（2023年2月兼任）

区外事服务中心

主　任
　　玉　露

区人大常委会机关

办公室

主　任
　　罗培民
副主任
　　邹　峰
　　鲁　泓（任至2023年9月）
机关党委书记
　　鲁　泓（任至2023年9月）

预算工作委员会

主　任
　　魏宇光（2023年4月兼任）
副主任
　　陈　冲（2023年4月任）

人事代表工作委员会

主　任
　　李志国
副主任
　　石丽娟

研究室

主　任
　　伍文芳（任至2023年4月）
副主任
　　洪立媛

信访办公室

主　任
　　邓佳利
人大常委会委员
　　王　敏

区人大专门委员会

法制和监察委员会

主任委员
　　赵　媛
副主任委员
　　张红旗　何志恒

经济委员会

主任委员
　　荀志强
副主任委员
　　李　琰　陈继志

教科文卫和民宗侨外委员会

主任委员
　　周　兵
副主任委员
　　邱　蓉

城乡建设与环境保护委员会

主任委员
　　张　力
副主任委员
　　罗　勇　张龙刚

社会建设委员会

主任委员
　　伍　华
副主任委员
　　罗　坤　冯　惠

预算委员会

主任委员
　　魏宇光
副主任委员
　　叶世兴

街道人大工作委员会

春熙路街道人大工委主任
　　王　文

书院街街道人大工委主任
蔡永瑞
锦官驿街道人大工委主任
胡　军
牛市口街道人大工委主任
苟旭红
东湖街道人大工委主任
张全胜
沙河街道人大工委主任
郑　立
狮子山街道人大工委主任
杨　芳
锦华路街道人大工委主任
邱　强（2023年10月任）
静　敏（任至2023年10月）
柳江街道人大工委主任
毕　天
成龙路街道人大工委主任
梁　永
三圣街道人大工委主任
张光勇

区政府办公室
主　任
王　欣
机关党委书记
罗　培（2023年2月任）
副主任
刘　文（2023年2月任）
张旭东（兼）
白文俊
刘晓鹏（2023年2月任）
温　霞
郭瑞锋（2023年9月任）
苏　洋（任至2023年2月）
钟书建（任至2023年2月）
督查专员
杨志超

区国防动员办公室
主　任
王　欣（2023年4月兼任）
副主任
文　晶（2023年4月任）
区地方志办公室
主　任
蹇一萍
副主任
赵正飞
区智慧蓉城运行中心
主　任
郭清平（2023年2月任）
副主任
叶　凌（2023年2月任）
夏秀火（2023年4月任）
区高质量发展中心
主　任
郭瑞锋（任至2023年9月）

区政协机关
秘书长
李小松
副秘书长
陈雪松（兼）
黄晓玲（兼）
冯　宇（2023年9月任）
办公室
主　任
陈雪松
机关党委书记
邹棹霞
副主任
唐　鹏
政策研究室
主　任
张　珩
副主任
丁　元

委员联络和政协街道工作办公室
主　任
岳　雄
副主任
唐　镭
区政协常委
刘静敏（2023年9月任）
周　红（任至2023年9月）
区政协专门委员会
提案委员会
主　任
黄忠才
副主任
张　诚（2023年2月任）
经济委员会
主　任
黄晓玲
副主任
王　迪
城市建设和人口资源环境委员会
主　任
方　宏
副主任
冯　宇（任至2023年9月）
科教医卫体委员会
主　任
邓梅君
副主任
王　磊（2023年2月任）
文化和文史资料委员会
主　任
张　文
副主任
隆坚成
社会法制和民族宗教委员会
主　任
张　竞
副主任
龙　建（2023年2月任）

刘 燕（任至2023年2月）

区纪委

书 记

陈 蓉

副书记

淳 茂

卢炳忠

纪委常委

祝 勋

李 直

马 伊

罗月敏

胡 颖（挂职至2023年7月）

区监委

主 任

陈 蓉

副主任

淳 茂

卢炳忠

委 员

祝 勋

李 直

唐联科

周 婧

区纪委监委内设机构

机关党委书记

贡 茜（2023年4月任）

办公室主任

贡 茜

组织部部长

邓 曦（2023年4月任）

田媛瑗（任至2023年4月）

宣传部部长

何 锦

法规研究室主任

林 伟（2023年4月任）

党风政风监督室主任

龚 诚（2023年4月任）

李 智（任至2023年4月）

信访室主任

刘 刚

案件监督管理室主任

薛荣金

第一纪检监察室主任

娄晨红（2023年2月任）

第二纪检监察室主任

蒋 江

第四纪检监察室主任

姜杨新

徐 锐

第五纪检监察室主任

韩 毅（任至2023年10月）

纪检监察干部监督室

陈 寒

案件审理室主任

周 婧

派驻纪检监察组

驻区委办公室纪检监察组组长

郎永峰

驻区人大常委会机关纪检监察组组长

伍文芳（2023年4月任）

张 林（任至2023年2月）

驻区政府办公室纪检监察组组长

龚波龙

驻区政协机关纪检监察组组长

季 玫（2023年4月任）

驻区委组织部纪检监察组组长

尤 涛

驻区委宣传部纪检监察组组长

王万芬

驻区委统战部纪检监察组组长

龙会光

驻区委政法委纪检监察组组长

向明洪（任至2023年4月）

驻区发改局（区粮食储备局）纪检监察组组长

徐 锐

驻区经信局纪检监察组组长

张前恩

驻区教育局纪检监察组组长

夏桂荣（2023年4月任）

驻区民政局纪检监察组组长

黄 利

驻区财政局（区国资局）纪检监察组组长

李 智（2023年4月任）

季 玫（任至2023年4月）

驻区人社局纪检监察组组长

何 静

驻区住建和交通局纪检监察组组长

韩 毅（2023年10月任）

夏桂荣（任至2023年4月）

驻区公园城市局（区农业农村局）纪检监察组组长

刘 华

驻区卫健局纪检监察组组长

徐 敏

驻区市场监管局（区知识产权局）纪检监察组组长

王金伟

驻区行政审批局（区网络力争办公室）纪检监察组组长

刘 冬

驻区综合执法局（区城管局）纪检监察组组长

胡 海

区委组织部

部 长

余家洪

常务副部长

付尤宏（2023年4月任）

郭夏明（任至2023年4月）
副部长
陈晓阳
刘　鹏（兼）
李　婷（兼）
王　东（2023年10月任）
贺新郎（2023年2月任，至2023年10月）
机关党委书记
张　粤
部务委员
任元波
贺新郎（任至2023年2月）

区直机关工委

书　记
余家洪

区委党史研究室

主　任
王　东（2023年10月任）
贺新郎（2023年2月任，至2023年10月）
陈晓阳（任至2023年2月）
副主任
王　东（任至2023年10月）

区委“两新”工委

书　记
陈晓阳（2023年2月任）
副书记
李顺平

区委党校（区行政学校）

区委党校校长
余家洪
区行政学校校长
余家洪
常务副校长
余　姣
副校长
吴雅洁
刘　涵

区委宣传部

部　长
彭洪泽
常务副部长
黄　勤（2023年4月任）
汪　宏（任至2023年4月）
副部长
许　波（兼）
王喜雪
赵　怡
李德军

区新闻出版局（区版权局）

局　长
王喜雪（2023年2月任）
许　波（任至2023年2月）

区互联网信息中心

主　任
白晓丰

区文联

主　席
赵　怡
常务副主席
董　均

区社科联

主　席
钟书建（2023年2月任）
王喜雪（任至2023年2月）
副主席
田仕琴

区融媒体中心

主　任
张红波（2023年4月任）
副主任
张红波（任至2023年4月）
副主任
陈　丽
陈　敏

区精神文明办公室

主　任
李德军（兼）

区委网信办公室

主　任
黄　勤（2023年4月兼任）
汪　宏（兼任至2023年4月）
副主任
丁信果（2023年2月任）
何　林（兼）
叶　凌（兼任至2023年2月）
王　寅（兼任至2023年2月）

区委外宣办公室（区政府新闻办公室）

主　任
田仕琴（兼）

区委统战部

部　长
毛高林（2023年3月任）
唐　勇（任至2023年3月）
常务副部长
王耀军
副部长
彭华苹　　侯　滔
魏巍爱（兼）　古　斌

区民宗局

局　长
王耀军
副局长
李玉晶
李　璞（任至2023年2月）

区台联

副会长
段蓓蓓

区委政法委

书　记
刘刚毅

常务副书记
　　蔡承尧
副书记
　　程润林
　　李　峰（2023年10月任）
　　林　红
　　王　寅（任至2023年2月）
政治部主任
　　庄万君（2023年4月任）

区委政研室
主　任
　　李　润
副主任
　　张　勇　石　波

区委社治委
主　任
　　余家洪（兼）
常务副主任
　　王延松
副主任
　　李林辉
　　谢　川
区社会管理信息服务中心
主　任
　　杨德胜（2023年2月任）
　　郭清平（任至2023年2月）

区委编办公室
主　任
　　刘　鹏
副主任
　　陈　楠
　　王若瑾（2023年2月任）
区机构编制信息中心
主　任
　　董继涛

区委巡察办公室
主　任
　　陈　蓉（兼）
常务副主任
　　何江东
副主任
　　彭良虎
第一巡察组
组　长
　　郭　伟
副组长
　　李亚飞（2023年4月任）
　　张昌文（任至2023年4月）
第二巡察组
组　长
　　李文清
副组长
　　段　伟
　　张防振（任至2023年4月）
第三巡察组
组　长
　　魏　明
副组长
　　洪　江（2023年2月任）
巡察专员
　　万　雪
第四巡察组
组　长
　　李　直（2023年4月任）
副组长
　　向明洪（2023年4月任）

区委老干部局
局　长
　　李　婷
副局长
　　刘　浣
区老干部活动中心
主　任
　　张　灵

区法院
院　长
　　李　科
副院长
　　陈　康
　　易　文
　　潘　伟（2023年4月任）
　　冯　雪
　　王发广（任至2023年4月）
机关党委书记
　　冉雪瑛
政治部主任
　　周　路
执行局局长
　　李　俊
审判委员会专职委员
　　甘菱铭（2023年4月任）
审判委员会专职委员
　　李　露（2023年4月任）

区检察院
检察长
　　赵　峰
副检察长
　　果晓峰
　　李薇薇
　　陈乔乔（2023年9月任）
　　钟燕玲（任至2023年9月）
机关党委书记
　　陈　俊
政治部主任
　　周玉珠（2023年3月任）
检察委员会专职委员
　　詹　曦
　　余小俐

春熙路时尚活力区功能区

党工委书记
杨小明（2023年3月兼任）
唐　勇（兼任至2023年2月）
党工委副书记
杨建华（2023年2月任）
党工委副书记、纪工委书记
叶时文
管委会主任
杨建华（2023年3月任）
杨小明（任至2023年2月）
管委会副主任
吴　杰
乐兆峰

白鹭湾新经济总部功能区

党工委书记
杨世映（兼）
党工委副书记
赵　雷（2023年9月任）
党工委副书记、纪工委书记
魏荣昌
管委会主任
赵　雷（2023年9月任）
凌　刚（任至2023年9月）
管委会副主任
宋　英
刘　婷（2023年4月任）
刘　文（任至2023年2月）
唐明鹏（2023年4月挂职）
李　佳（挂职至2023年11月）

春熙路街道

党工委书记
孙　涛
党工委副书记、办事处主任
严永航
党工委委员、人大工委主任
王　文
党工委副书记
曹　欣（2023年2月任）
魏　捷（任至2023年2月）
党工委委员、政法委员
陈小兵（2023年2月任）
曹　欣（任至2023年2月）
党工委委员、纪工委书记、监察办公室主任
王植平
党工委委员、办事处副主任
陈红斌
叶其界
闵宁俊
陈小兵（任至2023年2月）
党工委委员
王　健（2023年2月任）
徐　晖（任至2023年2月）
党工委委员、便民中心主任
刘　勇
党工委委员、组织员
郭圆圆（2023年2月任）
余　晋（任至2023年2月）

书院街街道

党工委书记
辜金山
党工委副书记、办事处主任
郭凯荣（2023年9月任）
赵　雷（任至2023年9月）
党工委委员、人大工委主任
蔡永瑞
党工委副书记
王　辉
党工委副书记、政法委员
邱文韬（2023年9月任）
曾　阳（任至2023年2月）
党工委委员、纪工委书记、监察办公室主任
唐　瑞
党工委委员、办事处副主任
刘永平
李永枫（2023年9月任）
邱文韬（任至2023年9月）
党工委委员
廖祥文
党工委委员、便民中心主任
余　戟
党工委委员、组织员
李丽媛

锦官驿街道

党工委书记
张骁勇
党工委副书记、办事处主任
廖明友
党工委委员、人大工委主任
胡　军
党工委副书记
胡晓东
党工委副书记、政法委员
付贤柱
党工委委员、纪工委书记、监察办公室主任
董小玲
党工委委员、办事处副主任
刘朝辉
唐　华
卢　佳
党工委委员
唐　旭
党工委委员、便民中心主任
姚　晋

牛市口街道

党工委书记
邓姗姗

党工委副书记、办事处主任
关宏明（2023年4月任）
彭 超（任至2023年4月）
党工委委员、人大工委主任
荀旭红
党工委副书记
钟 涛
党工委委员、政法委员
严 朗
党工委委员、纪工委书记、监察办公室主任
张添文
党工委委员、办事处副主任
叶 亮
郑砚文
胡 丁
苏 琴（2023年2月任）
党工委委员
王志凯
党工委委员、便民中心主任
李佳奇
党工委委员、组织员
彭 涛

东湖街道
党工委书记
叶云虎
党工委副书记、办事处主任
赵 印（2023年2月任）
周 净（任至2023年2月）
党工委委员、人大工委主任
张全胜
党工委副书记
余 晋（2023年2月任）
赵 印（任至2023年2月）
党工委副书记、政法委员
曾 阳
党工委委员、纪工委书记、监察办公室主任
陈小慧（2023年4月任）
林文莉（任至2023年4月）
党工委委员、办事处副主任
朱 鹏
孙 洋（2023年2月任）
党工委委员
张兴略
党工委委员、便民中心主任
陈 龙
党工委委员、组织员
胡 亿（2023年2月任）
廖秀学（任至2023年2月）

沙河街道
党工委书记
罗晓东
党工委副书记、办事处主任
谭 烜
党工委委员、人大工委主任
郑 立
党工委副书记
郭凯荣（任至2023年9月）
党工委副书记、政法委员
孙 俊（2023年4月任）
唐 隽（任至2023年2月）
党工委委员、纪工委书记、监察办公室主任
钟 军
党工委委员、办事处副主任
欧 萍
卢金岩
办事处副主任
颜亚洲（2023年9月任）
陈静萍（任至2023年9月）
党工委委员
刘 云（2023年9月任）
王 峰（任至2023年9月）
党工委委员、便民中心主任
张晓霞

狮子山街道
党工委书记
杨 书（2023年2月任）
魏鹏飞（任至2023年2月）
党工委副书记、办事处主任
肖建光
党工委委员、人大工委主任
杨 芳
党工委副书记
石思平（2023年2月任）
党工委委员、政法委员
吴 政（2023年2月任）
石思平（任至2023年2月）
党工委委员、纪工委书记、监察办公室主任
任 羿（2023年4月任）
左益民（任至2023年4月）
党工委委员、办事处副主任
王 炜
高玲玲（2023年10月任）
刘小源（任至2023年10月）
党工委委员
刘太富
党工委委员、便民中心主任
邹纲军
党工委委员、组织员
吴金成

锦华路街道
党工委书记
龚晓兰
党工委副书记、办事处主任
贺新郎（2023年10月任）
丁 夏（任至2023年10月）

党工委委员、人大工委主任
邱　强（2023年9月任）
刘静敏（任至2023年9月）
党工委副书记、政法委员
黄　明
党工委副书记
梁益莉
党工委委员、纪工委书记、监察办主任
贾兴满
党工委委员、办事处副主任
应　亮　刘　艺
党工委委员
郭富伟
党工委委员、便民中心主任
马　治
党工委委员、组织员
杨　强（2023年2月任）
黄　辉（任至2023年2月）

柳江街道

党工委书记
伍　勇
党工委副书记、办事处主任
张治康
党工委委员、人大工委主任
毕　天
党工委副书记
张　倩
党工委委员、政法委员
岳金凤（2023年9月任）
刘博文（任至2023年9月）
党工委委员、纪工委书记、监察办公室主任
刘志栋
党工委委员、办事处副主任
青　成
胡小庆
李　理（2023年9月任）
岳金凤（任至2023年9月）
党工委委员
刘　嘉
党工委委员、便民中心主任
李　理（任至2023年9月）
党工委委员、组织员
向　杨（2023年9月任）

成龙路街道

党工委书记
张官友
党工委副书记、办事处主任
王　寅（2023年2月任）
党工委委员、人大工委主任
梁　永
党工委副书记
罗　培（任至2023年2月）
刘静敏（任至2023年2月）
党工委委员、政法委员
薛　鹏（2023年2月任）
洪　江（任至2023年2月）
党工委委员、纪工委书记、监察办公室主任
祖海波
党工委委员、办事处副主任
严　枫
黄上师
刘　域
郑孝恒（2023年9月任）
王　宏（任至2023年9月）
党工委委员
黄　辉（2023年2月任）
谢定平（任至2023年2月）
党工委委员、便民中心主任
陈　裕（2023年2月任）
杜雪松（任至2023年2月）
党工委委员、组织员
郑　琳（2023年2月任）

三圣街道

党工委书记
丁　夏（2023年10月任）
李　峰（任至2023年10月）
党工委副书记、办事处主任
雷伟春
党工委委员、人大工委主任
张光勇
党工委副书记
刘沈镭
党工委委员、政法委员
吴红伟
党工委委员、纪工委书记、监察办公室主任
文邦军
党工委委员、办事处副主任
冉　晟
钟　武
党工委委员
肖　凯（任至2023年2月）
党工委委员、便民中心主任
杨青松
党工委委员、组织员
彭薇薇

三圣花乡景区管理局

局　长
雷伟春
副局长
胡小平
刘显锋

区发改局（区粮食和储备局）

局　长
周方齐
党委书记
吴　畏
副局长
马国虎
陈　丹

李良锋
纪臻鑫（2023年4月挂职）

区投资项目评审中心
主　任
张　康

区项目促建服务中心
主　任
马思齐

区经信局
局　长
王　严
机关党委书记
李静怡
副局长
李　亮（2023年4月任）
张力弋（任至2023年9月）

区都市工业投资服务中心
主　任　王　康

区教育局
局　长
郭夏明（2023年6月任）
吴海乐（任至2023年6月）
党委书记
赵万华
副局长
刘国良
杨　岚
刘　瑛

区民政局
局　长
唐海燕
党委书记
何婉霞
副局长
文　海
何　文
区养老服务指导中心
主　任
杨丽娜
区殡葬服务中心（东郊殡仪馆）
主　任（馆长）
李卫东

区司法局
局　长
罗　伟
机关党委书记
徐　颖
副局长
王红克
熊　泠（2023年2月任）
杨　莉（任至2023年2月）

区财政局（区国资局）
局　长
张红宇
副局长
常　娟
王　琳
曾　阳（2023年2月任）
张　凯（挂职至2023年6月）
龙　建（任至2023年2月）
总会计师
郑万喜
区财政局支付中心
主　任
吴　静

区人社局
局　长
李凌云
机关党委书记
丁　璐
副局长
李海洋
于　川
区社保局
局　长
乔　苓
区就业局
局　长
赖　兵

区住建交局
局　长
蒋卫权
机关党委书记
于　轩
副局长
张灵玲
杨　浪
常　平
总工程师
梁彦超

区公园城市局（区农业农村局）
局　长
朱文飞
机关党委书记
游　健
副局长
陈　磊
苏　非
岳渝军
区城市有机更新事务中心
（公园城市建设服务中心）
主　任
赵　兵
副主任
梅　静

练　虎
沈　峰（2023年4月任）
何允强（任至2023年2月）

区商务局

局　长、供销联社主任（兼）
秦　梅（2023年9月任）
杨建华（任至2023年9月）
机关党委书记
陈　莹
副局长
徐基权
董　华
余宁洁

区服务业投资服务中心

主　任
娄泽芹（2023年4月任）
夏秀火（任至2023年4月）

区投促局

局　长
张　进
机关党委书记
袁方军
副局长
曹　华
刘　蓉
刘博文（2023年9月任）

区投资服务中心

主　任
谭　乔
副主任
刘子君
孙　秋（2023年2月任）

区投资服务第二中心

主　任
王　峥

区文体旅局（区广电局、区文物局）

局　长
许　波
机关党委书记
何　彦（2023年2月任）
陈　彤（任至2023年2月）
副局长
王祥勇
何允强（2023年2月任）
王岩华

区卫健局

局　长
胡文虎
党委书记
曾德勇
副局长
李拥军
陈思权
刘小源（2023年10月任）
赵晶川（2023年2月任）
王　磊（任至2023年2月）

区疾控局

局　长
赵晶川（2023年9月任）

区疾控中心

主　任
曹誉龄

区退役军人局

局　长
肖福明
机关党委书记
邱　强（任至2023年9月）
副局长
孙红松
李　璞（任至2023年2月）
陈　柳（兼）

区退役军人服务中心

主　任
刘红宇

区应急局

党委书记、局长
张大伟
机关党委书记
吴立均
副局长
杨建军
陈细辉
陈　磊（兼）
张自恒（2023年2月兼任）
左　超（任至2023年9月）
安全总监
左　超（2023年9月任）

区应急管理综合行政执法大队

大队长
黄　涛（2023年9月任）
张大伟（任至2023年9月）

区审计局

局　长
文　军
党委书记
李廷斌
副局长
李　瑛
卿　宇（2023年9月任）
肖　筠（任至2023年9月）
总审计师
王　平

区市场监管局（区知识产权局）

局　长
魏　晖
党委书记
王芝忠（任至2023年5月）

副局长

李朝阳

肖　平

赵　琨（2023年2月任）

方　涛（任至2023年2月）

区市场监管综合行政执法大队

大队长

魏　晖

副大队长

都增军（2023年2月任）

赵　琨（任至2023年2月）

区统计局

局　长

游嘉庆

机关党委书记

鄢　宇

副局长

白　敏

张志群

党组成员

韩曙光

区机关事务局

局　长

鲁　彬

副局长

杨　和

区机关服务中心

主　任

熊德芸（2023年2月任）

陈　裕（任至2023年2月）

区采购中心

主　任

罗　硕

区信访局

局　长

张旭东

机关党委书记

廖华俊

副局长

王宏章

张运飞

区信访调处服务中心

主　任

阳运平

区金融局

局　长

李　璞（2023年2月任）

林渠丰（任至2023年2月）

机关党委书记

罗志蓉

副局长

白　珂

晏　艳（2023年4月挂职）

刘晓鹏（任至2023年2月）

区新经济和科技局

局　长

赵　雷（2023年10月任）

凌　刚（任至2023年9月）

机关党委书记

李斯思

副局长

张其川

王继强

党组成员

宋　英

魏荣昌

刘　婷（2023年4月任）

刘　文（任至2023年2月）

区医保局

局　长

付尤宏（任至2023年6月）

机关党委书记

冯志灵

副局长

向　杨

区医疗保障事务中心

主　任

郑　敏

区行政审批局（区网络理政办）

局　长

汪　宏（2023年4月任）

黄　勤（任至2023年4月）

机关党委书记

谢　川

副局长

黄　飞

张艳阳

李晓琦

区政务服务中心

主　任

彭　云

副主任

李　峰

区综合执法局（区城管局）

局　长

杨永红

机关党委书记

余　影

副局长

王　刚

苏　健

张自恒（2023年2月任）

区城市管理数字化监督管理中心

主　任

高玲玲（任至2023年10月）

城市管理综合行政执法大队

大队长

吴奎甫（2023年2月任）

区规划和自然资源局
局　长
　　李骐莉
副局长
　　陶　谦
　　王彦景
　　康　东（2023年8月任）
　　牟克武（任至2023年4月）
区征地事务中心
主　任
　　韩　炜（2023年9月任）
　　袁　莉（任至2023年4月）

区公安分局
局　长
　　郑　麟
政　委
　　马　曦
副局长
　　陈　进
　　吴　杰
　　邓　宇
　　何　林
　　杨钰嶙
　　龙晓卫
政治处主任
　　陈　丰
政治安全保卫大队
大队长
　　李晓林
政治委员
　　刘学智
户政管理大队
政治委员
　　张　俊
刑警大队
大队长
　　王　俊
政治委员
　　何　愚

区税务局
局　长
　　罗辉龙
副局长
　　杨茂涛
　　熊文静
　　薛鑫泉（2023年5月任）
　　汪小卉（2023年9月任）
　　张　明（任至2023年5月）
　　陈　梅（任至2023年5月）
纪检组组长
　　曾宇平
总会计师
　　汪　昕（2023年5月任）
　　薛鑫泉（任至2023年5月）
总经济师
　　曾宏曦（2023年9月任）
　　汪小卉（任至2023年9月）

锦江生态环境局
局　长
　　徐　洋
副局长
　　赵　刚
　　何　敏
　　司小威（2023年12月任）
锦江支队副支队长
　　张永刚

区总工会
主　席
　　杨世映
常务副主席
　　温　萍
副主席
　　曾　刚
　　刘　丽

团区委
书　记
　　关宏明（任至2023年4月）
副书记
　　蔡垚曦
　　付丽洁

区妇联
主　席
　　周　净（2023年2月任）
　　杨　书（任至2023年2月）
副主席
　　陶　菓
　　田媛瑗（2023年4月任）
　　杨丽娟（任至2023年2月）

区科协
主　席
　　汪艳菊
副主席
　　肖　凯（2023年2月任）
　　张力弋（2023年9月任）
　　李　亮（任至2023年4月）

区侨联
主　席
　　魏鹏飞（2023年2月任）
　　李胜冰（任至2023年2月）
副主席
　　杨振英
　　李天成（2023年2月任）
　　何　彦（任至2023年2月）

区残联
理事长
　　彭　超（2023年4月任）
　　陈　兰（任至2023年4月）
副理事长
　　冯　涛

赵庆华
温　霞（挂职）

区红十字会
会　长
万　科
常务副会长
张　笛
副会长
谢定平（2023年2月任）
沈定武（任至2023年2月）

区工商联（区民间商会）
党组书记、副主席（副会长）
魏巍爱
主　席（会长）
秦　梅
副主席（副会长）
刘世英
秘书长
葛　亮

锦江发展集团
董事长
皮红跃（顶岗）
总经理
夏　勇
专职党委副书记
蒋　利
纪委书记
蒋　利
副总经理
李　毅
黄　安
周劲松（顶岗至2023年2月）
投资风控部
部　长
薛　敏
副部长
黄　密
资产运营管理部
部　长
王文旭
建设管理部
副部长
赵若朋
综合管理部
部　长
李　华
审计监察法务部
部　长
蒋　利（兼）
副部长
贾　超
财务融资部
部　长
唐　平

锦发展建投公司
执行董事
刘　移（2023年2月任）
总经理
刘　移
副总经理
封正辉
廖　宁

锦发展生态公司
执行董事
袁　治
副总经理
李　剑
余可俭

锦发展百年春熙公司
执行董事、总经理
王文旭（2023年2月任）
副总经理
王文旭（任至2023年2月）
陈慧琦
刘志伟
成都市树基教育发展有限公司
执行董事、总经理
张学勇
成都兴锦文化旅游投资有限公司
执行董事、总经理
张学勇
锦江软件园运营公司
执行董事、总经理
王文旭（2023年9月任）

国投公司
董事长
黄　安
成都兴锦股权投资基金管理有限公司
执行董事、董事长
黄　安

发文目录

表63 2023年锦江区委制发文件一览表

序号	发文时间	发文字号	发文标题
1	1月13日	锦委〔2023〕1号	关于表彰锦江区建设“天府成都·品位锦江”突出贡献奖先进集体和先进个人的决定
2	2月27日	锦委〔2023〕4号	关于区委常委班子2022年度民主生活会情况的通报
3	10月30日	锦委〔2023〕68号	关于对2022年年度考核优秀人员予以奖励的决定
4	12月28日	锦委〔2023〕78号	关于给予在成都大运会专项工作中表现突出的公务员及时奖励的决定
5	1月6日	锦委发〔2023〕1号	关于印发《成都市锦江区贯彻落实第二轮中央生态环境保护督察反馈意见整改实施方案》的通知
6	2月6日	锦委发〔2023〕2号	关于印发《中共成都市锦江区委工作规则》的通知
7	2月6日	锦委发〔2023〕3号	关于印发《中共成都市锦江区委常委会议事决策规则》的通知
8	2月10日	锦委发〔2023〕4号	关于深入学习贯彻党的二十大精神高质量建设“品位锦江·幸福城区”奋力谱写成都打造中国西部具有全球影响力和美誉度的社会主义现代化国际大都市锦江篇章的决定
9	3月3日	锦委发〔2023〕5号	关于印发《区委常委会2023年工作要点》的通知
10	7月17日	锦委发〔2023〕6号	关于坚持科技创新引领加快建设“1+3+3”现代化产业体系的实施意见
11	7月17日	锦委发〔2023〕7号	关于推进2023年全面从严治党、党风廉政建设和反腐败工作的意见
12	9月18日	锦委发〔2023〕9号	关于开展学习贯彻习近平新时代中国特色社会主义思想主题教育的实施方案

表64 2023年锦江区政府制发文件一览表

序号	发文时间	发文字号	发文标题
1	1月4日	锦府发〔2023〕1号	关于印发锦江区2023年政府性工程建设项目计划（一）的通知
2	1月6日	锦府发〔2023〕2号	关于表扬2021年度征兵工作先进单位和先进个人的通报
3	2月27日	锦府发〔2023〕3号	关于印发2023年《政府工作报告》的通知

续表64

序号	发文时间	发文字号	发文标题
4	3月21日	锦府发〔2023〕4号	关于印发锦江区政府投资工程建设项目管理办法的通知
5	4月7日	锦府发〔2023〕5号	关于做好第五次全国经济普查的通知
6	5月31日	锦府发〔2023〕6号	关于印发锦江区2023年政府性工程建设项目计划（二）的通知
7	8月30日	锦府发〔2023〕7号	关于印发《锦江区行政许可事项清单（2023年版）》的通知
8	12月5日	锦府发〔2023〕8号	关于印发《锦江区2024—2026年三年滚动财政规划和2024年部门预算编制实施意见》的通知
9	12月21日	锦府发〔2023〕9号	关于印发《锦江区政府投资工程建设项目管理办法（修订）》的通知

表65　2023年锦江区委办公室制发文件一览表

序号	发文时间	发文字号	发文标题
1	1月10日	锦委办〔2023〕1号	关于印发《关于全面推进耕地保护田长制的实施意见》的通知
2	4月6日	锦委办〔2023〕2号	关于印发《2023年全区经济工作要点》的通知
3	5月5日	锦委办〔2023〕4号	印发《关于人才引领高质量发展的若干政策措施》的通知
4	1月10日	锦委办发〔2023〕1号	关于设立锦江区田长及田长制办公室的通知
5	1月11日	锦委办发〔2023〕2号	印发《2023年锦江区委、区政府领导接待群众来访工作方案》的通知
6	2月3日	锦委办发〔2023〕3号	关于印发《成都市锦江区落实国家统计督察“回头看”反馈意见整改方案》的通知
7	2月10日	锦委办发〔2023〕5号	关于印发《锦江区聚焦产业建圈强链支持实体经济高质量发展十五条政策措施》的通知
8	2月15日	锦委办发〔2023〕6号	关于印发《成都市锦江区与四川省农业科学院合作对接方案》的通知
9	3月2日	锦委办发〔2023〕8号	关于印发《2023年度政协协商计划》《2023年度“有事来协商”工作小微协商计划》的通知
10	3月2日	锦委办发〔2023〕9号	关于表扬2016—2020年全区普法工作先进单位和先进个人的通报
11	3月22日	锦委办发〔2023〕14号	关于表扬2022年度全区信息调研工作先进单位和先进个人的通报

续表65

序号	发文时间	发文字号	发文标题
12	4月6日	锦委办发〔2023〕15号	关于表扬2022年度锦江区环城生态公园建设先进个人的通报
13	4月6日	锦委办发〔2023〕16号	关于印发《成都市锦江区红色资源传承弘扬和保护利用工作方案》的通知
14	4月10日	锦委办发〔2023〕17号	关于成立成都市锦江区第五次全国经济普查领导小组有关事项的通知
15	4月11日	锦委办发〔2023〕18号	关于表扬四圣祠片区城市有机更新项目C6−1、C8−4、C9−2地块2022年度搬迁腾退工作先进单位、先进个人的通报
16	4月13日	锦委办发〔2023〕19号	关于印发《锦江区2023年民主党派基层组织会议协商计划》的通知
17	4月24日	锦委办发〔2023〕20号	关于调整区领导对口联系街道工作的通知
18	4月24日	锦委办发〔2023〕21号	关于成立锦江区耕地保护工作领导小组的通知
19	4月25日	锦委办发〔2023〕22号	关于印发《2023年全区信息调研工作目标任务》和《2023年信息调研工作目标考核办法》的通知
20	5月17日	锦委办发〔2023〕24号	印发《关于在全区大兴调查研究的实施方案》的通知
21	5月26日	锦委办发〔2023〕25号	关于分解下达锦江区2023年省市民生实事目标任务的通知
22	6月26日	锦委办发〔2023〕29号	关于调整成都市锦江区社区发展治理工作领导小组组成的通知
23	8月8日	锦委办发〔2023〕31号	关于调整设立成都市锦江区安全生产委员会有关事项的通知
24	8月30日	锦委办发〔2023〕32号	关于成立锦东商圈建设运营工作专班的通知
25	9月6日	锦委办发〔2023〕34号	关于做好习近平总书记来川视察重要指示精神“进基层”专题宣讲工作的通知
26	9月20日	锦委办发〔2023〕36号	关于印发《区委常委班子带头深入开展学习贯彻习近平新时代中国特色社会主义思想主题教育工作方案》的通知
27	9月20日	锦委办发〔2023〕37号	关于成立区委学习贯彻习近平新时代中国特色社会主义思想主题教育领导小组的通知
28	9月19日	锦委办发〔2023〕40号	关于成立学习贯彻习近平新时代中国特色社会主义思想主题教育领导小组的通知
29	10月7日	锦委办发〔2023〕42号	关于表扬2022年度全区档案工作先进集体和先进个人的通报

续表65

序号	发文时间	发文字号	发文标题
30	10月8日	锦委办发〔2023〕43号	关于开展建设2022年度“品位锦江.幸福城区”突出贡献奖先进集体和先进个人评选表彰工作的通知
31	10月12日	锦委办发〔2023〕44号	关于近期公文处理错情的通报
32	12月5日	锦委办发〔2023〕47号	关于表扬2022年度目标绩效考评先进单位的通报
33	12月11日	锦委办发〔2023〕48号	关于成立锦江区—都江堰市结对联动工作领导小组的通知
34	12月29日	锦委办发〔2023〕49号	关于印发《锦江区街道经费保障与激励奖补实施办法》的通知
35	12月29日	锦委办发〔2023〕50号	关于印发《锦江区关于进一步深化楼宇经济高质量发展的工作方案》的通知

注：区委办公室2023年制发的4号、7号、11号、12号、23号、26号、28号、29号、33号、35号、41号、46号、48号文件为人事调整文件。

表66　2023年锦江区政府办公室制发文件一览表

序号	发文时间	发文字号	发文标题
1	1月11日	锦府办〔2023〕3号	关于印发《白鹭湾科技生态园产业发展专项扶持政策》的通知
2	2月24日	锦府办〔2023〕5号	关于印发《锦江区2023年重点项目计划》的通知
3	3月7日	锦府办〔2023〕6号	关于印发成都市锦江区入河排污口排查整治工作实施方案的通知
4	2月9日	锦府办〔2023〕7号	关于印发《锦江区人民政府办公室（区城运平台）智慧城市建设技术总监职位绩效考核与薪酬管理办法（试行）》的通知
5	5月6日	锦府办〔2023〕10号	关于印发《锦江区公务车辆报废管理办法》的通知
6	4月13日	锦府办〔2023〕11号	关于印发《锦江区园林绿化规划建设移交管理试行办法》的通知
7	6月8日	锦府办〔2023〕12号	关于启用成都市锦江区人民政府国防动员办公室印章的请示
8	6月16日	锦府办〔2023〕14号	关于印发锦江区2023年征地拆迁行动计划的通知
9	6月15日	锦府办〔2023〕15号	关于印发《锦江区粮食应急预案（试行）》的通知
10	6月20日	锦府办〔2023〕16号	关于印发成都市锦江区2023年政务公开工作要点的通知
11	7月4日	锦府办〔2023〕17号	关于印发《锦江区“交子券”养老积分试行管理办法》《锦江区“交子券”养老积分服务机构试行管理办法》的通知

续表66

序号	发文时间	发文字号	发文标题
12	7月4日	锦府办〔2023〕18号	关于印发《成都市锦江区地方政府专项债券全生命周期管理办法（试行）》的通知
13	7月19日	锦府办〔2023〕19号	关于印发《成都市锦江区行政合法性审查工作规定（试行）》的通知
14	7月19日	锦府办〔2023〕20号	关于印发成都市锦江区自然灾害救助应急预案的通知
15	8月23日	锦府办〔2023〕21号	关于印发《锦江区2023年重点项目中期调整计划》的通知
16	8月31日	锦府办〔2023〕22号	关于安排“智慧锦江事件交互枢纽平台实施服务”项目经费的请示
17	9月7日	锦府办〔2023〕25号	关于推动政府职能部门做好噪声污染防治有关工作的通知
18	9月18日	锦府办〔2023〕26号	关于印发《锦江区重点培育企业名单（2023—2025年）》《锦江区重点企业招引计划名单（2023—2025年）》的通知
19	9月20日	锦府办〔2023〕27号	关于印发《区政府领导班子深入开展学习贯彻习近平新时代中国特色社会主义思想主题教育工作方案》的通知
20	9月28日	锦府办〔2023〕28号	关于印发《成都市锦江区医疗卫生服务体系规划（2021—2030年）》的通知
21	10月16日	锦府办〔2023〕29号	关于印发《成都市锦江区枫树社区建设完整社区试点工作方案》的通知
22	10月12日	锦府办〔2023〕30号	关于印发《锦江区河（湖）断面考核办法（试行）（2023年修订）》的通知
23	10月20日	锦府办〔2023〕31号	关于印发《成都市锦江区“十四五”节能降耗工作方案》的通知
24	10月27日	锦府办〔2023〕32号	关于印发《成都市锦江区婚姻登记服务标准化试点实施方案》的通知
25	11月13日	锦府办〔2023〕34号	关于审议《市级反馈锦江区突出问题整改工作方案（送审稿）》的请示
26	11月24日	锦府办〔2023〕35号	关于印发《成都市锦江区区属国有企业负责人经营业绩考核办法》的通知
27	12月6日	锦府办〔2023〕38号	关于印发《锦江区与都江堰市结对联动合作（锦江区）工作专班方案》的通知
28	12月11日	锦府办〔2023〕40号	关于印发《成都市锦江区区属国有企业投资监督管理办法》的通知

续表66

序号	发文时间	发文字号	发文标题
29	12 月 11 日	锦府办〔2023〕41 号	关于印发《成都市锦江区区属国有企业参与产业投资基金管理办法（试行）》的通知
30	12 月 26 日	锦府办〔2023〕42 号	关于审议《锦江区 2024 年民生实事人大票决建议项目（送审稿）》的请示

注：区政府办公室2023年制发的1号、2号、4号、8号、9号、13号、23号、24号、26号、33号、36号、37号、39号文件为人事调整和职称评定文件。

2023年成都市锦江区国民经济和社会发展统计公报

2023年，锦江区深入贯彻党的二十大精神和习近平总书记对四川工作系列重要指示精神，坚持立足服务国家战略全局和省市发展大局，持续推进以科技创新引领现代化产业体系建设，奋力推动高质量发展，经济运行总体平稳向好。

一、综合

（一）地区生产总值

根据地区生产总值统一核算初步结果，全年地区生产总值1446.2亿元，按可比价格计算，较2022年增长6%。分产业看，第一产业增加值0.3亿元，较2022年下降49.1%；第二产业增加值219.65亿元，较2022年增长2.4%；第三产业增加值1226.25亿元，较2022年增长6.7%。三次产业结构比为0.02 ∶ 15.19 ∶ 84.79。按常住人口计算，人均地区生产总值157727元，较2022年增长5.4%。

（二）财政税收

一般公共预算收入100.9亿元，较2022年增长7.0%。剔除留抵退税政策影响后同口径增长4.5%。其中税收88.47亿元，较2022年增长10.6%。剔除留抵退税政策影响后同口径增长7.6%。一般公共预算支出74.71亿元，较2022年增长5.1%。

（三）固定资产投资

固定资产投资较2022年下降3.3%。分产业看，第二产业投资较2022年下降54.1%。其中工业投资较2022年下降41.4%，第三产业投资较2022年增长2.2%。从投资领域看，民间投资较2022年增长8.3%，基础设施投资较2022年下降17.9%。民间投资占固定资产投资的比重为33.2%。

（四）人口

年末常住人口91.94万人，较2022年末增加0.5万人，增长0.55%。常住人口城镇化率100%。年末户籍人口69.74万人，较2022年末增加2.27万人，增长3.36%。人口自然增长率3.95‰。

二、国民经济各行业

（一）农林牧渔业

农林牧渔业总产值0.48亿元，按可比价格计算，较2022年下降49.1%。经济作物中蔬菜及食用菌产量增长25.5%。经济作物播种面积27.86万平方米，较2022年增长505.8%。农业增加值0.3亿元，较2022年下降49.1%。

（二）工业和建筑业

规模以上工业增加值较2022年增长2.5%，五大先进制造业合计增长1.3%。其中医药健康产业下降2.5%，电子信息产业增长10.5%，绿色食品产业增长1.4%。计算机、通信和其他电子设备制造较2022年增长11.0%。规模以上工业产值较2022年增长1.1%，规模以上工业企业产品产销率104.9%。

建筑业增加值较2022年增长1.8%。房屋施工面积8004.98万平方米。其中新开工面积2313.61万平方米。

（三）房地产业

房地产开发投资较2022年增长6.3%。商品房销售面积94.1万平方米，较2022年23.8%。其中住宅销售面积73.8万平方米，下降3.3%。商品房销售额较2022年增长5.8%。其中住宅销售额增长18.7%。

（四）批发零售业和住宿餐饮业

社会消费品零售总额1444.9亿元，较2022年增长10.0%。按消费形态统计，餐饮收入248.5亿元，增长27.3%；商品零售1196.3亿元，增长6.9%。限额以上单位通过互联网实现商品零售额、餐饮收入分别增长25.3%和136.4%。

16大类限额以上单位商品零售额中有8个大类增长。其中通讯器材类增长51.1%，汽车类增长13.4%，体育、娱乐用品类增长13.2%。

三、对外经济

（一）对外贸易

外贸进出口总额99.43亿元，较2022年下降11.8%。产业化项目实际到位国内资金210亿元，新增外商投资企业129家，外商直接投资1.7亿美元。引进重大项目和高能级项目20个，重大项目和高能级项目注册率100%。引进世界500强企业1家，全区世界500强企业140家。

（二）交流开放

土耳其驻成都总领事馆正式开馆，举办“锦江—英国城市更新国际合作圆桌会谈”活动。“川渝两地”营业执照异地办、发、领一体化服务，与重庆解放碑商圈、南京新街口商圈、广州北京路商圈共同组建商圈联盟。

四、人民生活和民生保障

（一）居民收入

城镇居民人均可支配收入较2022年增长5.0%。其中工资性收入增长6.0%，经营净收入下降2.4%，财产净收入增长5.0%，转移净收入增长4.5%。

（二）社会就业

城镇新增就业16061人，城镇登记失业率控制在3%以内。城镇失业人员再就业5582人，就业困难人员再就业489人。全年共计发放稳岗返还资金2970.57万元，惠及企业0.68万家。

（三）社会保障

城镇职工基本养老保险参保人数70.18万人，较2022年末增长8.25%。城乡居民基本养老保险参保人数0.7万人，较2022年增长6.06%。失业保险参保人数37.05万人。工伤保险参保人数40.17万人。向28612人发放低保金2656.98万元，发放特困人员救助供养费107.12万元。临时救助196人，发放救助费用41.98万元。

完成3个社区养老服务综合体项目建设，推进2个社区养老服务综合体项目和2个养老院项目建设。新增和改造提升老年人助餐点21个。年末，养老机构18家，养老床位2960个。

全区社会组织1530家。其中登记类社会组织402家、备案类社会组织1128家。

五、社会事业

（一）教育

全区有幼儿园108所、区属小学38所、普通中学18所、中等职业学校2所，特殊教育学校1所。其中四川省一级示范性普通高中（引领型）3所、四川省二级示范性普通高中3所。在校学生人数130390人。其中幼儿园24181人、小学67026人、初中23738人、高中8680人、中等职业学校6629人、特殊教育学校136人。国际学生41人。

（二）科学技术

高新技术企业379家，高新技术产业营收213.08亿元。专利授权量2020件。其中发明专利476件、实用新型专利1234件、外观设计专利310件。有效发明专利拥有量1987件。新增新经济企业1.4万家，新增市级梯度培育企业39家（新经济双百企业3家，新经济种子企业36家）。共有创新创业载体64家，国家和省市级众创空间、科技孵化器20个，重点实验室、工程技术研究中心、产学研联合实验室、科技资源共享平台等市级以上科技创新平台25个。

（三）文化

全区博物馆9家、文化馆1家、公共图书馆1家，总藏书量54万册。完成2个综合性文化服务中心亲民化改造任务。开展“成都文化四季风”活动54次、“走基层”文化惠民活动40次、“畅游成都体验非遗”活动38次。参加各级各类文艺比赛50次，获奖项87个。成都市李劼人故居纪念馆创建为中国华侨国际文化交流基地，接待游客11.4万人，开展社区教育活动202次。

（四）卫生健康

全区各级各类医疗卫生机构645家。其中医院33家、社区卫生服务中心14家、基层医疗卫生机构605家、公共卫生机构3家、体检中心1家。床位11837个。卫生技术人员17309人。

（五）体育

区级体育场馆1个，人均体育运动面积提升到2.57平方米。新建健身运动角5个、全民健身路径16条，健身器材134套。开展全民健身活动572次，完善成都市社区运动促进健康服务站11个。承办“一带一路”全球象棋双人赛、成都马拉松等国际赛事活动，承办中国体操精英挑战赛等国内赛事活动3次。开展青少年系列体育竞赛和“十大阳光体育活动”29次，参加各级各类体育竞赛60次。

（六）旅游

全区宾馆酒店364家，客房数量31390个，床位数39538个。其中星级酒店10家。包括五星级酒店6家、四星级酒店3家、三星级酒店1家。全年接待游客2600万人，旅游综合收入352亿元。全区4A级景区1个。春熙路步行商业街入选2023年四川省高品质示范步行街、首批全国5G+智慧旅游试点项目。夜游锦江项目入选2023年国家文旅部沉浸式新型文旅业态示范案例。水井坊博物馆创建为2023年四川省工业旅游示范基地。三圣花乡景区创建为省级文明旅游示范单位。莫壳之家迷高乐园等8个点位入选“最成都·生活美学新场景”。

六、城市治理和应急能力

（一）基础设施

新增“回家的路”社区绿道50条，建成长度20千米，打造天府绿道健身新空间10个，新建、改造小游园6个。打造特色街区2个，既有建筑风貌提升片区1个，历史建筑保护修缮4处，完成大运会风貌综合提升整治项目15个。棚户区改造825户，实施城市有机更新项目5个。启动80个老旧小区改造项目，既有住宅自主增设电梯190台。实施区域农田水利灌溉工程示范项目建设，划分祝国寺、梅香湖等六大种植片区，设计32个取水点位（含6个提灌站），实施原金港赛道、白鹭湾农田示范区等景观农业样板试点项目，总面积66万平方米。

（二）安全生产

全年发生各类生产安全事故4件，较2022年下降33.3%。交通事故45714件，较2022年下降5.9%。火灾事故515件，较2022年下降7.1%。

（三）环境保护

全年空气质量综合指数4.03，空气质量优良天数283天。主要污染物可吸入颗粒物（$PM_{2.5}$、PM_{10}）和二氧化氮（NO_2）的平均浓度分别为39微克/立方米、62微克/立方米、28微克/立方米。全区3个市级考核断面水质均为二类，优良率100%。2个市级重点小流域断面水质均为二类，优良率100%。

注释：

1.公报中各项数据为初步统计数。部分数据因四舍五入的原因，存在总计与分项合计不等的情况。

2.公报中地区生产总值及增加值绝对数按当年价格计算，增长速度按可比价格计算。

3.公报中财政、农业、对外经济、科学技术、教育、卫生、文化、体育、旅游、城市建设、环境保护、人口、社会保障、安全生产等数据来源于各级相关部门。

索 引

说 明

一、本索引为《锦江年鉴（2024）》的内容分析索引。通过本索引所选词条，可以对具有独立检索意义的完整资料进行检索。

二、本索引采用分析索引法，按拼音字母（同声字按声调）顺序排列。数字表示词条所在页码，数字后拼音字母表示栏别（从左到右）。

三、未对内文中的大事记以及随文照片作索引。特载、锦江荣誉榜（2023年）、统计公报、附录作主题索引。

A

B

C

D

E

F

G

H

J

K

L

M

N

P

Q

R

S

T

W

X

Y

Z